刑事犯罪办案指引丛书

编委会主任：陈国庆

破坏社会主义市场经济秩序犯罪办案指引

（下册）

王文利／主编

POHUAI SHEHUIZHUYI
SHICHANG JINGJI ZHIXU FANZUI
BANAN ZHIYIN

中国检察出版社

下册目录

第三编 妨害对公司、企业的管理秩序罪

第一章 妨害对公司、企业的管理秩序罪概述 ………… 421
第一节 妨害对公司、企业的管理秩序罪的立法沿革 ……… 421
第二节 妨害对公司、企业的管理秩序罪的发案态势 ……… 422
一、案件数量持续增加，多发罪名及地域比较集中 ……… 422
二、共同犯罪比例上升，非国有公司、企事业单位人员
犯罪较多 ……………………………………………… 423
三、以轻刑犯罪为主，重刑犯罪比较少 ……………… 423
第三节 妨害对公司、企业的管理秩序案件的办理要点 …… 424
一、准确适用法律，注重审查刑法溯及力 …………… 424
二、重视对国家利益的刑事保护，坚持平等保护企业产权，
严厉打击资本市场犯罪 ……………………………… 426
三、犯罪主体多为特殊主体，部分单位犯罪实行单罚制 …… 427

第二章 虚假出资、抽逃出资罪办案指引 ……………… 429
第一节 虚假出资、抽逃出资罪概述 …………………… 429
一、虚假出资、抽逃出资罪的立法沿革 ……………… 429
二、虚假出资、抽逃出资罪的概念和构成特征 ……… 430
三、虚假出资、抽逃出资罪的追诉标准 ……………… 432

第二节　虚假出资、抽逃出资罪的证据审查 …………… 433
　　一、虚假出资、抽逃出资罪的证据要件 ………………… 433
　　二、虚假出资、抽逃出资罪常见证据审查 ……………… 437

第三节　虚假出资、抽逃出资罪的认定处理 …………… 438
　　一、虚假出资、抽逃出资罪的罪与非罪 ………………… 438
　　二、虚假出资、抽逃出资罪的此罪与彼罪 ……………… 440
　　三、虚假出资、抽逃出资罪的其他相关问题 …………… 441

第四节　案例评析 ………………………………………… 442

第三章　非国家工作人员受贿罪办案指引 …………… 452

第一节　非国家工作人员受贿罪概述 …………………… 452
　　一、非国家工作人员受贿罪的立法沿革 ………………… 452
　　二、非国家工作人员受贿罪的概念和构成特征 ………… 453
　　三、非国家工作人员受贿罪的追诉标准 ………………… 458

第二节　非国家工作人员受贿罪的证据审查 …………… 458
　　一、非国家工作人员受贿罪的证据要件 ………………… 458
　　二、非国家工作人员受贿罪常见证据审查 ……………… 463

第三节　非国家工作人员受贿罪的认定处理 …………… 464
　　一、非国家工作人员受贿罪的罪与非罪 ………………… 464
　　二、非国家工作人员受贿罪的此罪与彼罪 ……………… 466
　　三、非国家工作人员受贿罪的其他相关问题 …………… 468

第四节　案例评析 ………………………………………… 472

第四章　对非国家工作人员行贿罪办案指引 …………… 486

第一节　对非国家工作人员行贿罪概述 ………………… 486
　　一、对非国家工作人员行贿罪的立法沿革 ……………… 486
　　二、对非国家工作人员行贿罪的概念和构成特征 ……… 487
　　三、对非国家工作人员行贿罪的追诉标准 ……………… 489

第二节　对非国家工作人员行贿罪的证据审查 …………… 490
　　一、对非国家工作人员行贿罪的证据要件 ……………… 490
　　二、对非国家工作人员行贿罪常见证据审查 …………… 494

第三节　对非国家工作人员行贿罪的认定处理 …………… 495
　　一、对非国家工作人员行贿罪的罪与非罪 ……………… 495
　　二、对非国家工作人员行贿罪的此罪与彼罪 …………… 496
　　三、对非国家工作人员行贿罪的其他相关问题 ………… 497

第四节　案例评析 …………………………………………… 500

第五章　国有公司、企业、事业单位人员失职罪办案指引 …………………………………………… 502

第一节　国有公司、企业、事业单位人员失职罪概述 …… 502
　　一、国有公司、企业、事业单位人员失职罪的立法沿革 … 502
　　二、国有公司、企业、事业单位人员失职罪的概念和
　　　　构成特征 ……………………………………………… 503
　　三、国有公司、企业、事业单位人员失职罪的追诉标准 … 505

第二节　国有公司、企业、事业单位人员失职罪的证据审查 … 505
　　一、国有公司、企业、事业单位人员失职罪的证据要件 … 505
　　二、国有公司、企业、事业单位人员失职罪常见证据
　　　　审查 …………………………………………………… 509

第三节　国有公司、企业、事业单位人员失职罪的认定处理 … 510
　　一、国有公司、企业、事业单位人员失职罪的罪与非罪 … 510
　　二、国有公司、企业、事业单位人员失职罪的此罪与彼罪 … 511
　　三、国有公司、企业、事业单位人员失职罪的其他相关
　　　　问题 …………………………………………………… 512

第四节　案例评析 …………………………………………… 514

第六章 国有公司、企业、事业单位人员滥用职权罪办案指引 …… 517

第一节 国有公司、企业、事业单位人员滥用职权罪概述 …… 517
一、国有公司、企业、事业单位人员滥用职权罪的立法沿革 …… 517
二、国有公司、企业、事业单位人员滥用职权罪的概念和构成特征 …… 517
三、国有公司、企业、事业单位人员滥用职权罪的追诉标准 …… 519

第二节 国有公司、企业、事业单位人员滥用职权罪的证据审查 …… 519
一、国有公司、企业、事业单位人员滥用职权罪的证据要件 …… 519
二、国有公司、企业、事业单位人员滥用职权罪常见证据审查 …… 522

第三节 国有公司、企业、事业单位人员滥用职权罪的认定处理 …… 522
一、国有公司、企业、事业单位人员滥用职权罪的罪与非罪 …… 522
二、国有公司、企业、事业单位人员滥用职权罪的此罪与彼罪 …… 523
三、国有公司、企业、事业单位人员滥用职权罪的其他相关问题 …… 525

第四节 案例评析 …… 527

第四编 危害税收征管罪

第一章 危害税收征管罪概述 …… 535
第一节 危害税收征管罪的立法沿革 …… 535
第二节 危害税收征管罪的概念和构成特征 …… 536
一、客体特征 …… 537

二、客观特征 ·· 537
　　三、主体特征 ·· 538
　　四、主观特征 ·· 538
　第三节　危害税收征管罪的发案态势 ························ 538

第二章　逃税罪办案指引 ································ 541
　第一节　逃税罪概述 ······································ 541
　　一、逃税罪的立法沿革 ·································· 541
　　二、逃税罪的发案态势 ·································· 543
　　三、逃税罪的概念和构成特征 ···························· 545
　　四、逃税罪的追诉标准 ·································· 551

　第二节　逃税罪的证据审查 ································ 555
　　一、逃税罪的证据要件 ·································· 555
　　二、逃税罪常见证据审查 ································ 563

　第三节　逃税罪的认定处理 ································ 566
　　一、逃税罪的罪与非罪 ·································· 566
　　二、逃税罪的此罪与彼罪 ································ 568
　　三、逃税罪的其他相关问题 ······························ 570

　第四节　案例评析 ·· 573

第三章　骗取出口退税罪办案指引 ······················ 576
　第一节　骗取出口退税罪概述 ······························ 576
　　一、骗取出口退税罪的立法沿革 ·························· 576
　　二、骗取出口退税罪的发案态势 ·························· 577
　　三、骗取出口退税罪的概念和构成特征 ···················· 578
　　四、骗取出口退税罪的追诉标准 ·························· 580

　第二节　骗取出口退税罪的证据审查 ························ 582
　　一、骗取出口退税罪的证据要件 ·························· 582

二、骗取出口退税罪常见证据审查 …………………………… 586

第三节　骗取出口退税罪的认定处理 ……………………………… 587
　　一、骗取出口退税罪的罪与非罪 …………………………… 587
　　二、骗取出口退税罪的此罪与彼罪 ………………………… 588
　　三、骗取出口退税罪的其他相关问题 ……………………… 591

第四节　案例评析 …………………………………………………… 592

第四章　虚开增值税专用发票、用于骗取出口退税、抵扣税款发票罪办案指引 …………………………… 595

第一节　虚开增值税专用发票、用于骗取出口退税、抵扣税款发票罪概述 ……………………………………… 595
　　一、虚开增值税专用发票、用于骗取出口退税、抵扣税款发票罪的立法沿革 ……………………………… 595
　　二、虚开增值税专用发票、用于骗取出口退税、抵扣税款发票罪的发案态势 ……………………………… 597
　　三、虚开增值税专用发票、用于骗取出口退税、抵扣税款发票罪的概念和构成特征 …………………… 598
　　四、虚开增值税专用发票、用于骗取出口退税、抵扣税款发票罪的追诉标准 ……………………………… 601

第二节　虚开增值税专用发票、用于骗取出口退税、抵扣税款发票罪的证据审查 ……………………………… 603
　　一、虚开增值税专用发票、用于骗取出口退税、抵扣税款发票罪的证据要件 ……………………………… 603
　　二、虚开增值税专用发票、用于骗取出口退税、抵扣税款发票罪常见证据审查 …………………………… 608

第三节　虚开增值税专用发票、用于骗取出口退税、抵扣税款发票罪的认定处理 ……………………………… 610
　　一、虚开增值税专用发票、用于骗取出口退税、抵扣税款发票罪的罪与非罪 ……………………………… 610

二、虚开增值税专用发票、用于骗取出口退税、抵扣税款
　　　　发票罪的此罪与彼罪 ………………………………… 612
　　三、"空壳公司"虚开增值税专用发票行为的认定 ………… 614
　　四、几种特殊情形下虚开增值税专用发票行为的认定 …… 616

　第四节　案例评析 ………………………………………………… 620

第五章　虚开发票罪办案指引 ………………………………… 626

　第一节　虚开发票罪概述 ………………………………………… 626
　　一、虚开发票罪的立法沿革 ………………………………… 626
　　二、虚开发票罪的发案态势 ………………………………… 626
　　三、虚开发票罪的概念和构成特征 ………………………… 628
　　四、虚开发票罪的追诉标准 ………………………………… 629

　第二节　虚开发票罪的证据审查 ………………………………… 630
　　一、虚开发票罪的证据要件 ………………………………… 630
　　二、虚开发票罪常见证据审查 ……………………………… 633

　第三节　虚开发票罪的认定处理 ………………………………… 634
　　一、虚开发票罪与虚开增值税专用发票罪 ………………… 634
　　二、虚开发票罪与非法出售发票罪 ………………………… 635
　　三、虚开发票罪与逃税罪 …………………………………… 635

　第四节　案例评析 ………………………………………………… 636

第五编　侵犯知识产权罪

第一章　侵犯知识产权罪概述 ………………………………… 643

　第一节　侵犯知识产权罪的立法沿革 …………………………… 643
　第二节　侵犯知识产权罪的发案态势 …………………………… 644
　　一、案件数量持续上升，涉及领域广 ……………………… 644
　　二、犯罪类型较为集中，以涉商标类案件为主 …………… 645

三、共同犯罪案件多，上下游链条式特征明显 …………… 645
四、犯罪手段不断更新，类型多样化 …………… 646

第三节　侵犯知识产权案件的办理要点 …………… 646
一、提升取证能力，强化审查能力 …………… 646
二、完善行刑衔接机制，全链条打击侵犯知识产权犯罪 …… 647
三、探索综合履职机制，建立综合保护体系 …………… 648

第二章　假冒注册商标罪办案指引 …………… 649

第一节　假冒注册商标罪概述 …………… 649
一、假冒注册商标罪的立法沿革 …………… 649
二、假冒注册商标罪的概念和构成特征 …………… 650
三、假冒注册商标罪的追诉标准 …………… 651

第二节　假冒注册商标罪的证据审查 …………… 652
一、假冒注册商标罪的证据要件 …………… 652
二、假冒注册商标罪常见证据审查 …………… 661

第三节　假冒注册商标罪的认定处理 …………… 664
一、假冒注册商标罪的罪与非罪 …………… 664
二、假冒注册商标罪的其他相关问题 …………… 674

第四节　案例评析 …………… 681

第三章　销售假冒注册商标的商品罪办案指引 …………… 691

第一节　销售假冒注册商标的商品罪概述 …………… 691
一、销售假冒注册商标的商品罪的立法沿革 …………… 691
二、销售假冒注册商标的商品罪的概念和构成特征 …………… 692
三、销售假冒注册商标的商品罪的追诉标准 …………… 693

第二节　销售假冒注册商标的商品罪的证据审查 …………… 694
一、销售假冒注册商标的商品罪的证据要件 …………… 694
二、销售假冒注册商标的商品罪常见证据审查 …………… 704

第三节　销售假冒注册商标的商品罪的认定处理 ………………… 707
一、销售假冒注册商标的商品罪的罪与非罪 ………………… 707
二、销售假冒注册商标的商品罪的此罪与彼罪 ……………… 710

第四节　案例评析 ………………………………………………… 710

第四章　非法制造、销售非法制造的注册商标标识罪办案指引 …………………………………………………… 716

第一节　非法制造、销售非法制造的注册商标标识罪概述 ……… 716
一、非法制造、销售非法制造的注册商标标识罪的立法
沿革 ……………………………………………………… 716
二、非法制造、销售非法制造的注册商标标识罪的概念和
构成特征 ………………………………………………… 717
三、非法制造、销售非法制造的注册商标标识罪的追诉
标准 ……………………………………………………… 718

第二节　非法制造、销售非法制造的注册商标标识罪的证据
审查 ……………………………………………………… 719
一、非法制造、销售非法制造的注册商标标识罪的证据
要件 ……………………………………………………… 719
二、非法制造、销售非法制造的注册商标标识罪常见证据
审查 ……………………………………………………… 722

第三节　非法制造、销售非法制造的注册商标标识罪的认定
处理 ……………………………………………………… 724
一、对商标标识数量的认定 ……………………………… 724
二、关于销售他人非法制造的注册商标标识犯罪案件中尚未
销售或者部分销售情形的定罪问题 …………………… 726

第四节　案例评析 ………………………………………………… 727

9

第五章　假冒专利罪办案指引 ……… 730

第一节　假冒专利罪概述 ……… 730
一、假冒专利罪的立法沿革 ……… 730
二、假冒专利罪的概念和构成特征 ……… 730
三、假冒专利罪的追诉标准 ……… 732

第二节　假冒专利罪的证据审查 ……… 733
一、假冒专利罪的证据要件 ……… 733
二、假冒专利罪常见证据审查 ……… 739

第三节　假冒专利罪的认定处理 ……… 741
一、假冒专利罪的罪与非罪 ……… 741
二、假冒专利罪的此罪与彼罪 ……… 742

第六章　侵犯著作权罪办案指引 ……… 744

第一节　侵犯著作权罪概述 ……… 744
一、侵犯著作权罪的立法沿革 ……… 744
二、侵犯著作权罪的概念和构成特征 ……… 746
三、侵犯著作权罪的追诉标准 ……… 748

第二节　侵犯著作权罪的证据审查 ……… 749
一、侵犯著作权罪的证据要件 ……… 749
二、侵犯著作权罪常见证据审查 ……… 761

第三节　侵犯著作权罪的认定处理 ……… 769
一、关于侵犯著作权犯罪相关案件事实的推定问题 ……… 769
二、注意判断涉案作品是否构成著作权法意义上的作品 ……… 770
三、以营利为目的的认定 ……… 771
四、犯罪数额的计算 ……… 772

第四节　案例评析 ……… 774

第七章　销售侵权复制品罪办案指引 …… 779

第一节　销售侵权复制品罪概述 …… 779
一、销售侵权复制品罪的立法沿革 …… 779
二、销售侵权复制品罪的概念和构成特征 …… 780
三、销售侵权复制品罪的追诉标准 …… 781

第二节　销售侵权复制品罪的证据审查 …… 781
一、销售侵权复制品罪的证据要件 …… 781
二、销售侵权复制品罪常见证据审查 …… 790

第三节　销售侵权复制品罪的认定处理 …… 795
一、销售侵权复制品罪的罪与非罪 …… 795
二、销售侵权复制品罪与侵犯著作权罪之间的关系 …… 796

第八章　侵犯商业秘密罪办案指引 …… 797

第一节　侵犯商业秘密罪概述 …… 797
一、侵犯商业秘密罪的立法沿革 …… 797
二、侵犯商业秘密罪的概念和构成特征 …… 798
三、侵犯商业秘密罪的追诉标准 …… 800

第二节　侵犯商业秘密罪的证据审查 …… 801
一、侵犯商业秘密罪的证据要件 …… 801
二、侵犯商业秘密罪常见证据审查 …… 812

第三节　侵犯商业秘密罪的认定处理 …… 814
一、关于侵犯商业秘密罪不正当手段的认定问题 …… 814
二、关于"情节严重"的认定 …… 814
三、关于商业秘密权利人损失数额的计算方式 …… 815
四、关于刑事诉讼中保护商业秘密的措施问题 …… 818

第四节　案例评析 …… 819

第六编　扰乱市场秩序罪

第一章　扰乱市场秩序罪概述 ········ 837

第一节　扰乱市场秩序罪的立法沿革 ········ 837

第二节　扰乱市场秩序罪的发案态势 ········ 838
一、案件数量庞大并继续增加，多发罪名和地域高度集中 ······ 838
二、共同犯罪比较多，犯罪主体结构相对稳定 ········ 839
三、轻刑犯罪比较多，重刑犯罪逐年减少 ········ 839

第三节　扰乱市场秩序案件的主要特点和问题 ········ 840
一、犯罪类型、手段、方式不断翻新，日趋多样化、智能化 ······ 840
二、涉案人员数量多、成分杂，共同犯罪比例高 ········ 840
三、犯罪危害严重化，对市场秩序的破坏性愈加突出 ········ 841
四、刑民交叉，罪与非罪、此罪与彼罪的认定争议大 ········ 842
五、法条竞合现象普遍存在 ········ 843
六、空白罪状与兜底条款的问题 ········ 844

第二章　损害商业信誉、商品声誉罪办案指引 ········ 845

第一节　损害商业信誉、商品声誉罪概述 ········ 845
一、损害商业信誉、商品声誉罪的立法沿革 ········ 845
二、损害商业信誉、商品声誉罪的概念和构成特征 ········ 846
三、损害商业信誉、商品声誉罪的追诉标准 ········ 847

第二节　损害商业信誉、商品声誉罪的证据审查 ········ 848
一、损害商业信誉、商品声誉罪的证据要件 ········ 848
二、损害商业信誉、商品声誉罪常见证据审查 ········ 850

第三节　损害商业信誉、商品声誉罪的认定处理 ········ 851
一、损害商业信誉、商品声誉罪的罪与非罪 ········ 851
二、损害商业信誉、商品声誉罪的此罪与彼罪 ········ 852
三、损害商业信誉、商品声誉罪的其他相关问题 ········ 854

第四节　案例评析 ········ 856

第三章　串通投标罪办案指引 …… 864

第一节　串通投标罪概述 …… 864
一、串通投标罪的立法沿革 …… 864
二、串通投标罪的概念和构成特征 …… 865
三、串通投标罪的追诉标准 …… 868

第二节　串通投标罪的证据审查 …… 868
一、串通投标罪的证据要件 …… 868
二、串通投标罪常见证据审查 …… 870

第三节　串通投标罪的认定处理 …… 872
一、串通投标罪的罪与非罪 …… 872
二、串通投标罪的此罪与彼罪 …… 876
三、串通投标罪的其他相关问题 …… 876

第四节　案例评析 …… 881

第四章　合同诈骗罪办案指引 …… 888

第一节　合同诈骗罪概述 …… 888
一、合同诈骗罪的立法沿革 …… 888
二、合同诈骗罪的概念和构成特征 …… 889
三、合同诈骗罪的追诉标准 …… 892

第二节　合同诈骗罪的证据审查 …… 892
一、合同诈骗罪的证据要件 …… 892
二、合同诈骗罪常见证据审查 …… 897

第三节　合同诈骗罪的认定处理 …… 898
一、合同诈骗罪的罪与非罪 …… 898
二、合同诈骗罪的此罪与彼罪 …… 900
三、合同诈骗罪的其他相关问题 …… 904

第四节　案例评析 …… 911

第五章 组织、领导传销活动罪办案指引 ……… 917

第一节 组织、领导传销活动罪概述 ……………… 917
一、组织、领导传销活动罪的立法沿革 ………… 917
二、组织、领导传销活动罪的概念和构成特征 …… 918
三、组织、领导传销活动罪的追诉标准 ………… 919

第二节 组织、领导传销活动罪的证据审查 ……… 920
一、组织、领导传销活动罪的证据要件 ………… 920
二、组织、领导传销活动罪常见证据审查 ……… 924

第三节 组织、领导传销活动罪的认定处理 ……… 925
一、组织、领导传销活动罪的罪与非罪 ………… 925
二、组织、领导传销活动罪的此罪与彼罪 ……… 927
三、组织、领导传销活动罪的其他相关问题 …… 929

第四节 案例评析 ……………………………… 931

第六章 非法经营罪办案指引 ……………… 940

第一节 非法经营罪概述 …………………………… 940
一、非法经营罪的立法沿革 ……………………… 940
二、非法经营罪的概念和构成特征 ……………… 942
三、非法经营罪的追诉标准 ……………………… 953

第二节 非法经营罪的证据审查 …………………… 957
一、非法经营罪的证据要件 ……………………… 957
二、非法经营罪常见证据审查 …………………… 962

第三节 非法经营罪的认定处理 …………………… 963
一、非法经营罪的罪与非罪 ……………………… 963
二、非法经营罪的此罪与彼罪 …………………… 965
三、非法经营罪的其他相关问题 ………………… 978

第四节 案例评析 ……………………………… 985

第三编

妨害对公司、企业的管理秩序罪

第一章 妨害对公司、企业的管理秩序罪概述

第一节 妨害对公司、企业的管理秩序罪的立法沿革

刑法典、单行刑法及附属刑法统一构成了我国刑事立法体系。妨害对公司、企业的管理秩序罪就是一个从单行刑法再到刑法典的立法过程。我国1979年刑法中没有针对妨害公司、企业的管理秩序犯罪设定罪刑，随着1993年公司法的出台，对违反公司法犯罪的刑事责任有了概括性的规定。1995年全国人大常委会《关于惩治违反公司法的犯罪的决定》用11个条文对违反公司法犯罪作出了具体的罪刑设定，为准确、有效地打击妨害对公司、企业的管理秩序犯罪提供了法律依据。1997年我国在修订刑法时，在1995年全国人大常委会《关于惩治违反公司法的犯罪的决定》的基础上，于刑法分则中设立了"妨害对公司、企业的管理秩序罪"专节，规定了具体的侵犯公司、企业利益犯罪。之后1999年《刑法修正案》、2006年《刑法修正案（六）》、2011年《刑法修正案（八）》、2020年《刑法修正案（十一）》又对有关的妨害对公司、企业的管理秩序犯罪作出了修改补充。

现行的妨害对公司、企业的管理秩序犯罪在我国刑法中共设定了17个罪名，包括了以公司、企业、其他单位及其有关人员为主体实施的犯罪。从侵犯的法益看，包括了各种公司利益关系，尤其重视国有公司、企业、事业单位利益的刑法保护。其中，《刑法》第165条到第169条规定

的犯罪是专门针对保护国有资产作出的罪刑设定,体现了保护国有资产的安全依然是我国当前刑事立法和司法的重点。

现代公司、企业作为市场经济条件下主要的商事主体,是各种利益关系的联结纽带。因此,对公司、企业的刑事法律规范要尽可能地保证公司、企业管理秩序的稳定性,协调和处理好公司、企业以及相关参与人之间的利益关系。公司法明确规定,"违反本法规定,构成犯罪的,依法追究刑事责任",体现出对实施违反公司法的行为构成犯罪的单位或个人需要进行刑事制裁的指导意义。同时需要指出的是,在现代刑法的谦抑原则的指导下,刑法居于保障法的地位,对于现实生活中发生的妨害对公司、企业管理秩序的行为,如果能够用民事、行政的法律手段和措施予以有效规制的,则不宜动用刑法,只有在民事、行政的法律手段和措施无效果,以刑法规制更为适宜时,才动用刑法。

第二节 妨害对公司、企业的管理秩序罪的发案态势

一、案件数量持续增加,多发罪名及地域比较集中

近年来,妨害对公司、企业的管理秩序罪案件数量大幅上涨,并呈继续增长态势;受理审查逮捕案件数量已翻倍,受理审查起诉案件数量也增长近80%。其中,对非国家工作人员行贿罪,非国家工作人员受贿罪,隐匿、故意销毁会计凭证、会计账簿、财务会计报告罪等常见多发罪名,增幅都比较大;虚假出资、抽逃出资罪和国有公司、企业、事业单位人员滥用职权罪案件数量上涨也较为明显。在具体罪名上,发案数量排在前三位的是:非国家工作人员受贿罪,对非国家工作人员行贿罪,隐匿、故意销毁会计凭证、会计账簿、财务会计报告罪,其中非国家工作人员受贿

罪长居首位；三罪案件数量之和，已连续五年占妨害对公司、企业的管理秩序罪案件数量总数的 80% 以上。在发案地域上，地区经济发达程度对犯罪案件数量影响较大，发案集中于部分经济发达地区，以广东、浙江为例，两省案件总和占全国此类犯罪案件数量的 20% 以上，近年来一直排在前两位。

二、共同犯罪比例上升，非国有公司、企事业单位人员犯罪较多

近年来，妨害对公司、企业的管理秩序罪中共同犯罪都在 40% 以上，呈逐渐上升态势。常见多发罪名中，隐匿、故意销毁会计凭证、会计账簿、财务会计报告罪的共同犯罪逐年增多，共同犯罪人数在该罪起诉人数中的占比已达 70%；对非国家工作人员行贿罪、非国家工作人员受贿罪中的共同犯罪整体也是上升态势，分别占两罪起诉人数的一半左右。其他罪名中共同犯罪则各有增减，如欺诈发行股票、债券罪中共同犯罪占比明显上升，已近 80%；国有公司、企业、事业单位人员失职罪的共同犯罪则逐年下降，现不到 20%。起诉的妨害对公司、企业的管理秩序罪中，单位犯罪案件数量不多，近年来占比均未超过 2%。自然人犯罪中，在起诉案件人数上，数量最多的是非国有公司、企事业单位人员，约占 30% 且逐年上升；国家工作人员约占 15%，呈逐年下降趋势。

三、以轻刑犯罪为主，重刑犯罪比较少

从不捕不诉率看，妨害对公司、企业的管理秩序罪的不捕率和不诉率都高于整体刑事犯罪。常见多发罪名中，非国家工作人员受贿罪的不捕、不诉率比较稳定，分别在 25% 和 15% 左右；对非国家工作人员行贿罪的不捕率有微幅波动但始终处于高位，不诉率则逐年上升，达 30% 以上；隐匿、故意销毁会计凭证、会计账簿、财务会计报告罪的不捕率逐年下降，而其不诉率则稳中有升。其他罪名中，不捕率较高的是欺诈发行股票、债券罪，不诉率较高的是虚假出资、抽逃出资罪，均在 50% 左右。从判决情况看，妨害对公司、企业的管理秩序罪中，判处 3 年以下有期徒

刑、拘役、管制、单处附加刑人数一直处于高位，约占该类犯罪判决总人数的75%；判处10年以上有期徒刑、无期徒刑人数比例则逐渐下降，占比1%左右。另外，该类案件的无罪判决比例略高于整体刑事案件，这与此类案件一般比较复杂，司法实践中易产生认识分歧等有一定关系；同时，也对办案人员的办案能力提出更高要求，应不断加强专业知识学习和办案经验积累，坚持罪刑法定，疑罪从无。

第三节　妨害对公司、企业的管理秩序案件的办理要点

妨害对公司、企业的管理秩序罪，根据社会发展和实践需要进行过多次修正，在罪名设置和法律规定上，重视对国家利益的刑事保护，坚持平等保护企业产权，严厉打击资本市场犯罪。法律条款的适用、刑法的溯及力、犯罪特殊主体的认定等，是办案审查重点。

一、准确适用法律，注重审查刑法溯及力

妨害对公司、企业的管理秩序罪，通过修正案进行过多次大幅度修改和增设罪名，目前有10个罪名的条文内容经由增设或修改而来。

（一）随着社会经济发展，出现很多新情况、新问题，为有效惩治相关侵害公司、企业管理秩序的行为，增设了部分罪名

如《刑法修正案（六）》第6条增设虚假破产罪，即主要为依法惩治一些公司、企业在未进入破产清算前，就以隐匿财产、承担虚构债务等方式非法转移、处分财产，造成不能清偿到期债务或资不抵债的假象，申请进入破产程序，以达到假破产、真逃债目的的行为。此类行为严重侵害债

权人和其他人的利益，妨害公司、企业管理，影响社会稳定，社会危害性严重。《刑法修正案（六）》还在第9条增设了背信损害上市公司利益罪，主要考虑是上市公司资产被非法侵占的情况比较普遍，有的上市公司甚至被以各种方式"掏空"，这已严重影响我国上市公司的整体质量，阻碍证券市场的健康发展，对其中严重损害上市公司和广大投资人利益的，有必要予以刑事制裁。另外，隐匿、故意销毁会计凭证、会计账簿、财务会计报告罪和对外国公职人员、国际公共组织官员行贿罪，系分别通过《刑法修正案》第1条和《刑法修正案（八）》第29条增设的罪名。

（二）根据实践需要，为进一步完善刑法规定，修改了部分条文内容

如为保障证券发行注册制改革顺利推进，维护金融秩序，保护投资者利益和人民财产安全，《刑法修正案（十一）》第8条、第9条分别对欺诈发行股票、债券罪和违规披露、不披露重要信息罪进行修改，主要是大幅度提高了刑罚，明确了控股股东、实际控制人等"关键少数"的刑事责任等，体现了国家"零容忍"打击资本市场犯罪的坚定决心。为加强产权保护制度和优化营商环境，《刑法修正案（十一）》还在第10条对非国家工作人员受贿罪进行了修改，将最高刑由15年有期徒刑提高到无期徒刑，并增加罚金刑，同时调整刑罚档次配置，与受贿罪平衡，修改后除了不判处死刑以外，与公职人员腐败犯罪的刑罚已经基本接近，落实了平等保护精神。另外，对非国家工作人员行贿罪，国有公司、企业、事业单位人员失职罪和国有公司、企业、事业单位人员滥用职权罪，也都经历过较大幅度的修改。

（三）为准确认定犯罪，正确适用法律，应注重审查刑法溯及力

制定刑法修正案是一种新的立法活动，涉及增加或减少刑法罪名、扩大或缩小犯罪主体、修改现有犯罪构成或改变刑罚。在适用刑法修正案时，应将其时间效力作为重点审查内容。我国刑法对于溯及力问题采取从旧兼从轻原则，并在第12条予以明确规定。具体而言，对刑法修正案实施以前发生的行为，刑法修正案认为是犯罪而当时法律不认为是犯罪

的，刑法修正案不具有溯及力；刑法修正案不认为是犯罪而当时法律认为是犯罪的，只要这种行为未经审判或判决尚未确定的，刑法修正案具有溯及力；刑法修正案和当时法律都认为是犯罪，并且按照刑法规定应当追诉的，原则上应按当时法律追究刑事责任，但是如果刑法修正案规定的处罚较轻的，则适用刑法修正案；根据当时法律已经作出生效判决的，该判决继续有效。对在刑法修正案实施后发生的行为，应当适用刑法修正案的规定。

二、重视对国家利益的刑事保护，坚持平等保护企业产权，严厉打击资本市场犯罪

（一）重视对国家利益的刑事保护

一是设定专门罪名，依法惩治严重损害国家利益的行为。《刑法》第165条至第169条规定了国有企业人员有关渎职罪的罪名，依法加强对国家利益的刑事保护。如为亲友非法牟利罪，主要打击的就是转移国有公司、企业、事业单位的利润，或者转嫁自己亲友经营的损失，致使国家利益遭受重大损失的违法犯罪行为。二是部分犯罪以"国家利益遭受重大损失"为构成要件，将其作为区分罪与非罪的界限，《刑法》第166条至第169条均作此规定。在损失认定上，包括造成国家直接经济损失，造成有关单位破产、停业、停产、被吊销许可证和营业执照等，以及其他损失程度相当的情形。

（二）坚持平等保护企业产权

一直以来，有一种观点认为，刑法对民营企业人员和公职人员特别是国企人员相同的贪腐行为，规定了不同的罪名和刑罚，不利于企业产权的平等保护，建议整合为统一罪名，对国家工作人员和非公有制经济人员的腐败行为同罪同罚。《刑法修正案（十一）》考虑到当前反腐败体制和对公职人员的从严要求，两类人员腐败犯罪的性质、侵害的客体都有很大不同，统一罪名不符合我国实际情况等因素，最后采用通过进一步提高和调整非国家工作人员受贿罪、职务侵占罪、挪用资金罪刑罚配置的方式，加

大对民营企业内部侵害财产犯罪的惩治力度，以更好保护民营企业财产。

（三）严厉打击资本市场犯罪

资本市场犯罪不仅会给投资者带来重大经济损失，还会扰乱证券市场管理秩序，影响社会稳定，应予严惩。为依法有力惩治此类犯罪，《刑法修正案（六）》第5条对违规披露、不披露重要信息罪进行修改，扩大了犯罪主体、增加了行为方式、增设了定罪标准。近年来，资本市场领域犯罪又出现了一些新情况、新问题，发生了一些恶性财务造假案件等，严重危及市场安全。《刑法修正案（十一）》第9条又对违规披露、不披露重要信息罪进行了修改，同时在第8条对欺诈发行股票、债券罪予以修改，大幅提高了两罪的刑罚，明确了"关键少数"的刑事责任，有力震慑了资本市场欺诈、造假、操纵等严重违规行为。

三、犯罪主体多为特殊主体，部分单位犯罪实行单罚制

（一）多数罪名要求犯罪主体为特定的个人或单位

如虚报注册资本罪的犯罪主体是申请公司登记的个人或者单位，虚假出资、抽逃出资罪的犯罪主体是公司的发起人或者股东，且两罪中的"公司"都必须是依法实行注册资本实缴登记制的公司。另外，非法经营同类营业罪，为亲友非法牟利罪，签订、履行合同失职被骗罪，背信损害上市公司利益罪等罪名，犯罪主体也均是特殊主体，但又不完全一致，在办案时必须准确区分认定。需要特别注意的是，隐匿、故意销毁会计凭证、会计账簿、财务会计报告罪，对犯罪主体未作特别规定。任何单位和个人在办理会计事务时对依法应当保存的会计凭证、会计账簿、财务会计报告，进行隐匿、销毁，情节严重的，构成犯罪，应当依法追究其刑事责任。

（二）部分罪名的犯罪主体只能是单位

如违规披露、不披露重要信息罪的犯罪主体为依法负有信息披露义务的公司、企业。虚假破产罪的主体是依法设立的公司、企业。妨害清算

罪的主体一般是进行清算的公司、企业法人，但是如果清算组成员与公司、企业相勾结共同实施本条规定的行为，也应以妨害清算罪的共同犯罪追究其刑事责任。

（三）部分罪名的单位犯罪实行单罚制

单位犯罪，一般情况下都实行双罚制，既处罚单位，又处罚该单位直接负责的主管人员和其他直接责任人员。只有在法律另有规定的例外情况下才实行单罚制，只处罚直接负责的主管人员和其他直接责任人员，不处罚单位。本节中，单位犯罪也是以双罚制为主，如虚报注册资本罪，虚假出资、抽逃出资罪，欺诈发行证券罪，对非国家工作人员行贿罪等。同时，也有单罚制的相关规定，如违规披露、不披露重要信息罪就采用单罚制，主要考虑是公司的违法行为已经损害了股东和投资者的利益，如果再对其判处罚金，将会加重股东和其他投资者的损失程度。妨害清算罪和虚假破产罪，也都是单罚制，因为如果采用双罚制，就可能使该公司、企业所欠债务更加难以偿还，更不利于保护债权人和其他人的合法权益。

第二章 虚假出资、抽逃出资罪办案指引

第一节 虚假出资、抽逃出资罪概述

一、虚假出资、抽逃出资罪的立法沿革

虚假出资、抽逃出资罪系 1995 年通过的全国人大常委会《关于惩治违反公司法的犯罪的决定》（以下简称《决定》）中增设的新罪名，当时主要考虑的是 1993 年公司法刚刚颁布不久，在公司法当中，规定了一章法律责任，对因违反公司法而应承担的民事责任、行政责任和刑事责任分别作了规定。其中，对于违反公司法的规定，需要追究刑事责任的行为，因为当时缺乏相应的刑事法律予以制裁，使得贯彻实施公司法缺乏有效的约束手段。为此，第八届全国人大常委会通过了《决定》，以单行刑法的方式对当时的刑法作了重要的修改和补充，为司法机关惩治违反公司法的犯罪行为，提供了新的重要的法律武器。

1997 年修订刑法，对《决定》中的罪名进行了吸收，对罪状表述继续沿用，但对财产刑作了调整，规定罚金刑不得少于虚假出资金额或者抽逃出资金额的 2%。具体表述为："公司发起人、股东违反公司法的规定未交付货币、实物或者未转移财产权，虚假出资，或者在公司成立后又抽逃其出资，数额巨大、后果严重或者有其他严重情节的，处五年以下有期徒刑或者拘役，并处或者单处虚假出资金额或者抽逃出资金额百分之二以上

百分之十以下罚金。单位犯前款罪的，对单位判处罚金，并对其直接负责的主管人员和其他直接责任人员，处五年以下有期徒刑或者拘役。"1997年刑法颁布以来，虽然历经多次修正，但对于虚假出资、抽逃出资罪的罪状表述、量刑幅度等，均没有再作修改。

2013年，公司法作出修改，改注册资本实缴制为认缴制，除特殊公司外取消了公司注册资本最低限额，也不再限制公司设立时全体股东的首次出资比例、货币出资比例和缴足出资期限。上述公司法的修改使得刑法规定的虚假出资、抽逃出资罪，对于普通公司成立而言缺乏了刑事处罚的必要性，所以2014年全国人大常委会《关于〈中华人民共和国刑法〉第一百五十八条、第一百五十九条的解释》，规定"刑法第一百五十八条、第一百五十九条的规定，只适用于依法实行注册资本实缴登记制的公司"，将虚假出资、抽逃出资罪的犯罪对象进行了缩限。

二、虚假出资、抽逃出资罪的概念和构成特征

虚假出资、抽逃出资罪是指，公司发起人、股东违反公司法的规定未交付货币、实物或者未转移财产权，虚假出资，或者在公司成立后又抽逃其出资，数额巨大、后果严重或者有其他严重情节的行为。

（一）客体特征

虚假出资、抽逃出资罪侵犯的客体是公司、企业的管理秩序。《公司法》第28条规定："股东应当按期足额缴纳公司章程中规定的各自所认缴的出资额。股东以货币出资的，应当将货币出资足额存入有限责任公司在银行开设的账户；以非货币财产出资的，应当依法办理其财产权的转移手续。"第35条规定："公司成立后，股东不得抽逃出资。"根据上述规定，股东依法应当按期足额缴纳出资，并且不得在公司成立后抽逃出资，以保证公司正常生产经营。

股东的出资是公司设立并从事生产经营活动的物质基础和前提条件。公司成立后，股东所缴纳的出资就成为公司的财产，公司享有股东出资形成的全部财产权。股东以出资方式将有关财产投入到公司后，该财产的所有权发生转移，成为公司的财产，公司依法对其财产享有占有、使用、收

益和处分的权利。这部分出资既是公司实力的凭证，也是公司对外承担债务责任的保证。股东虚假出资或者抽逃出资的行为，实际上也侵害了公司的财产权益，欺骗了公司的其他股东、债权人和社会公众，使得其他主体在公司日常经营处于风险之中，容易危害公司、企业的管理秩序。

（二）客观特征

本罪为选择性罪名，根据行为人不同的客观行为特征认定成相应的罪名。

1. 虚假出资的行为特征

首先，行为人没有向公司交付货币、实物或者向公司转移财产权。这里的交付，指的是足额交付，即行为人部分交付的，也应认定为虚假出资。其次，行为人客观上使用了欺骗手段以追求虚假出资的结果，如果行为人仅是因为客观原因未能及时出资到位，但并未以欺诈手段表明自己已经出资并取得公司的股份的，不应认定为虚假出资，可以按照公司法的规定予以惩戒。最后，行为人的欺骗手段多种多样，既可能是伪造出资财物的实际价值，也可能是提供虚假产权证明等，实践中应重点把握虚假的本质。

2. 抽逃出资的行为特征

抽逃出资行为的时间要求必须是公司成立后，而因为公司业已成立，从法律意义上说已经没有公司发起人这一身份，故抽逃出资的行为人和行为模式只能是公司股东从公司内转移出自己出资额的全部或者一部分。抽逃出资的行为方式，可以根据最高人民法院《关于适用〈中华人民共和国公司法〉若干问题的规定（三）》第12条的规定予以认定："公司成立后，公司、股东或者公司债权人以相关股东的行为符合下列情形之一且损害公司权益为由，请求认定该股东抽逃出资的，人民法院应予支持：（一）制作虚假财务会计报表虚增利润进行分配；（二）通过虚构债权债务关系将其出资转出；（三）利用关联交易将出资转出；（四）其他未经法定程序将出资抽回的行为。"

（三）主体特征

本罪的主体是特殊主体，只能是公司发起人、股东。所谓公司，是依照公司法在中国境内设立的有限责任公司和股份有限公司，不包括合伙企业、社会团体等组织。

所谓公司发起人,是指启动股份有限公司设立程序、依法完成发起行为的人。公司发起人仅针对股份有限公司而言,有限责任公司没有发起人。而发起设立,是指由发起人认购公司应发行的全部股份而设立公司。以发起设立方式设立股份有限公司的,发起人以书面认足公司章程规定发行的股份后,即应缴纳全部股款;以实物、工业产权、非专利技术或者土地使用权抵作股款的,应当依法办理其财产权的转移手续。以募集设立方式设立股份有限公司的,发起人认购的股份不得少于公司股份总数的35%,其余股份应当向社会公开募集。在股份有限公司成立前,公司发起人的虚假出资行为可能构成虚假出资罪。当股份有限公司成立后,公司发起人的出资已成为股份有限公司的股份,公司发起人作为股份持有人而成为股东,此时再针对出资实施的犯罪,只能认定为抽逃出资。

所谓公司股东,在有限责任公司和股份有限公司中有不同的含义。有限责任公司的股东是指向公司投入资金并依法享有权利、承担义务的人,股份有限公司的股东是指股份有限公司的股份持有人,依其股份享有权利,承担义务。按照公司法的规定,有限责任公司由50个以下股东共同出资设立。国家授权投资的机构或者国家授权的部门可以单独投资设立国有独资的有限责任公司。

(四) 主观特征

虚假出资、抽逃出资罪不存在过失犯罪,所以行为人主观上必须是故意。

三、虚假出资、抽逃出资罪的追诉标准

最高人民检察院、公安部《关于公安机关管辖的刑事案件立案追诉标准的规定(二)》第4条规定:"公司发起人、股东违反公司法的规定未交付货币、实物或者未转移财产权,虚假出资,或者在公司成立后又抽逃其出资,涉嫌下列情形之一的,应予立案追诉:(一)法定注册资本最低限额在六百万元以下,虚假出资、抽逃出资数额占其应缴出资数额百分之六十以上的;(二)法定注册资本最低限额超过六百万元,虚假出资、抽逃出资数额占其应缴出资数额百分之三十以上的;(三)造成公司、股东、

债权人的直接经济损失累计数额在五十万元以上的;(四)虽未达到上述数额标准,但具有下列情形之一的:1.致使公司资不抵债或者无法正常经营的;2.公司发起人、股东合谋虚假出资、抽逃出资的;3.二年内因虚假出资、抽逃出资受过二次以上行政处罚,又虚假出资、抽逃出资的;4.利用虚假出资、抽逃出资所得资金进行违法活动的。(五)其他后果严重或者有其他严重情节的情形。"

需要指出的是,根据上述规定,该条只适用于依法实行注册资本实缴登记制的公司。同时,在司法实务中,虚假出资、抽逃出资罪的部分情形追诉数额较低,很容易满足,如造成公司、股东、债权人的直接经济损失累计数额在50万元以上的即可追诉,所以,在犯罪数额满足追诉条件的同时,仍然需要对犯罪行为进行实质性评价,考量其法益侵害性、社会危害性,避免出现构罪就捕、构罪就诉的情形。

第二节 虚假出资、抽逃出资罪的证据审查

虚假出资、抽逃出资案件往往专业性较强,证据种类虽然并不复杂,但相关书证数量较多,且证据与证据之间关联性不强,办案人审查、运用证据的难度较大。

一、虚假出资、抽逃出资罪的证据要件

(一)犯罪客体证据

本罪所侵犯的客体主要是国家对公司的管理秩序,围绕本罪收集的客体方面的证据主要有:

1.法律依据方面的证据

该部分证据主要为了证实虚假出资、抽逃出资行为的刑事处罚必要

性，公司法在其"法律责任"部分已经明确了需要刑事追究的情况，故不需要额外予以收集法律依据，但对于是否符合刑事追究的具体情况则需要有证据支撑，该部分详见客观方面的证据要件。

2. 侵害行为方面的证据

该部分主要包括犯罪行为、危害结果、因果关系三个方面。实践中，侵害行为方面的证据与犯罪客观方面的证据高度重叠，主要通过犯罪嫌疑人、被告人供述和辩解、证人证言、物证、书证、鉴定意见等证据，证实行为人的行为侵犯了国家对公司的管理秩序，达到了应受刑罚惩罚的程度。

需要注意的是，实践中虽然犯罪客体方面的证据主要通过犯罪客观方面的证据予以说明，但二者并不是等同关系。

（二）客观方面证据

1. 犯罪嫌疑人、被告人的供述和辩解

（1）制作虚假出资材料或者抽逃出资材料的时间、地点、参与人。

（2）采取何种方式、手段制作的虚假出资材料或抽逃出资材料。

（3）虚假出资材料或抽逃出资材料的种类、数量、内容、特征等。

（4）制作虚假出资材料或抽逃出资材料的原因及详细经过、造成的危害后果。

（5）制作虚假出资材料或抽逃出资材料时是否向他人给予财物以及具体经过。

（6）本人在公司发起、注册过程中的地位和作用。

（7）共同犯罪的犯意发起、组织策划、分工合作等情况。

2. 证人证言

（1）工商登记管理部门工作人员的证言，证实公司的注册信息等情况。

（2）公司股东、财务人员的证言，证实行为人在公司发起、成立后的地位等情况。

（3）其他知情人员的证言，证实与案件有关的事实情节，尤其要注意收集公司发起人、股东是否系合谋虚假出资、抽逃出资的情况。

3. 书证

通过调取公司设立登记申请材料、公司章程、会计师事务所验资报告、股东会会议决议事项纪要、董事会会议决议事项纪要、企业法人营业执照、行政处罚决定书等，证实行为人是否超过法定出资期限，虚假出资、抽逃出资的数额及应缴出资数额；是否造成公司、股东、债权人的直接经济损失累计数额达到追诉标准；是否致使公司资不抵债或者无法正常经营；是否因虚假出资、抽逃出资受过行政处罚；是否利用虚假出资、抽逃出资所得资金进行违法活动。调取财务会计报表，审查有无采取虚增利润的方式进行抽逃。调取公司原始账簿、记账凭证、银行账簿等材料，以审查行为人有无通过虚构债权债务关系将其出资转出，有无关联交易将出资转出，具体虚假出资、抽逃出资的数额，等等。

4. 物证

通过调取出资时、资产评估时、验资时的物证和案发后的物证及其照片，包括流动资金、固定资产、工业产权、土地使用权等，证实出资时的财产情况、验资时的财产情况、虚假出资和抽逃出资后的财产情况。

（三）犯罪主体证据

本罪的主体是特殊主体，即公司发起人、股东。本罪主体方面的证据主要有：

1. 个人身份证据

（1）居民身份证、临时居住证、工作证、护照、港澳居民来往内地通行证、台湾居民来往大陆通行证、中华人民共和国旅行证以及边民证。

（2）户口簿或公安机关出具的户籍证明等。

（3）公司关于个人系公司发起人、股东的劳动合同、任职文件、会议纪要等。

（4）犯罪嫌疑人、被告人的供述。

（5）有关人员（如公司股东、工作人员等）关于犯罪嫌疑人、被告人情况的证言。

2. 单位情况证据

（1）证明公司性质的相应文件，包括企业法人营业执照、法人工商注册登记证明、法人设立证明、税务登记证，办公地和主要营业地证明、法定代表人等，实行注册资本实缴登记制的，应当附有相应的批文。

（2）单位内部组织的章程、协议书等，证明单位的组织形式、直接负责的主管人员、其他直接责任人员的证据。

（3）银行账号证明、注册资料、审计情况等，证明单位日常款项流向、处分情况。

（4）单位已被撤销、合并、分解的，应有相关工商登记信息表、公司股东大会记录等书证。

3. 前科证据

通过调取公司发起人、股东或者被告单位的刑事判决书、裁定书、释放证明书、假释证明书、不起诉决定书、行政处罚决定书等相关文书，证明自然人系公司的发起人或股东。需要注意的是，根据最高人民检察院、公安部《关于公安机关管辖的刑事案件立案追诉标准的规定（二）》第4条的规定，行为人或者单位如果是2年内因虚假出资、抽逃出资受过行政处罚2次以上，又虚假出资、抽逃出资的，应予立案追诉，所以在收集证据过程中要注意行为人或公司有无就虚假出资、抽逃出资受过行政处罚，并及时调取相关行政处罚文书。

在收集、审查、判断与运用上述证据过程中，需要注意审查行为人的行为究竟是个人犯罪还是单位犯罪，一般应注重以下两点：一是如果行为人的行为系盗用单位名义实施犯罪，违法所得由实施犯罪的个人获得，则依照刑法有关自然人犯罪的规定定罪处罚；二是行为人为实施虚假出资、抽逃出资而设立的公司，也要以自然人犯罪论。

（四）主观方面证据

本罪主观方面是行为人实施犯罪行为时对危害行为本身、可能造成的危害后果以及危害行为与危害结果的因果关系所具有的心理态度，具体包括直接故意和间接故意。

1. 犯罪嫌疑人、被告人的供述与辩解

包括行为人虚假出资、抽逃出资的动机、目的，虚假出资、抽逃出资的时间、地点、手段、参与人员、款项流向等，对虚假出资、抽逃出资的违法性认知程度。如果系共同犯罪的，还需要具体详细说明其他同案犯在共同犯罪中的作用与分工。

2. 证人证言

包括公司登记备案机关工作人员、公司股东、财务人员等的证言，证实内容同上。

3. 书证

包括行为人签字办理的虚假出资、抽逃出资相关文书，办理相关出资款项的银行流转明细，会计师事务所的审计报告等，证明行为人主观上认识到自己的行为系从出资款中进行虚假出资或抽逃出资。

二、虚假出资、抽逃出资罪常见证据审查

（一）行政机关收集的证据能否作为证据使用

实践中，本罪的案发多由行政机关调查展开，在执法过程中发现可能涉嫌犯罪进而移送司法机关，对于行政机关在执法过程中形成的证据，刑事诉讼法、《人民检察院刑事诉讼规则》和最高人民法院《关于适用〈中华人民共和国刑事诉讼法〉的解释》根据证据种类作出了具体规定，即行政机关在行政执法和查办案件过程中收集的物证、书证、视听资料、电子数据等证据材料，在刑事诉讼中可以作为证据使用。这里主要考虑到这部分客观性证据具有不可替代性，且如果进入刑事诉讼环节再收集调取，不仅司法成本较大，有些证据也不再具有取证条件。

值得注意的是，并非只要行政机关收集的物证、书证、视听资料、电子数据等证据材料就可以直接使用，根据《人民检察院刑事诉讼规则》的规定，人民检察院还需要审查上述证据是否符合法定要求，否则也不能作为证据使用。

（二）采用秘密手段取得的证据

实践中，大多数虚假出资、抽逃出资案件系由一方股东报案案发，股东报案时亦会提供部分秘密手段取得的证据，如行为人的通话录音、电子邮件，知情人员陈述的音频资料，等等。一方当事人用秘密手段取得的证据，原则上不宜作为定案的依据，需要完成证据转化，即由司法机关依据刑事诉讼法的相关规定重新调取，经审查具有合法性、真实性、关联性，才能作为证据进入刑事诉讼程序。

第三节 虚假出资、抽逃出资罪的认定处理

一、虚假出资、抽逃出资罪的罪与非罪

(一) 注册资本实缴登记制对本罪的影响

2013年12月28日,第十二届全国人大常委会第六次会议通过了关于修改公司法的决定,自2014年3月1日起施行。2014年4月24日,第十二届全国人大常委会第八次会议通过了《关于〈中华人民共和国刑法〉第一百五十八条、第一百五十九条的解释》。为了正确执行新修改的公司法和全国人大常委会立法解释,严格依法办理虚报注册资本和虚假出资、抽逃出资刑事案件,最高人民检察院、公安部于2014年5月20日发布了《关于严格依法办理虚报注册资本和虚假出资抽逃出资刑事案件的通知》,要求:"自2014年3月1日起,除依法实行注册资本实缴登记制的公司(参见《国务院关于印发注册资本登记制度改革方案的通知》(国发〔2014〕7号))以外,对申请公司登记的单位和个人不得以虚报注册资本罪追究刑事责任;对公司股东、发起人不得以虚假出资、抽逃出资罪追究刑事责任。对依法实行注册资本实缴登记制的公司涉嫌虚报注册资本和虚假出资、抽逃出资犯罪的,各级公安机关、检察机关依照刑法和《立案追诉标准(二)》的相关规定追究刑事责任时,应当认真研究行为性质和危害后果,确保执法办案的法律效果和社会效果。"

(二) 出资违约与虚假出资罪的界限

《公司法》第28条规定:"股东应当按期足额缴纳公司章程中规定的各自所认缴的出资额。股东以货币出资的,应当将货币出资足额存入有限责任公司在银行开设的账户;以非货币财产出资的,应当依法办理其财产

权的转移手续。股东不按照前款规定缴纳出资的，除应当向公司足额缴纳外，还应当向已按期足额缴纳出资的股东承担违约责任。"据此，股东在设立公司中，因不按照公司章程规定缴纳所认缴的出资，而应承担违约责任，属于出资违约。出资违约既可能是由于客观上作为出资的实物或者财产权发生贬值、灭失，也可能是由于行为人主观上不愿出资。虽然从客观形式看，出资违约似与虚假出资无异，都是没有缴纳认缴的出资额，但从主观方面看，出资违约也可能是出于意外或者过失，而虚假出资则是故意以欺骗手段掩饰其不出资行为，以让外界误以为其已足额出资。此外，出资违约一般是不作为的方式，出资人一般由于违约不积极追求获得没有对价的股份，而虚假出资会积极追求不出资而获得股份。

（三）撤回出资与抽逃出资罪的界限

实践中不少股东撤回出资的行为，从形式上看，与抽逃出资有相似之处，但有限责任公司成立后股东不得抽逃出资，不等于绝对禁止股东从公司撤回投资。根据公司法的规定，股东可以采取股权转让或请求公司回购股权两种方式退出公司。无论采取何种方式，都必须符合法定程序，并依法办理变更登记手续。实践中，应以行为人是否采取了公司法规定的形式、是否及时变更登记等情况，综合判断行为人是合法撤回出资还是抽逃出资。

（四）虚假出资、抽逃出资的法律责任

对虚假出资、抽逃出资的法律后果，可以分为民事责任、行政责任、刑事责任，并不是都要以刑事责任予以追究，大致可以分为三种情形。

其一，情节较轻的虚假出资、抽逃出资行为，属于民事违约，如果损害其他发起人或者股东等的合法权益，可以民事诉讼等方式要求其承担民事责任。

其二，情节较重的虚假出资、抽逃出资行为，违反了公司法的相关规定，对公司的管理秩序形成了影响，可以由相关主管部门进行行政处罚。例如，《公司法》第199条规定"公司的发起人、股东虚假出资，未交付或者未按期交付作为出资的货币或者非货币财产的，由公司登记机关责令改正，处以虚假出资额百分之五以上百分之十五以下的罚款"，第

200条规定"公司的发起人、股东在公司成立后,抽逃其出资的,由公司登记机关责令改正,处以所抽逃出资金额百分之五以上百分之十五以下的罚款",第214条规定"公司违反本法规定,应当承担民事赔偿责任和缴纳罚款、罚金的,其财产不足以支付时,先承担民事赔偿责任"。

其三,情节严重的虚假出资、抽逃出资行为,数额巨大、后果严重或者有其他严重情节的,达到刑事追诉标准的,可以追究其刑事责任。例如,《公司法》第215条规定"违反本法规定,构成犯罪的,依法追究刑事责任"。

二、虚假出资、抽逃出资罪的此罪与彼罪

实践当中,虚假出资罪、抽逃出资罪的准确认定,主要涉及与虚报注册资本罪的区分问题。

虚报注册资本罪是指申请公司登记使用虚假证明文件或者采取其他欺诈手段虚报注册资本,欺骗公司登记主管部门,取得公司登记,虚报注册资本数额巨大、后果严重或者有其他严重情节的行为。虚假出资、抽逃出资罪是指公司发起人、股东违反公司法的规定未交付货币、实物或者未转移财产权,虚假出资,或者在公司成立后抽逃其出资,数额巨大、后果严重或者有其他严重情节的行为。两者有以下几点区别:一是从犯罪的主观目的看,虚报注册资本罪的目的是非法取得公司登记,虚假出资、抽逃出资罪的目的是通过少出资或不出资以实现公司法所要求的条件;二是从犯罪的客观方面看,虚报注册资本罪欺骗的仅是公司登记主管部门,以取得公司登记,一般为公司行为,公司股东一般都知情,虚假出资、抽逃出资罪往往要隐瞒其他股东,仅是行为人的私下行为;三是从犯罪侵害的对象看,虚报注册资本罪侵犯的主要是公司登记制度,虚假出资、抽逃出资罪侵害的主要是依法认足并缴足出资的公司的其他股东、发起人以及其他利益相关人的利益;四是从犯罪侵犯的客体看,二者既有重合也有不同,重合在于二者的行为都妨害对公司企业的管理秩序,不同在于虚假出资、抽逃出资罪还侵害了公司的财产权等。

三、虚假出资、抽逃出资罪的其他相关问题

（一）抽逃、转移资金的定性问题

根据刑法规定，虚假出资、抽逃出资的行为所针对的对象是"出资"，如果行为人抽逃、转移的系公司资金，则不宜以虚假出资、抽逃出资罪认定，可以依据《企业法人登记管理条例施行细则》第49条第8项规定："责令补足抽逃、转移的资金，追回隐匿的财产，没收非法所得，处以非法所得额3倍以下的罚款，但最高不超过3万元，没有非法所得的，处以1万元以下的罚款；情节严重的，责令停业整顿或者吊销营业执照。"如果需要追究刑事责任的，则应以具体构成的罪名认定，例如挪用资金罪、职务侵占罪等。虚假出资、抽逃出资罪与抽逃、转移资金违法行为的根本界限，一是虚假出资、抽逃出资只适用于出资实缴制的公司；二是虚假出资、抽逃出资犯罪对象为公司发起人、股东的出资，挪用资金、职务侵占犯罪对象为公司的资金，二者的法律适用范围不同。

实践中有观点认为，对于非出资实缴制的公司出现抽逃出资的行为可以认定为职务侵占罪，例如某案件中，犯罪嫌疑人与他人共同出资注册成立有限责任公司，公司成立后其出于对公司经营情况的担忧，利用职务上的便利，私自将自己的出资30万元从公司账户抽回。认定职务侵占罪的主要理由是，犯罪嫌疑人不仅基于股东的身份，而且利用了管理公司资金账户的职务便利，且其出资在公司资产层面已经出现了混同，占有的30万元具有了公司资产的属性，该行为侵犯了公司财产权利，符合职务侵占罪的构成要件。对此观点我们持否定态度，主要理由：一是行为人以自己对公司的实际出资额为犯罪对象，原则上不宜认定行为人主观上具有非法占有目的，进而认定职务侵占罪；二是相比较同样犯罪数额的抽逃出资罪和职务侵占罪，职务侵占罪属于量刑更重的刑事犯罪，随着公司法的修订，对于非出资实缴制公司中的抽逃出资行为不再认定抽逃出资罪，反而认定为量刑更重的职务侵占罪，会出现定罪和量刑上的失衡。

（二）虚假出资罪、抽逃出资罪的罪数问题

虚假出资、抽逃出资罪系选择罪名，罪状表述中也体现了虚假出资、

抽逃出资两个行为的犯罪构成，在具体认定中，根据行为人实施的具体犯罪行为，可以一并使用，也可以单独使用。行为人仅实施了虚假出资的行为，则认定虚假出资罪；仅实施了抽逃出资的行为，则认定抽逃出资罪；既实施了抽逃出资的行为，又实施了虚假出资的行为，则认定为虚假出资、抽逃出资罪，而不以虚假出资罪和抽逃出资罪数罪并罚。

（三）隐名股东是否构成虚假出资、抽逃出资罪

《刑法》第 159 条规定的虚假出资、抽逃出资罪的犯罪主体是特殊主体，仅限于公司发起人和股东，对于已实际出资但没有进行工商登记的隐名股东，即实际出资人，一般不宜单独认定构成虚假出资、抽逃出资罪，但可以和挂名的公司发起人和股东构成共同犯罪。主要理由是，最高人民法院《关于适用〈中华人民共和国公司法〉若干问题的规定（三）》第 24 至第 26 条专门规定了名义股东和实际出资人之间的权利义务以及纠纷处理，从上述规定看，实际出资人不当然享有股东资格，在目前尚无明确刑法规定及司法解释对实际出资人可以成为虚假出资、抽逃出资罪主体的情况下，不宜扩大犯罪主体范围。

第四节　案例评析

一、胡某国票据诈骗、虚假出资、非法吸收公众存款案[①]

【案例要旨】

行为人为公司增资进行注册资本变更登记，在验资后登记变更前抽逃出资的行为，应当适用《刑法》第 158 条以虚报注册资本罪定罪处罚，

---

① 参见赵中兴、朱淼蛟、李莹、田欣：《胡建国票据诈骗、虚假出资、非法吸收公众存款案》，载《人民司法·案例》2010 年第 16 期。

而非虚假出资罪或者抽逃出资罪。

【基本案情】

被告人胡某国为增加注册资本登记数额，向他人借款150万元骗得验资证明，在工商变更登记前抽逃出资计150万元。

二审判决认为：原审被告人胡某国作为古月公司法定代表人，违反公司法的规定，在公司增加注册资本变更登记过程中，采用欺诈手段虚报注册资本，欺骗公司登记主管部门，取得公司登记，虚报注册资本数额巨大，被告人胡某国作为该单位直接负责的主管人员，其行为又构成虚报注册资本罪。本案中原审被告人胡某国出于向银行贷款需要，采取向公司登记管理机关提供与实际状况不符（资金实际已转出）验资证明的方式，欺骗公司登记主管部门，取得公司变更登记，且虚报注册资本数额巨大，故原审被告人胡某国及其古月公司的行为构成虚报注册资本罪。

【案例评析】

虚报注册资本罪是指申请公司登记使用虚假证明文件或者采取其他欺诈手段虚报注册资本，欺骗公司登记主管部门，取得公司登记，虚报注册资本数额巨大、后果严重或者有其他严重情节的行为。虚假出资、抽逃出资罪是指公司发起人、股东违反公司法的规定未交付货币、实物或者未转移财产权，虚假出资，或者在公司成立后抽逃其出资，数额巨大、后果严重或者有其他严重情节的行为。

第一，从犯罪的主观目的看，虚报注册资本罪的目的是非法取得公司登记，虚假出资、抽逃出资罪的目的是通过少出资或不出资牟利。本案中胡某国出于向银行贷款需要，而骗取工商行政管理部门作出变更注册资本登记的主观故意明确，虽然其最终目的也是通过骗取登记来牟利，但其虚报行为的直接故意仍为骗取公司变更登记。

第二，从犯罪的客观方面看，虚报注册资本罪是使用虚假的证明文件或者采用其他欺诈手段虚报注册资本，欺骗公司登记主管部门，取得公司登记。本案被告人正是采取向公司登记管理机关提供与实际状况不符（资金实际已转出）的验资证明，欺骗公司登记主管部门，取得公司变更登记。

虚假出资、抽逃出资罪表现为虚假出资、抽逃出资的行为，其中，虚假出资罪的客观方面表现为违反公司法的规定未交付货币、实物或者未转移财产。其中以货币方式出资的有限责任公司股东，未在法定期限内将其认缴的货币足额存入准备设立的有限责任公司在银行开设的临时账户。被告人胡某国在借款150万元后，存入绍兴县古月纺织有限公司的银行账户为验资做准备。依据民法理论，货币为特殊种类物，对其占有即为所有。本案中，被告人将钱款存入公司账户的行为即完成了对该笔钱款的交付，该公司即成为该笔货币的占有人和所有人，出资人实际上完成了对货币的交付义务，不符合虚假出资罪的构成要件。

此外，本案行为人将钱款存入公司账户后又予以抽逃，行为方式上具有抽逃出资行为的出资暂时性特征，但从《刑法》第159条的立法目的来看，虚假出资所针对的是公司成立前未出资的行为，那么，与其并列构成《刑法》第159条选择性罪名的抽逃出资，其规制范围也应紧紧围绕为公司成立而出资的行为。即抽逃出资行为所抽逃的资金应为公司成立前已认缴的出资，在公司成立后又予以抽逃。从法条设计和立法原意上看，《刑法》第159条所规定的两种行为应分别以公司成立前后的一段时间为规制范围，而不应将之扩大至公司增资这一时间段。

第三，从犯罪侵害的对象看，虚报注册资本罪侵犯的主要是公司登记制度，虚假出资、抽逃出资罪侵害的主要是依法认足并缴足出资的公司的其他股东、发起人的利益。

侵害对象的不同也导致了两种行为隐蔽性的不同，行为人虚假出资、抽逃出资往往要隐瞒其他股东，虚报注册资本则为公司整体行为，大多为经股东同意而实施，代表了公司的整体意志。

古月公司另一股东为胡某国之母阮某毛，胡某国所虚报的注册资本150万元中，30%是以股东阮某毛的名义存入公司账户进行登记的，胡某国虚报行为对其有利无害，故原审被告人胡某国及其古月公司的行为所侵害的是公司的登记管理制度而非其他股东的利益。

第四，从犯罪侵犯的客体看，尽管两者都妨害对公司企业的管理秩序，但虚报注册资本罪侵犯的主要是工商行政管理登记制度，而虚假出资、抽逃出资罪侵害的主要是公司、企业本身。显然，本案被告人及其古月公司的行为并不会侵害公司本身，甚至是为了公司的利益而为之（为公司申请贷款），而是侵害了工商行政管理登记制度。

第五，从犯罪的时间点来看，虚报注册资本发生在申请公司登记的过程中，虚假出资、抽逃出资分别发生在公司成立前和成立后。本案中胡某国的行为发生于公司因增资而申请变更登记的过程中。而对于《刑法》第158条中的"取得公司登记",一种较为流行的观点将该"公司登记"狭义地理解为公司成立登记,而不包括公司变更登记,使得公司增资过程中的虚报注册资本行为被排除在《刑法》第158条之外。但该种观点是经不起推敲的。

此外,《刑法》第158条的规定不仅是针对申请公司设立登记时虚报注册资本的行为,还应包括申请公司变更登记时的虚报行为。首先《刑法》第158条对于虚报注册资本罪具体适用于哪些公司登记程序并没有予以区分,而是笼统地使用了"公司登记"这一概念。在《公司登记管理条例》等行政法律规定中,公司登记是一个范围很广的总属概念,而公司的设立登记仅只是公司登记的众多下属概念之一,公司登记不仅包括公司的设立登记,而且还包括了公司的变更登记、注销登记等各种情形,设立登记和变更登记在我国的行政法律中都是下属于公司登记的平行概念。其次,从立法本意看,我国的公司登记制度将注册资本作为确立公司公示性和安全性的一个基础,而虚报注册资本正是从根本上破坏了我国公司登记制度的价值核心,对资本和债务安全构成了重大的威胁,具有极大的社会危害性。无论是在申请公司设立登记时虚报注册资本的行为,还是在公司成立之后申请变更登记时虚报注册资本的行为,在本质上都直接冲击公司的公示性和安全性,破坏了我国公司登记制度的价值核心,都同样对资本和债务的安全构成了重大的威胁。显然,无论是在设立登记时还是在变更登记时,其行为表现出的社会危害性是相同的。综上,原审被告人胡某国及其古月公司的行为更符合虚报注册资本罪的犯罪构成要件。

综合以上几点,行为人为公司增资进行注册资本变更登记,在验资后登记变更前抽逃出资的行为应以虚报注册资本罪定罪处罚。

二、上海协安建筑安装工程有限公司等虚假出资案[①]

【案例要旨】

在行为人不经手资金的情形下由其他公司实施垫资行为并代办法定

---

① 参见陈姣莹、潘庸鲁:《上海协安建筑安装工程有限公司等虚假出资案》,载《人民司法·案例》2012年第8期。

验资手续，垫资款在公司还未成立前即被抽回，应认定为一种虚假出资行为。另外，由于这种虚假出资行为主要是针对其他公司发起人或股东进行的欺骗，而并非针对公司登记主管部门以进行整体虚报注册资本，因而不能认定为虚报注册资本行为。

【基本案情】

1997年张某担任被告单位上海协安建筑安装工程有限公司（以下简称协安公司）法定代表人、经营负责人。2001年3月，协安公司与中国体育国际经济技术合作公司（以下简称中体国际）向上海市工商行政管理局嘉定分局（以下简称嘉定工商局）申请注册资本为人民币500万元（以下币种均为人民币）的上海中体建筑工程有限公司（以下简称中体公司），其中协安公司认缴出资255万元，中体国际公司认缴245万元（分两次缴付149万元）。其间，在张某的操办下，上海丰科实业发展有限公司于同月12日以协安公司名义向中体公司的验资账户汇入255万元。同日，上海同诚会计师事务所据此出具了协安公司已全额认缴出资的验资报告。次日，上述255万元即被全额归还上海丰科实业发展有限公司。同月16日，中体公司经嘉定工商局核准登记成立，此后由张某实际负责经营。事后，协安公司仅补缴9万元，未按公司法规定实际足额交付出资款。在经营过程中，中体公司产生了130余万元的债务，经法院强制执行，公司另一发起人中体国际作为被追加的被执行人偿还了120万余元债务，另有11万余元债务未履行。至此，中体国际履行出资义务共计269万余元。2010年11月3日，公安机关因协安公司涉嫌虚假出资犯罪而将张某抓获。到案后，张某如实供述了上述犯罪事实，中体公司已履行了上述债务。

一、二审法院审理认为，被告单位协安公司作为中体公司股东，违反公司法规定未交付出资，数额巨大，被告人张某作为被告单位直接负责的主管人员，其行为均已构成虚假出资罪。

【案例评析】

本案的争议焦点在于委托其他公司垫资成立公司之后，垫资款被垫资公司立刻取回的行为是构成虚假出资罪、抽逃出资罪还是虚报注册资本罪？

第一种观点认为本案构成虚假出资罪，被告人张某明知所垫资金在经过上海同诚会计师事务所出具全额缴纳认缴出资的验资证明后会被垫资公司立刻取回（公司未成立之前），仍同意这种行为，并且被告人在这一过程中并不占有或经手这些资金，完全依靠第三方完成出资注册资本行为，其目的是骗取上海同诚会计师事务所据此出具协安公司已全额缴纳出资款的验资报告，显然被告人张某实施了虚假出资行为。

第二种观点认为本案构成抽逃出资罪，不用考虑垫资的时间长短，而是把上海丰科实业发展有限公司的垫资行为作为一种借款行为。既然是借款，张某就具有占有和支配权，用借款作为公司注册资本就不能认为系虚假出资，其随后将资金抽回应是一种抽逃出资行为。

第三种观点认为本案构成虚报注册资本罪，被告人张某根本就没有真实出资，其委托其他公司垫资只是为了骗取会计师事务所出具协安公司已全额缴纳出资的验资报告，然后拿着虚假的证明文件来欺骗公司登记主管部门以取得公司登记，这符合虚报注册资本的犯罪构成要件。

对于本案的定性，我们认为首先应从刑法原理入手来分析虚假出资罪、抽逃出资罪、注册资本罪之间的区别才能得出结论。具体分析如下：

1. 虚假出资罪、抽逃出资罪与一般违法之间的区别

虚假出资罪、抽逃出资罪，是指公司发起人、股东违反公司法的规定未交付货币、实物或者未转移财产权，虚假出资，或者在公司成立后又抽逃出资，数额巨大、后果严重或者有其他严重情节的行为。根据2001年最高人民检察院、公安部联合颁布的《关于经济犯罪案件追诉标准的规定》，这里的"数额巨大、后果严重或者有其他严重情节"应理解为：第一，虚假出资、抽逃出资，给公司、股东、债权人造成的直接经济损失累计数额在10万元至50万元以上的。第二，虽未达到上述数额标准，但具有下列情形之一的：一是致使公司资不抵债或者无法正常经营的；二是公司发起人、股东合谋虚假出资、抽逃出资的；三是因虚假出资、抽逃出资，受过行政处罚2次以上，又虚假出资、抽逃出资的；四是利用虚假出资、抽逃出资所得资金进行违法活动的。而根据《公司法》第199条规定："公司的发起人、股东虚假出资，未交付或者未按期交付作为出资的货币或者非货币财产的，由公司登记机关责令改正，处以虚假出资金额百分之五以上百分之十五以下的罚款。"第200条规定："公司的发起人、股东在公司成立后，抽逃其出资的，由公司登记机关责令改正，处以所抽逃出资金额百分之五以上百分之十五以下的罚款。"从上述两项规定中可以

得出两个结论：第一，即使公司发起人或股东虚假出资、抽逃出资，如果没有致使公司资不抵债或者无法正常经营，无须启动刑法；第二，虽然公司发起人或股东虚假出资、抽逃出资，但对其他股东、债权人没有造成数额巨大损失、严重后果或者存在其他严重情节，仍然不能启动刑法。另外，虚假出资、抽逃出资罪与一般违法之间的区别还在于，虚假出资、抽逃出资罪是行为人主观明知自己的出资额度不足或没有而故意以欺骗手段制造出资足额的假象，或者公司一经注册成功便把注册资本挪到非本公司生产经营之外的活动；而一般的违法行为则是行为人因为各种原因而高估了交付的实物或者转移的财产权的实际价值，致使其出资额明显低于应缴出资额，或者因不可抗力等客观原因不能出资或者出资不足，行为人出于认识错误没有欺骗的故意或者出于侥幸心理欺骗程度不高，因此只能承担民事或行政责任。

根据《公司法》第93条规定："股份有限公司成立后，发起人未按照公司章程的规定缴足出资的，应当补缴；其他发起人承担连带责任。"本案中被告人张某本应出资255万元，但实补交出资只有9万元，亦未承担公司经营过程中造成的130万余元的债务。而中体国际承担了相应的连带责任，给公司另一个发起人即中体国际造成70余万元的损失（这种损失应和中体国际所应出资的注册资本区分开，因为无论中体国际是否全额出资注册资本，都应承担45%的赔偿责任，这是对于协安公司而言），显然本案不是一般违法行为，也不是单纯的虚假出资或抽逃出资行为并未造成公司资不抵债或者无法正常经营的情形，而是在明知的情状下给其他公司发起人造成数额巨大的严重损失，因而应纳入刑法规制范畴。

2. 虚假出资罪与抽逃出资罪之区别

虚假出资是指公司发起人、股东违反公司法规定，未交付应当交付的出资额（含货币、实物）或者未办理出资额中的财产权转移手续的行为。虚假出资的关键在于假冒已缴足所应认缴的资本而并非认缴资本未缴足，即无代价或无对等价而取得股份，是一种不真实的转移行为或明显的欺诈行为。这种虚假的表现形式主要体现于未交付货币或实物、未转移财产权或者对财产权高估作价。抽逃出资则是指公司的发起人或股东在公司成立后，违反公司法的规定又从公司注册资本中抽回自己出资额的全部或部分的行为。这里的公司成立之后是指公司根据公司法等相关法律规定实施设立行为以及完成申请设立登记的程序，经主管机关核准登记，发营业执照，取得法人资格的一种状态。抽逃出资的表现形式为行为人将已存入银行的出资款取走、将股款支走、将已支付的实物取回或者将已转入公司名下的财产权又转移出去。申言之，抽逃出资的前提是公司发起人或股东已经实际出资，否则没有出资或虚假出资的人根本无资可抽，一旦在此情况下抽资将构成职务侵占罪。

另外，还需注意区分抽逃出资与公司发起人或股东向公司的合法借款行为、出资人合法转让股权行为、出资人依法撤回出资行为以及公司的合法减资行为。从上述定义我们可以总结出虚假出资罪与抽逃出资罪的三点区别。第一，时间节点不同：前者一般发生在申请公司登记前或登记后约定的股份缴纳期间内（一般是两年）；后者必然发生在公司成立之后。第二，表现形式不同：前者是没有出资或者没有按约定全额出资；后者是按照约定已经出资，但在公司成立后又将出资额全部或部分转移出去。第三，侵害法益不同：前者侵犯的法益是公司登记制度和其他股东的合法权益；后者侵犯的是其他股东权益和公司未来债权人的合法债权。

这里有一个重要问题需厘清，即公司发起人或股东在公司注册登记时用贷款或者借款作为货币出资额，是构成虚假出资罪还是抽逃出资罪。持肯定说学者认为，虽然公司法未作明确规定，从公司注册资本规定最低限额和时间的立场来看，是为公司债务提供担保，股东若以贷款或借款用作出资额，将会使公司债权人的合法权益维护至于虚置状态，这有违公司资本的应有之义。但持否定说的学者则认为，公司法并没有明确规定股东现金出资不能来自贷款或借款，股东的贷款或借款虽然属于个人贷款或借款，但货币属于种类物而非特定物，股东对贷款或借款具有所有权，只要出资形式符合公司法并已经真实转移，就可以作为注册资本的组成部分，并不影响部分出资成为公司债务担保。因而，以合营一方名义借贷现金而后投入公司的，并不构成虚假出资罪。我们认为，基于货币的种类属性，无论是借款还是贷款，都不能否定公司发起人或股东对资金占有或所有的真实性与合法性，这也包括资金在公司成立后被立刻转移，即不能认为是一种虚假出资行为，只能认定为抽逃出资行为。例如，行为人从银行贷款100万元作为注册资本，在公司成立后抽出50万元先偿还贷款的行为不能认定为虚假出资，而是属于抽逃资金，应以抽逃出资罪论处。那么对于本案而言，在徐行经济城的操办下由上海丰科实业发展有限公司进行垫资作为被告人张某的注册资本，但这种垫资行为并非是被告人张某的贷款或借款，因为这一过程中张某对垫资款并不具有占有的可能或事实，更无法行使垫资款的支配权（不论时间长短），因而不具有贷款人或借款人所有钱款的属性。直言之，被告人张某在公司成立之前并没有拿出任何出资款来作为自己全额认缴 255 万元注册资本的证明，在这一验资过程中只是作为受益主体得以存在；更何况上海丰科实业发展有限公司所垫资的 255 万元在验资报告出具后的次日就全部被抽回，还未等到公司成立，因而被告人张某由其他公司的垫资行为只能认定为一种虚假出资而非抽逃出资。

3. 虚报注册资本罪与虚假出资罪之区别

被告人张某某上诉辩称其行为构成的是虚报注册资本罪而并非虚假出资罪，那么根据本案事实和证据能否认定为虚报注册资本罪？在回答这个问题之前，我们认为首先要厘清虚报注册资本罪与虚假出资罪之间的区别。公司法规定，注册资本为在公司登记机关登记的全体股东认缴的出资额或全体发起人认购的股本总额。虚报注册资本罪则是指申请公司登记使用虚假证明文件或者采取其他欺诈手段虚报注册资本，欺骗公司登记主管部门，取得公司登记，虚报注册资本数额巨大、后果严重或者有其他严重情节的行为。这里的虚假证明文件是指依法设立的注册会计师事务所和审计师事务所对申请公司登记的单位或者个人提交的注册资本进行验证后，出具的不真实的验资报告、资产评估报告、验资证明等材料。其他欺诈手段是指采取贿赂等非法手段收买有关部门的工作人员，恶意串通，虚报注册资本，或者采用其他隐瞒事实真相的方法，欺骗公司登记主管部门的行为。简言之，虚报注册资本的表现形式主要为没有资本冒充有资本而申报、拥有的资金未达法定注册资本最低限额而作出具备法定注册资本最低限额的申报或者虽具有法定注册资本最低限额但申报数额高于实缴资本等。

虚报注册资本罪与虚假出资罪的区别主要有以下五点。第一，犯罪主体不同：前者是申请公司登记的自然人和单位，主要表现为申请设立公司登记的代表或者共同委托的代理人，实施的是代表公司的整体行为；后者是公司发起人、股东，实施的是个体行为。但二者有时存在交叉情形，尤其在设立空壳公司上表现得尤其明显。第二，侵犯法益不同：前者实质侵害的是未来债权人的合法利益以及公司登记制度；后者侵害的是公司、其他股东和未来债权人的利益以及公司出资制度。第三，客观行为不同：前者表现为使用虚假证明文件或者采取其他欺诈手段虚报注册资本，欺骗公司登记主管部门而取得公司登记许可；后者则表现为未交付货币、实物或者未转移财产权而取得公司股份权利。第四，行为发生时间不同：虚假出资行为一般发生在公司成立之前，但不排除公司成立后的存续期间，即通过发行新股或者增加新股东、原股东增加出资额以增加公司资本额过程中也可能存在虚假出资行为；但虚报注册资本是发生在公司成立之前，一旦公司注册成功，就不具备虚报注册资本的可能。第五，行为关系不同：前者发生于申请登记公司人与工商管理机关之间，是一种对外行为，欺骗的是公司登记主管部门；后者发生于公司发起人、股东个人与公司之间，是一种对内行为，欺骗的是其他发起人和股东。但实际上虚报注册资本罪与虚假出资罪并非能够截然分开，因为两罪除了都存在虚假出资或实际出资不足的问题，妨害了国家对公司、企业的管理秩序之外，还存在一定法条交叉竞合的情形，这源于虚报注册资本骗取公司登记往往是虚假出资的一种后果，而虚假出资又往往是虚报注册资本的一种手段，都是对公司登记管理制度的侵犯，因而是一种交叉型法条竞合，应按照重法优于轻法的原则定罪量刑，即以虚假出资罪论处。

被告人张某在本案中是作为公司发起人而并非申请公司登记人，他通过上海丰科实业发展有限公司来垫资255万元以骗取上海同诚会计师事务所出具的全额认缴出资的验资报告，次日255万元被全额抽回。尽管验资报告必然会欺骗工商登记管理机关，与虚报注册资本存在一定交叉，但他的虚假行为欺骗的对象首先和首要指向的是中体国际。为此，协安公司将上海中体经营产生的风险全部转嫁给了中体国际，并严重损害中体国际的合法利益，因而张某实施的是个体虚假行为而并非整体虚报行为，况且这种虚假行为又是在公司成立之前发生的一种对内行为，因而被告人张某构成虚假出资罪。退一步讲，即使被告人的虚假行为同时与虚报注册资本行为之间存在法条上的交叉，按照择一重罪原则，也应以虚假出资罪定罪量刑。综上，本案判决定性正确。

第三章　非国家工作人员受贿罪办案指引

第一节　非国家工作人员受贿罪概述

一、非国家工作人员受贿罪的立法沿革

非国家工作人员受贿罪是从受贿罪中逐步分离出的罪名。1995年2月28日通过的《决定》第9条规定："公司董事、监事或者职工利用职务上的便利，索取或者收受贿赂，数额较大的，处五年以下有期徒刑或者拘役；数额巨大的，处五年以上有期徒刑，可以并处没收财产。"第12条规定："国家工作人员犯本决定第九条、第十条、第十一条规定之罪的，依照《关于惩治贪污罪贿赂罪的补充规定》的规定处罚。"将公司、企业人员的受贿行为与国家工作人员的受贿行为作了区分。

1997年刑法修订时，立法机关对《决定》中规定的"公司董事、监事或者职工受贿罪"进行了吸收，对罪状表述也更为规范，将其规定为"公司、企业人员受贿罪"，罪状表述为："公司、企业的工作人员利用职务上的便利，索取他人财物或者非法收受他人财物，为他人谋取利益，数额较大的，处五年以下有期徒刑或者拘役；数额巨大的，处五年以上有期徒刑，可以并处没收财产。公司、企业的工作人员在经济往来中，违反国家规定，收受各种名义的回扣、手续费，归个人所有的，依照前款的规定处罚。"

2006年《刑法修正案（六）》又对1997年刑法中的本罪主体进行了扩大，增加了"其他单位的工作人员"，后最高人民法院、最高人民检察院《关于执行〈中华人民共和国刑法〉确定罪名的补充规定（三）》将罪名确定为"非国家工作人员受贿罪"。2008年11月，最高人民法院、最高人民检察院《关于办理商业贿赂刑事案件适用法律若干问题的意见》进一步诠释了本罪中的"其他单位"的含义，同时明确国有公司、企业以及其他国有单位中的非国家工作人员也属于本罪中的"公司、企业或者其他单位的工作人员"。

2020年《刑法修正案（十一）》对本罪的量刑档次进行了调整，增加了罚金刑，规定了情节犯。将原条文规定的"公司、企业或者其他单位的工作人员利用职务上的便利，索取他人财物或者非法收受他人财物，为他人谋取利益，数额较大的，处五年以下有期徒刑或者拘役；数额巨大的，处五年以上有期徒刑，可以并处没收财产"，改为"公司、企业或者其他单位的工作人员，利用职务上的便利，索取他人财物或者非法收受他人财物，为他人谋取利益，数额较大的，处三年以下有期徒刑或者拘役，并处罚金；数额巨大或者有其他严重情节的，处三年以上十年以下有期徒刑，并处罚金；数额特别巨大或者有其他特别严重情节的，处十年以上有期徒刑或者无期徒刑，并处罚金"。

二、非国家工作人员受贿罪的概念和构成特征

根据《刑法》第163条的规定，非国家工作人员受贿罪是指，公司、企业或者其他单位的工作人员利用职务上的便利，索取他人财物或者非法收受他人财物，为他人谋取利益；或者在经济往来中，利用职务上的便利，违反国家规定，收受各种名义的回扣、手续费，归个人所有，数额较大的行为。

根据《刑法》第184条第1款的规定，银行或者其他金融机构的工作人员在金融业务活动中索取他人财物或者非法收受他人财物，为他人谋取利益的，或者违反国家规定，收受各种名义的回扣、手续费，归个人所有的，依照《刑法》第163条的规定定罪处罚。第184条第1款的规定，属于非国家工作人员受贿罪的注意性规定，即没有该条的专门规定，未从

事公务的银行或者其他金融机构的工作人员仍然构成非国家工作人员受贿罪的犯罪主体。

(一) 客体特征

非国家工作人员受贿罪分别规定在《刑法》第 163 条第 1、2 款、第 184 条第 1 款之中，这两条虽然不是同一节的罪名，但却都规定在刑法分则第三章之中。因此，本罪侵犯的客体是公司、企业管理秩序中的职务廉洁性，也可以说是非国家工作人员的职务行为与财物的不可交换性。该罪的本质特征与受贿罪相同，是权钱交易。

职务行为既包括正在实施或者已经实施的职务行为，也包括将要实施的职务行为与所许诺的职务行为。换言之，公司、企业或者其他单位的工作人员既不能以正在实施或者已经实施的职务行为为依据，向他人索取或者收受财物，也不能以将来可能实施的职务行为或者许诺的职务行为为依据，向他人索取或者收受财物。因此，对于公司、企业管理秩序中职务行为的廉洁性要求，贯穿行为人利用职务行为对他人承诺、为他人实施和实现三个阶段。

(二) 客观特征

本罪的客观特征在于权钱交易，在审查客观行为时，要注意从"利用职务上的便利""财物的获得""为他人谋取利益"等方面予以判断。

1. 利用职务上的便利

（1）职务便利的内涵。职务便利的认定虽然有诸多标准，但最核心的标准应该是从行贿人是否有求于受贿人的职务行为以及行贿的财物是否属于职务行为的不正当报酬两个维度判断。简言之，只要公司、企业或者其他单位的工作人员索取或者收受的财物与其职务行为存在法律上的因果关系，就可以认定为利用了职务便利。需要指出的是，职务行为不单单指合法的职务行为，也包括行为人对正常、合法的职务行为有所超越或者滥用的行为，即违法或者违反规定的职务行为。

（2）如何区分职务行为和劳务行为。实践中一般参考 2002 年《全国法院审理经济犯罪案件工作座谈会纪要》中的规定，认为职务行为应该是公司、企业或者其他单位的工作人员代表公司、企业或者其他单位等履行组织、领导、监督、管理等职责，主要表现为与职权相联系的事务以及监督、管理公司、企业或者其他单位财产的职务活动。如公司、企业的董事、经理、监事、会计、出纳人员等管理、监督公司、企业财产等活动，属于职务活动。那些不具备职权内容的劳务活动、技术服务工作，一般认为属于单纯的劳务行为。

2. 财物获得的判断

（1）索贿的认定。索取他人财物的，构成索贿型受贿。实践中，有观点认为"受贿人首先向他人提出贿赂的要求"，就构成索贿，哪怕请托人已经在用积极的行为暗示自己有行贿故意，也应认定行为人有索贿的故意。我们认为，这种观点实际上是混淆了口语中的"索要"和刑法中的"索要"，认定索贿不光需要受贿人首先提出贿赂的要求，同时要求索贿时利用职务上的便利，认定行为人是否构成刑法中的索贿，应当结合索贿的时间、空间、制约关系等方面综合认定，正如陈兴良、周光权教授在《刑法各论》中的阐述："如果对方不给贿赂，就不履行其职务行为，以此为要挟，迫使对方就范。"

（2）财物的占有。非国家工作人员受贿并不限于行为人将贿款占为己有，也包括指示请托人将贿款交付给第三人的情形。当然，这里的第三人必然与公司、企业或者其他单位的工作人员具有某种密切联系，或有事实层面的联系，如有共谋、代持等，或有法律层面的联系，如为非国家工作人员的特定关系人，公司、企业或者其他单位的工作人员本质上仍然是为了自己的利益而为。不过，对于第三人而言，如果其不明知钱款性质，则不成立非国家工作人员受贿罪的共犯；如果第三人明知其收到的财物与公司、企业或者其他单位的工作人员的职务便利有关，则有可能成立非国家工作人员受贿罪的共犯、洗钱犯罪或者掩饰、隐瞒犯罪所得犯罪。

（3）财物的认定。《刑法》第163条的罪状表述里，非国家工作人员受贿罪的犯罪对象为财物，但随着市场经济的发展，如果将财物理解为具体的、有形的，必然无法适应现代社会的需要。虽然从我国加入的《联合国反腐败公约》的规定看，贿赂可以是任何不正当好处，但在目前立法现状下，我们认为不宜将任何利益都作为本罪的犯罪对象，因为利益与贿赂犯罪中的财物存在本质上的差异，也无法进行具体量化。所以，2008年最高人民法院、最高人民检察院《关于办理商业贿赂刑事案件适用法律若干问题的意见》规定："商业贿赂中的财物，既包括金钱和实物，也包括可以用金钱计算数额的财产性利益，如提供房屋装修、含有金额的会员卡、代币卡（券）、旅游费用等。具体数额以实际支付的资费为准。"2016年最高人民法院、最高人民检察院《关于办理贪污贿赂刑事案件适用法律若干问题的解释》也仍然持此种观点，并对财产性利益作了进一步释明，认为："财产性利益包括可以折算为货币的物质利益如房屋装修、债务免除等，以及需要支付货币的其他利益如会员服务、旅游等。后者的犯罪数额，以实际支付或者应当支付的数额计算。"

3. 为他人谋取利益的认定

在刑法理论中，基于刑法主观主义和客观主义的不同，"为他人谋取利益"也分成了两种观点。主观构成要件说认为，"为他人谋取利益"属于行为人的一种内心认知，是主观要件的组成部分；客观构成要件说认为，"为他人谋取利益"属于客观构成要件，其表现形态可以进一步分成"具体行为"和"承诺"，至于现实中是否为他人谋取了利益，谋取了多少利益，均不影响本罪的构成。我们认为，"为他人谋取利益"在本罪中的主客观要件中均有所体现，在实践中对该要件的审查，应从主观和客观两个方面把握，既不能忽视对行为人是否具有"为他人谋取利益"的主观认知的审查，也要审查行为人客观上为行贿人谋取利益实施了哪些行为。2003年《全国法院审理经济犯罪案件工作座谈会纪要》规定："为他人谋取利益包括承诺、实施和实现三个阶段的行为。只要具有其中一个阶段的行为，如国家工作人员收受他人财物时，根据他人提出的具体请托事项，承诺为他人谋取利益的，就具备了为他人谋取利益的要件。明知他人有具体请托事项而收受其财物的，视为承诺为他人谋取利益。"

需要指出的是，"为他人谋取利益"没有对利益的性质作出局限，也就是说，无论请托人请托的利益是正当的还是不正当的，都应视为本罪中的"为他人谋取利益"。需要说明的是，事后受贿目前司法实践中已经不存在争议，2016年最高人民法院、最高人民检察院《关于办理贪污贿赂刑事案件适用法律若干问题的解释》规定："具有下列情形之一的，应当认定为'为他人谋取利益'……（三）履职时未被请托，但事后基于该履职事由收受他人财物的。"即履职时主观上不具有为他人谋取利益的故意，事后收受他人财物时明知基于该履职事由，属于为他人谋取利益。

（三）主体特征

本罪的主体经历了逐步扩大的过程，从最开始的"公司董事、监事或者职工"发展到"公司、企业人员"，再到"公司、企业或者其他单位的工作人员"，尽管本罪的主体一直在变化，但可以看出，本罪的主体始终是特殊主体，属于身份犯。

1. 其他单位的内涵

公司、企业有相关的民商法律进行了界定，对于其他单位则没有具体规定。实践中，一般依照 2008 年最高人民法院、最高人民检察院《关于办理商业贿赂刑事案件适用法律若干问题的意见》的规定认定："刑法第一百六十三条、第一百六十四条规定的'其他单位'，既包括事业单位、社会团体、村民委员会、居民委员会、村民小组等常设性的组织，也包括为组织体育赛事、文艺演出或者其他正当活动而成立的组委会、筹委会、工程承包队等非常设性的组织……刑法第一百六十三条、第一百六十四条规定的'公司、企业或者其他单位的工作人员'，包括国有公司、企业以及其他国有单位中的非国家工作人员。"

2. 几种特殊情况下收受他人财物行为的认定

实践中，部分非国家工作人员在离开原工作岗位后，利用曾经的职务上的便利，如原任公司总经理的，卸任后利用自己曾经是公司领导的便利条件，为他人请托公司的具体经办人以谋利，进而收受财物。我们认为，该种行为不应认定为《刑法》第 163 条中规定的"利用职务上的便利"，原因在于行为人此时已经不具有本罪的主体条件，且非国家工作人员受贿罪与受贿罪不同，其并没有规定"利用影响力""利用本人职权或者地位形成的便利条件"进而构成犯罪，故不应以犯罪论处。

值得注意的是，对于行为人在任职期间利用本人职务上的便利为他人谋取利益，双方约定请托人在行为人离职后给予财物的，此处可以参考 2002 年最高人民法院《关于国家工作人员利用职务上的便利为他人谋取利益离退休后收受财物行为如何处理问题的批复》，虽然行为人收受贿赂时已经不再具有职务上的便利，但由于行为人收受的贿赂是其在职期间与行贿人的约定，其本质还是权钱交易，只不过对权和钱的先后顺序有所调整，仍构成非国家工作人员受贿罪。

（四）主观特征

本罪的主观构成要素是故意，行为人对自己索取、收受他人贿赂，利用自身职务便利为他人谋取利益有明确认知，至于能否认知到是否有效谋取到实际利益或者谋取的实际利益的多少，则不要求行为人主观上确定性明知。

三、非国家工作人员受贿罪的追诉标准

最高人民检察院、公安部《关于公安机关管辖的刑事案件立案追诉标准的规定（二）》第10条规定："公司、企业或者其他单位的工作人员利用职务上的便利，索取他人财物或者非法收受他人财物，为他人谋取利益，或者在经济往来中，利用职务上的便利，违反国家规定，收受各种名义的回扣、手续费，归个人所有，数额在三万元以上的，应予立案追诉。"

第二节　非国家工作人员受贿罪的证据审查

一、非国家工作人员受贿罪的证据要件

（一）犯罪客体证据

通过被调查人、犯罪嫌疑人、被告人供述和辩解，证人证言，物证，书证，鉴定意见等证据，证实行为人的行为侵犯了公司、企业或其他单位工作人员职务行为的廉洁性和公司、企业或其他单位的职能正常履行以及公司、企业或其他单位的正常管理制度。

（二）客观方面证据

1. 被调查人、犯罪嫌疑人、被告人的供述和辩解

证实如下事项：

（1）受贿的时间、地点、参与人、行贿人。

（2）受贿的方式、手段，是主动索要财物，还是被动收受财物。受贿的名义，是一般意义的贿赂，还是"借用""租用"，还是以回扣、手续费等名义的变相贿赂。

（3）受贿的具体经过，接受财物的次数、数额、在场人，是事前接受还是事后接受。

（4）收受的贿赂形式，是人民币、外币、有价证券，还是物品或是其他财产性利益。财物的特征，包括金钱或有价证券的数额、面值、包装，物品的名称、品牌、价值等，财物的去向和用途。

（5）利用何种职务上的便利，利用职务便利为他人谋取利益的具体手段、经过、结果等。

（6）是否为他人谋取了利益，谋取了何种利益，是正当利益还是不正当利益。

（7）共同犯罪犯意提起、组织策划、分工协作、具体实施等情况，查明每一被调查人、犯罪嫌疑人、被告人在共同犯罪中的地位和作用。

2. 证人证言

（1）行贿人的证言，证实：①行贿人的基本情况，与受贿人的关系、行贿过程中与受贿人的工作联系或业务联系。②行贿的原因、目的。③是主动行贿还是对方索要。④受贿人利用职务便利为其谋取利益的过程，是否实际谋取了利益，是正当利益还是不正当利益。⑤行贿的次数、时间、地点、数额、在场人及具体经过，接受财物的是受贿人本人还是其亲属或其指定的人，行贿的是金钱还是物品或者其他财产性利益，金钱是人民币、外币还是有价证券，金钱的包装、存放情况，物品的名称、品牌、价值等。⑥行贿行为是否有其他知情人，知情人的情况和知情的原因、经过。

（2）与受贿方有关联的知情证人证言，证实：①受贿行为的知情人证言，证实受贿经过的主要情节、内容等。②对受贿人利用职务便利为行贿人谋取利益的知情人证言（一般是受贿人本单位的上下级），证实受贿

人的职务、职权，以及其具体为行贿人谋取利益的经过和内容。③对受贿人受贿财物的知情人证言（主要是和其共同生活的亲属以及关系较密切的朋友等），证实受贿人收受、处置财物的情况。

（3）与行贿方有关联的知情证人证言，证实行贿原因、财物来源等。

（4）侦查活动的见证人和鉴定人证言，证实见证、鉴定过程中的有关情况。

3. 物证

包括与受贿事实关联的人民币、外币、有价证券、金银首饰、家用电器、房屋、汽车等实物和照片等。

4. 书证

（1）行为人职责范围的文件、委任书等。

（2）行贿人是经营者或是代表单位的，要提取行贿方的工商资料或其他证实经营内容及范围的文件。

（3）有关文件、记录、批示，或者有关经济活动、金融活动的合同、协议、资金往来票据和财务凭证等，证明受贿人利用职务便利，为行贿人谋取利益。

（4）银行存折、支取账单（如系单位行贿的，应调取行贿单位的财务资料、银行账单等），证明行贿款的来源。

（5）合同、单据、账簿、发票等，证实受贿人与行贿人的经济往来、受贿的数额等情况。

5. 鉴定意见

（1）文检鉴定意见，证实受贿人、行贿人的签字笔迹、印鉴等。

（2）对因受贿而导致国家、集体利益受到重大损失的，进行司法会计审计、工程质量鉴定等相关鉴定。

（3）物品真伪、性质的鉴定。

（4）价值鉴定。

6. 勘验、检查、辨认、侦查实验等笔录

包括现场和物证的勘验、检查、辨认、侦查实验等笔录和照片等。

7. 视听资料、电子数据

包括与受贿事实关联的录音、录像资料、电子数据资料等。

8. 其他证明材料

（1）报案、投案、破案记录。

（2）举报、控告记录及信件。

（3）搜查、扣押、起赃、收缴、封存、退赃笔录或证明。

（4）有关情况说明。

实践中对于收受物品，一般需要对物品的真伪、等级、品质、价值等进行鉴定或认定，主要考虑的是，本罪中的犯罪数额对量刑具有重大影响，物品的等级、品质的不同，其价值也不同，如果仅以证人证言或被调查人、犯罪嫌疑人、被告人供述中所称的价值认定，也不符合对犯罪数额确实、充分的认定要求。

此外，在审查行为人是否构成《刑法》第163条第2款的行为时，要注意审查行为人违反的规定的法律位阶。根据最高人民法院《关于准确理解和适用刑法中"国家规定"的有关问题的通知》的规定，违反国家规定是指，违反全国人大及其常委会制定的法律和决定，国务院制定的行政法规、规定的行政措施、发布的决定和命令。其中，"国务院规定的行政措施"应当由国务院决定，通常以行政法规或者国务院制发文件的形式加以规定。以国务院办公厅名义制发的文件，符合以下条件的，应视为刑法中的"国家规定"：（1）有明确的法律依据或者同相关行政法规不相抵触；（2）经国务院常务会议讨论通过或者经国务院批准；（3）在国务院公报上公开发布。如果行为人仅仅违反了单位内部规定，则不宜按照《刑法》第163条第2款论处。

（三）犯罪主体证据

本罪的主体是特殊主体，即公司、企业或者其他单位的工作人员，其中"其他单位"包括事业单位、社会团体、村民委员会、居民委员会、村民小组等常设性的组织，也包括为组织体育赛事、文艺演出或者其他正当活动而成立的组委会、筹委会、工程承包队等非常设性的组织。本罪主体方面的证据主要有：

1. 个人身份证据

（1）居民身份证、临时居住证、工作证、护照、港澳居民来往内地通行证、台湾居民来往大陆通行证、中华人民共和国旅行证以及边民证。

（2）户口簿或公安部门出具的户籍证明等。

（3）能够确定个人职权的个人劳动合同、任职文件、会议纪要等。

（4）被调查人、犯罪嫌疑人、被告人的供述。

（5）有关人员（如其他工作人员等）关于被调查人、犯罪嫌疑人、被告人情况的证言。

2. 单位情况证据

（1）证明公司、企业或者其他单位性质的相应法律文件。

（2）公司、企业或者其他单位的法人营业执照、法人工商注册登记证明、法人设立证明、税务登记证，办公地和主要营业地证明等。

（3）公司、企业或者其他单位内部组织的章程、协议书、规定等，证明单位的组织架构、职责分工证据。

（4）公司、企业或者其他单位的人事文件、劳动合同等，证明行为人在公司、企业或者其他单位中具有何种职权。

（5）公司、企业或者其他单位已被撤销、合并、分解的，应有相关工商登记信息表或公司股东大会记录等书证。

3. 前科证据

主要包括：刑事判决书、裁定书；释放证明书、假释证明书；不起诉决定书；行政处罚决定书；其他执法机关相关文书等。

实践中，既要注意审查行为人是否属于非国家工作人员，也要注意审查行为人是否具有相应职权，一般而言，行为人可能在本单位中担任一定职务，对于一般人员，如果享有一定职权，也符合本罪的要求。

（四）主观方面证据

1. 被调查人、犯罪嫌疑人、被告人的供述和辩解

证实如下事项：

（1）受贿的动机、目的、时间、地点、参与人、方式、原因、经过、结果。

（2）收受的财物或财产性利益的种类、数量、价值、去向，是否属于经济往来中的回扣、手续费，以及在经济往来中是否有个人的技术、智慧等可计量的财产性投入。

（3）是自己主动索要贿赂，还是被动接受贿赂。

（4）通过家属或他人收受财物的，家属或他人是何时、何地告诉行为人的，告诉的细节经过如何及有何请托事项。

（5）行贿人请托事项的具体内容、性质。

（6）行为人是否利用职务便利帮助行贿人实现请托事项；

（7）共同犯罪的，行为人之间犯意提起、联络、分工及共同犯意下实施的行为。

2. 证人证言

证实内容同上。

3. 物证、书证

（1）贿赂的实物、有价证券、存折、票据、收条、"借条"等，证实行为人收受贿赂的种类、数量、价值、去向等。

（2）会议记录、批准文件、合同等，证实行为人为行贿人谋取利益的内容、手段、结果等情况。

通过上述证据，证明行为人明知自己的行为系利用职务上的便利，索取他人财物或者非法收受他人财物，为他人谋取利益，或者在经济往来中，收受各种名义的回扣、手续费，归个人所有，违反了国家规定，而希望或放任这种结果发生的主观心态。

二、非国家工作人员受贿罪常见证据审查

（一）对取证主体的审查

根据刑事诉讼法、监察法及相关法律规定，公安机关、监察机关均可以非国家工作人员受贿罪名立案。实践中部分被告人、辩护人认为，如果公安机关移送起诉的案件属于监察机关管辖，或者监察机关移送起诉的案件属于公安机关管辖的，因侦查、调查主体不适格，故证据合法性存疑。我们认为，这个问题主要涉及职能管辖冲突导致的证据合法性问题。《人民检察院刑事诉讼规则》第357条第2款规定："在审查起诉阶段，发现公安机关移送起诉的案件属于监察机关管辖，或者监察机关移送起诉的案件属于公安机关管辖，但案件事实清楚，证据确实、充分，符合起诉条件的，经征求监察机关、公安机关意见后，没有不同意见的，可以直接起

诉；提出不同意见，或者事实不清、证据不足的，应当将案件退回移送案件的机关并说明理由，建议其移送有管辖权的机关办理。"

（二）对行贿人证言的审查

实践中，部分被告人、辩护人以行贿人与被告人是对合犯或有重大利害关系为由，对证据能力提出质疑。我们认为，证据能力是判断证据材料是否可以成为认定案件事实证据的基本前提，而证明力是运用证据的过程中对证据证明案件事实作用的判断标准，部分被告人、辩护人实际上是以证明力的强弱大小来否定证据能力的有无，是将两个不同层次的概念混淆。只要取证程序合法，内容真实，与案件具有关联性，就具有证据能力，法律也没有限制对合犯或有利害关系的证人的言词证据的证据能力。当然，对于部分被告人、辩护人提出的证明力强弱的问题，我们也同样要结合其他证据综合判断和认定，而不因某一客观因素必然减小。

第三节 非国家工作人员受贿罪的认定处理

一、非国家工作人员受贿罪的罪与非罪

（一）正确区分贿赂与馈赠的界限

正如最高人民法院、最高人民检察院《关于办理商业贿赂刑事案件适用法律若干问题的意见》起草同志在该意见的理解与适用一文中指出，中国是一个人情社会，崇尚礼尚往来，法律并不禁止亲友之间的正常馈赠行为。然而，一些犯罪分子在实施贿赂犯罪的时候，借馈赠之名而行贿赂之实，并以馈赠的正当性为其行为进行辩解。正确区分贿赂与亲友正当馈赠，划清罪与非罪的界限，应从以下几个因素的结合上进行区分：(1)发生财物往来的背景，如双方是否存在亲友关系及历史上交往的情形和程

度;(2)往来财物的价值大小;(3)财物往来的缘由、时机和方式,提供财物方对于接受方有无职务上的请托;(4)接受方是否利用职务上的便利为提供方谋取利益。

(二) 正确区分贿赂与借贷的界限

实践中常有以借贷为名向他人索取财物或者非法收受财物为他人谋取利益的,此种情形应当认定为非国家工作人员受贿罪。在区分受贿犯罪与正常借贷时,不能仅仅看是否有书面借款手续,应当根据以下因素综合判定:(1)有无正当、合理的借款事由;(2)款项的去向;(3)双方平时关系如何、有无经济往来;(4)出借方是否要求国家工作人员利用职务上的便利为其谋取利益;(5)借款后是否有归还的意思表示及行为;(6)是否有归还的能力;(7)未归还的原因,等等。

(三) 准确区分贿赂与赌博活动的区别

实践中,一般从四个方面区分贿赂与赌博活动的界限:一是赌博的背景、场合、时间、次数;二是赌资来源;三是其他赌博参与者有无事先通谋;四是输赢钱物的具体情况和金额大小。需要说明的是,这些因素本身不一定具有独立的判断意义,更多的是提供综合认定的思路。

(四) 及时退还的认定

参考最高人民法院、最高人民检察院《关于办理受贿刑事案件适用法律若干问题的意见》第9条的规定:"国家工作人员收受请托人财物后及时退还或者上交的,不是受贿",因此有必要对本罪中行为人退还行为的"及时"进行审查,同样类型的案件中,不能因为行为人在收受后一个小时内即退还就认定是及时,也不能因为行为人在一个月之后退还或上交就认定是不及时。我们认为所谓"及时",是针对没有受贿故意而言的,如果行为人本身具有受贿故意,就不存在"及时"一说,只能认定是退赃行为。所以,"及时"应限于主观上从一开始就没有占为己有的意思,只是因为客观方面的原因未能立即归还或者上交的情形。

二、非国家工作人员受贿罪的此罪与彼罪

(一) 非国家工作人员受贿罪与受贿罪

非国家工作人员受贿罪与受贿罪都属于利用职务便利收受贿赂的犯罪行为,但二者区别主要体现为:

1. 主体不同

受贿罪的主体是国家工作人员,非国家工作人员受贿罪的主体是公司、企业或者其他单位的工作人员。需要指出的是,并非只要行为人系非国有公司、企业或者其他单位的工作人员就一定构成本罪,如《刑法》第163条第3款规定:"国有公司、企业或者其他国有单位中从事公务的人员和国有公司、企业或者其他国有单位委派到非国有公司、企业以及其他单位从事公务的人员有前两款行为的,依照本法第三百八十五条、第三百八十六条的规定定罪处罚。"所以,对于"以国家工作人员论"的非国有公司、企业或者其他单位的工作人员构成犯罪的,就不能以本罪论处。在具体认定时,关键是看行为人从事的工作是国家公务性的还是集体职务性的。

2. 客体不同

受贿罪所侵犯的客体是国家工作人员职务行为的廉洁性和国家机关的正常管理秩序,非国家工作人员受贿罪所侵犯的客体是公司、企业或其他单位人员职务行为的廉洁性和单位的正常管理秩序,二者所保护的法益不相同。

3. 客观行为不同

如前所述,刑法分则第八章中的受贿类犯罪中行为人还可能是利用本人职权或者地位形成的便利条件,通过其他国家工作人员职务上的行为,甚至于在离职、退休之后利用影响力进行权钱交易,而本罪中行为人利用的只能是职务上的便利条件。

(二) 非国家工作人员受贿罪与职务侵占罪

职务侵占罪是公司、企业或者其他单位的人员,利用职务上的便利,将本单位财物非法占为己有,数额较大的行为。职务侵占罪与非国家工作

人员受贿罪的犯罪主体相同，手段行为亦存在相同的地方，但其中区别也十分明显。一是犯罪对象有所不同，职务侵占罪所侵犯的是公司、企业或者其他单位的财物，非国家工作人员受贿罪的犯罪对象是行贿人的财物，关键是所获财物的性质和归属问题；二是获取财物的行为不同，职务侵占的手段有侵吞、窃取、骗取等非法手段，非国家工作人员受贿罪的手段一般是索要或者收受他人财物；三是侵犯的客体不同，职务侵占罪侵犯的直接客体是公司、企业或者其他单位的财产所有权，非国家工作人员受贿罪侵犯的直接客体是职务活动的廉洁制度以及单位的管理秩序。

实践中，两罪比较容易发生混淆的情形是在经济往来中收取回扣或手续费的情况。因此，在案件审查时，需要重点查明：一是财物的指向。如果财物查明是给单位的，工作人员收取而不上交，一般认定职务侵占；如果财物查明是给公司人员的，工作人员收受，一般认定非国家工作人员受贿。二是财物的来源。财物来源于他人，一般认定非国家工作人员受贿。如果查明，行为人和他人约定对直接或者间接来源于公司的财物进行提成、分配等，如返还行为人支付货款的10%作为好处费，可以认定职务侵占。

（三）非国家工作人员受贿罪与敲诈勒索罪

敲诈勒索罪是行为人以非法占有为目的，通过威胁、胁迫的方式，强行索要公私财物，数额较大的行为。非国家工作人员受贿罪与敲诈勒索罪虽然都可能侵犯他人财产，但由于侵犯的直接客体不同，故敲诈勒索罪被规定在侵犯公民财产权利犯罪之中。二者交集之处在于行为人以索贿手段收取他人贿赂时可能会与敲诈勒索罪形成竞合或者牵连关系，司法实践中把握，如果行为人以请托事项的实现为威胁、胁迫手段，索要财物，一般认定非国家工作人员受贿罪，从重处罚。如果行为人超出对请托事项的职权利用范畴，为获得财物进而实施其他非职务行为，如滋扰、恐吓甚至威胁人身安全，则可以构成非国家工作人员受贿罪与敲诈勒索罪的竞合或者牵连，一般应当择一重罪。

三、非国家工作人员受贿罪的其他相关问题

（一）共犯的认定

根据2002年《全国法院审理经济犯罪案件工作座谈会纪要》的规定，非国家工作人员与国家工作人员勾结伙同受贿的，应当以受贿罪的共犯追究刑事责任。而2008年最高人民法院、最高人民检察院《关于办理商业贿赂刑事案件适用法律若干问题的意见》规定："非国家工作人员与国家工作人员通谋，共同收受他人财物，构成共同犯罪的，根据双方利用职务便利的具体情形分别定罪追究刑事责任：（1）利用国家工作人员的职务便利为他人谋取利益的，以受贿罪追究刑事责任。（2）利用非国家工作人员的职务便利为他人谋取利益的，以非国家工作人员受贿罪追究刑事责任。（3）分别利用各自的职务便利为他人谋取利益的，按照主犯的犯罪性质追究刑事责任，不能分清主从犯的，可以受贿罪追究刑事责任。"应当说，该意见对共犯的认定更为科学，也更为符合罪责刑相适应原则。

（二）犯罪形态的判断

实践中有观点认为应以行为人是否"为他人谋取利益"作为犯罪形态的判断标准。我们认为本罪在客观方面的构成要件不仅是"为他人谋取利益"，还有"收受他人财物"的行为要件。但本罪的本质是权钱交易，因此"为他人谋取利益"对行为的性质并不起决定作用，决定本罪成立的基本条件是利用职务之便收受他人贿赂，判断犯罪形态是否既遂，应是以非法收受他人贿赂的行为完成与否为准。所以谋利事项虽未实现或者完成，但已经收受他人财物，不影响犯罪既遂的认定。

（三）国有控股、参股企业中聘用人员的身份认定

需要指出的是，国有控股、参股企业中，即使聘用人员担任管理人员，其也有可能是非国家工作人员。根据最高人民法院、最高人民检察院《关于办理国家出资企业中职务犯罪案件具体应用法律若干问题的意见》第6条第2款的规定，只有经国家出资企业中负有管理、监督国有资产职责的组织批准或者研究决定，代表其在国有控股、参股公司及其分支机构

中从事组织、领导、监督、经营、管理工作的人员，才应当认定为国家工作人员；否则，该类聘用人员应认定为非国家工作人员。

（四）几种特殊情形受贿的认定

1. 收受无具体金额的会员卡的认定

随着市场经济的发展，财物的种类和类型也出现了多样化的趋势。实践中，一些会所或娱乐场所往往会发行会员卡，承诺持卡人在发卡单位内部所有消费均享受免费待遇，其中部分场所的会员卡也不对外销售，有关鉴定机构亦无法对会员卡价值进行鉴定和价格评估，对该种无具体金额的会员卡如何认定价值，存在一定争议。我们认为，最高人民法院、最高人民检察院《关于办理商业贿赂刑事案件适用法律若干问题的意见》第7条规定："商业贿赂中的财物，既包括金钱和实物，也包括可以用金钱计算数额的财产性利益，如提供房屋装修、含有金额的会员卡、代币卡（券）、旅游费用等。具体数额以实际支付的资费为准。"该规定将商业贿赂罪中"财物"的外延解释为，既包括金钱和实物，也包括可以用金钱计算数额的财产性利益。有的案件中，可能出现行贿人与受贿人为规避法律制裁，卡（券）面标注金额远远低于实际可消费金额，甚至不标注金额而让持卡（券）人无限制地消费，这时如果仍以标注金额计算受贿金额明显不符合案件的客观事实，给犯罪分子留下逃避处罚的机会。我们认为，根据评价的客观准确要求，需要结合被告人实际所获利益，确定被告人的受贿金额，因此，可以按照解释中规定的"以实际支付的资费为准"计算具体受贿数额，这也符合刑法主客观一致的定罪原则。

2. 以交易形式收受贿赂的认定

关于以交易形式收受财物行为的定性，在最高人民法院、最高人民检察院《关于办理受贿刑事案件适用法律若干问题的意见》中列举了相应形式。如以低于市场价格购买或者以高于市场价格出售的方式买卖房屋、汽车等物品，虽然行为人的行为符合交易形式，但其实质是利用合法掩盖非法目的以套取交易差价，本质仍属于权钱交易，故应以受贿犯罪论处。需要指出的是，以房屋、汽车等大宗贵重物品为对象的交易型贿赂，稍微降低一两个百分点，数额即可能达到数万元甚至十数万元，已达到受贿犯罪的定罪数额起点，但并不应都以受贿犯罪处理，否则打击面可能失之过宽,至于具体度的把握,需要结合差额的大小和相对比例,从整体予以考虑。

3. 以收受干股形式收受贿赂的认定

干股是指未出资而获得的股份。在办理该类案件时,需要注意对干股有无进行股权转让登记或者实际转让进行审查,其意义在于,股份不同于其他物品,且红利对于股份存在依附性,因此,有必要考虑对股权产生的红利是否应计入受贿数额。实际转让的股权是有资本依托的干股,所以其受贿数额按转让行为时股份价值计算,所分红利按受贿孳息处理。而无资本依托的干股,其红利实质上是受贿款,而非依托于干股产生的利息。因此,收受有资本依托的干股,按行为时股本金计算受贿数额,如收受无资本依托的干股,按红利计算受贿数额。

4. 以开办公司等合作投资名义收受贿赂的认定

对于此种类型,实践中一般又区分为几种情况:一是行为人既没有实际出资,也没有接受或者要求请托人替自己出资,更没有参与公司实质的管理、经营,只是单纯以合作开办公司或者进行其他合作投资名义获取所谓的"利润"。此种情形属于"虚假出资、虚假合作",行为人没有获取所谓"利润"的任何正当理由和法律依据,其获取的所有"利润"数额都应当认定为受贿数额。二是行为人没有出资,而是由请托人出资,但行为人实际参与了管理、经营。此种情形属于"虚假出资、真实合作",对于此种情形应当将出资额认定为受贿数额,对于经营产生的利润,参考最高人民法院指导案例3号潘玉梅、陈宁受贿案,如果将收受出资及其利润割裂开来合并计算,就忽视了出资不同于其他物品的特殊性和利润对出资资本的依附性,有重复评价之嫌,且行为人虽然虚假出资,但是其参与了经营管理,并分担了经营风险,因此,对经营利润可以认定为受贿资本的非法孳息。三是行为人有实际出资,但收取了超出出资比例应得的收益。我们认为,此种情形是否属于受贿犯罪,关键看行为人是否利用职务便利为其他合作人谋取利益,如果行为人利用职务便利为其他合作人谋取利益,因为符合受贿权财交易的本质特征,则不论全体合作人是否明确约定不按出资比例分红,都应当将收取的超出出资比例的部分认定为受贿数额。四是行为人要求请托人垫付资金,但自己并不实际参与管理、经营。此种情形属于"垫付出资、虚假合作",其本质类似于借款型收受贿赂,需要根据双方有无正当合理的垫资事由和垫资原因、双方平时关系如何、有无经济往来、垫资方是否要求行为人利用职务上的便利为其谋取利益、行为人是否利用职务上的便利为垫资方谋取利益、垫资后是否有归还的意思表示和行为、是否有归还能力综合判断。

5. 以委托请托人投资证券、期货或者其他委托理财的名义收受贿赂的认定

实践中主要有三种情形：一是行为人利用职务上的便利为他人谋取利益，未实际出资，借委托他人投资证券、期货或者其他委托理财的名义变相收受他人财物的；二是行为人虽然实际出资，但是在他人未将出资实际用于投资活动的情况下，收受他人以"赢利"名义给付的财物的；三是他人虽然将出资实际用于投资活动，但所获"收益"与实际赢利明显不符的。

对于第一种情形，既然没有出资，也就谈不上委托理财，更谈不上理财"收益"，应当以受贿犯罪处理。对于第三种情形，虽然存在真实委托理财的成分，但其性质与以交易形式收受贿赂相同，属于变相受贿。但在适用过程中应当注意坚持主客观相一致的刑事司法原则，因为现实生活中投资收益及其比例均具有不确定性，尤其是在具有高风险、高回报特点的证券、期货领域，所以，成立受贿，需以行为人对于所获收益高于出资应得收益具有主观明知为条件。

第二种情形在实践中的处理需持谨慎态度。理由是：第一，委托理财操作上较为复杂，做法不尽一致，在有实际投资的情况下，不易判断也不宜区分钱款的出资者归属；第二，收益回报不必须以实际用于投资为条件，约定高回报额虽然不受法律保护，但这种违规做法实践中的确存在。考虑到实际情况的复杂性，为避免客观归罪，需要具体案件具体分析。

问题的难点在于，请托人提供了没有风险的盈利机会是否构成受贿犯罪。例如，行为人甲利用职务上的便利帮助请托人实现了不正当利益，后请托人将自己在某证券公司中利用职务便利所掌握的内幕消息告知了甲，并劝甲赶紧买进某公司的股票，于是甲进行了操作，盈利100万元。在这里，盈利信息不是财物，值得探讨的是其是否属于财产性利益。我们认为，鉴于财产性利益是确定的，而财产性收益信息并不确定，其是否能够实现，还要依赖于信息的准确性、外围环境、个人操作等影响，因此，

对于具有不确定因素或者需要其他条件才能实现的商业性收益信息、机会，一般不宜认定为财产性利益。

第四节 案例评析

一、苏某明非国家工作人员受贿案[①]

【案例要旨】

对于国有资本参股企业，其工作人员身份应根据权利的来源加以辨别。作为非国家工作人员的公司控股股东利用职务上的便利，在账外收取回扣，可构成非国家工作人员受贿罪。

【基本案情】

国有独资企业东方公司出资10万美元设立金龙公司，委派苏某明担任金龙公司董事长。后来，苏某明退休，但通过与东方公司订立的承包协议，仍负责金龙公司的经营。经多次承包及股权转让变更，苏某明和东方公司最终约定：金龙公司30%股份由东方公司持有，70%股份由苏某明和赵某（另案处理）实际享有；东方公司每年向金龙公司收取2万美元定额利润，不负责公司具体经营管理，剩余利润也由金龙公司自行分配。在此后的经营过程中，金龙公司按照订单面额向国外代理商国际骑具（远东）公司（以下简称国际骑具公司）支付佣金。国际骑具公司负责人弗利德向苏某明、赵某返还一定比例的佣金。截至案发，苏某明和赵某共计收到佣金返还款约50万美元。

南京市中级人民法院认为，东方公司系全资国有企业，而金龙公司系东方公司全额出资设立，因此在成立之初，金龙公司实为国有独资公

---

① 参见姚翔宇：《苏思明非国家工作人员受贿案》，载《人民司法·案例》2019年第2期。

司。苏某明作为金龙公司董事长，属于国家工作人员。后金龙公司的股权发生变更，但东方公司仍持有变更后的金龙公司30%的股份，此时金龙公司的性质属于国家出资企业。苏某明因承包金龙公司而负有管理国有资产的职责，仍应被认定为国家工作人员，利用担任金龙公司董事长的职务便利，在账外收取弗利德向其和赵某返还的佣金款，已构成受贿罪。南京中院判处苏某明有期徒刑11年，并处没收财产400万元。

苏某明不服，以定性错误等为由提出上诉。

江苏省高级人民法院认为，苏某明在退休后，国家工作人员的身份即不存在，即使委派身份客观存在，但根据和东方公司签订的承包协议，赋予其在完成上缴定额利润后享有公司一切经营管理的权利。苏某明通过依约履行上缴定额利润的义务来实现国有资产的保值、增值，而不是通过委派实现。苏某明收受弗利德佣金返还款的行为，发生在公司的经营活动中，其权利的来源亦主要通过承包经营合同取得。故原判认定苏某明为国家工作人员的证据不充分。苏某明作为金龙公司负责人，在经济往来中，利用职务上的便利，违反国家规定，收受回扣归个人所有，其行为构成非国家工作人员受贿罪，改判苏某明有期徒刑5年，并处没收财产200万元。

苏某明不服，以没有为弗利德谋利，其行为不符合非国家工作人员受贿罪的构成要件等为由，向江苏高院提出申诉。

江苏高院认为：金龙公司在经营过程中支付给国际骑具公司佣金后，国外代理商负责人弗利德将部分佣金予以返还，苏某明作为公司负责人，和赵某一起将名为佣金返还款实为回扣的钱款据为己有。《刑法》第163条第2款并未规定为他人谋利的条件，所以苏某明的行为符合非国家工作人员受贿罪的犯罪构成，原判定性正确，量刑适当，遂驳回其申诉。

苏某明仍不服，向最高人民法院提出申诉。

最高人民法院经审查，认为苏某明的申诉不符合刑事诉讼法规定的重新审判的条件，裁定驳回其申诉。

【案例评析】

企业作为市场经济的重要参加者，运行模式日益复杂，利润分配形式多元，股东和公司人格有时难以分离。这就为司法实践带来一系列难题，反映在刑事法上就是罪与非罪、此罪与彼罪的界限被模糊。本案就是这一现象的写照，其分歧也集中在被告人行为性质的认定上。

第一种观点认为苏某明构成受贿罪。理由是：苏某明系国有独资企业东方公司委派到金龙公司从事生产、管理等工作，虽然退休，但其委派身份未解除，仍旧实际负责金龙公司经营，负有维护国有资产保值、增值的义务，应当被认定为国家工作人员。其利用职务上的便利，收取代理商国际骑具公司负责人弗利德给予的回扣，符合受贿罪的构成要件。

第二种观点认为苏某明无罪。苏某明退休后，其国家工作人员身份自然解除，继续经营管理金龙公司的权利来源于和东方公司订立的承包合同。按照承包协议的约定，金龙公司只需向东方公司交纳2万美元，剩余利润可以自行分配。苏某明和赵某系金龙公司控股股东，是利润的实际享有者，收受的佣金返还款是否入账没有实质性差别。

第三种观点认为苏某明构成非国家工作人员受贿罪。苏某明不具备国家工作人员身份，利用职务上的便利，在账外收取名为佣金返还款实为回扣的行为，侵犯了公司正常管理秩序和职务行为的廉洁性，符合非国家工作人员受贿罪的犯罪构成。

第四种观点认为苏某明构成职务侵占罪。苏某明和赵某接受的佣金返还款应当如实入账，而入账后的资金归属于金龙公司。苏某明和赵某利用职务便利据为己有，侵犯了金龙公司财产权和自身职务行为廉洁性，结合苏某明非国家工作人员的身份特征，应构成职务侵占罪。当然其行为同时触犯了非国家工作人员受贿罪，两罪属于竞合关系。职务侵占罪法定刑更重，应以职务侵占罪定罪量刑。

笔者赞同第三种观点，苏某明构成非国家工作人员受贿罪。受贿罪是典型的身份犯，苏某明收取佣金返还款时已经不具备国家工作人员身份，不满足受贿罪的主体要件。虽然其和赵某控制了金龙公司大部分股份，但不能和金龙公司形成人格混同。收取回扣不入账，侵犯了非国家工作人员受贿罪保护的法益，而回扣的所有权并不属于金龙公司，不成立职务侵占罪。具体理由如下：

1. 苏某明不具备国家工作人员身份

根据最高人民法院、最高人民检察院《关于办理国家出资企业中职务犯罪案件具体应用法律若干问题的意见》的相关规定，经国家机关、国有公司、企业、事业单位提名、推荐、任命、批准等，在国有控股、参股公司及其分支机构中从事公务的人员，应当认定为国家工作人员。苏某明接受国有独资企业东方公司委派经营金龙公司时确系国家工作人员，后因达到年龄界限而退休，国家工作人员身份自然解除。其后，金龙公司性质已经因苏某明和东方公司多次签订承包合同及股权转让协议发生变更，由国有独资公司变为国有资本参股公司。苏某明收受佣金返还款的行为发生在公司性质变更以后，此时其已退休，虽然仍担任金龙公司负责人职务，但管理权不再通过东方公司的委派而存在，而是作为金龙公司的主要股东而享有。东方公司和苏某明作为金龙公司股东，在民事上是平等主体，根据各自股权份额和合同约定享有民事权利。因此，苏某明在本案中的身份属于非国家工作人员。

2. 被告人和单位之间不能形成人格混同

公司与股东人格分离是自身独立人格的体现，也是其有限责任的基础。这种分离的重要表现就是公司财产和股东财产彻底分离，但实际运行中公司与股东财产混同、业务混同从而造成人格混同的情形比较严重。为此，《公司法》第20条特设揭开公司面纱制度，规定公司人格混同情况下可以追索幕后股东责任。但是，运用刑法分析人格混同下股东行为性质时，需要进一步思考。控股股东往往用单位所有和自身所有并无二致为自身行为辩解，此时，的确不易将其行为认定为刑事犯罪。人格混同在经济犯罪中往往作为法外的违法阻却事由存在，以控股股东账外收取回扣为例，最多追究其逃税罪等刑事责任，而不能认定为非国家工作人员受贿罪等罪名。

从本案具体情况来看，金龙公司30%的股份由国有独资的东方公司所有，苏某明和赵某并未完全占有金龙公司股份。承包合同约定东方公司每年收取2万美元的定额利润，来实现国有资产的保值和增值，放弃的是处理日常经营事务的权利，但其他股东权利诸如股东身份权、知悉公司财务状况和经营状况等权利并未放弃。金龙公司对外业务中也是以自身独立人格开展，苏某明和赵某只是作为公司代表人代表公司行使权利，和国际骑具公司签订、履行合同都是以金龙公司名义进行，给代理商的佣金也是在金龙公司账目中列支。因此苏某明、赵某在经营活动中的人格与金龙公司人格并不能混同。

3. 账外收取佣金返还款的归属

如上文所述，苏某明、赵某的人格并不能混同于金龙公司人格。金龙公司作为法律规定的独立民事主体，按照公司法的规定，在完成结算工资、缴纳税款、提取法定公积金和任意公积金等一系列程序后方可进行利润分配，不能将收入作为被分配的利润直接支付给控股股东。金龙公司和国际骑具公司签订的居间合同合法有效。按照佣金条款的约定，金龙公司支付的代理费应当归属于国际骑具公司。金龙公司按照合同标的向代理商支付一定比例的佣金，而代理商的负责人弗利德为了顺利开展业务等需求向苏某明和赵某返还一定比例的钱款。这笔钱款的交付对象不是金龙公司，而是金龙公司的经营管理人员个人，应当被认定为给予苏某明和赵某的回扣。由此观之，苏某明收取佣金返还款并没有侵犯金龙公司财产所有权，不构成职务侵占罪。弗利德并非基于认识错误交付这笔钱款，而是对此有明确的认知，在交付完成时已经放弃了这笔钱款的所有权。这笔钱款性质是行贿款，苏某明并不能取得所有权，国家应当将其视为苏某明、赵某的违法所得予以没收。当然，本案中如果苏某明将佣金返还款如实入账，则意味着没有将佣金返还款占有的目的，没有侵犯职务行为廉洁性，也不影响单位利益和国家税收等秩序，不构成犯罪。

4. 被告人的行为符合非国家工作人员受贿罪犯罪构成

根据《刑法》第163条第2款规定，公司、企业或者其他单位的工作人员，在经济往来中利用职务上的便利，违反国家规定，收受各种名义的回扣、手续费，归个人所有的，依照非国家工作人员受贿罪定罪处罚。这一规定与本条第1款相比，并未明示要求受贿方为他人谋取利益。本案中，根据赵某的证言，苏某明总是不及时支付或者变相克扣国际骑具公司的佣金，所以弗利德为了顺利开展业务，以佣金返还款形式向苏某明和赵某行贿。但是，因为赵某的证言在证据上过于单薄，行贿人弗利德也已去世，原审法院并未采信。因此，苏某明是否构成非国家工作人员受贿罪，需要准确解释《刑法》第163条第2款的规定。江苏高院在申诉复查时将这一条文性质理解为法律拟制，只要苏某明在账外收取回扣或者手续费，即侵犯了金龙公司管理秩序和其工作人员职务行为廉洁性，构成非国家工作人员受贿罪，是否为代理商谋利在所不问。笔者认为，为他人谋取利益是非国家工作人员受贿罪客观构成要素中不可或缺的一环，将该条第2款理解为注意性规定更为妥帖，仍应该受第1款规定的限制。本条第2款之所以采取简单罪状表述方式，是因为账外收取回扣、手续费本身足以涵盖欠缺的要素，回扣或手续费本身就意味着在达成交易或者完成交易后明示或者暗示对他人作出谋取利益的允诺，为了防止条文过于冗杂，作了省略性的表达。苏某明、赵某作为金龙公司负责人，和代理商存在紧密的业务往来，一直在通过业务为弗利德所在公司谋取利益，至于利益是否合法，不影响行为的定性，在账外接受弗利德给予的佣金返还款不入账，即构成非国家工作人员受贿罪。

综上，苏某明基于平等民事合同负责金龙公司经营，而非基于国家命令性指派担任金龙公司负责人，应当被认定为非国家工作人员。在经济往来中，利用职务上便利，为代理商国际骑具公司谋取利益，收取代理商负责人弗利德给予其和赵某个人的回扣，而未向金龙公司报账，构成非国家工作人员受贿罪。

二、村干部审批宅基地中收受财物构成非国家工作人员受贿罪①

【案例要旨】

村干部在农村宅基地申请过程中从事审批工作，属于履行农村集体组织对集体所有的土地依法享有的自治权，而并非协助政府从事行政管理事务。此时其利用职务上的便利收受他人财物，为他人谋取利益，构成非国家工作人员受贿罪，而不是受贿罪。

【基本案情】

2012年9月，重庆市开县川心村村民王某某找到时任川心村村委会主任的赵某，希望赵某能够帮其找到一户面积为90平方米的宅基地并办理相关建房手续，同时承诺事后将给予赵某12.5万元好处费，赵某当即表示同意。后赵某利用川心村4社社员陈某某的户口，违规审批并办理了陈某某名下面积为90平方米的宅基地手续，并将该手续交给了王某某。王某某按约定先后分两次给予赵某好处费12.5万元。2013年下半年，开县川心村村民杨某某因儿子已独立分户，想要扩大建房面积，遂找到村主

---

① 参见胡胜、肖荣武：《村干部审批宅基地中收受财物构成非国家工作人员受贿罪》，载《人民司法·案例》2016年第32期。

任赵某，希望赵某帮忙按照两户的标准审批办理其本人与儿子名下的建房手续，赵某表示同意。事后，杨某某为表示感谢，送予赵某好处费 2 万元。之后，赵某又以相同或类似方式在宅基地审批过程中多次收受他人财物。赵某收受的财物累计达 19.4 万元。开县人民检察院以受贿罪向开县人民法院提起公诉，要求追究赵某刑事责任。

重庆市开县人民法院经审理后认为，赵某作为开县川心村村主任，有权对村民的建房申请进行初步审查。其利用职务上的便利，在村民申请宅基地审批过程中多次收受他人财物 19.5 万元，为他人谋取利益，其行为已构成非国家工作人员受贿罪。根据《刑法》第 163 条第 2 款之规定，以非国家工作人员受贿罪判处赵某有期徒刑 1 年 4 个月。

一审宣判后，被告人赵某未提出上诉，开县人民检察院也未提出抗诉，判决现已发生法律效力。

【案例评析】

本案在处理过程中，在罪名认定上存在较大分歧。开县人民法院经审理后主流观点赞同公诉机关起诉意见，认为赵某属于协助政府从事行政管理工作的其他依法从事公务的人员，其行为应构成受贿罪。少数意见则指出，农村宅基地审批工作属于履行农村集体组织对集体所有的土地依法享有的自治权，其系村务而非公务，故赵某的行为应认定为非国家工作人员受贿罪。后经多方论证，本案在最终处理上采纳了少数意见，认定为非国家工作人员受贿罪。笔者以为，被告人赵某不符合受贿罪的主体资格，以非国家工作人员受贿论，该处理结论是科学合理的。

1. 本案被告人不属于法律明确规定的国家工作人员

根据我国《刑法》第 385 条之规定，受贿罪的主体是国家工作人员。而《刑法》第 93 条指出，"本法所称国家工作人员，是指国家机关中从事公务的人员。

国有公司、企业、事业单位、人民团体中从事公务的人员和国家机关、国有公司、企业、事业单位委派到非国有公司、企业、事业单位、社会团体从事公务的人员，以及其他依照法律从事公务的人员，以国家工作人员论"。为进一步明确国家工作人员具体含义，2000 年 4 月 29 日第九届全国人民代表大会常务委员会第十五次会议通过了《关于〈中华人民共和国刑法〉第九十三条第二款的解释》，明确规定，村民委员会等村基层组织人员协助人民政府从事（1）救灾、抢险、防汛、优抚、扶贫、移民、救济款物的管理；（2）社会捐助公益事业款物的管理；（3）国有土地的经营和管理；（4）土地征收、征用补偿费用的管理；（5）代征、代缴税款；（6）有关计划生育、户籍、征兵工作；（7）协助人民政府从事的其他行政管理工作等行政管理工作时，属于《刑法》第93条第2款规定的"其他依照法律从事公务的人员"。很显然，本案被告人赵某系村干部，既不属于刑法所明确规定的国家工作人员序列，也不属于立法解释所明确规定的前六种情形，其不在法律所明确规定的国家工作人员范畴内。

2. 农村集体经济组织从事宅基地审批事项系村务而非公务

虽然本案被告人不在法律所明确规定的国家工作人员范畴内，但其从事农村宅基地审批事项是否属于立法解释所规定的协助人民政府从事的其他行政管理工作仍有待探讨。由此，理清农村宅基地审批事项的法律性质就成为问题的关键所在。笔者认为，在法律性质上，农村宅基地办理事项并非纯粹的村民自治范围，也并非纯粹的公务，而是系村务与公务的混合。农村集体经济组织在其职权范围内从事宅基地审批事项系行使对集体所有的土地依法享有的自治权，并非协助政府从事行政管理事务，只有政府的审批程序才属于公务。

从法律的规定来看，根据《村民委员会组织法》第24条之规定，宅基地的使用方案，经村民会议讨论决定方可办理。由此可见，在法律层面，宅基地的使用事项属于农村集体组织对集体所有的土地依法享有的自治权，系村务。但除此而外，我国法律在规定宅基地使用系村务的同时，对宅基地的使用过程又做了限制性规定，使其又具备公务的性质。《土地管理法》第62条第4款规定："农村村民住宅用地，由乡（镇）人民政府审核批准；其中，涉及占用农用地的，依照本法第四十四条的规定办理审批手续。"此处的经乡（镇）人民政府审核，由县级人民政府批准，属于具体行政行为范畴，具备公务性质。从表面来看，法律一方面规定宅基地使用必须经村民会议决定，另一方面又规定必须经过人民政府审核、批准，致使二者之间似乎略显矛盾。其实，这是我国法律关于宅基地使用所规定的两步必经程序，在内容上并不冲突。两部法律全部由全国人大常委会制定，二者在效率上并无位阶之分，其规定的本意是宅基地的使用，第一步必须经过农村集体组织审批同意；第二步，经过农村集体组织审批同意后，还必须将申报材料交由乡（镇）人民政府审核，县级人民政府批准。

从部门规章以及地方政府规章来看，除了法律对宅基地的使用有相关规定之外，国务院部门规章以及地方政府规章亦有相应规制，且其内容更为具体详细。国务院国土资源部2004年发布的《关于加强农村宅基地管理的意见》第2条第6款规定："农村村民建住宅需要使用宅基地的，应向本集体经济组织提出申请，并在本集体经济组织或村民小组张榜公布。公布期满无异议的，报经乡（镇）审核后，报县（市）审批。经依法批准的宅基地，农村集体经济组织或村民小组应及时将审批结果张榜公布。"其在程序上就法律所规定的宅基地使用进行了释明，以部门规章的形式明确了宅基地的使用必须先向农村集体经济组织申请，而不是直接向政府提出申请；在农村集体组织同意后，再由政府审批。根据这一规定，若农村集体组织不同意村民个人提出的申请，则不可能产生政府审核、批准这一程序，也即不会进入公务程序。关于这一点，各地方政府规章的相关规制是很好的释明。以重庆为例，根据重庆市人民政府办公厅2011年12月发布、2012年正式实施的《重庆市农村村民住宅规划建设管理暂行办法》第7—9条之规定，农村村民利用宅基地进行建设的，必须提交书面申请、申请人身份证明材料及其户籍人口证明文件、村民委员会书面意见等申请材料向镇（乡）人民政府提出申请。该规定进一步明确村委会的书面意见是村民提出申请的材料之一，其言下之意在于没有村里的意见，村民就不符合申请条件，行政审批事项将不会产生。由此观之，根据部门规章以及地方政府规章的规定，农村宅基地审批事项亦必须经过村里审批与政府审批两道程序，系村务与公务的混合。故农村集体经济组织在其职权范围内从事宅基地审批事项，系行使对集体所有的土地依法享有的自治权，而并非协助政府从事行政管理事务。

综上所述，本案被告人赵某虽然在表面上是在协助政府从事宅基地审批这一行政管理事务，但事实上在我国宅基地审批具备相当特殊性，其既不完全属于村民自治范围，亦不完全属于行政管理事务。农村宅基地办理必须先经过村里审批这一前置程序才可能进入行政管理事务范畴，人民法院不能将村里审批与政府审批两道不同程序混为一谈，简单地将村务视为公务的延伸，进而错误地将本案定性为受贿罪。

三、沈某等人非国家工作人员受贿案[①]

【案例要旨】

非国家工作人员受贿罪的犯罪对象是他人给付的财物，不属于本单位所有；而职务侵占罪以非法占有本单位财物为典型特征。在经济往来领域，行为人在合同之外另行协议获取好处费的行为，本质上是职权与利益的交易，应构成非国家工作人员受贿罪。

【案例情况】

被告人沈某、薛某原系江苏蓝色快舟都市连锁旅店管理有限责任公司（以下简称蓝色快舟公司）的业务部员工。2007年11月，被告人吴某瑜得知其表弟沈某所在公司欲在南京租赁房屋，开发旅店业务，就在报纸上刊登求租广告。南京夫子庙健康路的张某某有房屋出租，委托代理人朱某某找到吴某瑜商谈。吴某瑜告知沈某。蓝色快舟公司负责人在听取汇报并现场实地查看后，派沈某、薛某负责商谈在南京的房屋租赁事宜。沈某、薛某、吴某瑜经事先商量后，向朱某某提出：每年的房屋租金按168万元计算，但要求从中获得8万元的好处费。朱某某向张某某请示后表示同意。张某某与蓝色快舟公司签订房屋租赁合同：从2008年2月15日起，前三年每年房租168万元，以后逐年递增；2007年12月1日，首付2008年2月15日到2008年11月15日三个季度的房租126万元；从2008年11月16日开始，房租按月支付。同时，吴某瑜按照事先与沈某、薛某商量的方案，与张某某签订协议：张某某需向吴某瑜支付好处费84万元；其中，收到房租首付款后一次性支付42万元，剩余款项于2008年9月、10月、11月分月支付。2007年12月5日，张某某收到蓝色快舟公司首付房租款126万元，朱某某将其中37万元汇至吴某瑜账户，原约定42万元中的另外5万元作为张某某的借款而未实际支付。沈某实际得到12.5万元，薛某得到11.5万元，吴某瑜得到13万元。2008年12月，张某某与蓝色快舟公司因故重新签订了每年房租130万元的租房合同。

另查明，2007年9月，沈某利用担任蓝色快舟公司业务员的职务之

[①] 参见陈如霞、朱帅：《非国家工作人员受贿罪与职务侵占罪的区别》，载《人民司法·案例》2011年第4期。

便，在为公司开发苏州昆山连锁店的过程中，向业务单位索取回扣，得到贿赂款8万元。

案发后，沈某退出人民币23万元，薛某退出14万元，吴某瑜退出14万元。

江苏省常州市钟楼区人民法院经审理认为，被告人沈某、薛某、吴某瑜，利用沈某、薛某系蓝色快舟公司工作人员的职务便利，单独及共同索取他人财物，为他人谋取利益，数额巨大，其行为均已构成非国家工作人员受贿罪，其中部分系共同犯罪。在共同犯罪中，沈某、薛某是主犯；吴某瑜是从犯，应当减轻处罚。根据吴某瑜的犯罪情节及悔罪表现，对其适用缓刑确实不致再危害社会。据此，依据《刑法》第163条第1款、第2款，第25条第1款，第26条，第27条，第72条，第73条第2款、第3款，第64条之规定，法院于2009年9月1日以被告人沈某犯非国家工作人员受贿罪，判处有期徒刑5年6个月，没收财产人民币3万元；被告人薛某犯非国家工作人员受贿罪，判处有期徒刑5年，没收财产人民币3万元；被告人吴某瑜犯非国家工作人员受贿罪，判处有期徒刑3年，缓刑5年。

常州市钟楼区人民检察院提出抗诉，要求对沈某以非国家工作人员受贿罪和职务侵占罪并罚，对薛某、吴某瑜以职务侵占罪定罪处罚。被告人沈某提出上诉，主要理由是其行为既不构成非国家工作人员受贿罪，也不构成职务侵占罪，所得12.5万元是从吴某瑜处分得的佣金。被告人薛某也提出上诉，主要理由是一审认定罪名有误，不应以非国家工作人员受贿罪对其定罪。

江苏省常州市中级人民法院于2010年1月11日作出终审裁定：驳回抗诉、上诉，维持原判。

【案例评析】

本案的争议焦点是，行为人代表公司与他人商谈房屋租赁合同的时候，另行协议获取好处费的行为，是构成非国家工作人员受贿罪还是职务侵占罪。这涉及非国家工作人员受贿罪与职务侵占罪的区别问题，认定关键是所获财物的性质和归属问题。

非国家工作人员受贿罪与职务侵占罪，都是公司、企业或者其他单位的工作人员利用职务便利实施的数额较大以上的贪利性犯罪，其主要区别在于：

一是从犯罪客体看，前者属于渎职型犯罪，侵犯的客体是非国有公司、企业或者单位的正常管理秩序和社会公平竞争的交易秩序，规定在破坏社会主义市场经济秩序罪中；后者属于财产型犯罪，侵犯的客体是非国有公司、企业或单位的财产所有权，规定在侵犯财产罪中。

二是从客观方面看，前者表现为以职务行为或者承诺职务行为为条件，索取他人财物或者非法收受他人财物为他人谋取利益，或者在经济往来中违反规定收受回扣、手续费归个人所有，本质上是一种职权与利益的交易行为；后者表现为利用自己主管、管理、经营、经手本单位财物的便利条件，采用侵吞、窃取、骗取等手段，将本单位财物化为自身私有的行为。

三是从主观故意的具体内容上看，前者不仅有利用职务便利非法占有他人财物的直接故意，还有为他人谋取利益的故意；后者只有非法占有本单位财物的故意，即意图在经济上取得占有、收益、处分等权利。

两罪的关键区别是犯罪对象不同。非国家工作人员受贿罪的犯罪对象是他人给付的财物、回扣以及手续费，获取的财物是第三方送予的，不属于本单位所有；而职务侵占罪以非法占有本单位财物为典型特征，犯罪对象既包括本单位所有的财物，也包括本单位依照法律规定或契约约定临时管理、使用或运输的他人财物。这里的财物既包括金钱和实物，也包括财产性利益等。因此，查明所获财物的性质和归属，对于准确区分两罪是至关重要的。

在实践中，两罪比较容易发生混淆的情形是在经济往来中收取回扣或手续费的情况。区分的要点是：这笔钱是对方给谁的。如果是给单位的，工作人员收取而不上交，就构成职务侵占；如果是给予工作人员本人的，则构成非国家工作人员受贿。

在本案中，被告人沈某、薛某虽然不在蓝色快舟公司担任领导职务，但却因工作需要，接受公司委派，负责商谈在南京的房屋租赁事宜。被告人吴某瑜利用其表弟沈某的关系参与其中，因而，三人所享有的职权及所处的地位均能够对房屋出租方产生重要的影响，可以从事为他人谋利益的行为，都是非国家工作人员受贿罪的适格主体。

蓝色快舟公司负责人听取沈某汇报后先到实地查看，再派沈某、薛某协商房屋租赁事宜,并在商定的房屋租赁合同上亲笔签字、加盖公章,认可了约定的价格;其客观上实施了支付126万元房租的行为,主观上自始至终没有希望房屋出租方从中返回37万元的意图。既然蓝色快舟公司已经依照合同约定支付了126万元钱款,这126万元的所有权就已转移给了张某某。因此,这37万元好处费,无法认定属于蓝色快舟公司所有。

从租赁合同、蓝色快舟公司与张某某的账户往来看,168万元/年的租金是张某某的可得利益,张某某有权决定是否支付好处费。依据被告人供述、证人证言笔录,被告人所得的应是每年在房租基础上的加价部分,但实际上该168万元/年的租房合同只履行了三个季度,又重新签订了130万元/年的租房合同,房租加价的载体已经不存在了,张某某却将多年加价部分的回扣支付给了被告人。双方约定每年加价8万元,共12年,返还总额应是96万元,但最后却商定为84万元;收到房租首付款后,按约应先支付42万元,但在付款过程中,张某某又以借款名义扣掉5万元,其实就是不想给那么多。因此,可以认定,这37万元好处费是由房东张某某个人决定、自主支付的,原本就应属于其所有。

张某某看到报纸上刊登的房屋求租广告,委托代理人联系吴某瑜等人,在协商签订房屋租赁合同后,不可能平白无故地将37万元汇至吴某瑜的个人账户。即使是馈赠,数额也明显大大超过人情交往的正常限度,更何况其与吴某瑜等人并无亲友关系。因此,应认定张某某的汇款行为是有所求,其认为吴某瑜等人能利用职权及与职务有关的便利条件,为自己提供商机,谋取到更多的利益。因此,这37万元好处费,实质上具有经济往来中的商业回扣性质。

沈某、薛某接受公司委派在南京商谈房屋租赁事宜,其职务行为的报酬已由所在单位以工资等形式支付,再接受张某某支付的37万元好处费,就是不正当的,有损职务行为的廉洁性。从被告人的主观故意上分析,在二审庭审中,沈某表示,只是想通过该业务得到好处,并没有考虑钱是公司或他人的;薛某表示,如果对方不答应付回扣,该笔业务是不会谈成的。各被告人本应在公开、公平的市场条件下为公司服务,但却以为他人谋取利益为条件,利用职务之便,主动向张某某索要财物,其行为具有主动性、勒索性、交易性特征,本质上是以职权为中介,暗中交易,谋取私利。

综上所述,本案三被告人在主观上具有在租房业务过程中谋取私利的意图,在客观上利用负责洽谈房租事宜的职务之便,向房东张某某索取回扣,归个人所有,并帮助张某某将房屋租赁给蓝色快舟公司,其行为均已构成非国家工作人员受贿罪。

刑法规定非国家工作人员受贿罪的主要目的是,行贿人收买业务上拥有职权的人,可能阻碍其正常开展业务,损害单位利益。所以该罪名的设立,隐含了单位财产利益的不可侵犯性和人员职务活动的不可收买性。及时有效地打击非国家工作人员受贿犯罪,对于维护市场秩序、促进经济平稳较快增长具有重要意义。

第四章　对非国家工作人员行贿罪办案指引

第一节　对非国家工作人员行贿罪概述

一、对非国家工作人员行贿罪的立法沿革

1979年刑法中没有规定对非国家工作人员行贿罪。1997年刑法新增对非国家工作人员行贿罪，主要是考虑随着我国经济体制的不断改革，社会所有制形式发生了深刻的变化，为了配套当时的公司、企业人员受贿罪，作为对合犯，设置了对公司、企业人员行贿罪，规定"为谋取不正当利益，给予公司、企业的工作人员以财物，数额较大的，处三年以下有期徒刑或者拘役；数额巨大的，处三年以上十年以下有期徒刑，并处罚金。单位犯前款罪的，对单位判处罚金，并对其直接负责的主管人员和其他直接责任人员，依照前款的规定处罚。行贿人在被追诉前主动交待行贿行为的，可以减轻处罚或者免除处罚"。

2006年《刑法修正案（六）》又对1997年刑法中的本罪主体进行了扩大，增加了"其他单位的工作人员"，后最高人民法院、最高人民检察院《关于执行〈中华人民共和国刑法〉确定罪名的补充规定（三）》将罪名确定为"对非国家工作人员行贿罪"。2015年《刑法修正案（九）》又对本罪数额较大的行为增设了罚金刑，后一直未再有修改。

二、对非国家工作人员行贿罪的概念和构成特征

对非国家工作人员行贿，指的是行为人为谋取不正当利益，给予公司、企业或者其他单位的工作人员以财物，数额较大的行为。本罪既可以是自然人犯罪，也可以是单位犯罪。行贿人如果在被追诉前主动交待行贿行为的，可以减轻处罚或者免除处罚。

（一）客体特征

本罪侵犯的客体同样是公司、企业或其他单位管理秩序中的职务廉洁性，本质特征是权钱交易。社会生产力的发展是建立在正常的市场经济竞争之上的，在相互竞争中，必然也会出现一些违法经营方式，尤其是隐蔽性较强的贿赂犯罪，其对社会主义市场秩序以及公司、企业或其他单位管理秩序均形成扰乱。经济往来中的贿赂犯罪，一般都是先有行贿行为，再有受贿行为，行贿是导致腐败的导火索，因此，在严惩受贿行为的同时，也要严厉打击行贿者，从源头上杜绝腐败风气的滋生。

（二）客观特征

本罪在客观方面表现为行为人为谋取不正当利益，给予公司、企业或者其他单位的工作人员以财物。

1. 给予财物的认定

（1）给予财物的主要表现。主要表现为以下几种情形：一是为了利用公司、企业或者其他单位的工作人员的职务行为，主动给予财物；二是在有求于公司、企业或者其他单位的工作人员的职务行为时，由于公司、企业或者其他单位的工作人员的索取而给予财物；三是与公司、企业或者其他单位的工作人员约定，在公司、企业或者其他单位的工作人员按照行为人的要求履行了相应职务行为后给予财物；四是在公司、企业或者其他单位的工作人员利用职务上的便利为自己谋取利益之后，给予财物，作为公司、企业或者其他单位的工作人员职务行为的报酬。

（2）给予财物的内涵。给予公司、企业或者其他单位的工作人员以财物意味着给予公司、企业或者其他单位的工作人员不应得的财物，以支付其已经、正在、将要或者许诺实施的职务行为的对价，使公司、企业或

者其他单位的工作人员接受。给予公司、企业或者其他单位的工作人员以财物不能按照接受人是否系本人而讨论要件成立与否。实践中，行为人有可能将财物给予公司、企业或者其他单位的工作人员本人，也有可能通过第三人（不要求有主观认识）转交给公司、企业或者其他单位的工作人员，还有可能将财物交付给公司、企业或者其他单位的工作人员的亲属、特定关系人或者他们指定的第三人。

2. 为谋取不正当利益的认定

（1）利益不正当性的认定。我国目前有多个司法解释性文件对不正当利益进行了界定，从文件的规定内容可以看出，司法实务中对于不正当利益的内涵是不断扩张的。

早在1999年3月4日，最高人民法院、最高人民检察院《关于在办理受贿犯罪大要案的同时要严肃查处严重行贿犯罪分子的通知》规定："'谋取不正当利益'是指谋取违反法律、法规、国家政策和国务院各部门规章规定的利益。"按照该司法解释，规章仅限于国务院部门规章，违反地方政府规章的，不属于不正当利益。

2008年11月20日，最高人民法院、最高人民检察院《关于办理商业贿赂刑事案件适用法律若干问题的意见》又进一步规定："'谋取不正当利益'，是指行贿人谋取违反法律、法规、规章或者政策规定的利益，或者要求对方违反法律、法规、规章、政策、行业规范的规定提供帮助或者方便条件。"同时规定："在招标投标、政府采购等商业活动中，违背公平原则，给予相关人员财物以谋取竞争优势的，属于'谋取不正当利益'。"该司法解释不仅取消了对规章种类的限制，还扩大了不正当利益的认定范围。

到了2012年，最高人民法院、最高人民检察院《关于办理行贿刑事案件具体应用法律若干问题的解释》规定："'谋取不正当利益'，是指行贿人谋取的利益违反法律、法规、规章、政策规定，或者要求国家工作人员违反法律、法规、规章、政策、行业规范的规定，为自己提供帮助或者方便条件。违背公平、公正原则，在经济、组织人事管理等活动中，谋取竞争优势的，应当认定为'谋取不正当利益'"。该司法解释对不正当利益作出了进一步细化。需要说明的是，"违背公平、公正原则，在经济、组织人事管理等活动中，谋取竞争优势的，应当认定为'谋取不正当利益'",属于注意性规定,即没有该款强调,违背公平、公正原则,在经济、组织人事管理等活动中,谋取竞争优势的行为,也违反相关法律、法规、规章等,构成不正当利益。

(2)为谋取不正当利益的定位。为谋取不正当利益不应当只在行为人的主观上予以判断,还应当审查客观上利益的违法性,包括程序违法和实体违法两个层面。换言之,"为谋取不正当利益"虽然是一个主观要素,但仍然需要在客观上判断利益的正当性与否。如果客观上行为人谋取的利益根据相关法律、法规、政策等判断属于正当利益,虽然行为人主观上误以为是不正当利益而给予公司、企业或者其他单位的工作人员以财物的,不能认定为本罪。

(三)主体特征

本罪的主体是一般主体,包括自然人和单位。单位犯本罪的主体,既可以是国有单位,也可以是非国有单位,只要实施了对非国家工作人员行贿的行为,达到了追诉标准,均可以构成本罪。

(四)主观特征

本罪在主观方面表现为故意,且具有谋取不正当利益的目的。此处需要注意的是,"谋取不正当利益"作为主观构成要件,不需要外化成已实现的客观行为,只要客观上能够造成现实紧迫的法益侵害危险即可成立。因此,行为人实际上最终是否获取了不正当利益,不影响本罪的成立。

三、对非国家工作人员行贿罪的追诉标准

最高人民检察院、公安部《关于公安机关管辖的刑事案件立案追诉标准的规定(二)》第11条规定:"为谋取不正当利益,给予公司、企业或者其他单位的工作人员以财物,个人行贿数额在三万元以上的,单位行贿数额在二十万元以上的,应予立案追诉。"

第二节　对非国家工作人员行贿罪的证据审查

一、对非国家工作人员行贿罪的证据要件

从实践来看，该罪名一般与行贿罪的证据情况相近，与办理非国家工作人员受贿案件相伴生，证据种类和标准与非国家工作人员受贿罪相似。

（一）犯罪客体证据

作为非国家工作人员受贿罪的对合犯，本罪的客体方面的证据要件基本等同于非国家工作人员受贿罪，可以说，正是因为行贿人与受贿人的"合力"，才导致权钱交易，侵犯公司、企业的管理秩序中的职务廉洁性，进而对公司、企业的管理秩序产生严重侵害。本罪客体方面的证据，主要体现在本罪的主客观方面的证据之中，证实行为人的贿赂行为侵害了公司、企业或其他单位管理秩序中的职务廉洁性。

（二）客观方面证据

1.被调查人、犯罪嫌疑人、被告人供述和辩解

证实如下事项：

（1）行贿的时间、地点、参与人、原因。

（2）行贿的方式、手段，是一般意义的贿赂，还是"借用""租用"，还是以回扣、手续费等名义的变相贿赂。

（3）行贿人谋取不正当利益的内容及是否实际获取，谋取的利益是否是非法利益，因行贿谋取不正当利益，是否造成其他公司、企业的经济损失等情况。

（4）行贿的金钱数额、实物或财产性利益的名称、特征、数量、价值，行贿款物的来源。

（5）行贿的详细经过。

（6）共同犯罪的起意、策划、分工、实施等情况，查明每一个犯罪嫌疑人在共同犯罪中的地位和作用。

2. 证人证言

（1）受贿人的证言，证实：①受贿人的自然情况及公司、企业人员的身份、职务、职权情况，与行贿人的关系。②收受财物的时间、地点、经过。③受贿的金钱数额、物品名称、特征、价值及存放、使用、消费等对受贿金钱或物品的处理情况。④为行贿人谋取不正当利益的事实经过以及是否因谋利行为危害公司、企业的利益，影响对企业的管理秩序和市场竞争秩序。⑤受贿行为是否有其他知情人，知情人的情况和知情的原因、经过。

（2）知情证人证言，主要有：①行贿行为的知情人证言，证实行贿事实的主要经过。②对受贿人为行贿人谋取利益的知情人证言（一般是受贿人本单位的上下级），证实受贿人的职务、职权，以及其具体为行贿人谋取利益的经过和内容。

（3）侦查人员的证言，证实侦查过程中的有关情况。

（4）侦查活动的见证人和鉴定人证言，证实见证和鉴定过程中的有关情况。

3. 物证

包括人民币、外币、有价证券、金银首饰、家用电器、房屋、汽车等实物和照片。

4. 书证

（1）证明行为人职务和职责范围的任职文件、委任书等。

（2）行贿人是单位的，要提取行贿方的工商资料或其他证实经营内容及范围的文件。

（3）有关文件、记录、批示，或者有关经济活动、金融活动的合同、协议、资金往来票据和财务凭证等，证明受贿人利用职务便利，为行贿人谋取利益。

（4）银行存折、支取账单（如系单位行贿的，应调取行贿单位的财务资料、银行账单等），证明行贿款的来源。

（5）受贿人或行贿人收受财物或送出财物活动的有关书信、日记等。

（6）合同、单据、账簿、发票等，证实受贿人与行贿人的经济往来、受贿的数额等情况。

5. 鉴定意见

（1）文检鉴定意见，证实受贿人、行贿人的签字笔迹、印鉴等。

（2）对因行贿而导致牟取暴利、获得不正当竞争优势等，要进行司法会计审计、工程质量鉴定等相关鉴定。

（3）价值鉴定。

（4）物品真伪、性质的鉴定。

6. 勘验、检查、辨认、侦查实验等笔录

包括现场和物证的勘验、检查、辨认、侦查实验等笔录和照片等。

7. 视听资料、电子数据

包括录音、录像资料等和电子数据资料等，证实收受或索取贿赂及谋取利益的过程等。

8. 其他证明材料

（1）报案、投案、破案记录。

（2）举报、控告记录及信件。

（3）搜查、扣押、起赃、收缴、封存、退赃笔录或证明。

（4）有关情况说明。

通过上述证据，证明行为人为了谋取不正当利益，实施了给予公司、企业等非国家工作人员以财物的行为。

（三）犯罪主体证据

本罪的主体为一般主体，自然人和单位均可构成本罪的主体。但本罪的对象相对特殊，仅限非国家工作人员，即公司、企业或者其他单位的工作人员。

本罪主体方面的证据主要有：

1. 个人身份证据

（1）居民身份证、临时居住证、工作证、护照、港澳居民来往内地通行证、台湾居民来往大陆通行证、中华人民共和国旅行证以及边民证。

（2）户口簿或公安部门出具的户籍证明等。

（3）能够确定个人职权的个人劳动合同、任职文件、会议纪要等。

（4）被调查人、犯罪嫌疑人、被告人的供述。

（5）有关人员（如其他工作人员等）关于被调查人、犯罪嫌疑人、被告人情况的证言。

2. 单位情况证据

（1）证明公司、企业或者其他单位性质的相应法律文件。

（2）公司、企业或者其他单位的法人营业执照、法人工商注册登记证明、法人设立证明、税务登记证，办公地和主要营业地证明等。

（3）公司、企业或者其他单位内部组织的章程、协议书、规定等，证明单位的组织架构、职责分工证据。

（4）公司、企业或者其他单位已被撤销、合并、分解的，应有相关工商登记信息表或公司股东大会记录等书证。

3. 前科证据

主要包括：刑事判决书、裁定书；释放证明书、假释证明书；不起诉决定书；行政处罚决定书；其他执法机关相关文书等。

（四）主观方面证据

1. 被调查人、犯罪嫌疑人、被告人的供述和辩解

证实如下事项：

（1）行贿的动机、目的、时间、地点、参与人、受贿人、方式、原因、经过、结果，谋取的不正当利益内容及是否实现，以及共同犯罪的预谋策划时间、地点、参与人、分工及经过等。

（2）行贿的财物或财产性利益的种类、数量、价值。

（3）谋取的不正当利益内容及是否实现。

（4）共同犯罪的行为人之间犯意提起、联络、分工及共同犯意下实施的行为。

2. 证人证言

证实内容同上。

3. 物证、书证

（1）贿赂的实物、有价证券、存折、票据、收条、"借条"等，证实行为人主观明知贿赂的种类、数量、价值、去向等。

（2）会议记录、批准文件、合同等，证实谋取的不正当利益等情况。

（3）收受贿赂人的公司、企业工商注册登记信息、经营许可证、收受贿赂人的任职证明等。

单位犯此罪的，需单位集体讨论记录、有关负责人签署的文件、单位的财务账目等书证，证实贿赂的种类、数量、去向，谋取的利益等，证明行贿的行为系由单位集体研究决定，或者由单位的负责人或被授权的其他人员决定、同意的，谋取的不正当利益归单位所有。

通过上述证据，证明行为人为谋取不正当利益，给予公司、企业或者其他单位的工作人员以财物的主观心态。

二、对非国家工作人员行贿罪常见证据审查

（一）对行为人交代行贿行为时间节点的审查

根据《刑法》第164条第4款的规定，行贿人在被追诉前主动交代行贿行为的，可以减轻处罚或者免除处罚。实践中，对于行贿人主动交代行贿行为的，要注意审查行为人的时间节点。对是否属于被追诉前主动交代行贿行为情形的认定，关键在于对"被追诉"的理解。追诉是指司法机关依照法定程序进行的追究犯罪分子刑事责任的一系列司法活动，包括立案侦查（调查）、审查起诉、开庭审判等诉讼过程。"被追诉前"通常是指有关机关立案侦查（调查）之前。

（二）为谋取不正当利益的证据审查

根据最高人民法院、最高人民检察院《关于办理商业贿赂刑事案件适用法律若干问题的意见》规定，行贿人谋取违反法律、法规、规章或者政策规定的利益，或者要求对方违反法律、法规、规章、政策、行业规范的规定提供帮助或者方便条件的，属于"谋取不正当利益"。实践中需要注意的是，鉴于司法解释没有明确行业规范的制定层级和主体，我们认为，只要是行业主管单位或者依法成立的行业协会依法制定的"行业规范"即可，既可以是全国性的行业主管单位或者行业内协会，也可以是县级的行业主管单位或者行业内协会。

第三节　对非国家工作人员行贿罪的认定处理

一、对非国家工作人员行贿罪的罪与非罪

（一）因被勒索给予财物的行为

本罪虽然没有明确被勒索给予非国家工作人员财物行为的性质，但参考《刑法》第389条的规定，可以看出，因被勒索给予非国家工作人员以财物，没有获得不正当利益的，不应认定为行贿行为。一方面，如果行为人获得的是正当利益，是应得之利益，当然不是行贿；另一方面，如果行为人没有实际获得不正当利益，也不是行贿。可以说，就这种类型的行贿犯罪而言，谋取不正当利益不仅是主观要素，而且是客观要素。

（二）准确把握商业贿赂与其他行为的界限

1. 折扣与商业贿赂的界限

商业活动中，可以以明示并如实入账的方式给予对方折扣，给予、接受折扣必须如实入账。账外暗中给予、收受回扣的，属于商业贿赂。

2. 佣金与商业贿赂的界限

商业活动中，可以以明示并如实入账的方式，给予为其提供服务、具有合法经营资格的中间人劳务报酬。在账外暗中给予、收受中介费的，属于商业贿赂。

3. 附赠与商业贿赂的界限

商业活动中，可以依据商业惯例送小额广告礼品。违反规定，以附

赠形式向对方单位及其有关人员给予现金或者物品的，属于商业贿赂。

4. 捐赠与商业贿赂的界限

捐赠应当符合公益事业捐赠法以及其他有关规定，明示并如实入账，不直接或者间接与商品交易挂钩，不损害其他经营者合法权益，并且用于公益事业。以捐赠为名，通过给予财物获取交易、服务机会、优惠条件或者其他经济利益的，属于商业贿赂。

二、对非国家工作人员行贿罪的此罪与彼罪

（一）对非国家工作人员行贿罪与行贿罪

对非国家工作人员行贿罪与行贿罪的主要区别在于犯罪对象的不同，对非国家工作人员行贿罪的犯罪对象是非国家工作人员，行贿罪的犯罪对象是国家工作人员，二者应以犯罪对象是否从事公务予以区分，国家工作人员从事非公务的其他职务行为，可能构成对非国家工作人员行贿罪。此外，行贿罪的犯罪手段还列举了在经济往来中，违反国家规定，给予国家工作人员以财物，数额较大的行为，而对非国家工作人员行贿罪中对此并没有予以规制。

（二）对非国家工作人员行贿罪与对单位行贿罪

对非国家工作人员行贿罪与对单位行贿罪的主要区别在于犯罪对象不同，对非国家工作人员行贿罪的犯罪对象是自然人，对单位行贿罪的犯罪对象是单位，且仅限国家机关、国有公司、企业、事业单位、人民团体。二者在保护法益上也略有不同，对单位行贿罪更侧重于国家单位的不可收买性。

（三）对非国家工作人员行贿罪与单位行贿罪

对非国家工作人员行贿罪与单位行贿罪的主要区别在于行为主体和犯罪对象的不同。对非国家工作人员行贿罪的行为主体可以是自然人，也可以是单位，而单位行贿罪的行为主体只能是单位。同时，对非国家工作人员行贿罪的犯罪对象是非国家工作人员，单位行贿罪的犯罪对象是国家

工作人员。

(四) 对非国家工作人员行贿罪与介绍贿赂罪

根据最高人民法院研究室《关于向非国家工作人员介绍贿赂行为如何定性问题的研究意见》,对于向非国家工作人员介绍贿赂行为,根据罪刑法定原则,不宜定罪处罚。但对于确已明显构成行贿共犯或者受贿共犯的,予以定罪处罚,也于法有据,并不违反罪刑法定原则。

三、对非国家工作人员行贿罪的其他相关问题

(一) 行贿手段不是判断不正当利益的要件

有观点认为,凡是采用非法手段(包括行贿手段)取得的利益,无论利益实体是否合法,抑或是不确定利益,都是非法利益。我们认为,不正当利益应当按照司法解释的规定认定,上述观点实际上对行贿手段进行了重复评价,将其分别用在了本罪中的"不正当利益"和"给予财物"两个要件之中,有违法律规定。

(二) 本罪犯罪形态的认定

有一种观点认为,行贿犯罪应当以行贿人实际交付财物,并请求受贿人谋取不正当利益,作为行贿犯罪既遂的标准。另一种观点认为,以行为人实施交付财物,但受贿人并不一定接受财物作为既遂的标准。还有一种观点认为,应当以受贿人实际为行贿人谋取不正当利益为行贿罪既遂的标志。我们认为,以行贿人主观标准来判断行贿犯罪的既遂状态是不合适的,在判断犯罪形态上,应以客观标准作为判断依据,当行贿人交付财物的行为完成,所交付的财物为对方接受或者控制时(不要求对方有受贿故意),即可视为行贿行为的既遂。

(三) 本罪的罪数认定

参考2012年最高人民法院、最高人民检察院《关于办理行贿刑事案件具体应用法律若干问题的解释》第6条的规定,行贿人谋取不正当利益

的行为构成犯罪的,应当与行贿犯罪实行数罪并罚。对非国家工作人员行贿罪中,行贿人谋取不正当利益的行为构成犯罪的,也应当与对非国家工作人员行贿罪实行数罪并罚。

(四)几种特殊手段的行贿认定

1.以赌博形式行贿的认定

以赌博形式行贿,实际上是行贿方和受贿方以赌博作为贿赂工具,来掩盖实质性的行贿行为。正常情况下的赌博,受概率的影响,也正是由于赌博是依靠不确定性获取利益,成为一些人掩饰自己行贿行为的工具。实践中,赌博型行贿行为一般有以下几种:

(1)提供赌资型。该种情形下,行为人一般为非国家工作人员事先支付赌资,从犯罪形态看,提供赌资型行贿是一种直接行贿行为,是由行为人将财物直接交付给受贿人,由受贿人单独去完成赌博。所以,提供赌资型行贿一般来说,从形式上相对比较容易认定。

(2)赌博赢资型。该种情形实际下,赌博行为与行贿行为有所交织。实践中,在认定这种赌博行贿行为时相对难以确定是否构成行贿犯罪,主要是难以辨清行为人所输掉的赌资到底是赌博亏损还是行贿款。具体办案时,一般首先从赌博的背景、场合、时间、次数审查。这种类型的赌博,一般选择相对隐蔽的地方,参与范围也不会过大,否则容易被人看穿而暴露,如果行为人为谋取不正当利益,经常陪非国家工作人员赌博,故意让对方赢钱,就是一种典型的赌博赢资型行贿行为。其次是审查赌博各参与者有无实现通谋,此种情况下参加赌博的人与行贿人之间一般具有相对熟悉的关系,参加赌博的人一般具有一个共同目标——贿赂非国家工作人员。最后,审查输赢财物的具体情况和金额大小,要看受贿方与行贿人共同赌博时,是否总是受贿人赢。对于赌资巨大的场合,只要受贿方利用职务之便为行贿方谋取利益而参与赌博,一两次的赌博行为也可认定为赌博行贿行为,但如果一局获利较小金额的赌博,则要将受贿方每次赌博赢钱的总数相加来综合分析。

(3)代付赌债型。该种情形是一种事后型的赌博行贿行为,先有独立的赌博行为,后有行贿行为发生,二者之间一般不存在必然联系。其查证难点在于必须要证实行贿行为与非国家工作人员职务之间是否存在联系，非国家工作人员是否为请托人谋取利益。此种情形下需要注意与借款行为予以区分，如非国家工作人员确实赌债缠身，但其要求行为人偿还赌债时明确表示偿还，并作出相应抵押或者保证，事后亦有积极偿还行为的，就不宜认定为行贿行为。

2. "挂名"取酬型行贿的认定

"挂名"取酬型行贿，就是行为人将行贿行为从针对非国家工作人员变更为非国家工作人员的特定利益共同体，从表面上掩盖自己向非国家工作人员行贿的实行行为。

（1）挂名人不工作，薪酬由非国家工作人员领取。这是一种直接行贿的形式。一般是非国家工作人员为行为人谋取了利益，然后将一个真实身份用于挂名，但挂名人根本不与挂名单位发生任何关系，其薪资由非国家工作人员直接领走，其本质上与行为人直接向非国家工作人员行贿没有区别。

（2）挂名人不工作，薪酬由挂名人自己领取。此种情形下，行贿人是否构成犯罪，还必须看非国家工作人员有无实际收取财物。对于非国家工作人员与挂名人共同收取、支配财物的，认定为行贿犯罪没有问题；对于非国家工作人员没有实际从中获取财产利益，也明确表示没有非法占有故意，仅是纯粹帮忙的，一般不宜认定为行贿犯罪。

（3）挂名人参加工作，但薪酬远高于应得薪酬的。此种情形下，挂名人可能从事一般事务性工作，但其薪酬可能按照公司最高值进行发放，其实质还是一种贿赂关系，超额收益一般认定为行贿款的数额。但实践中，因为民营企业工资标准并不十分规范，具有很大的浮动空间，在认定时必须结合挂名人的工作情况与应得报酬之间的正常比例、数额的绝对值等方面谨慎把握。

第四节 案例评析

高某某对非国家工作人员行贿案[①]

【案例要旨】

在国有控股、参股公司中从事组织、领导、监督、经营、管理工作的人员，依法应当认定为国家工作人员，其他工作人员一般不属于国有公司、企业委派到国有控股、参股公司从事公务的人员。

【基本案情】

上诉人高某某，男，因本案于2010年7月8日被刑事拘留，同月21日被逮捕。

广东省广州市中级人民法院审理广东省广州市人民检察院指控原审被告人高某某犯受贿罪、对非国家工作人员行贿罪一案，于2012年2月20日作出（2011）穗中法刑二初字第107号刑事判决。宣判后，原审被告人高某某不服，提出上诉。广东省高级人民法院依法组成合议庭，于2012年12月26日公开开庭审理了本案。

广东省高级人民法院审理查明：

1. 受贿罪（略）

2. 对非国家工作人员行贿罪

2009年1月至2010年7月，上诉人高某某为了谋取不正当利益，分别贿送给广钢公司（国有控股公司）工作人员宋某某25000元，黄某某人民币225600元，陈某某人民币10000元，共计人民币260600元。

[①] 参见广东省高级人民法院（2012）粤高法刑二终字第104号，载中国裁判文书网，www.wenshu.court.gov.cn/website/wenshu/181107ANFZ0BXSK4/index.html?docId=97d33d3d9d4d4ac19bfd0933dcc34f81。

广东省高级人民法院二审终审判决认为，上诉人高某某为谋取不正当利益，给予公司、企业人员以财物，数额较大，其行为构成对非国家工作人员行贿罪，判处有期徒刑1年6个月。决定合并执行有期徒刑5年6个月，并处没收财产人民币100000元。

【案例评析】

广东省高级人民法院认为本案应当认定为对非国家工作人员行贿罪，理由如下：

现有证据显示，上诉人高某某向广钢公司相关人员行贿并非其所在公司决定，行贿款也不是其所在公司提供而是由高某某个人支付，且高某某对为自己积累客源、创造业绩等个人目的而行贿的事实亦供认在案。上诉人高某某对广钢公司人员行贿不属于其所在公司的单位行为，而是高某某个人的行贿犯罪。

相关书证证实，广州钢铁企业集团有限公司是国有独资公司，是国有法人，持有广钢公司38.81%的股权；香港金钧有限公司是广州钢铁企业集团有限公司的全资子公司，持有广钢公司25.01%的股权。即广钢公司属于国有控股公司。而在国有控股、参股公司中从事组织、领导、监督、经营、管理工作的人员，依法应当认定为国家工作人员。本案中，宋某某是广钢公司物资部聘任的业务一科科长，黄某某、陈某某均是广钢公司物资部业务科业务员，宋某某等三人显然系广钢公司的一般工作人员，不属于国有公司、企业委派到国有控股、参股公司从事公务的人员。原判认定上诉人高某某行贿宋某某等人的行为犯对非国家工作人员行贿罪的定罪准确。

第五章　国有公司、企业、事业单位人员失职罪办案指引

第一节　国有公司、企业、事业单位人员失职罪概述

一、国有公司、企业、事业单位人员失职罪的立法沿革

本罪在1997年《刑法》第168条中被规定为徇私舞弊造成破产、亏损罪，具体罪状为"国有公司、企业直接负责的主管人员，徇私舞弊，造成国有公司、企业破产或者严重亏损，致使国家利益遭受重大损失的，处三年以下有期徒刑或者拘役"。但这一规定中使用了"徇私舞弊"，无法涵盖全部的司法实践中出现的国有公司、企业人员滥用职权和玩忽职守的行为，而刑法关于滥用职权和玩忽职守罪的规定中，又把犯罪主体限定在国家机关工作人员之中。这样，在国有公司、企业中从事公务的人员因滥用职权或者玩忽职守给国家造成重大损失的，又不符合徇私舞弊的，案件无法追究刑事责任，国家利益得不到全面的保护。为了尽快纠正这种不利局面，1999年《刑法修正案》将该条修改为："国有公司、企业的工作人员，由于严重不负责任或者滥用职权，造成国有公司、企业破产或者严重损失，致使国家利益遭受重大损失的，处三年以下有期徒刑或者拘役；致使国家利益遭受特别重大损失的，处三年以上七年以下有期徒刑。国有事业单位的工作人员有前款行为，致使国家利益遭受重大损失的，依照前款的

规定处罚。国有公司、企业、事业单位的工作人员，徇私舞弊，犯前两款罪的，依照第一款的规定从重处罚。"

二、国有公司、企业、事业单位人员失职罪的概念和构成特征

国有公司、企业、事业单位人员失职罪是指国有公司、企业、事业单位的工作人员，由于严重不负责任，造成国有公司、企业破产或者严重损失，致使国家利益遭受重大损失的行为。

（一）客体特征

本罪的客体是国有公司、企业、事业单位经营秩序的有效、正常运行，客观表现为国有公司、企业、事业单位破产或严重损失，致使国家利益遭受重大损失。国有公司、企业是我国市场经济的重要组成部分，在国计民生、基础建设等重要领域发挥着巨大作用，国有公司、企业、事业单位人员所犯的失职犯罪，侵犯了国有公司、企业、事业单位权益，影响了国有公司、企业、事业单位的正常、有效经营。考虑到国有公司、企业、事业单位人员的犯罪是针对具体经济领域的事项而不是针对某个人或物，故将本罪设置在刑法分则第三章第三节之中。

（二）客观特征

一方面，在我国刑法中，由于刑法分则第九章将渎职罪限定于国家机关工作人员，对于国有公司、企业、事业单位中从事公务的人员因玩忽职守给国家造成重大损失的，无法依据分则第九章相关罪名追究刑事责任。另一方面，本罪客观行为属渎职行为，同时，国有公司、企业、事业单位作为市场经济下的参与主体，行为人的犯罪行为无疑又会给社会主义市场经济秩序带来破坏。因此，刑法将本罪归入刑法分则第三章之中。本罪客观上要求行为人严重不负责任，不履行职责或者不正确履行职责，造成国有公司、企业破产或严重损失，致使国家利益遭受重大损失。不履行职责，是指行为人应当履行且有条件、有能力履行职责，但违背职责没有履行；不正确履行，是指在履行职责的过程中，违反职责规定，不认真履

行职责。不同时期、不同条件下的国有公司、企业、事业单位的工作人员职责不尽相同，本罪的行为形态也就有各种不同表现。

（三）主体特征

本罪的主体仅限国有公司、企业、事业单位中的工作人员。实践中，根据公司中是否有国家出资及其出资的比例大小，可将公司分为国有独资公司（即公司资产全部为国家所有的有限责任公司）、国家参股公司，后者又可分为国家绝对控股公司、国家相对控股公司、非国家控股公司。对于除国有独资公司之外的国资公司工作人员，是否可以构成本罪的主体存在较大争议。我们认为，公司是以股东投资行为为基础而设立的，在公司的资产权归属上，难以找到对公司作"公""私"划分的依据。对于国有参股公司的性质，由于投资主体、资产来源的复杂性，难以作出"国有""私有"之分。对于股份公司而言，公司对包括国有资产在内的全部资产及其增值部分享有法人所有权，而股东是以其对公司的投资数额和比例对公司享有股东权，国家虽然作为出资主体较为特殊，但也应遵照公司法相关规定。所以，在国家参股等混合所有制公司、企业中的工作人员，一般不宜以本罪论处，构成重大责任事故、重大劳动安全事故等犯罪的，以相应罪名论处。需要指出的是，并非所有的国家参股等混合所有制公司、企业中的工作人员都不是本罪主体，根据2005年最高人民法院《关于如何认定国有控股参股股份有限公司中的国有公司、企业人员的解释》，国有公司、企业委派到国有控股、参股公司从事公务的人员，以国有公司、企业人员论。应当说这一原则，在2010年最高人民法院、最高人民检察院《关于办理国家出资企业中职务犯罪案件具体应用法律若干问题的意见》得以延续，第4条规定："国家出资企业中的国家工作人员在公司、企业改制或者国有资产处置过程中严重不负责任或者滥用职权，致使国家利益遭受重大损失的，依照刑法第一百六十八条的规定，以国有公司、企业人员失职罪或者国有公司、企业人员滥用职权罪定罪处罚。"即目前国有公司、企业、事业单位人员失职罪的犯罪主体包括两种情形，一是国有公司、企业、事业单位人员，二是国家出资企业中的国家工作人员。

（四）主观特征

本罪责任形式为过失。实践中主要表现为应当履行责任者没有履行具体责任事项，导致了结果发生，或者应当确立完备的经营体制，却没有确立这种体制，导致了结果发生。

三、国有公司、企业、事业单位人员失职罪的追诉标准

已经废止的2010年《关于公安机关管辖的刑事案件立案追诉标准的规定（二）》第15条规定："国有公司、企业、事业单位的工作人员，严重不负责任，涉嫌下列情形之一的，应予立案追诉：（一）造成国家直接经济损失数额在五十万元以上的；（二）造成有关单位破产、停业、停产一年以上，或者被吊销许可证和营业执照、责令关闭、撤销、解散的；（三）其他致使国家利益遭受重大损失的情形。"

因罪名管辖原因，2022年5月15日最高人民检察院、公安部修订的《关于公安机关管辖的刑事案件立案追诉标准的规定（二）》未规定本罪的追诉标准。在本罪追诉标准重新制定前，实践中可以暂时参考2010年《关于公安机关管辖的刑事案件立案追诉标准的规定（二）》和《关于办理渎职刑事案件适用法律若干问题的解释（一）》的有关规定。

第二节　国有公司、企业、事业单位人员失职罪的证据审查

一、国有公司、企业、事业单位人员失职罪的证据要件

本罪虽然规定在刑法分则第三章，但其证据体系的搭建与刑法分则第九章渎职犯罪有众多相同之处，在法律对本罪无明确规定的情况下，一

般可以参考渎职犯罪相关的法律、司法解释予以认定。

（一）犯罪客体证据

通过被调查人、犯罪嫌疑人、被告人的供述和辩解，证人证言，物证，书证，鉴定意见等证据，证实行为人的行为侵犯了国有公司、企业、事业单位的管理秩序和国家的利益。

（二）客观方面证据

1. 被调查人、犯罪嫌疑人、被告人的供述和辩解

证实如下事项：

（1）不履行或者不正确履行职责行为的时间、地点、其他参与人。

（2）履行职责时有无不认真、粗心大意、草率行事的情况，是否履行了职责要求的义务，或者进行了积极的作为以及没有履行职务的原因等。

（3）履行职责过程中是否存在徇私舞弊行为，以及徇私舞弊获得私利的时间、地点、经过、结果等。

（4）履行职责的详细经过。

（5）造成危害后果有无其他人员或者因素的介入。

（6）造成危害后果的时间、地点以及事态发生、发展、影响范围和程度等。

（7）行为人在危害后果发生后的相关行为。

2. 证人证言

（1）侦查人员的证言，证实侦破过程中的有关情况。

（2）侦查活动的见证人和鉴定人证言，证实见证和鉴定的过程。

（3）单位领导、财务人员、同事等知情人证言，证实行为人履行职务的时间、地点、经过、造成的后果等。

（4）从行为人失职中受益的人的证言，证实其与行为人关系、行为人是否收受或索要财物以及所得利益等情况。

3. 书证、物证

证实国有公司、企业和国家利益遭受的损失等情况，包括：

（1）破产公告、破产裁定、破产清算报告等证明公司、企业破产情况的证据。

（2）资产评估书，资产负债表，资产平衡表，亏损明细表。

（3）账簿，记账凭证，银行账目，往来账目。

（4）作案工具、厂房、机器设备及徇私舞弊所得的赃款赃物等。

4. 鉴定意见

包括文检鉴定、审计鉴定、会计鉴定及估价鉴定等。证实国有公司、企业和国家利益遭受的具体损失情况等。

5. 勘验、检查、辨认、侦查实验等笔录

包括现场和物证的勘查图、照片和勘验、检查、辨认、侦查实验等笔录，证实遭受损失的现场及物证等情况。

6. 视听资料、电子数据

包括录音、录像等资料和电子数据资料等，证实工作严重不负责任及造成亏损、破产及严重损失等情况。

7. 其他证明材料

证实与案件有关的情节，包括：

（1）举报、控告记录及信件。

（2）报案登记、立案决定书及破案经过等书证，证实案件来源、侦破经过以及犯罪嫌疑人是否有自首情节等。

（3）有关情况说明。

通过上述证据，证明国有公司、企业、事业单位工作人员因严重不负责任，造成国有公司、企业破产或者国有公司、企业、事业单位严重损失，致使国家利益遭受重大损失。

（三）犯罪主体证据

1. 个人身份证据

（1）居民身份证、临时居住证、工作证、护照、港澳居民来往内地通行证、台湾居民来往大陆通行证、中华人民共和国旅行证以及边民证。

（2）户口簿或公安部门出具的户籍证明等。

（3）能够确定个人职责的个人劳动合同、任职文件、会议纪要等。

（4）被调查人、犯罪嫌疑人、被告人的供述。

（5）有关人员（如其他工作人员等）关于被调查人、犯罪嫌疑人、被告人情况的证言。

2. 单位情况证据

（1）证明公司、企业或者其他单位性质的相应法律文件。

（2）公司、企业或者其他单位的法人营业执照、法人工商注册登记证明、法人设立证明、税务登记证、办公地和主要营业地证明等。

（3）公司、企业或者其他单位内部组织的章程、协议书、规定等，证明单位的组织架构、职责分工证据。

（4）公司、企业或者其他单位的人事文件、劳动合同等，证明行为人在公司、企业或者其他单位中具有何种职权。

（5）公司、企业或者其他单位已被撤销、合并、分解的，应有相关工商登记信息表或公司股东大会记录等书证。

3. 前科证据

主要包括：刑事判决书、裁定书；释放证明书、假释证明书；不起诉决定书；行政处罚决定书；其他执法机关相关文书等。

（四）主观方面证据

1. 被调查人、犯罪嫌疑人、被告人的供述和辩解

证实如下事项：

（1）行为人严重不负责任，不履行或者不正确履行职责的动机、目的，与相关人员的关系，是否徇私情、私利。

（2）不履行或者不正确履行职责的时间、地点、手段、参与人员、经过、处理结果和造成后果。

（3）对其不履行或者不正确履行职责，及违法违规违纪的认知程度。

（4）对其不履行或者不正确履行职责可能造成国有公司、企业破产或者严重损失，及致使国家利益遭受重大损失的认知程度。

2. 证人证言

包括交易对方、失职行为受益人和本单位同事、领导等的证言。证实内容同上。

3. 物证、书证

包括行为人接受他人的实物、礼金、服务的实物及票据、凭证，相关职业规范、工作制度、合同，以及行为人因违法违规处理职务活动受到的处分决定等，证明与相关人员的关系，是否为本人、他人或单位（部

门)谋私情、私利,违法违规处理单位事务的结果等。

通过以上证据证明行为人明知应当履行职责或正确履行职责,且应当预见不履行或者不正确履行职责的行为,可能使公司、企业、事业单位和国家利益遭受重大损失,因为疏忽大意而没有预见,或者虽然预见,但轻信能够避免的主观心态。

认定行为人是否系过失,尤其是要注意正确区分行为人对于危害行为的认知与对危害结果的认知,具体而言,行为人对具体的危害行为可以是故意,也可以是过失,但对于可能产生的危害结果应当是过失,或者是疏忽大意,或者是轻信能够避免。另外,要注意区分常识性认知与技术性认知。常识性认知以"普通人"为标准,除有证据证明行为人确无认知能力外,应当认定为"有认知";技术性认知一般涉及某一方面的特殊技能。对于不同的行业,有不同的认知标准与要求。对于涉及人身和财产安全的特殊性行业,如重大工程、专业设施等,上岗人员均经过培训,对于过失行为可能造成的危害结果一般具有认知。

实践中,判断行为人对其不履行或者不正确履行职责的行为性质是否明知,应注意收集和审查以下方面的证据:

其一,行为人对单位事务熟悉程度的证据,包括其知识层次、从事单位事务时间、有无管理权限、是否接受过培训等。

其二,行为人工作中一贯表现的证据,包括日常单位事务活动表现、有无受到过批评、劝阻,以及相对人抗辩时行为人表现等。

其三,行为人失职动机的证据,包括其与交易对方的关系、有无收受好处及有无为本人、他人或者单位(部门)谋取利益等。

二、国有公司、企业、事业单位人员失职罪常见证据审查

根据相关司法解释的规定,国有公司、企业委派到国有控股、参股公司从事公务的人员,以国有公司、企业人员论。实践中,受国有公司、企业委派到国有控股、参股公司从事公务的人员具有双重的身份,负有双重职责。一方面,接受委派的人员是国有控股、参股公司的工作人员;另一方面,接受委派的人员要代表原委派的国有公司、企业,对国有控股或者参股公司中的国有资产行使监督、管理职权。问题的实质在于如何理解

"委派"的含义。根据《全国法院审理经济犯罪案件工作座谈会纪要》的规定,国有公司、企业的委任、派遣,既可以是事前、事中的提名、推荐、指派、任命,也可以是事后的认可、同意、批准等。只要是接受国有公司、企业的委派,代表国有公司、企业到国有控股、参股的公司中从事公务,就可以"以国有公司、企业人员论"。因此需要在证据审查时尤其注意在案证据中有无提取股东大会记录、董事会记录、任职文件、批准函等书证。除此之外还需要注意,行为人必须是代表国有公司、企业在国有控股、参股公司中行使组织、领导、监督、管理等职责,才具有受委派的实质内容,虽然在形式上行为人的职务可能是出于国有控股、参股公司股东大会或董事会的决议或依照公司章程选举,但只要实质上符合受委派从事公务的情形,就应"以国有公司、企业人员论"。因此,还必须就行为人在国有控股、参股公司中的履职情况进行取证,以证明行为人是否属于实质上受委派的情形。

第三节 国有公司、企业、事业单位人员失职罪的认定处理

一、国有公司、企业、事业单位人员失职罪的罪与非罪

国有公司、企业、事业单位人员失职罪与一般失职行为的界限在于失职行为是否违反具体相关规定,失职行为是否致使国家利益遭受重大损失。实践中,既要注意不能轻易入罪,将国有公司、企业、事业单位人员的一切不当行为都纳入本罪处理,例如未明显违反规定的工作行为,即使导致国家利益遭受重大损失,也不宜入罪;也要注意出罪的事由必须符合法律规定,不能仅以属于违规的工作失误等理由,将构成国有公司、企业、事业单位人员失职罪的行为认定为一般失职行为。

二、国有公司、企业、事业单位人员失职罪的此罪与彼罪

(一) 国有公司、企业、事业单位人员失职罪与国有公司、企业、事业单位人员滥用职权罪

国有公司、企业、事业单位人员失职罪与国有公司、企业、事业单位人员滥用职权罪的区别在于主观罪过的不同。故意实施的滥用职权行为，是国有公司、企业、事业单位人员滥用职权罪；过失实施的不负责任行为，是国有公司、企业、事业单位人员失职罪。实践中有观点认为，区分两罪的关键在于滥用类犯罪是作为形式，失职类犯罪是不作为形式。我们认为，作为与不作为只是表现形式不同，并不是两罪的实质区别，实际上，滥用职权类犯罪也可以以不作为的方式完成，如国有公司人员明知某行为会造成国有公司严重损失，但不予履职修正；同样，粗心大意的履职作为行为，也可以认定不负责任的玩忽职守。

(二) 国有公司、企业、事业单位人员失职罪与玩忽职守罪

国有公司、企业、事业单位人员失职罪与玩忽职守罪的关键区别在于二者的主体不同。玩忽职守罪的犯罪主体只能是国家机关工作人员，根据立法解释，是在依照法律、法规规定行使国家行政管理职权的组织中从事公务的人员，或者在国家机关委托代表国家机关行使职权的组织中从事公务的人员，或者虽未列入国家机关人员编制但在国家机关中从事公务的人员。而国有公司、企业、事业单位人员失职罪的主体只需是在国有公司、企业、事业单位中的工作人员即可，对于是否有编制，是否担任领导职务等均无相应要求。

(三) 国有公司、企业、事业单位人员失职罪与签订、履行合同失职被骗罪

国有公司、企业、事业单位人员失职罪与签订、履行合同失职被骗罪的主体均是国有公司、企业、事业单位的人员，但国有公司、企业、事业单位人员失职罪的主体范围更为宽广，只要是上述单位的工作人员即可，而签订、履行合同失职被骗罪的主体范围仅限直接负责的主管人员。

此外，签订、履行合同失职被骗罪的时间节点要求为签订、履行合同过程中，同时，认定签订、履行合同失职被骗罪一般应当以对方当事人实施欺骗行为为前提。

三、国有公司、企业、事业单位人员失职罪的其他相关问题

（一）国有公司、企业、事业单位人员失职罪在国家出资企业中的认定

2010年最高人民法院、最高人民检察院《关于办理国家出资企业中职务犯罪案件具体应用法律若干问题的意见》第4条第1款规定："国家出资企业中的国家工作人员在公司、企业改制或者国有资产处置过程中严重不负责任或者滥用职权，致使国家利益遭受重大损失的，依照刑法第一百六十八条的规定，以国有公司、企业人员失职罪或者国有公司、企业人员滥用职权罪定罪处罚。"在适用本款规定时需特别注意，本款规定对《刑法》第168条规定作了一定程度的扩张解释，即将《刑法》第168条关于"造成国有公司、企业破产或者严重损失，致使国家利益遭受重大损失的"的表述调整为"致使国家利益遭受重大损失的"。根据当时参与制定该意见的同志撰文介绍，国家出资企业（包括国有独资、控股、参股公司、企业）中的国家工作人员在公司、企业改制或者国有资产处置过程中严重不负责任或者滥用职权，致使国家利益遭受重大损失的，均可以国有公司、企业人员失职罪或者国有公司、企业人员滥用职权罪定罪处罚，理由如下。第一，随着国家出资企业产权多元化的逐步实现，机械地理解刑法本条规定中的"国有公司、企业破产或者严重损失"的含义，将导致本罪在实践中基本无法适用。第二，最高人民法院《关于如何认定国有控股、参股股份有限公司中的国有公司、企业人员的解释》已对刑法分则第三章第三节中的国有公司、企业人员的认定问题进行了明确，即国有公司、企业委派到国有控股、参股公司从事公务的人员，以国有公司、企业工作人员论。为保持协调一致，有必要适当转换损失认定的角度，问题的关键不在于损失具体发生在何种企业，而在于国有资产是否受到了损失。

(二)以"集体研究"形式实施的失职犯罪的认定

我们认为,以"集体研究"形式实施的失职犯罪,应当依照本罪的规定追究国有公司、企业、事业单位中负有责任的工作人员的刑事责任。对于具体执行人员,应当在综合认定其行为性质、危害结果大小、所起作用等情节的基础上决定是否追究刑事责任和应当判处的刑罚。对于以"集体研究"形式实施的失职犯罪,尤其要注意区分主要责任人与次要责任人、直接责任人与间接责任人。对多因一果的有关责任人员,要分清主次,根据各自的作用,确定其罪责。

(三)重大损失的认定

一般来说,重大损失应是指失职犯罪或者与失职犯罪相关联的犯罪立案时已经实际造成的财产损失,包括为挽回失职犯罪所造成损失而支付的各种开支、费用等。

(四)关于"徇私"的理解

依照1996年最高人民检察院《关于办理徇私舞弊犯罪案件适用法律若干问题的解释》第1条的规定,刑法中的"徇私",是指贪图钱财、袒护亲友、泄愤报复或者其他私情私利。对此,大家认识比较一致。但上述司法解释第3条同时规定:"为牟取单位或小集体不当利益而实施第一、二条行为的,依法追究直接负责的主管人员和其他直接责任人员的刑事责任。"修订后的刑法实施以后,司法实践中对于上述司法解释中涉及的"徇私"产生不同理解。一种意见认为,根据上述司法解释,徇私枉法罪中的"私"包括"为牟取单位或小集体不正当利益"。因此,"徇私"不仅包括徇个人私情、私利,还包括徇单位之私、徇小团体之私。另一种意见认为,上述司法解释在1997年刑法修改后不宜再适用;个人与单位毕竟不同,因而为单位牟取利益的行为不宜认定为徇私枉法罪中的"徇私"。2003年《全国法院审理经济犯罪案件工作座谈会纪要》直接明确,徇私舞弊型渎职犯罪的"徇私"应理解为徇个人私情、私利。国家机关工作人员为了本单位的利益,实施滥用职权、玩忽职守行为,构成犯罪的,依照《刑法》第397条第1款的规定定罪处罚,不依照"徇私"情节量刑。

第四节 案例评析

李某国有公司人员失职案[1]

【案例要旨】

国有公司、企业委派到国有控股、参股公司从事公务的人员，以国有公司、企业人员论。

【基本案情】

李某原系某国有公司副董事长、总经理，后由该国有公司委派到某国有控股有限责任公司任副董事长、总裁。李某在有限责任公司任职期间，因严重不负责任、不正确履行职务，给该有限责任公司造成了特别重大的经济损失。

【案例评析】

对于李某是否属于《刑法》第168条中规定的国有公司工作人员，并以《刑法》第168条规定的国有公司人员失职罪追究李某的刑事责任，实践中存在较大分歧：

一种意见认为，李某不属于国有公司工作人员。理由是：从文义分析，"国有公司、企业人员"是指在国有公司、企业中工作的人员。只有确定了国有公司、企业的范围，才能确定"国有公司、企业人员"的范围。国家统计局、国家工商行政管理局《关于划分企业登记注册类型的规定》第3条规定："国有企业是指企业全部资产归国家所有，并按《中华人民共和国企业法人登记管理条例》规定登记注册的非公司制的经济组

---

[1] 参见最高人民法院刑二庭顾保华：《〈关于如何认定国有控股、参股的股份有限公司中的国有公司、企业人员的解释〉的理解与适用》，载仟律网，www.fadoudou.com/new/10621.html。

织。不包括有限责任公司中的国有独资公司。"虽然《公司法》没有对国有公司的范围予以界定，但参照《关于划分企业登记注册类型的规定》第3条的规定精神，国有公司也应当是指依照公司法成立，财产完全属于国家所有的公司，包括由国家授权投资的机构或者国家授权的部门单独投资设立的国有独资有限责任公司和（由2个以上50个以下）国有投资主体共同出资设立的有限责任公司，国有资本控股或参股的公司不属于国有公司、企业。因此，本案中的李某不属于在国有公司、企业中工作的人员，也就不是"国有公司、企业人员"。

另一种意见认为，刑法分则第三章第三节规定的国有公司、企业在1997年刑法修订时，应当是指依照公司法和企业法人登记管理条例成立，财产完全属于国家所有的公司、企业。但随着我国国有公司、企业的改制、改革，1997年刑法修订时意义上的国有公司、企业会逐渐减少，而代之以国有资本控股、参股的股份有限公司。如果将刑法意义上的国有公司、企业局限于财产完全属于国家所有的公司、企业，必然会导致像中国银行、中国建设银行、首钢等这样的国有控股公司、企业不能被认定为国有公司、企业，对这类国有资本绝对控股的公司中的工作人员，由于严重不负责任或者滥用职权，给国家利益造成特别重大损失的，不能依照刑法的有关规定追究其刑事责任，这肯定不符合立法本意。因此，应当根据我国国有公司改革、改制的具体情况，对刑法意义上的国有公司、企业作出合乎实际的认定。在现阶段，国家对国有公司、企业和国有控股、参股公司、企业中国有资产的监督管理是相同的，统一执行《企业国有资产监督管理暂行条例》和《企业国有资产产权登记管理办法》。因此，刑法意义上的国有公司、企业，应当包括国有企业、国有独资公司、国有控股、参股的公司、企业。既然李某在国有控股公司中担任副董事长、总裁，就负有对国有资产的监督、管理职权，其在有限责任公司任职期间，因严重不负责任、不正确履行职务，给该有限责任公司造成了特别重大的经济损失，实质上就是致使国家利益遭受了特别重大损失，应当以《刑法》第168条规定的国有公司人员失职罪追究李某的刑事责任。

为统一刑法的适用，明确刑法分则第三章第三节中的"国有公司、企业的工作人员"的含义，最高人民法院于2005年8月1日公布了《关于如何认定国有控股、参股股份有限公司中的国有公司、企业人员的解释》，规定"国有公司、企业委派到国有控股、参股公司从事公务的人员，以国有公司、企业人员论"。这样解释的主要理由在于：

受国有公司、企业委派到国有控股、参股公司从事公务的人员具有双重的身份，负有双重职责。一方面，接受委派的人员是国有控股、参股公司的工作人员；另一方面，接受委派的人员要代表原委派的国有公司、企业，对国有控股或者参股公司中的国有资产行使监督、管理职权，即属于国有公司、企业的工作人员。国有公司、企业委派到国有控股、参股公司从事公务的人员，在工作中严重失职或滥用职权，致使其任职公司的利益遭受严重损失，事实上必然导致作为股东的国有公司、企业的利益遭受重大损失，致使国家利益遭受严重损失。因此，对于国有公司、企业委派到国有控股、参股公司从事公务的人员，"以国有公司、企业人员论"，构成犯罪的，适用刑法关于国有公司、企业工作人员犯罪的规定，既符合刑法第三章关于国有公司、企业人员犯罪的构成要件，也符合刑法对国有资产予以特别保护的立法意图。

关于这里的"委派"，《全国法院审理经济犯罪案件工作座谈会纪要》已予以明确，即是指国有公司、企业的委任、派遣，既可以是事前、事中的提名、推荐、指派、任命，也可以是事后的认可、同意、批准等。只要是接受国有公司、企业的委派，代表国有公司、企业到国有控股、参股的公司中从事公务，就可以"以国有公司、企业人员论"。由于受委派从事的工作必须是代表国有公司、企业在国有控股、参股公司中行使组织、领导、监督、管理等职责，才具有受委派的实质内容，因此，受委派人员一般会在国有控股、参股的公司中担任一定的职务，如董事长、副董事长、总经理、董事、监事、财务负责人或部门经理等。虽然在形式上这些职务可能是出于国有控股、参股公司股东大会或董事会的决议或依照公司章程选举，但只要实质上符合受委派从事公务的情形，就应"以国有公司、企业人员论"。

第六章　国有公司、企业、事业单位人员滥用职权罪办案指引

第一节　国有公司、企业、事业单位人员滥用职权罪概述

一、国有公司、企业、事业单位人员滥用职权罪的立法沿革

国有公司、企业、事业单位人员滥用职权罪与国有公司、企业、事业单位人员失职罪一起被规定在《刑法》第168条之中。其立法沿革参见前文所述的国有公司、企业、事业单位人员失职罪，在此不再赘述。

二、国有公司、企业、事业单位人员滥用职权罪的概念和构成特征

本罪指的是国有公司、企业、事业单位的工作人员，由于滥用职权，造成国有公司、企业破产或者严重损失，致使国家利益遭受重大损失的行为。

（一）客体特征

本罪的客体是国有公司、企业、事业单位经营秩序的有效、正常运行，审查时亦需要结合结果是否致使国有公司、企业、事业单位的财产和重大利益遭受损失综合判断。

（二）客观特征

滥用职权行为，是指行为人故意实施了违法或者违规的职务行为。从本罪的客观表现看，一般有以下几种情形：一是行为人超越职权、擅自决定或者处理没有具体决定、处理权限的事项；二是玩弄职权，肆无忌惮地对具体事项做出处理；三是故意不履行应当履行的职责；四是以权谋私，徇私舞弊，不正确地履行职责。1999年最高人民检察院《关于人民检察院直接受理立案侦查案件立案标准的规定（试行）》第2条针对滥用职权罪的界定，也阐释了滥用职权的表现："超越职权，违法决定、处理其无权决定、处理的事项，或者违反规定处理公务。"这实际上也是从两个方面界定滥用职权：（1）违规超越职权；（2）违规行使职权。

（三）主体特征

本罪的主体仅限国有公司、企业、事业单位中的工作人员。值得注意的是，2010年最高人民法院、最高人民检察院《关于办理国家出资企业中职务犯罪案件具体应用法律若干问题的意见》对本罪和国有公司、企业、事业单位工作人员失职罪的主体有所扩张，该意见所称"国家出资企业"，包括国家出资的国有独资公司、国有独资企业，以及国有资本控股公司、国有资本参股公司。同时，国家出资企业中的国家工作人员在公司企业改制或者国有资产处置过程中严重不负责任或者滥用职权，致使国家利益遭受重大损失的，依照《刑法》第168条的规定，以国有公司、企业人员失职罪或者国有公司、企业人员滥用职权罪定罪处罚。

（四）主观特征

关于本罪的主观方面，目前学界主要存在三种观点：第一种认为"必须是故意"；第二种认为"只能是过失，不可能是故意"；第三种认为是"过失或间接故意"。我们基本同意第一种观点，即行为人明知自己滥用职权的行为会导致危害后果的发生，并且希望或者放任这种结果发生。如果说滥用职权犯罪可以出于过失，则与"过失犯罪，法律有规定的才负刑事责任"的刑法规定相悖，但刑法关于本罪的规定，没有为过失提供文理依据，况且，如果一个罪既可以由过失构成，也可以由故意构成，在法律逻辑上也是存在障碍的。当然，也必须承认，对于"造成国有公司、企业破产或者严重损失，致使国家利益遭受重大损失"这种结果，虽然是本罪的构成要件之一，但还是以客观的超过要素对待为宜，不要求行为人主观上希望或者放任这种结果发生。

三、国有公司、企业、事业单位人员滥用职权罪的追诉标准

已经废止的2010年《关于公安机关管辖的刑事案件立案追诉标准的规定（二）》第16条规定："国有公司、企业、事业单位的工作人员，滥用职权，涉嫌下列情形之一的，应予立案追诉：（一）造成国家直接经济损失数额在三十万元以上的；（二）造成有关单位破产，停业、停产六个月以上，或者被吊销许可证和营业执照、责令关闭、撤销、解散的；（三）其他致使国家利益遭受重大损失的情形。"

因罪名管辖原因，2022年5月15日最高人民检察院、公安部修订的《关于公安机关管辖的刑事案件立案追诉标准的规定（二）》未规定本罪的追诉标准。在本罪追诉标准重新制定前，实践中可以暂时参考2010年《关于公安机关管辖的刑事案件立案追诉标准的规定（二）》和《关于办理渎职刑事案件适用法律若干问题的解释（一）》的有关规定。

第二节　国有公司、企业、事业单位人员滥用职权罪的证据审查

一、国有公司、企业、事业单位人员滥用职权罪的证据要件

（一）犯罪客体证据

通过被调查人、犯罪嫌疑人、被告人的供述和辩解、证人证言、物

证、书证、鉴定意见等证据，证实行为人的行为侵犯了国有公司、企业、事业单位的管理秩序和国家的利益。

（二）客观方面证据

1. 被调查人、犯罪嫌疑人、被告人的供述和辩解

证实以下情况：

（1）滥用职权的时间、地点、其他参与人。

（2）滥用职权过程中是否存在徇私舞弊行为，以及徇私舞弊获得私利的时间、地点、经过、结果等。

（3）滥用职权的详细经过。

（4）造成危害后果的时间、地点以及事态发生、发展、影响范围和程度等。

（5）造成危害后果有无其他人员或者因素的介入。

（6）行为人在危害后果发生后的相关行为。

2. 证人证言

（1）侦查（调查）人员的证言，证实侦破过程中的有关情况。

（2）侦查（调查）活动的见证人和鉴定人证言，证实见证和鉴定的过程。

（3）单位领导、财务人员、同事等知情人证言，证实行为人履行职务的时间、地点、经过、造成的后果等。

（4）从行为人滥用职权中受益的人的证言，证实其与行为人关系、行为人是否收受或索要财物以及所得利益等情况。

3. 书证、物证

证实国有公司、企业和国家利益遭受的损失等情况，包括：

（1）破产公告，破产裁定，破产清算报告。

（2）资产评估书，资产负债表，资产平衡表，亏损明细表。

（3）账簿，记账凭证，银行账目，往来账目。

（4）作案工具、厂房、机器设备及徇私舞弊所得的赃款赃物等。

4. 鉴定意见

包括文检鉴定、审计鉴定、会计鉴定及估价鉴定等，证实国有公司、企业和国家利益遭受的具体损失情况等。

5. 勘验、检查、辨认、侦查实验等笔录

包括现场和物证的勘查图、照片和勘验、检查、辨认、侦查实验等笔录，证实遭受损失的现场及物证等情况。

6. 视听资料、电子数据

包括录音、录像等资料和电子数据资料等，证实工作中滥用职权及造成亏损、破产及严重损失等情况。

7. 其他证明材料

证实与案件有关的情节，包括：

（1）举报、控告记录及信件。

（2）报案登记、立案决定书及破案经过等书证，证实案件来源、侦破经过以及犯罪嫌疑人是否有自首情节等。

（3）有关情况说明。

通过上述证据，证明国有公司、企业、事业单位工作人员，因滥用职权，造成国有公司、企业破产或者国有公司、企业、事业单位严重损失，致使国家利益遭受重大损失的结果。

（三）犯罪主体证据

本罪的主体具体证据标准参见国有公司、企业、事业单位工作人员失职罪有关内容。

（四）主观方面证据

1. 被调查人、犯罪嫌疑人、被告人的供述和辩解

证实以下情况：

（1）滥用职权的动机、目的，与相关人员的关系，是否为本人、他人或单位（部门）谋私情、私利。

（2）超越职权或者不正确履行职责的时间、地点、手段、参与人员、经过、处理结果和造成后果。

（3）对其超越职权或者不正确履行职责，及违法违规违纪的认知程度。

（4）对其超越职权或者不正确履行职责可能造成国有公司、企业破产或者严重损失，及致使国家利益遭受重大损失的认知程度。

2. 证人证言

包括交易对方、滥用职权行为受益人和本单位同事、领导等的证言，证实内容同上。

3. 物证、书证

包括行为人接受他人的实物、礼金、服务的实物及票据、凭证，相关职业规范、工作制度、合同，以及行为人因违法违规处理职务活动受到的处分决定等，证明与相关人员的关系，是否为本人、他人或单位（部门）谋私情、私利，违法违规处理单位事务的结果等。

二、国有公司、企业、事业单位人员滥用职权罪常见证据审查

实践中，认定本罪主观方面，一般主要通过被调查人、犯罪嫌疑人和被告人供述和辩解、证人证言、有关书证、物证予以综合认定，从而对行为人认知能力，对犯罪行为危害性、犯罪结果的认识作出综合评价。近年来，随着司法办案的经验提升，逐步要求司法人员需要结合"以客观印证主观"的认识规律，对行为人主观心态做出相应的法律评价。

第三节 国有公司、企业、事业单位人员滥用职权罪的认定处理

一、国有公司、企业、事业单位人员滥用职权罪的罪与非罪

正确区分本罪与非罪的界限，主要在于以下几个方面：（1）看行为人主观上是否存在滥用职权的故意。其对于自己滥用职权的行为存在主观明知，对危害后果的发生可以是过失。（2）国家利益是否遭受重大损失。如

果行为人的行为未使国家利益遭受重大损失的，不构成本罪，可以由有关部门给予批评教育或者行政处分。（3）重大损失和滥用职权之间是否存在刑法意义上的因果关系。实践中，两者之间的因果关系很可能是多因一果，在这种情况下，一方面要审查行为人的行为是否能够达到滥用职权的程度，另一方面要审查行为人的行为与损害后果之间是否有内在联系，如果主要是由不可抗力或者意外事件等造成的损失，就不能认定该行为人构成本罪。

二、国有公司、企业、事业单位人员滥用职权罪的此罪与彼罪

（一）国有公司、企业、事业单位人员滥用职权罪与为亲友非法牟利罪的界分

为亲友非法牟利罪，是指国有公司、企业、事业单位的工作人员，利用职务便利，为亲友非法牟利，使国家利益遭受重大损失的行为。国有公司、企业、事业单位人员滥用职权罪与为亲友非法牟利罪在犯罪主体、犯罪客体等方面均相同，主要区别主要在于客观行为方面，法律对国有公司、企业、事业单位工作人员滥用职权罪的客观行为方式未作进一步的明确，而为亲友非法牟利的客观行为方式表现为《刑法》第166条规定的三种方式。实践中，两罪的关系主要有以下情形：（1）国有公司、企业、事业单位的工作人员滥用职权实施《刑法》第166条规定的三种行为，使国家利益遭受重大损失的，既符合本罪的犯罪构成，也符合为亲友非法牟利的犯罪构成，属于法条竞合情形。按照特别法优于普通法的原则，应当以为亲友非法牟利罪定罪处罚。（2）行为人实施《刑法》第166条规定的三种行为以外的利用职务便利为亲友牟利的行为，造成国家利益遭受重大损失的，应当按照国有公司、企业、事业单位人员滥用职权罪处理。

（二）国有公司、企业、事业单位人员滥用职权罪与非法经营同类营业罪的界分

非法经营同类营业罪，是指国有公司、企业的董事、经理利用职务

便利，自己经营或者为他人经营与其所任职公司、企业同类的营业，获取非法利益，数额巨大的行为。国有公司、企业、事业单位人员滥用职权罪与非法经营同类营业罪的区别主要在于：(1) 犯罪主体不同。国有公司、企业、事业单位人员滥用职权罪的主体为国有公司、企业、事业单位的工作人员；非法经营同类营业罪的主体为国有公司、企业的董事、经理。(2) 客观方面不同。国有公司、企业、事业单位人员滥用职权罪的客观方面表现为滥用职权，造成国家利益遭受重大损失的行为；非法经营同类营业罪的客观方面表现为利用职务便利，自己经营或为他人经营与其所任职公司、企业同类的营业，获取非法利益的行为。(3) 犯罪结果要件不同。国有公司、企业、事业单位人员滥用职权罪要求造成国有公司、企业、事业单位破产或者严重损失，致使国家利益遭受重大损失；非法经营同类营业罪要求行为人获取非法利益数额巨大。

实践中，行为人利用职务便利为自己或为他人经营与其所任职公司、企业同类的营业，也是一种滥用职权的行为。在这种情况下造成国家利益遭受重大损失的，如何处理？我们认为，可以分为以下几种情况：(1) 国有公司、企业的董事、经理利用职务便利，自己经营或为他人经营与其所任职公司、企业同类的营业，获取非法利益，数额巨大的，构成非法经营同类营业罪，同时该行为又造成了国有公司、企业破产或严重损失，致使国家利益遭受重大损失，又符合国有公司、企业人员滥用职权罪，属于法条竞合情形，按照特别法优于普通法的原则，应当以非法经营同类营业罪从重处罚。(2) 国有公司、企业的董事、经理利用职务便利，自己经营或为他人经营与其所任职公司、企业同类的营业，未获取利益，但造成国有公司、企业破产或严重损失，致使国家利益遭受重大损失的，以国有公司、企业人员滥用职权罪定罪处罚。(3) 国有公司、企业的董事、经理以外的其他工作人员利用职务便利，自己经营或为他人经营与其所任职公司、企业同类的营业，造成国有公司、企业破产或严重损失，致使国家利益遭受重大损失的，以国有公司、企业人员滥用职权罪定罪处罚。

三、国有公司、企业、事业单位人员滥用职权罪的其他相关问题

（一）渎职行为致使国有公司、企业债权无法实现的属于重大损失

根据刑法规定，国有公司、企业、事业单位人员滥用职权罪是以造成国有公司、企业破产或者严重损失，致使国家利益遭受重大损失为构成要件的。其中，严重损失，通常是指渎职行为已经造成的重大经济损失。在司法实践中，有以下情形之一的，虽然公共财产作为债权存在，但已无法实现债权的，可以认定为行为人的渎职行为造成了经济损失：（1）债务人已经法定程序被宣告破产；（2）债务人潜逃，去向不明；（3）因行为人责任，致使超过诉讼时效；（4）有证据证明债权无法实现的其他情况。

（二）滥用职权行为可否由不作为完成

我们认为，滥用职权行为当然也可以由不作为完成，所谓职权应当包括职责和权力两层含义。一般而言，对权力的滥用均表现为积极地作为，但如果行为人能够履行职责而故意放弃，实际上就是以不作为的方式运用了自己的"职权"，如某国有公司高管因收受贿赂，故意违反公司规定对投资项目不履行认真审查义务，造成国家损失的。这里尤其需要注意一点的便是要严格区分不作为的滥用职权犯罪与失职犯罪之间的界限，因为失职犯罪多表现为对职守的草率和不认真履行，本质上也是一种不作为，二者的主要区分点还是在行为人的主观方面。

（三）超越职权行为内涵如何把握

我们认为，首先，超越职权的行为也属于职务行为，即使在民商法领域，行为人超越职权代表公司作出的行为也并不都是当然无效，如表见代理。其次，超越权限范围行使职权应当有一定限制，并不是只要国有公司、企业、事业单位工作人员行使了自己职权范围之外的其他职权都可作为滥用职权来认定。这种越权行为必须以行为人现有的职权为基础，而不

能是行为人处理与本人职权毫无关联的其他事务，其超越职权行为必须是利用了其现有职权的便利。

（四）国有公司、企业、事业单位人员滥用职权罪中的因果关系判断

我们认为，在认定国有公司、企业、事业单位人员滥用职权罪的因果关系时，应当以行为时客观存在的一切事实为基础，依据一般人的经验进行判断，特别是在"多因一果"的情况下，危害后果的发生是在行为人实施行为后多个因素介入下而产生的，应当通过考察行为人的行为导致结果发生的可能性大小、介入因素对结果发生的作用大小、介入因素的异常程度等，来判断行为人的行为与结果之间是否存在因果关系。

在存在介入因素的场合下，判断介入因素是否对因果关系的成立产生阻却影响时，一般是通过是否具有"相当性"的判断来加以确定的。在"相当性"的具体判断中，一般可以从以下三个方面进行：（1）最早出现的实行行为导致最后结果发生的概率的高低。概率越高，因果关系越确定。（2）介入因素异常性的大小。介入因素过于异常的，实行行为和最后结果之间的因果关系中断的可能性越大。（3）介入因素对结果发生的影响力。影响力越大，因果关系中断的可能性越大。当然，如果介入行为与此前行为对于结果的发生作用相当或者互为条件时，均应视为原因行为，成立因果关系。

第四节 案例评析

郭某国有公司人员滥用职权案[①]

【案例要旨】

本人不是国有公司的工作人员,但其在明知国有公司人员违反规定滥用职权,后来又为掩盖亏空事实进行库存造假、"推陈储新"倒库存的情况下,仍主动配合并积极参与,系国有公司人员实施滥用职权犯罪的共犯,最终致使国家利益遭受特别重大损失的,构成国有公司人员滥用职权罪。

【案例情况】

上诉人郭某,男,1972年4月20日出生,因涉嫌犯诈骗罪于2016年7月15日被羁押,因涉嫌犯伪造公司印章罪于同年8月22日被逮捕,因涉嫌犯国有公司人员滥用职权罪于2021年1月14日被取保候审。

北京市高级人民法院审理认定:2015年5月21日,被告人郭某以北京天一启承通信科技有限公司(以下简称天一启承公司)的名义作为乙方与甲方北京京粮电子商务有限公司(以下简称京粮电商公司)签订特约购销总协议,主要内容为:甲方负责向指定厂商或国家级代理商进行采购,乙方负责向社会渠道销售;乙方根据供货方提供的产品名录选择品牌及机型后向甲方下订单,总金额不超过1000万元,甲方依据订单向相应供货方一次性采购入库并实时通知乙方,由乙方即时一次或分批次提货;甲方按乙方付款数量发货,并有权根据市场情况或根据厂商、供货方的要

[①] 参见北京市高级人民法院(2020)京刑终125号,载中国裁判文书网,www.wenshu.court.gov.cn/website/wenshu/181107ANFZ0BXSK4/index.html?docId=c0a5ca691447475fbc7facfc00099085。

求调整价格,同时通知乙方;乙方付清所提货物之货款后方可提货;乙方未履行完毕的订单总额不得超过1000万元,否则甲方有权拒绝接受新订单,单笔订单销售期限自甲方入库之日起不超过7天,销售期限到达仍有库存的,协商止损措施,如需延长销售期限,应补交不低于存货协议价值50%的保证金,延长期限不得超过7天。期满后,甲方可以自行处理该订单项下乙方未提取的货物。乙方订单价格与甲方采购价格的价差为甲方应得利益。甲方有义务及时按乙方订单全额采购,并保证在销售期限及销售延长期内不向第三方销售,保守产品价格、数量等商业秘密。供货商所给的销售返利、促销补偿为乙方应得利益,乙方订单项下义务、合同义务履行完毕后,甲方应将该项款物移交乙方。乙方未能在销售期限、延长的销售期限内完全履行合同义务,甲方有权扣除该订单项下全部销售返利、促销补偿等。后双方又于2015年10月23日,签订补充协议二,对此前签订的协议进行了修订,主要是将订单总金额不超过1000万元,调整为1500万元;在上述有担保的额度之外,另增加额度3500万元。2016年5月31日,双方签订补充协议三,将原协议约定的期限延长至2016年6月30日。

2015年下半年至2016年初,被告人郭某伙同京粮电商公司负责手机业务的时任该公司电子通讯事业部总经理的杨某焰、副总经理林某及库管员成某誉(三人均已被判刑),违反合同有关先付款后提货的约定,采取少付或未付款即提货、进行赊销的方式,从北京市东城区京粮电商公司手机仓库等地提走大量苹果牌手机销售;杨某焰、林某等人在京粮电商公司账上进行虚假记载,将已提走销售的手机登记为库存,在账面上显示未有亏损。

京粮电商公司提供的手机业务收付款明细、订单详情反映:2015年4月双方即正式开始合作;按自然月统计,京粮电商公司货款收付差额滚动累计计算为2015年4月正1.75万元,5月负1005.75万元,6月负563.66万元,7月负990.1万元,8月负821.8万元,9月底负6275万元,10月底负6800余万元,11月底负1.7亿余元,当年12月31日,差额达到负1.93亿元。除4月,账务显示京粮电商公司的手机业务一直处于库存压货状态。

2016年1月,为应付审计,杨某焰、林某、郭某商量采取给手机包装箱换标签，用库存国产手机冒充苹果牌手机，以提高库存价值，掩盖手机业务收支已出现亏空的情况。后郭某找来苹果牌手机包装盒和标签，并纠集他人，在杨某焰、林某、成某誉等人的配合、支持下，将京粮电商公司仓库内手机的标签全部换成苹果牌手机标签。

2016年3月5日，京粮电商公司仓库库管更换，交接时，林某、成某誉等人在场，不让新库管开箱验货，并由天一启承公司出具确认函，确认仓库内的手机均为苹果牌手机，继续隐瞒库存手机的真实情况。

因京粮电商公司账面显示库存偏高，上级公司要求清库存，并不再为手机业务垫付款项。为维持业务，杨某焰提出"推陈储新"模式，即郭某以账面库存量为基数，联系经销商相当的新业务，将收取的货款全款打入京粮电商公司作为购买库存手机的货款，郭某把京粮电商公司仓库里贴了苹果牌手机标签的国产手机拉走，这样，京粮电商公司账面显示库存已全部售出，完成清库任务，即所谓"推陈"；而后，京粮电商公司再以开展新业务的名义请款，用该款购买此前郭某联系的经销商所需手机，但新购手机不入京粮电商公司仓库，而是由成某誉等人收货后经由郭某等人直接交给经销商，郭某再把之前从公司仓库拉走的库存假苹果牌手机重新贴标后送回库里，作为京粮电商公司所采购的新手机入库，即所谓"储新"。

后被告人郭某根据杨某焰提议的方法，并在杨某焰、林某、成某誉等京粮电商公司工作人员的配合下实施"推陈储新"行为，继续开展手机业务。自2016年2月起，京粮电商公司陆续向深圳市爱施德股份有限公司北京通讯器材分公司（以下简称爱施德北京公司）、联通华盛通信有限公司（以下简称联通华盛公司）等公司陆续订购3.7亿余元手机并销售。其中，2016年5月23日至6月24日期间，郭某使用盖有伪造的京粮电商公司印章的17份自提函，由经销商直接从联通华盛公司提走各种型号苹果牌手机共计3.4万余台；京粮电商公司账面显示2016年5月25日至6月6日期间，向联通华盛公司采购各种型号苹果牌手机3.6万余台，货值1.8亿余元，京粮电商公司确认单显示2016年5月30日至6月28日期间收到联通华盛公司各种型号苹果牌手机3万余台。

2016年7月，郭某找到京粮电商公司总经理廖某交代了调换手机的情况，后京粮电商公司报案。经审计，期间京粮电商公司共支付手机货款20亿余元，共收取手机货款18亿余元，减去保证金、变现财产等，实际损失1.48亿余元。2016年7月15日,被告人郭某经电话传唤到案。

二审判决确认被告人郭某犯国有公司人员滥用职权罪,判处有期徒刑4年6个月。

【案例评析】

1. 郭某构成国有公司人员滥用职权罪的共犯

在整个犯罪活动中,首先是郭某提出少付款多提货才引起了杨某焰等人未严格按照合同履行的滥用职权行为;而后为了掩盖其少付款多提货造成的亏空,进一步引发了杨某焰等人滥用职权制作虚假库存、进行账面造假的行为。为应付集团审计,杨某焰等人又滥用职权提出更换手机包装箱,掩盖库存货物真实情况,虚抬库存货物价值。此时郭某在明知的情况下,积极参与并联系人员帮助更换手机包装箱,掩盖虚假库存情况;在移交库房过程中,郭某配合杨某焰等人出具确认函,确认仓库内所有货物均为苹果手机,继续掩盖真实情况;且更换库管员后,为配合杨某焰等人应付集团清库存要求,郭某实施所谓倒库存行为。在后续的交易过程中,郭某将假苹果手机提出后,又原样以新进的苹果手机名义入库,在京粮电商公司账面上形成旧货已出、新货入库的假象,继续制造虚假库存,掩盖京粮电商公司手机业务巨额亏损的情况。

虽然郭某本人不是国有公司的工作人员,但其在明知杨某焰、林某、成某誉等国有公司人员违反规定滥用职权,后来又为掩盖亏空事实进行库存造假、"推陈储新"倒库存的情况下,仍主动配合并积极参与,系杨某焰等人实施滥用职权犯罪的共犯,并最终致使国家利益遭受特别重大损失,已构成国有公司人员滥用职权罪。

2. 本案与另案处理的生效裁判之间应当协调一致

根据本案一审的起诉书,原公诉机关北京市人民检察院第二分院指控,被告人郭某于2015年5月,以天一启承公司的名义与京粮电商公司签订手机购销合同。2015年下半年至2016年7月,被告人郭某通过加贴虚假标签、虚报装箱数量等手段,在北京市东城区北京大磨坊面粉有限公司仓库等处,用三星牌、酷派牌手机等物置换出大量苹果手机销售,骗取京粮电商公司财物价值人民币1.5亿余元。基于上述指控事实,公诉机关认为郭某构成合同诈骗罪。

同时,本院注意到,根据林某、杨某焰、成某誉的生效裁判文书,原公诉机关北京市人民检察院第二分院指控，2015年下半年至2016年7月，被告人林某在担任京粮电商公司电子通讯事业部副总经理期间，伙同该部总经理杨某焰、职员成某誉等，超越职权，违反公司规定从事手机购销、仓储管理等工作，给京粮电商公司造成经济损失人民币1.5亿余元。基于上述指控事实，公诉机关认为林某、杨某焰、成某誉三人构成国有公司人员滥用职权罪，而非签订、履行合同失职被骗罪，或者国有公司人员失职罪。

本院经审查后认为，对于同一个案件事实，相同的公诉机关做出了完全不同的指控。一方面，认为郭某欺骗了京粮电商公司；另一方面，又不承认京粮电商公司的工作人员林某、杨某焰、成某誉等人因严重不负责任被诈骗。一方面，认为给京粮电商公司造成的1.5亿元损失是因为郭某实施了各种合同诈骗行为；另一方面，又认为造成上述损失的原因是林某、杨某焰、成某誉等人违反公司规定的滥用职权行为。考虑到上述两种指控在逻辑上存在冲突、无法自圆其说，在没有相反证据足以推翻的情况下，本院对已经生效裁判所确认的案件事实应当保持认定逻辑上的一致性，以避免引发事实认定方面的严重冲突。

第四编

危害税收征管罪

第一章　危害税收征管罪概述

第一节　危害税收征管罪的立法沿革

　　1979年之前由于没有刑法典，对于税收犯罪的规定散见于行政法规，多规定"情节重大者送人民法院处理"。囿于新税制尚未建立，1979年刑法只规定了偷税罪、抗税罪和伪造税票罪，但规定不够具体、明确，法定刑低，刑罚的功能未能充分发挥，不能适应司法实践的需要。20世纪80年代中期，税制改革全面启动，实施国营企业利改税，发展非国有经济，征收个人所得税，加之对外开放引进外资，纳税主体开始多元，逃避纳税手段多样化，利用对外税收优惠政策实施逃税、骗税的行为随之出现。[①] 为适应同此类犯罪作斗争的需要，1992年3月16日，最高人民法院、最高人民检察院联合颁布了《关于办理偷税、抗税刑事案件具体应用法律的若干问题的解释》，对偷税、抗税罪的主体、手段、数额、情节、共同犯罪和刑罚作了详尽解释。1992年9月4日，第七届全国人大常委会第二十七次会议通过了《关于惩治偷税、抗税犯罪的补充规定》，对1979年刑法作了一些必要的修改和补充，新增了逃避追缴欠税罪和骗取出口退税罪，使惩治危害税收犯罪的法律规定趋于完备；对1979年《刑法》第121条规定的偷税罪、抗税罪作了必要修改，对具体表现形式明确表述，提高法定刑，增加适用罚金刑，将犯罪主体范围扩大到一切负有纳税义务的纳税人。1993年11月14日，中共中央《关于建立社会主义市场经济

[①] 参见刘荣：《中美税收犯罪比较研究》，法律出版社2014年版，第17—20页。

体制若干问题的决定》明确提出了推行以增值税为主体的流转税制度，随即针对增值税专用发票和可以抵扣税款的其他发票而实施的虚开、倒卖、伪造等活动开始猖獗。1994年3月28日，最高人民法院、最高人民检察院、公安部、国家税务总局联合颁布了《关于开展打击伪造、倒卖、盗窃发票专项斗争的通知》。1995年10月30日，第八届全国人大常委会第十六次会议通过了《关于惩治虚开、伪造和非法出售增值税专用发票犯罪的决定》，新增虚开增值税专用发票罪，伪造或者出售伪造的增值税专用票罪，非法出售增值税专用发票罪，伪造、擅自制造或者出售伪造、擅自制造骗取出口退税、抵扣税款发票罪和税务人员玩忽职守罪六种犯罪，对于有效惩治虚开、伪造和非法出售增值税专用发票和其他发票的犯罪活动，保障税制改革的顺利进行具有重要意义。1997年刑法分则在第三章第六节规定了危害税收征管罪，即是在上述两个决定的基础上修改整合而成的。此外还在分则第九章渎职罪第404条、第405条规定了徇私舞弊不征、少征税款罪，徇私舞弊发售发票、抵扣税款、出口退税罪和违法提供出口退税凭证罪三个罪名。随后，2009年2月28日通过的《刑法修正案（七）》将偷税罪修改为逃税罪，修改了罪状和法定刑，特别是增设了有条件不予追究刑事责任的条款，缩小了逃税罪的打击范围。2011年2月25日通过的《刑法修正案（八）》增设了虚开发票罪、持有伪造的发票罪，并取消了危害税收征管罪的死刑。至此，加上陆续颁布的司法解释及规范性文件，形成了对于国家税收管理制度和税收征管秩序的全面的刑法保护。

第二节 危害税收征管罪的概念和构成特征

危害税收征管罪，是指违反国家税收法规，妨害国家税收征管活动，依法应受刑罚处罚的一类行为。危害税收征管罪是刑法分则第三章第六节规定的犯罪。

一、客体特征

危害税收征管罪侵犯的客体是国家税收征收管理秩序。国家的税收征管秩序是以国家的税收制度和税收征管制度为基础。税收制度是指一国各种税收及其要素的构成体系。税收征收管理制度,是指税务机关代表国家行使征税权,指导纳税人正确履行纳税义务,保障纳税人合法权益,对日常税收活动进行有计划地组织、管理、监督、检查的规章制度。包括税务登记,账簿、凭证管理,纳税申报,税款征收,税务检查等具体内容。

二、客观特征

危害税收征管罪在客观方面表现为违反国家税收法律法规,妨害国家税收活动,依法应受刑罚处罚的行为。

一方面,危害税收征管罪的行为具有行政违法性,即表现为违反国家税收法律法规。这里的税收法律法规泛指国家制定、颁布的关于税收方面的法律、条例、办法、实施细则等。根据制定、颁布的主体不同或者效力不同,可分为全国人大和全国人大常委会制定的、国务院制定的、国务院主管财税的部门即财政部和国家税务总局制定的、地方人大及其常委会制定的以及地方政府部门制定的税收法规、规定和办法等。根据表现形式不同,主要包括:(1)税收法律。指经全国人大及其常委会按照法定程序制定并公布的各种有关税收的程序法和实体法。如税收征收管理法、个人所得税法、企业所得税法等。(2)税收条例。指国务院根据税收法律的授权,以条例形式制定的税收规范性文件。如《增值税暂行条例》《消费税暂行条例》等。(3)税法实施细则。指国务院或者国务院授权财政部、国家税务总局根据税收法律和条例所制定的补充和解释性的规范性文件。如《税收征收管理法实施细则》《消费税暂行条例实施细则》等。(4)地方性税收法规。指地方人大及其常委会依据授权,根据税收法律法规和本地区的经济发展情况制定的适用于本地区的有关税收方面的法规。(5)税收行政规章。指政府及政府授权机关,在其职权范围内制定发布的规范性文件,如决定、通知、暂行规定、批复等,主要是对税法的解释,也有根据客观经济情况的发展变化对税法所作的补充。[①]

另一方面，违反税收法律法规行为的社会危害性必须达到应受刑罚惩罚的程度。行为只有违反税收法律法规，且社会危害达到应受刑罚惩罚的程度，才是危害税收征管罪的客观行为。

三、主体特征

危害税收征管罪的主体包括单位和自然人。有些犯罪的主体必须是负有纳税义务的单位和个人，如逃税罪；有些犯罪的主体是一般主体，如伪造增值税专用发票罪。

四、主观特征

危害税收征管罪在主观方面表现为故意，对于不同的罪名来说，故意的内容有所不同。

第三节　危害税收征管罪的发案态势

近年来，我国涉税犯罪形势严峻，始终高发，造成国家巨额税收流失，严重威胁国家税收安全和财政安全，危害特别巨大。不法分子在高额经济利益驱使下，利用种种手段虚开增值税发票、骗取国家出口退税的现象十分突出。当前，危害税收征管罪主要呈现以下几个特点：一是"空壳企业"成为虚开发票攫取非法利益的主要载体。对外虚开发票的源头企业，主要是不进行任何经营活动的"空壳企业"。这些"空壳企业"，大多

[①] 参见周洪波、杨森、任艳芳：《税收犯罪若干问题探讨》，载《国家检察官学院学报》2003年第4期。

是不法分子通过骗用、租用、借用、盗用他人的身份信息，为实施虚开注册成立的。二是"暴力虚开"成为虚开团伙大肆违法犯罪的主要方式。所谓"暴力虚开"是指虚开企业甚至不需要编造任何"经营行为"，比如伪造合同、进行虚假资金支付等，而简单粗暴地对外虚开增值税发票。这些企业在短期存续领票开票之后，进行虚假纳税申报或者不进行申报即走逃失联。三是"走逃失联"成为不法分子逃避打击的主要方法。现阶段，"走逃"已经成为虚开分子逃避打击、所谓的"保护"下游用票企业的一种基本手段。同时，不法分子滥用简化注销程序等服务措施，通过注销逃避检查的现象也非常突出。四是"配单配票"成为目前骗取出口退税的主要手段。一些不法分子买卖未税或不需要退税的产品出口报关信息，匹配虚开的增值税专用发票，骗取出口退税。有些出口的所谓"产品"并不具有使用价值，纯粹是用来骗税的"道具"，有些产品出口后又回流到国内销售，目的也是骗取出口退税。这些税收违法行为都严重危害了正常的市场经济秩序，损害了国家的税收安全，必须予以坚决查处，严厉打击。

2018年8月以来，公安部、国家税务总局、中国人民银行、海关总署联合开展了打击虚开骗税违法犯罪专项行动，严厉打击"假企业"虚开发票、"假出口"骗取退税、"假申报"骗取税费优惠等违法犯罪行为。截至2021年9月底，税务机关共累计查处涉嫌虚开骗税企业44.48万户，挽回出口退税损失345.49亿元。公安机关向检察机关移送起诉涉税犯罪2.9万件6.5万余人，检察机关经审查决定起诉1.8万件3.8万余人，摧毁了一批职业犯罪团伙，重拳打击和震慑了此类犯罪。

从办案情况看，涉税犯罪案件也出现了一系列新动向、新特点。一是重大案件规模惊人。犯罪分子钻法律空子，注册成立或购买空壳公司进行"暴力虚开"增值税发票犯罪，然后迅速走逃转移到其他地区再次作案，累计涉案金额特别巨大。如安徽合肥900亿元虚开案、广东深圳500亿元虚开案等。二是职业犯罪团伙流窜作案。一些重点地区的犯罪分子，按照血缘、地缘关系勾结成职业化的犯罪团伙，大肆跨区域流窜作案，并且有意识地设计犯罪环节、延长犯罪链条，以逃避监管和打击。不同犯罪团伙之间还互相交织配合，有的犯罪分子甚至在网上设立"发票超市""空壳公司超市"，不同犯罪团伙根据需要来购买并且实施虚开犯罪，呈现出产业化的特征。三是发案区域、领域变化。从地域看，涉税犯罪的发案区域，由东部省份向中西部省份蔓延，已经覆盖了全国所有省份。从领域看，石化领域、贵金属领域、有色金属领域、煤炭领域等行业涉税犯罪尤为突出。四是与多种经济犯罪复合。许多涉税违法犯罪都要利用地下钱庄转移资金；有的犯罪分子通过虚开虚增公司业绩，以骗取银行贷款或欺诈发行股票、债券，给资本市场和金融秩序造成了极大的冲击。有的犯罪分子利用发票实施贪污、职务侵占等犯罪，涉税犯罪呈现与其他犯罪互相复合的特点。总的来看，当前涉税犯罪中最突出的还是虚开各类发票犯罪，占涉税犯罪总量的90%多，涉案资金巨大。骗取出口退税犯罪，犯罪链条长，隐蔽程度比较高，侦办难度大。有些地方出现了犯罪分子利用非法软件、高技术手段实施涉税犯罪，都值得引起高度重视。

2021年3月，中共中央办公厅、国务院办公厅印发了《关于进一步深化税收征管改革的意见》，对深入推进税收征管改革作出全面部署。为更好应对涉税违法犯罪形势变化，在前期专项打击基础上，国家税务总局、公安部、最高人民检察院、海关总署、中国人民银行、国家外汇管理局共同建立常态化打击虚开骗税违法犯罪工作机制。2021年10月，六部门联合印发了《关于做好常态化打击虚开骗税违法犯罪工作的指导意见》，要求各地税务、公安、检察、海关、人民银行、外汇管理部门集成各部门优势，着力提高工作整体性、协同性、精准性，形成工作联动、风险联防、问题联治，保持打击虚开骗税高压态势，推动系统治理、依法治理、综合治理和源头治理。通过着力健全五大机制，推进常态化打击。一是立足常打长打，健全组织领导机制，常态化研究部署和推进工作，形成更强劲的工作合力。二是强化数据共享，健全监控预警机制，切实防范和及时处置行业性、区域性、潜在性虚开骗税风险。三是聚焦精准打击，健全联合办案机制，做好行刑衔接，对案情重大复杂、社会影响力大的虚开骗税大案要案进行联合督办，形成有力震慑。四是注重综合施策，健全依法惩处机制，区分不同情况，分类施策，促进常高压、强震慑。五是突出以打促治，健全改进提升机制。完善各部门监管措施及相关制度，进一步强化源头防范，系统治理。

第二章 逃税罪办案指引

第一节 逃税罪概述

一、逃税罪的立法沿革

逃税罪,原称偷税罪,1979年刑法正式立法,第121条规定:"违反税收法规,偷税、抗税,情节严重的,除按照税收法规补税并且可以罚款外,对直接责任人员,处三年以下有期徒刑或者拘役。"20世纪80年代中期,我国全面启动税制改革,逐步实现了从单一税制向复合税制的转变,偷税、抗税、骗取出口退税、伪造、倒卖、非法使用发票等违法犯罪活动愈趋严重,严重破坏税收经济秩序,影响经济建设和安定团结。1992年3月16日,最高人民法院、最高人民检察院印发《关于办理偷税、抗税刑事案件具体应用法律的若干问题的解释》,对偷税的主体、手段、数额、情节、刑罚等作了较为详尽的解释。1992年9月4日,全国人大常委会通过了《关于惩治偷税、抗税犯罪的补充规定》,在吸收上述司法解释部分内容的基础上,对1979年刑法规定进行了修正和补充。对偷税罪的补充主要是明确了偷税的概念,界定了构成偷税罪的标准,提高了法定刑,增加了单位犯罪,设置了罚金刑。第1条规定:"纳税人采取伪造、变造、隐匿、擅自销毁帐簿、记帐凭证,在帐簿上多列支出或者不列、少列收入,或者进行虚假的纳税申报的手段,不缴或者少缴应纳税款的,是偷税。偷税数额占应纳税额的百分之十以上并且偷税数额在一万元以上的,或者因偷税被税务机关给予二次行政处罚又偷税的,处三年以下有期徒刑或者拘役,并处偷税数额五倍以下的罚金;偷税数额占应纳税额的百分之三十以上并且偷税数额在十万元以上的,处三年以上七年以下有期徒刑,并处偷税数额五倍以下的罚金。扣缴义务人采取前款所列手段,不缴或者少缴已扣、已收税款,数额占应缴税额的百分之十以上并且数额在一万元以上的,依照前款规定处罚。对多次犯有前两款规定的违法行为未经处罚的,按照累计数额计算。"1997年刑法对偷税罪的规定基本上承袭了《关于惩治偷税、抗税犯罪的补充规定》,同时增列了偷税的客观行为,细化了罚金刑的适用幅度。第201条规定:"纳税人采取伪造、变造、隐匿、擅自销毁帐簿、记帐凭证,在帐簿上多列支出或者不列、少列收入,经税务机关通知申报而拒不申报或者进行虚假的纳税申报的手段,不缴或者少缴应纳税款,偷税数额占应纳税额的百分之十以上不满百分之三十并且偷税数额在一万元以上不满十万元的,或者因偷税被税务机关给予二次行政处罚又偷税的,处三年以下有期徒刑或者拘役,并处偷税数额一倍以上五倍以下罚金;偷税数额占应纳税额的百分之三十以上并且偷税数额在十万元以上的,处三年以上七年以下有期徒刑,并处偷税数额一倍以上五倍以下罚金。扣缴义务人采取前款所列手段,不缴或者少缴已扣、已收税款,数额占应缴税额的百分之十以上并且数额在一万元以上的,依照前款的规定处罚。对多次犯有前两款行为,未经处理的,按照累计数额计算。"

  2001年4月18日,最高人民检察院、公安部印发《关于经济犯罪案件追诉标准的规定》,明确偷税罪的具体追诉条件。2002年11月5日,最高人民法院发布《关于审理偷税抗税刑事案件具体应用法律若干问题的解释》,对偷税罪构成条件、偷税数额及百分比的认定、受过行政处罚又偷税行为定罪处罚等问题进行了明确。2009年2月28日,第十一届全国人大常委会第七次会议通过的《刑法修正案(七)》对偷税罪作了重大修改,将偷税的手段由列举式改为概括式,规定为"采取欺骗、隐瞒手段进行虚假纳税申报或者不申报,逃避缴纳税款"的;取消具体数额规定,修改为"数额较大""数额巨大";取消倍比罚金制,简单规定为"并处罚金";规定了不予追究刑事责任的情形,规定"经税务机关依法下达追缴通知后,补缴应纳税款,缴纳滞纳金,已受行政处罚的,不予追究刑事责任;但是,五年内因逃避缴纳税款受过刑事处罚或者被税务机关给予二次以上行政处罚的除外";罪名也相应修改为"逃税罪"。2010年5月7日,最高人民检察院、公安部印发《关于公安机关管辖的刑事案件立案追诉标准的规定（二）》，也相应地调整了逃税罪的立案追诉标准。目前，最高人民法院、最高人民检察院正在起草涉税案件司法解释，对定罪量刑标准等问题进一步明确。2022年4月29日，最高人民检察院、公安部联合发布修订后的《关于公安机关管辖的刑事案件立案追诉标准的规定（二）》，结合"两高"正在起草的司法解释，对逃税罪的立案追诉标准进行了调整。

二、逃税罪的发案态势

2009年《刑法修正案（七）》对逃税罪作了重大修改，新增了不予追究行为人刑事责任的条款，以通过行政前置程序来限制逃税罪的成立范围，最大限度地挽回国家税收损失，保障国家税收收入不受影响。《刑法修正案（七）》实施当年，逃税案件数量便出现明显下降。此后，除2012年案件数量与2009年基本持平外，其他年份持续下降。2020年检察机关审查起诉的逃税案件数量仅占2009年案件数量的30%左右。与之相反的是，危害税收征管犯罪总量呈逐年上升态势，2020年检察机关审查起诉的刑法分则第三章第六节危害税收征管犯罪案件数量是2009年的1.9倍。从逃税罪在该节犯罪的占比情况看，逃税案件不仅绝对数量在下降，在整个涉税犯罪中所占的比重也越来越小，2009年检察机关审查起诉的逃税案件占危害税收征管犯罪一节案件总数的11%，而2020年占比不到2%。应当说，《刑法修正案（七）》免责条款所发挥的作用是非常明显的，有助于充分发挥刑法的激励功能，引导和激励逃税人积极补充履行纳税义务，极大提升刑法的经济效益，最大限度体现刑法的谦抑精神。①

但同时，免责条款的适用也降低了逃税被追究责任的概率，在某些情况下使得一些人员存在侥幸心理，虽然逃税刑事案件数量下降，但逃税数额却明显上升，个别案件涉案数额巨大。如2018年税务部门依法查处的范某"阴阳合同"逃税案，涉案税款2.55亿元。2021年查处的郑某逃税案，郑某通过拆分收入、假借增资等方式隐匿"天价片酬"，未依法

---

① 参见熊亚文：《逃税罪初犯免责：价值、困境与出路》，载《税务与经济》2019年第2期。

申报个人收入1.91亿元，偷税4526.96万元，其他少缴税款2652.07万元。税务机关对郑某追缴税款、加收滞纳金并处罚款共计2.99亿元。①2022年查处的黄某逃税案，黄某在2019年至2020年期间，通过隐匿个人收入、虚构业务转换收入性质虚假申报等方式偷逃税款6.43亿元，其他少缴税款0.6亿元。税务机关对其追缴税款、加收滞纳金并处罚款，共计13.41亿元。②

2022年，党中央、国务院实施大规模留抵退税政策以来，纳税人通过隐匿销售收入等方式骗取留抵退税，成为偷逃税的主要手段。同时，受国际形势影响，国内经济环境更加复杂多变，逃税犯罪也出现新的特点。例如，国内企业利用我国税收洼地，采取股权转让、减资、分红等手段进行恶意逃税，或利用国际贸易、跨国投资等税收制度差异进行避税，呈现国际避税手段国内化转移趋势；逃税与洗钱犯罪交织，有的行为人将逃税所得及收益通过地下钱庄转移境外，严重破坏正常的金融监管秩序，形成金融风险隐患。此外，直播电商、网红经济等新经济新业态已成为当下经济发展的重要力量，在繁荣经济、促进就业等方面发挥了积极作用，但客观上也造成税收征管难度大，助长了从业人员的偷逃税行为。③中共中央办公厅、国务院办公厅印发《关于进一步深化税收征管改革的意见》，突出强调对隐瞒收入、虚列成本、转移利润以及利用"税收洼地""阴阳合同"和关联交易等逃避税行为，要加强风险防控和监管。司法机关要充分认识打击逃税违法犯罪的重要性和紧迫性，运用法治思维和法治方式，切实落实中央依法治税要求，认真依法履行职责，维护国家税收安全。

---

① 参见新华社：《郑某案件查处彰显公平正义》，载国家税务总局网站，http://www.chinatax.gov.cn/chinatax/n810219/n810724/c5168458/content.html。

② 参见《浙江省杭州市税务部门依法对黄某偷逃税案件进行处理》，载国家税务总局网站，http://www.chinatax.gov.cn/chinatax/n810219/c102025/c5171507/content.html。

③ 参见新华社：《查处黄某偷逃税案件再次敲响警钟，直播行业规范发展仍需多部门协同发力》，载国家税务总局网站，http://www.chinatax.gov.cn/chinatax/n810219/c102025/c5171509/content.html。

三、逃税罪的概念和构成特征

逃税罪，是指纳税人、扣缴义务人采取欺骗、隐瞒手段进行虚假纳税申报或者不申报，逃避缴纳税款的行为。

（一）客体特征

逃税罪侵犯的客体是国家的税收管理制度。税收是国家进行经济建设和开展各项工作的财政收入的重要来源，是促进社会发展、调整物质财富分配的重要杠杆。税收管理制度是国家各种税收和税款征收办法的总称，任何应税产品不纳税，不按规定的税率、纳税期限纳税以及违反税收管理体制等行为，都是对我国税收管理制度的侵犯。逃税罪侵犯的税收管理制度不包括关税制度。

（二）客观特征

逃税罪的客观方面表现为采取欺骗、隐瞒手段进行虚假纳税申报或者不申报，逃避缴纳税款的行为。

"虚假的纳税申报"，是指纳税人或者扣缴义务人向税务机关报送虚假的纳税申报表、财务报表、代扣代缴、代收代缴税款报告表或者其他纳税申报资料，如提供虚假申请，编造减税、免税、抵税、先征收后退还税款等虚假资料。实践中，纳税人具有下列情形之一的，可以认定为《刑法》第201条规定的"欺骗、隐瞒手段"：（1）伪造、变造、转移、隐匿、擅自销毁账簿、记账凭证或者其他财务资料；（2）隐匿或者以他人名义分解收入、财产；（3）虚列支出、虚抵进项税额或者虚报专项附加扣除；（4）骗取税收优惠；（5）编造虚假计税依据；（6）为不缴、少缴税款而采取的其他欺骗、隐瞒手段。"不申报"，是指应依法办理纳税申报的纳税人，不按照法律、行政法规的规定办理纳税申报的行为。主要是指下列行为：（1）已经依法在登记机关办理设立登记的纳税人，发生应税行为而不申报纳税的；（2）依法不需要在登记机关办理设立登记或者未依法办理设立登记的纳税人，发生应税行为，经税务机关依法通知其申报而不申报纳税的；（3）其他明知应当依法申报纳税而不申报纳税的。实践中注意把握以下几点：

1. 骗取税收优惠的认定

税收优惠政策是国家对于某些特殊的纳税人给予一定优惠照顾的措施的总称,主要包括减税、免税、再投资退税等国家对某些纳税对象给予减轻或免除税收负担的优惠措施。减税,是指对应征收的税收减少征收,即对应纳税额少征一部分税款。免税,是指对实施征收的税收予以免征,即对应纳税额全部免征。退税,是指将已征收的税款,退还给纳税人,如为鼓励企业出口而实行的增值税出口退税等。税收减免主要包括三种形式:一是直接减少或者全部免除应纳税额;二是设置一个起征点,即征税对象达到征税数额开始征税的数额界限,当征税对象的数额未达到起征点时不征税,当征税对象的数额达到或超过起征点时就其全部数额征税(而不是仅就超过部分征税);三是设置一个免征额,即在征税对象总额中免予征税的数额,是按照一定标准从征税对象总额中预先减除的数额,低于免征额的部分不征税,只就超过免征额部分征税。税收减免分类主要有:一是法定减免,即在税法中明确列举的减免税,这种减免税具有长期适用性和政策性;二是特定减免,即根据政治经济情况的发展变化和贯彻税收政策的需要而对个别、特殊情况专门规定的减免税;三是临时减免,即主要是照顾纳税人的某些特殊和暂时的困难而临时批准的减免税,通常是定期的或一次性的减免税。由于减免税等税收优惠政策的适用直接关系到经济主体的经济利益,所以,有些本不具备享受税收优惠条件的企业,采取各种欺骗手段,欺骗税务机关。其主要手段有:以科技咨询服务为名行销售产品之实,虚报福利企业、新办劳动就业服务企业、校办企业、高新技术企业、新办第三产业企业,设立假的外国企业或外商投资企业等。

2. 编造虚假计税依据的认定

计税依据也称计税标准,是指对征税对象具体进行征税时所据以计算税的数量、价格、件数的数额。计税依据是将征税对象数量化,是直接对之采用适应税率而算出税额的基础。计税依据按计算单位的性质划分为两种情况:一是从价计征,即按征税对象的价值也就是货币单位计算;二是从量计征,即按征税对象的自然单位计算。计税依据主要有销售额、所得额、财产额等。纳税人、扣缴义务人编造虚假计税依据是指,编造虚假的会计凭证、会计账簿,或者通过修改、涂抹、挖补、拼接、粘贴等手段变造会计凭证、会计账簿,或者擅自虚构有关数据、资料编制虚假的财务报告或者虚报亏损等。纳税人虚报亏损是指，纳税人年度申报表中所报亏损数额多于主管税务机关在纳税检查中按税法规定计算出的亏损数额。纳税人、扣缴义务人编造虚假计税依据的目的是少缴或者不缴税。其具体表现如，现行增值税制采取购进扣税法计税，一些纳税人采取不报、少报销项税额或者多报进项税额等方法逃税；有的纳税人通过账外经营，即购销活动不入账的办法不缴或少缴税。

3. 骗取留抵退税的认定

留抵退税，即增值税留抵税额退税优惠，是指对增值税纳税人当期销项税额不足抵扣当期进项税额产生差额时，允许依照有关规定将差额税款退还企业的税收优惠措施。简言之，就是把增值税期末未抵扣完的税额退还给纳税人。对于增值税留抵税额，国际通行采用两种不同的处理方法：第一是将留抵税额结转以后的纳税额进行抵扣，第二是有条件地实施退税。我国自实施增值税制度以来，对留抵税额长期采取第一种处理方式，即对留抵税额只允许结转抵扣而不能作直接退税处理。2011年，财政部、税务总局发布通知，首次在集成电路重大项目企业试行增值税期末留抵税额退还，后逐步在先进制造业和现代服务业推开。作为全面深化增值税改革的重要举措之一，对部分先进制造业的留抵退税力度进一步加大。2022年，为应对经济下行压力，党中央、国务院部署实施新的组合式税费支持政策，自4月1日起大规模实施增值税留抵退税政策，全年留抵退税规模约1.5万亿元。但一些不法分子却借机实施偷税骗税的违法犯罪行为。其具体表现有：利用销售货物劳务及服务不开具增值税发票，或红字冲减收入进行虚假申报；此外，还有的利用虚列进项或进项转出，增加留抵税额等。

4. 关于纳税人不申报是否必须以欺骗、隐瞒手段为前提的问题

实践中对此有不同理解，第一种观点认为申报或不申报均要求采取欺骗、隐瞒手段；第二种观点认为申报需要采取欺骗、隐瞒手段，不申报不用以欺骗、隐瞒手段为前提。我们倾向同意第二种观点。纳税申报是纳税人在纳税义务发生后向税务机关办理纳税的法定手续，是其对申报内容及其申报的真实程度承担法律责任的书面凭证，也是税务机关办理征税业务，核实应征税款，开具完税凭证的主要依据。根据《税收征收管理法》第25条、第26条规定，纳税人在发生纳税义务时、扣缴义务人在发

生扣缴义务时,都应当在法律、行政法规规定或者税务机关依照法律、行政法规的规定确定的申报期限内办理纳税申报和报送纳税资料,代扣代缴报告和有关资料。未经税务机关核准,不得延期申报。黄太云在对《刑法修正案(七)》司法适用解读中也指出,修正案把逃税行为主要概括为两类:第一类是"纳税人采取欺骗、隐瞒手段进行虚假纳税申报",常见的有设立虚假的账簿、记账凭证;对账簿、记账凭证进行涂改等;未经税务主管机关批准而擅自将正在使用中或尚未过期的账簿、记账凭证销毁处理等;在账簿上多列支出或者不列、少列收入等行为。第二类是"不申报",即不向税务机关进行纳税申报的行为。这也是纳税人逃避纳税义务的一种常见手法。① 从上述表述以及相关司法解释可以看出,从立法本意上来讲,虚假纳税申报通常要求采取欺骗、隐瞒手段,而未按照法律、行政法规规定办理纳税申报的行为本身就是违反了税收法律的行为,不要求以欺骗、隐瞒手段为前提。行为人只要具有下列行为之一的,就应当认定为"不申报":已经依法在登记机关办理设立登记的纳税人,发生应税行为而不申报纳税的;依法不需要在登记机关办理设立登记或者未依法办理设立登记的纳税人,发生应税行为,经税务机关依法通知其申报而不申报纳税的;其他明知应当依法申报纳税而不申报纳税的。

(三) 主体特征

逃税罪的犯罪主体是特殊主体,包括纳税人和扣缴义务人。纳税人,是指根据法律和行政法规的规定负有纳税义务的单位和个人。扣缴义务人,是指根据不同的税种,由有关的法律、行政法规规定的,负有代扣代缴、代收代缴税收义务的单位和个人。实践中注意把握以下几点:

1. 关于税务代理人能否成为本罪的主体的问题

税务代理人是受纳税人、扣缴义务人的委托在法律规定的代理范围内,代为办理税务事宜的专门人员及其工作机构。从事税务代理的专门人员称为税务师,税务师必须通过税务代理机构才能够从事税务代理业务。税务师承办税务代理业务时,必须由其所在的税务代理机构统一与委托人签订委托代理协议书。税务代理是属于民事代理中的委托代理。具体而

---

① 参见黄太云:《刑法修正案解读全编》,人民法院出版社2015年版,第207页。

言,可以分几种情况:第一种情况,委托人授权税务代理人全权处理税收事务,则其逃税行为应视同委托人逃税,是单位犯罪,税务代理人成为逃税直接责任人员,而应予处罚。第二种情况,委托人在提供虚假的应税事实后授权税务代理人全权处理税收事宜,代理人按照虚假的事实进行税收代理,仍构成委托人逃税,责任也由委托人自负。第三种情况,委托人授权税务代理人全权处理其税务事宜,如委托人向税务代理人提供的各项应税事实资料无误,但税务代理人单方采取虚假申报等法定逃税方式不缴、少缴税款,在事后又为委托人所追认,那么委托人已追认其隐瞒改变应税事实的效力,委托人构成逃税,税务代理人构成共同犯罪。第四种情况,如果税务代理人逃税且将所逃税款私自据为己有而不告知委托人,则税务代理人可能构成诈骗罪、侵占罪而非逃税罪。

2. 关于代征人能否成为本罪的主体的问题

代征人是接受税收机关根据国家有关规定所作的委托,按代征证书的要求,以税务机关的名义依法代征少数零星分散的税收的单位和个人。现行刑法中逃税罪的主体只规定了纳税人和扣缴义务人,没有规定代征人。根据《税收征收管理法实施细则》第44条规定,税务机关根据有利于税收控管和方便纳税的原则,可以按照国家有关规定委托有关单位和个人代征零星分散和异地缴纳的税收,并发给委托代征证书。受托单位和人员按照代征证书的要求,以税务机关的名义依法征收税款,纳税人不得拒绝;纳税人拒绝的,受托代征单位和人员应当及时报告税务机关。该条规定了代征人的代征权问题,是国家税务机关委托代征人行使征收税款职权,是一种行政权的委托。代征人是一种特殊的征税主体,以国家的名义依法征收税款,其行为等同于国家税务人员征收税款。因此,代征人属于《刑法》第93条规定的以国家工作人员论的行为主体,没有代征的就属于渎职行为,代征后截留的,就属于贪污行为,不成立逃税罪。

3. 关于无证经营者、非法经营者能否成为本罪的主体的问题

实践中对此有不同认识。第一种观点认为,无证经营者和非法经营者没有进行税务登记,不是纳税义务人,不能成为逃税罪的主体。税法规范的是合法行为,确认无证经营者和非法经营者的纳税主体地位,即是承认其合法性。第二种观点认为,无证经营者和非法经营者可以成为逃税罪的主体,只要实施了税法规定的应税行为,就应当具有纳税义务,对

其征税不等于承认其非法经营的合法性。而且2001年最高人民法院研究室《关于对既涉嫌非法经营又涉嫌偷税的经济犯罪案件如何适用法律问题的意见函》规定，行为人实施非法经营犯罪过程中，又涉嫌偷税构成犯罪的，应以处罚较重的犯罪依法追究刑事责任，不实行数罪并罚。该函是承认非法经营者负有纳税义务的。第三种观点认为，对于非法经营者不能按照逃税罪处理，对于无证经营者可以成为逃税罪的主体。

我们倾向同意第三种观点。对于无证经营者和非法经营者应当区别对待。第一，对于无证经营者可以成为逃税罪的主体。无证经营者，是指经营内容合法但未依法办理税务登记的单位和个人。实践中大量存在只办理工商执照登记而不办理税务登记的从事生产经营的纳税人。对此，《税收征收管理法》第4条规定："法律、行政法规规定负有纳税义务的单位和个人为纳税人。"第37条规定："对未按照规定办理税务登记的从事生产、经营的纳税人以及临时从事经营的纳税人，由税务机关核定其应纳税额，责令缴纳；不缴纳的，税务机关可以扣押其价值相当于应纳税款的商品、货物。"2007年公安部《关于对未依法办理税务登记的纳税人能否成为偷税犯罪主体问题的批复》中规定："根据《中华人民共和国税收管理法》第四条、第三十七条的规定，未按照规定办理税务登记的从事生产、经营的纳税人以及临时从事经营的纳税人，可以构成偷税罪的犯罪主体。其行为触犯《中华人民共和国刑法》第二百零一条规定的，公安机关应当以偷税罪立案侦查，依法追究刑事责任。"由此可见，未进行税务登记甚至也未进行工商登记的无证经营者具有法定的纳税义务，其是经营内容合法但形式要件有欠缺的经营者，违法之处在于经营形式而不是经营内容，其合法的经营内容是纳税义务产生的依据，只要具备了合法的应税行为或事实，就必须依法缴纳税款，对其经营形式上的欠缺，应当依法承担相应的行政责任，但不能以此规避缴纳税款义务。[①]第二，对于非法经营者逃避缴纳税款的行为，不宜按照逃税罪处理。这里的非法经营者是与前述无证经营者相对应，违反法律、行政法规等规定从事非法生产、经营的单位和个人，不仅不具有合法的经营形式，经营内容也为法律、行政法规所禁

---

① 参见张永刚：《无证经营者是否构成偷税罪主体初探》，载《辽宁税务高等专科学校学报》2007年第5期。

止。对此类行为，各行政法规或刑事法律都作了不同的处罚规定，一般都规定"没收非法所得"。而且，对非法经营行为征税没有法律依据，不符合税收的本质和目的，对其以逃税罪惩处无以遏制非法经营者不缴纳税款的现象，达不到适用刑罚的目的，在实践中也缺乏可行性。[①] 因此，对非法经营中不缴、少缴税款的行为，不宜按照逃税罪处理。

4. 关于单纯进行"挂靠"的单位企业能否构成本罪的主体的问题

根据国家税收政策规定，对新办企业、校办企业和民政福利企业给予定期减免税照顾。而从事个体、私营企业的纳税人不能享受这些税收优惠，于是有的就千方百计地"挂靠"在享有税收优惠待遇的企业，堂而皇之地打着这些企业的招牌进行经营，享受着国家的税收减免政策。对于这种"挂靠"行为，一种意见认为应当按照逃税处理，因为它在客观上造成了国家税收收入的损失。但我们认为，这种"挂靠"行为尚不能构成刑法意义上的逃税行为。如果纳税人仅仅实施了"挂靠"行为，而没有实施《刑法》第201条所规定的逃税手段，即使在客观上造成了不缴或少缴税款的后果，亦不能按照逃税罪追究纳税人的刑事责任。所以，在联营、挂靠等经营方式中，应根据具体的承包、租赁、联营、挂靠合同或协议规定，将依合同或协议规定的负有纳税义务的一方视作纳税人，而将负有代扣代缴税款的一方视代扣代缴义务人。如果其中一方未履行纳税或代扣代缴税款的义务，才能构成逃税罪的主体。

（四）主观特征

本罪在主观方面是出于直接故意，并且具有逃避缴纳应缴税款义务而非法获利的目的。

四、逃税罪的追诉标准

根据《刑法》第201条、第211条规定，逃避缴纳税款数额较大并且占应纳税额10%以上的，处3年以下有期徒刑或者拘役，并处罚金；

[①] 参见周洪波：《危害税收征管罪立案追诉标准与司法认定实务》，中国人民公安大学出版社2010年版，第42—44页。

数额巨大并且占应纳税额30%以上的,处3年以上7年以下有期徒刑,并处罚金。单位犯本罪的,对单位判处罚金,并对其直接负责的主管人员和其他直接责任人员依照上述规定处罚。

(一)数额及比例标准

根据《刑法》第201条第1款规定,逃税数额占应纳税额的比例和实际逃税的数额这两种数额必须都达到本条规定的标准,才构成逃税罪。这是根据逃税罪本身的特点来制定的。因为,逃税数额所占应纳税额的比例大小,从一定程度上反映了行为人的主观恶性程度的大小,逃税数额多少实际上反映了客观的社会危害程度。规定一个百分比,同时规定一个数额作为基数,这样从这两方面来确定是否构成犯罪及处罚比较科学和严谨。

"逃避缴纳税款数额",是指行为人在确定的纳税期间,不缴或者少缴税务机关负责征收的各种税款的总额。

"应纳税额",是应税行为发生年度内依照税收法律、行政法规规定应当缴纳的税额,不包括海关代征的增值税、关税及纳税人依法预缴的税额。

"逃避缴纳税款数额占应纳税额的百分比",是指行为人在一个纳税年度中的各税种逃税总额与该纳税年度应纳税总额的比例;不按纳税年度确定纳税期的,按照最后一次逃税行为发生之日前一年中各税种逃税总额与该年应纳税总额的比例确定。纳税义务存续期间不足一个纳税年度的,按照各税种逃税总额与实际发生纳税义务期间应纳税总额的比例确定。逃税行为跨越若干个纳税年度,只要其中一个纳税年度的逃税数额及百分比达到《刑法》第201条第1款规定的标准,即构成逃税罪。各纳税年度的逃税数额应当累计计算,逃税额占应纳税额百分比应当按照各逃税年度百分比的最高值确定。

一般情况下,逃税数额占应纳税额不足10%的,或者逃税数额没有达到"数额较大"的属于一般逃税违法行为。2022年最高人民检察院、公安部《关于公安机关管辖的刑事案件立案追诉标准的规定(二)》第52条规定,纳税人采取欺骗、隐瞒手段进行虚假纳税申报或者不申报,逃避缴纳税款,数额在10万元以上并且占各税种应纳税总额10%以上,经税务机关依法下达追缴通知后,不补缴应纳税款、不缴纳滞纳金或者不接受行政处罚的;纳税人5年内因逃避缴纳税款受过刑事处罚或者被税务机关给予2次以上行政处罚,又逃避缴纳税款,数额在10万元以上并且占各税种应纳税总额10%以上的,应予立案追诉。

(二) 扣缴义务人

对于扣缴义务人,只要达到"数额较大"的标准的,就应当依照本条的规定立案追诉。对这类行为,法律只规定了不缴或者少缴已扣、已收税款"数额较大"的标准,而没有比例要求。主要考虑,扣缴义务人根据法律、行政法规规定负有代扣代缴、代收代缴税款的义务。他们所代扣代缴和代收代缴的税款,应依法上缴税务机关。如果扣缴义务人采取"虚假纳税申报或者不申报"手段,不缴或者少缴已扣、已收税款,实际上是一种截留国家税款的行为。对这类行为,数额较大的,应当依照《刑法》第201条第1款的规定处罚。

(三) 多次涉税违法行为的处理

对多次犯有《刑法》第201条前两款规定的违法行为未经处理的,按照累计数额计算。"未经处理",是指未经税务机关或者司法机关处理的,包括未经行政处理和刑事处理。

"按照累计数额计算",是指按照行为人历次逃税的数额累计相加。只要多次犯有逃税行为,不管每次的数额多少,只要累计达到了法定起刑数额标准,即应按《刑法》第201条的规定追究刑事责任。应当注意的是,对多次逃税的违法行为累计合并处罚。"累计数额"应当是不分税种,不分生产、流通等环节的逃税数额的总和;不包括已被处罚过的逃税数额,无论是刑事处罚还是行政处罚;行为人实施其他涉税违法犯罪的数额,如逃避追缴欠税罪、走私偷逃关税等的数额不应作为此款所规定的"累计数额"来计算。

(四) 免责条款的适用

对逃税构成犯罪不予追究刑事责任的特殊规定,是《刑法修正案(七)》新增加的内容。主要是考虑到打击逃税犯罪的目的是加强税收征管，保证国家税款收入，对行为人经税务机关催缴后主动补缴税款和滞纳金，接受处罚的，如果能够不追究刑事责任，事实上更有利于巩固税源和扩大税基，有利于提高公民、企业自觉纳税意识和加强税收征管力度。从国外的经验看，也多采用这种处理方式。根据《刑法》第201条第4款规定，纳税人有《刑法》第201条第1款规定的逃避缴纳税款行为，在公安机关立案前，经税务机关依法下达追缴通知后，在规定的期限或者批准延缓、分期缴纳的期限内足额补缴应纳税款、缴纳滞纳金，并全部履行税务机关作出的行政处罚的，不予追究刑事责任。司法实践中，需要注意以下几点：

第一，"依法下达追缴通知"，是对税务机关征税行为的合法性说明，该规定不影响行为人在法定期限内对税务机关的相关追缴依法提起复议和诉讼。《税收征收管理法》第88条第1款规定："纳税人、扣缴义务人、纳税担保人同税务机关在纳税上发生争议时，必须先依照税务机关的纳税决定缴纳或者解缴税款及滞纳金或者提供相应的担保，然后可以依法申请行政复议；对行政复议决定不服的，可以依法向人民法院起诉。"根据《行政复议法》第21条和《行政诉讼法》第44条的规定，在行政复议和行政诉讼期间，均不停止具体行政行为的执行，即行政相对人在此期间仍需履行行政义务。也就是说，纳税人接受税务机关的行政处罚并免予刑事追诉后，仍可以申请行政复议或者提起行政诉讼，纳税人无条件接受行政处罚，并不意味着其申请行政复议权和提起行政诉讼权的灭失。

第二，"已受行政处罚"，不仅指行政机关已经作出了行政处罚，还要求行为人已经全部履行了行政处罚的内容。《刑法》第201条第4款规定的"补缴应纳税款""缴纳滞纳金""已受行政处罚"属于并列关系，只有在上述三个条件同时满足的情况下才不予追究行为人的刑事责任，反过来，只要其中一个条件不满足就应追究刑事责任。如果当事人按照税务机关下发的追缴通知和行政处罚决定书的规定，积极采取措施，补缴税款，缴纳滞纳金，接受行政处罚的，则不作为犯罪处理；如果当事人拒不配合税务机关的上述要求，或者仍逃避自己的纳税义务的，则税务机关有权将此案件转交公安机关立案侦查进入刑事司法程序。关于实践中存在的超过行政处罚时效的特殊情形。《税收征收管理法》第86条规定："违反税收法律、行政法规应当给予行政处罚的行为，在五年内未被发现的，不再给予行政处罚。"规定税收行政处罚时效为 5 年，意味着违反税收法律、行政法规的行为发生后的 5 年内，对该违法行为有处罚权的税务机关没有发现这一违法事实的，以后无论何时发现这一违法事实，对违法行为人不再给予行政处罚。但同时《税收征收管理法》第 52 条规定，对偷税、抗税、骗税的，税务机关追征其未缴或者少缴的税款、滞纳金或者所骗取的税款，不受规定期限（3 年、5 年）的限制。换言之，对于行为人的逃税行为，税务机关在 5 年内未发现的，虽然不再给予行政处罚，但仍要追征其未缴或者少缴的税款、滞纳金。在这种情况下，对于行政机关因该逃避缴纳税款行为超过 5 年而依法不再给予行政处罚，但行为人根据追缴通知已经补缴应缴税款和滞纳金的，也可以适用本规定免责条款。关于时效的计算，税收征收管理法没有规定，应当适用《行政处罚法》第 36 条第 2 款的规定，行政处罚时效从税收违法行为发生之日起计算；违法行为有连续或者继续状态的，从行为终了之日起计算。

第三，《刑法》第 201 条宽大处理的规定仅针对初犯者，5 年内曾因逃避缴纳税款受过刑事处罚或者被税务机关给予 2 次以上行政处罚的除外，如果达到第 1 款规定的逃税数额和比例，即作为涉嫌犯罪移交公安机关立案处理。纳税人在公安机关立案后再补缴应纳税款、缴纳滞纳金或者接受行政处罚的，不影响刑事责任的追究。

第二节 逃税罪的证据审查

一、逃税罪的证据要件

（一）犯罪主体证据

本罪的主体是特殊主体，即必须是负有纳税或者扣缴义务的人，包括依法负有纳税义务的单位、个人和依法负有代扣、代缴税款义务的单位、个人,以及这些单位内负有直接责任的主管人员和其他直接责任人员。

1. 证明自然人犯罪主体的证据

(1)自然人身份的基本情况。

①居民身份证、临时居住证、工作证、护照、户口簿,以及公安机关出具的户籍证明等。

②港澳居民身份证、护照、来往内地通行证,台湾居民来往大陆通行证,以及居住地证明资料等。

③外国人护照、出入境证明、在华长期居留证明,以及使领馆出具的身份证明资料等。

④犯罪嫌疑人、被告人对身份的供述。

⑤有关人员(亲属、邻居等)对犯罪嫌疑人、被告人身份关系的证言。

(2)自然人的纳税义务、是否曾受行政处罚等特殊情况。

①税务机关出具的犯罪嫌疑人、被告人负有纳税义务或负有扣缴义务的证明。

②犯罪嫌疑人、被告人曾因逃税所受的行政处罚决定书、行政处理决定书等。

③刑事判决书、裁定书、不起诉决定书等。

2. 证明单位犯罪主体的证据

以单位名义实施逃税犯罪,违法所得归单位所有的,是单位犯罪。个人为进行犯罪活动而设立的单位实施犯罪的,或者单位设立后以实施犯罪为主要活动的,不以单位犯罪论处。这里的单位是指除自然人以外的个体工商户、农村承包户、法人、非法人组织、其他单位等负有法定纳税义务的主体。

(1)证明单位基本情况的证据。

①国家机关、事业单位、社会团体性质的相应法律文件,机关、团体法人统一社会信用代码证书。

②企业法人营业执照,从事特殊行业的,应当收集相应的批文或者许可证件。

③单位已被注销或者撤销的,应有注销证明或者撤销机构出具的相关证明。

④单位为分支机构或者内设机构的，应有其与上级单位关系、被授权权限或者经营范围等的证明材料。

⑤单位实施逃税犯罪后，发生分立、合并或者其他资产重组等情况的，应有分立、合并或者其他资产重组以及承受原单位权利义务的资料。

⑥单位的有关合同、章程、协议等证明单位的组织形式、直接负责的主管人员和其他直接责任人员分工的材料。

⑦犯罪嫌疑人、被告人有关犯罪单位及直接负责的主管人员、其他直接责任人员在犯罪活动中地位、作用内容的供述和辩解。

⑧单位内部人员、业务合作人员有关犯罪单位及直接负责的主管人员、其他直接责任人员在犯罪活动中地位、作用内容的证人证言。

⑨单位管理部门调取的单位登记注册、变更、年审、单位状态等证明单位存续、经营状况、组成人员等情况的证据材料。

⑩纳税人主体资格材料，包括增值税一般纳税人认定、纳税人税务登记证和银行账号、享受税收优惠政策审批备案材料等。

⑪受税务处罚情况。

⑫其他证明单位情况的相关材料。

（2）证明"以单位名义"的证据。

①单位决策机构作出的决定、会议纪要。

②单位主要负责人、实际控制人或者授权的分管负责人作出的决定或者表示同意的材料。

③单位主要负责人、实际控制人或者授权的分管负责人在得知单位成员以单位名义实施逃税犯罪行为后，纵容、默许、未表示反对或者制止的材料。

（3）证明"犯罪所得归单位所有"的证据。

①单位会计账簿、纳税申报表、资金流向、单位银行账户。

②审计、鉴定意见等。

③单位主要负责人或者分管负责人有关为犯罪赚取利益、非法收益归单位所有的供述。

④会计人员等单位内部人员、业务合作人员有关为单位赚取利益、非法收益归单位所有的证言等材料。

（4）证明负有直接责任的主管人员和其他直接责任人员的证据。直接负责的主管人员,是在单位实施的犯罪中起决定、批准、授意、纵容、组织、指挥等作用的人员,一般是单位的主管负责人,包括法定代表人。其他直接责任人员,是在单位犯罪中具体实施犯罪并起较大作用的人员,既可以是经营管理人员,也可以是单位的普通员工,包括聘任、雇用的人员。

①人员身份基本情况。参照自然人犯罪主体的证据。

②职务身份基本情况。单位包括内部组织的有关合同、章程、任命文件、岗位责任制度、组织人事部门的任职文件及证明、会议记录等。

③实际履行职责情况。在单位运营管理过程中签字、审批、经手、经办等实际履行职责的文件、文书,以及手机短信、电子邮件、即时通信等电子证据,工资单、发放奖金、红利等证据;单位内部人员职责分工、业务流程等材料;能够证实谁是负有直接责任的主管人员、谁是其他直接责任人员的证人证言、书证等;管理支配公章、公司和法人账户、银行U盾、密码以及相关公司管理人员、挂名法人的证言等,证明行为人对单位实施控制的证据。

3. 证明代扣代缴义务人的证据

除上述证据外,还应重点收集能够证明代扣代缴义务性质的证据,包括:单位或自然人负有代扣代缴、代收代缴税款义务的相关法律和行政法规规定,税务机关出具的证明等。

4. 特殊纳税主体的证据

增值税主体,应当收集调取证明涉案单位为增值税一般纳税人资格的证明。消费税主体,如果经营范围涉及国家专营专卖物品的,应当收集调取相关经营许可的证明。

(二) 主观方面证据

本罪在主观方面由直接故意构成,行为人明知具有纳税义务,而故意违反法律、法规,采取欺骗、隐瞒手段,进行虚假纳税申报或者不申报,以达到逃避缴纳税款的目的。实践中,应注意收集应当申报而不申报的行为人对纳税义务是否明知的证据。

1. 个人主观明知

(1) 犯罪嫌疑人、被告人的供述和辩解。证明其是否明知对其生产经营活动负有纳税义务,是否了解掌握单位的实际经营情况,是否了解或掌握单位的应纳税率、纳税申报情况,犯罪的动机、目的、手段、结果等。

(2)举报人、财务人员、经营人员、仓库保管人员等证人的证言,证明行为人明知违反税法规定逃避缴纳税款,而追求这种结果发生的主观心态。

(3)物证、书证,包括伪造、变造、隐匿、擅自销毁的会计账簿、记账凭证、原始凭证、财务报表及纳税申报表、发票、"阴阳账",以及生产、经营的货物,伪造、变造、销毁上述账目凭证的作案工具等,证明行为人主观上有逃避缴纳税款的直接故意。

(4)业务交流记录,包括文件、手机短信、电子邮件、QQ记录、微信记录等即时通讯记录,证明行为人主观上对违法性的认知。

(5)侦查人员、税收征管人员的证言或其他材料,证明行为人有伪造、变造、隐匿相关书证、躲避税务稽查等行为,其主观上对违法性的认知。

(6)税务处理决定书、税务行政处罚决定书、刑事判决书、裁定书等,说明行为人曾因逃税行为受过行政处罚、刑事处罚,也可以证明其主观上对违法性的认知。

2. 单位犯罪的主观故意

(1)单位的法定代表人、负责人等,在证明逃税行为成立的财务报表、纳税申报表等纳税申报资料上签字、盖章或同意的,可以认定其有逃税的主观故意,但是,确有证据证明其没有逃税故意的除外。

(2)会议记录、下级请示、对下级的指示、单位直接负责的主管人员和其他直接责任人员的供述。

通过上述证据,证明行为人是否具有主观直接故意、是否明知具有纳税义务、是否为获取非法利益的目的,而指使有关人员进行法律禁止的逃避缴纳税款行为,从而证明行为人是否具有逃税犯罪的主观故意。

(三)犯罪客体证据

本罪侵犯的客体是国家税收管理制度。主要通过犯罪嫌疑人、被告人供述和辩解、证人证言、物证、书证、鉴定意见、视听资料、电子数据资料等主客观方面的证据,证实行为人的行为侵犯了国家税收管理制度,即国家依法确立,并通过税务机关具体执行的,对符合法定条件的单位或个人征收税款的法律制度。其犯罪对象是依法应当缴纳的各种税款,但关税除外。实践中,犯罪客体证据主要通过犯罪客观方面的证据予以说明,二者之间是一种包容关系,不能将二者简单等同。

(四)客观方面证据

本罪的客观方面表现为采取伪造、变造、转移、隐匿、擅自销毁账簿、记账凭证或其他相关资料,隐匿或以他人名义分解收入、财产,虚列支出、虚抵进项税额或虚报专项附加扣除,骗取税收优惠,编造虚假计税依据等欺骗、隐瞒的手段,进行虚假纳税申报或者不申报,逃避缴纳税款,不缴或者少缴已扣、已收税款,数额较大的,或者因逃税行为被税务机关给予两次行政处罚又逃税的行为。

1.行为人应当缴纳税款的证据

(1)行为人的税务登记资料,税务主管部门及工商管理部门等有关部门出具的相关证明。

(2)经营业务相关资料,实际经营、实际交易情况资料,各种原始凭证、记账凭证、银行票据、业务合同(协议)、购进及使用发票资料、会计报表、其他证明等。

(3)相关会计账簿,包括行为人违法设置的"阴阳账"、总账、明细账(包括材料明细账、库存商品明细账、销售收入明细账、其他业务收入明细账、应收账款明细账、应付账款明细账、费用支出明细账、应交税金明细账等)、日记账(现金日记账、银行存款日记账等),以及其他辅助性账簿。

(4)税务机关出具的审计鉴定意见,证明行为人在纳税期间的应纳税额等情况。

2.行为人实际缴纳税款的证据

(1)实际申报的《×××税纳税申报表》和《税款通用缴纳书》等各种完税证明。

(2)已缴纳税金、代扣税金、主营业务税金及附加、应交所得税等会计账簿、记账凭证等相关资料证明。

（3）税务机关出具的犯罪嫌疑人、被告人的纳税申报资料，行为人已纳税款的证明。

3.行为人逃避缴纳税款的其他证据

（1）行为人逃避缴纳税款的事实。犯罪嫌疑人、被告人供述和辩解、证人证言等，证明逃避缴纳税款的时间、地点、手段、经过、逃税数额、情节等，并与书证、鉴定意见、现场勘查笔录、视听资料、电子数据等其他证据相互印证，证明逃税犯罪事实。

（2）扣缴义务人涉嫌逃税的事实。代扣代缴、代收代缴税款凭证、税款报告表及相关的业务合同（协议）、应扣缴税款细目清单、扣税项目表等，证明扣缴义务人涉嫌逃税的事实。

（3）货物入库、出库及库存情况。库存原材料、货物等，主要包括原材料及商品、生产成品的入库单、出库单、库存实物清单等，证明货物入库、出库及库存情况。

（4）资金流向情况。对其银行账户资金流动情况进行调查，与货物购销、提供劳务等业务相互印证，证明应税行为的实际情况。特别要注意发现在隐匿的银行账户、其他账户包括个人账户流动的账外经营资金。

（5）其他证据。包括会议记录、相关文件、录音录像、电子数据资料等。

（6）有关资料是否存在伪造、变造、擅自销毁情况。文检鉴定、司法会计鉴定，证明有关资料是否存在伪造、变造、是否存在擅自销毁账簿、记账凭证、业务合同（协议）的情况。

（7）是否存在隐匿、销毁证据的事实。现场勘验笔录、现场图、照片，证明是否存在隐匿、销毁证据的事实。注意提取相关物证、书证。

（8）行为人税务相关义务事项。税务部门出具的审计鉴定意见，证明行为人的纳税期间、应纳税额、已纳税额、申报税额、逃避缴纳税额及其所占应纳税额的比例等情况。

（9）行为人是否因逃税被税务机关曾给予2次以上行政处罚，是否被通知申报而拒不申报。税务部门出具的相关资料、文件、送达文书，主要包括税务稽查报告、审理报告、税务处理决定书、税务处罚决定书、处罚听证告知书、税务复议决定书、税务处罚强制执行申请书、补缴税款及缴纳罚款收据等。证明行为人是否因逃税被税务机关曾给予2次以上行政处罚,以及是否通知申报、拒不申报等有关情况。

(10)是否受过涉税刑事处罚。是否因逃避缴纳税款曾受过刑事处罚及刑事判决书、裁定书、不起诉决定书等法律文书。

(五)不同税种的特殊证据

除上述证据外,还应根据各税种的自身特点,调取如下证据:

1. 增值税

增值税纳税人分为两类:一般纳税人、小规模纳税人。

对于增值税一般纳税人,应当从货物或劳务的销售和抵扣两个环节收集、调取相关证据。

销售环节,核查销售货物或劳务的销售收入额与销项税额证据。

应调取的证据包括,已入账和未入账的增值税专用发票及普通发票,伪造、变造、虚开的增值税专用发票及普通发票,其他票据、销售合同、出库单、运输凭证等,购买方基本情况、与行为人的业务往来情况、货物价款及数量、付款情况、存在的债权债务关系、相关销售资料、合同等,证明销售货物的实际数额。

抵扣环节,一般纳税人的增值税应纳税额 = 销项税额 − 进项税额。

应调取的证据包括,已作进项抵扣、未作进项抵扣和未入账的增值税专用发票,取得的伪造、变造、虚开的增值税专用发票,未按税法规定获取的普通发票或其他票据,售货方基本情况、与行为人的业务往来情况、货物价款及数量、付款情况、存在的债权债务关系、相关销售资料、合同等,证明合法抵扣的实际数额。

2. 消费税

重点调取应纳消费税货物销售环节相关资料,包括购销合同、销售发票、相关凭证等。

(1)自产自用应税消费品。收集能够证明连续生产应税消费品事实的相关账簿、凭证、资料。

(2)委托加工应税消费品。委托加工合同、加工方向委托方出具的发票、代收代缴消费税凭证等。

3. 企业所得税

应纳税所得额,是指企业每一纳税年度的收入总额,减去不征税收入、免税收入、扣除各项符合规定的支出以及允许弥补的以前年度亏损后的余额。重点调取涉案单位取得应税收入、准予扣除项目等。

（1）收入总额相关凭证及资料。主要包括企业以货币形式和非货币形式从各种来源取得的收入。

（2）不征税收入相关凭证及资料。包括财政拨款；依法收取并纳入财政管理的行政事业性收费、政府性基金；国务院规定的其他不征税收入。

（3）企业实际发生的与取得收入有关的、合理的支出，准予扣除。包括成本、费用、税金、损失和其他支出相关凭证及资料。

（4）企业所得税分月或者分季预缴，年度汇算清缴情况。

（5）关联企业的相关账户及会计资料，证明是否采取"以货易货"的交易方式进行逃税等。

（6）企业财务及经营状况的审计、会计鉴定意见。

二、逃税罪常见证据审查

（一）犯罪主体的审查判断

1. 自然人主体身份证据的核实

对犯罪嫌疑人第一次讯问，应当问明犯罪嫌疑人的姓名、别名、曾用名、出生年月日、户籍所在地、现住地、经常居住地、籍贯（国籍）、出生地、民族、职业、文化程度、家庭情况、身份证号码、政治面貌、社会经历（包括学历、工作经历、违法犯罪经历等）以及是否属于人大代表、政协委员等情况。

自然人主体身份情况的证据主要是户籍所在地公安机关出具的户籍证明材料，户籍证明应当附犯罪嫌疑人照片。未附照片的，可以收集有关人员（如亲属、邻居等）关于犯罪嫌疑人情况的证言及辨认笔录，以证明犯罪嫌疑人与户籍所载人员的同一性。如果办案单位通过公安信息网系统打印的犯罪嫌疑人身份信息和犯罪嫌疑人供述一致，打印的照片与其本人相符，经加盖办案单位印章，并注明制作时间、来源，由办案人员签名的，可以作为证据使用。

2. 国籍的认定

犯罪嫌疑人、被告人国籍身份的确认，根据其入境时的有效证件确认；犯罪嫌疑人、被告人拥有两国或多国护照的，应当以其进境时所持的护照确认其国籍。国籍不明的，可以通过我国出入境管理部门协助查明，或者以有关国家驻华使领馆出具的证明加以确认。无法查明国籍的，以无国籍人论。

（二）主观故意的审查判断

1. 主观故意的认定

认定是否"明知"，一般根据犯罪嫌疑人、被告人对自己的行为是否具有违法性认识来判定。犯罪嫌疑人、被告人的供述和辩解可以来证明其是否明知对其生产经营活动、交易行为等负有纳税义务。是否办理《税务登记证》是证明其是否依照法定程序确认了其纳税人身份，已经明知具有纳税义务。

可以认定为"明知"负有纳税义务的情节，包括行为人已经办理了税务登记或者扣缴税款登记的；依法不需要办理税务登记或者扣缴税款登记，但经税务机关书面通知其纳税申报的；依法应当办理税务登记或者扣缴税款登记，但尚未依法办理，而税务机关已经书面通知其纳税申报的。

2. 注意综合分析判断

证明犯罪嫌疑人、被告人的主观故意，应当注重客观证据的收集，如物证、书证、电子证据等客观证据材料，特别是各种即时通讯记录、录音、录像、上网记录、网站信息等电子证据。尽量通过客观证据来认定或者印证犯罪嫌疑人、被告人的主观故意，不能过于依赖口供。

认定行为人有无逃税的故意，主要从行为人的主观条件、业务水平和行为时的具体情况等方面综合分析判断，如果行为人是因不懂税法或者一时疏忽而没有按照申报纳税，或者是因管理制度混乱，账目不清，人员职责不清或调动频繁因而漏报、漏缴税款的，不构成逃税罪。

（三）客观证据的审查判断

1. 逃税手段的认定

在实际案件中，有的企业设两套账本，用假账本应付申报和纳税检查；有的串通购货方开具虚假发票或大头小尾发票；有的使用现金交易，收入不记账；有的谎称停业，将厂址搬到另一地方继续"地下经营"；有的企业将产品销售收入不记销售收入账，虚挂在资金往来账户，隐瞒其销售收入；有的企业在销售产品时，销货发票数量开得少，而实际销售数量多，将其中差额销售收入不入账，转作"小金库"使用；等等。需要注意的是，不同形式的逃税手段通常是在主观故意的心理状态的支配下实施的，实施这些逃税手段，本身也能够证明其逃税的犯罪故意。

2. 增值税的认定

一般纳税人有时会发生个别种类的销售项目可以按规定以简易办法计算缴纳增值税，不予抵扣进项税额的情况。如果有按规定享受免税的项目，与免税项目相关的进项税额不得抵扣。

3. 企业所得税的认定

企业各类应税收入和费用支出项目多，发生频繁数量大，涉及渠道多面广，是企业所得税查实取证工作中的重点。尤其是有若干费用支出项目应该按照税法规定的比例在税前扣除，并非实际支出数额都可以全部在当期扣除。如职工福利费、教育费、广告费、业务招待费、公益性捐赠等。注意收集相关凭证及资料，包括发票、提货单据、验收记录等，证明准予扣除项目的情况。

（四）单位犯罪的审查判断

两个以上单位实施的共同故意犯罪，是单位共同犯罪，应当根据各单位在共同犯罪中的地位、所起的作用，确定单位的主从犯。个人为进行犯罪活动而设立的单位实施犯罪的，或者单位设立后以实施犯罪为主要活动的，不以单位犯罪论处。原单位已合并入新单位的，追究原单位及直接负责的主管人员和其他直接责任人员，但需注明合并情况。

在单位犯罪中，对于受单位领导指派或奉命而参与实施了一定犯罪行为的人员，一般不宜作为直接责任人员追究刑事责任。

第三节 逃税罪的认定处理

一、逃税罪的罪与非罪

(一) 逃税与漏税

漏税,是指纳税人、扣缴义务人并非故意,没有依照税法规定缴纳或者足额缴纳税款的行为,是一般税务违法行为,应由税务机关责令其补缴漏缴的税款,并加收滞纳金。主观上的区别是逃税和漏税的本质区别。逃税是直接故意行为,行为人具有逃避纳税义务,非法占有应缴税款的目的,明知自己的行为会造成国家税收的损失而积极追求这一危害结果;而漏税则是过失或无意识行为,行为人主观上不具有逃避纳税义务的目的,也没有认识到自己的行为会造成国家税收的损失,对这一危害结果更不持希望的态度。行为人之所以漏缴、少缴税款,多是因为不了解、不熟悉税收法规和财务制度,或因工作粗心大意而错用税率,漏报应税项目等。对于漏税的处理,根据《税收征收管理法》第52条规定,因纳税人、扣缴义务人计算错误等失误,未缴或者少缴税款的,税务机关在3年内可以追征税款、滞纳金;有特殊情况的,追征期可以延长到5年。对因税务机关的责任导致的漏征,税务机关在3年内可以要求纳税人、扣缴义务人补缴税款,但是不得加收滞纳金。实践中要注意把握两点:一是对"明漏暗偷"情形,要结合在案证据从行为人的主观故意、目的、动机、行为手段以及事后态度、是否积极补缴税款等方面综合分析,准确认定。如果行为人客观上有伪造、变造、隐匿账簿、记账凭证的行为,就可认定行为人是逃税,因为这种行为本身就表明行为人的主观认识和意志。对于行为人擅自销毁账簿、记账凭证和虚假纳税申报的行为,由于与错误销毁账簿、记账凭证、错误进行纳税申报无法在客观行为上区分开,就不能据此来认定是否逃税行为，还应结合案件的其他证据综合认定。对于证据不足的案件，应按漏税处理，而不应以逃税论。① 二是漏税行为在一定条件下可以转化为逃税。如果行为人在已明知自己漏税的情况下，仍然利用漏税而进行逃税且符合其他条件的，即可转化为逃税罪。

（二）逃税与避税

避税，是指采用不违法手段减轻或者不履行纳税义务的行为。逃税与避税虽然都是减少或者不履行纳税义务的行为，但二者之间有着本质的不同。法律有无明确禁止是区分逃税与避税的关键所在。避税是在纳税义务发生前采取各种不违反法律规定的方法，有意减轻或者免除税收负担的行为，有的是符合立法意图的，如利用经济特区的税收优惠政策在经济特区投资；有的则是钻税法不够完善的空子，如通过资金转移、费用转移、成本转移、利润转移等方法，把利润从高税负的国家或地区转移到低税负的国家或地区，把成本从低税负的国家转移到高税负的国家。通过转让定价避税是最常见的一种避税方法。转让定价，是指关联公司之间转让产品、半成品、原材料、技术、提供贷款、提供劳务和租赁业务时所确立的价格。利用转让定价避税，主要是通过人为地抬高或压低交易价格把利润从高税负国家转移到低税负国家，或将成本、费用不合理地从低税负国家转移到高税负国家。税收征收管理法对关联企业之间的避税行为规定了强制调整的制度。第36条规定："企业或者外国企业在中国境内设立的从事生产、经营的机构、场所与其关联企业之间的业务往来，应当按照独立企业之间的业务往来收取或者支付价款、费用；不按照独立企业之间的业务往来收取或者支付价款、费用，而减少其应纳税的收入或者所得额的，税务机关有权进行合理调整。"逃税是发生纳税义务后，采用非法的手段减少或者不履行纳税义务，在任何情况下，逃税都是国家法律所不允许的。从社会危害上看，避税行为并不弱于逃税，一样都侵蚀国家税基，导致国家税收收入的减少。但对于钻法律空子的避税，只能通过不断完善税收法律的方法来防止；对于逃税，依法追究刑事责任，加强打击，是减少逃税

---

① 参见王作富主编：《刑法分则实务研究》（上），中国方正出版社2013年版，第553页。

犯罪的重要手段。

二、逃税罪的此罪与彼罪

（一）逃税罪与抗税罪

抗税罪，是指负有缴纳税款义务的纳税义务人，以暴力、威胁方法拒不缴纳税款的犯罪。抗税罪与逃税罪的界限主要有以下几方面：一是主体要件上，抗税罪只能由个人和单位的直接责任人员构成；而逃税罪的主体则包括单位和个人，也包括单位的直接主管人员和其他直接责任人员。二是客观方面不同。抗税罪表现为以暴力、威胁方法拒不缴纳税款的行为；逃税罪则表现为采取欺骗、隐瞒手段进行虚假纳税申报或者不申报，逃避缴纳税款数额较大的，或者5年内因逃避缴纳税款受过刑事处罚或者被税务机关给予2次以上行政处罚的行为。三是犯罪标准不同。抗税罪只要行为人实施了以暴力、威胁方法拒不缴纳税款的行为就可构成；而逃税罪必须是逃税行为情节严重的才构成犯罪。

（二）逃税罪与逃避追缴欠税罪

逃避追缴欠税罪，是指负有纳税义务的单位或个人，故意逃避税务机关追缴欠税款的犯罪。逃避追缴欠税罪与逃税罪的界限主要表现在：一是主体要件不同。逃避追缴欠税罪的主体只能由纳税人构成；而逃税罪的主体除纳税人外还包括扣缴义务人。二是犯罪目的不同。逃避追缴欠税罪是意图达到逃避税务机关追缴其所欠缴的应纳税款的目的；而逃税罪则是意图通过欺骗、隐瞒税务机关，达到不缴或者少缴应纳税款为目的。三是犯罪客观方面不同。逃避追缴欠税罪表现为行为人采取转移或者隐匿财产的手段致使税务机关无法追缴欠缴的税款的行为；逃税罪则为表现为采取欺骗、隐瞒手段进行虚假纳税申报或者不申报，逃避缴纳税款数额较大的，或者5年内因逃避缴纳税款受过刑事处罚或者被税务机关给予2次以上行政处罚的行为。前者具有公开性，后者具有欺骗性、隐瞒性。四是逃避追缴欠税罪要求妨碍追缴税款数额较大的才构成犯罪；逃税罪要求情节严重的才构成犯罪。情节严重既包括因逃税被2次行政处罚又逃税的情况，也包括逃税数额较大的情况。同是由数额较大构成犯罪的，逃避追缴欠税罪只要求数额在1万元以上即可，逃税罪则要求逃税数额须占应纳税额的10%以上才能构成犯罪。实践中应注意，行为人作为纳税义务人，采取欺骗、隐瞒手段进行虚假纳税申报，逃避缴纳税款数额较大并且占应纳税额10%以上的，如果其并没有以隐匿、转移财产的手段逃避缴纳税款的，该行为成立逃税罪而非逃避追缴欠税罪。

（三）逃税罪与走私罪

走私罪，是指违反海关法规，逃避海关监管，非法运输、携带、邮寄国家禁止、限制进出口或者依法应当缴纳关税而偷逃关税的货物、物品进出国（边）境，破坏国家对外贸易管理制度，情节严重的行为。逃税罪中的逃避应纳税款的行为与走私罪中的逃避关税的行为具有某些相似之处，在某些情况下容易混淆。两者的主要区别：一是逃税罪侵犯的直接客体是国家税收管理制度，而走私罪所侵犯的直接客体则是国家对外贸易管理制度。二是逃税罪违反的是税收法规，走私罪违反的是海关法规。三是逃税罪的主体是纳税人，包括负有纳税义务的公民个人，负有纳税义务的企业、事业单位以及企业、事业单位中对纳税负有直接责任的主管人员和其他直接责任人员；而走私罪的主体则是达到刑事责任年龄，具有刑事责任能力，实施走私犯罪行为的自然人以及单位。

（四）逃税罪与隐匿、故意销毁会计凭证、会计账簿、财务会计报告罪

隐匿、故意销毁会计凭证、会计账簿、财务会计报告罪，是指违反有关财会制度，隐匿、故意销毁依法应当保存的会计凭证、会计账簿、财务会计报告，情节严重的行为。逃税罪与隐匿、故意销毁会计凭证、会计账簿、财务会计报告罪的区别在于：一是主体不同。前者的主体是特殊主体，即纳税人和扣缴义务人；后者是一般主体，在司法实践中往往是企业、事业单位里的财会人员。二是行为对象不同。前者的行为对象仅限于账簿和记账凭证，不包括财务会计报告，而且仅指逃税罪中"隐匿、擅自销毁"的行为对象。三是客观行为方式不同。前者还包括伪造、变造行为，以及在账簿上多列支出或者不列、少列收入等欺骗、隐瞒手段进行虚

假纳税申报或不申报，逃避缴纳应纳税款的行为；后者的行为仅表现为隐匿、销毁。四是主观目的不同。前者的主观目的仅为逃避应纳税款，后者的主观目的多样。实践中，对于行为人实施的隐匿、故意销毁会计凭证、会计账簿、财务会计报告等行为，与逃税罪可能发生竞合，在刑罚处罚时也往往出现牵连关系。可按以下几种情况处理：一是按一般违法行为处理。对于因不懂有关财会制度，错误隐匿、销毁账簿、记账凭证的，或虽故意隐匿、销毁，但情节不严重的，按一般违法行为论处。二是按隐匿、故意销毁会计凭证、会计账簿、财务会计报告罪处理。对于非出于逃税目的而隐匿、擅自销毁账簿、记账凭证，情节严重的，按隐匿、故意销毁会计凭证、会计账簿、财务会计报告罪处理。三是逃税罪与隐匿、故意销毁会计凭证、会计账簿、财务会计报告罪法条竞合的情况。行为人出于逃税目的而隐匿、销毁账簿、记账凭证，情节严重的，二者之间构成手段行为与目的行为的牵连关系，对此，应从一重罪处罚。

三、逃税罪的其他相关问题

（一）共同犯罪的认定

1. 扣缴义务人与纳税人共同逃税的认定

如果纳税人提供虚假情报使得扣缴义务人不扣或者少扣税款，只能认定纳税人构成逃税罪；如果二者共谋不扣、少扣税款，则二者构成逃税罪的共同犯罪。

2. 纳税人、扣缴义务人与税务人员共同逃税的认定

税务人员利用职务之便，帮助纳税人进行逃税，可以分为三种情况区分：一是事前不具有意思联络，税务人员知道纳税人逃税，但因徇私故意不征、少征应征税款，应认定税务人员构成徇私舞弊不征、少征税款罪。二是虽然事前具有意思联络，即纳税人告知税务人员自己要逃税，请税务人员给予照顾，如果税务人员仅因徇私而故意不履行自己的职责，不征、少征应征税款，这种情况仅构成徇私舞弊不征、少征税款罪。但是如果纳税人和税务人员合谋，所逃税款分给税务人员一部分，那么，税务人员不征、少征应征税款行为就成为逃税行为的一部分，从而使税务人员

成为逃税罪共犯，并且税务人员不征、少征税款行为也触犯了徇私舞弊不征、少征税款罪，构成想象竞合犯，应按一罪从重处罚，即按逃税罪共犯处罚。三是税务人员在纳税人逃税犯罪过程中予以积极的帮助行为，如出谋划策，教逃税人如何进行逃税，同时自己佯装不知，不履行其依法征税职责，不征应征税款。这种情况，税务人员实施两个行为，即帮助行为和不征、少征应征税款行为，分别构成逃税罪共犯和徇私舞弊不征、少征税款罪，数罪并罚。

（二）罪数形态的认定

1. 非法购买虚开的增值税专用发票后进行逃税的认定

行为人为逃税而购买虚开的增值税专用发票，主观上具有牵连意图，所实施的行为之间具有"手段－目的"的牵连关系，符合牵连犯的特征。行为人非法购买虚开的增值税专用发票后进行逃税的，既构成非法购买增值税专用发票罪，又构成逃税罪，在处理上应择一重罪处罚，不实行数罪并罚。另外，对于行为人出于逃税目的而非法购买增值税专用发票以外的发票的，不存在牵连关系。因为非法购买增值税专用发票以外的发票的行为，我国立法并没有规定为犯罪，对于这种情况，如果逃税行为构成犯罪的，应按逃税罪处罚。

2. 为了逃税而行贿的认定

一种观点认为，应数罪并罚。另一种观点认为成立牵连犯，应从一重处罚。我们同意第二种观点。这种情况符合牵连犯的成立条件，行贿行为与逃税行为存在方法和目的的关系，两个行为之间存在牵连关系，应择一重处罚。另外，还有两种情况应加以区别：一种情况是行为人主观上出于少缴或不缴税款的目的，向税务机关工作人员行贿，以达到税务人员利用职务之便，对其不征、少征税款。在这种情况下，行为人没有采取伪造、变造、隐匿、擅自销毁账簿、记账凭证，以及在账簿上弄虚作假，或进行虚假纳税申报等手段偷逃税款，行为人不缴、少缴税款是通过税务人员的渎职行为而得逞的，对这种情况只能定行贿罪，而不构成逃税罪。另一种情况是行为人实施逃税行为后，为逃避税务、司法人员的追究而行贿。在这种情况下，行为人主观上出于两个犯意，即逃税的故意和行贿的故意，这两个犯意之间并不存在联系；客观上实施了两个犯罪行为，即逃税行为和行贿行为，这两个行为之间也不存在联系。对此应数罪并罚。

（三）程序问题

1. 行政处罚是不是逃税罪的前置程序，公安机关立案是否需要税务机关的追缴通知书为前置条件

实践中，逃税罪立案是否以税务机关作出行政处罚为前置条件？各地存在不同认识，判决也不一致，有的法院以行政处罚作为前置条件，有的没有经过行政处罚直接以逃税罪判处刑罚。根据《刑法》第201条第4款和最高人民检察院、公安部2022年新修订的《公安机关管辖的刑事案件立案追诉标准的规定（二）》第52条规定，我们认为，追究纳税人逃税罪应以税务机关的行政处罚作为前置程序，公安机关立案需要有税务机关的追缴通知书为前置条件。纳税人有《刑法》第201条第1款规定的逃避缴纳税款行为，税务机关没有下达追缴通知的，不予追究刑事责任。

2. 是否需要行政复议、诉讼期间届满才能刑事立案

有观点认为，行政复议和行政诉讼是纳税人享有的法定权利，是纳税人提出异议的权利，理应等行政复议和行政诉讼期间届满后，才可以刑事立案。我们认为，这种观点是不正确的。首先，根据立法本意，《刑法》第201条第4款是对已构成犯罪、本应追究刑事责任的逃税人作出宽大处理的特别规定，不存在逃税当事人先补缴税款和滞纳金后，再来与税务机关就所谓行政罚款是否必要、罚款是否合理打行政诉讼官司的问题。"已受行政处罚的"，不单是指逃税人已经收到了税务机关的行政处罚（主要是行政罚款）决定书，而且更为重要的是，逃税人本人是否积极缴纳罚款，或者与税务机关订立切实可行的还款协议，这是判断逃税人对自己已经构成犯罪的行为有无忏悔之意的重要标准。如果已经构成逃税罪的人拒不积极配合税务机关，即使满足《刑法》第201条第4款规定的不追究刑事责任的三个条件中的任何一个条件，税务机关也应当将此案件转交公安机关立案侦查进入刑事程序，追究当事人的刑事责任。[①] 其次，根据行政复议法和行政诉讼法的规定，在行政复议和行政诉讼期间，均不停止具体行政行为的执行，即行政相对人在此期间仍需履行行政义务。如果当事人

---

① 参见黄太云：《刑法修正案解读全编》，人民法院出版社2015年版，第208页。

拒不配合税务机关的要求，或者仍逃避自己的纳税义务的，则税务机关有权将此案件转交公安机关立案侦查，不必等期限届满。

3.达到逃税罪追诉标准，但是超过行政处罚时效的逃税案件，能否追究刑事责任

根据《税收征收管理法》第86条规定，违反税收法律、行政法规应当给予行政处罚的行为，在5年内未被发现的，不再给予行政处罚。如果行为人的逃税行为在经过5年之后才被发现，税务机关只能要求行为人补缴应纳税款，缴纳滞纳金，而不应当给予行政处罚。在这种情况下，只要行为人补缴了应纳税款和缴纳滞纳金的，根据《刑法》第201条规定，就不应再追究刑事责任。但是，对于纳税人逃税数额巨大并且占应纳税额30%以上，应适用3年以上7年以下有期徒刑的法定刑，其刑事追诉时效是10年。如果纳税人不配合税务机关的要求，不按规定及时补缴应纳税款和滞纳金的，虽然税务机关不能再给予行政处罚，但仍符合逃税罪立案追诉的情形，应转交公安机关立案侦查。

第四节 案例评析

A公司、谭某某逃税案

【关键词】
行政处罚后仍逃避纳税义务　民营企业　不起诉
【基本案情】
被不起诉单位，重庆市A公司，从事房屋买卖中介服务民企。被不起诉人谭某某，系A公司原法定代表人。

A公司在2017年通过设置账外账，少列或隐瞒收入三次共少申报、不申报收入5748350余元，逃避缴纳税款合计人民币490639余元，2017

年A公司逃避缴纳税款数额占应缴税款的79%。

重庆市税务局第三稽查局于2020年1月17日向A公司下送达了《税务处理决定书》《税务行政处罚决定书》，要求A公司在15日内缴纳少申报或者未申报的税款及滞纳金、罚款。A公司到期未缴纳相关款项，该局于2020年3月17日送达催告书，期满后A公司仍未缴纳。4月16日，该局将A公司涉嫌逃税犯罪线索移送重庆市大足区公安局。4月24日，重庆市大足区公安局对A公司、谭某某涉嫌逃税案立案侦查。5月13日、15日，A公司补缴了应纳税款及滞纳金、罚款共计700024余元。

【诉讼过程和结果】

2020年5月28日，重庆市大足区公安局以犯罪嫌疑单位A公司、犯罪嫌疑人谭某某涉嫌犯逃税罪，移送重庆市大足区人民检察院审查起诉。2020年6月22日，重庆市大足区人民检察院经审查，对A公司、谭某某依法作出不起诉决定。

【检察履职情况】

第一，充分研究论证，准确评价逃税行为定性。检察机关受理案件后，除依法查明犯罪事实外，还充分听取涉案企业意见。针对A公司辩解未及时缴纳罚款是因新冠肺炎疫情未筹集到款项所致的问题，检察机关会同专家研究会商，一致认为A公司、谭某某逃税事实清楚，在收到税务机关税务处理决定和行政处罚及催告后，未及时补缴，也未向税务机关申请延期或提出复议，视为未补缴欠税、未接受行政处罚，公安机关对其立案追究刑事责任，按照逃税罪定性处理符合法律规定。

第二，开展经济影响评估，为司法处理提供参考。检察机关充分考虑刑事处罚对企业生产经营发展的影响，对涉案企业进行经济影响评估。经评估发现，A公司以经营二手房屋买卖、房屋出租中介为主，员工逾百人，多次参与扶贫工作，立案后A公司全部补缴了应纳税金和罚款，具有认罪认罚、自首情节，最终依法对A公司、谭某某作出相对不起诉决定，促其早日复工复产。

第三，延伸检察职能，帮助涉罪企业防控风险。检察机关结案后对企业进行回访，围绕涉税、骗取贷款等违法犯罪加强法治宣传，促使提升法律意识、合规治理水平。此外，检察机关还结合办案发现的税务监管盲点，向税务机关提出建议，通过建立智能监管系统加大对纳税对象逃税行为的预警，送达处罚决定书的同时告知逾期不接受处罚的法律后果，督促纳税对象及时履行法律义务，有效防范刑事法律风险。

【案例评析】

第一，纳税人在公安机关立案后再补缴应纳税款、缴纳滞纳金或者接受行政处罚的，不影响刑事责任的追究。逃税案件在适用程序上一般应遵循行政处罚前置的原则。如果税务机关下发追缴通知和行政处罚决定书后，当事人仍拒不配合上述要求，逃避纳税义务的，税务机关有权将此案件转交公安机关立案侦查进入刑事司法程序。本案中，被不起诉单位A公司逃税49万余元，占应纳税额的79%，存在刑法规定的逃税行为，被行政处罚后，又未及时缴纳欠税、罚款，待公安机关立案后才履行前述义务。根据最高人民检察院、公安部《关于公安机关管辖的刑事案件立案追诉标准的规定（二）》规定，纳税人在公安机关立案后再补缴应纳税款、缴纳滞纳金或者接受行政处罚的，不影响刑事责任的追究。因此，A公司、谭某某符合逃税罪的构成要件，不适用税务机关行政处罚前置程序。

第二，办理涉税案件要贯彻宽严相济刑事政策。根据犯罪的具体情况，实行区别对待，该严则严，当宽则宽，宽严互补，宽严有度。要把贯彻落实认罪认罚从宽制度与对民营企业和非公经济的平等保护政策结合起来，本着惩处少数、教育多数的精神，在对暴力虚开、职业化犯罪团伙等严重危害国家税收和发票管理秩序的犯罪从严打击的同时，对主动认罪认罚、犯罪后积极退赃、补缴税款、挽回国家税款损失的实体经济企业，充分适用依法从宽的刑事政策，促进社会综合治理。

第三，逃税罪的主体包括单位和自然人，单位法定代表人明知单位因逃税被二次行政处罚仍要求单位以隐瞒、少申报等方式缴纳税款的，在追究单位逃税罪刑事责任的同时，对该法定代表人也应以逃税罪定罪处罚。

第三章 骗取出口退税罪办案指引

第一节 骗取出口退税罪概述

一、骗取出口退税罪的立法沿革

1979年刑法没有规定骗取出口退税罪。随着20世纪80年代出口退税制度的建立，出现了骗取出口退税行为。为此，1992年9月4日全国人大常委会通过的《关于惩治偷税、抗税犯罪的补充规定》专门规定了骗取出口退税罪，该规定第5条第1款规定："企业事业单位采取对所生产或者经营的商品假报出口等欺骗手段，骗取国家出口退税款，数额在一万元以上的，处骗取税款五倍以下的罚金，并对负有直接责任的主管人员和其他直接责任人员，处三年以下有期徒刑或者拘役。"第2款规定："前款规定以外的单位或者个人骗取国家出口退税款的，按照诈骗罪追究刑事责任，并处骗取税款五倍以下的罚金；单位犯本款罪的，除处以罚金外，对负有直接责任的主管人员和其他直接责任人员，按照诈骗罪追究刑事责任。"区分不同主体规定了不同性质的罪名以及刑罚。1997年刑法对这一罪名作了重大修改，不再区分不同主体，改变了罪名认定思路，提高了法定刑，采取了倍比罚金制。第204条第1款规定："以假报出口或者其他欺骗手段，骗取国家出口退税款，数额较大的，处五年以下有期徒刑或者拘役，并处骗取税款一倍以上五倍以下罚金；数额巨大或者有其他严重情节的，处五年以上十年以下有期徒刑，并处骗取税款一倍以上五倍以下罚金；数额特别巨大或者有其他特别严重情节的，处十年以上有期徒刑或者无期徒刑，并处骗取税款一倍以上五倍以下罚金或者没收财产。"第2款规定："纳税人缴纳税款后，采取前款规定的欺骗方法，骗取所缴纳的税款的，依照本法第二百零一条的规定定罪处罚；骗取税款超过所缴纳的税款部分，依照前款的规定处罚。"

2001年4月18日，最高人民检察院、公安部印发《关于经济犯罪案件追诉标准的规定》，明确骗取出口退税罪的具体追诉条件。2002年9月17日，最高人民法院发布《关于审理骗取出口退税刑事案件具体应用法律若干问题的解释》，对"假报出口""其他欺骗手段"的具体情形、数额认定标准和情节认定标准，以及"四自三不见"行为的定性等问题进行了明确。2010年5月18日，最高人民检察院、公安部印发《关于公安机关管辖的刑事案件立案追诉标准的规定（二）》，相应调整了骗取出口退税罪的立案追诉标准。2022年4月29日，最高人民检察院、公安部联合发布修订后的《关于公安机关管辖的刑事案件立案追诉标准的规定（二）》，结合"两高"正在起草的涉税司法解释，对骗取出口退税罪的立案追诉标准进行了调整。

二、骗取出口退税罪的发案态势

近年来，为促进经济繁荣稳定发展，国家和地方政府陆续出台了税收优惠政策，一些不法分子在利益驱动下，大肆实施虚开骗税犯罪，骗取国家出口退税款，造成国家巨额税收流失，严重威胁国家税收安全和财政安全，危害特别巨大。骗取出口退税犯罪由于其所具有的特殊性，往往与虚开、洗钱、走私等犯罪相交织。从检察机关办案情况看，2020年全国检察机关审查起诉的骗取出口退税案件数量同比上升了近3/4，是2010年的7倍多；决定起诉骗取出口退税案件的数量也为近10年来最高。在骗税案件数量增加的同时，骗税金额也越来越大，给国家造成的税款损失越来越巨大。

随着国际贸易交往的便利化，我国对外贸易愈加开放、多元，我国税收体制改革不断推进和出口政策的变化，犯罪分子为逃避打击，获取巨额非法利益，犯罪手段不断升级翻新。除了少数没有出口业务外，大部分发案采取借货出口、"买单配货"方式，利用企业自身真实的内销产品和业务做掩护，通过虚构货物交易、伪造购销合同、虚开增值税专用发票、资金空转等手段，达到骗税牟取暴利的目的；有的利用服装、农产品、伪高科技产品等道具产品进行循环进出口，骗取国家出口退税款；还有的利用国家退税政策，出口特定货物，与走私贵金属、非法买卖外汇、洗钱等犯罪结合，严重扰乱国家进出口管理秩序和外汇管理秩序；等等。同时，这些犯罪跨地域、团伙化、"家族化""师徒化"作案特征明显，内部分工明确，多分布于不同地区，存在异地开票、异地报关的情况。犯罪行为经伪装从表征上更符合海关、税务、外汇管理等部门的监管要求，更具欺骗性、隐蔽性，都给案件的查办带来了挑战。司法机关要充分认识骗税犯罪的严重社会危害性，针对犯罪特点，进一步加强行政执法和刑事司法协作，加大打击力度，提升打击效能，有效遏制骗税违法犯罪势头。

三、骗取出口退税罪的概念和构成特征

骗取出口退税罪，是指以假报出口或者其他欺骗手段，骗取出口退税款，数额较大的行为。

（一）客体特征

本罪侵犯的客体，是国家出口退税管理制度和国家税收所有权。出口退税制度，是指国家为了体现税收鼓励出口的政策，使出口商品以不含税的价格进入国际市场，以提高出口商品在国际市场的竞争能力，依法对在国内已征增值税、消费税的产品（除国家明确规定不予退税的产品外），在其出口时将已征税款予以退还的制度。实行出口退税制度，对于鼓励出口，扩大和占领国际市场，参与国际竞争，发展外向型经济，都具有重要意义。然而，少数企业事业单位却趁机采取假报出口等手段，骗取国家出口退税款，不仅严重地破坏了国家关于出口退税的管理制度，扰乱了国家出口退税政策的顺利执行，而且还给国家财政造成严重损失。

（二）客观特征

本罪在客观方面表现为违反税收管理法律、法规，以假报出口或者其他欺骗手段，骗取国家出口退税款，数额较大的行为。根据有关规定，

申请退税，必须提供海关盖有"验讫章"的产品出口报关单、出口销售发票、出口产品购进发票和银行的出口结汇单。税务机关正是根据上述有关凭证、单据，依法对出口企业办理退税。而"假报出口"，是指行为人根本没有出口产品，但为了骗取国家的出口退税款而采取伪造合同、有关单据、凭证等手段，假报出口的行为。"其他欺骗手段"，是指除了"假报出口"以外的所有为骗取国家出口退税而采取的欺骗手段。实践中，具有下列情形之一的，应当认定为《刑法》第204条第1款规定的"假报出口或者其他欺骗手段"：（1）使用虚开、非法购买或者以其他非法手段取得增值税专用发票或者其他可以用于出口退税的发票申报出口退税的；（2）将未纳税或者免税的出口业务申报为已税的出口业务的；（3）冒用他人出口业务申报出口退税的；（4）虽有出口，但虚构应退税出口业务的品名、数量、单价等要素，以虚增出口退税额申报出口退税的；（5）伪造、签订虚假的销售合同，或者以伪造、变造等非法手段取得出口报关单、运输单据等出口业务相关单据、凭证，虚构出口事实申报出口退税的；（6）在货物出口后，又转入境内或将境外同种货物转入境内循环进出口并申报出口退税的；（7）虚报出口产品的功能、用途等，将不享受退税政策的产品申报为退税产品的；（8）以其他欺骗手段骗取出口退税款的。实践中应注意把握以下几点：

1. 将未纳税或免税业务申报为已税出口的认定

根据《出口货物退（免）税管理办法（试行）》的规定，对出口的凡属于已征或者应征增值税、消费税的货物，除国家明确规定不予退税的货物和出口企业从小规模纳税人购进并持普通发票的部分货物外，都是出口货物退税的货物范围，均应予以退还已征的增值税和消费税。办理出口退税的货物必须同时具备四个条件：（1）属于增值税、消费税征税范围；（2）报关离境的货物；（3）在财务上作销售处理的货物；（4）出口收汇并已核销的货物。

2. 虚增出口退税额的认定

是指犯罪分子在有实际商品出口，并符合申请出口退税条件的情况下，采取伪造、变造合同、账簿、出口货物报关单，或虚开增值税专用发票等手段，虚构出口商品的货名、数量、单价等要素，以低报高或以少报多，骗取虚增差额部分的税款。

3. 循环进出口并申报退税的认定

是指犯罪分子使用自己的货物或租用他人货物，出境后又以走私手段或较低价格报关入境，然后又出口，一批货物往复多次使用，多次申报退税。这种手段具有较强的隐蔽性和欺骗性，也是当前犯罪分子较常用的犯罪手段。

4. 虚报出口产品的功能、用途，将不享受退税政策的产品申报为退税产品的认定

这是近年新出现的犯罪手段。犯罪分子将贵金属简单加工后，通过瞒报商品特性、性质等，以不符合海关归类性能的产品报关出口并获取申报出口退税的手续材料，在境外将贵金属销售后实现资金回收，在国内骗取国家出口退税，牟取非法利益。

总的来看，出口退税政策性强，涉及税务、海关、外汇管理、外贸、银行等多个部门数个环节。无论是假报出口还是其他欺骗手段，其本质就是骗取出口退税款，应结合在案证据综合审查判断。

（三）主体特征

本罪的主体为一般主体，自然人和单位均可构成。单位主要是具有出口经营权的单位。根据现行税法的规定，我国享有出口退税权的单位有三种：（1）享有独立对外出口经营权的中央和地方的外贸企业、工业贸易公司以及部分工业生产企业；（2）特定出口退税企业，如外轮供应公司、对外承包工程公司等；（3）委托出口企业。前两种单位可直接申报出口退税，自然可以构成本罪主体，后一种情况中，委托方虽不具有直接出口经营权，但其仍有权享有出口退税利益，所以也可以构成本罪主体。至于代理方本身具有直接出口经营权，当然可以成为本罪主体。

（四）主观特征

本罪在主观方面表现为故意，并以非法占有国家税款为目的。

四、骗取出口退税罪的追诉标准

依照《刑法》第204条、第211条规定，犯骗取出口退税罪的，处5

年以下有期徒刑或者拘役，并处骗取税款1倍以上5倍以下罚金；数额巨大或者有其他严重情节的，处5年以上10年以下有期徒刑，并处骗取税款1倍以上5倍以下罚金；数额特别巨大或者有其他特别严重情节的，处10年以上有期徒刑或者无期徒刑，并处骗取税款1倍以上5倍以下罚金或者没收财产。单位犯本罪的，对单位判处罚金，并对其直接负责的主管人员和其他直接责任人员，依照第204条第1款规定处罚。

根据2022年最高人民检察院、公安部《关于公安机关管辖的刑事案件立案追诉标准的规定（二）》规定，以假报出口或者其他欺骗手段，骗取国家出口退税款，数额在10万元以上的，应予立案追诉。

（一）"数额较大""数额巨大""数额特别巨大"的认定

根据2022年最高人民检察院、公安部《关于公安机关管辖的刑事案件立案追诉标准的规定（二）》和2002年最高人民法院《关于审理骗取出口退税刑事案件具体应用法律若干问题的解释》规定，骗取国家出口退税款10万元以上的，为《刑法》第204条规定的"数额较大"；骗取国家出口退税款50万元以上的，为"数额巨大"；骗取国家出口退税款250万元以上的，为"数额特别巨大"。

（二）"其他严重情节""其他特别严重情节"的认定

根据2002年最高人民法院《关于审理骗取出口退税刑事案件具体应用法律若干问题的解释》规定，具有下列情形之一的，属于《刑法》第204条规定的"其他严重情节"：（1）因骗取国家出口退税行为受过行政处罚，2年内又骗取国家出口退税款数额在30万元以上的；（2）造成国家税款损失30万元以上并且在第一审判决宣告前无法追回的；（3）情节严重的其他情形。

具有下列情形之一的，属于《刑法》第204条规定的"其他特别严重情节"：（1）因骗取国家出口退税行为受过行政处罚，2年内又骗取国家出口退税款数额在150万元以上的；（2）造成国家税款损失150万元以上并且在第一审判决宣告前无法追回的；（3）情节特别严重的其他情形。

国家工作人员参与实施骗取出口退税犯罪活动的，依照《刑法》第204条第1款的规定从重处罚。

依照《刑法》第204条第2款的规定，纳税人缴纳税款后，采取假报出口等手段，骗回所缴纳的税款的，依照《刑法》第201条的规定定罪处罚，如果骗回的税款超过所缴纳的税款，对于超过的这部分，应当按照第204条第1款的规定处罚。

第二节　骗取出口退税罪的证据审查

一、骗取出口退税罪的证据要件

（一）犯罪主体证据

本罪主体为一般主体，凡达到刑事责任年龄且具备刑事责任能力的自然人和单位均能构成本罪主体。具体证据可参照本编第二章第二节主体方面的证据要件。

1. 证明自然人特殊身份的证据

由于本罪的特殊性，虽然一般主体即可构成本罪，但很多环节是由从事货物运输代理、报关、会计、税务、外贸综合服务等中介服务机构人员参与实施。要注意收集这些特殊身份人员的基本情况，查清有关资格证书、执业证书、单位营业执照等有关书证，进而判断其主观明知。

2. 证明单位特殊主体的证据

本罪单位主体主要是具有出口退税权的单位。包括享有独立对外出口经营权的中央和地方的外贸企业、工业贸易公司以及部分工业生产企业；特定出口退税企业，如外轮供应公司、对外承包工程公司等；委托出口企业。前两种单位可以直接申报出口退税，后一种情况中，委托方虽不具有直接出口经营权，但其仍有权享有出口退税利益。要注意收集能够出口企业的出口退税登记证；主管部门对该企业出口经营权的审批文件；证明出口企业单位性质的相应法律文件、证明材料、许可证件等证据。

（二）主观方面证据

本罪在主观方面由故意构成，行为人明知自己的行为违反有关税收法律法规，可能造成国家税款的损失，而积极追求这一结果的发生。实践中，应注意收集假报出口或者其他欺骗手段的行为人，对不应当享受退税是否明知，对自己行为违法性的认识的证据。

1. 个人主观明知的证据

（1）犯罪嫌疑人的供述和辩解，证实骗取出口退税的动机、目的及共同犯罪中的预谋过程等；

（2）举报人、财会人员、经营人员、仓库保管人员、有进出口经营权公司、企业的业务员等证人的证言，证实犯罪嫌疑人明知不应为仍实施骗取国家出口退税款的事实情况等；

（3）会计账簿、会计凭证、仓储物流凭证、银行账户明细等，证实犯罪嫌疑人具有骗取国家出口退税的主观故意；

（4）伪造或签订虚假的买卖合同，虚开、伪造、非法购买增值税专用发票或者其他可以用于出口退税的发票，以伪造、变造或者其他非法手段取得出口货物报关单、出口结汇凭证、出口货物专用缴款书等有关出口退税单据、凭证等配套书证，证实其主观上对违法性的认知；

（5）业务交流记录，包括文件、手机短信、电子邮件、QQ记录、微信记录等，证实其主观上对违法性的认知；

（6）税务稽查人员的证言，如行为人是否有隐匿相关书证，躲避税务检查等行为，证实其主观上对违法性的认知；

（7）税务处理决定书、税务行政处罚决定书、刑事判决书、裁定书等，证实曾因骗取出口退税、虚开增值税专用发票等行为受行政处罚、刑事处罚情况。

2. 单位犯罪主观故意的证据

（1）单位的法定代表人、负责人等，利用明知虚开的或者伪造的增值税专用发票或者其他可用于出口退税的发票、增值税抵扣凭证骗取国家出口退税款的，或者虚构已税货物出口的事实骗取国家出口退税款的，证实其有骗取出口退税的主观故意；

（2）单位的法定代表人、负责人等，在证明骗取出口退税行为成立的财务报表、纳税申报表、出口退税申报表等纳税申报资料上签字或同意的，证实其有骗取出口退税的主观故意；

（3）幕后组织策划者以及其他环节的犯罪嫌疑人，明知以假报出口或者其他欺骗手段，全部或者部分虚构已税货物出口事实，以提供资金、报关等手段实施骗取国家出口退税款行为的；

（4）会议记录，下级请示，对下级的指示；

（5）其他能够反映行为人主观故意的证据。

（三）犯罪客体证据

本罪侵犯的客体是国家出口退税管理制度和国家财产权。主要通过犯罪嫌疑人、被告人供述和辩解、证人证言、物证、书证、鉴定意见、视听资料、电子数据资料等主客观方面的证据，证实行为人的行为侵犯了国家出口退税管理制度，即国家依法对在国内已征增值税、消费税的产品在其出口时将已征税款退还的制度，并且给国家财政造成了严重损失。

（四）客观方面证据

本罪在客观方面表现为采取虚开、非法购买或者以其他非法手段取得增值税专用发票或者其他可以用于出口退税的发票；将未纳税或者免税的出口业务申报为已税的出口业务；冒用他人出口业务申报出口退税；虽有出口，但虚构应退税出口业务的品名、数量、单价等要素，以虚增出口退税额；伪造、签订虚假的销售合同，或者以伪造、变造等非法手段取得出口报关单、运输单据等出口业务相关单据、凭证，虚构出口事实；以及其他欺骗手段骗取出口退税款的行为。

1. 犯罪嫌疑人、被告人的供述和辩解

证明其了解或掌握单位的经营活动、纳税申报情况，如何参与共谋虚假交易、伪造、变造合同、单证，非法利益如何分配，如何通过"四自三不见"的方式办理退税；在专用发票环节，如何编造虚假供货企业具有多渠道进货的假象；在征税环节，如何通过少缴税或者先征后返等手段套取专用发票；在收汇核销环节，如何通过地下钱庄实现境内外资金循环，伪造收汇业务；在通关环节，如何空箱报关或者低值高报、循环出口。

2. 证人证言

证明犯罪嫌疑人、被告人共谋、参与、知道骗取出口退税的具体过程。

3. 物证、书证

（1）单证类，包括出口货物报关单、核销单、增值税专用发票、农产品收购发票。

（2）伪造的公章、私章、海关验讫章等。

（3）国家机关出具的证明类，包括税务机关出具的关于上游开票企业、出口企业情况、登记信息及涉嫌骗取出口退税数额，海关出具的出口企业、报关企业、外商企业情况、登记信息及涉嫌骗取出口退税涉及的出口报关数据，工商局出具的上游开票企业、出口企业、报关企业工商登记信息，社保局出具的上游开票企业、出口企业、报关企业社保记录信息。

（4）银行资料类，包括开户证明、退税专用账户证明、银行流水、购汇结汇证明。

（5）快递公司运单类。

4. 鉴定意见

证明公章、私章、海关验讫章是否真实；报关单证是否涉嫌伪造、变造；骗取出口退税的数额等情况。

5. 视听资料、电子数据

证明犯罪嫌疑人、被告人制作、审阅、修改伪造、变造的合同、单据、凭证的过程；证明犯罪嫌疑人、被告人通过通信工具共谋骗取出口退税的过程；证明虚开增值税专用发票的具体内容。

6. 勘验、检查笔录，辨认笔录

证明实施犯罪行为的现场情况；税务机关对犯罪嫌疑单位进行税务稽查的情况；海关对出口货物进行查验的情况；犯罪嫌疑人相互辨认的情况；证人对犯罪嫌疑人、被告人的辨认的情况等。

二、骗取出口退税罪常见证据审查

（一）主观故意的审查判断

是否明知税法的有关规定而故意骗取国家出口退税款，是认定骗取出口退税犯罪中罪与非罪的重要方面。但是，证明行为人有犯罪故意的直接证据往往很难获取。应当综合全案证据判断犯罪嫌疑人、被告人主观故意，不能仅根据犯罪嫌疑人供述简单认定主观故意。可以通过行为人提供的虚假单证、赃款赃物的最终去向，物证、书证等客观性证据，特别是微信、电子邮件、即时通讯记录等电子证据，证明其犯罪主观故意。

（二）客观证据的审查判断

1. "货物流""票流""资金流"证据的审查

出口退税关联环节多，政策性强，骗取出口退税犯罪须经收购货物、报关出口、收汇核销、税务管理等多个环节，此外，还多与虚开增值税专用发票、通过地下钱庄洗钱等违法犯罪交织。审查时要紧紧围绕骗取出口退税案件的三大核心证据"货物流""票流""资金流"中的主要关键环节进行，证据之间能够相互印证。同时注意对每一独立环节（上游虚开企业、供货企业、外贸出口企业、下游退税企业、地下钱庄）的财务会计资料证据的审查，如购进及销售货物的合同或协议，货物入库、出库单据，购销发票及相关税票（进项增值税专用发票、销项增值税专用发票或其他普通发票等）、运输凭证（运输合同、运输费用凭证）等，通过比对，重点核查企业货物购、销、存及资金往来情况，检查票、货、款是否一致，追踪资金流向，查实资金回流、虚开发票、票货不符等犯罪事实，形成完整证据链。

2. 违反商业惯例的认定

重点审查各证据及印证事实是否存在明显有悖于商业惯例、业务要求、正常社会认知的行为。如正常的出口业务，出口商和进口商都需要通过合同和保险把利益最大化，把风险降到最低，如果存在明显违反商业惯例的行为，应重点关注，同时通过这些行为也可以判断其违法性认识。

第三节 骗取出口退税罪的认定处理

一、骗取出口退税罪的罪与非罪

(一)"四自三不见"的认定

"四自三不见"是指在"不见出口商品、不见供货货主、不见外商的情况下,允许或者放任他人自带客户、自带货源、自带汇票、自行报关"的行为,此类业务究其实质是一种买单行为,为国家明令禁止。对于外贸公司、企业来说,"四自三不见"业务的违法性以及极易被他人用来实施骗取出口退税犯罪的风险性应当是十分清楚的。如果对方没有实施骗取出口退税行为,对于外贸公司、企业来说,就无所谓"明知",一般可作为违规行为对待;如果对方意欲骗取出口退税,必然会在具体操作有关手续过程中弄虚作假,对此,外贸公司、企业在办理出口退税时,不可能一点也没有察觉。如果在察觉对方手续不全,单证虚假的情况下,仍然通过"四自三不见"方式为对方办理退税,不管其出于何种动机,至少在主观上具有放任他人实施骗取出口退税行为的故意。因此,对于"明知他人意欲骗取出口退税款"的认定,不能只听被告人的辩解,必须根据"主客观相一致"的原则,结合具体行为加以认定。

(二)将他人的农产品假冒成自产货物出口申报骗税行为的认定

实践中,一些具有出口退税资质的生产企业将他人生产的农产品,假冒成该企业自产货物出口,并向税务机关申报出口退税。对于此种有真实农产品出口的退税行为如何定性,存在罪与非罪的不同认识。我们认为,生产企业与中间人相互勾结,将他人的农产品,假冒成自产货物出口并申报退税的行为，属于《刑法》第 204 条第 1 款规定的"假报出口或者其他欺骗手段"，达到立案追诉标准的，应当以《刑法》第 204 条骗取国家出口退税罪追究刑事责任。理由：首先，我国出口退税政策，对出口货物一是免征增值税，二是退还在国内已经缴纳的增值税和消费税。如果在出口之前，由于享受国内免税优惠政策等原因没有缴纳过增值税或者消费税，则在货物出口时只享受免税政策优惠。也就是"有缴有退""未缴不退"。其次，根据国家出口退税政策相关规定，生产企业未实质参与出口经营活动，将他人的农产品以该企业自产货物名义出口的，适用增值税征税政策，即不但不应该退税，还要对生产企业征收出口环节的增值税。最后，生产企业与中间人相互勾结，将他人的农产品，采用伪造货物买卖合同、虚开农产品收购发票、增值税专用发票等欺骗手段，假冒成自产货物出口的名义申报退税，骗享不该享受的国家税收优惠政策，骗取国家税收，破坏了国家的出口退税管理制度，给国家税收造成巨大损失。有的肉类加工生产企业实施上述骗取出口退税行为，还违反了我国食品、肉类产品进出口管理秩序，损害了我国出口食品信誉，危害了进出口食品安全，具有严重的社会危害性，应坚决予以惩治。

二、骗取出口退税罪的此罪与彼罪

（一）骗取出口退税罪与诈骗罪

二者都是采用虚构事实、隐瞒真相的手段，骗取公私财物的行为。但二者又有区别：

1. 侵犯的客体和犯罪对象不同

骗取出口退税罪侵犯的客体是国家的出口退税管理制度和国家税收所有权，其犯罪对象是出口退税款；诈骗罪侵犯的客体是公私财产的所有权，其犯罪对象是公私财物。

2. 客观方面不同

骗取出口退税罪的行为人是采取假报出口等欺骗手段，通过退税的方式来非法占有国家财产；诈骗罪的行为人则是采取虚构事实或隐瞒真相的方式，直接将公私财物骗为己有。诈骗罪的欺骗手段从范围上要广于骗取出口退税罪。

3. 犯罪主体不同

自然人和单位都可以构成骗取出口退税罪的主体；而诈骗罪的主体则只能由自然人构成。

4. 主观方面不同

两罪都必须出于故意，但骗取出口退税罪以非法获得出口退税款为目的；而诈骗罪则以非法占有公私财物为目的。

但是二者也存在竞合关系，应按照特别法优于普通法的原则，凡符合骗取出口退税犯罪构成要件的，直接以骗取出口退税罪定罪处罚，不再以一般诈骗罪定罪处罚。

（二）骗取出口退税罪与逃税罪

两罪同属危害税收征管犯罪，但在犯罪构成要件方面有着显著区别：

1. 客观方面不同

在犯罪客观方面，骗取出口退税罪是行为人在商品的出口环节，采取假报出口或者其他欺骗手段，骗取国家的出口退税款。应当注意的是，在商品的出口环节，只有行为人在根本没有出口货物，而采取假报出口或者其他欺骗手段骗取出口退税款的，才能构成骗取出口退税罪。逃税罪通常是纳税人在商品的国内生产、销售环节，实施伪造、变造、隐匿、擅自销毁账簿、记账凭证，在账簿上多列支出或者不列、少列收入，拒不申报纳税或者进行虚假纳税申报等手段，逃避应缴纳的税款。对有些纳税人虽有商品出口，而采取在数量上以少报多，在价格上以低报高等欺骗手段骗取出口退税款的，应当按照《刑法》第204条第2款的规定，分别情况进行定罪处罚：对纳税人骗取税款未超过其所缴纳的税款的，应以逃税罪定罪处罚；纳税人骗取税款超过其所缴纳的税款的，对超过的部分，应以骗取出口退税罪定罪处罚；并数罪并罚。

2. 犯罪主体不同

在犯罪主体方面，骗取出口退税罪是一般主体，可由纳税人构成，也可由非纳税人构成，并且突出表现在该行为人通常不是其所骗税收的纳税人。逃税罪是特殊主体，通常只能由纳税人（包括自然人和法人）构成，并且突出表现在该纳税人必须对其所逃税款负有纳税的义务。

3. 主观方面不同

在犯罪的主观方面，骗取出口退税罪与逃税罪同为故意犯罪，但两者的犯罪目的各不相同。骗取出口退税罪的目的，是行为人在未实际履行纳税义务的情况下，从国家的出口退税款中获取非法利益。逃税罪的目的，是行为人在有纳税义务的情况下，不缴或少缴税款，逃避纳税义务。

（三）骗取出口退税罪与违法提供出口退税凭证罪

司法实践中，有的海关、商检、外汇管理等部门的工作人员，在提供出口货物报关单、出口收汇核销单等出口退税凭证的工作中徇私舞弊，与一些骗取出口退税的单位或个人相互勾结，通过违法提供出口退税凭证，主动帮助他们骗取出口退税。在这种情况下，有关国家机关工作人员的行为同时符合违法提供出口退税凭证罪和骗取出口退税罪（共犯）的构成，对有关国家机关工作人员应按照想象竞合犯的处罚原则，从一重罪处罚。

（四）骗取出口退税罪与徇私舞弊出口退税罪

两者区别主要在于：

1. 主体方面不同

骗取出口退税罪是一般主体，可以是自然人，也可以是单位；而徇私舞弊出口退税罪的主体是特殊主体，即只能由税务机关工作人员构成。

2. 客观方面不同

骗取出口退税罪的行为方式表现为没有货物出口而假报出口或虽有货物出口但以少报多、以劣报优或以其他欺骗手段，骗取国家出口退税款；徇私舞弊出口退税罪则表现为在办理出口退税的工作中，对不应该退税的退了税，或者应该少退税的多退了税款等。

3. 主观方面不同

骗取国家出口退税的行为人弄虚作假的行为不是出于徇私动机，而是具有非法占有国家税款的目的；徇私舞弊出口退税的行为人出于徇私的动机，但并不具有非法占有国家税款的目的。

需要注意，如果税务人员与骗取出口退税犯罪分子事前存在合谋，就应该按骗取出口退税罪共犯论处；如果税务人员仅是单纯知情，而为了私情私利帮其办理出口退税，则应按照徇私舞弊出口退税罪处理。

三、骗取出口退税罪的其他相关问题

（一）既未遂的认定

实施骗取国家出口退税行为，没有实际取得出口退税款的，可以比照既遂犯从轻或者减轻处罚。既有既遂，又有未遂，分别达到不同量刑幅度的，依照处罚较重的规定处罚；达到同一量刑幅度的，以骗取出口退税罪既遂处罚。

（二）共同犯罪的认定

出口企业明知他人意欲骗取国家出口退税款，仍严重违反国家有关进出口经营规定，致使他人骗取国家出口退税款，构成犯罪的，以骗取出口退税罪的共犯论处。

从事货物运输代理、报关、会计、税务、外贸综合服务等中介组织及其人员违反国家有关进出口经营规定，为他人提供虚假证明文件，致使他人骗取国家出口退税款，情节严重的，依照《刑法》第229条的规定追究刑事责任；与他人共谋或明知他人骗取出口退税，为他人提供与实际不符的证明、单证、代理业务或者其他帮助，构成犯罪的，以骗取出口退税罪的共犯论处。

实践中，对于明知别人骗取出口退税，仍然给别人伪造报关单的行为的认定，存在不同认识。我们认为，可以骗取出口退税罪的共同犯罪追究刑事责任。伪造报关单的嫌疑人明知他人为骗取出口退税而提供，帮助他人实施骗取出口退税，具有非法占有国家出口退税的故意，应当认定为骗取出口退税的共同犯罪。但是对事先无通谋、事实上也不明知虚假报关单提供给何人、用作何种目的的行为，以买卖国家机关证件罪或者伪造国家机关证件罪论处。

第四节 案例评析

刘某某骗取出口退税案

【关键词】
骗取出口退税　买单配票　拒不认罪　完善监管

【基本案情】
2014年4月至2016年9月，被告人刘某某出资并雇请他人实施骗取出口退税的犯罪活动。2014年至2015年，被告人刘某某先后以他人的名义注册成立了厦门益翔发进出口有限公司等8家进出口有限公司。随后，在2014年9月至2016年9月，被告人刘某某雇请孙某一（另案处理）及施某、蔡某、孙某（均另作处理）等人，在晋江及厦门的办公场所，以上述8家公司操作虚假出口业务，在没有实际采购、出口货物的情况下，以支付"买单费"为条件，让货代公司人员将他人出口的货物假报为上述8家公司的货物进行报关，获取海关验讫的出口报关单证，再根据报关单上的数据制作虚假的购销合同，并进行资金走账，从江西九江及福建晋江的多家服饰公司获取虚开的增值税专用发票，后持上述非法获取的出口报关单证、虚开的增值税专用发票等材料向税务机关申报出口退税。被告人刘某某等人采用上述方法，骗取出口退税税额合计128972699.63元（人民币，下同），其中已退税税额合计122442547.12元，未退税税额合计6530152.51元。

【诉讼经过和结果】
福建省厦门市人民检察院于2019年3月19日向厦门市中级人民法院提起公诉。2019年6月17日，厦门市中级人民法院作出一审判决，被告人刘某某犯骗取出口退税罪，判处有期徒刑15年，并处罚金1亿3000

万元。被告人刘某某未上诉。

【检察履职情况】

1. 精细审查，完善证据体系

本案属于典型的"买单配票"型骗取出口退税案件。检察机关在审查起诉中，将本案骗取出口退税划分为五个主要环节：购买虚假报关单－伪造购销合同－资金走账－虚开增值税专用发票－申报退税，根据每个环节的特点，引导侦查机关收集固定相关的书证、电子数据、证人证言、同案犯供述等，据以构建完整的证据体系，有效指控犯罪，提高办案质效。

2. 突破防线，促使被告人认罪服法

本案被告人在侦查阶段始终对抗侦查，拒不认罪，与同案犯结成攻守同盟。针对此，检察机关制定了先突破同案犯，再突破被告人的讯问策略。通过释理说法，陈明利害关系，顺利攻破其心理防线，促使自愿认罪服法。被告人在庭审阶段亦表示愿意认罪，接受法院判决，未上诉，取得好的效果。

3. 延伸办案职能，推动完善行政监管

针对本案以及近年来发生的多起骗取出口退税案件，检察机关对近几年办理的骗取出口退税案件进行了专题分析，解析案件的主要类型、特点、查办难点及可能存在的监管漏洞，并针对发现的监管和查办问题、漏洞，先后走访了税务、海关、公安等单位，对共同打击骗取出口退税犯罪，堵塞监管和查办漏洞、问题进行座谈并达成共识，推动提升行政监管和执法水平，推进国家治理体系和治理能力现代化建设。

【案例评析】

1. 把握证据核心构建全链条证据体系

"买单配票"型骗取出口退税案件是近年来主要的骗取出口退税案件类型，往往涉案金额特别巨大，涉案企业众多，犯罪时间跨度长、链条长，案情复杂。在办理此类案件过程中，要树立全链条打击的理念，牢牢把握证据这个核心要素，分环节、分重点，收集固定好证据，形成完整的证据链条，有效惩治犯罪。

2. 对新型骗税犯罪案件要进行实质把握

犯罪分子为逃避打击不断升级骗税手段，新型犯罪案件不断出现。

有的利用服装、农产品、伪高科技产品等道具产品，在货物出口后，又转入境内或将境外同种货物转入境内循环进出口并申报出口退税；有的虚报出口产品的功能、用途，将不享受退税政策的产品申报为退税产品。对此，在认定刑法规定"假报出口或者其他欺骗手段"具体情形时，要注意综合考虑虚开骗税犯罪的复杂性，进行实质把握。行为人往往实施了多种"假报出口"行为以及多种"欺骗手段"，判断其行为是否构成《刑法》第204条骗取出口退税罪，关键看该行为是否侵害了国家的出口退税管理制度，是否造成了国家税收损失，从案件所反映的事实全链条整体把握的基础上，准确认定行为性质。

3. 要加强全链条打击

在办理骗税案件的同时，要加强对上下游关联犯罪的联合打击，及时发现、查处虚开增值税专用发票等违法犯罪行为，加大打击地下钱庄等洗钱犯罪，斩断骗税犯罪的资金链条。

第四章　虚开增值税专用发票、用于骗取出口退税、抵扣税款发票罪办案指引

第一节　虚开增值税专用发票、用于骗取出口退税、抵扣税款发票罪概述

一、虚开增值税专用发票、用于骗取出口退税、抵扣税款发票罪的立法沿革

我国于1994年建立以增值税为主体的流转税制度。为打击、遏制发票犯罪，1994年最高人民法院、最高人民检察院《关于办理伪造、倒卖、盗窃发票刑事案件适用法律的规定》第2条规定："以营利为目的，非法为他人代开、虚开发票金额累计在五万元以上的，或者非法为他人代开、虚开增值税专用发票抵扣税额累计在一万元以上的，以投机倒把罪追究刑事责任。"1995年全国人大常委会《关于惩治虚开、伪造和非法出售增值税专用发票犯罪的决定》首次规定了虚开增值税专用发票、用于骗取出口退税、抵扣税款发票罪。第1条规定："虚开增值税专用发票的，处三年以下有期徒刑或者拘役，并处二万元以上二十万元以下罚金；虚开的税款数额较大或者有其他严重情节的，处三年以上十年以下有期徒刑，并处五万元以上五十万元以下罚金；虚开的税款数额巨大或

者有其他特别严重情节的,处十年以上有期徒刑或者无期徒刑,并处没收财产。有前款行为骗取国家税款,数额特别巨大、情节特别严重、给国家利益造成特别重大损失的,处无期徒刑或者死刑,并处没收财产。虚开增值税专用发票的犯罪集团的首要分子,分别依照前两款的规定从重处罚。虚开增值税专用发票是指有为他人虚开、为自己虚开、让他人为自己虚开、介绍他人虚开增值税专用发票行为之一的。"第5条规定:"虚开用于骗取出口退税、抵扣税款的其他发票的,依照本决定第一条的规定处罚。虚开用于骗取出口退税、抵扣税款的其他发票是指有为他人虚开、为自己虚开、让他人为自己虚开、介绍他人虚开用于骗取出口退税、抵扣税款的其他发票行为之一的。"第10条规定:"单位犯本决定第一条……第五条……规定之罪的,对单位判处罚金,并对直接负责的主管人员和其他直接责任人员依照各该条的规定追究刑事责任。"1996年,最高人民法院印发《关于适用〈全国人民代表大会常务委员会关于惩治虚开、伪造和非法出售增值税专用发票犯罪的决定〉的若干问题的解释》,明确了虚开增值税专用发票罪等罪名的定罪量刑标准。1997年《刑法》在上述基础上规定了该罪,但作了修改补充:把"虚开增值税专用发票"和"虚开用于骗取出口退税、抵扣税款的其他发票"合并为一个条文中;对第三个量刑档次补充规定了"并处五万元以上五十万元以下罚金";删去第1条第3款;单列一款规定单位犯罪的法定刑。2001年,最高人民检察院、公安部印发《关于经济犯罪案件追诉标准的规定》,明确了虚开增值税专用发票、用于骗取出口退税、抵扣税款发票罪的具体追诉条件;2010年又发布《关于公安机关管辖的刑事案件立案追诉标准的规定(二)》,重申了该立案追诉标准。2011年全国人大常委会《刑法修正案(八)》对该罪的刑罚配置进行修改完善,删除了本条原第2款"有前款行为骗取国家税款,数额特别巨大、情节特别严重,给国家利益造成特别重大损失的,处无期徒刑或者死刑,并处没收财产"的规定,从而废除了本条犯罪的死刑。

随着经济社会快速发展,1996年制定的定罪量刑标准已明显滞后。2018年,最高人民法院印发《关于虚开增值税专用发票定罪量刑标准有关问题的通知》,对虚开增值税专用发票刑事案件定罪量刑的数额标准进行调整,规定可以参照最高人民法院《关于审理骗取出口退税刑事案件具体应用法律若干问题的解释》的数额标准，以实现罪责刑相适应。目前，最高人民法院、最高人民检察院正在起草涉税案件司法解释，对定罪量刑标准等问题进一步明确。2022年4月29日，最高人民检察院、公安部联合发布修订后的《关于公安机关管辖的刑事案件立案追诉标准的规定（二）》，结合"两高"正在起草的涉税司法解释，对虚开增值税专用发票罪的立案追诉标准进行了调整。

二、虚开增值税专用发票、用于骗取出口退税、抵扣税款发票罪的发案态势

当前虚开骗税犯罪形势严峻，犯罪产业化趋势明显，犯罪手段方式日趋隐蔽，作案周期缩短，涉案链条范围扩展，造成国家巨额税收损失，严重威胁国家税收和财政安全。呈现以下主要特点：一是空壳公司暴力虚开高发多发。犯罪分子使用虚假身份注册"假企业"，借用、盗用、冒用他人信息注册空壳公司，购买激活"僵尸"企业，大肆虚开增值税发票牟利，暴力虚开后迅速走逃，有的甚至当月领票、当月虚开、当月走逃。二是中介机构大量参与，形成地下产业。中介提供"一条龙"服务，有的为犯罪分子伪造注册材料，并跨省注册空壳公司实施虚开犯罪；有的专门提供挂名法人代表业务，帮助逃避法律追责；有的以家族、同乡为纽带结成职业性犯罪团伙，跨区域、全国性作案，在一些地方已经形成实施涉税犯罪的"地下产业"。三是一些重点行业企业利用虚开实施逃税骗税犯罪突出。石化、煤炭、废旧物资、农副产品、贵金属等行业的部分企业，受利益驱动，与犯罪分子相勾结，利用税收征管政策漏洞或者国家税收优惠政策，多层变票洗票虚开增值税专用发票，以逃避缴纳消费税、企业所得税，抵扣增值税等，拉长虚开链条，逃避监管打击。四是涉案地域范围不断扩大，与其他经济犯罪相互交织。涉案商品从传统向新型扩散，涉及票种由增值税专用发票向增值税普通发票延伸。虚开骗税犯罪中普遍存在利用地下钱庄转移资金、伪造出口创汇假象、伪造企业间贸易假象等情况，不但造成国家税款大量流失，直接侵蚀国家财税基础，还往往与商业贿赂、合同诈骗、走私、洗钱等其他经济犯罪交织，危害金融和经济安全。五是虚开骗税犯罪呈现网络化、链条化、集团化特点。犯罪主体从空壳公

司向实际经营公司扩展，真实交易与虚假交易混杂，审查"票、货、款"三流一致难度加大。中介呈现职业化特点，上下家互不见面，电话联系，快递交付，主体身份难以明确。犯罪团伙分工更加精细化，有变票、洗票、卖票团伙、实际受票单位，通过为数众多的"票贩子"临时组成隐蔽作案的犯罪团伙，一旦非法获利便采取恶意注销、走逃等方式销毁罪证并解散，给侦查取证增加很大难度。

2018年8月以来，国家税务总局、公安部、海关总署、中国人民银行联合开展了打击虚开骗税专项行动，虚开骗税犯罪得到有效遏制。从办案情况看，近年来涉税犯罪总量平稳，增幅放缓，虚开增值税专用发票犯罪已成为涉税犯罪的最主要形式，2020年全国检察机关审查起诉的虚开增值税专用发票、用于骗取出口退税、抵扣税款发票刑事案件在整个危害税收征管犯罪一节中的数量比例接近80%。受近年来保护民营经济和认罪认罚从宽刑事政策的影响，不诉率呈上升趋势。侦查机关提请批准逮捕的案件数量逐渐下降，少捕慎诉慎押刑事司法理念得到较好体现。

三、虚开增值税专用发票、用于骗取出口退税、抵扣税款发票罪的概念和构成特征

虚开增值税专用发票、用于骗取出口退税、抵扣税款发票罪，是指违反增值税专用发票管理规定，为他人虚开、为自己虚开、让他人为自己虚开、介绍他人虚开增值税专用发票或者用于骗取出口退税、抵扣税款发票的行为。

（一）客体特征

本罪侵犯的客体是国家对增值税专用发票和可用于出口退税、抵扣税款的其他发票的监督管理制度。这是本罪区别于其他破坏社会主义经济秩序罪的本质特征。本罪的犯罪对象是增值税专用发票和其他可以用于骗取出口退税、抵扣税款的发票。"增值税专用发票"，是指国家税务部门根据增值税征收管理需要，兼记货物或劳务所负担的增值税税额而设定的一种专用发票。根据第十届全国人大常委会第十九次会议2005年12月29日所作的立法解释，"出口退税、抵扣税款的其他发票"，是指除增值税专

用发票以外的，具有出口退税、抵扣税款功能的收付款凭证或者完税凭证。目前，在我国的税收征管制度中，除增值税专用发票以外，还有几种其他发票也具有抵扣税款的功能。主要是农林牧水产品收购发票、废旧物品收购发票、运输发票以及海关出具的代征增值税专用缴款书等，还有征课消费税的产品出口所开具的发票也可以作为出口退税的凭证。随着税收征管工作的进一步加强，今后还可能会出现一些具有抵扣税款或者退税功能的专用发票。

(二) 客观特征

本罪在客观方面表现为违反增值税专用发票管理规定，实施虚开增值税专用发票或者虚开用于骗取出口退税、抵扣税款的其他发票的行为。具体包括为他人虚开、为自己虚开、让他人为自己虚开、介绍他人虚开。为他人虚开，是指行为人本人无商品交易活动，但利用所持有的上述发票，采用无中生有或者以少开多的手段，为他人虚开发票的行为。这里规定的"他人"既包括企业、事业单位、机关团体，也包括个人。为自己虚开，是指利用自己所持有的上述发票，虚开以后自己使用，如进行抵扣税款或者骗取出口退税。让他人为自己虚开，是指要求或者诱骗收买他人为自己虚开上述发票的行为。介绍他人虚开，是指在虚开上述发票的犯罪过程中起牵线搭桥、组织策划作用的犯罪行为。

虚开，是指行为人违反有关发票开具管理的规定，不按照实际情况如实开具增值税专用发票及其他可用于骗取出口退税、抵扣税款的发票的行为。《发票管理办法》规定："开具发票应当按照规定的时限、顺序、栏目，全部联次一次性如实开具，并加盖发票专用章。任何单位和个人不得有下列虚开发票行为：（一）为他人、为自己开具与实际经营业务情况不符的发票；（二）让他人为自己开具与实际经营业务情况不符的发票；（三）介绍他人开具与实际经营业务情况不符的发票。"1994年《增值税专用发票使用规定》规定："专用发票应按下列要求开具：（一）字迹清楚。（二）不得涂改……（三）项目填写齐全。（四）票、物相符，票面金额与实际收取的金额相符。（五）各项目内容正确无误。（六）全部联次一次填开，上、下联的内容和金额一致。（七）发票联和抵扣联加盖财务专用章或发票专用章。（八）按照本规定第六条所规定的时限开具专用发票。（九）不得开具伪造的专用发票。（十）不得拆本使用专用发票。（十一）不得开具票样与国家税务总局统一制定的票样不相符合的专用发票。"从广义上讲，一切不如实出具发票的行为，都是虚开的行为，包括没有经营活动而开具或虽有经营活动但不作真实的开具，如改变客户的名称、商品名称、经营项目，夸大或缩小产品或经营项目的数量、单价及其实际收取或支出的金额，委托代扣、代收、代征税种的税率及税额，增值税税率及税额，虚写开票人、开票日期，等等。狭义的虚开，则是指对发票能反映纳税人纳税情况、数额的有关内容作不实填写致使所开发票的税款与实际缴纳不符的一系列之行为。如没有销售商品、提供服务等经营活动，却虚构经济活动的项目、数量、单价、收取金额或者有关税率、税额予以填写；或在销售商品提供服务开具发票时，变更经营项目的名称、数量、单价、税额、税率及税额等，从而使发票不能反映出交易双方进行经营活动以及应纳或已纳税款的真实情况。主要体现在票与物或经营项目不符，票面金额与实际收取的金额不一致。本罪的虚开应是狭义上的虚开。

实践中，具有下列情形之一的，应当认定为"虚开增值税专用发票或者虚开用于骗取出口退税、抵扣税款的其他发票"：（1）没有实际业务，为他人、为自己、让他人为自己或介绍他人开具增值税专用发票、用于骗取出口退税、抵扣税款的其他发票的；（2）有实际应抵扣业务，但为他人、为自己、让他人为自己或介绍他人开具超过实际应抵扣税款的增值税专用发票、用于骗取出口退税、抵扣税款的其他发票的；（3）对依法不能抵扣税款的业务，通过虚构交易主体开具增值税专用发票、用于骗取出口退税、抵扣税款的其他发票的；（4）非法篡改增值税专用发票或者用于骗取出口退税、抵扣税款的其他发票相关电子信息的。

（三）主体特征

本罪的主体为一般主体，即达到刑事责任年龄，且具有刑事责任能力的自然人均可构成。根据《刑法》第205条第2款规定，单位也可成为本罪主体。

（四）主观特征

本罪在主观方面必须是故意，而且一般具有牟利的目的。实践中，为他人虚开增值税专用发票或用于骗取出口退税、抵扣税款的其他发票的单位和个人一般都以收取"开票费"手续费为目的，为自己虚开、让他人为自己虚开增值税专用发票或用于骗取出口退税、抵扣税款的其他发票的单位和个人一般都是以抵扣税款为目的，介绍他人虚开增值税专用发票或用于骗取出口退税、抵扣税款的其他发票的单位和个人一般都是以收取中介费、信息费为目的。

四、虚开增值税专用发票、用于骗取出口退税、抵扣税款发票罪的追诉标准

依照《刑法》第205条规定，犯虚开增值税专用发票、用于骗取出口退税、抵扣税款发票罪的，处3年以下有期徒刑或者拘役，并处2万元以上20万元以下罚金；虚开的税款数额较大或者有其他严重情节的，处3年以上10年以下有期徒刑，并处5万元以上50万元以下罚金；虚开的税款数额巨大或者有其他特别严重情节的，处10年以上有期徒刑或者无期徒刑，并处5万元以上50万元以下罚金或者没收财产。单位犯本罪的，对单位判处罚金，并对其直接负责的主管人员和其他直接责任人员，处3年以下有期徒刑或者拘役；虚开的税款数额较大或者有其他严重情节的，处3年以上10年以下有期徒刑；虚开的税款数额巨大或者有其他特别严重情节的，处10年以上有期徒刑或者无期徒刑。

根据2022年最高人民检察院、公安部《关于公安机关管辖的刑事案件立案追诉标准的规定（二）》第56条规定，虚开增值税专用发票、用于骗取出口退税、抵扣税款的其他发票，虚开的税款数额在10万元以上或者造成国家税款损失数额在5万元以上的，应予立案追诉。实践中需注意以下问题：

第一，"数额较大""数额巨大"的认定。根据最高人民法院《关于虚开增值税专用发票定罪量刑标准有关问题的通知》规定，虚开增值税专用发票、用于骗取出口退税、抵扣税款的其他发票，虚开的税款数额在50万元以上的，认定为《刑法》第205条规定的"数额较大"；虚开的税款数额在250万元以上的，应当认定为《刑法》第205条规定的"数额巨大"。需要注意的是，上述规定仅针对定罪量刑的数额标准，未

对"其他严重情节""其他特别严重情节"的认定标准作出统一规定。主要考虑，刑法对虚开增值税专用发票罪的规定与骗取出口退税罪毕竟有所不同，两罪存在一定区别，定罪量刑标准能否完全等同，还需要进一步研究论证。目前最高人民法院、最高人民检察院正在制定相应的司法解释予以明确。

第二，关于虚开税款数额的认定。无实际生产经营的行为人既为他人虚开销项发票，又让他人为自己虚开进项发票，应当按其中虚开数额较大的一项计算虚开的数额。司法实践中往往有两种情形。第一种情形，由于行为人为他人所虚开的销项增值税专用发票非常分散，加上取证上的困难，有时并不是能够查证每一笔虚开的销项税额，这就会出现行为人虚开的进项税额大于其为他人虚开的、已经查证的销项税额的情形。在这种情况下，由于具体销项税额难以查证，而事实上的销项应大于已经查证的进项数额，为正确反映案件的客观事实，应以行为人自己为自己、让他人为自己虚开的进项增值税专用发票税款的数额计算。还有一种情形，行为人让他人为自己虚开进项增值税专用发票以后，因为种种原因没有来得及虚开销项增值税专用发票，对这种有证据证明虚开的销项确实小于他人为其虚开进项的情况，也应以较大的进项数额认定为虚开数额，因为在这种情况下仍然存在行为人为他人虚开销项的危险性，刑法规定"让他人为自己虚开"也是虚开增值税专用发票犯罪行为的一种。因此，对于以同一购销业务名义，既虚开进项增值税专用发票、用于骗取出口退税、抵扣税款发票，又虚开销项增值税专用发票、用于骗取出口退税、抵扣税款发票的，应以其中较大的数额计算，而不将虚开的进项和销项累计计算。

第三，致使国家税款被骗数额的认定。无实际生产经营的行为人既为他人虚开销项发票，又让他人为自己虚开进项发票的，认定其给国家造成损失的数额，应当以销项受票人已经实际向税务机关抵扣的数额计算，并扣除行为人已向国家缴纳的税款和退赔的款项。根据《刑法》第205条第2款之规定，办理虚开增值税专用发票犯罪案件，必须计算以下几种数额：虚开增值税专用发票税款的数额；受票单位用虚开的增值税专用发票抵扣税款或者骗取出口退税的数额；案发以后至侦查终结以前追回的抵扣税款或骗取出口退税的数额，给国家利益造成损失的数额。其中，给国家利益造成损失的数额是定罪量刑的重要依据。

第四，以伪造的增值税专用发票进行虚开，达到《刑法》第205条规定标准的，应当以虚开增值税专用发票罪追究刑事责任。

虚开增值税专用发票、用于骗取出口退税、抵扣税款的其他发票的犯罪分子与骗取税款的犯罪分子，不论是否构成共犯，均应当对同一虚开的税款数额和实际骗取的税款数额承担刑事责任。

第二节 虚开增值税专用发票、用于骗取出口退税、抵扣税款发票罪的证据审查

一、虚开增值税专用发票、用于骗取出口退税、抵扣税款发票罪的证据要件

（一）犯罪主体证据

本罪是一般主体，凡犯有虚开增值税专用发票、用于骗取出口退税、抵扣税款发票行为的单位和自然人，均是本罪的犯罪主体。具体证据参照本编第二章第二节主体方面的证据要件。

（二）主观方面证据

本罪在主观方面由故意构成，一般具有获取非法利益的目的。实践中，应注意收集未按规定取得增值税专用发票、用于骗取出口退税、抵扣税款发票的行为人，对虚开的情况是否明知的证据。

1.个人主观明知

（1）犯罪嫌疑人、被告人的供述和辩解，证明其为他人虚开、为自己虚开、让他人为自己虚开、介绍他人虚开增值税专用发票、用于骗取出口退税、抵扣税款发票的动机、目的及共同犯罪中的预谋过程等。

（2）举报人、财会人员、经营人员、仓库保管人员等证人的证言，证明犯罪嫌疑人、被告人为了收取高额手续费等目的，为他人虚开或介绍他人虚开上述发票，或者为了骗取抵扣税款等目的而为自己虚开、让他人为自己虚开上述发票的事实情况等。

（3）伪造的会计账簿、会计凭证、仓储物流凭证、银行账户明细等，证明行为人主观上对违法性的认知。

（4）伪造变造的与发票相对应的货物交易合同、入库单、出库单、送货单、发货单、付款凭据（包括商业承兑汇票、白条）等配套书证，证明行为人主观上对违法性的认知。

（5）收取回流资金的犯罪嫌疑人、被告人账户，或者其控制的员工、亲属、好友等的公私账户以及可证明资金回流、收取开票手续费的银行账户对账单，证明是否存在资金回流情况。

（6）业务交流记录，包括文件、手机短信、电子邮件、QQ记录、微信记录等即时通讯记录，证明行为人主观上对违法性的认知。

（7）侦查人员、税务稽查人员的证言或其他证明材料，如行为人有隐匿相关书证、躲避税务稽查等行为，可以证明其主观上对违法性的认知。

（8）税务处理决定书、税务行政处罚决定书、刑事判决书、裁定书等。

2.单位犯罪的主观故意

（1）单位的法定代表人、负责人等，在证明虚开行为成立的财务报表、纳税申报表等纳税申报资料上签字或同意的，认定其有虚开的主观故意。

（2）会议记录、下级请示、对下级的指示、单位直接负责的主管人员和其他直接责任人员的供述。

（三）客观方面证据

1.行为人为他人虚开方面

（1）犯罪嫌疑人、被告人的供述和辩解。证明虚开增值税专用发票、用于骗取出口退税、抵扣税款发票的策划者和策划过程；填开及交接过程；虚开增值税专用发票的资金流情况、货物交易真实性；收取"开票费"的情况等。

（2）证人证言。包括法定代表人、会计、出纳、业务经办人、仓库管理员、运输人员等。证明内容同上。

（3）物证、书证。

第一，到涉嫌虚开增值税专用发票的单位调查取证：

①增值税专用发票的领、用、存、邮寄情况。

②涉嫌虚开的增值税专用发票，核查其真实性及填开内容。

③纳税申报及已实际缴纳税款资料。

④相关会计凭证、会计账簿，进行账、证、票相互比对，核查资金流、票流、物流是否一致。

⑤相关货物销售合同，核实合同与涉嫌虚开的增值税专用发票对应的交易内容是否一致。

⑥通过调取生产经营场所水、电消耗情况，走访附近住户，综合判断是否具备发票反映的生产能力。

第二，到涉嫌虚开增值税专用发票单位的主管税务机关调查取证：

①增值税一般纳税人的登记认定材料。

②涉嫌虚开增值税专用发票单位发票的领、用、存登记簿或者台账；纳税申报及实际缴纳税款资料，进项发票和销项发票明细表；涉嫌虚开发票的函调情况。

③调取受票单位的纳税申报表及认证证明。

第三，到涉嫌犯罪个人或单位的开户银行调查取证，提取银行资金流水，核查票、货、款是否真实。

（4）鉴定意见及其他证明文件。

①笔迹鉴定。证明有关凭证的笔迹系相关人所书写。

②具备资质的第三方机构出具的鉴定意见。

③税务机关关于是否虚开、虚开的数额、抵扣税款的数额以及给国家造成税收损失等情况的证明文件。

④相关部门出具能够证明虚开犯罪行为实施过程的电子取证及电子证据鉴定意见。

（5）视听资料、电子数据。证明预谋、虚开、交接等过程。

（6）收缴笔录、扣押笔录、辨认笔录、现场勘查笔录、控告举报材料等。证明虚开发票的有关情况，确定具体行为人。

（7）能够证明虚开增值税专用发票数额较大、数额巨大或者有其他严重、特别严重情节，非法获利数额等相关证据。

2.行为人为自己虚开方面

可参照行为人为他人虚开的证据要件。此外，还注意收集以下证据：

第一，到涉嫌虚开发票载明的销售方及收购方调查取证，核实收购业务情况：查找销售方的身份证信息，印证身份真假；收购方自开发票的，核查其真实性及填开内容；属于种植、购销合同的，核实与涉嫌虚开的发票对应的交易，内容是否一致；销售方的经营种植（养殖）情况；收购方的生产经营能力；收购方纳税申报及已实际缴纳税款资料。

第二，到涉嫌为自己虚开发票的单位（收购方）的主管税务机关调查取证：增值税一般纳税人的登记认定材料；涉嫌虚开发票单位发票的领、用、存登记簿或者台账；涉嫌虚开发票单位的纳税申报及实际缴纳税款资料，进项发票和销项发票明细表；涉嫌虚开发票的函调情况；开具的发票是否已进行了认证、抵扣，由税务机关出具证明。

第三，到涉嫌犯罪个人或单位的开户银行调查取证，提取银行资金流水，核查票、货、款是否真实。

3.行为人让他人为自己虚开方面

可参照行为人为他人虚开的证据要件。此外，还注意收集以下证据：

第一，到涉嫌让他人为自己虚开增值税专用发票的单位调查取证：涉嫌虚开增值税专用发票的发票联和抵扣联，核查其真实性；纳税申报及实际缴纳税款资料，核实涉嫌虚开的发票是否已作进项抵扣；相关会计凭证、会计账簿，进行账、证、票相互比对；相关货物购销合同。通过以上各项查证，进行综合判断，确定接受发票、接收货物、支出款项是否一致，即票流、物流、资金流是否完全一致。

第二，到涉嫌让他人为自己虚开增值税专用发票单位主管税务机关调查取证：增值税一般纳税人的登记备案材料；涉嫌接受虚开增值税专用发票单位的纳税申报及实际缴纳税款资料；涉嫌虚开增值税专用发票的函调情况；涉嫌虚开增值税专用发票是否已被抵扣，抵扣税额，由税务机关出具证明，并说明原因；税务机关已作出处理决定的，调取税务处理决定书、税收缴款书和调账记录等。

第三，到涉嫌让他人为自己虚开增值税专用发票单位开户银行调查取证，提取银行资金付款单据，核查票、货、款是否一致。

4. 行为人介绍虚开方面

对于介绍虚开增值税专用发票的，除收集上述虚开方和让他人为自己虚开的证据外，还应收集介绍方的有关证据，如介绍方的主观故意，介绍虚开的经过、结果，因介绍虚开而获得的非法收入等。

5. 抵扣税款方面的证据

（1）增值税纳税申报表，证明犯罪嫌疑人、被告人骗取国家税款。

（2）纳税自查报告、已抵扣税款情况证明等，证明犯罪嫌疑人、被告人抵扣税款情况。

（3）税款通用缴纳书等各种完税证明，证明行为人缴税情况。

（4）鉴定意见等，证明涉案发票系虚开伪造。

（四）量刑方面证据

根据《刑法》第205条规定，量刑时主要考虑"虚开税款税额"和"情节"两方面。

1. 数额认定方面的证据

数额认定方面，主要考虑行为人虚开增值税专用发票的数额，骗取国家税款的数额以及造成国家税款损失的数额，通过以下证据予以证明：

（1）虚开增值税专用发票明细、相关会计明细、鉴定意见、财务人员等证人证言，证实虚开数额。

（2）税务机关出具的抵扣认证材料、相关会计凭证、发票抵扣联、财务人员等证人证言，证实抵扣数额。

（3）税务处理决定书、行政处罚决定书、缴税证明等核定无法补缴数额，证明给国家造成税款损失的数额。

2. 主动补缴税款、退缴其他违法所得方面的证据

（1）主动退缴开票费、洗票费等违法所得的，包括犯罪嫌疑人、被告人退缴时所作的供述、其家属退缴时所作的证言及接受机关出具的扣押材料。

（2）向税务机关主动补缴税款，主动进行增值税进项税额转出处理的，包括财务人员的证言、会计处理材料、税收完税证明及税务机关出具的说明。税务机关出具的说明应包括涉案增值税专用发票的编号、税额及作进项税额转出处理的时间、金额等。

（3）税务机关处理的，包括税务处理决定书、补税及滞纳金、罚款

收据等。

二、虚开增值税专用发票、用于骗取出口退税、抵扣税款发票罪常见证据审查

（一）主体方面的证据审查

1. 单位犯罪的认定

构成单位犯罪必须同时具备两个要件，一是犯罪以单位名义实施，二是违法所得归单位所有。此特征是区别单位犯罪与自然人犯罪的关键所在。虚开增值税专用发票犯罪的特殊性决定了此类犯罪不以单位名义将难以实施，如办理税务登记证和营业执照年检，向税务机关领购增值税专用发票，虚开增值税专用发票等。应重点围绕单位犯罪的基本特征，通过收集证明货物真实性、交易资金流向、收付虚开发票手续费等虚开犯罪实施环节的客观证据，证明虚开犯罪行为，分析、确定单位和相关人员的刑事责任。

对"空壳公司"等实施的虚开增值税专用发票犯罪，应以自然人犯罪处理；单位虽依法定程序设立，但为进行违法犯罪而设立或以实施犯罪为主要活动的，应以自然人犯罪处理。

单位成员假借单位名义、非履行单位职责实施为个人谋利的犯罪行为，也不能按单位犯罪论处。单位成员实施犯罪如果完全是为个人谋取非法利益，即使以单位名义实施，也应认定为个人犯罪。

2. 主管人员和其他直接责任人员的认定

对单位具有实际支配与控制权限的单位领导人员，如果与单位实施的犯罪行为没有直接关联，即既未安排、策划、组织、实施单位犯罪或容许单位犯罪发生，也未在事后对单位犯罪予以追认，不属于对单位犯罪行为直接负责的主管人员。

对于其他直接责任人员的认定，必须是单位犯罪实行过程中起重要作用的人员，即对单位犯罪的实行和完成，起重要作用的骨干分子和积极分子。而对于受单位领导指派或奉命而参与实施了一定犯罪行为的人员，一般不宜作为直接责任人员追究刑事责任。

犯罪单位被依法撤销、注销时，不再追究单位的刑事责任，但对该

单位负责的主管人员和其他直接责任人员应依法追究刑事责任。

（二）客观方面的证据审查

本罪客观方面表现为：（1）没有实际业务，为他人、为自己、让他人为自己开具增值税专用发票的；（2）有实际业务，但为他人、为自己、让他人为自己开具超过实际应抵扣税款的增值税专用发票的；（3）对依法不能抵扣税款的业务，通过虚构交易主体开具增值税专用发票的；（4）明知他人没有实际业务，而介绍他人虚开增值税专用发票的。

以同一购销业务名义，既虚开进项增值税专用发票，又虚开销项增值税专用发票，以其中较大的数额计算。

国家税款损失方面的证据应注意一并审查，作为酌定量刑情节予以考虑。注意行为人为骗领增值税专用发票所缴纳的增值税，应从给国家税收利益造成的损失中予以扣除。

（三）主观方面的证据审查

主观上应当明知所开具的发票属于虚开发票而仍然意图作出虚开行为的故意。从受票方来看，一般都具有偷逃国家增值税款的目的，行为人对合同标的物应当存在明确认知，且行为人具有偷逃增值税款的主观故意；行为人主观上应当明知其接受的增值税专用发票系虚开。从开票方来看，一般都以收取"开票费"、手续费为目的。介绍他人虚开的，一般都以收取信息费、中介费为目的。

（四）不宜认定为本罪的情形

不以骗取抵扣税款为目的的，或不明知他人有此目的，客观上也未造成国家税款损失的，不以本罪论处，构成其他犯罪的，依法以其他犯罪追究刑事责任。

挂靠方以挂靠形式向受票方实际销售货物，被挂靠方向受票方开具增值税专用发票的，不属于虚开增值税专用发票；行为人利用他人名义从事经营活动，并以他人名义开具增值税专用发票的，即便行为人与该他人之间不存在挂靠关系，但如果行为人进行了实际的经营活动，主观上并无骗取抵扣税款的故意，客观上也未造成国家增值税款损失的，不宜认定为本罪；符合逃税罪等其他犯罪构成条件的，可以其他犯罪论处。

为虚增营业额、扩大销售收入或者制造虚假繁荣，相互对开或环开增值税专用发票的行为；在货物销售过程中，一般纳税人为扩大销售业绩，虚增货物的销售环节，虚开进项增值税专用发票和销项增值税专用发票，但未造成国家税款损失的行为；为夸大企业经济实力，虚开进项增值税专用发票虚增企业的固定资产，但并未利用增值税专用发票抵扣税款，国家税款亦未受到损失的行为，一般不宜认定为本罪。

第三节　虚开增值税专用发票、用于骗取出口退税、抵扣税款发票罪的认定处理

一、虚开增值税专用发票、用于骗取出口退税、抵扣税款发票罪的罪与非罪

（一）不认为是犯罪的情形

对于情节显著轻微、危害不大的行为，应根据《刑法》第13条"但书"的规定，不认为是犯罪。例如，虚开增值税专用发票、用于骗取出口退税、抵扣税款的其他发票数额较小而又无伪造、非法购买等其他情节的；虚开增值税专用发票，用于骗取出口退税、抵扣税款的其他发票数额较小尚未造成偷税、骗取出口退税等其他后果的；图谋虚开增值税专用发票、用于骗取出口退税、抵扣税款的其他发票但尚未着手且无其他严重情节的；在他人的威胁、要挟之下被迫为他人虚开增值税专用发票、用于骗取出口退税、抵扣税款的其他发票且虚开数额不大的；等等。

（二）挂靠的认定

实践中，办理介绍虚开案件，犯罪嫌疑人往往辩解称其与受票公司

成立挂靠、经纪等关系，不构成犯罪。对此，应准确理解最高人民法院研究室《〈关于如何认定以"挂靠"有关公司名义实施经营活动并让有关公司为自己虚开增值税专用发票行为的性质〉的征求意见的复函》精神。按照相应法律关系的特点，通过以下方面判断是否构成挂靠等关系：

其一，犯罪嫌疑人以及辩称其"被挂靠方"的营业执照、经营范围等，证实各自的经营范围以及经营资质，是否有挂靠的必要性和合理性。

其二，犯罪嫌疑人与"被挂靠方"之间的资金往来、交易记录次数、汇款方向、汇款与货款之间的差额占货款比例以及所用账户的公私性质，证实其之间的资金往来是走空账，犯罪嫌疑人、被告人借此谋取低于适用税率比例的开票费用或是挂靠费用。

其三，挂靠、经纪合同等约定的挂靠方式、挂靠费用以及支付方式、挂靠时间等，证实是否成立挂靠关系。

其四，其他受票公司相关人员证言、为其他公司介绍虚开的增值税专用发票明细、银行交易明细等相关证据，证实其与其他受票公司之间的虚开手段、开票费等与"被挂靠方"公司是否相同，证实其与"被挂靠方"之间介绍虚开的关系。

（三）善意取得的认定

实践中存在接受虚开的增值税专用发票时，对于增值税专用发票系虚开并不知情，或者犯罪嫌疑人辩称其不知取得的增值税专用发票系虚开，应适用国家税务总局《关于纳税人善意取得虚开的增值税专用发票处理问题的通知》，不应认定为犯罪。实践中，随着2001年金税工程在全国范围内的应用，开票子系统、认证子系统和稽核子系统有效运作，基本上杜绝了假票和大头小尾票等骗取抵扣税款的问题，善意取得虚开增值税专用发票的适用空间进一步缩小。为此，应通过以下方面严格审核行为人主观善意或恶意：

其一，货物购销合同、银行交易明细、入库单、出库单、送货单、相关会计凭证、账簿等证据，证实开票方与受票方之间是否存在真实交易。

其二，虚开增值税专用发票明细，证实销售方使用的是否其所在省（自治区、直辖市和计划单列市）的专用发票，且专用发票注明的销售方名称、印章、货物数量、金额及税额等全部内容是否与实际相符。

其三，开票公司以及受票公司等相关证人证言，证实双方结识过程、交易合作时间、方式、程度等情况，对开票公司的了解程度等，以证实受票公司是否尽到了合理审慎的审查义务。

其四，其他能够证实受票方知道开票方提供的专用发票是以非法手段获得的证据。

如没有证据表明购货方知道销售方提供的专用发票是非法取得的，则属于善意取得情形，不以犯罪论处。但如有证据证明购货方在进项税款得到抵扣或者获得出口退税前知道专用发票是销售方以非法方法获得的，则不属于善意取得，构成犯罪的，依法追究刑事责任。

二、虚开增值税专用发票、用于骗取出口退税、抵扣税款发票罪的此罪与彼罪

（一）虚开增值税专用发票、用于骗取出口退税、抵扣税款发票罪与逃税罪

本罪与逃税罪在行为方式上有些竞合之处，如涂改单据，伪造账目等。尤其是，行为人虚开增值税专用发票的最终目的就是用来骗取（抵扣）国家税款，在造成增值税款损失的同时，也造成企业所得税与其他税种的税收损失。所以从这个角度看，二罪之间存在手段与目的的关系，即"虚开"只不过是逃税的手段之一，它们之间呈牵连犯关系，按照从一重处的原则，以虚开增值税专用发票、用于骗取出口退税、抵扣税款发票罪定罪量刑；但"虚开"行为又不完全包容于逃税罪之中，"虚开"有着它自己的一套相对独立而又比较复杂的行为过程，只有当虚开的增值税专用发票用以去抵扣税款时，才与逃税罪发生关系。而虚开增值税专用发票、用于骗取出口退税、抵扣税款发票罪的成立并不必然以抵扣税款的出现或实现为必然条件，在为他人虚开、介绍虚开情形下，只要虚开的税款数额达到法定数额（即便是没有抵扣），也可构成犯罪，"虚开"和"抵扣"是构成虚开增值税专用发票、用于骗取出口退税、抵扣税款发票罪的两个选择性条件。因此，虚开增值税专用发票、用于骗取出口退税、抵扣税款发票罪与逃税罪之间的竞合还是很有限的。从总的行为方式上看，二罪之间

的区别也很明显，逃税是不缴或少缴应纳税款，使国家得不到应该得到的税款；而"虚开"是没有缴税而伪装缴税，将国家已经得到的税款通过抵扣再骗回来。

（二）虚开增值税专用发票罪与骗取出口退税罪

两罪同属危害税收征管犯罪，既有区别又有联系。首先，其区别主要表现在客观方面，即犯罪手段不同。虚开增值税专用发票罪的客观方面，表现为行为人在商品的国内生产、销售环节实施为他人虚开、为自己虚开、让他人为自己虚开、介绍他人虚开增值税专用发票的行为。骗取出口退税罪的客观方面表现为行为人在商品的出口环节实施假报出口或者其他欺骗手段骗取出口退税款的行为。其联系主要表现在：虚开增值税专用发票罪本身是行为人实施骗取出口退税罪的重要手段之一，骗取出口退税罪的实施又以行为人实施虚开增值税专用发票罪为必要的环节。可见，骗取出口退税罪与虚开增值税专用发票罪之间存在密切的牵连关系，当行为人将虚开的增值税专用发票用于向税务机关申请出口退税，数额较大时，该行为人就同时触犯了骗取出口退税罪和虚开增值税专用发票罪两个罪名；但在处理时可按其中的一个重罪定罪，从重处罚，不适用数罪并罚。当然，如果行为人未将虚开的增值税专用发票用于申请出口退税，而是用于申请抵扣税款或者非法出售，则不能构成骗取出口退税罪，而应当按照虚开增值税专用发票罪、逃税罪或非法出售增值税专用发票罪之中的一个重罪从重处罚。

（三）虚开增值税专用发票罪与非法出售增值税专用发票罪

本罪与非法出售增值税专用发票的区分，要注意审查虚开行为人的主观明知情况。从主观上看，非法出售增值税专用发票行为人主观上是出于非法出售的故意，即以一定对价卖给对方。非法出售增值税专用发票罪在增值税制改革初期较为多见，主要是由于当时增值税专用发票有机打的，也有手写填开的。行为人合法领取或非法购买空白的增值税专用发票后又出售给他人的，以非法出售增值税专用发票罪定罪处罚。如行为人预先知道受票方（付款方）名称而填开后虚开的，一般以虚开增值税专用发票罪论处。金税工程实施以来，特别是增值税专用发票电子化以来，手写填开、非法买卖空白增值税专用发票的行为逐渐减少。实践中，有的行为人为获取所谓的开票费，骗取、借用他人身份信息，注册大量"空壳公司"，将税控盘、银行U盾、财务公章等以非法出售的形式，大肆为他人虚开增值税专用发票，对这种"暴力虚开"行为有的司法机关按照刑法出售增值税专用发票罪认定。我们认为，如果行为人明知受票方是为了骗取国家税款而买票，则其与受票方应构成虚开的共犯，同时开票行为人又构成非法出售值税专用发票罪，此种情况属于法条竞合，考虑到非法出售增值税专用发票罪的法定刑与虚开增值税专用发票罪的法定刑相当，可从共犯的角度以虚开增值税专用发票罪定罪处罚。

（四）虚开增值税专用发票罪与非法购买增值税专用发票罪

非法购买增值税专用发票、购买伪造的增值税专用发票后又虚开的，既构成非法购买增值税专用发票、购买伪造的增值税专用发票行为，又构成虚开增值税专用发票行为，这属于刑法理论上的牵连犯，在处理上不作为数罪，按重罪吸收轻罪的原则，择一重罪，从重处罚。根据《刑法》第208条第2款的规定，非法购买增值税专用发票或者购买伪造的增值税专用发票又虚开或者出售的，分别依照虚开增值税专用发票罪、出售伪造的增值税专用发票罪、非法出售增值税专用发票罪的规定处罚。

三、"空壳公司"虚开增值税专用发票行为的认定

近年来，一些犯罪分子通过假借他人身份成立"空壳公司"，在短时间内为他人虚开大量增值税专用发票，获取开票费后直接走逃失联。2018年8月以来，国家税务总局、公安部、海关总署、中国人民银行四部门联合开展打击虚开骗税专项行动，查获了大量此类案件。据国家税务总局稽查局统计，全国税务部门检查的涉虚开骗税企业中，注销和走逃（失联）的"空壳公司"占40%，成为虚开增值税专用发票案件中最为突出的形式。对此应予严厉打击。在办理此类案件中，应当把握以下几点：

（一）行为定性

对于行为人在没有实际经营业务的情况下，以所设立或者实际控制

的公司、企业名义实施虚开增值税专用发票行为，虚开的税款数额达到入罪标准的，应当依照《刑法》第205条的规定以虚开增值税专用发票罪追究刑事责任。需要注意的是，对于"空壳公司"实施的虚开增值税专用发票行为，是否造成国家增值税款损失，不影响认定犯罪。主要考虑：一是构成虚开增值税专用发票罪，不以造成国家税款损失为构成要件。二是"不以骗抵税款为目的，客观上没有造成增值税款损失的虚开增值税专用发票行为，不宜以《刑法》第205条虚开增值税专用发票论处"的适用对象，主要是作为受票方的实体企业。该刑事政策是司法机关从服务保障经济社会发展大局出发，对实体企业特别是民营企业所实施的社会危害性较低的虚开违法犯罪行为的一种相对宽缓的刑事政策。三是"空壳公司"虚开违法犯罪猖獗，严重扰乱发票管理秩序和社会主义市场经济秩序，社会危害性严重，应依法从严惩处。对于"空壳公司"在没有实际经营业务的情况下实施的虚开增值税专用发票行为，依法追究刑事责任，符合刑法规定和罪刑法定原则。

（二）以个人犯罪认定的情形

对于行为人为进行虚开增值税专用发票等违法犯罪活动而设立公司、企业的，或者公司、企业设立后，以实施虚开增值税专用发票等犯罪为主要活动的，对以该公司、企业名义实施的虚开增值税专用发票犯罪行为，应当作为个人犯罪处理，不以单位犯罪论处。

根据1999年最高人民法院《关于审理单位犯罪案件具体应用法律有关问题的解释》第2条规定，个人为进行违法犯罪活动而设立的公司、企业、事业单位实施犯罪的，或者公司、企业、事业单位设立后，以实施犯罪为主要活动的，不以单位犯罪论处。行为人为实施虚开增值税专用发票为目的而成立或者实际控制的"空壳公司"，应当以个人犯罪定性追究刑事责任。这里的公司设立，既包括利用个人真实身份设立，也包括假借他人身份设立、由行为人实际控制的公司。

需要注意的是，虚开增值税专用发票、用于骗取出口退税、抵扣税款发票犯罪的特殊性，决定了此类犯罪不以单位名义将难以实施，如办理税务登记证和营业执照年检、向税务机关领购增值税专用发票、虚开增值税专用发票等。因此，在认定个人犯罪时，应重点围绕违法所得归个人所有，除实施违法犯罪外未开展其他合法业务，或者就是为了实施犯罪而成立等，通过收集证明货物真实性、交易资金流向、收付开票费等实施虚开犯罪各环节的客观性证据，以及犯罪嫌疑人的供述、相关证人证言等，综合分析认定。

（三）"空壳公司"的认定

"空壳公司"一词源于英国法律，我国香港地区沿用，主要是指发起人成立的有限公司，没有任命董事，也没有投资者认购股份，专业咨询服务机构预先成立大量公司，以供他人购买。在我国内地没有法律文件规定"空壳公司"，通常实践中将使用购买的他人身份证，通过代理注册成立公司，获取验资证明、营业执照，没有实际经营资金、场所或人员的机构，称为"空壳公司"。

实践中，要注意把握行为人为逃避打击，采取虚假注册、虚假经营、虚假申报等方式实施虚开增值税专用发票犯罪的实质。具体认定时，可以结合以下因素综合判断是否具有实际经营业务：（1）假借他人名义或者盗用、冒用他人身份信息虚假设立公司、企业，没有真实交易的；（2）购进、销售货物名称严重背离的，或者购进货物并不能直接生产其销售的货物且无委托加工的；（3）无实际生产加工能力且无委托加工的；（4）生产能耗与销售情况严重不符的；（5）直接走逃失联不纳税申报，或者进行虚假申报的；（6）按照其他合理方法判断没有实际经营业务的。

四、几种特殊情形下虚开增值税专用发票行为的认定

（一）关于在存在真实交易的情况下，行为人未取得增值税专用发票，从第三方非法取得增值税专用发票并抵扣行为的认定

实践中，企业因经营中缺乏进项发票，虽进行真实交易，但未从交易对方开具与真实交易情况相符的增值税专用发票，而是为了多抵扣税款，从没有交易关系的第三方获得高于实际交易价额的增值税专用发票，虚增进项成本，然后用于抵扣，造成国家税款损失；有的行为人以不含税款的价格购进生产原料，为抵扣税款，从第三方以支付"开票费"的方式

购买增值税专用发票用以抵扣税款,造成国家税款损失。对这种行为是否构成犯罪,实践中存在不同认识。

我们认为,在存在真实交易的情况下,行为人未从交易对方取得相应的增值税专用发票,从没有交易关系的第三方获取增值税专用发票并抵扣税款,造成国家税款损失,达到入罪标准的,应当依照《刑法》第205条的规定以虚开增值税专用发票罪追究刑事责任。理由:增值税是对货物和服务流转过程中产生的增值税额作为计税依据而征收的流转税。只有在进项中缴纳了增值税的交易主体,才享有在销项中抵扣的权利。如果行为人在真实交易中没有缴纳增值税——如在进项中以不开具进项发票的低价交易,则国家并未基于该真实交易而征收到相应税款,这种情形下如果行为人在交易后以从第三方获取的发票进行抵扣,就将造成国家增值税税款损失。简言之,行为人已经缴纳税款是申请抵扣税款的前提。有缴才有抵,没有缴税就不可能抵税。[①]同时,需要说明的是,如上述情形下,没有造成国家税款损失的,可以不予追究刑事责任。主要考虑,实践中从第三方获取增值税专用发票并抵扣税款的情形比较复杂,在有些特殊情况下,购货方不能正常从交易对方获得增值税专用发票,通过其他途径获取增值税专用发票用以抵扣税款,抵扣税款未超过真实交易数额,且如实缴纳增值税款,没有造成国家税款损失的,这种情形仍属于行政违法行为,由税务机关进行行政处罚。

(二)关于有真实交易的企业让他人将本该开具给自己的增值税专用发票转开给第三方行为的认定

实践中,有的企业(如加油站、商场)面对的是个人消费者,由于有的消费者不需要开具发票,企业积攒了大量的"富余票"。行为人为了获得非法利益,指使上游开票方将本应开给自己的增值税专用发票开给没有交易关系的第三方,自己从第三方获得"开票费""好处费"或者其他经济利益。对此种行为是否构成虚开犯罪,属于虚开情形中的哪一种,存在不同意见。

---

① 参见姚龙兵:《论"有货"型虚开增值税专用发票行为之定性》,载《人民法院报》2019年9月26日,第6版。

我们认为，行为人有真实交易，为了获取"开票费""好处费"或者其他经济利益，让交易对方将本该开具给自己的增值税专用发票，转开给没有交易关系的第三方用于抵扣税款、骗取出口退税，造成国家税款损失，达到入罪标准的，应当认定为"介绍他人虚开"行为，依照《刑法》第205条的规定以虚开增值税专用发票罪追究刑事责任。

需要注意的是，如果行为人明知第三方利用虚开的增值税专用发票骗取出口退税，仍然采取上述方式为第三方提供增值税专用发票的，对行为人以骗取出口退税罪的共犯追究刑事责任；同时构成虚开增值税专用发票罪和骗取出口退税罪的，适用处罚较重的规定。

（三）关于对开、环开增值税专用发票行为的认定

对开，表现为双方当事人在没有真实交易的情况下相互开具增值税专用发票。环开，表现为三个及以上当事人在没有真实交易的情况下顺次开具增值税专用发票，从而形成开具增值税专用发票的环形链条。实践中，对开、环开的目的往往是增加销售额、虚增业绩等，有的借此满足银行关于借款方需具备相应的业务量及经营状况的条件从而获得贷款、承兑汇票，有的为了获得市场准入资格，等等。对此行为是否构成犯罪，存在不同意见。

我们认为，行为人之间互相开具或者循环开具增值税专用发票，销项税额与进项税额不能互相抵消，造成国家税款损失，达到入罪标准的，应当依照《刑法》第205条的规定以虚开增值税专用发票罪追究刑事责任。行为人为了增加销售额、虚增业绩等目的而实施对开或者环开增值税专用发票行为，没有造成国家税款损失的，不宜认定为《刑法》第205条规定的虚开增值税专用发票罪，符合骗取贷款罪、违规披露、不披露重要信息罪等其他犯罪构成条件的，应当以相应罪名追究刑事责任。

需要注意：一是对对开、环开行为不以虚开增值税专用发票论处，不等于不构成犯罪，该行为可能构成骗取贷款罪、违规披露、不披露重要信息罪等其他犯罪，符合犯罪构成条件的，应当以相应罪名追究刑事责任。二是对单纯的对开、环开行为，虽然不按照虚开增值税专用发票罪追究刑事责任，但仍然违反发票管理办法等行政法规，应当由税务机关给予行政处罚。三是对开、环开一般是指行为人相互之间所开具的增值税进项

税款和销项税款相同，形成"闭环"且没有造成增值税款损失的行为。行为人之间互相开具或者循环开具增值税专用发票，如果所开具的增值税专用发票税款金额不同，就会形成销项税额与进项税额不能互相抵消，将会直接造成国家增值税税款的损失。对于此种情形，达到入罪标准的，应当以虚开增值税专用发票罪追究刑事责任。

（四）在走私犯罪行为完成后以该走私货物让人虚开增值税专用发票抵扣税款行为的认定

走私犯罪行为完成后，行为人再以该走私货物让人虚开增值税专用发票以抵扣税款的行为，由于不具有同一犯罪目的，因而不构成牵连犯罪，应数罪并罚。走私行为完成后再实施虚开增值税专用发票行为，两者虽然属于独立的犯罪行为，并且具备两个完全不同性质犯罪即走私普通货物罪与虚开增值税专用发票罪的构成条件，但两者并不是为了一个犯罪目的，前者是为了将货物逃避海关监管进口，从而偷逃应缴税款的走私目的，后者则是为了抵扣税款的目的，且虚开增值税专用发票的行为发生在走私行为完成后，后者既不是前者所必须采取的方法行为，两者之间从而并不存在手段与目的的关系，也不是前者所必然出现的结果行为，走私货物行为完成后根本不会由于为了走私货物这一犯罪目的而再出现虚开增值税专用发票行为这一结果行为，两者之间因而也不存在原因与结果的关系。

（五）税务人员虚开增值税专用发票行为的认定

税务机关工作人员为本单位完成税收征任务或谋取不正当利益，违反税收法律、行政法规之规定，利用代管监开的增值税专用发票，在税收征管中为他人"高开低征""开大征小"，即为他人开具正常税率的增值税专用发票，却以较低的税率（如7%）计征增值税，致使国家利益遭受重大损失的，应按照《刑法》第397条第1款滥用职权罪定罪处罚。徇私舞弊实施上述行为的，应按照《刑法》第404条徇私舞弊不征、少征税款罪定罪处罚。

税务机关及其工作人员与他人合谋，明知他人没有货物购销或者应税劳务，利用代管监开的增值税专用发票故意为他人"高开低征""开大征小",并从中收取手续费或者谋取不正当利益的,应依法按照虚开增值税专用发票的共同犯罪论处。

(六)盗窃或骗取增值税专用发票后又虚开行为的认定

根据《刑法》第210条规定,盗窃、骗取增值税专用发票的,按照盗窃罪、诈骗罪处理。如果行为人盗窃、骗取增值税专用发票的目的就是虚开,则构成盗窃罪、诈骗罪与虚开增值税专用发票的牵连犯,应从一重罪处罚,即按照虚开增值税专用发票罪处理。如果行为人在盗窃、骗取之后产生虚开意图,则数罪并罚。

第四节 案例评析

一、无锡F警用器材公司虚开增值税专用发票案[①]

【关键词】

单位认罪认罚 不起诉 移送行政处罚 合规经营

【要旨】

民营企业违规经营触犯刑法情节较轻,认罪认罚的,对单位和直接责任人员依法能不捕的不捕,能不诉的不诉。检察机关应当督促认罪认罚的民营企业合法规范经营。拟对企业作出不起诉处理的,可以通过公开听证听取意见。对被不起诉人(单位)需要给予行政处罚、处分或者需要没收其违法所得的,应当依法提出检察意见,移送有关主管机关处理。

【基本案情】

被不起诉单位,无锡F警用器材新技术有限公司(以下简称"F警用器材公司"),住所地江苏省无锡市。

---

① 最高人民检察院第二十二批指导性案例检例第81号。

被不起诉人乌某某，男，F警用器材公司董事长。

被不起诉人陈某某，女，F警用器材公司总监。

被不起诉人倪某，男，F警用器材公司采购员。

被不起诉人杜某某，女，无锡B科技有限公司法定代表人。

2015年12月间，乌某某、陈某某为了F警用器材公司少缴税款，商议在没有货物实际交易的情况下，从其他公司虚开增值税专用发票抵扣税款，并指使倪某通过公司供应商杜某某等人介绍，采用伪造合同、虚构交易、支付开票费等手段，从王某某（另案处理）实际控制的商贸公司、电子科技公司虚开增值税专用发票24份，税额计人民币377344.79元，后F警用器材公司从税务机关抵扣了税款。

乌某某、陈某某、倪某、杜某某分别于2018年11月22日、23日至公安机关投案，均如实供述犯罪事实。11月23日，公安机关对乌某某等四人依法取保候审。案发后，F警用器材公司补缴全部税款并缴纳滞纳金。2019年11月8日，无锡市公安局新吴分局以F警用器材公司及乌某某等人涉嫌虚开增值税专用发票罪移送检察机关审查起诉。检察机关经审查，综合案件情况拟作出不起诉处理，举行了公开听证。该公司及乌某某等人均自愿认罪认罚，在律师的见证下签署了《认罪认罚具结书》。2020年3月6日，无锡市新吴区人民检察院依据《刑事诉讼法》第177条第2款规定，对该公司及乌某某等四人作出不起诉决定，就没收被不起诉人违法所得及对被不起诉单位予以行政处罚向公安机关和税务机关分别提出检察意见。后公安机关对倪某、杜某某没收违法所得共计人民币45503元，税务机关对该公司处以行政罚款人民币466131.8元。

【检察履职情况】

1. 开展释法说理，促使被不起诉单位和被不起诉人认罪认罚

新吴区人民检察院受理案件后，向F警用器材公司及乌某某等四人送达《认罪认罚从宽制度告知书》，结合案情进行释法说理，并依法听取意见。乌某某等四人均表示认罪认罚，该公司提交了书面意见，表示对本案事实及罪名不持异议，愿意认罪认罚，请求检察机关从宽处理。

2. 了解企业状况，评估案件对企业生产经营的影响

检察机关为全面评估案件的处理对企业生产经营的影响，通过实地走访、调查，查明该公司成立于1997年，系科技创新型民营企业，无违

法经营处罚记录,近三年销售额人民币7000余万元,纳税额人民币692万余元。该公司拥有数十项专利技术、计算机软件著作权和省级以上科学技术成果,曾参与制定10项公共安全行业标准,在业内有较好的技术创新影响力。审查起诉期间,公司参与研发的项目获某创新大赛金奖。

3. 提出检察建议,考察涉罪企业改进合规经营情况

该企业发案前有基本的经营管理制度,但公司治理制度尚不健全。在评估案件情况后,检察机关围绕如何推动企业合法规范经营提出具体的检察建议,督促涉罪企业健全完善公司管理制度。该公司根据检察机关建议,制定合规经营方案,修订公司规章制度,明确岗位职责,对员工开展合法合规管理培训,并努力完善公司治理结构。结合该企业上述改进情况,根据单位犯罪特点,在检察机关主持下,由单位诉讼代表人签字、企业盖章,在律师见证下签署《认罪认罚具结书》。

4. 举行公开听证,听取各方意见后作出不起诉决定,并提出检察意见

考虑到本案犯罪情节较轻且涉罪企业和直接责任人员认罪认罚,检察机关拟对涉罪企业及有关人员作出不起诉处理。为提升不起诉决定的公信力和公正性,新吴区人民检察院举行公开听证会,邀请侦查机关代表、人民监督员、特约检察员参加听证,通知涉罪企业法定代表人、犯罪嫌疑人、辩护人到场听证。经听取各方意见,新吴区人民检察院依法作出不起诉决定,同时依法向公安机关、税务机关提出行政处罚的检察意见。公安机关、税务机关对该公司作出相应行政处罚,并没收违法所得。

【指导意义】

1. 对犯罪情节较轻且认罪认罚的涉罪民营企业及其有关责任人员,应当依法从宽处理

检察机关办理涉罪民营企业刑事案件,应当充分考虑促进经济发展,促进职工就业,维护国家和社会公共利益的需要,积极做好涉罪企业及其有关责任人员的认罪认罚工作,促使涉罪企业退缴违法所得、赔偿损失、修复损害、挽回影响,从而将犯罪所造成的危害降到最低。对犯罪情节较轻且认罪认罚、积极整改的企业及其相关责任人员,符合不捕、不诉条件的,坚持能不捕的不捕,能不诉的不诉,符合判处缓刑条件的要提出适用缓刑的建议。

2. 把建章立制落实合法规范经营要求，作为悔罪表现和从宽处罚的考量因素

检察机关在办理企业涉罪案件过程中，通过对自愿认罪认罚的民营企业进行走访、调查，查明企业犯罪的诱发因素、制度漏洞、刑事风险等，提出检察建议。企业通过主动整改、建章立制落实合法规范经营要求体现悔罪表现。检察机关可以协助和督促企业执行，帮助企业增强风险意识，规范经营行为，有效预防犯罪并据此作为从宽处罚的考量因素。

3. 依法做好刑事不起诉与行政处罚、处分有效衔接

检察机关依法作出不起诉决定的案件，要执行好《刑事诉讼法》第177条第3款的规定，对被不起诉人需要给予行政处罚、处分或者需要没收其违法所得的，应当提出检察意见，移送有关主管机关处理。有关主管机关应当将处理结果及时通知人民检察院。有关主管机关未及时通知处理结果的，人民检察院应当依法予以督促。

二、吴某、黄某、廖某虚开增值税专用发票案[①]

【关键词】

民营企业　虚开增值税专用发票　变更强制措施

【基本案情】

被告人吴某系广州市 A 机械设备有限公司（以下简称"A 公司"）法定代表人，被告人黄某、廖某系 A 公司股东，三人另系 B 机械设备有限公司（以下简称"B 公司"）实际控制人。因涉嫌虚开增值税专用发票罪，三人在侦查阶段均被采取逮捕措施。

2011年至2016年期间，被告人吴某伙同黄某、廖某经过密谋，在没有货物实际交易的情况下，由吴某联系并指使张某等人（均另案处理），为 A 公司虚开广州 C 贸易有限公司等17家公司的增值税专用发票用于抵扣税款，获取的不当利益用于 A 公司的日常运营以及被告人吴某、黄某、廖某三个股东的利润分配。经鉴定，A 公司接受上述17家公司虚开

[①] 最高人民检察院首批涉民营企业司法保护典型案例之一，2019年1月17日发布。

的增值税专用发票271张，金额人民币1977万余元，税额人民币336万余元，价税合计人民币2314万余元。案发后，吴某作为A公司负责人自动投案，如实交代犯罪事实，黄某、廖某到案后如实交代自己知道的犯罪事实。

【诉讼过程】

广州市公安局越秀区分局于2017年12月18日将黄某、廖某，于2018年1月10日将吴某，均以涉嫌虚开增值税专用发票罪移送广州市越秀区人民检察院审查起诉。

在审查起诉阶段，广州市越秀区人民检察院收到B公司员工的申请书，申请对吴某等三人取保候审，以利于维持公司正常经营。收到申请后，经对案件事实进行细致审查，并向该公司多名员工核实，查明B公司确实存在因负责人被羁押企业失治失控的状况，为让企业恢复正常经营，稳定员工情绪，经综合评估，广州市越秀区检察院决定对已经逮捕的两名从犯黄某、廖某变更为取保候审。在取保候审之后，越秀区检察院通过对黄某、廖某进行法制教育，一方面敦促其继续开展工作，维护公司的正常经营，另一方面，敦促其多方面筹集资金补缴税款，以挽回国家的经济损失。最终，黄某、廖某向税务机关全额补缴了税款。经到B公司实地考察，该企业恢复了正常经营，员工普遍反映良好。

2018年6月14日，广州市越秀区人民检察院以虚开增值税专用发票罪向越秀区人民法院依法提起公诉，鉴于吴某、黄某、廖某三人有自首、坦白、案发后积极补缴税款、认罪认罚等情节，提出了从宽处理的量刑建议。

【案例评析】

对涉嫌犯罪的民营企业经营者，应当依法准确适用强制措施。批准或者决定逮捕，应当将犯罪嫌疑人涉嫌犯罪的性质、情节、后果、认罪态度等情况，作综合考虑；对于涉嫌经济犯罪的民营企业经营者，认罪认罚、真诚悔过、积极退赃退赔、挽回损失，取保候审不致影响诉讼正常进行的，一般不采取逮捕措施；对已经批准逮捕的，应当依法履行羁押必要性审查职责，对有固定职业、住所，不需要继续羁押的，应当及时建议公安机关予以释放或者变更强制措施；对确有羁押必要的，要考虑维持企业生产经营需要，在生产经营决策等方面提供必要的便利和支持。

办理涉民营企业案件要全面综合考虑办案效果,既要保证依法惩治犯罪,尽可能地挽回国家损失,又要积极采取措施,帮助企业恢复生产经营,做到法律效果和社会效果的有机统一。

第五章　虚开发票罪办案指引

第一节　虚开发票罪概述

一、虚开发票罪的立法沿革

1997年修订刑法时，将虚开增值税专用发票或者虚开用于骗取出口退税、抵扣税款的其他发票的行为规定为犯罪，对于虚开这些发票以外的其他发票的行为，没有单独规定罪名。为了进一步加强发票管理，加大对虚开普通发票行为的打击力度，维护正常的经济秩序，2011年《刑法修正案（八）》将虚开第205条规定以外的其他发票的行为规定为犯罪。2011年11月14日，最高人民检察院、公安部发布《关于公安机关管辖的刑事案件立案追诉标准的规定（二）的补充规定》，对《刑法》第205条之一虚开发票罪明确了具体的立案追诉标准。2022年4月29日，最高人民检察院、公安部联合发布修订后的《关于公安机关管辖的刑事案件立案追诉标准的规定（二）》，结合"两高"正在起草的涉税司法解释，对虚开发票罪的立案追诉标准进行了调整。

二、虚开发票罪的发案态势

近年来，虚开普通发票的违法犯罪日益增多。实践中，一些单位和个人为了获取非法利益，采取以虚假身份注册多个公司的方式，用貌似合法的经营和纳税为掩护，从税务机关大量套购骗领发票，在无实际经营业务的情况下，从事虚开发票活动，采取"大头小尾""阴阳票"等手段虚开发票，有些甚至直接用伪造的假发票虚开。虚开发票的行为泛滥，不仅直接诱发逃税等税收违法犯罪行为，还为财务造假、贪污贿赂、挥霍公款、洗钱等违法犯罪行为提供了条件，严重扰乱了市场经济秩序和社会管理秩序，并孳生各类腐败现象，败坏社会风气，具有严重的社会危害性。2011年《刑法修正案（八）》增加规定虚开发票罪以来，虚开普通发票行为一度得到有效遏制，连续几年保持下降态势，但近年来情况有所变化。从办案情况看，2017年以来全国检察机关审查起诉的虚开发票犯罪案件逐年上升，上升幅度逐年加大。2020年，检察机关审查起诉的虚开发票案件数量同比上升了45%，是2016年历年最低值的2.5倍，上升幅度也最为明显。2020年，虚开发票案件的不捕率、不诉率、适用缓刑率均高于危害税收征管犯罪和经济犯罪的平均比值，保持较高比例。究其原因，一方面是随着金税工程推进和电子发票实施，国家对于增值税专用发票管理越来越严格，一部分犯罪分子将作案目标转移到普通发票上来；另一方面也与司法机关贯彻落实中央"六稳""六保"政策、服务保障民营经济发展有关，对于积极退缴税款、挽回国家税收损失、认罪认罚的实体经济企业和犯罪嫌疑人坚持"少捕慎诉慎押"司法理念，能不捕的不捕，能不诉的不诉，最大限度地维护社会稳定和经济健康发展。

　　虚开发票犯罪呈现出一些新特点。犯罪组织化、职业化、链条化趋势明显。开票方多为团伙作案，组织体系严密，分工明确，越来越多案件反映出犯罪分子注册、收购公司、领票、出售发票、开票形成一条龙。空壳公司套领、暴力虚开发票犯罪突出。作案信息化、网络化、隐蔽化增强。此外，黑灰犯罪产业链也进一步助长了虚开发票犯罪，导致近几年虚开发票犯罪活动愈演愈烈，案值不断攀高，造成国家税款大量损失。对此，行政执法和司法机关要充分认识到虚开犯罪的危害性和严重性，进一步完善企业登记制度和工商信用预警制度，建立健全与商事注册相适应的事后税源监控机制，构建行政执法和刑事司法大数据监管模式，完善法律规定，统一执法标准，加大打击力度，形成执法合力，有效遏制虚开犯罪高发多发态势。

三、虚开发票罪的概念和构成特征

虚开发票罪，是指在没有真实交易的情况下，虚开除增值税专用发票、用于骗取出口退税、抵扣税款发票以外的其他发票的违法犯罪行为。

（一）客体特征

本罪侵犯的客体是国家对普通发票的管理制度。犯罪对象是普通发票。发票是指单位和个人在购销商品、提供劳务或接受劳务、服务以及从事其他经营活动，开具、收取的收付凭证。发票是记录经营活动的一种原始证明，具有法律证明效力，是维护公民和法人合法权益的保障。发票分为普通发票、增值税专用发票和专业发票。普通发票，主要由营业税纳税人和增值税小规模纳税人使用，增值税一般纳税人在不能开具专用发票的情况下也可使用普通发票。普通发票由行业发票和专用发票组成。前者适用于某个行业和经营业务，如商业零售统一发票、商业批发统一发票、工业企业产品销售统一发票等；后者仅适用于某一经营项目，如广告费用结算发票，商品房销售发票等。

（二）客观特征

本罪的客观方面表现为虚开普通发票情节严重的行为。"虚开"普通发票，是指没有商品购销或者没有提供、接受劳务、服务而开具普通发票，或者虽有商品购销或者提供、接受了劳务、服务，但开具数量或金额不实的普通发票的行为。普通发票由税务机关统一印制、发放和管理，按照国家关于发票管理的规定，在销售商品、提供服务以及从事其他经营活动对外收取款项时，应向付款方开具发票；开具发票应当按照规定的时限、顺序、逐栏、全部联次一次性如实开具，并加盖发票专用章；使用计算机开具发票，须经国税机关批准，并使用国税机关统一监制的机外发票，并要求开具后的存根联按顺序号装订成册；所有单位和从事生产、经营的个人，在购买商品、接受服务，以及从事其他经营活动支付款项时，向收款方取得发票，不得要求变更品名和金额；对不符合规定的发票，不得作为报销凭证，任何单位和个人有权拒收。不以骗取抵扣的税款为目的，实施下列行为之一的，应当认定为《刑法》第205条之一第1

款规定的"虚开刑法第二百零五条规定以外的其他发票"：（1）没有实际业务而为他人、为自己、让他人为自己开具发票的；（2）有实际业务，但为他人、为自己、让他人为自己开具与实际经营业务情况不符的发票的；（3）有实际业务，但违反规定让与业务无关的第三方代为开具发票的；（4）介绍他人虚开发票的；（5）非法篡改发票相关电子信息的。

（三）主体特征

本罪的犯罪主体为一般主体，即自然人和单位都可以构成本罪的主体。

（四）主观特征

本罪主观方面由直接故意构成，即行为人故意虚开普通发票。一般来说，行为人主观上都具有营利的目的，但这并非法定要件。如果以其他目的虚开普通发票的，也构成本罪。

四、虚开发票罪的追诉标准

按照法律规定，虚开发票的行为必须达到"情节严重"的程度，才构成犯罪。因为这类行为首先违反的是国家发票管理法规，是一种行政违法行为，应当主要通过行政制裁的方式处理。只有情节严重的虚开普通发票行为，才构成犯罪。根据2022年最高人民检察院、公安部《关于公安机关管辖的刑事案件立案追诉标准的规定（二）》第57条规定，虚开《刑法》第205条规定以外的其他发票，涉嫌下列情形之一的，应予立案追诉：（1）虚开发票金额累计在50万元以上的；（2）虚开发票100份以上且票面金额在30万元以上的；（3）5年内因虚开发票受过刑事处罚或者2次以上行政处罚，又虚开发票，数额达到第一、二项标准60%以上的。本罪规定了两档刑，虚开普通发票，情节严重的，处2年以下有期徒刑、拘役或者管制，并处罚金；情节特别严重的，处2年以上7年以下有期徒刑，并处罚金。关于"情节特别严重的"认定标准，目前最高人民法院、最高人民检察院正在制定相应的司法解释，在新的司法解释出台前，一般可按照"情节严重"标准的5倍掌握。实践中，也可结合以下方面综合认定：虚开普通发票数额或者数量；虚开普通发票的次数；虚开普通发票造成的后果;是否因虚开普通发票的行为受到过行政处罚或者刑事处罚;有无其他恶劣情节等。

第二节 虚开发票罪的证据审查

一、虚开发票罪的证据要件

(一) 犯罪主体证据

本罪的犯罪主体为一般主体,即自然人和单位都可以构成本罪的主体。可参照本编第四章第二节证据要件相关内容。还应注意以下事项:

对于犯罪嫌疑单位涉嫌暴力虚开的,应注意收集、核实单位的基本情况,包括公司企业是否存在、是否依法进行工商注册、税务登记,是否正在经营、走逃或者已注销,由主管工商、税务部门出具证明。

(二) 主观方面证据

犯罪主观方面的证据,包括证明犯罪嫌疑人是否具有虚开、接受虚开或者介绍虚开发票的故意的证据。

(三) 客体方面证据

本罪侵犯的客体是国家对普通发票的管理制度。犯罪对象是除了《刑法》第205条规定的增值税专用发票、用于骗取出口退税、抵扣税款发票以外的普通发票。普通发票,主要由营业税纳税人和增值税小规模纳税人使用,增值税一般纳税人在不能开具专用发票的情况下也可使用普通发票。普通发票由行业发票和专用发票组成。前者适用于某个行业和经营业务,如商业零售统一发票、商业批发统一发票、工业企业产品销售统一发票等;后者仅适用于某一经营项目,如广告费用结算发票,商品房销售发票等。

(四) 客观方面证据

可参照本编第四章第二节为他人虚开、让他人为自己虚开、自己为自己虚开、介绍他人虚开四种虚开情形中证据要件的相关内容。还应注意以下事项：

1. 对于涉嫌虚开发票的

（1）到涉嫌虚开发票的单位调查取证：

①全面核实并掌握发票的领、用、存情况；

②涉嫌虚开的发票的记账联，核实填开内容、数额与涉嫌虚开的发票联是否一致，是否为"阴阳票""大头小尾"票等；

③核实涉嫌虚开发票是否在经营范围内填开；

④相关会计凭证、会计账簿，进行账、证、票相互比对；

⑤纳税申报及已实际缴纳税款资料，核实其真伪；

⑥相关货物销售合同，核实是否存在与涉嫌虚开发票对应的交易，内容是否一致；

⑦资金来源明细账、现金存款明细账、银行存款明细账，现金收款或者银行收款凭据，核查与涉嫌虚开的发票对应的资金流向是否存在，资金流、票流是否一致；

⑧货物出库单据，调取库存商品明细账，核实实际库存，查明是否实际出库，是否与发票内容一致；

⑨相关货物运输凭证，包括运输合同、运输费用支出凭证、运输发票等，核查是否存在相关货物流通，与涉嫌虚开的发票内容是否一致，票流、物流是否一致。

通过以上各项查证，进行综合判断，确定开票、发货、收款是否一致，即票流、物流、资金流是否一致。

（2）到涉嫌虚开发票单位的主管税务机关调查取证：

①涉嫌虚开发票单位发票的领、用、存登记簿或者台账，与涉嫌虚开单位的发票登记、使用情况进行比对，如果不一致，由税务机关出具证明；

②涉嫌虚开发票单位的纳税申报及实际缴纳税款资料，特别是进项

发票和销项发票统计表；

③涉嫌虚开发票的函调情况，包括发函、回函及登记台账等；

④税务机关出具的税务处理决定书、税收缴款书和调账记录等。

（3）到涉嫌犯罪企业的开户银行调查取证，提取银行资金收款单据，核查票、货、款是否一致。

2. 对于涉嫌接受虚开的

（1）到涉嫌接受虚开发票的单位调查取证：

①涉嫌虚开发票的发票联，核查其真实性；

②相关会计凭证、会计账簿，进行账、证、票相互比对；

③纳税申报及实际缴纳税款资料；

④相关货物购销合同，核实是否存在与涉嫌接收虚开发票对应的交易，内容是否一致；

⑤资金支付明细账、现金存款明细账、银行存款明细账、现金付款或者银行付款单据，核实与涉嫌接收虚开发票对应的资金流向是否存在，资金流、票流是否一致；

⑥货物入库单据，调取库存商品明细账，核实实际库存，查明是否实际入库，是否与发票内容一致；

⑦相关货物运输凭证，包括运输合同、运输费用支出凭证、运输发票等，核查是否存在相关货物的流通，是否与涉嫌接收虚开发票内容一致，票流、货流是否一致。

通过以上各项查证，进行综合判断，确定接收发票、接收货物、支出款项是否一致，即票流、物流、资金流是否一致。

（2）到涉嫌接受虚开发票单位主管税务机关调查取证：

①如果涉嫌接受虚开发票单位是增值税一般纳税人的，由税务机关提供一般纳税人的申请备案文件；

②涉嫌接收虚开发票单位的纳税申报及实际缴纳税款资料；

③涉嫌虚开发票的函调情况，包括发函、回函等；

④税务机关出具的税务处理决定书、行政处罚决定书、税收缴款书，确定追缴税额、税款损失数额等。

（3）到涉嫌接受虚开发票单位开户银行调查取证，提取银行资金付款单据，核查票、货、款是否一致。

3. 对于介绍虚开发票的

除收集上述虚开方和接受虚开方的证据外，还应收集介绍方的有关证据，如介绍方的主观故意，介绍虚开的经过、结果，因介绍虚开而获得的非法收入等。

4. 发票真伪的认定

可以根据案件的具体情况采取以下方式之一：

（1）疏理、核实其领、用、存情况，根据涉案发票票号、票段等判断其是否为"开票方"依法从税务机关领购的、是否由"开票方"依法开具等，从而证实涉案发票的真伪；

（2）由造币公司、发票印制单位鉴定，并出具意见；

（3）刑事司法鉴定机构对有关印章、笔迹、发票纸张质地等进行鉴定，并出具意见。

二、虚开发票罪常见证据审查

（一）主观故意证据的审查

虚开发票罪是行为犯，只要具有《刑法》第205条之一规定的为他人虚开、让他人为自己虚开、自己为自己虚开、介绍他人虚开四种情形之一，且达到立案追诉标准的，即构成本罪。虚开发票罪属于经济犯罪，行为人一般情况下具有非法牟利的目的。办案中可通过犯罪嫌疑人的供述、证人证言等直接反映其主观方面的证据，并结合客观方面的证据，综合证实犯罪嫌疑人具有虚开发票的主观故意。没有犯罪嫌疑人的供述，其他反映其主观方面特征的证据确实、充分的，也可认定其主观故意。

（二）行政执法部门收集证据材料的审查

对于犯罪嫌疑单位涉嫌暴力虚开的，应注意收集、核实单位的基本情况，包括公司企业是否存在，是否依法进行工商注册、税务登记，是否正在经营、走逃或者已注销，由主管工商、税务部门出具证明。

税务机关依法收集、调取的物证、书证、鉴定意见、视听资料、电子数据等,可以作为刑事诉讼证据使用。

对于税务机关关于涉税犯罪金额、税额、比例、次数、时限等事项出具的认定意见,关于税务机关管理的发票、单证等票证和税务机关出具的文件、法律文书等资料的真伪认定意见,司法机关应当结合在案证据进行审查,没有矛盾的可以直接采用,但有证据证明税务机关认定错误的除外。

第三节 虚开发票罪的认定处理

一、虚开发票罪与虚开增值税专用发票罪

(一) 犯罪的对象不同

虚开增值税专用发票罪的犯罪对象是增值税专用发票;而虚开发票罪的犯罪对象是增值税专用发票以外不能用于骗取出口退税、抵扣税款的其他普通发票。如果行为人开具的是增值税专用发票,虽然开具增值税专用发票也是开具发票的行为,但虚开增值税专用发票罪重于虚开发票罪,按照重罪吸收轻罪的原则,应当定虚开增值税专用发票罪。

(二) 主观目的及行为内容不同

虚开增值税专用发票罪的行为人在主观方面主要是用于抵扣税款或赚取开票费、好处费;而虚开发票罪的行为人在主观方面一般是用于逃避纳税。

(三) 处罚程度不同

虚开增值税专用发票罪在刑法上属于严重的经济犯罪行为,因而刑法对此规定了严厉的刑罚。对构成虚开增值税专用发票罪情节特别严重、数额巨大的,刑法规定可以判处无期徒刑。而虚开发票罪的社会危害性程

度远远不如虚开增值税专用发票罪，所以刑法规定的最高刑为 7 年以下有期徒刑。

二、虚开发票罪与非法出售发票罪

非法出售发票罪，是指故意违反国家税收管理法规，非法出售发票的行为。非法出售发票，既可以是出售空白的发票，也可以是按照购买人的要求，虚开发票后以收取"手续费"等方式将发票出售的行为。如果是出售空白的发票，无论是税务机关工作人员故意违反法律规定出售发票，还是从税务机关购买了发票的经营者违法将发票出售给他人，都不存在"虚开"问题，以非法出售发票罪定罪量刑即可。如果是将虚开后的发票出售给他人，则存在虚开发票罪和非法出售发票罪的牵连关系。由于虚开发票罪和非法出售发票罪的法定刑中关于自由刑的规定一致，故可以适用更加符合其行为特征的罪名，在法定的量刑幅度内从重处罚。

实践中，对于虚开用于结算货款的普通发票并收取手续费行为定性，存在不同认识。我们认为，虚开用于结算货款的普通发票并收取手续费，违反了国家税收管理法规，破坏国家的发票管理制度，行为本质是"非法出售发票"，情节严重，符合《刑法》第 209 条第 4 款规定的，可以非法出售发票罪追究刑事责任。

三、虚开发票罪与逃税罪

实践中，行为人以偷逃税款为目的，使用虚开的发票虚列成本，以此降低公司、企业的账面利润，偷逃企业所得税的行为，触犯了虚开发票罪和逃税罪两个罪名。在这种情况下，存在如何对行为人定罪处罚的问题。

由于使用虚开发票偷逃税款的行为包括了两个行为，即虚开发票的行为和虚列成本偷逃税款的行为。而且这两个行为之间没有包容关系，即逃税罪不必然是通过虚开发票的行为才能实现，也可以通过少列收入等形式来实现；而虚开发票不必然是为了逃税的目的，虚开发票还可以用于贪污公款等其他非法目的。因此，该行为触犯的两个罪名应属于刑法理论中的牵连关系。按照刑法理论，不实行数罪并罚，而是"择一重从重处罚"，即按照其触犯的数罪中最重的一个罪所规定的刑罚从重处罚。

由于逃税罪和虚开发票罪均有两个量刑档次（逃税罪为3年以下有期徒刑或者拘役以及3年以上7年以下有期徒刑，并处罚金；虚开发票罪为2年以下有期徒刑、拘役或者管制、并处罚金，和2年以上7年以下有期徒刑、并处罚金），且法定刑也基本相当，故在定罪时适用哪个罪名还要在根据其手段行为（虚开发票）和目的行为（逃税）的情节所适用的法定刑幅度中选择一个较重的法定刑幅度来确定罪名。如果两个行为中有一个行为适用的是较高的量刑档次，另一个行为适用的是较低的量刑档次，则以适用较高量刑档次的行为触犯的罪名来定罪；如果两个行为均适用较高或者较低的量刑档次，因逃税罪的法定刑略重，应以逃税罪来定罪。

第四节 案例评析

一、詹某跃等人非法出售增值税专用发票、非法出售用于抵扣税款发票、虚开发票案[①]

【关键词】

非法出售 虚开发票 空壳公司 从严打击

【基本案情】

詹某跃、詹某明，系上海A信息科技公司、B企业管理公司共同负责人。

2016年至2019年4月，詹某跃、詹某明为通过非法出售、虚开发票牟利，先后成立A、B公司。公司主要活动是利用他人身份注册或从他人处变更公司，向税务机关申领空白发票后进行非法出售或虚开。注册或变更的公司由詹某跃、詹某明控制，均无实际经营。

---

① 最高人民检察院发布的依法惩治利用空壳公司实施犯罪典型案例之一。

詹某跃、詹某明将通过上述途径领取的增值税专用发票、机动车销售统一发票，与相关公司工商材料、税控盘等一并出售给他人。经查，二人共计非法出售增值税专用发票 2826 份、票面额累计 2.83 亿余元；非法出售机动车统一销售发票 1102 份、票面额累计 3.54 亿余元。另，詹某跃、詹某明还将通过上述途径获取的增值税普通发票，用于指使、伙同他人对外虚开。经查，二人共计向本市及外省市受票单位虚开增值税普通发票 41150 份，虚开金额累计 31 亿余元。

案发后，公安机关扣押相关公司资料、增值税普通发票 270 余份、手机 70 余部、身份证 300 余张及多枚公司公章等。

【诉讼过程】

公安机关移送审查起诉认为，税务机关提供的购票记录和部分发票已被用于虚开，抵扣的情况，能够证明詹某跃、詹某明利用注册、变更的公司申领大量空白发票后大肆对外虚开，涉嫌虚开增值税专用发票、用于抵扣税款发票罪和虚开发票罪，于 2019 年 10 月 29 日移送检察机关审查起诉。

检察机关在审查起诉过程中，两次退回公安机关补充侦查，进一步核实詹某跃、詹某明是否具有虚开增值税专用发票、机动车销售统一发票行为。经补充、复核证据，检察机关认为在案证据虽能证明二人申领了大量空白增值税专用发票和机动车销售统一发票并非法出售，且其中部分发票确已用于虚开和抵扣税款，但没有充分证据证明该虚开行为系由詹某跃、詹某明实施。2020 年 5 月 15 日，上海市金山区人民检察院以詹某跃、詹某明犯非法出售增值税专用发票罪、非法出售用于抵扣税款发票罪、虚开发票罪，向法院提起公诉。

2020 年 8 月 13 日，上海市金山区人民法院作出（2020）沪 0116 刑初 482 号刑事判决，以非法出售增值税专用发票罪、非法出售用于抵扣税款发票罪、虚开发票罪，数罪并罚，分别判处詹某跃、詹某明有期徒刑 17 年、有期徒刑 16 年 6 个月。二人不服，提出上诉，辩解应以单位犯罪论处。2020 年 12 月 24 日，上海市第一中级人民法院作出（2020）沪 01 刑终 1272 号刑事裁定，认定 A、B 公司系詹某跃、詹某明为进行违法犯罪活动而设立，没有正常公司业务，以实施犯罪为主要活动，不能作为单位犯罪论处，最后裁定驳回上诉，维持原判。

【典型意义】

1.严厉打击利用空壳公司领购发票,并进行非法出售或虚开的违法犯罪行为

发票是在市场经营活动中开具、收取的收付款凭证,领购和使用均应与实际经营业务情况相符,禁止非法转借、转让、虚开。实践中,一些不法分子利用并无实际经营的空壳公司实施发票类犯罪,造成国家税款大量流失,有的甚至还为财物侵占、贪污贿赂、洗钱等其他违法犯罪行为提供条件,严重扰乱市场经济秩序和社会管理秩序,应予严惩。行为人为进行违法犯罪活动而设立的公司实施上述犯罪的,不以单位犯罪论处,应认定为个人犯罪。

2.严格把握证据标准,准确区分关于增值税专用发票、用于抵扣税款发票的非法出售和虚开行为

"非法出售"是指行为人非法将上述发票提供给他人,并收取一定价款的行为;发票来源是否合法不影响犯罪成立,但必须是国家统一印制的真发票,出售伪造的上述发票另有罪名规制。"虚开"是指为他人、为自己开具,让他人为自己开具,介绍他人开具与实际经营业务情况不符的上述发票。如何区分两种行为,实践中可通过公司运作模式和员工工作内容、买受人所得发票是空白还是已开具、行为人有无自己虚开或与发票买受人通谋虚开、现场提取物证中有无已虚开的发票、双方关于发票的交易对价等,综合分析判断。在交易对价上,从司法实践看,非法出售发票的交易价格一般相对固定,而虚开此类发票的则一般会按照票面金额的一定比例确定交易对价;双方交易对价,可根据银行凭证、第三方支付平台交易记录、相关言词证据等认定。

二、江苏A建设有限公司等虚开发票系列案[①]

【基本案情】

涉案单位江苏A建设有限公司(以下简称"A公司")等7家公司均

---

① 最高人民检察院首批涉民营企业司法保护典型案例之一,2019年1月17日发布。

为民营企业，经营建筑工程相关业务。许某等7人分别是以上7家公司负责人，分别于2018年4月25日至5月2日被取保候审。

2011年至2015年，陈某在经营昆山B置地有限公司、昆山C房地产开发有限公司、昆山市D房产开发有限公司（陈某及以上3家公司另案处理）期间，在开发"某花园"等房地产项目过程中，为虚增建筑成本，偷逃土地增值税、企业所得税，在无真实经营业务的情况下，以支付6%-11%开票费的方式，要求A公司等7家工程承揽企业为其虚开建筑业统一发票、增值税普通发票，虚开金额共计3亿余元。应陈某要求，为顺利完成房地产工程建设、方便结算工程款，A公司等7家企业先后在承建"某花园"等房地产工程过程中为陈某虚开发票，使用陈某支付的开票费缴纳全部税款及支付相关费用。许某等7人在公安机关立案前投案自首，主动上缴违法所得、缴纳罚款。

江苏省苏州市公安局直属分局2018年4月20日以涉嫌虚开发票罪对A公司等7家涉案公司立案侦查，5月23日分别向昆山市人民检察院移送审查起诉。

【处理意见】

昆山市人民检察院经审查认为，A公司等7家公司及许某等7人实施了《刑法》第205条之一规定的虚开发票行为，具有自首、坦白等法定从轻或减轻处罚情节，没有在虚开发票过程中偷逃税款，案发后均积极上缴违法所得、缴纳罚款，在犯罪中处于从属地位，系陈某利用项目发包、资金结算形成的优势地位要求其实施共同犯罪，具有被动性。依据《刑事诉讼法》第177条第2款规定，昆山市人民检察院于2018年12月19日对A公司等7家公司及许某等7人作出不起诉决定。同时，对陈某及其经营的3家公司以虚开发票罪依法提起公诉。

【指导意义】

对于在经济犯罪活动中处于不同地位的民营企业经营者，要依法区别对待，充分考虑企业在上下游经营活动中的地位。对在共同犯罪中处于从属地位，主观恶性不大，自首、坦白，积极退赃退赔、认罪认罚的，应当依法从宽处理，促进民营企业恢复正常生产经营活动，维护企业员工就业和正常生活。对于在共同犯罪中，主观恶性较大、情节严重、采取非法手段牟取非法利益的主犯，应当依法追究刑事责任。

检察机关办理涉民营企业经济犯罪案件，要注意保护和促进市场经济秩序良性发展。对于偷逃税款、虚开发票等严重破坏合法、健康的市场经济秩序，破坏公开、公平、公正的市场竞争秩序的犯罪行为，应当依法追究刑事责任，维护合法经营、公平竞争的市场环境。

第五编

侵犯知识产权罪

第一章　侵犯知识产权罪概述

第一节　侵犯知识产权罪的立法沿革

"知识产权"是人们依法对自己的特定智力成果、商誉和其他特定相关客体等享有的权利,[①]是个人和组织的一项重要权利。在英语中,通常用"Intellectual Property"(简称"IP")来表示知识产权,其原意为知识(财产)所有权。在传统民事权利制度体系中,知识产权与传统的财产所有权相区分,具有非物质性、专有性、地域性、时间性等特征。随着改革开放以来经济社会的不断发展进步,知识产权在我国经济发展中所占的比重越来越大,我国知识产权刑事司法保护也不断完善。

1979年刑法中规定了假冒注册商标罪,随着改革开放的不断推进,在市场经济和对外开放双重推动下,我国经济社会蓬勃发展,各方面发生深刻变化,商标、版权、专利、商业秘密等知识产权数量大幅增长,知识产权的巨大价值很快为国家、社会所认识。与此同时,针对知识产权的犯罪数量不断增加。为加强知识产权保护,打击各类侵犯知识产权犯罪,我国先后颁布了1993年全国人大常委会《关于惩治假冒注册商标犯罪的补充规定》、1994年全国人大常委会《关于惩治侵犯著作权的犯罪的决定》等刑事法律规范,形成惩治侵犯知识产权犯罪的基本法律框架。1997年刑法以专节规定了"侵犯知识产权罪",和我国知识产权专门法(如著作权法、商标法、专利法)中的刑事法律规范共同构建了我国知识产权的刑事保护体系。2021年3月实施的《刑法修正案(十一)》对侵犯知识产权

[①] 参见王迁:《知识产权法教程》(第六版),中国人民大学出版社2020年版,第3页。

罪多个罪名作了修改,扩大了对知识产权的刑事保护范围,提升了刑罚处罚力度。例如,将服务商标明确纳入商标类罪名的保护范围,完善了侵犯著作权罪和侵犯商业秘密罪中的侵权情形规定,将多个侵犯知识产权罪名第二档刑期提升至3年以上10年以下有期徒刑。

创新是引领发展的第一动力,保护知识产权就是保护创新。全面建设社会主义现代化国家,必须更好推进知识产权保护工作。当前,我国知识产权事业不断发展,正在从知识产权引进大国向知识产权创造大国转变,知识产权刑事司法保护工作也与时俱进,为知识产权经济提供全链条保护,为促进经济社会高质量发展作出积极贡献。

刑法分则第三章第七节"侵犯知识产权罪"规定的罪名,分别是假冒注册商标罪,销售假冒注册商标的商品罪,非法制造、销售非法制造的注册商标标识罪,假冒专利罪,侵犯著作权罪,销售侵权复制品罪,侵犯商业秘密罪,为境外窃取、刺探、收买、非法提供商业秘密罪。

第二节 侵犯知识产权罪的发案态势

一、案件数量持续上升,涉及领域广

近年来,侵犯知识产权犯罪数量持续上升。2021年全国检察机关起诉侵犯知识产权犯罪6565件14020人,同比分别上升12.3%和15.4%,其中假冒注册商标罪6024人,销售假冒注册商标的商品罪5084人,非法制造、销售非法制造的注册商标标识罪1083人,数罪和他罪中含侵犯知识产权犯罪994人,侵犯著作权罪679人,侵犯商业秘密罪121人,销售侵权复制品罪34人,假冒专利罪1人。在全国范围来看,案件依然主要集中于东部地区,但中西部地区侵犯知识产权犯罪案件数量也呈上升趋势。知识产权犯罪涉及领域广泛,既有传统的烟酒、服装、食品领域,也有人工智能、信息技术、生物医药等高技术领域,科教文创领域案件也较

为常见。检察机关不断加强机构和人员专业化，加大对侵犯知识产权犯罪的打击力度。

二、犯罪类型较为集中，以涉商标类案件为主

目前从侵犯知识犯罪的发案类型来看，以商标类案件为主，其中假冒注册商标罪和销售假冒注册商标的商品罪案件占全部侵犯知识产权犯罪案件总数的大部分。一方面，假冒注册商标犯罪技术门槛较低，犯罪分子容易掌握相应的造假技术；另一方面，假冒商标犯罪获利快，犯罪分子受利益驱使，实施侵犯知识产权行为。相较而言，其他侵犯知识产权犯罪对技术、条件要求较高，或者作案手段较为隐蔽，案件侦破难度也较大。例如，商业秘密的秘密性、保密性特点决定了其存在形式不为社会公众所知悉，侵权行为较为隐蔽，司法机关很难主动发现侵犯商业秘密犯罪行为，案发主要依靠权利人报案，案发时可能已经时过境迁，侦查机关侦查取证难度大。同时，从当前侵犯商业秘密犯罪案件总体情况看，内部员工或者内外勾结作案特征明显，行为人具有一定的技术知识和反侦查能力，犯罪手段技术性较强，增加了侦查取证难度。

三、共同犯罪案件多，上下游链条式特征明显

近年来，侵犯知识产权案件中共同犯罪较多，呈现团伙化、产业化、链条化趋势。2021年，检察机关共起诉侵犯知识产权犯罪约1.4万人，其中共同犯罪约1万人，占比达到68.3%，较整体刑事案件共同犯罪比例高28.2个百分点。借助网络技术和现代物流交通，共同犯罪和上下游犯罪分子将犯罪行为链条化切割，呈现人货分离、货品商标分离、组装加工场所和库房分离、侵权地和销售地分离等特征。有的犯罪分子通过云存储技术、在境外架设服务器等手段隐藏犯罪行踪，通过非法第四方支付平台收取货款快速转移资金，形成"线上线下"并行、境内境外交织、跨时空跨地域的犯罪链条，增加了一体化打击的难度。如在商标类犯罪中，常出现行为人以团伙形式作案，上游制作标识、中间制作贴标生产加工产品、下游对外销售的情况。此外，在侵犯知识产权犯罪案件中，单位犯罪的数量

和占比也比较高。

四、犯罪手段不断更新，类型多样化

侵犯知识产权犯罪的手段体现出更多的专业性和技术性。新一轮技术革命已经波及世界各个角落，云计算、5G、区块链等新兴技术的日益扩张使科技达到前所未有的程度。犯罪活动过程中所使用的生产设备和生产技术越来越先进，制假水平越来越高，犯罪手段呈专业化、科技化的趋势。不法分子借助互联网实施侵权行为，花样不断翻新，办案难度增大。有的犯罪分子利用掌握的网络技术窃取企业商业秘密，通过深度链接、网络爬虫技术非法传播作品，通过直播带货销售假冒注册商标的商品，实施侵权行为。根据目前司法实务中办理的知识产权刑事案件来看，侵犯商标权案件中多为网上销假，侵犯著作权案件已由传统线下为主，转为线上云盘存储会员制销售传输为主，其犯罪手段隐秘性更强，危害性更大。而在侵犯商业秘密类案件中，证据多以电子数据形式呈现，不同领域侵犯商业秘密案件往往需要不同专业领域的专家协助，都表明侵犯知识产权犯罪技术化、专业化特征更加明显。

第三节 侵犯知识产权案件的办理要点

一、提升取证能力，强化审查能力

办理侵犯知识产权犯罪案件，对引导取证、证据审查、判断、运用具有独特要求。一是要高度重视权利证据审查。例如，对于商标类犯罪，要注意审查权利人是否为权利主体，涉案商标是否是权利人合法注册且在有效期内，是否存在撤销、无效诉讼，是否有授权许可文书等；对于著作

权类案件，不能仅依据著作权登记证书就认定属于著作权人，还要综合审查完成作品的底稿、申请登记文书等证据材料，准确认定权利主体，防止恶意取得著作权和恶意诉讼行为；对于商业秘密案件，要全面审查商业秘密所必须具备的秘密性、保密性、价值性特征，判断涉案技术信息、经营信息是否属于商业秘密。二是要高度重视电子数据审查。随着信息网络技术的快速发展，侵犯知识产权犯罪正在呈现网络化特征，即便是传统形式的侵犯知识产权犯罪，大量证据也形成、存储于手机、电脑、云服务器等网络空间或载体中，这些要求办案人员高度重视、不断提升电子数据的收集、审查、鉴真、判断、运用能力，最大化发挥证据效力，实现不枉不纵目标。三是高度重视鉴定意见审查。侵犯知识产权案件专业性、技术性较强，很多案件需要借助鉴定机构对专门性问题进行鉴定，需要注意的是，尽管目前知识产权鉴定不属于司法部"四大类"司法鉴定范围，但根据《刑诉法解释》第100条之规定，对此类专门报告的审查，可以参照鉴定意见审查的相关规定。实践中，部分鉴定意见可能较为简单或者存在不规范之处，检察人员可以申请鉴定人出庭。同时，注意发挥有专门知识人员作用，对其中专业问题进行补充说明。

二、完善行刑衔接机制，全链条打击侵犯知识产权犯罪

在司法实践中，由行政机关移送相关线索后转化为刑事案件是侵犯知识产权犯罪案件的重要来源。在行政机关移送线索案件中，为避免出现因取证不及时、不规范致使案件关键证据出现灭损的情况，同时加强不起诉案件移送行政处罚，有必要不断健全行刑双向衔接制度。一方面，在行政机关发现知识产权刑事案件线索后，及时告知侦查机关和检察机关，由公安机关及时进行初查，固定案件关键证据；检察机关适时介入，对案件性质和取证工作进行引导。另一方面，对于因不构成犯罪、情节轻微不起诉等原因不追究刑事责任的案件，如涉及行政违法，应由检察机关或公安机关及时将案件处理结果和行政违法线索反馈给知识产权行政管理部门，由知识产权行政管理机关作出行政处罚。检察机关应当加强与知识产权行政管理部门的合作，通过会签协议、建立协作机制、互派人员交流等方式，强化协同打击治理。完善行刑衔接机制，实现对侵犯知识产权违法犯

罪从执法、侦查到起诉、审判的全链条闭环打击。

三、探索综合履职机制，建立综合保护体系

为强化知识产权综合司法保护，最高人民检察院组建知识产权检察办公室，专门从事知识产权检察工作，一体履行刑事、民事、行政检察职能。截至 2022 年 8 月，全国共有 27 个省级检察院成立了知识产权检察部门，实行综合履职。办理知识产权案件，需要推进一体化审查办案机制和办案思路，同步审查相关行为是否涉民事侵权、行政违法和刑事犯罪，通过刑民行一体化审查机制，厘清法律关系，合理界定刑民边界，采用恰当保护手段，精准打击侵犯知识产权犯罪。同时，探索办案机制创新。例如，积极开展刑事附带民事诉讼，一体解决刑事责任追究和民事责任承担，降低维权成本，提高司法效率。又如，在办理知识产权刑事案件中，及时全面告知权利人诉讼权利义务，实现最佳司法保护效果。

第二章　假冒注册商标罪办案指引

第一节　假冒注册商标罪概述

一、假冒注册商标罪的立法沿革

1979年《刑法》第127条规定了假冒注册商标罪，即"违反商标管理法规，工商企业假冒其他企业已经注册的商标的，对直接责任人员，处三年以下有期徒刑、拘役或者罚金"。1993年2月，全国人大常委会《关于惩治假冒注册商标犯罪的补充规定》第1条第1款对罪状作了修改，规定："未经注册商标所有人许可，在同一种商品上使用与其注册商标相同的商标，违法所得数额较大或者有其他严重情节的，处三年以下有期徒刑或者拘役，可以并处或者单处罚金；违法所得数额巨大的，处三年以上七年以下有期徒刑，并处罚金。"相较于1979年刑法，该单行刑法将假冒注册商标罪的主体从工商企业扩大规定为一般主体，将"违反商标管理法规"这一空白罪状作了明确规定"未经注册商标所有人许可，在同一种商品上使用与其注册商标相同的商标"，更加明确具体和有可操作性；将行为犯修改为了"违法所得数额较大或者有其他严重情节的"结果犯加情节犯，并将最高法定刑提高到7年以下有期徒刑并处罚金。

我国于1989年和1995年分别加入《马德里协定》和《马德里议定书》，1994年加入了《尼斯协定》。1995年，我国开始加入世界贸易组织的谈判，深入研究1994年《与贸易有关的知识产权协议》的规定，其中第61条刑事程序规定："各成员应规定刑事程序和处罚，至少适用于故意的具有商业规模的假冒商标或版权盗版案件。可以采用的救济应包括足以起威慑作用的监禁和/或罚金，其水准应与同样严重程度的犯罪所适用的处罚水准相一致。在适当情形，可以采用的救济还应包括扣押、没收和销毁侵权货物以及主要用于犯罪的任何材料和工具。各成员可以规定，刑事程序和处罚应适用于侵犯知识产权的其他情况，尤其是故意侵权并且具有商业规模的情况。"1997年《刑法》第213条假冒注册商标罪将定罪标准由上述决定的"违法所得数额大小"改为"情节严重程度"，规定："未经注册商标所有人许可，在同一种商品上使用与其注册商标相同的商标，情节严重的，处三年以下有期徒刑或者拘役，并处或者单处罚金；情节特别严重的，处三年以上七年以下有期徒刑，并处罚金。"

2020年12月通过的《刑法修正案（十一）》对《刑法》第213条进行了修改，规定："未经注册商标所有人许可，在同一种商品、服务上使用与其注册商标相同的商标，情节严重的，处三年以下有期徒刑，并处或者单处罚金；情节特别严重的，处三年以上十年以下有期徒刑，并处罚金。"该修改主要表现在：一是将注册的服务商标纳入刑事保护范围。将服务商标纳入刑法保护，是完善我国商标刑事保护制度的体现，提高对服务商标所有人权益的保护水平。需要说明的是，《刑法》第215条非法制造、销售非法制造的注册商标标识罪也将适用于服务商标。二是加大了刑罚处罚力度。将法定最低刑从拘役提高到有期徒刑，将法定最高刑提高到10年以下有期徒刑并处罚金。

二、假冒注册商标罪的概念和构成特征

假冒注册商标罪，是指未经注册商标所有人许可，在同一种商品、服务上使用与其注册商标相同的商标，情节严重的行为。

（一）客体特征

本罪侵犯的客体是商品注册商标和服务注册商标所有人的商标专用权和社会主义市场经济秩序。

(二) 客观特征

本罪的客观方面表现为实施了违反商标法，未经注册商标所有人许可，在同一种商品、服务上使用与其注册商标相同的商标，情节严重的行为。办案中，应注意审查涉案商标是否在我国合法注册，是否受我国刑法保护。我国仅对注册商标予以刑事保护，对于侵犯未注册商标权利人权利的，不构成犯罪。对于没有在我国注册的商标，即使其在外国获得注册，在我国也不享有注册商标专用权。需要强调的是，囿于商标的地域性原则，对于在境外侵犯我国权利人注册商标专用权，而该商标尚未在该国注册的，我国执法司法机关不能援引《刑法》第8条保护管辖和第9条普遍管辖予以管辖。

(三) 主体特征

本罪主体为一般主体，达到16岁的刑事责任年龄并具有刑事责任能力的自然人均可构成本罪。根据《刑法》第220条之规定，单位也可构成本罪，单位犯本罪的，对单位判处罚金，并对其直接负责的主管人员和其他直接责任人员，按照本条的规定处罚。2004年最高人民法院、最高人民检察院《关于办理侵犯知识产权刑事案件具体应用法律若干问题的解释》第15条规定，单位实施侵犯知识产权犯罪行为，按照相应个人犯罪的定罪量刑标准的三倍定罪量刑。2007年最高人民法院、最高人民检察院《关于办理侵犯知识产权刑事案件具体应用法律若干问题的解释（二）》作出修订，第6条规定，单位实施侵犯知识产权犯罪行为，按照相应个人犯罪的定罪量刑标准定罪处罚。

(四) 主观特征

本罪主观方面是故意，即明知未经注册商标所有人许可，在同一种商品、服务上使用与其注册商标相同的商标。

三、假冒注册商标罪的追诉标准

2004年最高人民法院、最高人民检察院《关于办理侵犯知识产权刑事案件具体应用法律若干问题的解释》第1条规定，实施假冒注册商标行为"情节严重"是指：（1）非法经营数额在5万元以上或者违法所得数额在3万元以上的；（2）假冒两种以上注册商标，非法经营数额在3万元以上或者违法所得数额在2万元以上的；（3）其他情节严重的情形。"情节特别严重"是指：（1）非法经营数额在25万元以上或者违法所得数额在15万元以上的；（2）假冒两种以上注册商标，非法经营数额在15万元以上或者违法所得数额在10万元以上的；（3）其他情节特别严重的情形。并在第15条规定，单位实施的，按照相应个人犯罪的定罪量刑标准的三倍定罪量刑。2007年最高人民法院、最高人民检察院《关于办理侵犯知识产权刑事案件具体应用法律若干问题的解释（二）》取消了假冒注册商标罪单位犯罪和个人犯罪数额的三倍关系的规定，将其统一为个人犯罪的追诉标准，并对数额予以明显降低。2010年最高人民检察院、公安部《关于公安机关管辖的刑事案件立案追诉标准的规定（二）》第69条对假冒注册商标案的立案追诉标准修改为：（1）非法经营数额在5万元以上或者违法所得数额在3万元以上的；（2）假冒两种以上注册商标，非法经营数额在3万元以上或者违法所得数额在2万元以上的；（3）其他情节严重的情形。

第二节 假冒注册商标罪的证据审查

一、假冒注册商标罪的证据要件

（一）犯罪客体证据

通过犯罪嫌疑人、被告人的供述和辩解、证人证言、书证、物证、鉴定意见、视听资料、电子数据等证据，证明行为人的假冒注册商标的行为已经严重侵犯了注册商标所有人的商标专用权，侵害了社会主义市场经济秩序。要注意刑法目前保护范围包含注册的商品商标和服务商标，以及注册在商品和服务上的集体商标。地理标志如果注册为商品商标或者服务商标的，可以作为商品或服务的集体商标纳入刑事保护范围。证明商标尚不属于刑事保护范畴。

（二）客观方面证据

客观方面的证据主要证实客观行为、严重情节及特别严重情节，还包括案发及查处情况。

1. 案件线索来源

一是权利人报案、公民举报的证据材料。

二是行政执法机关向公安机关移送所附的证据材料。

三是公安机关获取线索的证据材料。

上述证据材料可以参照如下标准，包括但不限于：110报警记录、报案登记、受案登记表、立案决定书及破案报告、被害人委托知识产权代理公司或律师事务所等机构报案的相关书证（营业执照、授权书、报案材料）等，以及抓获人、扭送人、举报人、控告人的证言等。

2. 权利人的涉案商标在我国的注册情况、核定使用的商品范围等受我国商标法保护证据

重点审查涉案商标系权利人合法注册且在有效期限内的证据，具体包括商标注册证、商标注册登记表、商标核准续展证明、变更证明、权利人营业执照、使用许可材料（如授权书、转授权书）。审查时，应注意商标注册证的核准范围是否包含涉案商品种类；假冒注册商标的行为发生时，商标权是否处于有效期限内，如已到期，是否续展；如商标权利人系域外公司，则其域内子公司是否具有商标使用权等。同时还要注意审查犯罪嫌疑人关于有无取得商标权许可的供述，商标权利人提供的未授权声明等，商标权利人或其代理人出具的真伪鉴定材料等。对注册商标，应当进行实质性审查，是否属于应当予以撤销、宣告无效的商标，有一些特殊情况需要格外注意：一是需要充分审查涉案商标在马德里体系下是否属于我国商标法保护的注册商标。应当对国际注册申请人的条件进行审查，注意审查该商标是否通过国际注册在我国获得了领土的延伸，并对获得我国注册商标专用权的时间进行实质性判断。二是注意审查注册商标的使用情

况，对于没有正当理由连续三年不使用的或者已经成为其核定使用的商品的通用名称的（如U盘），不能纳入刑法保护范畴。三是对以不正当手段抢先注册他人已经使用并且有一定影响的商标，不应当予以刑事保护。四是审查涉案商标是否存在以欺骗手段或者其他不正当手段取得商标注册的情形。

3. 假冒注册商标的商品与权利人商标所核定使用的商品相同的证据

重点审查被侵权的注册商标的核定使用商品范围。应当根据查明的侵权商标使用的商品范围，查找《商标注册用商品和服务国际分类》和《类似商品和服务区分表》，将被控侵权商品与注册商标核定使用的商品进行对比，看二者所使用的商品名称是否相同。如果不相同，则要审查是否属于"名称不同但指同一事物的商品"，须在功能、用途、主要原料、消费对象、销售渠道等方面审查是否相同或基本相同，是否足以使相关公众一般认为二者是同一种事物。要注意避免将民事侵权判定中的"类似商品或服务"的认定标准扩大适用到刑事案件领域。且需要注意的是《商标注册用商品和服务国际分类》不断被修订，需结合早前版本的《类似商品和服务区分表》及其他相关证据予以综合判断。

4. 假冒注册商标与权利人注册商标相同的证据

重点审查正品商品的实物或者照片及假冒商品的实物或照片，通过对比字体、字间距、横竖排列、字号、颜色、大小、线条粗细等商标外在特征，综合判断涉案商品与被假冒的注册商标是否在视觉上完全相同或基本无差别，足以对公众产生误导。具体包括：（1）改变注册商标的字体、字母大小写或者文字横竖排列，与注册商标之间基本无差别的；（2）改变注册商标的文字、字母、数字等之间的间距，与注册商标之间基本无差别的；（3）改变注册商标颜色，不影响体现注册商标显著特征的；（4）在注册商标上仅增加商品通用名称、型号等缺乏显著特征要素，不影响体现注册商标显著特征的；（5）与立体注册商标的三维标志及平面要素基本无差别的；（6）其他与注册商标基本无差别、足以对公众产生误导的商标。需要注意避免将民事侵权判定中的"近似商标"的认定标准扩大适用到刑事案件领域，且对于立体注册商标，需要结合三维标志及平面要素，均基本无差异才能认定为刑法意义上的相同。

5. 假冒注册商标行政违法性的证据

对于法律规定明确、性质无争议的，侦查机关可以依职权直接认定行为是否涉嫌犯罪；对于案情复杂、性质认定疑难或新类型案件，比如对"相同商品"等存在较大争议的案件，建议行政主管机关出具涉案行为行政认定意见。行政主管机关作出的行政认定意见可以作为行政违法性司法判断的证据之一。

6. 证明犯罪行为的证据

（1）查明犯罪时间与地点应当收集的基本证据。

一是线下固定场所销售。犯罪嫌疑人经营地或商品储存地系向他人租、借，需提取房主证言，核实房屋出租、出借的情况、用途，如有合同，一并调取，审查合同签订方、实际使用方是否为犯罪嫌疑人；摊位周边人员、快递合作方、买家的证言，核实摊位的实际经营人的情况等。

二是流动销售。部分犯罪嫌疑人采取不设立固定经营场所，通过电话等方式单线联系，自行运输的方式。此种模式下的证据搜集较为困难，除了要收集现场查获的待售假冒注册商标的商品以外，还要积极查找已经销售的记录。客观证据主要包括通话、短信、QQ、微信等记录、监控录像、快递单据、进货单据等。

三是线上销售。主要调取网络销售记录、销售商品名称、销售商品的网页、买家评价等。

（2）证明"违法所得数额"应当收集的基本证据。

违法所得，是指获利数额，即以行为人违法生产、销售商品或提供服务所获得的全部收入，扣除其直接用于经营活动的合理支出部分后剩余的数额。证明犯罪成本的证据，主要包括记录假冒商品、商标标识、包装盒、说明书等制假原材料进货价格的账本、网络交易记录、提货单、供货协议等书证。如销售制假原材料的上家已经到案，则重点审查犯罪嫌疑人对于进货渠道、进货价格的供述能否与上家供述相互印证。

（3）证明"非法经营数额"应当收集的基本证据。

非法经营数额，是指行为人在实施侵犯知识产权行为过程中，制造、储存、运输、销售侵权产品的价值。根据相关司法解释之规定，已销售的侵权产品的价值，按照实际销售的价格计算。制造、储存、运输和未销售的侵权产品的价值，按照标价或者已经查清的侵权产品的实际销售平均价格计算。侵权产品没有标价或者无法查清其实际销售价格的，按照被侵权产品的市场中间价格计算。由此可见，证明非法经营数额要区分已经销售部分和尚未销售部分两种情况：

第一种情况，已经销售的按照实际销售价格计算。司法实践中，实际销售价格的认定方法有三种：一是有客观证据予以证明的情形，如调取了淘宝后台销售记录、支付宝交易记录、账本、买卖协议、收据等书证，或起获的商品上有明确标价，则一般以书证记载的销售价格或者标价为准。但应当注重审查以下几点：（1）账本、账册、收据等书证的客观性、真实性，是公安机关原始扣押还是犯罪嫌疑人及其家属、律师提供，是完整账册还是部分账册，是否能与其他言词证据相互印证；（2）淘宝后台销售记录、支付宝交易记录中记载的价格是否低于正品的市场销售价，如果高于或等于正品的市场销售价要详细核实原因；（3）如犯罪嫌疑人提出存在网店刷单的辩解，要仔细审查淘宝销售记录、支付宝交易记录中显示的交易对方名称、收货地点、购买数量、有无特殊备注等信息，核实辩解的合理性。二是部分有客观证据予以证明，犯罪嫌疑人供述能够与客观证据彼此吻合、互相印证，这种情况下，可以采信犯罪嫌疑人供述，对于无客观证据证明的部分商品，按照犯罪嫌疑人的稳定供述予以认定。三是没有客观证据，只有买家、销售人员的证言和犯罪嫌疑人的供述和辩解等言词证据，如果犯罪嫌疑人供述与其他言词证据能够吻合，且符合常理，可以采信供述中的价格作为实际销售价格。

第二种情况，尚未销售的按照已经查清的实际销售平均价格或者标价计算，没有标价或者无法查清其实际销售价格的，按照被侵权的产品的市场中间价计算。

实际销售价格的取证方向与证据标准在上文中已经提到，在此不再赘述。如已查清已经销售部分的实际销售价格，则尚未销售部分按照实际销售平均价格进行计算。需要注意的是，已经销售部分的商品型号是否与尚未销售部分的商品型号相对应。确实无法查清实际销售价格的，可以根据查获物品的标价计算待销售商品的价格。根据犯罪嫌疑人供述、证人证言等证据能够相互印证的价格明显低于吊牌标价和被侵权产品市场中间价的，应当以有利于犯罪嫌疑人的、能够相互印证的价格计算犯罪数额。

如果在案证据确实无法证实标价或者实际销售价格的，应当委托具有资质的价格认定机构出具鉴定意见，按照鉴定意见书中载明的被侵权产品的市场中间价进行计算。对于价格鉴定意见，应当着重审查鉴定商品的商标、型号、数量是否与扣押清单上列明的涉案物品相符，采用的鉴定方法、鉴定过程是否科学、合理。应当注意的是，侵权产品如系另一产品的零部件，应当根据该零部件本身的价值确定犯罪数额。

（4）证明"两种以上商标"应当收集的基本证据。

每种商标的商标注册证、商标注册登记表及商标专用权证书、核准续展证明、关于使用许可的其他材料，如授权书、转授权书等。需要注意的是，如果是域外证据，需提供中文版本及相应的认证、公证文件。同时还应注意审查商标权利人提供的未授权声明，权利人、其委托的知识产权代理公司或其他鉴定机构出具的真伪鉴定材料等。

在此应注意，"假冒两种以上注册商标"，一般是指假冒不同注册商标权利人或者假冒同一注册商标权利人不同商品的两种以上注册商标。对于在同一件（种）商品上，假冒同一注册商标权利人两种以上注册商标，注册商标均指向同一商品来源的，一般不宜认定为假冒两种以上注册商标。

（三）犯罪主体证据

本罪的主体为一般主体，包括单位和自然人。只要具备刑事责任能力，达到刑事责任年龄的自然人均可成为本罪主体，单位也可以构成本罪。

1. 证明单位犯罪主体的证据

以单位名义实施假冒注册商标犯罪行为，犯罪所得归单位所有的，是单位犯罪。个人为进行违法犯罪活动而设立的公司、企业、事业单位实施犯罪的，或者公司、企业、事业单位设立后，以实施犯罪为主要活动的，不以单位犯罪论处。

（1）单位犯罪的一般要件。

①证明主体为单位的证据。

应当收集证明单位的名称、设立日期、性质、办公地点、住所地、法定代表人、存续情况、直接负责的主管人员和其他直接责任人员等情况的证据。主要包括：

国家机关、事业单位、社会团体性质的相应法律文件，机关、团体法人统一社会信用代码证书。

企业法人营业执照，从事特殊行业的，应当收集相应的批文或者许可证件。

单位已被注销或者撤销的，应有注销证明或者撤销机构出具的相关证明。

单位为分支机构或者内设机构的，应有其与上级单位关系、被授权权限或者经营范围等的证明材料。

单位实施假冒注册商标犯罪后，发生分立、合并或者其他资产重组等情况的，应有分立、合并或者其他资产重组以及承受原单位权利义务的资料。

单位的有关合同、章程、协议等证明单位的组织形式、直接负责的主管人员和其他直接责任人员分工的材料。

犯罪嫌疑人有关犯罪单位及直接负责的主管人员、其他直接责任人员在犯罪活动中地位、作用内容的供述和辩解。

单位内部人员、业务合作人员有关犯罪单位及直接负责的主管人员、其他直接责任人员在犯罪活动中地位、作用内容的证人证言。

其他证明单位情况的相关材料。

②证明"以单位名义"的证据。主要包括：

单位决策机构作出的决定、会议纪要等。

单位主要负责人、实际控制人或者授权的分管负责人作出的决定或者表示同意的材料。

证明单位主要负责人、实际控制人或者授权的分管负责人在得知单位成员实施假冒注册商标犯罪行为后，纵容、默许、未表示反对或者制止的证据。

③证明"犯罪所得归单位所有"的证据。

证明单位应当支出税款而未支出或者少支出，非法收益归本单位或者本单位的多数员工所有的证据，主要包括：

单位会计账簿、资金流向、单位银行账户。

审计、鉴定意见等。

单位主要负责人或者分管负责人有关为单位赚取利益，非法利益归单位所有的供述。

④会计人员等单位内部人员、业务合作人员有关为单位赚取利益，非法收益归单位所有的证言等材料。

（2）单位不同层级人员要件。

单位犯罪中的"直接负责的主管人员"，一般是指对单位犯罪起决定、批准、组织、策划、指挥、授意、纵容等作用的主管人员，包括单位实际控制人、主要负责人或者授权的分管责任人、高级管理人员等；"其他直接责任人员"，一般是指在直接负责的主管人员的指挥、授意下积极参与实施单位犯罪，或者对具体实施单位犯罪起较大作用的人员。

①证明行为人系单位的实际控制人、主要负责人或者授权的分管责任人、高级管理人员的证据。

②证明行为人系假冒注册商标犯罪的决定、组织、指挥或者管理职责的负责人、管理人员的证据。

③证明行为人系直接实施假冒注册商标行为的人员的证据。

2. 证明自然人犯罪主体的证据

（1）自然人身份证据。

自然人身份的基本情况，如姓名（曾用名）、性别、出生年月日、出生地、有效身份证件号码、民族、籍贯、国籍、职业、住所等。通过以下证据予以证明：

①居民身份证、临时居住证、护照、户口簿以及公安部门出具的户籍证明。

②港、澳居民身份证、护照、来往内地通行证，台湾居民来往大陆通行证，以及居住地证明资料等。

③外国人护照、出入境证明、在华长期居留证明，以及使领馆出具的身份证明资料等。

④犯罪嫌疑人曾经违法犯罪经历的有关行政处罚决定书、刑事判决书等。

⑤犯罪嫌疑人对身份的供述。

⑥有关人员（亲属、邻居等）对犯罪嫌疑人、被告人身份关系的证言。

（2）应当注意的事项。

①自然人主体身份情况的证据主要是户籍所在地公安机关出具的户籍证明材料，户籍证明应当附犯罪嫌疑人照片。未附照片的，可以收集有

关人员（如亲属、邻居等）关于犯罪嫌疑人情况的证言及辨认笔录，以证明犯罪嫌疑人与户籍所载人员的同一性。办案单位通过公安信息网系统打印的犯罪嫌疑人身份信息和犯罪嫌疑人供述一致，打印的照片与其本人相符，经加盖办案单位印章，并注明制作时间、来源，由办案人员签名的，可以作为证据使用。

②对犯罪嫌疑人第一次讯问，应当问明犯罪嫌疑人的姓名、别名、曾用名、出生年月日、户籍所在地、现住地、经常居住地、籍贯、国籍、出生地、民族、职业、文化程度、家庭情况、身份证号码、政治面貌、社会经历（包括学历、工作经历、违法犯罪经历等）、是否属于人大代表或政协委员等情况。

③单位设立后专门从事违法犯罪活动的，应当以自然人犯罪追究刑事责任。单位除了实施假冒注册商标行为以外，还有其他合法的生产活动，或者前期属于合法经营，后期才实施假冒注册商标行为的，则需要区分是否以实施犯罪为主。犯罪活动虽然经单位决策实施，但违法所得归个人所有的，仍然应当认定为个人犯罪。

（四）主观方面证据

本罪主观方面是故意，即行为人对其未经注册商标所有权人许可，在同一种商品、服务上使用与其注册商标相同的商标存在主观明知。犯罪嫌疑人可能就涉案物品、服务的授权等提出辩解，需要结合在案证据排除合理怀疑。

1. 证明故意的证据

证明犯罪嫌疑人、被告人具有实施假冒注册商标犯罪的故意，在讯问犯罪嫌疑人、被告人时应重点核实：行为人的犯罪动机、目的及共谋情况；关于违法性认识，仅需行为人明知其行为及结果的危害性即可，并不要求行为人明知行为及结果的违法性；行为的时间、地点、参与人、方式、经过、结果。

犯罪嫌疑人、被告人对于主观故意存在辩解时，应当依据其任职情况、职业经历、专业背景、培训经历、本人因同类行为受到行政处罚或者刑事追究情况、是否获取授权材料、是否与获取授权的相关人员有合法商业合作关系等证据，结合其供述，进行综合分析判断。对于伪造、涂改商标注册人授权文件或者知道该文件被伪造、涂改的，推定为明知。

此外，还需要审查是否有在先使用权、"撤三"抗辩、平行进口、走私商品换权利人商标等情形。对于犯罪嫌疑人或者被告人提出在先使用权抗辩的，应当重点围绕商标的注册、使用、影响等事实进行重点审查。对于提出平行进口、走私商品更换权利人商标的，也需要犯罪嫌疑人、被告人提供有效线索，核实属实的，不认为有假冒注册商标的故意。

2. 共同犯罪中主观故意的认定

证明以假冒注册商标共犯论处的行为人的主观故意时，应重点收集和提取能够证明其明知他人实施了假冒注册商标的犯罪行为，并为其提供资金等帮助行为的证据，查清各行为人在案件中的地位和作用，是否有主从犯等。对于在单位犯罪或者共同犯罪中，纯粹执行领导或雇主指派参与实施犯罪，但是从业时间短暂，层级较低，无相关职业经历、专业背景，提出不明知辩解，需要依据其任职情况、职业经历、专业背景、培训经历、本人因同类行为受到行政处罚或者刑事追究情况、实际参与程度、同案犯或其他证人言词证据等，综合认定其是否具有主观明知。行为人没有直接参与制假活动，如纯粹做饭、打扫卫生，且没有证据证明其知道该关联事项与制假活动之间的关系的，不应当认定其具有犯罪故意。

二、假冒注册商标罪常见证据审查

（一）证明从重处罚情节的证据

应注意审查犯罪嫌疑人假冒注册商标的商品销售记录，案发现场起获的待销售商品的种类、数量，涉案商品的银行交易明细等，核实假冒一种注册商标非法经营数额是否达到25万元以上或者违法所得数额在15万元以上；假冒两种以上注册商标，非法经营数额是否在15万元以上或者违法所得数额在10万元以上。

（二）证明从宽处罚情节的证据

在此应当注意审查犯罪嫌疑人是否同被侵权人达成和解，有无和解协议；是否有检举揭发其他犯罪嫌疑人的行为。

（三）审查认定证据应注意的情况

1. 取证主体

公安机关直接移送的案件，应注意审查扣押主体、对涉案商品委托送检主体是否为公安机关；对于行政机关移送案件，应重点审查行政机关扣押相应商品后同公安机关衔接的手续是否完整，移交扣押清单上的涉案商品是否一致。

2. 抽样取证

在取证过程中，在起获商品数量较多时，应采取抽样取证的方式，在此应注意合理的比例；对于已销售出的商品，应重点查找买家，调取商品，核实买家所购买商品的真伪。

3. 证据充分性及排他性说明

（1）相关待查证事实是否存在缺失。

在此应重点审查涉案商标注册证的类别、是否在有效期限，如超期，应核实是否有商标延展证明文件。同时还应核实是否存在其他假冒注册商标的行为，是否为假冒多种注册商标的行为。

（2）证据之间的矛盾是否得以合理排除，证据的瑕疵是否都已补正。

对犯罪嫌疑人辩解存在真伪产品混同销售的情况，应核实其销售价格同正品是否存在明显区别，同时核实买家证言，查证已销售产品的真伪，对于公安机关在扣押涉案产品笔录方面存在的瑕疵，应通过让公安机关以补充扣押录像及工作说明等多种形式来予以补强。

（3）犯罪嫌疑人的辩解是否都已查证并合理排除。

在此应注意犯罪嫌疑人目前多通过网络平台进行销售，最为常见的辩解是存在网络刷单的情况，对于网络刷单的辩解，可以从以下几个方面来进行查证：①犯罪嫌疑人提供刷单线索后，由公安机关去找刷单人查证；②结合犯罪嫌疑人销售产品的价格，对过低价格和过高价格进行剥离；③核实网络后台交易记录，对于多个连续相同的产品、收货人、地址予以核实后剥离。

（4）是否遗漏共犯，能否排除其他人作案。

对此应注意对已到案犯罪嫌疑人的手机或电脑中的电子数据，查找犯罪嫌疑人聊天记录中是否存在和他人共同犯罪的行为。

（5）其他应查证事项。

对不同产品，应注意核实不同的行业鉴定标准，由权利公司出具详细的鉴定意见，对涉案产品同正品的外观、内部构造、功能实现等方面进行详细的说明。

（四）关于不起诉的证据

1. 符合《商标法》第 59 条规定的商品描述性使用、在先使用抗辩及基于在先使用权的扩大范围经营的证据

在办理假冒注册商标刑事案件过程中，对于犯罪嫌疑人提出在先使用抗辩的，应当着重审查该抗辩是否成立，注意围绕商标的注册、使用、影响等事实进行重点审查。

2. 商标注册 3 年没有使用的证据

注册商标没有正当理由连续 3 年不使用的，不宜作犯罪处理，在此应重点核实权利人在商标注册的 3 年期间是否有使用的相关记录。

3. 涉案商标不受我国商标法保护的证据

应当审查国际注册申请人的条件，该商标是否通过国际注册在我国获得了领土延伸，获得我国注册商标专用权保护的时间。对于确实应当撤销或者宣告无效的商标，不应当纳入刑事保护范畴。

4. 涉案商标属于反向假冒的证据

反向假冒即行为人在未经权利人同意的情况下，将权利人生产产品上的商标进行撤销或覆盖，贴上自己的品牌商标后对外销售，这种情形下需要重点核实行为人以何种名义销售，并核实行为人所有的注册商标的许可范围。

5. 授权使用抗辩及在授权有效期内超范围生产的证据

应重点审查是否有权利人授权使用的相关协议，如权利人有授权的，还应核实授权使用的范围。

6. 平行进口或水货市场产品的证据

平行进口、走私商品换权利人商标，一般不认为是假冒注册商标。应核实涉案产品是否为权利人所生产的同一产品。

7. 权利人追认许可的证据

应重点审查权利人追认许可的相关协议，追认授权的期限，授权的

商标使用范围是否和涉案产品相同。

8. 涉外定牌加工的证据

应重点审查是否有定牌加工的相关授权协议，如有授权协议，应核实明确授权的产品的具体种类和授权生产数量。

9. 诉讼时效

《刑法修正案（十一）》将《刑法》第213条修改为："未经注册商标所有人许可，在同一种商品、服务上使用与其注册商标相同的商标，情节严重的，处三年以下有期徒刑，并处或者单处罚金；情节特别严重的，处三年以上十年以下有期徒刑，并处罚金。"综上，本罪追诉期限为5年或者15年。

第三节 假冒注册商标罪的认定处理

一、假冒注册商标罪的罪与非罪

（一）相同商品的判定

对于商品商标，注册商标专用权的排他性仅及于核定使用的商品相同或者类似的商品范围。在刑事保护领域，刑法仅对未经注册商标所有人许可，在同一种商品上使用与其注册商标相同的商标、情节严重的行为才按照假冒注册商标罪规制，将相同商标在类似商品上使用、在相同商品或类似商品上使用与注册商标近似的商标均不构成犯罪。

2011年最高人民法院、最高人民检察院、公安部《关于办理侵犯知识产权刑事案件适用法律若干问题的意见》第5条明确规定，认定"同一种商品"，应当在权利人注册商标核定使用的商品和行为人实际生产销售的商品之间进行比较。名称相同的商品以及名称不同但指同一事物的商品，可以认定为"同一种商品"。"名称"是指国家工商行政管理总局商标局在商标注册工作中对商品使用的名称，通常即《商标注册用商品和服务国际分类》中规定的商品名称。上述分类对于名称相同的商品进行了清晰的界定。"名称不同但指同一事物的商品"是指在功能、用途、主要原料、消费对象、销售渠道等方面相同或者基本相同，相关公众一般认为是同一种事物的商品。

第一，办案过程中，应当查明被侵权的注册商标的核定使用商品范围。如果注册商标所有人超出核定使用范围使用注册商标的，本身就是违反商标法的行为，不受注册商标专用权保护，如果犯罪嫌疑人在该超出核定使用范围的商品上使用相同商标的，不构成刑法规定的"在同一种商品上使用与注册商标相同的商标"。例如，甲公司经许可，自2010年11月13日起有权使用注册有效期限自2009年11月7日至2019年11月6日的第6420805号"有发"注册商标，核定使用商品（第29类）为猪肉食品，肉，火腿；香肠；板鸭，鱼片，肉罐头，泡菜，豆腐制品，腐竹。后甲公司生产了泡凤爪、泡椒凤爪、泡椒凤翅等食品，乙公司使用"有发"注册商标生产鸡爪、鸡翅等食品，甲公司遂向公安机关报案。法院认定，该产品原料为鸡爪、鸡翅，从其产品特征分析应当归为290114死家禽类，而非商标所注册的290046肉类，甲公司属于超出注册商标核定使用的商品范围适用注册商标。乙公司使用"有发"注册商标生产鸡爪、鸡翅等食品，不构成"在同一种商品上使用与注册商标相同的商标"。

第二，应当根据查明的侵权商标使用的商品范围，查找《商标注册用商品和服务国际分类》和《类似商品和服务区分表》，将被控侵权商品与权利人注册商标核定使用范围的商品进行对比，看二者所使用的商品名称是否相同。如果不相同，则要审查是否属于"名称不同但指同一事物的商品"。被控侵权商品与注册商标核定使用的商品在《类似商品和服务区分表》中有各自对应名称的，且通常情况下相关公众也不会认为两者指向同一事物的，一般不应当认定为同一种商品。这种对比不是机械地对比，仍然要根据个案进行实质判断。需要注意的是，在一些特殊情况下，名称相同但指不同事物的商品，也不能认定为"同一种商品"，需要审慎判断。

第三，在判定是否属于"名称不同但指向同一事物的商品"时，既不能仅局限于"名称相同的商品"，但也要注意避免将商标民事侵权判定中"类似商品或者服务"的认定标准扩大适用到刑事案件领域。"名称不同但指向同一事物的商品"具体包括两种情形：一是虽然权利人和行为人对各自生产的商品起了不同的商品名称,但商标部门在商标注册工作中对这两件商品使用的名称是相同的,或者说两件商品实际对应的是《商标注册用商品和服务国际分类》中同一个商品名称。二是权利人和行为人各自生产的商品在《商标注册用商品和服务国际分类》中对应不同的商品名称,但商品的功能、用途、主要原料、消费对象、销售渠道等方面相同,相关公众一般认为其实质上是同一种事物的商品。这两种情形都应当认定为"相同商品"。需要说明的是,按照上述要素判断同一种商品时,并不要求两商品的各个要素全部相同。例如,两商品的功能、用途和主要原料等相同,相关公众也认为其实质是指同一事物时,就可判定为同一种商品。相反,如果两商品的功能、用途和主要原料等相同,但特定消费者能够将二者区分开来,就不应判定为相同。

第四,《商标注册用商品和服务国际分类》不断被修订,目前使用的是第11版,2017年1月1日生效,商品分类越来越细致,且有修改调整。办案过程中,不能仅仅按照最新版的内容,对商品名称简单地一一比对,而是要追溯到商标注册时商标局使用的版本,查明是否存在将其归类于更大一类商品名称中,以涵盖该商品在内,且又正好为权利人的注册商标核定使用的商品名称之一;或者判断现有产品是否可以归类到注册商标核定使用的商品名称中来;或者因为《类似商品与服务区分表》中商品名称的变化,是否存在"名称不同但指同一事物的商品",如果存在则可以认定为"同一种商品",需结合早前版本的《类似商品与服务区分表》及其他相关证据予以综合判断分析。

第五,对于实践中"相同商品"的认定存在争议的,可以征求国家知识产权局商标局、相关行业协会专家的意见。

(二)相同商标的认定

《刑法》第213条规定的"相同的商标",是指与被假冒的注册商标完全相同,或者与被假冒的注册商标在视觉上基本无差别、足以对公众产生误导的商标。具有下列情形之一的,可以认定为《刑法》第213条规定的"与其注册商标相同的商标":(1)改变注册商标的字体、字母大小写或者文字横竖排列,与注册商标之间基本无差别的;(2)改变注册商标的文字、字母、数字等之间的间距,与注册商标之间基本无差别的;(3)改变注册商标颜色,不影响体现注册商标显著特征的;(4)在注册商标上仅增加商品通用名称、型号等缺乏显著特征要素,不影响体现注册商标显著特征的;(5)与立体注册商标的三维标志及平面要素在视觉上基本无差别的;(6)其他与注册商标基本无差别、足以对公众产生误导的商标。

1."在注册商标上仅增加商品通用名称、型号等缺乏显著特征要素,不影响体现注册商标显著特征"[1]认定相同商标的理解与适用

【案例1】左边为商标权人注册商标,右边为侵权商标,根据最高人民法院、最高人民检察院《关于办理侵犯知识产权刑事案件具体应用法律若干问题的解释(三)》第1条第4项规定,在注册商标上仅增加了商品型号,缺乏显著特征要素,应当认定为相同商标。

【案例2】左边为商标权人注册商标,右边为侵权商标。侵权商标的文字与注册商标仅是字体不同,拼音字母基本无差别,但侵权商标增加了文字"恒睿",有一定的显著特征,构成与注册商标相似。

---

[1] 最高人民法院、最高人民检察院《关于办理侵犯知识产权刑事案件具体应用法律若干问题的解释(三)》第1条第4项。

【案例3】下图里上方商标"表姐",下方商标"大表姐皮草",均用于商品第25类服装鞋帽。下方商标增加了"大""皮草"等非显著性要素,但影响了注册商标显著特征,不构成相同商标。

结论:第一,增加商品通用名称、型号等缺乏显著特征要素,不影响体现注册商标显著特征的,应当认定为相同商标;第二,增加了并非通用名称、型号等这些缺乏显著特征要素的内容,应当认为影响了体现注册商标显著特征,不能认定为相同商标;第三,对于在注册商标上增加了商品通用名称、型号等缺乏显著特征要素的,还要对是否影响了注册商标显著特征进行判断,继而判断是否属于相同商标。

2."与立体注册商标的三维标志及平面要素基本无差别"[①]认定相同商标的理解与适用

案例: 四川成都妻禧郎酒业有限公司出品的贵宾益郎酒涉嫌假冒权利人四川省古蔺郎酒厂有限公司郎酒立体商标。

左方注册商标:权利人四川省古蔺郎酒厂有限公司立体注册商标的三维标志。右方商标:犯罪嫌疑人所使用立体商标的三维标志。

---

① 最高人民法院、最高人民检察院《关于办理侵犯知识产权刑事案件具体应用法律若干问题的解释(三)》第1条第5项。

左方注册商标：权利人四川省古蔺郎酒厂有限公司立体商标的平面要素。右方注册商标：犯罪嫌疑人所使用立体商标的平面要素。

权利人立体商标和所犯罪嫌疑人使用立体商标对比。

结论：本案不构成相同商标。主要理由是：国家知识产权局《商标侵权判断标准》第14条第4项规定，"立体商标中的显著三维标志和显著平面要素相同，或者基本无差别的"，行政执法机关只比较显著要素，故认为是相同商标。我们认为，在刑事司法中，认定相同的标准应当更高，不能只比较显著要素，对其他非显著要素也应当比较是否相同，本案商标其他要素不同，应当认定为相似，故规定了更高的认定立体商标相同的标准。本案行政执法机关仅比较了两个商标的三维标志，均为锥体斜口瓶身，比较了"郎"字的显著平面要素，就认定为相同商标。但法院在认定时，还比较了其他非显著的平面要素，如"益"字、"贵宾"二字的位置，认为构成相似商标。

3. 其他与注册商标基本无差别，足以对公众产生误导的商标

案例：MLBP（美国棒球大联盟公司）商标被侵权。

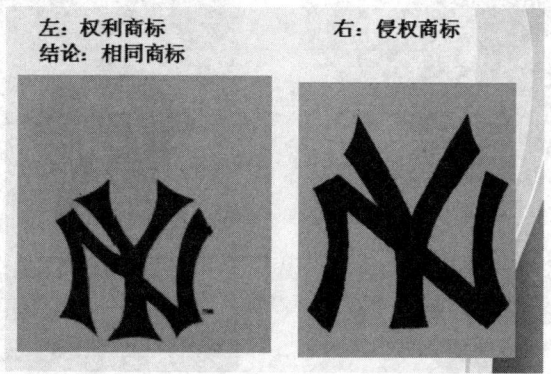

左：权利商标　　　　　右：侵权商标
结论：相同商标

（三）两种以上注册商标的认定

假冒两种以上注册商标，一般是指假冒不同注册商标权利人或者假冒同一注册商标权利人不同商品、不同服务的两种以上注册商标。对于在一件商品上，假冒同一注册商标权利人两种以上注册商标，注册商标均指向同一商品来源的，一般不宜认定为假冒两种以上注册商品商标。同理，对于在同一种服务上，假冒同一注册商标权利人两种以上注册商标，注册商标均指向同一服务来源的，一般也不宜认定为假冒两种以上注册服务商标。

(四）非法经营数额和违法所得数额的认定

1. 非法经营数额的认定

非法经营数额是指行为人在实施侵犯知识产权行为过程中，制造、储存、运输、销售侵权产品的价值。已销售的侵权产品的价值，按照实际销售的价格计算。制造、储存、运输和未销售的侵权产品的价值，按照标价或者已经查清的侵权产品的实际销售平均价格计算。侵权产品没有标价或者无法查清其实际销售价格的，按照被侵权产品的市场中间价格计算。关于尚未附着或者尚未全部附着假冒注册商标标识的侵权产品价值是否计入非法经营数额的问题：在计算制造、储存、运输和未销售的假冒注册商标侵权产品价值时，对于已经制作完成但尚未附着（含加贴）或者尚未全部附着（含加贴）假冒注册商标标识的产品，如果有确实、充分证据证明该产品将假冒他人注册商标，其价值计入非法经营数额。多次实施侵犯知识产权行为，未经行政处理或者刑事处罚的，非法经营数额、违法所得数额或者销售金额累计计算。

根据最高人民法院指导案例87号郭明升、郭明锋、孙淑标假冒注册商标案，假冒注册商标犯罪的非法经营数额、违法所得数额，应当综合被告人供述、证人证言、被害人陈述、网络销售电子数据、被告人银行账户往来记录、送货单、快递公司电脑系统记录、被告人等所作记账等证据认定。被告人辩解称网络销售记录存在刷信誉的不真实交易，但无证据证实的，对其辩解不予采纳。

2. 违法所得数额的认定

刑法没有明确界定"违法所得数额"的概念及其计算方法，对是否扣除成本，实践中分歧意见很大，不同司法解释对违法所得的规定也不同。如1998年最高人民法院《关于审理非法出版物刑事案件具体应用法律若干问题的解释》规定，违法所得数额是指获利数额，要扣除成本。2013年最高人民法院研究室《关于非法经营罪中"违法所得"认定问题的研究意见》提出，非法经营罪中的"违法所得"，应是指获利数额，即以行为人违法生产、销售商品或者提供的服务所获得的全部收入，扣除其直接用于经营活动的合理支出部分后剩余的数额。而2014年最高人民法院、最高人民检察院、公安部《关于办理非法集资刑事案件适用法律若干问题的意见》规定，向社会公众非法吸收的资金属于违法所得。2017年最高人民法院、最高人民检察院《关于适用犯罪嫌疑人、被告人逃匿、死亡案件违法所得没收程序若干问题的规定》规定，违法所得是通过实施犯罪直接或间接产生、获得的任何财产。

《工商行政管理机关行政处罚案件违法所得认定办法》专门规定了"违法所得"，认为"是以当事人违法生产、销售商品或者提供服务所获得的全部收入扣除当事人直接用于经营活动的适当的合理支出"，且明确区分了生产商品、销售商品、提供服务等六种违法行为的"违法所得数额"计算方法。如违法生产商品的违法所得按违法生产商品的全部销售收入扣除生产商品的原材料购进价款计算；违法销售商品的违法所得按违法销售商品的销售收入扣除所售商品的购进价款计算；违法提供服务的违法所得按违法提供服务的全部收入扣除该项服务中所使用商品的购进价款计算；等等。并规定，在违法所得认定时，对当事人在工商行政管理机关作出行政处罚前依据法律、法规和省级以上人民政府的规定已经支出的税费，应予扣除。

我们认为，刑法与行政法同属于公法，应适用相对统一的"违法所得数额"的概念及计算方法。认定侵犯知识产权犯罪违法所得数额时，原则上应当扣除直接成本，如销假犯罪商品的进价、生产假冒注册商标商品的原材料价格，但人工工资、水电费、购买租用犯罪工具如租赁服务器的费用等不宜扣除。

（五）关于集体商标、证明商标、地理标志是否予以刑事保护的问题

根据最高人民法院刑事审判第二庭《关于集体商标是否属于我国刑法的保护范围问题的复函》，《商标法》第3条规定："经商标局核准注册的商标为注册商标，包括商品商标、服务商标和集体商标、证明商标；商标注册人享有商标专用权，受法律保护。"因此，《刑法》第213条至第215条所规定的"注册商标"应当涵盖"集体商标"；商标标识中注明了自己的注册商标的同时，又使用了他人注册为集体商标的地理名称，可以认定为刑法规定的"相同的商标"。山西省清徐县溢美源醋业有限公司在其生产的食用醋的商标上用大号字体在显著位置上清晰地标明"镇江香

（陈）醋"，说明其已经使用了与江苏省镇江市醋业协会所注册的"镇江香（陈）醋"集体商标相同的商标。而且，山西省清徐县溢美源醋业有限公司还在其商标标识上注明了江苏省镇江市丹阳市某香醋厂的厂名厂址和QS标志，也说明其实施假冒注册"镇江香（陈）醋"集体商标的行为。综上，山西省清徐县溢美源醋业有限公司的行为涉嫌触犯《刑法》第213条至第215条的规定。

笔者认为，根据罪刑法定原则，《刑法》第213条规定的刑事保护指向注册的商品商标、服务商标和注册在商品、服务上的集体商标，不应扩大解释，故当前对证明商标不予以刑事保护。相较而言，集体商标只有其成员才可以使用，权利人是明确的，识别商品来源的功能较为显著；证明商标是指由对某种商品或者服务具有监督能力的组织所控制，而由该组织以外的单位或者个人使用于其商品或者服务，用以证明该商品或者服务的原产地、原料、制造方法、质量或者其他特定品质的标志。也就是说，证明商标是为了向社会公众证明某一产品或服务所具有的特定品质，如产品的产地、原料、制造方法等，具有表明产品和服务品质的功能，且任何企业和组织只要符合该品质均可以使用，可以行使使用权的主体很广泛，不能实现区别商品来源的功能。它的另一个重要特点是，不使用在商标权人自己提供的商品上。《集体商标、证明商标注册和管理办法》规定，证明商标的注册人不得在自己提供的商品上使用该证明商标。证明商标的准许使用程序是公平开放的，只要当事人提供的商品或服务达到证明商标所要求的标准，履行了必要手续后，就可以使用，证明商标所有人无权拒绝。笔者认为，对于产品质量不符合证明商标要求而使用该证明商标的，通过生产销售伪劣产品罪来规制为宜。

地理标志，是指标志某商品来源于某地区，该商品的特定质量、特征主要由该地区的自然因素或人文因素所决定的标志。该地区的所有生产者只要商品符合该地理标志的条件，都可以正当使用这一地理标志。我们认为，地理标志只有注册为集体商标才能纳入刑事保护范围。

二、假冒注册商标罪的其他相关问题

（一）商标侵权抗辩事由在刑事案件中的判断

刑事法与民事法、行政法具有相互依存关系，民事和行政法律是很大一部分刑事法律存在的前提和基础，在经济犯罪领域体现得尤为突出。在判断知识产权民事侵权与刑事犯罪的界限时，应当注意审查不侵权抗辩理由是否成立，防止不当启动刑事追诉或插手经济纠纷，侵犯权利人合法权益。检察机关对涉嫌侵犯商标权犯罪案件进行审查时，应注意审查是否存在商标不侵权抗辩事由，如是否属于正当使用描述性标志的行为、是否属于正当使用三维标志功能性要素的行为、是否属于商标在先使用行为等合法使用商标的行为；同时还要注意根据商标的地域性原则审查涉案商标是否受我国商标法保护、商标权是否用尽、是否属于真正商品的平行进口、是否属于商标指示性使用行为等，准确把握罪与非罪的界限。

1.着重审查犯罪嫌疑人、被告人使用注册商标的行为是否属于正当使用描述性标志的行为、正当使用三维标志功能性要素的行为

注册商标专用权虽然是一种受法律保护的绝对权，但出于对公共利益、其他主体合法利益的考量，也会受到一定的限制。《商标法》第59条第1、第2款规定："注册商标中含有的本商品的通用名称、图形、型号，或者直接表示商品的质量、主要原料、功能、用途、重量、数量及其他特点，或者含有的地名，注册商标专用权人无权禁止他人正当使用。三维标志注册商标中含有的商品自身的性质产生的形状、为获得技术效果而需有的商品形状或者使商品具有实质性价值的形状，注册商标专用权人无权禁止他人正当使用。"可见，正当使用描述性标志的行为、正当使用三维标志功能性要素的行为不构成侵犯商标权，更加不能评价为犯罪。

2.着重审查在先使用权抗辩是否成立

《与贸易有关的知识产权协定》第16条规定："注册商标的所有人应享有专有权，以制止所有第三方未得所有人同意而在贸易中将与注册商标相同或近似的标记使用于与该商标所注册的商品或服务相同或类似的商品或服务，而这种使用大概有造成混淆的可能。在使用相同的标记于相同的商品或服务的情形，应即推定有混淆的可能。上述权利不应损害任何现有

的在先权利，也不应影响各成员在使用的基础上授予权利的可能性。"可见，注册商标专用权要受到在先权利的限制。我国商标法在2013年修订时规定了商标在先使用权，是对商标在先使用人因为商标使用已经形成的信用和利益的保护，也是对我国商标权注册主义制度缺陷的弥补。

《商标法》第59条第3款规定："商标注册人申请商标注册前，他人已经在同一种商品或者类似商品上先于商标注册人使用与注册商标相同或者近似并有一定影响的商标的，注册商标专用权人无权禁止该使用人在原使用范围内继续使用该商标，但可以要求其附加适当区别标识。"也就是说，商标在先使用权人有权在原使用范围内继续使用该商标。检察机关在办理假冒注册商标刑事案件过程中，对于犯罪嫌疑人提出在先使用权抗辩的，应当着重审查该抗辩是否成立，应注意围绕商标的注册、使用、影响等事实，重点审查以下方面：一是在先使用人是否在商标注册人申请注册前先于商标注册人使用该商标。必须同时满足"两个先于"的条件，即提出在先使用抗辩的商标首次使用的时间点不仅要先于注册商标的申请日，同时还要先于注册商标的使用日。审查在先使用人对商标是否进行了使用，需要审查其是否实施了将商标用于商品、商品包装或者容器以及商品交易文书上，或者将商标用于广告宣传、展览以及其他商业活动中，用于识别商品来源的行为，且该使用行为在时间上先于商标注册人的申请行为。另外，可以提出在先使用抗辩的人还应当包括在注册商标权人提出注册申请前就已经获得在先使用人许可从而使用该商标的第三人。二是在先使用商标是否已产生一定影响。需要注意的是，《商标法》第13条规定的驰名商标在先使用人和第32条规定的知名商标在先使用人在面对注册商标权人的侵权指控时，可以援引商标在先使用进行抗辩，但是《商标法》第53条规定的商标知名度并不要求达到驰名或者知名的程度。根据《商标侵权判断标准》有关规定，《商标法》第59条第3款规定的"有一定影响的商标"是指在国内在先使用并为一定范围内相关公众所知晓的未注册商标。故对于有商标在先使用行为但该行为发生在我国境外，无论该商标在国外有多大影响力和知名度，只要该知名度未扩散到我国境内，均不能成立商标在先使用抗辩。"有一定影响的商标"的认定，应当考虑该商标的持续使用时间、销售量、经营额、广告宣传等因素进行综合判断。三是在先商标使用人主观上是否善意。① 由于在先使用商标产生的纠纷主要发生在注册制国家，为确保注册制度的稳定，应当要求在先使用人主观上具有善意的意图。由于未注册使用的商标，相对于注册商标而言，影响一般较小，如果在先使用商标映射注册商标的声誉，使消费者产生混淆，不仅会影响注册登记制度，也会对作为竞争者的注册商标权人产生损害。故成立在先使用抗辩，在先使用人主观上应当为善意，不能具有不正当竞争等恶意。

检察机关审查侵犯商标权犯罪案件时，需注意审查犯罪嫌疑人是否享有在先使用权。如涉嫌侵犯商标权一方存在在先使用事实，则不构成对注册商标专用权的侵害。

3. 注册商标没有正当理由连续3年不使用的，不宜作犯罪处理

对于假冒未实际使用的注册商标的行为是否应当追究刑事责任，在司法实践中存在较大争议。根据《商标法》第49条规定，注册商标成为其核定使用的商品的通用名称或者没有正当理由连续3年不使用的，任何单位或者个人可以向商标局申请撤销该注册商标。第64条规定，注册商标专用权人请求赔偿，被控侵权人以注册商标专用权人未使用注册商标提出抗辩的，人民法院可以要求注册商标专用权人提供此前3年内实际使用该注册商标的证据。注册商标专用权人不能证明此前3年内实际使用过该注册商标，也不能证明因侵权行为受到其他损失的，被控侵权人不承担赔偿责任。我们认为，鉴于注册商标3年未使用存在被撤销的情况，影响侵权赔偿责任的承担，因此假冒他人连续3年不使用的注册商标的，刑事上不宜作为犯罪处理。

4. 商标权用尽

商标权用尽是指商标权人投放或者经其许可附着商标的商品投放市场后，他人转售该商标品的行为以及为了转售而进行的储存或者广告行为，商标权人无权再行使排他权。②

第一个问题是真正商品的平行进口问题。《商标法》第48条规定，商标的使用，是指将商标用于商品、商品包装或者容器以及商品交易文书

---

① 参见郎胜主编：《中华人民共和国商标法释义》，法律出版社2013年版，第113页。
② 参见李扬：《商标法基本原理》，法律出版社2019年版，第203页。

上，或者将商标用于广告宣传、展览以及其他商业活动中，用于识别商品来源的行为。《刑法》第213条规定的"使用"，是指将注册商标或者假冒的注册商标用于商品、商品包装或者容器以及产品说明书、商品交易文书，或者将注册商标或者假冒的注册商标用于广告宣传、展览以及其他商业活动等行为。因此，在判断是否构成商标法意义上的使用时，必须同时考虑是否会导致相关公众对商品来源的混淆。司法实践中，对于走私进入中国境内的商品，由于商品上的商标是境外注册商标，无法在中国境内销售，犯罪嫌疑人往往非法制造注册商标所有人在中国的注册商标标识，贴附于商品上。对于这种类似于平行进口的行为，我们认为由于不会导致商品来源的混淆，不宜作为假冒注册商标罪处理。对于其非法制造的注册商标标识，如果仅用于走私商品上，应当认定为假冒注册商标行为的组成部分，不宜割裂评价，故不宜作为商标标识类犯罪处理。

第二个涉及的问题是翻新产品并销售的行为是否构成假冒注册商标罪的问题。笔者认为，行为人对附着注册商标的旧产品进行翻新后，若以原注册商标的商品销售，因不会造成相关公众对商品来源的混淆，不构成侵犯注册商标犯罪；若在产品上附着其他注册商标，则构成假冒注册商标罪；对于部分组件是原注册商标的旧产品，部分组件是附着其他注册商标、或无商标的商品，则应当审查翻新产品的核心部件的商品来源是否与销售时附着的商标指向同一商品来源，如果不是，则构成假冒注册商标罪。此外，如果行为人向买受人隐瞒所售产品系翻新产品的事实，或者翻新产品质量不合格，属于以次充好、以不合格产品冒充合格产品，销售金额满5万元的，构成生产、销售伪劣产品罪。实践中，在一定情况下也会构成生产、销售伪劣产品罪与假冒注册商标罪的竞合，应当按照处罚较重的罪名定罪处罚。

（二）准确区分假冒注册商标罪与涉外定牌加工行为

涉外定牌加工，是指国内加工方接受境外委托人委托为其加工产品，并按照境外委托人要求贴附商标，产品全部出口到境外销售的行为。其要素在于：国内加工方接受境外委托方委托加工产品；国内加工方按照境外委托方要求在加工的产品上贴附商标，境外委托方对该商标在境外是否拥有商标权在所不问；贴牌产品全部出口到境外，是否出口到境外委托方所在地或者其商标注册地在所不问。①

由于境外委托人要求国内加工方贴附的商标可能出现与国内注册商标权人在相同商品上注册商标相同的情形，就产生了是否构成商标侵权甚至犯罪的争议。最高人民法院曾在东风商标侵权案和PRETUL商标案中，认为这种情形不构成侵权，理由是被告的贴牌行为并非我国商标法规定的用于识别商品来源的商标性使用行为，不会侵害注册商标的来源识别功能。然而，2019年最高人民法院在本田案中的判决发生了变化，认为随着中国改革开放和国际贸易交往的发展，相关公众可能会在域外接触被控侵权产品产生混淆，附着HONDAKIT这一相似商标的被控侵权产品也可能从域外回流到域内，造成相关公众对HONDA商标的混淆，故判决侵权成立。笔者认为，根据东风案和PRETUL商标案，涉外定牌加工不构成侵权，则更不能评价为犯罪，2019年最高人民法院在本田案的判决中，以存在混淆可能性判决侵权，是基于法官自由裁量权对损害的认定，但刑法讲求实质判断，对于尚未实际发生混淆误认的不能认定为危害后果已经发生，故不能认定为犯罪。

司法实践中，不能因为假冒商品均出口国外或购买假冒商品的人系境外人员就认定为涉外定牌加工。对于在我国境内假冒受我国商标法保护的注册商标的产品并销售，制造和销售行为均发生在境内，应当认定为犯罪行为地发生在我国境内，应予追诉，销售目的地不影响认定本罪。我国商标法虽然没有如日本等国家一样明确规定注册商标权人享有出口权，但随着跨境电子商务的蓬勃发展，多国之间签订贸易协定，普遍规定了更加宽泛的义务。如中美经贸协议第一章第七节"盗版和假冒产品的生产和出口"规定，盗版和假冒产品严重危害公众的利益，并且伤害中美两国权利人，双方应采取持续、有效的行动，阻止假冒和盗版产品的生产和分销，包括对公共卫生或个人安全产生重大影响的产品。第1.20条规定："一、在边境措施上，双方应规定：……（三）除特殊情况外，主管部门在任何情况下均无裁量权允许假冒或盗版商品出口或进入其他海关程序。"反之，如果不对这类行为进行打击，仅因产品不在国内销售就认定为无罪，将会实质性损害我国合法注册商标权人的权益，也会损害我国国际形象。

---

① 参见李扬：《商标法基本原理》，法律出版社2019年版，第256页。

（三）马德里体系下是否属于我国商标法保护的注册商标的认定

根据商标的地域性原则，在一个国家注册的商标只在被注册国家地域内有效，若要在其他国家也受到注册商标保护，商标权人就必须在该国申请商标注册。根据《刑法》第213条的规定，我国只对已在我国注册的商标给予刑事保护。根据我国商标法及《商标法实施条例》的规定，权利人想要使其商标在我国获得刑事保护就必须在我国申请并获得商标注册，这有两种途径可以实现：一是直接向我国的商标注册主管机关提出注册申请，二是办理马德里商标国际注册申请。

我国是《马德里协定》《马德里议定书》的成员国，随着国际贸易的深化，越来越多的国家通过马德里体系寻求其商标在中国得到注册商标的保护，因此，我们在办理侵犯商标权的刑事案件过程中，也必须掌握马德里体系的规则，以查明案件事实，准确适用法律。

首先，办案人员应当对国际注册申请人的条件进行审查。申请人必须系马德里协定的成员国国民，或者在某一成员国内有住所或者真实有效的工商业营业所，并且已经在本国获得了商标注册。

其次，办案人员应当审查该商标是否通过国际注册在我国获得了领土延伸。国际注册程序分为本国阶段、国际局阶段和指定国阶段。申请人首先要向本国商标注册主管机关提交国际注册申请书，本国商标注册主管机关进行形式审查后，就向申请人出具商标国际注册收费通知书，申请人缴费后，本国商标局会翻译好相关文件，然后将申请书寄往世界知识产权组织（WIPO）国际局。至此，本国阶段就完成了。国际局收到申请书后会进行形式审查，进行国际注册登记（国际局在国际注册簿登记收到申请人申请国际注册的日期往往就是国际注册申请日）、对商标国际注册有关事项进行公告。国际注册和我国国内商标注册不同，它是由国际局先进行形式审查，然后就发出公告，继而通知申请人指定国家，再由指定国家的国家局进行实质审查。至此，国际局阶段就完成了。被申请指定的国家的国家局收到国际局通知后，往往会按照国内法进行审查，可以在1年内声明对国际注册商标不予保护。若指定国在1年内未作出上述不予保护的声明，则国际注册将在指定国产生效力，即实现"领土延伸"，在指定国发生注册商标的效力。需要注意审查的是,《马德里协定》规定,国际注册在前 5 年内仍从属于国家的基础商标注册,也就是说,如果该商标在这 5 年内被撤销、无效,国际注册也就相应地失效。《马德里议定书》则规定申请人可以以其在起源国的申请为基础申请来进行国际注册;指定国拒绝保护的通知期限为 18 个月。我国《商标法实施条例》第 42 条规定,我国商标局在《马德里协定》或者《马德里议定书》规定的驳回期限内,依照商标法和本条例的有关规定对指定中国的领土延伸申请进行审查,作出决定,并通知国际局。商标局在驳回期限内(1 年或 18 个月)未发出驳回或者部分驳回通知的,该领土延伸申请视为核准,对于核准的我国商标局不再另行公告。在中国获得保护的国际注册商标,有效期自国际注册日或者后期指定日起算。在有效期届满前,注册人可以向国际局申请续展,在有效期内未申请续展的,可以给予 6 个月的宽展期。商标局收到国际局的续展通知后,依法进行审查。国际局通知未续展的,注销该国际注册商标。

对指定中国的领土延伸申请,自世界知识产权组织《国际商标公告》出版的次月 1 日起 3 个月内,符合商标法规定条件的异议人如在先权利人、利害关系人等可以向商标局提出异议申请。对于驳回的,商标局将在驳回期限内将异议申请的有关情况以驳回决定的形式通知国际局。被异议人可以自收到国际局转发的驳回通知书之日起 30 日内进行答辩,答辩书及相关证据材料应当通过依法设立的商标代理机构向商标局提交。

如果我国国家局商标局的复审或者我国法院的生效判决认为权利人答辩成立的,则商标局会对申请国际注册的商标予以批准,实践中商标局可能在批准文书上将有效期从国际注册日起算,也可能确定某后期指定日。需要注意的是,办案人员应当对获得我国注册商标专用权的时间进行实质判断。由于国际注册日和中国商标局的批准日期往往相隔时间较长,在判断假冒注册商标罪的犯罪时间时,由于在审查期、异议期、诉讼期的国际注册商标尚未实质上取得我国注册商标的地位,办案人员不能机械地从商标证书上记载的国际注册日起算,而应当从中国商标局实际批准之日起算。

第四节 案例评析

一、郭明升、郭明锋、孙淑标假冒注册商标案[①]

【关键词】

刑事 假冒注册商标罪 非法经营数额 网络销售 刷信誉

【基本案情】

公诉机关指控：2013年11月底至2014年6月期间，被告人郭明升为谋取非法利益，伙同被告人孙淑标、郭明锋在未经三星（中国）投资有限公司授权许可的情况下，从他人处批发假冒三星手机裸机及配件进行组装，利用其在淘宝网上开设的"三星数码专柜"网店进行"正品行货"宣传，并以明显低于市场价格公开对外销售，共计销售假冒的三星手机20000余部，销售金额2000余万元，非法获利200余万元，应当以假冒注册商标罪追究其刑事责任。被告人郭明升在共同犯罪中起主要作用，系主犯。被告人郭明锋、孙淑标在共同犯罪中起辅助作用，系从犯，应当从轻处罚。

被告人郭明升、孙淑标、郭明锋及其辩护人对其未经"SΛMSUNG"商标注册人授权许可，组装假冒的三星手机，并通过淘宝网店进行销售的犯罪事实无异议，但对非法经营额、非法获利提出异议，辩解称其淘宝网店存在请人刷信誉的行为，真实交易量只有10000多部。

法院经审理查明："SΛMSUNG"是三星电子株式会社在中国注册的商标，该商标有效期至2021年7月27日；三星（中国）投资有限公司是三星电子株式会社在中国投资设立，并经三星电子株式会社特别授权负责三星电子株式会社名下商标、专利、著作权等知识产权管理和法律

[①] 最高人民法院指导案例87号。

事务的公司。2013年11月，被告人郭明升通过网络中介购买店主为"汪亮"、账号为play2011-1985的淘宝店铺，并改名为"三星数码专柜"，在未经三星（中国）投资公司授权许可的情况下，从深圳市华强北远望数码城、深圳福田区通天地手机市场批发假冒的三星I8552手机裸机及配件进行组装，并通过"三星数码专柜"在淘宝网上以"正品行货"进行宣传、销售。被告人郭明锋负责该网店的客服工作及客服人员的管理，被告人孙淑标负责假冒的三星I8552手机裸机及配件的进货、包装及联系快递公司发货。至2014年6月，该网店共计组装、销售假冒三星I8552手机20000余部，非法经营额2000余万元，非法获利200余万元。

【诉讼过程和结果】

江苏省宿迁市中级人民法院于2015年9月8日作出（2015）宿中知刑初字第0004号刑事判决，以被告人郭明升犯假冒注册商标罪，判处有期徒刑5年，并处罚金人民币160万元；被告人孙淑标犯假冒注册商标罪，判处有期徒刑3年，缓刑5年，并处罚金人民币20万元；被告人郭明锋犯假冒注册商标罪，判处有期徒刑3年，缓刑4年，并处罚金人民币20万元。宣判后，三被告人均没有提出上诉，该判决已经生效。

【裁判理由】

法院生效裁判认为，被告人郭明升、郭明锋、孙淑标在未经"SΛMSUNG"商标注册人授权许可的情况下，购进假冒"SΛMSUNG"注册商标的手机机头及配件，组装假冒"SΛMSUNG"注册商标的手机，并通过网店对外以"正品行货"销售，属于未经注册商标所有人许可在同一种商品上使用与其相同的商标的行为，非法经营数额达2000余万元，非法获利200余万元，属情节特别严重，其行为构成假冒注册商标罪。被告人郭明升、郭明锋、孙淑标虽然辩解称其网店销售记录存在刷信誉的情况，对公诉机关指控的非法经营数额、非法获利提出异议，但三被告人在公安机关的多次供述，以及公安机关查获的送货单、支付宝向被告人郭明锋银行账户付款记录、郭明锋银行账户对外付款记录、"三星数码专柜"淘宝记录、快递公司电脑系统记录、公安机关现场扣押的笔记等证据之间能够互相印证，综合公诉机关提供的证据，可以认定公诉机关关于三被告人共计销售假冒三星I8552手机20000余部，销售金额2000余万元，非法获利200余万元的指控能够成立，三被告人关于销售记录存在刷信誉行为的辩解无证据予以证实，不予采信。被告人郭明升、郭明锋、孙淑标，系共同犯罪，被告人郭明升起主要作用，是主犯；被告人郭明锋、孙淑标在共同犯罪中起辅助作用，是从犯，依法可以从轻处罚。故依法作出上述判决。

【主要问题】
1. 假冒注册商标罪的情节严重、情节特别严重证据的审查判断
2. 提出证据责任在控辩双方的分配

【案例分析】
假冒注册商标犯罪的非法经营数额、违法所得数额，应当综合被告人供述、证人证言、被害人陈述、网络销售电子数据、被告人银行账户往来记录、送货单、快递公司电脑系统记录、被告人等所作记账等证据认定。被告人辩解称网络销售记录存在刷信誉的不真实交易，但无证据证实的，对其辩解不予采纳。

二、广州卡门实业有限公司涉嫌销售假冒注册商标的商品立案监督案[①]

【关键词】
在先使用　听证　监督撤案　民营企业保护

【要旨】
在办理注册商标类犯罪的立案监督案件时，对符合商标法规定的正当合理使用情形而未侵犯注册商标专用权的，应依法监督公安机关撤销案件，以保护涉案企业合法权益。必要时可组织听证，增强办案透明度和监督公信力。

【基本案情】
申请人广州卡门实业有限公司（以下简称卡门公司），住所地广东省广州市。

2013年3月，卡门公司开始在服装上使用"KM"商标。2014年10月30日，卡门公司向原国家工商行政管理总局商标局（以下简称商标局）

---

① 最高人民检察院第二十六批指导性案例检例第99号。

申请注册该商标在服装、帽子等商品上使用,商标局以该商标与在先注册的商标近似为由,驳回申请。2016年6月14日,卡门公司再次申请在服装、帽子等商品上注册"KM"商标,2017年2月14日,商标局以该商标与在先注册的商标近似为由,仅核准"KM"商标在睡眠用眼罩类别上使用,但卡门公司继续在服装上使用"KM"商标。其间,卡门公司逐渐发展为在全国拥有门店近600家、员工近10000余名的企业。

2015年11月20日,北京锦衣堂企业文化发展有限公司(以下简称锦衣堂公司)申请在服装等商品上注册"KM"商标,商标局以该商标与在先注册的商标近似为由,驳回申请。2016年11月22日,锦衣堂公司再次申请在服装等商品上使用"KM"商标。因在先注册的近似商标被撤销,商标局于2018年1月7日核准该申请。后锦衣堂公司授权北京京津联行房地产经纪有限公司(以下简称京津联行公司)使用该商标。2018年1月,京津联行公司授权周某经营的服装专卖店使用"KM"商标。2018年5月,京津联行公司向全国多地市场监管部门举报卡门公司在服装上使用"KM"商标,并以卡门公司涉嫌销售假冒注册商标的商品罪向广东省佛山市公安局南海分局(以下简称南海分局)报案。南海分局于同年5月31日立案,并随后扣押卡门公司物流仓库中约9万件标记"KM"商标的服装。

【检察机关履职情况】

受理立案监督 2018年5月31日,南海分局以卡门公司涉嫌销售假冒注册商标的商品罪立案侦查。6月8日,卡门公司不服公安机关立案决定,向广东省佛山市南海区人民检察院(以下简称南海区检察院)申请监督撤案。南海区检察院依法启动立案监督程序。

调查核实 南海区检察院向公安机关发出《要求说明立案理由通知书》。公安机关在《立案理由说明书》中认为,卡门公司未取得"KM"商标服装类别的商标权,且未经"KM"商标所有人锦衣堂公司许可,在服装上使用"KM"商标,情节严重,涉嫌犯罪,故立案侦查。经南海区检察院审查发现,公安机关认定卡门公司涉嫌销售假冒注册商标的商品罪存在以下问题:一是欠缺卡门公司申请过"KM"商标的相关证据;二是卡门公司与锦衣堂公司申请"KM"商标的先后时间不清晰;三是欠缺卡门公司"KM"商标的使用情况、销售金额、销售规模等证据。

针对上述问题，南海区检察院进行了调查核实：一是调取卡门公司申请商标注册的材料、"KM"商标使用情况、服装生产、销售业绩表、对外宣传材料及京津联行公司委托生产、销售"KM"服装数量和规模等证据，查明卡门公司两次申请注册"KM"商标的时间均早于锦衣堂公司，卡门公司自成立时已使用并一直沿用"KM"商标，且卡门公司在全国拥有多家门店，具有一定规模和影响力。二是主动联系佛山市南海区市场监督局、广州市工商行政管理局，了解卡门公司"KM"服装被行政扣押后又解除扣押的原因，查明广东省工商行政管理局认定卡门公司"KM"商标使用行为属于在先使用。三是两次召开听证会，邀请公安机关、行政执法部门人员及卡门公司代理律师参加听证，并听取了京津联行公司的意见，充分了解公安机关立案、扣押财物及涉案企业对立案所持异议的理由及依据，并征求行政执法部门意见。四是咨询法律专家，详细了解近似商标的判断标准、在先使用抗辩等。

监督意见 南海区检察院经审查认为，公安机关刑事立案的理由不能成立。一是卡门公司存在在先使用的事实。卡门公司在锦衣堂公司取得"KM"商标之前，已经长期使用"KM"商标。二是卡门公司主观上没有犯罪故意。卡门公司在生产、销售服装期间，一直沿用该商标，从未对外宣称是锦衣堂公司或京津联行公司产品，且卡门公司经营的"KM"服装品牌影响力远大于上述两家公司，并无假冒他人注册商标的故意。卡门公司生产、销售"KM"服装的行为不构成销售假冒注册商标的商品罪，公安机关立案错误，应予纠正。

处理结果 2018年8月3日，南海区检察院发出《通知撤销案件书》。同年8月10日，南海分局撤销案件，并发还扣押货物。卡门公司及时出售货物，避免了上千万元经济损失。

【指导意义】

1. 检察机关办理侵犯知识产权犯罪案件，应注意审查是否存在法定的正当合理使用情形

办理侵犯知识产权犯罪案件，检察机关在依法惩治侵犯知识产权犯罪的同时，还应注意保护权利人的正当权益免遭损害。其中一个重要方面是应注意审查是否存在不构成知识产权侵权的法定情形。如《商标法》第59条规定的商标描述性使用、在先使用，《著作权法》第24条规定的合

理使用，第25条、第35条第2款、第42条第2款、第46条第2款规定的法定许可，《专利法》第67条规定的现有技术、第75条规定的专利先用权等正当合理使用的情形，防止不当启动刑事追诉。对于当事人提出的立案监督申请，检察机关经过审查和调查核实，认定有在先使用等正当合理使用情形，侵权事由不成立的，应依法通知公安机关撤销案件。

2. 正确把握商标在先使用的抗辩事由

商标注册人申请商标注册前，他人已经在同一种商品或者类似商品上先于商标注册人使用与注册商标相同或者近似并有一定影响的商标的，注册商标专用权人无权禁止该使用人在原使用范围内继续使用该商标，注册商标所有人仅可以要求其附加适当区别标识。判断是否存在在先使用抗辩事由，需重点审查以下方面：一是在先使用人是否在商标注册人申请注册前先于商标注册人使用该商标。二是在先使用商标是否已产生一定影响。三是在先商标使用人主观上是否善意。只有在全面审查案件证据事实的基础上综合判断商标使用的情况，才能确保立案监督依据充分、意见正确，才能说服参与诉讼的各方接受监督结果，做到案结事了。

3. 开展立案监督工作必要时可组织听证，增强办案透明度和监督公信力

听证是检察机关贯彻以人民为中心，充分尊重和保障当事人的知情权、参与权、监督权，健全完善涉检矛盾纠纷排查化解机制的有效举措。检察机关组织听证应当提前通知各方做好听证准备，整理好争议点，选取合适的听证员。听证中应围绕涉案当事人对刑事立案所持异议的理由和依据、公安机关立案的证据和理由、行政执法部门及听证员的意见展开，重点就侵权抗辩事由是否成立、是否具有犯罪的主观故意等焦点问题进行询问，全面审查在案证据，以准确认定公安机关立案的理由是否成立。通过听证开展立案监督工作，有助于解决在事实认定、法律适用问题上的分歧，化解矛盾纠纷，既推动规范执法，又增强检察监督公信力。

三、姚常龙等五人假冒注册商标案[①]

【关键词】

假冒注册商标　境内制造境外销售　共同犯罪

【要旨】

凡在我国合法注册且在有效期内的商标，商标所有人享有的商标专用权依法受我国法律保护。未经商标所有人许可，无论假冒商品是否销往境外，情节严重构成犯罪的，依法应予追诉。判断侵犯注册商标犯罪案件是否构成共同犯罪，应重点审查假冒商品生产者和销售者之间的意思联络情况、对假冒违法性的认知程度、对销售价格与正品价格差价的认知情况等因素综合判断。

【基本案情】

被告人姚常龙，男，1983年生，日照市东港区万能国际贸易有限公司（以下简称万能国际公司）法定代表人。

被告人古进，男，1989年生，万能国际公司采购员。

被告人魏子皓，男，1990年生，万能国际公司销售组长。

被告人张超，男，1990年生，万能国际公司销售组长。

被告人庄乾星，女，1989年生，万能国际公司销售组长。

2015年至2019年4月，被告人姚常龙安排被告人古进购进打印机、标签纸、光纤模块等材料，伪造"CISCO""HP""HUAWEI"光纤模块等商品，并安排被告人魏子皓、张超、庄乾星向境外销售。姚常龙、古进共生产、销售假冒上述注册商标的光纤模块10万余件，销售金额共计人民币3162万余元；现场扣押假冒光纤模块、交换机等11975件，价值383万余元；姚常龙、古进的违法所得数额分别为400万元、24万余元。魏子皓、张超、庄乾星销售金额分别为745万余元、429万余元、352万余元；违法所得数额分别为20万元、18.5万元和14万元。

【检察机关履职情况】

　　审查逮捕　2019年4月，山东省日照市公安局（以下简称日照市公安局）接到惠普公司报案后立案侦查。同年5月24日，山东省日照市人民

[①] 最高人民检察院第二十六批指导性案例检例第101号。

检察院（以下简称日照市检察院）以涉嫌假冒注册商标罪对被告人姚常龙、古进批准逮捕；对被告人魏子皓、张超、庄乾星因无法证实犯罪故意和犯罪数额不批准逮捕，同时要求公安机关调取国外买方证言及相关书证，以查明魏子皓、张超、庄乾星是否具有共同犯罪故意及各自的犯罪数额。

审查起诉 2019年7月19日，日照市公安局补充证据后以被告人姚常龙、古进涉嫌假冒注册商标罪，被告人魏子皓、张超、庄乾星涉嫌销售假冒注册商标的商品罪，移送日照市检察院起诉。同年7月23日，日照市检察院将该案交由山东省日照市东港区人民检察院（以下简称东港区检察院）办理。

东港区检察院在审查起诉期间要求公安机关补充完善了以下证据：一是调取被告人姚常龙等5人之间的QQ聊天记录、往来电子邮件等电子数据，证实庄乾星、张超、魏子皓主观上明知销售的商品系姚常龙、古进假冒注册商标的商品，仍根据姚常龙的安排予以销售，构成无事前通谋的共同犯罪。二是调取电子合同、发货通知、订单等电子数据，结合扣押在案的销售台账及被告人供述、证人证言等证据，证实本案各被告人在共同犯罪中所起的作用大小。三是调取涉案商标的商标注册证、核准商标转让、续展注册证明等书证，证实涉案商标系在我国注册，且在有效期内。经对上述证据进行审查，东港区检察院认为，现有证据能够证实被告人庄乾星、张超、魏子皓三人在加入万能国际公司担任销售人员后，曾对公司产品的价格与正品进行对比，且收悉产品质量差的客户反馈意见，在售假过程中发现是由古进负责对问题产品更换序列号并换货等，上述证据足以证实庄乾星、张超、魏子皓三人对其销售的光纤模块系姚常龙、古进贴牌制作的假冒注册商标的商品具有主观明知。故认定该三人构成假冒注册商标罪，与姚常龙、古进构成共同犯罪。检察机关还依法对万能国际公司是否构成单位犯罪进行了审查，认定万能国际公司自2014年成立后截至案发，并未开展其他业务，实际以实施犯罪活动为主，相关犯罪收益也均未归属于万能国际公司。根据最高人民法院《关于审理单位犯罪案件具体应用法律有关问题的解释》第2条的规定，公司、企业、事业单位设立后，以实施犯罪为主要活动的，不以单位犯罪论处，故不构成单位犯罪。

2019年9月6日,东港区检察院变更公安机关移送起诉的罪名,以被告人姚常龙、古进、庄乾星、张超、魏子皓均构成假冒注册商标罪向山东省日照市东港区人民法院(以下简称东港区法院)提起公诉。

指控与证明犯罪 2019年10月10日,东港区法院依法公开开庭审理本案。庭审过程中,部分辩护人提出以下辩护意见:1.被告人庄乾星、张超、魏子皓与被告人姚常龙不构成共同犯罪;2.本案商品均销往境外,社会危害性较小。公诉人答辩如下:第一,庄乾星、张超、魏子皓明知自己销售的假冒注册商标的商品系姚常龙、古进贴牌生产仍继续销售,具有假冒注册商标的主观故意,构成假冒注册商标的共同犯罪。第二,本案中涉案商品均销往境外,但是被侵权商标均在我国注册登记,假冒注册商标犯罪行为发生在我国境内,无论涉案商品是否销往境外均对注册商标所有人合法权益造成侵害。合议庭对公诉意见予以采纳。

处理结果 2019年12月12日,东港区法院作出一审判决,以假冒注册商标罪分别判处被告人姚常龙、古进、庄乾星、张超、魏子皓有期徒刑2年2个月至4年不等,对古进、庄乾星、张超、魏子皓适用缓刑。同时对姚常龙判处罚金500万元,对古进等四人各处罚金14万元至25万元不等。一审判决后,上述被告人均未上诉,判决已生效。

【指导意义】

1.假冒在我国取得注册商标的商品销往境外,情节严重构成犯罪的,依法应予追诉

凡在我国合法注册且在有效期内的商标,商标所有权人享有的商标专用权依法受我国法律保护。未经注册商标所有人许可,假冒在我国注册的商标的商品,无论由境内生产销往境外,还是由境外生产销往境内,均属违反我国商标管理法律法规,侵害商标专用权,损害商品信誉,情节严重的,构成犯罪。司法实践中,要加强对跨境侵犯注册商标类犯罪的惩治,营造良好营商环境。

2.假冒注册商标犯罪中的上下游被告人是否构成共同犯罪,应结合假冒商品生产者和销售者之间的意思联络、对违法性的认知程度、对销售价格与正品价格差价认知情况等因素综合判断

侵犯注册商标犯罪案件往往涉案人数较多,呈现团伙作案、分工有序实施犯罪的特点。实践中,对被告人客观行为表现为生产、销售等分工

负责情形的，检察机关应结合假冒商品生产者和销售者之间的意思联络情况，销售者对商品生产、商标标识制作等违法性认知程度，对销售价格与正品价格差价的认知情况，销售中对客户有无刻意隐瞒、回避商品系假冒，以及销售者的从业经历等因素，综合判断是否构成共同犯罪。对于部分被告人在假冒注册商标行为持续过程中产生主观明知，形成分工负责的共同意思联络，并继续维持或者实施帮助销售行为的，应认定构成共同犯罪。

第三章 销售假冒注册商标的商品罪办案指引

第一节 销售假冒注册商标的商品罪概述

一、销售假冒注册商标的商品罪的立法沿革

1979年刑法没有规定本罪，全国人大常委会《关于惩治假冒注册商标犯罪的补充规定》第1条第2款增设了本罪，规定："销售明知是假冒注册商标的商品，违法所得数额较大的，处三年以下有期徒刑或者拘役，可以并处或者单处罚金；违法所得数额巨大的，处三年以上七年以下有期徒刑，并处罚金。"1997年刑法将定性标准由原决定的依"违法所得数额大小"改为依"销售数额大小"，规定："销售明知是假冒注册商标的商品，销售金额数额较大的，处三年以下有期徒刑或者拘役，并处或者单处罚金；销售金额数额巨大的，处三年以上七年以下有期徒刑，并处罚金。"2020年12月通过的《刑法修正案（十一）》对《刑法》第214条进行了修订，将原该罪"销售金额数额较大""销售金额数额巨大"的定罪量刑标准修改为"违法所得数额较大或者有其他严重情节"以及"违法所得数额巨大或者有其他特别严重情节"。该罪作为逐利性犯罪，销售金额是评价其社会危害性的重要因素，但原刑法将销售金额作为唯一的定罪量刑标准，在司法实践中容易出现量刑失衡的问题。因为销售假冒注册商标商品的上下游犯罪链条中，往往层层加价销售，出现上游因处于

批发环节导致销售数量大但销售金额小、下游处于零售环节导致销售数量小而销售金额大的现象,仅以销售金额为唯一标准,不利于准确评价犯罪的社会危害性,也不能体现源头打击和全面打击的政策导向。通过将定罪量刑标准调整为"违法所得数额加情节",有利于在制定司法解释过程中,将更多因素纳入社会危害性考量,如非法经营数额、销售数量和范围、所处制假售假环节、假冒商品的社会影响、权利人损失等,有利于制定更加科学的社会危害性评价标准,也有利于更客观、全面地评价各被告人在共同犯罪、上下游犯罪中的地位作用和应当承担的责任。

二、销售假冒注册商标的商品罪的概念和构成特征

销售假冒注册商标的商品罪是指销售明知是假冒注册商标的商品,违法所得数额较大或者有其他严重情节的行为。

（一）客体特征

本罪侵犯的客体是注册商标所有人的商标专用权和社会主义市场经济秩序。

（二）客观特征

本罪的客观方面表现为实施了违反商标法,销售明知是假冒注册商标的商品,违法所得数额较大或者有其他严重情节的行为。相关追诉标准尚在制定中。但我们认为,销售金额数额较大应当属于"其他严重情节"的情形之一。按照原司法解释规定,"数额较大"是指:(1)销售金额在5万元以上的;(2)尚未销售,货值金额在15万元以上的;(3)销售金额不满5万元,但已销售金额与尚未销售的货值金额合计在15万元以上的。"数额巨大"是指销售金额在25万元以上。

（三）主体特征

本罪主体为一般主体,达到16周岁的刑事责任年龄并具有刑事责任能力的自然人均可构成本罪。根据《刑法》第220条之规定,单位也可构成本罪,单位犯本罪的,对单位判处罚金,并对其直接负责的主管人员和

其他直接责任人员，按照本条的规定处罚。2004年最高人民法院、最高人民检察院《关于办理侵犯知识产权刑事案件具体应用法律若干问题的解释》第15条规定，单位实施侵犯知识产权犯罪行为，按照相应个人犯罪的定罪量刑标准的三倍定罪量刑。2007年最高人民法院、最高人民检察院《关于办理侵犯知识产权刑事案件具体应用法律若干问题的解释（二）》作出修订，第6条规定，单位实施侵犯知识产权犯罪行为，按照相应个人犯罪的定罪量刑标准定罪处罚。

（四）主观特征

本罪主观方面是故意，且主观明知的内容是所销售的商品是假冒注册商标的商品。

三、销售假冒注册商标的商品罪的追诉标准

最高人民检察院、公安部《关于公安机关管辖的刑事案件立案追诉标准的规定（二）》第70条规定："销售明知是假冒注册商标的商品，涉嫌下列情形之一的，应予立案追诉：（一）销售金额在五万元以上的；（二）尚未销售，货值金额在十五万元以上的；（三）销售金额不满五万元，但已销售金额与尚未销售的货值金额合计在十五万元以上的。"

最高人民法院、最高人民检察院、公安部《关于办理侵犯知识产权刑事案件适用法律若干问题的意见》第8条"关于销售假冒注册商标的商品犯罪案件中尚未销售或者部分销售情形的定罪量刑问题"规定："销售明知是假冒注册商标的商品，具有下列情形之一的，依照刑法第二百一十四条的规定，以销售假冒注册商标的商品罪（未遂）定罪处罚：（一）假冒注册商标的商品尚未销售，货值金额在十五万元以上的；（二）假冒注册商标的商品部分销售，已销售金额不满五万元，但与尚未销售的假冒注册商标的商品的货值金额合计在十五万元以上的。假冒注册商标的商品尚未销售，货值金额分别达到十五万元以上不满二十五万元、二十五万元以上的，分别依照刑法第二百一十四条规定的各法定刑幅度定罪处罚。销售金额和未销售货值金额分别达到不同的法定刑幅度或者均达到同一法定刑幅度的，在处罚较重的法定刑或者同一法定刑幅度内酌情从重处罚。"

第二节　销售假冒注册商标的商品罪的证据审查

一、销售假冒注册商标的商品罪的证据要件

(一) 犯罪客体证据

本罪保护客体主要是市场经济秩序，要综合考量销售金额、数量、所处制售假环节、被侵权商标知名度、社会影响、产品扩散范围、权利人损失大小等多种因素，客观评价行为人销售假冒商品的社会危害性。通过犯罪嫌疑人供述和辩解、被害人陈述、证人证言、物证、书证、鉴定意见、视听资料、电子数据等证据，证明行为人的行为侵犯了他人的注册商标专用权和国家对商标的管理制度及相关的市场经济秩序。

一是犯罪嫌疑人供述和辩解，证明其在制售假产业链上所处环节、产品的销售数量、价格、范围、对象。

二是被害人陈述，证明注册商标被假冒后的正品销量变化、品牌商誉受损情况。

三是消费者证言，证明产品的质量、品牌知名度、假冒商品的社会影响等。

四是书证、电子数据，证明商标是否属于有效期内的注册商标、被害人的损失情况等。

五是鉴定意见等证据，证明产品成分、质量、危害等，对是否构成假冒注册商标的商品或涉嫌销售伪劣产品、销售有毒有害食品等其他罪名进行印证。

（二）客观方面证据

本罪客观方面的证据，主要证明客观行为、严重情节及特别严重情节，还包括案发及查处情况。

1. 案件线索来源

主要包括：权利人报案、公民举报的证据材料；行政执法机关向公安机关移送所附的证据材料；公安机关获取线索的证据材料；抓获犯罪嫌疑人的单位或个人提供的证明或证言其中，抓获犯罪嫌疑人的单位或个人提供的证明或证言又包括：（1）如何获知犯罪和犯罪嫌疑人情况；（2）抓获犯罪嫌疑人的时间、地点、过程；（3）犯罪嫌疑人是否有抗拒抓捕、投案、坦白、立功等情节；（4）起获有关书证、物证及赃款的过程；（5）对抓获过程中所涉及的其他与案件有关的人、物的描述。

关于权利人的涉案商标在我国的注册情况、核定使用的商品范围等受我国商标法保护证据，参照本编第一章第二节相关内容。

2. 销售事实

（1）犯罪嫌疑人供述和辩解。

证明：

①所销售的假冒注册商标的商品的来源、进货渠道、进货价格。

②销售行为发生的时间、地点、经过、手段、方式、资金来源等情况。

③销售的数量、价格、范围、违法所得数额及去向等。

④销售流程、资金流向、人员分工（投资、组织、管理、销售员、发货员、财务人员、后续服务人员、第三方帮助人员）。

（2）证人证言。

供货方、购买人、仓储、物流人员及相关知情人的证言，证明行为人实施侵权行为发生的时间、地点、方式、进货及销售价格、数量、商品存放的地点、违法所得数额及去向等。

（3）物证、书证。

①行为人销售假冒注册商标商品的原物、包装等。

②行为人从事销售假冒注册商标的商品活动的场所、工具、设备的实物和照片。

③行为人从事销售假冒注册商标的商品活动的发票、账簿、银行票据。

④销售过程中的相关合同、出入库凭证、提货单、邮寄单证、运输单证等。

（4）其他证据材料。

如视听资料、电子数据，现场、物证勘验检查笔录，举报、控告材料，辨认、指认笔录，扣押清单，扣押、返赃、追缴笔录，销毁、封存证明等，结合其他证据证明销售假冒注册商标商品行为的时间、地点、情节、过程、后果等，同时确认犯罪嫌疑人。

3.涉案商品的商标系假冒

（1）犯罪嫌疑人的供述和辩解。

①涉案商品的名称、商标的品牌等情况。

②商品上的商标是否属于假冒、何人假冒、是否得到商标注册人授权等。

③所销售的假冒注册商标的商品的来源、进货渠道、进货价格，商标是否明显被涂改、调换、覆盖等。

（2）权利人的证言。

①被侵权注册商标的名称、权利人的基本情况、是否尚在有效期等。

②行为人销售行为是否经过商标注册人的许可以及许可是否真实等情节。

③如何发现侵权犯罪事实，以及发现的侵权犯罪行为发生的时间、地点、侵权手段、方式，销售人的情况，侵权商品的去向等。

④造成的经济损失等情况。

（3）物证。

①注意收集：涉案侵权产品、价签、外包装等；假冒侵权产品的原材料、生产工具、设备设施、运输工具等；用于作案的电脑、手机等电子产品；使用注册商标的正品商品、商品包装、说明书或者其他附着物。

②办案机关扣押、调取物证的，应当有办案机关两名以上工作人员在场，通过拍照、录像、笔录、绘图等方法，对被扣押物品、工具以及商业标识等逐一取证、准确记录，并制作扣押清单，由办案机关工作人员、物品持有人、办案机关工作人员以外的其他在场证人分别签字确认。

③对侵权的商品、商标标识以及商标标识附着于商品的状况应当分

别取证，并准确全面地拍摄记录相关商标标识的具体细节和附着商标标识的商品全貌。

④办案机关移交物证的，要制作移交清单。办案机关应当确保庭审中具备核对物证的条件，在人民法院依法作出生效裁判前，一般不得采取没收、销毁等手段处置侵权物品。

⑤确因客观原因不易保存的物证在按类别抽样留存样本后，可以对物证进行处置，但应当同时采取录像、拍照、书面记录等方式完整记录抽样及处置过程。

（4）现场勘验、检查、搜查、扣押等笔录。

①对犯罪嫌疑人人身、住处、生产、加工及经营场所、机器设备等勘验、检查以及查扣涉案物品，对查扣物品应当进行清点和拍照，准确记录查扣物品的品名、规格、型号、数量等特征，涉案人员对涉案产品、同案犯的指认情况应当拍照固定，必要时对相关活动进行录音录像。

②辨认笔录，主要包括涉案人员对生产、加工、经营、存储等场所的辨认，对涉案侵权产品的辨认。

（5）书证、鉴定意见。

①鉴定意见应由具有鉴定资质的机构作出，权利人及其委托人出具的意见可列入书证或权利人陈述。

②对于涉案商标、商品是否属于假冒物品，或者是否未经知识产权权利人许可的，办案机关可以委托国家知识产权行政管理部门指定的知识产权认证机构、知识产权集体管理组织或者权利人出具意见。受委托机构或者权利人认为是假冒物品的，应当详细说明其与合法商标、商品等存在的区别点，并提供相应证据。对于采取具有特殊技术保密性的防伪措施，为防止防伪措施被破解、仿制等，可不在鉴别意见中载明，但如有必要专业人员应向办案人员说明，并应在不公开审理情况下出庭说明。

③权利人委托他人出具认证意见的，应当依法出具授权委托书。权利人在我国境外出具的授权委托书，应当依法办理公证、认证手续。

④涉案商品若是伪劣产品的，可能构成与销售伪劣产品罪竞合。对于涉案商品是否属于伪劣产品，办案机关可以委托有鉴定资质的机构对涉案商品的质量进行鉴定，由鉴定机构出具鉴定意见。

4.违法所得数额较大或者有其他严重情节

（1）物证。

查获涉案侵权产品、价格标签、外包装等。

（2）书证。

①正品价格证明、假冒侵权产品价格证明、价格标示。

②货款支付中的银行转账汇款明细清单、支付宝、微信等支付记录。

③进货（采购）单、送货单、快递单、发票、收据、交易流水记录、财务账册以及网店账户、交易记录、产品截图等。

④侵权产品的接收、查封、扣押清单及清点记录。

⑤侵权产品的宣传、包装、使用说明、广告资料等。

⑥经营、存储等场地的租赁协议等。

⑦公安机关出具的案发经过等相关材料应如实反映查获及扣押时的具体情况、数额、侵权产品的摆放位置等，由两名以上侦查人员签名并加盖公章。

（3）犯罪嫌疑人的供述和辩解。

①涉案侵权商品的来源、价格、数量、运输方式，是否签订合同。

②人员工资、成本以及侵权商品的数量、存储地点。

③销售方式、数量、价格、交付方式、结算方式、销售合同、记账记录，如涉及网络销售，注意收集网店的注册信息、销售的商品及价格截图、交易流水等信息。

④上、下游买卖人员的身份信息、联系方式。

⑤其他涉案人员的身份信息、分工、参与时间、报酬，体现主观明知等信息。

⑥对存在刷单、退货、真假混杂销售等情形，应要求提供相关证据或证据线索。

（4）现场勘验、检查、搜查、扣押等笔录、照片。

准确记录查扣物品的品名、规格、型号、数量等特征。

（5）视听资料和电子数据。

主要包括：

①涉案人员电脑、光盘、移动硬盘、手机以及微信、QQ、电子邮件等社交工具中证明犯罪行为的内容。

②网络账户交易流水,证明假冒侵权产品名称、数量、价格等内容。

③涉及支付宝等第三方支付平台的支付、转账记录。

注意:

第一,认定销售价格,应按照"实际售价-标价-行为人供述价-被侵权产品市场中间价"依次选择原则计算:

(1)按照实际销售价格计算。应重点查证实际销售价格证据,并以此作为计算犯罪金额的首选依据。有销售记录的,用销售记录平均价计算待售相同商品、已售或者待售的其他同一品牌的同类商品的销售金额或货值金额;没有销售记录的,可以依据行为人供述、证人证言以及相关书证等能够相互印证的实际销售价格计算犯罪金额。

(2)按照标价计算。确实无法查证实际销售价格,但有标价的,可以依据标价计算待销售货值金额;虽有标价,但价格明显不合理,或者没有标价但查获的侵权产品与有标价的侵权产品属于同一品牌的同类商品,可以同类侵权产品的标价认定。

(3)按照行为人供述的价格计算。对没有标价的未销售假冒商品,如无法查清其实际售价,但行为人对其售价能够作出合理解释且能与查明的该假冒商品的购入价格相适应的,可以根据行为人供述的价格认定。

(4)按照被侵权商品市场中间价格计算。确实无法根据上述标准计算侵权商品价格的,可以按照被侵权产品的市场中间价格计算。

第二,销售金额和违法所得的认定应以书证、电子数据等客观证据互相印证为主,以消费者的证言认定,一般应达到能够形成印证、消除合理怀疑的标准。对现场查获尚有未销售假冒商品的,犯罪嫌疑人及其他共同犯罪嫌疑人的供述与账目、销售记录能相互印证的,可以按照账目、销售记录记载的价格、数量认定实际销售价格和销售金额,第三方电商平台运营商保存的电子交易记录可作为认定销售价格和销售金额的证据。

第三,"真假混卖"的情形,应重点结合行为人提供的正品来源线索、交易价格、买家证言、鉴定意见等进行综合判断。对于正品和假冒商品的数量无法直接区分的情形,可以结合产品来源的证据进行界定,区分出涉案假冒产品的数量。如果上游卖方人员无法查证,且无其他证据证明,则应根据已核实到的买家及查获的实物产品来确定销售假冒注册商标的商品数量,就低认定犯罪金额。

第四，对于消费者退货的，鉴于犯罪嫌疑人已经实施了犯罪客观行为，退货部分的数额不在犯罪金额中扣减。对于犯罪嫌疑人向上家卖方人员退货的，鉴于行为人尚未进入销售行为的实行阶段，不宜追究刑事责任。

第五，对于"搭售（捆绑销售）"中涉及假冒注册商标的商品的，根据不同情形计算销售金额：（1）没有拆分销售的，搭售价格可以直接作为计算假冒侵权商品的实际销售价格的依据。（2）拆分销售的，对于已经搭售或者拆分销售出去的，按照实际销售金额计算；对于未销售出去的，应以拆分单个销售的价格作为计算货值金额的依据，而不以搭售价格作为计算依据。（3）"真假"混合搭售，能区分假冒产品和正品的销售价格的，则直接以区分后假冒产品的价格作为计算销售金额的依据。（4）"真假"混合搭售，无法区分假冒产品和正品各自销售价格的：如果有单卖情形，对于捆绑销售中的销售金额，根据犯罪嫌疑人供述与辩解、结合单卖价格进行考量，必要时就低认定销售金额；对于货值金额，则以单卖价格计算。如果没有单卖情形，可以根据"实际售价－标价－行为人供述价－被侵权产品市场中间价"依次选择原则计算。

（三）犯罪主体证据

本罪的主体是一般主体，既可以是年满16周岁、具有刑事责任能力的自然人，也可以是单位。

1. 证明单位犯罪主体的证据

以单位名义实施销售假冒注册商标的商品犯罪，犯罪所得归单位所有的，是单位犯罪。个人为进行违法犯罪活动而设立公司、企业、事业单位实施犯罪的，或者公司、企业、事业单位设立后，以实施犯罪为主要活动的，不以单位犯罪论处。

（1）单位犯罪的一般要件。

①证明主体为单位的证据。

应当收集证明单位的名称、设立日期、性质、办公地点、住所地、法定代表人、存续情况、直接负责的主管人员和其他直接责任人员等情况的证据。主要包括：

国家机关、事业单位、社会团体性质的相应法律文件，机关、团体法人统一社会信用代码证书。

企业法人营业执照，从事特殊行业的，应当收集相应的批文或者许可证件。

单位已被注销或者撤销的，应有注销证明或者撤销机构出具的相关证明。

单位为分支机构或者内设机构的，应有其与上级单位关系、被授权权限或者经营范围等的证明材料。

单位实施销售假冒注册商标的商品犯罪后，发生分立、合并或者其他资产重组等情况的，应有分立、合并或者其他资产重组以及承受原单位权利义务的资料。

单位的有关合同、章程、协议等证明单位的组织形式、直接负责的主管人员和其他直接责任人员分工的材料。

犯罪嫌疑人有关犯罪单位及直接负责的主管人员、其他直接责任人员在犯罪活动中地位、作用内容的供述和辩解。

单位内部人员、业务合作人员有关犯罪单位及直接负责的主管人员、其他直接责任人员在犯罪活动中地位、作用内容的证人证言。

其他证明单位情况的相关材料。

②证明"以单位名义"的证据。

单位决策机构作出的决定、会议纪要等。

单位主要负责人、实际控制人或者授权的分管负责人作出的决定或者表示同意的材料。

证明单位主要负责人、实际控制人或者授权的分管负责人在得知单位成员实施销售假冒注册商标的商品犯罪行为后，纵容、默许、未表示反对或者制止的证据。

③证明"犯罪所得归单位所有"的证据。

证明单位应当支出税款而未支出或者少支出，非法收益归本单位或者本单位的多数员工所有的证据，主要包括：

单位会计账簿、资金流向、单位银行账户。

审计、鉴定意见等。

单位主要负责人或者分管负责人有关为单位赚取利益，非法利益归单位所有的供述。

④会计人员等单位内部人员、业务合作人员有关为单位赚取利益，非法收益归单位所有的证言等材料。

（2）单位犯罪不同层级人员要件。

单位犯罪中的"直接负责的主管人员"，一般是指在单位实施的犯罪中起决定、批准、组织、策划、指挥、授意、纵容等关键作用的人员，包括法定代表人、实际控制人、主要负责人或者授权的分管负责人、高级管理人员等；"其他直接责任人员"，是指在直接负责的主管人员的指挥、授意下，积极参与实施单位犯罪或者对具体实施单位犯罪起较大作用的人员，既可以是经营管理人员，也可以是单位里负责推销、物流、收款等销售行为的普通员工，包括聘任、雇用的人员。

①证明行为人系单位实际控制人、主要负责人或者授权的分管负责人、高级管理人员的证据：

人员身份基本情况。直接负责的主管人员和其他直接责任人员的身份证明，包括法定代表人、实际投资者、实际经营决策者、销售员、发货员、仓管人员、财务人员等人员的户口簿、居民身份证、户口底卡、工作证、护照或者其他有效证明文件，有无违法犯罪经历证明材料。

职务身份基本情况。单位包括内部组织的有关合同、章程、任命文件、岗位责任制度、人事部门组织部门的任职文件及证明、会议记录等。

②证明行为人系销售假冒注册商标的商品犯罪的决定、组织、指挥或者管理职责的负责人、管理人员，以及系直接实施销售假冒注册商标的商品行为的人员的证据：

在单位运营管理过程中签字、审批、经手、经办等实际履行职责的文件、文书，以及手机短信、电子邮件、即时通信等电子证据、工资单和发放奖金、分红等证据。单位内部人员职责分工、业务流程等情况。能够证明谁是负有直接责任的主管人员、谁是其他直接责任人员的犯罪嫌疑人供述、证人证言、书证等。管理支配公章、单位账户、银行U盾、密码以及相关管理人员、挂名法定代表人的证言等，证明行为人对单位实际控制的证据。

认定"一人公司"是否构成单位犯罪，应重点根据单位或关联单位会计账簿、资金流向、银行账户流水、单位相关人员银行账户流水等证据，结合该公司经营范围、营业收入、是否独立等因素进行综合判断。对于单位财产与个人财产混同的"一人公司"，不宜认定为单位犯罪。

2. 证明自然人犯罪主体的证据

（1）自然人身份证据。

自然人身份的基本情况，如姓名（曾用名）、性别、出生年月日、出生地、有效身份证件号码、民族、籍贯、国籍、职业、住所等。通过以下证据予以证明：

①居民身份证、临时居住证、护照、户口簿以及公安部门出具的户籍证明。

②港、澳居民身份证、护照、来往内地通行证，台湾居民往来大陆通行证，以及居住地证明资料等。

③外国人护照、出入境证明、在华长期居留证明，以及使领馆出具的身份证明资料等。

④犯罪嫌疑人曾经违法犯罪经历的有关行政处罚决定书、刑事判决书等。

⑤犯罪嫌疑人对身份的供述。

⑥有关人员（亲属、邻居等）对犯罪嫌疑人、被告人身份关系的证言。

（2）应当注意的事项。

①自然人主体身份情况的证据主要是户籍所在地公安机关出具的户籍证明材料，户籍证明应当附犯罪嫌疑人照片。未附照片的，可以收集有关人员（如亲属、邻居等）关于犯罪嫌疑人情况的证言及辨认笔录，以证明犯罪嫌疑人与户籍所载人员的同一性。办案单位通过公安信息网系统打印的犯罪嫌疑人身份信息和犯罪嫌疑人供述一致，打印的照片与其本人相符，经加盖办案单位印章，并注明制作时间、来源，由办案人员签名的，可以作为证据使用。

②对犯罪嫌疑人第一次讯问，应当问明犯罪嫌疑人的姓名、别名、曾用名、出生年月日、户籍所在地、现住地、经常居住地、籍贯、国籍、出生地、民族、职业、文化程度、家庭情况、身份证号码、政治面貌、社会经历（包括学历、工作经历、违法犯罪经历等）、是否属于人大代表或政协委员等情况。

③单位设立后专门从事违法犯罪活动的，应当以自然人犯罪追究刑

事责任。单位除了实施销售假冒注册商标的商品行为以外,还有其他合法的生产活动,或者前期属于合法经营,后期才实施销售假冒注册商标的商品行为的,则需要区分是否以实施犯罪为主。犯罪活动虽然经单位决策实施,但违法所得归个人所有的,仍然应当认定为个人犯罪。

(四)主观方面证据

本罪主观方面是故意,即行为人明知是假冒注册商标的商品仍然予以销售。犯罪嫌疑人可能就不明知涉案物品是假冒商品等提出辩解,需要结合在案证据排除合理怀疑。

一是犯罪嫌疑人的供述和辩解。查明销售假冒注册商标商品的进货渠道、交易价格、交易时间、地点、交易结算方式等,以及是否因销售假冒注册商标商品行为被权利人警告、消费者投诉、受到行政处罚或承担过民事责任后又再次销售同一假冒注册商标商品等,证明其主观"知道"或"应当知道"。单位犯罪的,应讯问直接负责的主管人员和其他直接责任人员如何预谋、策划、商议以单位名义实施犯罪。

二是注册商标权利人代表的证言。证明犯罪嫌疑人销售的商品上使用的商标与其所有的注册商标相同,且未经权利人许可等。

三是上下游人员的证人证言。证明假冒注册商标的商品非犯罪嫌疑人生产,犯罪嫌疑人购买或销售假冒注册商标商品情况等。

四是物证、鉴定意见、书证等其他证据。证明涉案商品上的商标系注册商标,且未经权利人许可。

二、销售假冒注册商标的商品罪常见证据审查

(一)证明从重处罚情节的证据

对构成累犯的,应重点收集和审查前罪的裁判文书、监狱出具的释放证明等材料。

对主要以侵犯知识产权为业的或者在重大自然灾害、事故灾难、公共卫生事件期间假冒抢险救灾、防疫物资等商品的注册商标的,应重点收集和审查关于其从业经历、作案时间、其他合法收入来源方面证据,包括

犯罪嫌疑人的供述、同案犯、亲属的证言、销售发票、账册、工资单、银行记录等材料。

对因侵犯知识产权被行政处罚后再次侵犯知识产权构成犯罪的，应重点收集和审查行政处罚决定书、犯罪嫌疑人的供述等材料。

（二）证明从宽处罚情节的证据

对有自首或者具有悔罪表现的，应重点收集和审查证明其投案时间、地点、方式、过程、到案后供述情况的情况说明、案发经过、讯问笔录、询问笔录等材料。

对立功的，应重点收集和审查检举原始材料、公安机关对犯罪嫌疑人检举、揭发内容调查核实材料，被检举案件的立案决定书、逮捕决定书、移送审查起诉意见书、起诉书、裁判文书等相关法律文书。

对系共同犯罪中从犯的，应重点收集能证明其在销售环节的地位、作用的同案犯的供述、证人证言、书证等。

对退赃、退赔或者取得权利人谅解的，应重点收集和审查被害单位收到退赃和出具的谅解的证明材料，包括收据、银行转账证明、书面谅解书等。

（三）审查认定证据应注意的问题

1. 证据转化

行政执法部门依法收集、调取、制作的物证、书证、视听资料、检验报告、鉴定结论、勘验笔录、现场笔录，经公安机关、人民检察院审查、人民法院庭审质证确认，可以作为刑事证据使用；行政执法部门制作的证人证言、当事人陈述等调查笔录，公安机关认为有必要作为刑事证据使用的，应当依法重新收集、制作。

2. 抽样取证

对查扣的同一批次或者同一类型的涉案物品，确因实物数量较大，无法逐一勘验、鉴定、检测、评估的，可以委托或者商请有资格的鉴定机构、专业机构或者行政执法机关依照程序按照一定比例随机抽样勘验、鉴定、检测、评估，并由其制作取样记录和出具相关书面意见。有关抽样勘验、鉴定、检测、评估的结果可以作为该批次或者该类型全部涉案物品的勘验、鉴定、检测、评估结果，但是不符合法定程序，且不能补正或者作出合理解释，可能严重影响案件公正处理的除外。法律、法规和规范性文件对鉴定机构或者抽样方法另有规定的，从其规定。

（四）证据充分性及排他性说明

认定有罪和处以刑罚应达到证据确实、充分：（1）定罪量刑的事实都有证据证明；（2）据以定案的证据均经法定程序查证属实；（3）证据与证据之间、证据与案件事实之间不存在矛盾或者矛盾得以合理排除；（4）根据证据认定案件事实的过程符合逻辑和经验法则，所认定事实已排除合理怀疑。

有下列情形之一的，不能定案：（1）犯罪构成要件事实缺乏必要的证据予以证明；（2）据以定罪的证据存在疑问，无法查证属实；（3）据以定罪的证据之间、证据与案件事实之间的矛盾不能合理排除；（4）实施犯罪行为没有直接证据证明，间接证据不能形成完整证据锁链；（5）非法证据被排除后，其他证据不足以证明实施了犯罪行为；（6）根据证据得出的结论具有其他可能性，不能排除合理怀疑；（7）根据证据认定案件事实得出的结论明显不符合常理，有悖逻辑和经验法则。

证明定罪事实、证据合法性，认定不利于犯罪嫌疑人的量刑情节，适用确实、充分的标准。

证明除证据合法性以外的其他程序事实和认定有利于犯罪嫌疑人的量刑情节，适用优势证明标准。

证明量刑事实和程序事实，可以收集情况说明、社会调查报告等证据。

（五）关于不起诉的证据

1. 商标注册3年没有使用的证据

注册商标没有正当理由连续3年不使用的，不宜作犯罪处理，在此应重点核实权利人在商标注册的3年期间是否有使用的相关记录。

2. 涉案商标不受我国商标法保护的证据

应当审查国际注册申请人的条件，该商标是否通过国际注册在我国获得了领土延伸，获得我国注册商标专用权保护的时间。对于确实应当撤销或者宣告无效的商标，不应当纳入刑事保护范畴。

3.授权使用抗辩及在授权有效期内超范围生产的证据

应重点审查是否有权利人授权使用的相关协议，如权利人有授权的，还应核实授权使用的范围。

4.权利人追认许可的证据

应重点审查权利人追认许可的相关协议，追认授权的期限，授权的商标使用范围是否和涉案产品相同。

5.诉讼时效

《刑法修正案（十一）》将《刑法》第214条修改为："销售明知是假冒注册商标的商品，违法所得数额较大或者有其他严重情节的，处三年以下有期徒刑，并处或者单处罚金；违法所得数额巨大或者有其他特别严重情节的，处三年以上十年以下有期徒刑，并处罚金。"综上，本罪法定最高刑为3年有期徒刑的追诉期限为5年，法定最高刑为10年有期徒刑的追诉期限为15年。

第三节　销售假冒注册商标的商品罪的认定处理

一、销售假冒注册商标的商品罪的罪与非罪

（一）主观明知的判断

具有下列情形之一的，应当认定为本罪规定的"明知"：(1)知道自己销售的商品上的注册商标被涂改、调换或者覆盖的；(2)因销售假冒注册商标的商品受到过行政处罚或者承担过民事责任、又销售同一种假冒注册商标的商品的；(3)伪造、涂改商标注册人授权文件或者知道该文件

被伪造、涂改的;(4)其他知道或者应当知道是假冒注册商标的商品的情形。

《商标法》第60条规定:"销售不知道是侵犯注册商标专用权的商品,能证明该商品是自己合法取得并说明提供者的,由工商行政管理部门责令停止销售。"司法实践中,犯罪嫌疑人往往提出合法取得抗辩。

对于烟草制品,根据最高人民法院、最高人民检察院、公安部、国家烟草专卖局《关于办理假冒伪劣烟草制品等刑事案件适用法律问题座谈会纪要》第2条的规定,认定明知是假冒烟用注册商标的烟草制品应当依据下列情形:(1)以明显低于市场价格进货的;(2)以明显低于市场价格销售的;(3)销售假冒烟用注册商标的烟草制品被发现后转移、销毁物证或者提供虚假证明、虚假情况的;(4)其他可以认定为明知的情形。

司法实践中,办案人员应当综合运用多种证明方法认定主观明知。"明知"是犯罪行为人在主观上对自己所实施行为的性质和后果的明确认识。司法实践中犯罪嫌疑人往往辩解不明知系假冒注册商标的商品,检察机关应注意审查其在不同犯罪环节的客观行为的证据,形成证据锁链推论其主观明知状态。对售假源头者,可以通过是否伪造授权文件等进行认定;对批发环节的经营者,可以通过进出货价格是否明显低于市场价格,以及交易场所与交易方式是否合乎常理等因素进行甄别;对终端销售人员,可以通过客户反馈是否异常等情况进行判断;对确受伪造、变造文件蒙蔽或主观明知证据不足的人员,应坚持主客观相一致原则,依法不予追诉。

对"真假混卖"的,要结合正品、假冒产品的来源渠道、销售渠道、销售方式、价格差异、特征区别、产品批次、存储位置、销售记账情况、购买者提供的实物、正品商标的知名度以及犯罪嫌疑人的背景信息等证据进行综合判断。对能够区分的,依法予以认定。

对于共同犯罪中主观故意的认定,证明以销售假冒注册商标的商品共犯论处的行为人的主观故意时,应重点收集和提取能够证明其明知他人实施了销售假冒注册商标的商品的犯罪行为,并为其提供资金等帮助行为的证据,查清各行为人在案件中的地位和作用,是否有主从犯等。对于在单位犯罪或者共同犯罪中,纯粹执行领导或雇主指派参与实施犯罪,但是从业时间短暂,层级较低,无相关职业经历、专业背景,提出不明知辩解,需要依据其任职情况、职业经历、专业背景、培训经历、本人因同类行为受到行政处罚或者刑事追究情况、实际参与程度、同案犯或其他证人言词证据等，综合认定其是否具有主观明知。

（二）销售金额的计算

销售金额是指销售假冒注册商标的商品后所得和应得的全部违法收入。需要注意的是，销售金额由"所得"和"应得"两部分组成。其中，"所得"是指已经获得的销售款项的数额。"应得"是销售金额的子概念，不能与货值金额的概念相混淆，通常是指销售方已经和收购方形成买卖合意，销售方实施了向收购方销售商品的行为尚未收到货款，或者收购方已经支付货款但销售方尚未发货，上述情形涉及的金额均应计入销售金额。司法实践中，买卖合同成立、双方均尚未履行，能否计入销售金额？我们认为，一方实际履行的，如已经交付商品或者已经支付货款的，才能计入销售金额；双方仅订立合同，尚未实际履行的，不能把合同约定金额认定为销售金额。

销售假冒注册商标的商品犯罪案件中尚未销售或者部分销售情形的定罪量刑应当按照下列规则把握：第一，销售明知是假冒注册商标的商品，具有下列情形之一的，以销售假冒注册商标的商品罪（未遂）定罪处罚：（1）假冒注册商标的商品尚未销售，货值金额在15万元以上的；（2）假冒注册商标的商品部分销售，已销售金额不满5万元，但与尚未销售的假冒注册商标的商品的货值金额合计在15万元以上的。第二，假冒注册商标的商品尚未销售，货值金额分别达到15万元以上不满25万元、25万元以上的，分别依照销售假冒注册商标的商品罪规定的各法定刑幅度定罪处罚。第三，销售金额和未销售货值金额分别达到不同的法定刑幅度或者均达到同一法定刑幅度的，在处罚较重的法定刑或者同一法定刑幅度内酌情从重处罚。

货值金额，主要是指制造、储存、运输和未销售的侵权产品的价值，按照标价或者已经查清的侵权产品的实际销售平均价格计算。侵权产品没有标价或者无法查清其实际销售价格的，按照被侵权产品的市场中间价格计算。难以确定的，委托估价机构进行确定。

二、销售假冒注册商标的商品罪的此罪与彼罪

实施假冒注册商标犯罪，又销售该假冒注册商标的商品，构成犯罪的，应当以假冒注册商标罪定罪处罚。实施假冒注册商标犯罪，又销售明知是他人的假冒注册商标的商品，构成犯罪的，应当实行数罪并罚。

司法实践中，侵犯注册商标犯罪案件往往涉案人数较多，呈现团伙作案、分工有序实施犯罪的特点，对被告人客观行为表现为生产、销售等分工负责情形的，更要准确区分销售假冒注册商标的商品罪与假冒注册商标罪，特别要注意准确认定事前无通谋的假冒注册商标共同犯罪。检察机关应结合假冒商品生产者和销售者之间的意思联络情况，销售者对商品生产、商标标识制作等违法性认知程度，对销售价格与正品价格差价的认知情况，销售中对客户有无刻意隐瞒、回避商品系假冒，以及销售者的从业经历等因素，综合判断是否构成共同实施假冒注册商标犯罪。对于部分被告人在假冒注册商标行为持续过程中产生主观明知，形成分工负责的共同意思联络，并继续维持或者实施帮助销售行为的，应认定构成共同犯罪。

第四节　案例评析

邓秋城、双善食品（厦门）有限公司等销售假冒注册商标的商品案①

【关键词】

销售假冒注册商标的商品　食品安全　上下游犯罪　公益诉讼

【要旨】

办理侵犯注册商标类犯罪案件，应注意结合被告人销售假冒商品数

---

① 最高人民检察院第二十六批指导性案例检例第98号。

量、扩散范围、非法获利数额及在上下游犯罪中的地位、作用等因素，综合判断犯罪行为的社会危害性，确保罪责刑相适应。在认定犯罪的主观明知时，不仅考虑被告人供述，还应综合考虑交易场所、交易时间、交易价格等客观行为，坚持主客观相一致。对侵害众多消费者利益的情形，可以建议相关社会组织或自行提起公益诉讼。

【基本案情】

被告人邓秋城，男，1981年生，广州市百益食品贸易有限公司（以下简称百益公司）负责人。

被告单位双善食品（厦门）有限公司（以下简称双善公司），住所地福建省厦门市。

被告人陈新文，男，1981年生，双善公司实际控制人。

被告人甄连连，女，1984年生，双善公司法定代表人。

被告人张泗泉，男，1984年生，双善公司销售员。

被告人甄政，男，1986年生，双善公司发货员。

2017年5月至2019年1月初，被告人邓秋城明知从香港购入的速溶咖啡为假冒"星巴克""STARBUCKS VIA"等注册商标的商品，仍伙同张晓建（在逃）以每件人民币180元这一明显低于市场价（正品每件800元，每件20盒，每盒4条）的价格，将21304件假冒速溶咖啡（每件20盒，每盒5条，下同）销售给被告单位双善公司，销售金额383万余元。被告人邓秋城、陈新文明知百益公司没有"星巴克"公司授权，为便于假冒咖啡销往商业超市，伪造了百益公司许可双善公司销售"星巴克"咖啡的授权文书。2017年12月至2019年1月初，被告人陈新文、甄连连、张泗泉、甄政以双善公司名义从邓秋城处购入假冒"星巴克"速溶咖啡后，使用伪造的授权文书，以双善公司名义将19264件假冒"星巴克"速溶咖啡销售给无锡、杭州、汕头、乌鲁木齐等全国18个省份50余家商户，销售金额共计724万余元。

案发后，公安机关在百益公司仓库内查获待售假冒"星巴克"速溶咖啡6480余件，按实际销售价格每件180元计算，价值116万余元；在被告单位双善公司仓库内查获假冒"星巴克"速溶咖啡2040件，由于双善公司向不同销售商销售的价格不同，对于尚未销售的假冒商品的货值金额以每件340元的最低销售价格计算，价值69万余元。

【检察机关履职情况】

审查起诉 2019年4月1日,江苏省无锡市公安局新吴分局(以下简称新吴分局)以犯罪单位双善公司、被告人陈新文、甄连连、甄政涉嫌销售假冒注册商标的商品罪向江苏省无锡市新吴区人民检察院(以下简称新吴区检察院)移送起诉。同年8月22日,新吴分局以被告人邓秋城涉嫌假冒注册商标罪、销售假冒注册商标的商品罪移送起诉。新吴区检察院并案审查,重点开展以下工作:

一是准确认定罪名及犯罪主体。涉案咖啡系假冒注册商标的商品,是否属于有毒有害或不符合安全标准的食品,将影响案件定性,但在案证据没有关于假冒咖啡是否含有有毒有害成分、是否符合安全标准及咖啡质量的鉴定意见。鉴于该部分事实不清,检察机关要求公安机关对照GB7101—2015《食品安全国家标准 饮料》等的规定,对扣押在案的多批次咖啡分别抽样鉴定。经鉴定,涉案咖啡符合我国食品安全标准,不构成生产、销售有毒、有害食品罪等罪名。公安机关基于被告人邓秋城销售假冒咖啡的行为,认定其涉嫌构成销售假冒注册商标的商品罪;基于在百益公司仓库内查获的假冒咖啡的制作和灌装工具,认为邓秋城亦实施了生产、制造假冒咖啡的行为,认定其同时构成假冒注册商标罪,故以涉嫌两罪移送起诉。检察机关经审查认为,现场仅有咖啡制作和灌装工具,无其他证据,且同案犯未到案,证明邓秋城实施制造假冒咖啡行为的证据不足,在案证据只能证实邓秋城将涉案假冒咖啡销售给犯罪单位双善公司,故改变邓秋城行为的定性,只认定销售假冒注册商标的商品罪一罪。检察机关还依职权主动对百益公司是否构成单位犯罪、是否需要追加起诉进行了审查,认定百益公司系邓秋城等为经营假冒咖啡于2018年4月专门设立。根据最高人民法院《关于审理单位犯罪案件具体应用法律有关问题的解释》第2条的规定,个人为进行违法犯罪活动而设立的公司、企业、事业单位实施犯罪的,不以单位犯罪论,故对百益公司的行为不应认定为单位犯罪。

二是追加认定犯罪数额。检察机关从销售单和买家证言等证据材料中发现,除公安机关移送起诉的被告人邓秋城销售金额121万元、犯罪单位双善公司销售金额324万元的事实外,邓秋城、双善公司还另有向其他客户销售大量假冒咖啡的行为。检察机关就百益公司、双善公司收取、使用货款的交易明细、公司员工聊天记录等证据退回公安机关补充侦查，公安机关补充调取了百益公司与双善公司以及邓秋城与被告人甄连连个人账户之间合计 600 万余元的转账记录、双善公司员工工作微信内涉案咖啡发货单照片 120 余份后，检察机关全面梳理核对销售单、快递单、汇款记录等证据，对邓秋城销售金额补充认定了 172 万余元，对双善公司销售金额补充认定了 400 万余元。

三是综合判断被告人主观上是否明知是假冒注册商标的商品。被告人邓秋城、陈新文、甄连连处于售假上游，有伪造并使用虚假授权文书、以明显低于市场价格进行交易的行为，应认定三人具有主观明知。在侦查阶段初期，被告人甄政否认自己明知涉案咖啡系假冒注册商标的商品，公安机关根据其他被告人供述、证人证言等证据，证实其采用夜间收发货、隐蔽包装运输等异常交易方式，认定其对售假行为具有主观明知。后甄政供认了自己的罪行，并表示愿意认罪认罚。经补充侦查，公安机关结合销售商证言，查明被告人张泗泉明知涉案咖啡被超市认定为假货被下架、退货，但仍继续销售涉案咖啡，金额达 364 万余元，可认定张泗泉具有主观明知。鉴于公安机关未将张泗泉一并移送，检察机关遂书面通知对张泗泉补充移送起诉。

四是综合考量量刑情节，提出量刑建议。针对销售假冒注册商标的商品罪的特点，在根据销售金额确定基准刑的前提下，充分考虑各被告人所处售假环节、假冒产品类别、销售数量、扩散范围等各项情节，在辩护人或值班律师的见证下，5 名被告人均自愿认罪认罚，认可检察机关指控的全部犯罪事实和罪名，接受检察机关提出的有期徒刑 1 年 9 个月至 5 年不等，罚金 10 万元至 300 万元不等的量刑建议。2019 年 9 月 26 日，新吴区检察院以被告人邓秋城、被告单位双善公司及陈新文、甄连连、张泗泉、甄政构成销售假冒注册商标的商品罪向江苏省无锡市新吴区人民法院（以下简称新吴区法院）提起公诉。

指控与证明犯罪 2019 年 11 月 7 日，新吴区法院依法公开开庭审理本案。庭审过程中，部分辩护人提出以下辩护意见：(1) 商品已销售，但仅收到部分货款，货款未收到的部分事实应当认定为犯罪未遂；(2) 被告人邓秋城获利较少，且涉案重大事项均由未到案的同案犯决定，制假售假源头均来自未到案同案犯，其在全案中作用较小，在共同犯罪中起次要作用,系从犯。公诉人答辩如下:第一,根据被告单位双善公司内部销售流程,销售员已向被告人甄连连发送销售确认单,表明相关假冒商品已发至客户,销售行为已经完成,应认定为犯罪既遂,是否收到货款不影响犯罪既遂的认定。第二,邓秋城处于整个售假环节上游,在全案中地位作用突出,不应认定为从犯。首先,邓秋城实施了从香港进货、骗取报关单据、出具虚假授权书、与下家双善公司签订购销合同、收账走账等关键行为;其次,邓秋城销售金额低于双善公司,是因为其处于售假产业链的上游环节,销售单价低于下游经销商所致,但其销售数量高于双善公司。正是由于邓秋城实施伪造授权文书、提供进口报关单等行为,导致假冒咖啡得以进入大型商业超市,销售范围遍布全国,受害消费者数量众多,被侵权商标知名度高,媒体高度关注。合议庭对公诉意见和量刑建议予以采纳。

处理结果 2019年12月6日,新吴区法院作出一审判决,以销售假冒注册商标的商品罪判处被告单位双善公司罚金320万元;分别判处被告人邓秋城、陈新文等五人有期徒刑1年9个月至5年不等,对被告人张泗泉、甄政适用缓刑,并对邓秋城等五人各处罚金10万元至300万元不等。判决宣告后,被告单位和被告人均未提出上诉,判决已生效。

鉴于此案侵害众多消费者合法权益,损害社会公共利益,新吴区检察院提出检察建议,建议江苏省消费者权益保护委员会(以下简称江苏消保委)对双善公司提起消费民事公益诉讼。江苏消保委依法向江苏省无锡市中级人民法院(以下简称无锡中院)提起侵害消费者权益民事公益诉讼,主张涉案金额三倍的惩罚性赔偿。无锡中院于2020年9月18日立案受理。

【指导意义】

1.依法严惩假冒注册商标类犯罪,切实维护权利人和消费者合法权益

依法严厉惩治侵犯注册商标犯罪行为,保护权利人对注册商标的合法权益是检察机关贯彻国家知识产权战略,营造良好知识产权法治环境的重要方面。在办理侵犯注册商标犯罪案件中,检察机关应当全面强化职责担当。对于商品可能涉及危害食品药品安全、社会公共安全的,应当引导公安机关通过鉴定检验等方式就产品质量进行调查取证,查明假冒商品是否符合国家产品安全标准,是否涉嫌构成生产、销售有毒有害食品罪等罪名。如果一行为同时触犯数个罪名,则应当按照法定刑较重的犯罪进行追

诉。制假售假犯罪链条中由于层层加价销售，往往出现上游制售假冒商品数量大但销售金额小、下游销售数量小而销售金额大的现象。检察机关在提出量刑建议时，不能仅考虑犯罪金额，还要综合考虑被告人在上下游犯罪中的地位与作用、所处的制假售假环节、销售数量、扩散范围、非法获利数额、社会影响等多种因素，客观评价社会危害性，体现重点打击制假售假源头的政策导向，做到罪刑相适应，有效惩治犯罪行为。

2. 对销售假冒注册商标的商品犯罪的上下游人员，应注意结合相关证据准确认定不同环节被告人的主观明知

司法实践中，对于销售主观明知的认定，应注意审查被告人在上下游犯罪中的客观行为。对售假源头者，可以通过是否伪造授权文件等进行认定；对批发环节的经营者，可以通过进出货价格是否明显低于市场价格，以及交易场所与交易方式是否合乎常理等因素进行甄别；对终端销售人员，可以通过客户反馈是否异常等情况进行判断；对确受伪造变造文件蒙蔽或主观明知证据不足的人员，应坚持主客观相一致原则，依法不予追诉。

3. 一体发挥刑事检察和公益诉讼检察职能，维护社会公共利益

检察机关依法履职的同时，要善于发挥刑事检察和公益诉讼检察职能合力，用好检察建议等法律监督措施，以此推动解决刑事案件涉及的公共利益保护和社会治理问题。对于侵害众多消费者利益，涉案金额大，侵权行为严重的，检察机关可以建议有关社会组织提起民事公益诉讼，也可以自行提起民事公益诉讼，以维护社会公众合法权益。

第四章　非法制造、销售非法制造的注册商标标识罪办案指引

第一节　非法制造、销售非法制造的注册商标标识罪概述

一、非法制造、销售非法制造的注册商标标识罪的立法沿革

1979年刑法对本罪没有规定，系沿袭全国人大常委会《关于惩治假冒注册商标犯罪的补充规定》第2条的内容："伪造、擅自制造他人注册商标标识或者销售伪造、擅自制造的注册商标标识，违法所得数额较大或者有其他严重情节的，依照第一条第一款的规定处罚。"1997年刑法增设了独立的法定刑，将定性标准由原决定的"违法所得数额大小"改为"情节严重程度"，规定："伪造、擅自制造他人注册商标标识或者销售伪造、擅自制造的注册商标标识，情节严重的，处三年以下有期徒刑、拘役或者管制，并处或者单处罚金；情节特别严重的，处三年以上七年以下有期徒刑，并处罚金。"2020年《刑法修正案（十一）》对《刑法》第215条进行了修订，取消了该罪拘役、管制的刑罚，将判处自由刑的起点调整为有期徒刑，将原法定最高刑7年以下有期徒刑提高至10年以下有期徒刑。

二、非法制造、销售非法制造的注册商标标识罪的概念和构成特征

非法制造、销售非法制造的注册商标标识罪是指伪造、擅自制造他人注册商标标识或者销售伪造、擅自制造的注册商标标识，情节严重的行为。

（一）客体特征

本罪侵犯的客体是注册商标所有人的商标专用权和社会主义市场经济秩序。

（二）客观特征

本罪的客观方面表现为实施了违反商标法，伪造、擅自制造他人注册商标标识或者销售伪造、擅自制造的注册商标标识，情节严重的行为。"情节严重"是指：（1）伪造、擅自制造或者销售伪造、擅自制造的注册商标标识数量在2万件以上，或者非法经营数额在5万元以上，或者违法所得数额在3万元以上的；（2）伪造、擅自制造或者销售伪造、擅自制造两种以上注册商标标识数量在1万件以上，或者非法经营数额在3万元以上，或者违法所得数额在2万元以上的；（3）其他情节严重的情形。"情节特别严重"是指：（1）伪造、擅自制造或者销售伪造、擅自制造的注册商标标识数量在10万件以上，或者非法经营数额在25万元以上，或者违法所得数额在15万元以上的；（2）伪造、擅自制造或者销售伪造、擅自制造两种以上注册商标标识数量在5万件以上，或者非法经营数额在15万元以上，或者违法所得数额在10万元以上的；（3）其他情节特别严重的情形。

（三）主体特征

本罪主体为一般主体，达到16周岁的刑事责任年龄并具有刑事责任能力的自然人均可构成本罪。根据《刑法》第220条之规定，单位也可构成本罪，单位犯本罪的，对单位判处罚金，并对其直接负责的主管人员和其他直接责任人员，按照本条的规定处罚。2004年最高人民法院、最高人民检察院《关于办理侵犯知识产权刑事案件具体应用法律若干问题的解释》第15条规定，单位实施侵犯知识产权犯罪行为，按照相应个人犯罪

的定罪量刑标准的三倍定罪量刑。2007年最高人民法院、最高人民检察院《关于办理侵犯知识产权刑事案件具体应用法律若干问题的解释（二）》作出修订，第6条规定，单位实施侵犯知识产权犯罪行为，按照相应个人犯罪的定罪量刑标准定罪处罚。

（四）主观特征

本罪主观方面是故意，即明知未经注册商标所有人许可，伪造、擅自制造他人注册商标标识或者销售伪造、擅自制造的注册商标标识。

三、非法制造、销售非法制造的注册商标标识罪的追诉标准

最高人民检察院、公安部《关于公安机关管辖的刑事案件立案追诉标准的规定（二）》第71条规定："伪造、擅自制造他人注册商标标识或者销售伪造、擅自制造的注册商标标识，涉嫌下列情形之一的，应予立案追诉：（一）伪造、擅自制造或者销售伪造、擅自制造的注册商标标识数量在二万件以上，或者非法经营数额在五万元以上，或者违法所得数额在三万元以上的；（二）伪造、擅自制造或者销售伪造、擅自制造两种以上注册商标标识数量在一万件以上，或者非法经营数额在三万元以上，或者违法所得数额在二万元以上的；（三）其他情节严重的情形。"

最高人民法院、最高人民检察院、公安部《关于办理侵犯知识产权刑事案件适用法律若干问题的意见》第9条"关于销售他人非法制造的注册商标标识犯罪案件中尚未销售或者部分销售情形的定罪问题"规定："销售他人伪造、擅自制造的注册商标标识，具有下列情形之一的，依照刑法第二百一十五条的规定，以销售非法制造的注册商标标识罪（未遂）定罪处罚：（一）尚未销售他人伪造、擅自制造的注册商标标识数量在六万件以上的；（二）尚未销售他人伪造、擅自制造的两种以上注册商标标识数量在三万件以上的；（三）部分销售他人伪造、擅自制造的注册商标标识，已销售标识数量不满二万件，但与尚未销售标识数量合计在六万件以上的；（四）部分销售他人伪造、擅自制造的两种以上注册商标标识，已销售标识数量不满一万件，但与尚未销售标识数量合计在三万件以上的。"

第二节　非法制造、销售非法制造的注册商标标识罪的证据审查

一、非法制造、销售非法制造的注册商标标识罪的证据要件

（一）客观方面证据

1.证明犯罪嫌疑人实施了伪造、擅自制造注册商标或者销售非法制造的注册商标标识的证据

（1）证明犯罪嫌疑人实施了伪造、擅自制造注册商标的证据。

①未经授权的证据：一是审查有无资质及资质真伪，核实犯罪嫌疑人是否取得"指定印制商标单位"资格，或"指定印制商标单位"资格是伪造、虚假的；二是审查有无合同及合同真伪，核实犯罪嫌疑人是否与注册商标权利人签订商标标识印制合同，合同的真伪，合同的标的及数量、价格等；三是审查委托制造的委托人是否有前述资格或合同授权，以及相关授权的真伪。

②伪造、擅自制造行为的证据：一是审查涉案实物及其真伪，重点审查体现非法制造的注册商标标识特征的扣押物品照片、查看扣押物品与照片是否一致，并对涉案物品进行真伪鉴定；二是审查制造环境及工具的情况，重点审查非法制造注册商标标识的厂房、设备、模具、原材料、半成品、包装盒、塑封袋等物品及照片。

（2）证明犯罪嫌疑人销售非法制造的注册商标标识的证据。

①未经授权的证据：审查销售行为是否系权利人委托或授权，如存在权利人转委托，应当审查委托文书证据链是否清晰完整。

②销售行为的证据：一是审查销售链条的证据，包括涉案标识的来

源和销售下家的相关证据,如上家/下家信息、联系方式、购进/销售的数量、价格等,相关证据如聊天记录、账册、OA数据、货运单、发票单据等;二是审查营销行为的证据,包括宣传单、网络广告截图、电话推销等销售广告及相关的宣传资料、销售场地等;三是审查涉案实物的情况,即起获的注册商标标识的实物及照片,标识的数量。

2. 证明商标权属的证据

(1) 证明商标系合法注册且在核准使用范围、期限内,包括商标注册证、核准续展证明、注册商标变更证明,关于使用许可的其他材料,如授权书、转授权书、商标转让证明等。

(2) 证明商标权人未授权犯罪嫌疑人使用,包括商标权利人或其代理人提供的未授权声明,权利人、其委托的知识产权代理公司或其他鉴定机构出具的真伪鉴定材料,以及相关代理人获得授权的证明材料等。

(3) 证明正品商标标识的证据,包括正品商标标识的实物或照片,用以证明正品标识的外观、使用方式和使用位置。

3. 证明"情节严重"的证据

根据最高人民法院、最高人民检察院《关于办理侵犯知识产权刑事案件具体应用法律若干问题的解释》第3条之规定,在情节认定上,应着重审查证明商标标识数量、非法经营数额的证据以及证明违法所得的证据。

(1) 证明商标标识数量的证据,包括待销售数量的证据,如查扣的赃物及照片、相关扣押清单;已销售数量的证据,如与上下家的销售/购买记录和言词证据、发货凭证、出货单、销售凭证、发票单据,犯罪嫌疑人的记账凭单、账册、OA数据等。

(2) 证明非法经营数额的证据,包括证明销售单价、进出账数额的证据,除前述证据外,还包括银行流水、微信、支付宝等转账记录、商标价格标签等。

(3) 证明违法所得的证据,包括证明从上家进购数额的证据和向下家销售数额的证据。在共同犯罪中,多名犯罪嫌疑人对于价格、销售数量均有供述时,应核实供述是否一致。

(二)主观方面证据

本罪的主观心态为故意,即行为人对其伪造、擅自制造他人注册商标标识或者销售伪造、擅自制造的注册商标标识行为存在主观明知。

一是犯罪嫌疑人对明知的供述和辩解。应重点讯问犯罪嫌疑人非法制造、销售涉案标识的动机，如受他人委托制造、销售，则应确认委托人是否出示商标授权证明；如自行制造、销售，则应确认是否获得了商标权利人授权。对于辩解称委托人曾出示过商标授权证明，应向相关人员核实，查明是否存在委托人却有授权，或使用虚假证明文件的情况，排除犯罪嫌疑人主观不明知的合理怀疑。

二是上下游犯罪嫌疑人、同案人、证人对于明知的指认。犯罪嫌疑人对明知拒不供述的，可以通过上下游犯罪嫌疑人、同案人或证人的指认证实。对于前述人员，可询问本案犯罪嫌疑人是否与其说起过涉案标识未经授权的情况，或者询问是否将涉案标识未经授权明确告知过本案犯罪嫌疑人。

三是客观证据，尤其是各类通讯记录中对明知的印证。查明犯罪嫌疑人的手机短信、微信、QQ等通讯工具中，是否提及涉案标识未经授权，或"不是正品""有问题"等近似表述，或规避检查、提示小心等对话内容。

四是行为异常性的证据。犯罪嫌疑人对于非法性有认知，会体现在外部行为上。如有意将伪造涉案标识有关的生产线隐匿、相关收入不记账、聊天中对所涉商品使用代号以及其他行为异常性的情况，对此可通过讯问、询问、书证、聊天记录等多重证据予以证实。

五是犯罪嫌疑人从业经历、前科诉讼情况、文化程度的证据。伪造、擅自制造商标标识一般需要专业的印刷工具，因此主体多为印刷行业从业者。行政法规对于印制商标标识授权有严格的程序规范，长期从业者必然有所了解；犯罪嫌疑人如曾因同类行为被行政、刑事处罚或民事侵权被告或警告，可以印证对本次行为的明知；此外，犯罪嫌疑人的文化程度也影响其明知，如犯罪嫌疑人确系文化程度较低、参与度较低、对商标缺乏认知、违法性认识不足，可以考虑以缺乏主观故意不追究刑事责任。

二、非法制造、销售非法制造的注册商标标识罪常见证据审查

(一) 物证、书证

在审查假冒标识的赃物或照片时,应当重点审查标识的品牌、型号、数量、纸张质量、印刷水平、装潢等,通过比对正品注册商标标识,核实涉案物品的真伪情况。应注意假冒标识的呈现形态,在载体上是否完整,是否存在多个商标用于同一件商品上的情况。

在审查权利人提供的相关证据时,对于商标注册信息,应当重点审查商标注册证中的商标图案和涉案标识是否完全一致、商标注册证是否在存续期内;对于真伪鉴定材料,应当重点审查鉴定主体、对象、过程、理由和结论,特别是鉴定理由是否充分,必要时将涉案商标标识与正品商标标识附图对比,如为知识产权代理人出具,应审查其是否具有相关授权。

在审查非法经营额相关证据时,应当注意排除交易记录、银行流水中非涉案部分的数额,尽可能与犯罪嫌疑人或证人的言词证据形成印证。

对查获的"指定印制商标单位证书"应向第三方中立机构申请真伪鉴定,或向工商行政管理部门查询真伪并调取书面查询结果。

(二) 证人证言

审查对犯罪嫌疑人非法制造、销售非法制造的注册商标标识行为的了解情况,包括犯罪行为发生的时间、地点、手段、方式,实施人、销售人的情况,非法制造的标识的数量和去向、销售方式、非法经营额或违法所得数额,同案多名犯罪嫌疑人参与的时间、所起的作用,并对犯罪嫌疑人依法辨认。核实犯罪嫌疑人经营情况,查清经营环境、来客情况,确定犯罪嫌疑人之间的分工合作等。

(三) 权利人陈述

询问权利人,应当重点核实:一是正品标识情况,如商标标识种类、图样、使用方式、位置、防伪手段、鉴别依据、过程和方法。二是发现犯罪行为的过程,包括犯罪嫌疑人伪造、擅自制造和销售地点、时间,权利

人购买时间、价格、交货方式、结算方式。

(四) 犯罪嫌疑人的供述和辩解

在伪造商标标识的案件中，应审查犯罪嫌疑人是否取得"指定印制商标单位资格"。

在擅自制造商标标识的案件中，应审查是否符合商标管理法规、是否按照规定的程序，审查《注册商标证》或者营业制造及商标印制委托书是否获得委托方许可或授权，双方签订的合同、补充协议等是否存在私自或超量印刷。

关于印制过程的供述，审查犯罪嫌疑人伪造、擅自制造注册商标标识的生产过程，包括原材料进购、印制的时间、地点、印制对象、种类、数量，多名犯罪嫌疑人之间的分工合作。

关于销售情况的供述，审查销售方式、时间、地点和交货方式等，是否有账本、销售记录等凭证，销售的下家情况、联系方式等。

关于经营数额情况的供述，审查销售的注册商标标识标价、实际销售价格，非法经营数额，违法所得数额等。

(五) 勘验、检查笔录，电子数据

审查犯罪嫌疑人的聊天记录，应重点核实印证犯罪嫌疑人主观明知为非法制造、销售非法制造的注册商标标识的证据。

涉及对犯罪嫌疑人侵权所用的计算机、手机、邮箱进行勘验的，应核实是否存有涉案注册商标标识的复制件、影印件。

在网络销售类案件中，应调取相关账户信息、销售记录，查证涉案物品的销售价格、购买记录和商品评论。销售记录要求显示交易时间、买家姓名、联系方式、产品名称、价格、订单状态、运送方式等。

第三节　非法制造、销售非法制造的注册商标标识罪的认定处理

一、对商标标识数量的认定

本罪规定的注册商标标识的"件",是指标有完整商标图样的一份标识。并且我们认为,可独立使用的物质载体上印制有数个相同或不同的商标标识的应认定为一"件"。关键是认清商标标识与商标的关系及正确理解"完整"和"一份"的含义。笔者认为,应具备两个条件,一是每一件标识上都有完整的商标图样,二是每一件标识都可以独立使用。具体理解如下:

(一)商标标识与商标是形式与内容的关系

商标标识是指在商品本身或者不能在商品本身而在其包装上使用的文字、图形或其组合所构成的商标图案的实体,如商标纸、商标识带、商标标牌等。商标则是指生产经营者在其生产、制造、加工或经销的商品或服务上采用的,能够将自然人、法人或者其他组织的商品与他人的商品区别开的可视性标志,包括文字、图形、字母、数字、三维标志和颜色组合以及上述要素的组合。二者是形式与内容的关系,商标标识是商标的物质的有形载体,而商标则是依附于商标标识上的内容。由商标标识与商标的关系,可以看出一个商标只能是完整地依附于一份商标标识上,但是一份商标标识可以在不同领域(如在商品本身或其包装上)使用多个商标。

(二)"完整"和"一份"的含义

一件商标标识指"标有完整商标图样的一份标识"。根据上述定义,

一件商标标识首先具备的要件是"标有完整商标图样",即商标图样应当完整,每一件标识上都有完整的商标图样。其次,商标用于区分商品,其意义在于标识,每一件可独立使用的商标标识都可以区分商品。因此,每一件商标标识都是"一份标识"。"一份标识"不能简单地理解为"一个标识",应当理解为每一份标识都可以独立使用,即标识所附的物质载体具有独立性,该物质载体可以独立使用。如果商标标识的物质载体是一个不可分割的完整整体,在该物质载体上印制有数个相同或者不同的商标标识,则不管商标标识的数量有多少个,均只算一份标识。但是,如果有数个独立的物质载体,每一个上面都印制有商标标识,则物质载体的个数即为标识的份数。在计算商标标识的份数时,应从商标标识是否能独立使用,能否独立标识商品进行考量。可以独立使用的商标标识具有刑法意义上的保护价值,应当作为一"件"商标标识计算。在计算商标标识的件数时,不能简单地认为标有一个完整商标图样的标识即为一件商标标识;也不能认为即使一套包装物可以分成数个可以独立使用的组成部分,也只能将完整的一套包装物认定为一件商标标识。举例而言,如果一套包装物分成三个组成部分,大包装盒内有小包装盒,大包装盒外有一层包装纸,在上述三个组成部分都印制有多个商标标识,则无论每一个组成部分上印制有多少个商标标识,一套包装物应认定为三件商标标识。同时,不能以一套完整的包装物计算为一件商标标识,因为每套包装的不同组成部分都可以独立使用。司法实践中可能出现不同组成部分由不同人制造的情况,如果将一套完整包装物计为一件商标标识,当其中某个人完成制造工作而其他人尚未开始制造时便被查获,可能造成完成制造工作的人也无法入罪的情况,这明显是一个悖论。

(三)在同一个可以独立使用的物质载体上标有两种以上完整商标图样,此时商标标识的数量如何认定

一件商标标识应当具备两个要件,一是"标有完整商标图样",二是商标标识所附的物质载体具有独立使用性。如果商标标识的物质载体是一个不可分割的完整整体,在该物质载体上印制有数个相同或者不同的标有完整商标图样的标识,则无论商标标识的种类和数量有多少,均只能认定为一件商标标识。在同一个可以独立使用的物质载体上标有两种完整商标

图样，被侵犯的商标标识种类为两种，但是商标标识的数量只能算一件。

上述认定并不会造成对商标标识的保护缺失或者对其中某种商标标识无法保护的情况，理由如下：从对商标标识的平等保护原则来看，虽然计算商标标识数量时只算一件，但是在计算商标标识种类时，在该物质载体上有几种商标标识就认定几种，此时会出现多种一件的情况，对于不同种类的商标标识都进行平等保护。从保护商标标识的本质来看，我们对于商标标识的保护其实是保护商标权人对自己商标正常使用的权利，也正是由于商标可将自己的商品与他人的商品进行区分，商标权人才能享有正常使用自己商标的权利。在同一物质载体上，不同种类的商标标识构成一个整体，使用者通过这个整体区分商品，从而实现保护商标权人的权利。在这个整体中，不同种类的商标标识彼此间是不可以割裂开来独自使用的，使用者在区分商品时也不会仅依据其中一部分商标标识进行区分。从对非法制造行为人的处罚来看，对非法制造一种和两种以上注册商标标识给出不同定罪量刑标准，非法制造两种以上注册商标标识的处罚更严厉，因此不存在对行为人处罚失当的情况。

（四）在非法制造注册商标标识的过程中被公安机关查获，对于公安机关在现场查获的"半成品"如何计算商标标识数量

部分案件存在非法制造行为人在犯罪过程中被公安机关查获的情况，此时出现部分产品处于未完工状态，形成"半成品"。对于"半成品"的商标标识数量的计算仍应遵循"标有完整商标图样"和独立使用性原则。如果"半成品"商标标识的商标图样不完整，则不能将该"半成品"计入商标标识数量中。此外，"半成品"的独立使用性应当结合成品的独立使用性来理解，即数个"半成品"加工完成后组成一个不可分割的物质载体，即使这些"半成品"均标有完整商标图样，则不管有多少个"半成品"，一套"半成品"组成的不可分割的物质载体认定为"一件"。

二、关于销售他人非法制造的注册商标标识犯罪案件中尚未销售或者部分销售情形的定罪问题

销售他人伪造、擅自制造的注册商标标识，具有下列情形之一的，

以销售非法制造的注册商标标识罪（未遂）定罪处罚：（1）尚未销售他人伪造、擅自制造的注册商标标识数量在 6 万件以上的；（2）尚未销售他人伪造、擅自制造的两种以上注册商标标识数量在 3 万件以上的；（3）部分销售他人伪造、擅自制造的注册商标标识，已销售标识数量不满 2 万件，但与尚未销售标识数量合计在 6 万件以上的；（4）部分销售他人伪造、擅自制造的两种以上注册商标标识，已销售标识数量不满 1 万件，但与尚未销售标识数量合计在 3 万件以上的。

第四节　案例评析

林某敏、林某等 14 人非法制造、销售非法制造的注册商标标识案[①]

【关键词】非法制造商标标识　商标件数　服务商标

【基本案情】

自 2019 年 9 月下旬起，林某敏、林某等 14 人未经"得物""POIZON"注册商标权利人 A 公司许可，生产带有"得物""POIZON"注册商标的纸箱、防伪扣、胶带、鉴定证书（俗称"防伪四件套"）等产品，予以销售。2021 年 1 月 16 日，公安机关对林某敏等人采取强制措施，并扣押了大量带有"得物""POIZON"注册商标的纸箱、防伪扣、胶带、鉴定证书等物品。经审计，林某待售涉案物品共计 45 万余件，已售涉案物品共计 17 万余件。在查获的大量涉案物品中，封箱胶带上的商标标识最多，一米长的胶带就存在 10 个左右商标，而一卷胶带则长达数十米。

权利人提供的《商标注册证》证实，该公司申请注册的上述商标经

---

① 参见涂龙科、刘太宗、孔雁：《制售"防伪四件套"并伪造鉴别服务平台的行为如何定性》，载《人民检察》2022 年第 8 期。

国家知识产权局核准为注册商标。其中,"得物"商标的核定使用商品、服务项目包括第9类、第16-19类、第21-24类、第25-27类、第29类、第31-36类、第38-40类、第41-45类,"POIZON"商标的核定使用商品、服务项目包括第16类、第35类、第38类、第41类;其中第16类商品范围包括卡板纸、纸箱、纸质包装盒、文具或家用胶带、包装袋用纸、纸质礼品包装带、防水纸板、贴纸、纸质或纸板制盒、包装纸,第17类商品范围包括合成橡胶、防尘用密封物、塑料软管、防水包装物、非金属软管、非包装用塑料膜、建筑防潮材料等,第26类商品范围包括服装扣、小饰品、花边饰品等,第35类服务范围包括为商品和服务的买卖双方提供在线市场。

林某敏申请注册了与权利人相同的商标,但《商标注册证》证实,其申请的"得物""POIZON"注册商标经核准核定使用的商品项目为第28类,商品范围包括麻将牌、宾果游戏牌、纸牌、日式花纸牌等牌类。

【诉讼过程和结果】

2021年11月5日,杨浦区人民法院以(2021)沪0110刑初798号刑事判决书作出一审判决,以非法制造、销售非法制造的注册商标标识罪判处林某敏等14人有期徒刑3年6个月至1年不等,罚金10万元至1万元不等,部分被告人适用缓刑。被告人林某敏不服一审判决提出上诉,2022年1月13日,上海市第三中级人民法院裁定驳回上诉,维持原判。

【主要问题】

(1)林某敏等生产、销售带有"得物""POIZON"注册商标的纸箱、防伪扣、胶带、鉴定证书的行为应如何定性?

(2)公安机关查获了大量封箱胶带,且每一卷胶带上都有大量的商标标识。在对林某敏等的行为定罪量刑时,商标标识数量应当按照何种标准加以认定?

【案例分析】

(1)林某等生产销售的纸箱、胶带等虽然属于尼斯分类表中第16类的商品,但其并不作为商品单独在市场上销售,本质上发挥的是商标标识的作用,"民法看形式,刑法看实质",因此林某等伪造的客体仍属于刑法意义上的商标标识,应当按照非法制造、销售非法制造的注册商标标识罪定罪处罚。

刑法对于注册商标的保护严格限定在所注册的分类中，林某在第28类商品上注册了和权利人近似的商标，但实际却在第16类、第26类项目上使用和权利人基本相同的商标，落入了权利人注册商标的保护范围，其在第28类商品上拥有的商标权无法构成对侵权的抗辩，并不影响林某等构成非法制造、销售非法制造的注册商标标识罪。

（2）根据最高人民法院、最高人民检察院《关于办理侵犯知识产权刑事案件具体应用法律若干问题的解释》第12条第3款，《刑法》第215条入罪标准的"件"，"是指标有完整商标图样的一份标识"，这是商标件数计算应满足的形式要件。在司法实践中出现的情形较为复杂，商标所能呈现的形态样貌众多，如在箱包上，包体、内衬、拉锁等地方，都可能存在商标，甚至有的权利人将装饰花纹注册为商标，布满商品之上。但从商标作为指示商品来源这个本质功能的角度来看，不论权利人在一个商品上设置多少商标，均指向特定的来源，发挥了同质的作用。

本案中，用于封箱的胶带上带有大量完整图样的商标，如果机械适用司法解释，以胶带上商标个数作为入罪标准的"件数"，则可能出现几卷胶带所含商标件数就达到入罪门槛的情况，这显然不符合罪责刑相适应的刑法基本原则，导致入罪门槛过低。在认定注册商标数量时，应当着重考虑两个因素：一是具有完整商标图样；二是能够独立使用。就胶带而言，其上布满了大量完整商标图样，但既不能直接将之作为一件商标，也不能按照其上的商标个数简单累加计算。而应当参考胶带实际用途，采用适当方法计算认定。例如，本案中的胶带用于封箱，可综合在案证据，必要时进行侦查实验，查明包装一件商品平均所需胶带长度，以之作为计算商标件数的参考基准，在此长度之内的多个商标应算作一件商标。如权利人的不同型号商品大小存在差异，根据有利于被告人原则，可以最大商品或销量最多商品作为侦查实验对象，以此计算假冒注册商标的数量。

第五章 假冒专利罪办案指引

第一节 假冒专利罪概述

一、假冒专利罪的立法沿革

假冒专利罪最初源于1984年《专利法》第63条的规定："假冒他人专利的，依照本法第六十条的规定处理；情节严重的，对直接责任的人员比照刑法第一百二十七条的规定追究刑事责任。"根据该规定，假冒他人专利情节严重的，对直接责任人员比照假冒商标罪追究刑事责任。1985年2月16日，最高人民法院在《关于开展专利审判工作的几个问题的通知》中指出，"假冒他人专利，情节严重的，对直接责任人员比照刑法第一百二十七条的规定，以假冒他人专利罪处罚"，进一步明确了假冒专利情节严重行为涉及的刑事罪名。1997年刑法修订时，吸纳了原附属刑法中假冒专利犯罪的内容，增设《刑法》第216条"假冒专利罪"。

二、假冒专利罪的概念和构成特征

假冒专利罪，是指违反国家专利管理制度，假冒他人专利，情节严重的行为。

（一）客体特征

本罪客体是复杂客体。假冒专利犯罪不仅破坏国家专利管理制度，扰乱了市场管理秩序，破坏公平竞争的市场环境；而且侵犯了专利权人的专利权，给专利权人的名誉和经济利益造成损害。

（二）客观特征

本罪客观方面表现为违反国家专利管理制度，假冒他人专利，情节严重的行为。本罪客观方面需要注意几个方面：

1. 违反国家专利管理制度

主要指违反专利法、《专利法实施细则》以及其他法律行政法规中有关专利的规定。

2. 假冒他人专利

根据2004年最高人民法院、最高人民检察院《关于办理侵犯知识产权刑事案件具体应用法律若干问题的解释》第10条的规定，"假冒他人专利"行为包括以下四种情形：(1)未经许可，在其制造或者销售的产品、产品的包装上标注他人专利号的；(2)未经许可，在广告或者其他宣传材料中使用他人的专利号，使人将所涉及的技术误认为是他人专利技术的；(3)未经许可，在合同中使用他人的专利号，使人将合同涉及的技术误认为是他人专利技术的；(4)伪造或者变造他人的专利证书、专利文件或者专利申请文件的。

如熊某假冒专利案中，被告人熊某为提升其店铺商品销量，未经专利权人某（漳州）光学科技有限公司授权许可，盗用该公司一种"防蓝光光学镜片"的专利申请文件，将专利号"X1"篡改为"X2"，并用于网店销售的防蓝光眼镜产品广告宣传页面，误导消费者。经审计，该店铺销售防蓝光眼镜产品经营数额为人民币58万余元。最终法院认定被告人熊某构成假冒专利罪。本案被告人熊某为牟取非法利益，违反国家专利管理法规，未经专利权人许可，擅自篡改专利权人的专利号，变造专利申请文件并在其销售的产品宣传资料上使用，使人误以为其销售的防蓝光眼镜所涉及的技术为他人的专利技术，进而达到提升销量、赚取非法利润的目的，严重侵害专利权人的合法权益，其行为已构成假冒专利罪，依法应予追究刑事责任。

3. 情节严重

2004年最高人民法院、最高人民检察院《关于办理侵犯知识产权刑事案件具体应用法律若干问题的解释》第4条规定，假冒他人专利，具有下列情形之一的,属于《刑法》第216条规定的"情节严重":一是非法经营数额在20万元以上或者违法所得数额在10万元以上的;二是给专利权人造成直接经济损失50万元以上的;三是假冒两项以上他人专利,非法经营数额在10万元以上或者违法所得数额在5万元以上的;四是其他情节严重的情形。单位构成本罪的立案追诉标准,与自然人犯罪相同。关于"非法经营数额"的认定适用最高人民法院、最高人民检察院《关于办理侵犯知识产权刑事案件具体应用法律若干问题的解释》第12条第1、2款的规定。

(三)主体特征

本罪的主体是一般主体,即凡年满16周岁、具有刑事责任能力的自然人均可成为本罪的主体。根据《刑法》第220条的规定,单位亦可以成为本罪的主体。

(四)主观特征

本罪主观方面是故意,即行为人明知该专利是他人的,且该专利尚未超过保护期限范围,在未取得专利权人同意的情况下,在非专利产品上标注该专利号或者使用伪造的专利证书。行为人主观上为过失的,即使客观上实施了最高人民法院、最高人民检察院《关于办理侵犯知识产权刑事案件具体应用法律若干问题的解释》第10条规定的行为,也不构成本罪。行为人是否具有非法牟利目的以及对假冒他人专利的后果持"希望"还是"放任"态度,并不影响本罪的成立。

三、假冒专利罪的追诉标准

最高人民检察院、公安部《关于公安机关管辖的刑事案件立案追诉标准的规定(二)》第72条规定:"假冒他人专利,涉嫌下列情形之一的,应予立案追诉:(一)非法经营数额在二十万元以上或者违法所得数额在十万元以上的;(二)给专利权人造成直接经济损失在五十万元以上的;(三)假冒两项以上他人专利,非法经营数额在十万元以上或者违法所得数额在五万元以上的;(四)其他情节严重的情形。"

第二节 假冒专利罪的证据审查

一、假冒专利罪的证据要件

(一) 犯罪客体证据

通过犯罪嫌疑人的供述和辩解、证人证言、书证、物证、鉴定意见、视听资料、电子数据等证据,证明行为人的假冒专利的行为已经侵犯了国家专利管理制度和专利权人的专利权。

(二) 客观方面证据

客观方面的证据主要证实客观行为、严重情节,还包括案发及查处情况。

1. 案件线索来源

包括专利权人报案、公民举报的证据材料,行政执法机关向公安机关移送所附的证据材料,以及公安机关获取线索的证据材料。

2. 被假冒的专利情况

作为本罪侵犯对象的专利必须是已向国家专利管理机关提出申请并经专利管理机关审核批准,专利权人只能在法定的期限内享有对其发明创造专有利用的权利。包括以下证据材料:

(1) 专利权人的身份证据、权利公司的营业执照、组织机构代码及税务登记证等材料。

(2) 专利证书、专利文件、专利申请文件、专利年费缴纳等证明专利技术的名称、专利号、专利文书材料。

(3) 权利人关于专利权的有效期、许可范围及专利转让、授权情况等陈述,排除双方之间存在专利受让或其他经济纠纷。

注意:第一,《专利法》第42条规定,发明专利权的期限为20年,实用新型专利权的期限为10年，外观设计专利权的期限为15年，均自申请日起计算。第二，是否存在《专利法》第44条规定的，在专利权在期限届满前终止的两种情形。

3. 犯罪嫌疑人未经许可实施了假冒他人专利的行为

根据最高人民法院、最高人民检察院《关于办理侵犯知识产权刑事案件具体应用法律若干问题的解释》第10条的规定，"假冒他人专利"的行为包括：第一，未经许可，在其制造或者销售的产品、产品的包装上标注他人专利号的；第二，未经许可，在广告或者其他宣传材料中使用他人的专利号，使人将所涉及的技术误以为是他人专利技术的；第三，未经许可，在合同中使用他人的专利号，使人将合同涉及的技术误认为是他人专利技术的；第四，伪造或者变造他人的专利证书、专利文件或者专利申请文件的。因此，"假冒他人专利"的行为主要表现为非法使用他人的有效专利号或者伪造、变造他人的有效专利证书、有关专利文件。

（1）犯罪嫌疑人供述和辩解。

①犯罪嫌疑人主观明知，是否经过专利权人许可及许可的内容，专利许可是否系伪造、变造，专利许可取得是否有威胁、诈骗或强迫等因素。

②犯罪嫌疑人有无在制造或销售的产品、产品的包装上或广告等宣传材料上标注他人专利号的行为。

③犯罪嫌疑人有无在签订合同中使用他人的专利号的行为。

④犯罪嫌疑人是否伪造或变造他人的专利证书、专利文件或者专利申请文件。

⑤犯罪嫌疑人用于生产、制造假冒专利产品的原材料、专利号、专利标识的来源、价格、数量，有无进货凭证、进货单据、打款记录等支付结算方式。

⑥犯罪嫌疑人假冒专利的地点、时间和生产的产品数量、种类、价格及销售总额，有无销售单据、账本等记录。

⑦其他同案犯罪嫌疑人参与的时间、所起的作用。

（2）权利人陈述。

①是否授权犯罪嫌疑人使用其专利，排除民事纠纷；被侵权专利的确定法律效力及所遭受的损失。

②发现犯罪嫌疑人犯罪行为的过程。

③是否与犯罪嫌疑人进行过交涉，如书面通知、传真警告函等。

④案发前是否已向行政机关报案并提供相应的证据材料。

（3）证人证言。

①购买人证言，核实购买人购买产品的时间、地点、数量、价格，犯罪嫌疑人如何向购买人介绍产品的。

②知情人证言，核实原材料的购进、上家信息、购进金额等信息，了解销售渠道、时间、地点、价格等，审计人员对公司年审的情况、缴税证明等。

③房东证言，核实犯罪嫌疑人租住房间的时间、租期、缴费方式、缴费人，调取租赁合同、缴费单据等。

④犯罪嫌疑人雇用员工、合伙人、下家经销商等的证言，证实假冒、销售专利产品的具体时间、手段、数额等证据。

（4）物证、书证。

①假冒的专利号、专利标识；知识产权部门及被侵权人提供的涉案专利证据材料，包括专利申请书、专利证书、申请时间、专利申请受理程序表、专利审查结论、专利权编号、专利许可证、缴费记录等。

②权利人及代理公司报案材料。

③现场起获的假冒专利产品、包装、数量，与产品生产、销售相关的厂房、店铺、设备、半成品、原材料等；可结合行政执法部门依法收集、调取、制作的物证、书证。

④销售广告及相关的宣传资料、产品使用说明书，核实是否存在使用他人专利号的情况。

⑤调取犯罪嫌疑人与购买人签订的合同，核实是否存在使用他人专利号的情况。

⑥调取报价单、进货单、订购合同、出货单、销售合同、账本等，查看假冒专利产品是否有价签，核实涉案产品的销售价格。

⑦犯罪嫌疑人与权利人签署的和解书，权利人出具的谅解书、赔偿证明材料等。

⑧银行、微信、支付宝交易记录等查明具体的犯罪数额。

⑨工商、税务材料，证实涉案企业的相关信息。

（5）鉴定意见。

①知识产权局对涉案专利号、专利标识进行真伪鉴定；知识产权机构对专利技术进行评估。

②对有关书证的文检、痕检鉴定意见，证明专利权人签章、许可协议等是否是伪造、编造或虚假的。

③对涉案专利证书、专利文件或专利文件进行鉴定，证明上述文件是否系伪造、变造的。

④产品质量检验部门对涉案假冒专利产品的质量进行检验检测。

⑤审计会计部门对涉案数额进行专项审计统计。

⑥抽样取证及委托鉴定。针对假冒专利产品确因实物数量较大，无法逐一勘验、鉴定、检测、评估的，可以根据最高人民法院、最高人民检察院、公安部《关于办理侵犯知识产权刑事案件适用法律若干问题的意见》和最高人民检察院、公安部《关于公安机关办理经济犯罪案件的若干规定》，对同一批次或者同一类型的涉案物品，委托或者商请有资格的鉴定机构、专业机构或者行政执法机关依照程序按照一定比例随机抽样勘验、鉴定、检测、评估，并由其制作取样记录和出具相关书面意见。结果作为该批次或者该类型全部涉案物品的勘验、鉴定、检测、评估结果。

（6）勘验、检查笔录和电子数据。

①对假冒他人专利的现场进行勘验、检查。

②若涉及网络销售，应提取网店销售记录、网店商品及价格截图，并需通过勘验检查笔录来说明提取的过程，并用电子数据形式固定证据。

③如系网络销售，应根据最高人民法院、最高人民检察院、公安部《关于办理刑事案件收集提取和审查判断电子数据若干问题的规定》及时提取硬盘、服务器以及第三方交易平台的交易数据，确定犯罪嫌疑人销售单价、销售数量、销售金额及非法获利数额。

4. 情节严重

根据最高人民法院、最高人民检察院《关于办理侵犯知识产权刑事案件具体应用法律若干问题的解释》第4条的规定，具有下列情形之一的，属于《刑法》第216条规定的"情节严重"：（1）非法经营数额在20万元以上或者违法所得数额在10万元以上的；（2）给专利权人造成直接经济损失50万元以上的；（3）假冒两项以上他人专利，非法经营数额在

10万元以上或者违法所得数额在5万元以上的;(4)其他严重的情形。

在认定非法经营数额、违法所得数额方面,要充分结合购买人、权利公司的证言、犯罪嫌疑人的供述和辩解以及侵权人的进货及销售账目、订购合同、交易流水等相关书证综合认定。对于能查找到明确购买者和支付交易记录的,以实际销售价格计算。若在案证据均无法体现销售价格,应要求价格鉴定部门对假冒专利产品进行价格鉴定。

在认定直接经济损失方面,要调取权利公司能够证明损失情况的相关书证,必要时要求审计部门予以审计。

(三) 犯罪主体证据

本罪的主体为一般主体,包括单位和自然人。

1. 证明单位犯罪主体的证据

以单位名义实施假冒专利犯罪行为,犯罪所得归单位所有的,是单位犯罪。

注意:个人为进行违法犯罪活动而设立的公司、企业、事业单位实施犯罪的,或者公司、企业、事业单位设立后,以实施犯罪为主要活动的,不以单位犯罪论处。

(1) 单位犯罪一般要件。

包括证明主体为单位的证据、证明"以单位名义"的证据以及证明"犯罪所得归单位所有"的证据。

(2) 单位犯罪不同层级人员要件。

单位犯罪中的"直接负责的主管人员",一般是指对单位犯罪起决定、批准、组织、策划、指挥、授意、纵容等作用的主管人员,包括单位实际控制人、主要负责人或者授权的分管负责人、高级管理人员等;"其他直接责任人员",一般是指在直接负责的主管人员的指挥、授意下积极参与实施单位犯罪或者对具体实施单位犯罪起较大作用的人员。

证明行为人系单位实际控制人、主要负责人或者授权的分管负责人、高级管理人员的证据。

证明行为人系假冒专利犯罪的决定、组织、指挥或者管理职责的负责人、管理人员的证据。注意:应审慎对待对假冒行为不知情或在知道时明确表示反对的情形。

证明行为人系直接实施或授意他人假冒专利行为的人员的证据。

网络犯罪中，需查明单位法人（责任人）的姓名、注册地、实际经营地及销售地等可确定管辖的证据。

2. 证明自然人犯罪主体的证据

主要指个人身份证据和前科证据。

（四）主观方面证据

1. 证明故意的证据

证明犯罪嫌疑人具有实施假冒专利犯罪的故意，在讯问犯罪嫌疑人时，应重点核实：行为人的犯罪动机、目的及共谋情况。

犯罪嫌疑人对于主观故意存在辩解时，可以结合客观证据认定犯罪嫌疑人的主观故意，具体体现为：

一是犯罪嫌疑人使用专利号的行为未得到专利权人的许可，或者伪造、变造他人专利证书、专利文件和专利申请文件。

二是犯罪嫌疑人向购买人表明自己系专利权人或授权使用他人专利号，在广告、产品包装、宣传材料上使用他人专利文件，足以使人误认为系专利产品。

三是以明显低于市场价格销售专利产品。

四是案发后转移、销毁物证或者提供虚假证明、虚假情况的。

五是曾收到专利权人、消费者警告、投诉仍继续实施侵权行为的，或因同类行为受到行政处罚或刑事追究。

六是犯罪嫌疑人从事该行业的时间，即有无类似从业经历，时间长短、业务知识及从业经验等。

七是其他可以认定犯罪嫌疑人主观故意的情形。

2. 共同犯罪中主观故意的认定

证明以假冒专利共犯论处的行为人的主观故意时，应重点收集和提取能够证明其明知他人实施了假冒专利的犯罪行为，并为其提供资金、共同销售获利、协助实施假冒专利等帮助的行为，查清各行为人在案件中的地位和作用，是否有主从犯等。查清共同犯罪人共谋情况；共同犯罪人共同出资比例、分工、利润分成情况。

注意：假冒专利的行为实践中可能与假冒注册商标、生产销售伪劣产品、虚假广告等罪名在行为手段及目的结果上有区别联系，应根据主客观相统一原则予以定罪处罚。

二、假冒专利罪常见证据审查

（一）证明从重处罚情节的证据

是否是累犯、是否教唆不满 18 周岁的人犯本罪的证据。

（二）证明从宽处罚情节的证据

是否投案自首、立功，是否认罪认罚，是否赔偿权利人经济损失、取得权利人谅解。

（三）准确认定假冒专利罪的客观行为

根据刑法及最高人民法院、最高人民检察院《关于办理侵犯知识产权刑事案件具体应用法律若干问题的解释》，假冒专利罪的客观行为表现为非法使用他人的有效专利号或者伪造、变造他人的有效专利证书、有关专利文件。因此，非法实施他人专利行为、冒充专利行为等专利侵权行为不属于假冒专利罪的客观行为。

注意：在自己产品上使用不存在的专利号，或伪造不存在的专利证书、专利文件，不构成假冒专利罪，可涉及诈骗犯罪或伪证国家机关公文或证件犯罪。

（四）准确把握假冒专利罪的犯罪对象

1. 必须是处于保护期限内的专利

假冒专利罪保护法益是国家专利管理制度和专利权人的专利权，保护的是专利权人在专利保护期限内的专利，因此专利申请过程中侵犯专利申请权的行为、专利保护期限届满后假冒他人专利的行为，不属于假冒专利罪中的假冒专利行为。

2. 必须是假冒我国专利

专利严格受地域限制，只有依一定地域内的法律才得以产生，也只能在它所依法产生的那个地域范围内有效,因此未在我国申请而取得专利权的外国专利,不属于受专利法保护的有效权利,不能成为假冒专利罪的对象。

(五)证据充分性及排他性说明

包括相关待查证事实是否存在缺失;证据之间的矛盾是否得以合理排除,证据的瑕疵是否都已补正;犯罪嫌疑人的辩解是否都已查证并合理排除;是否遗漏共犯,能否排除其他人作案;其他应查证事项。

(六)关于不起诉的证据

主要包括:行为人已经得到专利权人同意的证据;专利已超出专利权有效期限的证据;涉案金额未达到立案追诉标准的证据;善意第三人的使用和销售的证据;行为人冒充不存在的专利的证据;权利人追认许可的证据;诉讼时效已经过的证据。行为符合《专利法》第75条规定的5种情形,不视为侵犯专利权的证据,包括:(1)专利产品或者依照专利方法直接获得的产品,由专利权人或者经其许可的单位、个人售出后,使用、许诺销售、销售、进口该产品的;(2)在专利申请日前已经制造相同产品、使用相同方法或者已经作好制造、使用的必要准备,并且仅在原有范围内继续制造、使用的;(3)临时通过中国领陆、领水、领空的外国运输工具,依照其所属国同中国签订的协议或者共同参加的国际条约,或者依照互惠原则,为运输工具自身需要而在其装置和设备中使用有关专利的;(4)专为科学研究和实验而使用有关专利的;(5)为提供行政审批所需要的信息,制造、使用、进口专利药品或者专利医疗器械的,以及专门为其制造、进口专利药品或者专利医疗器械的。

第三节 假冒专利罪的认定处理

一、假冒专利罪的罪与非罪

（一）区分假冒他人专利行为与一般专利侵权行为的界限

一般专利侵权行为是指违反《专利法》第11条的规定的行为，即"为生产经营目的制造、使用、许诺销售、销售、进口专利产品，或者使用其专利方法以及使用、许诺销售、销售、进口依照该专利方法直接获得的产品"或者"为生产经营目的制造、许诺销售、销售、进口其外观设计专利产品"的行为。用简单的话来讲，一般专利侵权行为就是非法实施他人专利的侵权行为，属于民事纠纷范畴，应当按照《专利法》第65条的规定予以认定和处理，不涉及刑事犯罪，不构成假冒专利罪。而假冒他人专利行为指违反《专利法》第16条的规定的行为，即侵犯了"发明人或者设计人在专利文件中写明自己是发明人或者设计人"以及"专利权人在其专利产品或者该产品的包装上标明专利标识"权利的行为。假冒他人专利行为实际侵犯的是专利权人的标识权，根据《专利法》第68条的规定，情节轻微的，承担民事责任和行政责任；情节严重构成犯罪的，依法追究刑事责任。检察人员在司法办案中，要谨防插手经济纠纷，将一般专利侵权行为按照犯罪予以打击的情况。

（二）假冒他人专利行为与冒充专利行为的区分

根据《专利法》第68条和《专利法实施细则》第84条的规定，"假冒专利"行为具体包括：一是在未被授予专利权的产品或者其包装上标注专利标识，专利权被宣告无效后或者终止后继续在产品或者其包装上标注专利标识，或者未经许可在产品或者产品包装上标注他人的专利号；二是销售第一项所述产品；三是在产品说明书等材料中将未被授予专利权的技术或者设计称为专利技术或者专利设计，将专利申请称为专利，或者未经许可使用他人的专利号，使公众将所涉及的技术或者设计误认为是专利技术或者专利设计；四是伪造或者变造专利证书、专利文件或者专利申请文件；五是其他使公众混淆，将未被授予专利权的技术或者设计误认为是专利技术或者专利设计的行为。从上述规定可以看出，"假冒专利"行为包含了"假冒他人专利"和"冒充专利"两种行为。冒充专利行为冒充的是实际上并不存在的专利，是"无中生有"；而假冒他人专利行为假冒的是他人已经取得、真实存在的权利，是"以假乱真"。假冒他人专利行为与冒充专利行为一般情况下不会重合，但可以相互转化，如假冒他人专利行为所指向的专利被宣告无效后继续使用该专利号的，就成为冒充专利行为；如冒充专利行为人所使用的虚假专利号在他人合法取得之后，继续在其产品或者包装上标注该专利号的，就成为假冒他人专利行为。在办理假冒专利罪案件时，应注意区分假冒他人专利和冒充专利的界限，冒充专利的行为本身并不构成假冒专利罪。当然，冒充专利行为可能成为其他犯罪的手段行为，如诈骗罪或合同诈骗罪中，诈骗行为人通过冒充专利等行为虚构事实、隐瞒真相，达到骗取公私财物的目的；以冒充专利产品的形式生产、销售伪劣产品等，对此应当分别以诈骗罪，合同诈骗罪，生产、销售伪劣产品罪予以评价。

二、假冒专利罪的此罪与彼罪

办理假冒专利案件，需要注意几个方面：一是行为人为假冒他人专利，实施非法制造他人专利号、专利标识或者假冒他人专利后又将假冒他人专利的产品销售的行为的，属于假冒他人专利行为的预备行为或必然后果，只定假冒专利罪一罪。二是行为人事前没有与他人通谋，明知是假冒他人专利的产品而进行销售的行为，不构成假冒专利罪。如假冒他人专利的产品属于伪劣产品，销售金额5万元以上的，可以构成销售伪劣产品罪。三是行为人之间共谋分工，分别从事非法制造专利号、专利标识，假冒他人专利，销售假冒专利产品行为的，构成假冒专利罪的共同犯罪，应当按照个人在共同犯罪中所起的作用处罚。四是对明知他人实施假冒专利犯罪，而为其提供贷款、资金、账号、发票、证明、许可证件，或者提供生产、经营场所或者运输、储存、代理进出口等便利条件、帮助的，构成假冒专利罪共犯，对上述帮助犯一般按照从犯处理。

　　本罪只设置了一个量刑档次，即处3年以下有期徒刑或者拘役，并处或者单处罚金。根据《刑法》第220条的规定，单位构成本罪的，对单位判处罚金，并对其直接负责的主管人员和其他直接责任人员，依照自然人犯罪的规定予以处罚。根据最高人民法院、最高人民检察院《关于办理侵犯知识产权刑事案件具体应用法律若干问题的解释（二）》第3条的规定，构成假冒专利罪，具有下列情形之一的，一般不适用缓刑：一是因侵犯知识产权被刑事处罚或者行政处罚后，再次侵犯知识产权构成犯罪的；二是不具有悔罪表现的；三是拒不交出违法所得的；四是其他不宜适用缓刑的情形。最高人民法院、最高人民检察院《关于办理侵犯知识产权刑事案件具体应用法律若干问题的解释（三）》第8条进一步明确，具有下列情形之一的，可以酌情从重处罚，一般不适用缓刑：一是主要以侵犯知识产权为业的；二是因侵犯知识产权被行政处罚后再次侵犯知识产权构成犯罪的；三是在重大自然灾害、事故灾难、公共卫生事件期间，假冒抢险救灾、防疫物资等商品的注册商标的；拒不交出违法所得的。第9条规定，具有下列情形之一的，可以酌情从轻处罚：一是认罪认罚的；二是取得权利人谅解的；三是具有悔罪表现的；四是以不正当手段获取权利人的商业秘密后尚未披露、使用或者允许他人使用的。第10条规定，假冒专利罪的罚金数额，应当综合考虑犯罪违法所得数额、非法经营数额、给权利人造成的损失数额、侵权假冒物品数量及社会危害性等情节依法确定。罚金数额一般在违法所得的一倍以上五倍以下确定。违法所得数额无法查清的，罚金数额一般按照非法经营数额的百分之五十以上一倍以下确定。违法所得数额和非法经营数额均无法查清，判处3年以下有期徒刑、拘役、管制或者单处罚金的，一般在3万元以上100万元以下确定罚金数额；判处3年以上有期徒刑的，一般在15万元以上500万元以下确定罚金数额。

第六章　侵犯著作权罪办案指引

第一节　侵犯著作权罪概述

一、侵犯著作权罪的立法沿革

本罪 1979 年刑法没有规定，系沿袭全国人大常委会《关于惩治侵犯著作权的犯罪的决定》第 1 条的内容，1997 年刑法规定作出了相同规定："以营利为目的，有下列侵犯著作权情形之一，违法所得数额较大或者有其他严重情节的，处三年以下有期徒刑、拘役，单处或者并处罚金；违法所得数额巨大或者有其他特别严重情节的，处三年以上七年以下有期徒刑，并处罚金：（一）未经著作权人许可，复制发行其文字作品、音乐、电影、电视、录像作品、计算机软件及其他作品的；（二）出版他人享有专有出版权的图书的；（三）未经录音录像制作者许可，复制发行其制作的录音录像的；（四）制作、出售假冒他人署名的美术作品的。"

2020 年《刑法修正案（十一）》对《刑法》第 217 条进行了修订，一是明确了受刑法保护的作品范围。司法实践中，对于美术作品是否适用、如何适用原《刑法》第 217 条第 1 款和第 4 款存在争议，各地执法标准不统一，有必要通过列举的方式予以明确。且《著作权法》第 3 条对作品的内涵和外延进行了修改，刑法应与之相协调。故此次刑法修订，将第 217 条侵犯著作权罪第 1 项保护的作品范围明确规定为"文字作品、音乐、美术、视听作品、计算机软件及法律、行政法规规定的其他作品"。二是将侵犯信息网络传播权单独规定为犯罪。在刑法修订前，为应对网络侵犯著作权犯罪，司法机关只能将"通过信息网络向公众传播他人作品、录音录像的行为"解释为刑法规定的"复制发行"行为。随着司法实践的不断发展和网络普及，将信息网络向公众传播的行为继续拟制为复制发行行为并适用相同的追诉标准已经不合时宜，且会带来一系列实践问题，通过修法，可以针对侵犯著作权的复制权、发行权、信息网络传播权分别制定立案追诉标准，可以更加科学有效地惩治网络环境下的侵犯著作权犯罪。三是将表演者权这一邻接权纳入刑法保护范围。根据第 217 条第 4 项，"未经表演者许可，复制发行录有其表演的录音录像制品，或者通过信息网络向公众传播其表演的"，违法所得数额较大或者有其他严重情节的，构成侵犯著作权罪。实践中，录有表演者表演的录音录像制品被大量盗版或者通过网络传播，侵犯表演者合法权益并造成了巨大经济损失，只能被追究民事责任或进行行政处罚，保护力度有限，有必要纳入刑事保护范围。四是将规避或破坏权利人对作品的技术保护措施行为纳入侵犯著作权犯罪的框架下予以规制。根据《刑法》第 217 条第 6 项，"未经著作权人或者与著作权有关的权利人许可，故意避开或者破坏权利人为其作品、录音录像制品等采取的保护著作权或者与著作权有关的权利的技术措施的"，违法所得数额较大或者有其他严重情节的，构成侵犯著作权罪。体现了刑法与《著作权法》第 53 条的衔接。此外，从我国司法实践看，破坏作品技术保护措施的案件，有的认定为侵犯著作权犯罪，[①]有的认定为提供侵入、非法控制计算机信息系统程序、工具罪，[②]法律适用不统一，也亟待规范。

[①] 如被告人乙某义、陈某侵犯著作权案。其销售盗版 vision Pro 软件的加密锁和破解程序并从中牟利，裁判理由认为属于变相销售他人享有著作权的软件作品。（2018）苏 0505 刑初 301 号。

[②] 如被告人谢某提供侵入、非法控制计算机信息系统程序、工具案。其自行编程开发《王者荣耀》游戏外挂程序，通过 QQ 对外销售外挂程序源代码、外挂程序及相应程序激活码，裁判理由认为该外挂程序存在对《王者荣耀》游戏客户端实施未授权的删除、修改操作，绕过了游戏的保护措施，对游戏的正常操作流程和正常运行方式造成干扰，属于破坏性程序。（2018）苏 0281 刑初 705 号判决书。

二、侵犯著作权罪的概念和构成特征

侵犯著作权罪是指，未经著作权人许可，复制发行、通过信息网络向公众传播其文字作品、音乐、美术、视听作品、计算机软件及法律、行政法规规定的其他作品；出版他人享有专有出版权的图书；未经录音录像制作者许可，复制发行、通过信息网络向公众传播其制作的录音录像；未经表演者许可，复制发行录有其表演的录音录像制品，或者通过信息网络向公众传播其表演；制作、出售假冒他人署名的美术作品的；未经著作权人或者与著作权有关的权利人许可，故意避开或者破坏权利人为其作品、录音录像制品等采取的保护著作权或者与著作权有关的权利的技术措施，违法所得数额较大或者有其他严重情节的行为。

（一）客体特征

本罪侵犯的客体是著作权人的著作权中的复制权、发行权、信息网络传播权、美术作品的署名权，相关权人的相关权中的专有出版权、表演者权及录音录像制作者权，以及社会主义市场经济秩序。

（二）客观特征

本罪的客观方面可参见本罪的概念。

最高人民法院、最高人民检察院《关于办理侵犯知识产权刑事案件具体应用法律若干问题的解释》第5条规定，以营利为目的，实施侵犯著作权行为，违法所得数额在3万元以上的，属于"违法所得数额较大"；具有下列情形之一的，属于"有其他严重情节"：（1）非法经营数额在五万元以上的；（2）未经著作权人许可，复制发行其文字作品、音乐、电影、电视、录像作品、计算机软件及其他作品，复制品数量合计在一千张（份）以上的；（3）其他严重情节的情形。违法所得数额在15万元以上的，属于"违法所得数额巨大"；具有下列情形之一的，属于"有其他特别严重情节"：（1）非法经营数额在25万元以上的；（2）未经著作权人许可，复制发行其文字作品、音乐、电影、电视、录像作品、计算机软件及其他作品，复制品数量合计在5000张（份）以上的；（3）其他特别严重情节的情形。后最高人民法院、最高人民检察院

《关于办理侵犯知识产权刑事案件具体应用法律若干问题的解释(二)》大幅降低了入罪标准,复制品数量合计在500张(份)以上的,属于"有其他严重情节";复制品数量在2500张(份)以上的,属于"有其他特别严重情节"。

最高人民法院、最高人民检察院、公安部《关于办理侵犯知识产权刑事案件适用法律若干问题的意见》补充规定了关于通过信息网络传播侵权作品行为的定罪处罚标准问题。通过信息网络向公众传播他人作品,具有下列情形之一的,属于"其他严重情节":(1)非法经营数额在5万元以上的;(2)传播他人作品的数量合计在500件(部)以上的;(3)传播他人作品的实际被点击数达到5万次以上的;(4)以会员制方式传播他人作品,注册会员达到1000人以上的;(5)数额或者数量虽未达到第1项至第4项规定标准,但分别达到其中两项以上标准一半以上的;(6)其他严重情节的情形。实施前述规定的行为,数额或者数量达到第1项至第5项规定标准五倍以上的,属于"其他特别严重情节"。

(三)主体特征

本罪为一般主体,达到16周岁的刑事责任年龄并具有刑事责任能力的自然人均可构成本罪。根据《刑法》第220条之规定,单位也可构成本罪,单位犯本罪的,对单位判处罚金,并对其直接负责的主管人员和其他直接责任人员,按照本条的规定处罚。最高人民法院、最高人民检察院《关于办理侵犯知识产权刑事案件具体应用法律若干问题的解释》第15条规定,单位实施侵犯知识产权犯罪行为,按照相应个人犯罪的定罪量刑标准的三倍定罪量刑。最高人民法院、最高人民检察院《关于办理侵犯知识产权刑事案件具体应用法律若干问题的解释(二)》作出修订,第6条规定,单位实施侵犯知识产权犯罪行为,按照相应个人犯罪的定罪量刑标准定罪处罚。

(四)主观特征

本罪主观方面是故意,即明知未经著作权人许可,且以营利为目的。

三、侵犯著作权罪的追诉标准

最高人民检察院、公安部《关于公安机关管辖的刑事案件立案追诉标准的规定（一）》第26条规定："以营利为目的，未经著作权人许可，复制发行其文字作品、音乐、电影、电视、录像作品、计算机软件及其他作品，或者出版他人享有专有出版权的图书，或者未经录音录像制作者许可，复制发行其制作的录音录像，或者制作、出售假冒他人署名的美术作品，涉嫌下列情形之一的，应予立案追诉：（一）违法所得数额三万元以上的；（二）非法经营数额五万元以上的；（三）未经著作权人许可，复制发行其文字作品、音乐、电影、电视、录像作品、计算机软件及其他作品，复制品数量合计五百张（份）以上的；（四）未经录音录像制作者许可，复制发行其制作的录音录像制品，复制品数量合计五百张（份）以上的；（五）其他情节严重的情形。以刊登收费广告等方式直接或者间接收取费用的情形，属于本条规定的'以营利为目的'。本条规定的'未经著作权人许可'，是指没有得到著作权人授权或者伪造、涂改著作权人授权许可文件或者超出授权许可范围的情形。本条规定的'复制发行'，包括复制、发行或者既复制又发行的行为。通过信息网络向公众传播他人文字作品、音乐、电影、电视、录像作品、计算机软件及其他作品，或者通过信息网络传播他人制作的录音录像制品的行为，应当视为本条规定的'复制发行'。侵权产品的持有人通过广告、征订等方式推销侵权产品的，属于本条规定的'发行'。本条规定的'非法经营数额'，是指行为人在实施侵犯知识产权行为过程中，制造、储存、运输、销售侵权产品的价值。已销售的侵权产品的价值，按照实际销售的价格计算。制造、储存、运输和未销售的侵权产品的价值，按照标价或者已经查清的侵权产品的实际销售平均价格计算。侵权产品没有标价或者无法查清其实际销售价格的，按照被侵权产品的市场中间价格计算。"

最高人民法院、最高人民检察院、公安部《关于办理侵犯知识产权刑事案件适用法律若干问题的意见》第13条"关于通过信息网络传播侵权作品行为的定罪处罚标准问题"规定："以营利为目的，未经著作权人许可，通过信息网络向公众传播他人文字作品、音乐、电影、电视、美术、摄影、录像作品、录音录像制品、计算机软件及其他作品，具有下列情形之一的，属于刑法第二百一十七条规定的'其他严重情节'：（一）非法经营数额在五万元以上的；（二）传播他人作品的数量合计在五百件（部）以上的；（三）传播他人作品的实际被点击数达到五万次以上的；（四）以会员制方式传播他人作品，注册会员达到一千人以上的；（五）数额或者数量虽未达到第（一）项至第（四）项规定标准，但分别达到其中两项以上标准一半以上的；（六）其他严重情节的情形。实施前款规定的行为，数额或者数量达到前款第（一）项至第（五）项规定标准五倍以上的，属于刑法第二百一十七条规定的'其他特别严重情节'。"

第二节　侵犯著作权罪的证据审查

一、侵犯著作权罪的证据要件

（一）犯罪客体证据

本罪侵犯的客体为国家的著作权管理制度，以及他人的著作权和与著作权有关的权益。其行为的主要表现是违反《刑法》第217条规定，未经著作人许可，侵犯著作权人的复制发行权、信息网络传播权、专有出版权、表演权、美术作品署名权以及破坏相关技术措施。

司法实践中，就客体方面，着重审查以下证据：

1.权利是否受保护的证据

涉案著作权、相关权受保护的证据。需注意的是，在涉案作品、录音制品种类众多且权利人分散的案件中，根据最高人民法院、最高人民检察院《关于办理侵犯知识产权刑事案件具体应用法律若干问题的解释（三）》，应当依法进行刑事推定。

涉案作品的著作权或者相关权不受我国著作权法保护或者权利保护期限已经届满的证据。如犯罪嫌疑人提出案件中存在权利人放弃权利的，也应重点审查。

2. 被侵权作品享有著作权以及行为人未经许可的证据

著作权人或者其授权的代理人、著作权集体管理组织、国家著作权主管部门指定的著作权认证机构出具的涉案作品版权认证文书，或者证明出版者、复制发行者伪造、涂改授权许可文件或者超出授权许可范围的证据；犯罪嫌疑人对其是否取得许可或者享有著作权的供述和辩解；权利人对其享有著作权、相关权并且未授予侵权人的陈述；相关证人证言。

3. 涉外证据的审查

对于外国人、无国籍人的作品是否受著作权法的保护，应重点审查作者所属国或者经常居住地国与我国签订的协议或共同参加的国际条约的相关书证。若证据系在我国领域外形成的，则须经所在国公证机关予以证明，并经我国驻该国使领馆予以认证等方式，确保涉外证据的证明效力。在少量涉外书籍案件中，应当取得相关著作权管理机构的鉴定，认定涉案作品是否具有著作权。

（二）客观方面证据

《刑法》第217条规定了六款具体情形，这六款情形的作案手段和方式各不相同。办案过程中，应当从这六种情形的不同特征出发，分别审查证据。

1. 未经著作权人许可，复制发行、通过信息网络向公众传播其文字作品、音乐、美术、视听作品、计算机软件及法律、行政法规规定的其他作品的

（1）证明"未经著作权人许可"的证据。

①确定涉案作品的"著作权人"。著作权法规定，"著作权人"是指依法对文学、科学、艺术等领域的作品享有著作权的自然人、法人或者非法人组织。著作权人主要有以下几种：第一，作者；第二，在未约定著作权归属的情形下，委托创作的受托人；第三，电影作品、电视剧作品的制片人；第四，职务作品中，作者所属的法人或者其他组织；第五，著作权人的受让人、受遗赠人或者继承人；第六，国家（著作权人死亡，且无继承人和受遗赠人，或者其继承人放弃继承权，受遗赠之人，拒绝受遗赠

的);第七,享有著作权的法人、其他组织,在变更或者终止之后,承受该法人、其他组织权利义务的法人或者其他组织。

实践中,"著作权人"可以通过审查以下证据综合认定:著作权权利证书,例如作品登记证书、计算机软件著作权登记证书等;取得权利的合同;国家著作权行政管理部门制定的著作权认证;机构或者著作权集体管理组织出具的著作权认证文书,例如《版权认证报告》等;其他可以据以认定权利归属的证明文件,例如著作权授权书等。

②确认"未经著作权人许可"。司法实践中,"未经著作权人许可"一般表现为以下四种情形:第一,没有得到著作权人的授权的情形。主要审查的证据包含著作权人未授权的书面证明、犯罪嫌疑人的供述、可证明未经授权的证人证言等。第二,伪造、涂改著作权人授权许可文件的情形。主要审查的证据包含伪造或被涂改的授权许可文件、著作权人原始的授权许可文件、著作权人未授权的书面证明、证人证言、犯罪嫌疑人关于伪造、涂改行为的辩解与供述、笔迹鉴定、印章鉴定等。第三,超出著作权人授权许可范围的情形。主要审查行为人采用许可范围之外的其他方式使用作品,或者行使许可范围之外的其他权利,或者在许可的地域之外其他国家或地区使用该作品的相关证据,包括行为人与著作权人持有的授权许可书原件、犯罪嫌疑人关于超出授权许可范围的辩解与供述、证人证言等。第四,行为人的授权许可已过期的情形。重点审查行为人在授权许可合同期满后未继续取得许可,仍使用著作权人作品的相关证据。

(2)证明"复制发行、通过信息网络向公众传播"行为的证据。

①证明实施了"复制发行"行为的证据。主要:正版作品和侵权复制品;复制发行的作案工具;加工、运营、发行的合同;店铺厂房仓库租赁合同、现场照片;侵权产品的生产报表、入库单、出库单、送货单、货物结算单、快递单、销售记录等;犯罪嫌疑人的供述与辩解;相关证人证言;收款明细;侵权复制品认定书;司法鉴定意见书等。

②证明实施了"通过信息网络向公众传播"行为的证据。需审查的证据主要包括:查封(扣押)物品清单;辨认、扣押、现场检查笔录;现场照片及其他视听资料;作案工具等物证;勘验数据光盘;电子证物检查工作记录;犯罪嫌疑人的供述与辩解;相关证人证言;网站备案编号及备案登记地址;网站域名;网站页面截图;电子数据检验报告;信息网络传

播他人作品的相关计算机司法鉴定意见书等。

（3）证明"作品"的证据。

作品是指文学、艺术和科学领域内，具有独创性并能以一定形式表现的智力成果。常见的"作品"类型有以下五种：

①文字作品，是指以文字为主要表达外观的作品形式，具体包括小说、诗词、散文、论文等。

②音乐作品，是指歌曲、交响乐等能够演唱或者演奏的带词或者不带词的作品。

③美术作品，是指绘画，书法，雕塑，建筑等以线条，色彩或者其他形式构成的有审美意义的平面或者立体的造型艺术作品。

④视听作品，是指是指通过机械装置能直接为人的视觉和听觉所感知的作品。常表现为音乐、戏剧、曲艺、舞蹈、美术、摄影、讲演和其他表演内容，但和这些作品不同，必须借助适当的装置才能反映作品形式和内容。视听作品包括有声电影、电视、录像作品和其他录制在磁带、唱片或类似这一方面上的配音图像作品等。

⑤计算机软件，是指计算机程序及其有关文档。计算机程序是指为了得到某种结果而可以由计算机等具有信息处理能力的装置执行的代码化指令序列，或可被自动换成代码化指令序列的符号代指令序列或符号化语句序列。计算机程序包括源程序和目标程序，同一程序的源文本和目标文本应当视为同一作品。文档是指用自然语言或者形式化语言所编写的文字资料和图表，用来描述程序的内容、组成、设计、功能规格、开发情况、测试结果及使用方法。如程序设计说明书、流程图、用户手册等。

需注意的是，当存在不属于以上五种常见类型，但却符合"作品"之内涵特征并被著作权法等其他法律法规所明确列举的情况时，可适用本款的兜底条款，视为"法律、行政法规规定的其他作品"进行保护。

（4）证明行为已达入罪标准的证据。

①证明违法所得数额和非法经营额的证据。审查的主要证据包括：扣押货物物品清单及照片；扣押笔录；价格鉴定意见书；记账凭证；付款凭证；会计档案；调取的微信、QQ、支付宝等平台转账明细；调取的银行开户信息及交易明细；司法会计鉴定意见书；淘宝交易记录；增值税专用发票；软件销售合同；采购订单及价格表；独家代理运营合作协议；销

售明细；生产报表；财务报表；销售单据；网上商城价格标示；市场中间价鉴定；代收货款服务合同；代收货款明细等。

②证明未经著作权人许可，复制发行、通过信息网络向公众传播作品、复制品数量的证据。审查案件中，对查扣的实物复制品，可通过收集现场勘验检查笔录、扣押决定书、扣押物品清单及指认照片等证据确定数量；对通过网络实施的侵犯著作权复制品数量的认定，可通过收集对网站的远程勘验工作记录、勘验数据光盘、提取笔录等确定网络下载数量来认定复制品的数量。

③证明未经著作权人许可，通过信息网络传播他人作品的实际被点击数的证据。重点审查以下证据：网站作品信息页面截图；勘验数据光盘；电子证物检查工作记录；网站备案编号及备案登记地址；网站域名；电子数据检验报告；设链、传播他人作品的相关计算机司法鉴定意见书等；网站后台数据等。

④证明未经著作权人许可，通过信息网络以会员制传播他人作品，注册会员数的证据。"注册会员"是指根据特定信息网络设定的注册要求，完成相关信息填写，并通过注册系统确认成为该网站会员的自然人、法人或非法人组织。在注册必填的信息中，需有一个用以身份识别的代号，即ID。需审查的主要证据有：勘验数据光盘；电子证物检查工作记录；网站备案编号及备案登记地址；网站域名；网站页面截图；电子数据检验报告；相关计算机司法鉴定意见书等。

2. 出版他人享有专有出版权的图书的

（1）证明出版的图书为"他人享有专有出版权"的证据。

专有出版权，是指图书出版者通过和作者订立合同，在一定的期限或地域内，获得出版作者作品的一种专有排他性权利。图书出版者对著作权人交付出版的作品，按照合同约定享有的专有出版权受法律保护，他人不得出版该作品。证明行为人出版的图书"他人享有专有出版权"需要搜集的证据主要有：图书底稿；专有出版权权利证明，例如版权登记证书、有关权威部门出具的认定等；取得权利的合同；专有出版权权利人的证言；其他可以据以认定权利归属的证明文件如授权书等。

（2）证明存在"出版"行为的证据。

出版是指编辑、复制作品并向公众发行的活动。我国对"出版"的定义强调编辑、复制、发行三个要素的整体性，除"复制发行"行为之外，还包括改编、翻译、汇编、注释、整理等多项工作，是各要素的有机结合。

（3）证明侵权行为已达到入罪标准的证据。

以营利为目的，实施侵犯他人享有专有出版权的图书的行为，符合下列情况之一的，即构成侵犯著作权罪：违法所得数额在3万元以上的；非法经营数额在5万元以上的。对于这两种情况的证据审查，可参照上述对违法所得、非法经营数额的相关分析。

3. 未经录音录像制作者许可，复制发行、通过信息网络向公众传播其制作的录音录像的

（1）证明"未经录音录像制作者许可"的证据。

①确定录音录像制作者。"录音录像制作者"是指首次将声音、影像进行录制，并依法律规定对其制作的录音录像享有权利、承担义务的自然人、法人或其他组织。需要满足下列两个条件：一是录制者必须是第一个或首次录制声音或图像，并为这种录制活动负责的人；二是录制者使用他人作品制作录音录像制品时需取得他人的合法授权。录音录像制作者也并不简单等同于录音师、录像师，在一定情况下，录音录像制作者权可能由录音录像师所属的单位或组织享有和行使。

实践中对于权利主体的认定可以通过搜集下列基本证据进行：录音录像的母带及原始剪辑材料；录音录像中制作者署名截图；权属登记文件；取得权利的合同、协议及其他可以据以认定权利归属的证明文件，如授权书等。

②确定"未经录音录像制作者许可"，包括"没有得到录音录像制作者的授权""伪造、涂改录音录像制作者的授权许可文件""超出录音录像制作者的授权许可范围"与"行为人持有的授权许可已过期"四种情形。

具体应当审查的证据可参考前述中对"未经著作权人许可的证据"审查分析。

（2）证明存在"复制发行、通过信息网络向公众传播其制作的录音录像的"行为的证据。

①证明实施了复制发行、通过信息网络向公众传播行为的证据。相关证据的审查可参考对"复制发行、通过信息网络向公众传播"行为的证

据审查分析。

②该犯罪行为侵犯的对象是"录音录像"。需要注意的是，这里的"录音录像"既不同于录音录像制品及其复制品，而仅仅是录音录像本身；也不同于电影作品和以类似摄制电影的方法创作的作品，可以是将他人创作的作品和表演机械制后，经过必要的技术处理制作而成，如将授课内容、舞台表演等录制成录像制品。而电影作品和以类似摄制电影的方法创作的作品往往包含导演、摄制者等相关人员的艺术性创造在内。二者的主要区别在于摄制过程中是否包含创造性。

（3）证明侵权行为已达到入罪标准的证据。

审查工作可参照前述"证明侵权行为已达到入罪标准的证据"中的有关分析进行。

4.未经表演者许可，复制发行录有其表演的录音录像制品，或者通过信息网络向公众传播其表演的

（1）证明"未经表演者许可"的证据。

①首先要对"表演者"身份进行认定。"表演者"是指演员、演出单位或者其他表演文学、艺术作品的人。表明表演者身份的方式应当体现表演者与其表演之间的联系。当事人对于表明表演者身份的方式发生争议的，一般考虑表演活动的特点、传播方式以及相关行业惯例等因素。

下列情形可以认定表明了表演者的身份：第一，在演出广告、宣传栏、节目单或者文艺刊物刊登的剧照上标明表演者姓名（名称）；第二，在节目表演前后，由主持人介绍表演者的姓名（名称）；第三，广播电台、电视台播报表演者的姓名（名称）；第四，以屏幕上的字幕形式标明表演者的姓名（名称）。

②本条规定的"未经表演者许可"，包括"没有得到表演者的授权""伪造、涂改表演者的授权许可文件""超出表演者的授权许可范围"与"行为人持有的授权许可已过期"四种情形。

具体应当审查的证据可参考前述中对"未经著作权人许可的证据"审查分析。

（2）证明"复制发行录有其表演的录音录像制品，或者通过信息网络向公众传播其表演的"行为的证据。

本条规定的犯罪行为模式存在"复制发行"和"通过信息网络向公众传播"两种情形，二者证明其一即可认定存在本项规定之犯罪行为。

具体可参考前述对"复制发行、通过信息网络向公众传播"行为的证据审查分析。

（3）证明行为已达入罪标准的证据。

具体应当审查的证据可参考前述"证明行为已达入罪标准的证据"中的有关分析进行。

5.制作、出售假冒他人署名的美术作品

（1）证明"美术作品"的证据。

美术作品是指绘画、书法、雕塑、建筑等以线条、色彩或者其他方式构成的有审美意义的平面或者立体的造型艺术作品。本项保护之美术作品须满足以下几个要件：①以线条、色彩或者其他方式构成；②具有审美意义和艺术价值的平面或立体造型；③须为创造性智力成果，美术作品的产生过程要求作者付出脑力劳动且需要达到一定的创作高度；④须为能被客观感知的外在表达；⑤具有独创性，作品须能体现作者的独立思考和劳动特性，而不能由抄袭、剽窃他人作品产生；⑥属于著作权法保护之作品范畴。

应当审查的证据包括：美术作品原件或正版作品；相关领域专家学者的证人证言；专业司法鉴定意见书；作者及相关权利人的证言等。

（2）证明"制作、出售假冒他人署名"行为的证据。

由于美术作品包括上述诸如绘画、书法、雕塑等内容，因而假冒他人署名的美术作品应包括假冒他人署名的绘画、书法、雕塑等，当然，最常见的是制作、出售假冒他人署名的名画。制作、出售假冒他人署名的美术作品的行为在客观上具体表现为如下几种方式：

①复制他人作品并署上他人之名假冒其亲笔作品出售。对美术作品的平面作品可以通过复印、翻拍等现代技术手段复制以及手工复制。

应当审查的证据包括：证明复制行为的证据有正版美术作品，假冒他人署名的美术作品，美术作品异同性鉴定报告，复制所使用的作案工具等；证明假冒他人署名行为的证据有笔迹鉴定书，印章鉴定书等；证明高价出售行为的证据有推广合作协议及结算收据，消费凭证及收据，银行交易记录，扣押清单，价格鉴定结论书等。

②把自己制作的美术作品冠以他人的名字予以出售。既包括在自己构思创作的美术作品上署上他人姓名予以出售的情况，也包括在自己临摹的他人的作品上署上他人姓名予以出售的情况。

应当审查的证据包括：被假冒署名人的证人证言；犯罪嫌疑人的供述与辩解；笔迹鉴定书；印章鉴定书；专业机构对美术作品的鉴定报告；推广合作协议及结算收据；消费凭证及收据；银行交易记录；扣押清单等。

③把第三人的作品冠以他人的名字予以出售。该种行为包括复制、改造第三人作品再冠以他人姓名出售的情况。

应当审查的证据包括：被假冒署名人的证人证言；第三人的证人证言；犯罪嫌疑人的供述与辩解；笔迹鉴定书；印章鉴定书；专业机构对美术作品的鉴定报告；推广合作协议及结算收据；消费凭证及收据；银行交易记录；扣押清单等。

（3）证明行为已达入罪标准的证据。

可参照上述对违法所得、非法经营数额的相关分析。

6. 未经著作权人或者与著作权有关的权利人许可，故意避开或者破坏权利人为其作品、录音录像制品等采取的保护著作权或者与著作权有关的权利的技术措施的

（1）证明"未经著作权人或者与著作权有关的权利人许可"的证据。

具体应当审查的证据可参考对"未经著作权人许可"的证据审查分析。

（2）证明"故意避开或者破坏技术措施"行为的证据。

技术措施是指用于防止、限制未经权利人许可浏览、欣赏作品、表演、录音录像制品的或者通过信息网络向公众提供作品、表演、录音录像制品的有效技术、装置或者部件。

应着重审查下列证据：有规避或破解作品技术保护措施功能的软件、程序、装置、部件等物证；测试过程的录音录像证据等，突破技术措施的攻击性、破坏性程序、密钥盘、逻辑锁等；证明应用场景和主要功能的证据，招揽买家的宣传广告，发货凭证，资金往来流水等。

（3）证明行为已达入罪标准的证据。

具体应当审查的证据可参考前述"证明行为已达入罪标准的证据"中的有关分析进行。

（三）犯罪主体证据

本罪的主体是一般主体，包括自然人和单位。

自然人需要达到刑事责任年龄（16周岁）和具备刑事责任能力（辨认和控制能力），单位必须是依法成立，拥有一定财产或者经费，能以自己的名义承担责任的、相对独立的公司、企业、事业单位、机关、团体。因此，对本罪主体证据的审查，应该从以下两方面展开：

1. 证明自然人犯罪主体的证据审查

自然人犯侵犯著作权罪的，应当注意审查证明其身份的相关证据。包括其姓名（曾用名）、性别、出生年月日、公民身份号码或者其他有效身份证件号码、民族、籍贯（国籍）、文化、职业、现住址、成长经历、政治面貌，是否人大代表、政协委员及重要管理人员、科研人员等。可以从以下几个方面审查证据：

（1）证明其自然人身份的证据。

①内地居民身份证、户口簿、居住地证明、公安机关出具的户籍证明等；②港、澳居民身份证、护照、来往内地通行证，台湾居民来往大陆通行证，以及居住地证明材料、有效的身份辨认材料等；③外国人护照、出入境证明、在华长期居留证明以及使、领馆出具的身份证明资料等。

（2）证明其刑事责任能力的证据。

①犯罪嫌疑人身份、年龄不明时，应出具骨龄司法鉴定意见书；②有迹象或材料表明犯罪嫌疑人可能存在精神障碍时，应调取其病史资料、家族病史资料、近亲属及周围知情人员证言、精神病司法鉴定意见书等；③其可能是又聋又哑时，调取其残疾人证明、近亲属及周围知情人员证言、相关专业组织和人员的意见等。

（3）证明其社会身份的证据。

①其可能系人大代表、政协委员等需要关注身份时，应提供相关证件及其所属组织、单位的证明材料等；②企业负责人及重要管理人员涉罪时，调取营业执照、完税证明、劳动合同及任职文件、岗位职责证明等；③科研人员涉罪时，调取所在单位的统一社会信用代码证、劳动关系证明、岗位职责证明、研究项目资料等。

2. 证明单位犯罪主体的证据审查

单位犯侵犯著作权罪的,应当注意审查证明单位的名称、性质、设立日期、住所地、实际经营地、法定代表人、主要经营活动、存续状态、直接负责的主管人员和其他直接责任人员等情况的证据,主要审查以下证据:

(1) 证明单位基本情况的证据。

①国家机关、社会团体、事业单位性质的相应法律文件,机关、团体法人统一社会信用代码证书等;②企业法人营业执照、组织机构代码证、申请设立、变更的工商资料、经营活动资料、会计账簿、完税证明等;③存续状态资料;④单位被撤销、注销、吊销营业执照或者宣告破产的相关证明文件;⑤单位分立、合并或者其他资产重组时的相关证明材料、资产归属及权利义务划分情况等;⑥分支机构或者内设机构、部门与其上级单位关系、被授权权限或者经营范围等的证明材料。

(2) 证明其直接负责的主管人员和其他直接责任人员的证据。

①直接负责的主管人员和其他直接责任人员的组织关系、劳动关系、任职文件、岗位职责分工等证明材料;②直接负责的主管人员和其他直接责任人员在犯罪活动中的地位、作用内容的供述、辩解。

(3) 其他证据。

①单位内部人员及其他知情人员有关犯罪单位及直接负责的主管人员、其他直接责任人员在犯罪活动中地位、作用内容的证言;②其他证明单位及直接负责的主管人员、其他直接责任人员情况的资料。

(四) 主观方面证据

本罪主观方面需行为人具有侵犯他人著作权的故意,且以营利为目的,行为人主观上不具有侵犯的故意或未以营利为目的,即使客观上实施了《刑法》第217条规定的四种行为,如复制、临摹他人作品是为了个人学习、欣赏等非营利活动的,不构成本罪。办案中,应从以下几方面审查证据:

1. 自然人主观方面的证据

认定自然人主观方面具有侵犯他人著作权的故意,应重点审查犯罪嫌疑人的供述和辩解、证人证言等证据中的下列内容:①行为人实施侵权行为时的主观心态，目的等；②实施侵权行为的起意过程，有无策划、策划的具体内容等；③对后果的认知程度、主动程度；④对所侵犯作品的性质，是否经过著作权人许可等是否存在明确认识；⑤实施侵权行为的准备过程，被侵权作品的原始来源等。

共同犯罪的，还应审查下列情况：①实施侵权行为的起意过程、邀约过程和共谋情况；②策划、分工的时间、地点和内容；③参与人员对行为的意见。

2. 单位犯罪的主观证据

单位犯罪的主观故意具体表现为侵犯著作权的行为系由单位集体研究决定，或由单位的负责人、被授权的其他人员决定、同意的，代表单位意志而不是个人意志。在审查时应重点审查单位的法定代表人、直接主管人员和其他直接责任人员的供述、单位集体讨论记录、有关负责人签署的文件、单位的财务账目等书证及相关证人证言等证据中的下列内容：

①单位研究决策过程中的主观心态、目的等；②单位对所侵犯作品的性质，是否经过著作权人许可等是否存在明确认识。

3. 以营利为目的证据

"以营利为目的"是一种主观心理状态，是否存在需要从其外在的客观行为去具体判断。最高人民法院、最高人民检察院《关于办理侵犯知识产权刑事案件具体应用法律若干问题的解释》第11条规定，以刊登收费广告等方式直接或者间接收取费用的情形属于"以营利为目的"。最高人民法院、最高人民检察院和公安部《关于办理侵犯知识产权刑事案件适用法律若干问题的意见》第10条规定，除销售外，以在他人作品中刊登收费广告、捆绑第三方作品等方式直接或间接收费的；通过信息网络传播他人作品，或者利用他人上传的侵权作品，在网站或网页上提供刊登收费广告服务；以会员制等方式通过信息网络传播他人作品，收取会员注册费或者其他费用等利用他人作品牟利的情形，可以认定为"以营利为目的"。

因此，无论是以直接或间接的方式获取利益，均可认定为以营利为目的。在审查证据时，通常可以从行为人实施侵权行为的次数、侵权复制品的数量、利润来源情况及去向、实际获利等要素去判定是否在主观上有以营利为目的，重点审查以下内容：犯罪嫌疑人的供述和辩解；证人证言；刊登的广告及网络电子证据等；财务账目、转账、收款凭证等证据。

二、侵犯著作权罪常见证据审查

(一) 关于犯罪情节的证据

犯罪情节直接关系到对犯罪嫌疑人的定罪量刑,因此,需全面细致地审查与犯罪情节相关的证据。归纳起来,可以从以下三方面对与情节相关的证据进行审查分析:

1. 刑法规定的入罪和量刑情节

对本罪犯罪情节的审查,可以从以下几方面展开:

(1) 入罪的情节。

参考本指引对本罪客观方面证据的相关分析。

(2) 判处3年以上10年以下有期徒刑,并处罚金的情节。

根据最高人民法院、最高人民检察院《关于办理侵犯知识产权刑事案件具体应用法律若干问题的解释》和《关于办理侵犯知识产权刑事案件适用法律若干问题的意见》的规定,应在审查证据中注意是否有以下情节:①违法所得数额15万元以上;②非法经营数额25万元以上;③未经著作权人许可,复制发行、传播的他人作品数量合计在2500张(件、份、部)以上;④传播他人作品的实际被点击数达25万次以上;⑤以会员制方式传播他人作品,注册会员达5000人以上;⑥其他特别严重情节。

2. 刑法规定的从轻、减轻、免除处罚或从重情节

(1) 共同犯罪中的法定情节。

①在侵犯著作权犯罪中起辅助、次要作用的,应当从轻、减轻或者免除处罚;②在侵犯著作权犯罪中,被迫参与的,属于胁从犯,应当减轻或免除处罚;③教唆不满18周岁的人实施侵犯著作权犯罪的,应当从重处罚。

(2) 犯罪嫌疑人年龄、身体机能、状态等法定情节。

①不满18周岁的人实施侵犯著作权犯罪,应当从轻或者减轻处罚;②已满75周岁的人实施侵犯著作权犯罪的,可以从轻或者减轻处罚;③又聋又哑的人或盲人实施侵犯著作权犯罪的,可以从轻、减轻或者免除处罚;④犯罪嫌疑人存在精神障碍,在其尚未完全丧失辨认或者控制自己行为能力时实施的侵犯著作权犯罪,可以从轻或者减轻处罚。

（3）法定的其他量刑情节。

①中止犯。犯罪嫌疑人以营利为目的，实施了侵犯他人著作权的行为后，主动中止侵权行为或者有效防止著作权人的相关权益被进一步侵害，没有对著作权人造成损害或者损害不大，可以从轻处罚。

②投案自首的。实施侵犯著作权犯罪后，自动投案并如实供述自己的犯罪事实的，可以从轻、减轻或者免除处罚。

③因在国外实施侵犯著作权犯罪，已受到外国刑法处罚的，可以免除或者减轻处罚。办案中，可重点审查外国的刑事判决书和服刑情况等证据。

④累犯。属于累犯的，应当从重处罚。如前一犯罪事实是侵犯知识产权犯罪的，可以考虑在一般累犯的基础上进一步从重处罚。办案中应重点审查其前科判决书、释放证明、犯罪嫌疑人的身份信息等证据。

3.酌情可以从轻、减轻、免除处罚或从重情节

酌定量刑情节是指除法定量刑情节外，根据立法精神与刑事政策，可能对犯罪嫌疑人侵犯著作权的行为作出从轻、减轻、免除处罚或从重处罚的相关情节。需综合犯罪嫌疑人侵犯著作权的目的和对象、侵权手段、时间长短、侵权行为造成的危害结果、侵权犯罪后的态度、是否认罪认罚、在共同犯罪中的地位和作用以及犯罪嫌疑人的一贯表现等情况予以评判。

（二）审查认定证据应注意的问题

鉴于司法实践中，侵犯著作权案件情形繁杂，且多有刑民交织的情况，本指引对办案所应审查的各方面情况及证据作了尽可能具体详细的列举，办案人员可以根据个案的需要，按照证据的真实性、关联性、合法性要求进行审查，并非所有案件都要求必须具备所列举的各项，只要达到相应的证明目的即可，切忌机械执行。在审查证据的同时，还需特别注意以下问题：

1.审查本罪主体时应注意的问题

（1）审查自然人主体身份时应当注意的问题。

①自然人身份的证据应当以公安机关通过公安信息网络平台调取或者户籍所在地公安机关出具的户籍证明材料为主，应附犯罪嫌疑人照片，

与犯罪嫌疑人供述的身份信息一致方可采用。

②当户籍证明材料等显示犯罪嫌疑人刚满 16 周岁时，应重点审查与犯罪嫌疑人供述的出生年月日、公民身份号码的一致性，并调取出生医学证明、近亲属及知情人员证言予以印证。

③针对骨龄司法鉴定意见，应重点审查鉴定机构、鉴定人是否具有资质、形式要件是否完备、鉴定过程是否科学、鉴定结论是否具体合理等。同时应注意现阶段鉴定技术局限性，对鉴定结论接近 16 周岁的，应重点从犯罪嫌疑人供述的出生年月日、成长经历等方面寻找印证。如无其他印证时，原则上应当认定犯罪嫌疑人未满 16 周岁。

④犯罪嫌疑人系少数民族时，应注意保障使用本民族语言文字诉讼的权利。

⑤犯罪嫌疑人系人大代表、政协委员等时，采取相应强制措施时，应按规定及时做好报告、报请许可、通知等。

⑥犯罪嫌疑人系民营企业负责人及重要管理人员时，应着重审查其与企业继续正常经营的联系程度，贯彻好宽严相济刑事政策，保护好企业发展。

⑦科研人员涉罪时，应重点审查评估其工作岗位和对承担的科研项目的影响等。

⑧犯罪嫌疑人系外国人时，根据其入境时的有效证件确认。拥有两国以上护照的，应以其入境时所持的护照确认国籍。国籍不明的，可以通过出入境管理部门协助查明，或者以有关国家驻华使、领馆出具的证明加以确认。无法查明国籍的，以无国籍人员论。批准逮捕后应及时报请备案并通报同级政府外事部门。

（2）审查单位犯罪主体时应当注意的问题。

①对于单位犯罪的审查应侧重于"违法所得归单位所有"这一要件，注意一人有限责任公司及中小企业常存在的个人和单位账户混用、财产混同不清等情形，查明资金实际用途和归属。满足该要件的前提下，只需证明单位知情即可。

②审查时应关注单位设立的目的、主要经营活动合法与否、是否具有法人资格等情况，注意不以单位犯罪论处的情形。

③直接负责的主管人员和其他直接责任人员认定上应关注决定、批

准、授意、纵容、指挥、具体实施方面的证据，对于受单位指派或奉命而参与实施了一定犯罪行为的人员，一般不宜认定为直接责任人员。

④单位犯罪情况下，单位与自然人之间系独立的诉讼主体，应注意单位主体的诉讼权利保障，如分别适用认罪认罚从宽制度。

⑤民营企业犯罪时，应注重宽严相济刑事政策运用，原则上不适用查封、扣押、冻结等影响企业经营的强制措施，从简从宽办理。

2. 审查本罪主观方面时应注意的问题

犯罪嫌疑人辩称自己没有侵犯他人著作权故意时，应当侧重其是否明显有悖于正常社会认识、生活常识、业务要求、商业惯例等的行为，以印证其主观故意。

犯罪嫌疑人辩称自己未以营利为目的时，应当参照2004年最高人民法院、最高人民检察院《关于办理侵犯知识产权刑事案件具体应用法律若干问题的解释（一）》第11条以及2011年最高人民法院、最高人民检察院和公安部《关于办理侵犯知识产权刑事案件适用法律若干问题的意见》第10条等规定，对营利为目的进行限定解释。

3. 审查本罪客观方面时应注意的问题

（1）对"未经著作权人许可"的审查。

①符合《著作权法》第24条、第35条第2款第42条、第46条第2款以及《伯尔尼公约》《世界版权公约》等规定的合理使用、法定许可使用、强制许可使用等三种情形的，不认定其"未经著作权人许可"。

②审查犯罪嫌疑人是否与著作权人或其代理人订立合同，是否当面或通过电话、传真、电子邮件等方式征得著作权人或其代理人的许可同意。如无相关证人证言、合同、传真、通话记录等书证予以证实，且未得到著作权人认可，应当认定为其未经著作权人许可。

③如犯罪嫌疑人提供的授权文件存在修改、伪造等问题，应审查犯罪嫌疑人是否有使用伪造公章、信息技术等不正当手段对著作权人的授权许可文件中的原有信息擅自进行修改，或是伪造授权许可文件。此种情况下，犯罪嫌疑人、著作权人双方均需提供授权许可原件，双方提供的授权文件不一致时，必须进行鉴定，并分清责任。

（2）对侵犯著作权人相关权利的行为的审查。

①侵犯复制发行权主要表现为对原作品的复制、发行或者既复制又

发行。

审查复制行为时应当着重审查原件与复制件的同一性，特别是针对文字作品、录音录像制品、视听作品、美术作品以及计算机软件代码等问题，必须由有鉴定资质的专业机构对其复制行为进行认定，并出具相应侵权复制品认定书和司法鉴定意见书等材料。

审查发行行为时需有证据证明其有总发行、批发总发行、批发、零售、通过信息网络传播以及出租、展销等活动。

②侵犯信息网络传播权主要表现为通过信息网络向公众进行传播的行为。在审查时，应当着重审查两个方面的问题，一是认定其营利方式，并确定其非法经营额。在实务中，多表现为通过信息网络传播他人作品、利用他人上传的侵权作品，在网站或网页上提供刊登收费广告服务，直接或间接收取费用，或以会员制方式收取注册费或其他费用等情形。二是认定其通过信息网络传播的侵权作品数量、点击数、注册会员数等，需要审查其后台数据的完整性、真实性。

③专有出版权涵盖了复制发行的概念，主要表现为编辑、复制作品并向公众发行的活动。强调编辑、复制、发行之间的整体性及有机结合性。

本部分存在一定复杂性，享有专有出版权的著作权人除对其出版的图书原版享有复制发行权外，还对其原版的编辑，即修订版、缩编版本等均享有专有的复制发行权利，如果犯罪嫌疑人出版的图书内容足以影响享有专有出版权人再版或者重印的经济利益，即使有增加内容，也应当认定其侵犯了原专有出版权人的专有出版权，故在审查该部分问题时，应当着重审查侵权作品的内容，通过有专门知识的人对内容实质部分进行确定，以认定其是否构成侵权。

④侵犯表演权主要是指行为人未经表演者或其代理人的授权或许可，对录制有表演者表演的录音录像制品进行仿制、公开传播，抑或是通过互联网、通信网等电子数据信息流通渠道为公众提供表演者表演。

在审查该部分内容时，应当着重审查其获利情况、是否得到表演者许可以及其侵权方式，是否达到本指引规定的入罪情节。

⑤美术作品包括绘画、书法、雕塑等内容，在实务中，主要表现为制作、出售假冒他人署名的名画、书法或者雕塑等行为。

在审查该部分内容时，应当着重审查原版美术作品与其侵权美术作品之间的同异性，应当由具有鉴定资质的鉴定机构出具同异性报告、对原版美术作品署名与侵权美术作品署名的笔迹鉴定书、印章鉴定书、获利情况等相关书证。

⑥著作权保护技术措施是指用于防止、限制未经权利人许可浏览、欣赏作品、表演、录音录像制品的或者通过信息网络向公众提供作品、表演、录音录像制品的有效技术、装置或者部件。在审查犯罪嫌疑人是否故意避开或者破坏保护技术措施问题时，首先要审查技术措施的用途，必须为保护著作权而设置的技术措施；其次需要审查犯罪嫌疑人主观上系故意避开或者破坏保护性技术措施，即其主观意图为达到侵犯他人著作权的目的；再次需要重点审查犯罪嫌疑人避开或者破坏保护技术措施后对著作权人造成的损害，即因为其避开或者破坏了保护措施，导致著作权人的作品可以在未经著作权利人许可的情况下被公众浏览、欣赏或者通过信息网络进行传播，应当通过审查后台数据确定其传播数量、点击数量等；最后审查犯罪嫌疑人的获利情况。

（三）法定不起诉证据的审查

法定不起诉主要是指犯罪嫌疑人没有犯罪事实，或者有《刑事诉讼法》第16条规定的情形之一的，应当作出不起诉的情形。在审查侵犯著作权犯罪的案件中，应当重点审查以下几个方面的问题：（1）犯罪嫌疑人（单位）主体是否适格；（2）犯罪嫌疑人的供述和辩解，确定其主观上是否具有侵犯他人著作权的主观故意、以营利为目的的主观心态，以及是否属于善意取得等情况；（3）侵权作品的内容及用途方面，确定其是否属于不适用著作权法保护、已过著作权保护期限、合理使用等不受著作权法保护的相关情况；（4）结合本指引对入罪标准、犯罪情节等部分内容，审查犯罪嫌疑人是否属于犯罪情节显著轻微、危害不大的情况；（5）犯罪嫌疑人实施犯罪行为的时间节点，确定其最后一次侵权行为的终止时间，以认定其犯罪行为是否已过追诉时效。符合上述六项情形之一的，应当作出不起诉决定。

根据《人民检察院刑事诉讼规则》第367条之规定，如果经一次退回补充侦查的案件，认为证据不足，不符合起诉条件，且没有再次退回补充侦查必要的，经检察长批准，可以作出不起诉决定。经两次退回补充侦查，仍然认为证据不足，不符合起诉条件的，经检察长批准，应当依法作出不起诉决定。

（四）酌定不起诉证据的审查

酌定不起诉主要是指犯罪嫌疑人犯罪情节轻微，依照刑法规定不需要判处刑罚或者免除刑罚的情形，结合侵犯著作权罪的特点，犯罪嫌疑人主要是以营利为目的，侵犯了国家的著作权管理制度以及著作权人享有的复制发行权、信息网络传播权、专有出版权、表演权、美术作品署名权以及相关技术措施等权利，造成著作权人损失，在审查起诉过程中，犯罪嫌疑人认罪认罚，且符合以下几种情形，可以对其作出不起诉决定：

一是犯罪嫌疑人以营利为目的，实施了侵犯他人著作权的行为后，主动中止侵权行为或者有效防止著作权人的相关权益被进一步侵害，没有对著作权人造成损害或者损害不大，事后主动积极赔偿著作权人损失并取得谅解的。本项所称中止侵权或者有效防止著作权人的相关权益被进一步侵害的行为，包括召回、下架、销毁侵权作品、登报致歉、关闭侵权网站等行为，以及事前不知晓、事中知晓自己涉嫌侵犯他人著作权后主动中止犯罪行为的。因前述部分行为可能与犯罪嫌疑人毁灭证据的客观行为表现一致，故在审查时，应当重点审查犯罪嫌疑人的供述和辩解、犯罪嫌疑人非法营利情况、对著作权人造成的损失情况、证人证言以及犯罪嫌疑人事后对著作权人的赔偿情况等予以综合判断，确认犯罪嫌疑人在进行上述行为时的主观心态。

二是在侵犯著作权罪共同犯罪中，部分犯罪嫌疑人仅起到次要或者辅助作用，未对著作权人造成巨大损失的，违法所得额并未达到巨大或者情节未达到特别严重时，事后积极向著作权人进行赔偿并取得谅解的。本项所称犯罪嫌疑人起到次要或者辅助作用的情形包括为侵犯著作权主犯提供网站维护、技术支持、资金结算、运输转移侵权复制品等帮助行为。本项应当重点审查犯罪嫌疑人的供述，结合犯罪嫌疑人的社会认知、业务要求以及对著作权人造成的损害，事后对著作权人的赔偿等予以综合判断。

三是在实施侵犯著作权犯罪后，已经对著作权人造成较大损失，且无法有效避免损失的扩大，自动投案，如实供述自己的犯罪事实，并配合侦查机关积极帮当事人挽回损失，事后积极赔偿著作权人损失并取得谅解的。本项所称配合侦查机关积极帮当事人挽回损失的行为包括配合侦查机关查清侵权复制品去向、查扣侵权复制品、提供非法经营数额依据、关闭侵权网站、上缴作案工具等。本项应当重点审查犯罪嫌疑人犯罪后主动投案及供述情况，结合其犯罪后配合侦查机关挽回著作权人损失等情形综合判断。

四是在实施侵犯著作权犯罪后，已经对著作权人造成较大损失，到案后如实供述自己的犯罪事实，且有立功表现，事后积极赔偿著作权人损失并取得谅解的。因侵犯著作权犯罪的复杂性，犯罪嫌疑人在侵犯他人著作权时，其可能仅是侵犯著作权犯罪链条中的一个环节。故本项所称立功表现除符合《刑法》第68条以及最高人民法院《关于处理自首和立功具体应用法律若干问题的解释》等相关规定的之外，积极检举、揭发侵犯著作权上、下游犯罪行为，并积极配合侦查机关抓获其他犯罪嫌疑人的情形应当着重考虑其立功情节。

五是在本罪中涉嫌单位犯罪时，直接负责的主管人员或者其他直接负责人员在主观故意上可能存在较大区别，在相关人员非因故意未严格遵守相关制度进行合理性审查，导致侵权行为发生后，自动中止侵权行为或者自动有效防止侵权结果发生，未对著作权人造成损害或者对著作权人造成损害较大，积极帮助著作权人挽回损失，事后赔偿著作权人损失并取得谅解的。本项所指自动中止侵权行为或者自动有效防止侵权结果发生，是指单位直接负责的主管人员或者其他直接负责人员在发现自己非因故意造成侵犯他人著作权行为后，以单位名义采取包括但不限于召回、下架、销毁侵权作品、登报致歉、关闭侵权网站、消除影响等行为，且在事后积极主动与著作权人联系，进行赔偿或者取得谅解。

以上五项酌定不起诉情节，在审查起诉环节应当着重审查犯罪嫌疑人认罪认罚的态度以及著作权人谅解的自愿合法性，结合赔偿金额，事后的行为手段，根据案件实际情况综合考量。

第三节　侵犯著作权罪的认定处理

一、关于侵犯著作权犯罪相关案件事实的推定问题

最高人民法院、最高人民检察院《关于办理侵犯知识产权刑事案件具体应用法律若干问题的解释（三）》第 2 条规定："在刑法第二百一十七条规定的作品、录音制品上以通常方式署名的自然人、法人或者非法人组织，应当推定为著作权人或者录音制作者，且该作品、录音制品上存在着相应权利，但有相反证明的除外。在涉案作品、录音制品种类众多且权利人分散的案件中，有证据证明涉案复制品系非法出版、复制发行，且出版者、复制发行者不能提供获得著作权人、录音制作者许可的相关证据材料的，可以认定为刑法第二百一十七条规定的'未经著作权人许可''未经录音制作者许可'。但是，有证据证明权利人放弃权利、涉案作品的著作权或者录音制品的有关权利不受我国著作权法保护、权利保护期限已经届满的除外。"

上述规定中，第 1 款规定了著作权人、相关权人和著作权、相关权，以及未经著作权人许可的推定规则。为保持与其他法律规定的一致性，参照当时《著作权法》第 11 条第 4 款、最高人民法院《关于审理著作权民事纠纷案件适用法律若干问题的解释》第 7 条第 2 款的内容作出了此规定。侵犯著作权犯罪中，权利人和权属状态是认定构成犯罪的重要前提，通过推定的证明方法，适当降低控方的证明责任，有利于降低司法成本、提高办案效率。需要说明的是，在办案中，司法机关仍然要对涉案作品、录音制品是否构成我国著作权法规定的作品、录音制品进行审查判断。署名权是著作权人、相关权人重要的人身权利之一，一般情况下，只有著作权人、相关权人才享有署名权，以通常方式署名的应当推定为著作权人、

相关权人。在判断是否属于"通常的署名方式"时，应当重点审查是否属于著作权法意义上的署名方式。根据不同作品形式和载体判断，"通常的署名方式"一般表现为以"著、主编、作词、作曲、制片人、演唱、表演、出版"等方式署名。需要注意的是，落款"监制"以及给作品打水印的方式不是著作权法意义上的署名方式。另外，"权利人和权利推定"是法律推定，是一种证明方法，适用于一般情况，并非不可反驳，只要有相反证据证明自己是作品的真正著作权人或者署名人并非著作权人的，都可以推翻之前的推定。实践中对于被告人提出的辩解，司法机关应当就辩解理由是否成立，收集证据并进行审查判断。

第2款沿用了最高人民法院、最高人民检察院、公安部《关于办理侵犯知识产权刑事案件适用法律若干问题的意见》第11条的内容，规定了"未经著作权人许可"这一犯罪构成要件事实的推定规则。仅限在涉案作品、录音制品种类众多且权利人分散的案件中，且在符合"有证据证明涉案复制品系非法出版、复制发行"的条件下，出版者、复制发行者不能提供获得著作权人、录音制作者许可的相关证据材料的，才可以推定为"未经著作权人许可""未经录音制作者许可"。但是，权利人放弃权利、涉案作品的著作权或者录音制品的有关权利不受我国著作权法保护、权利保护期限已经届满的事实仍需司法机关根据犯罪嫌疑人、被告人的辩解和案件实际情况收集证据予以查明，而不能进行推定。

二、注意判断涉案作品是否构成著作权法意义上的作品

作品的判定标准有二：独创性和可复制性。著作权法规定，作品是指文学、艺术和科学领域内具有独创性并能以一定形式表现的智力成果。独创性是一个需要根据具体事实加以判断的问题，不存在适用于所有作品的统一标准。例如，对于美术作品而言，其独创性要求体现作者在美学领域的独特创造力和观念。从相关民事判决的裁判要旨中可知，对于以自然景观或动物造型为基础创作而成的实用艺术品属于公共领域，对其使用不

构成侵权。①

独立完成和付出劳动本身并不是某项客体获得著作权法保护的充分条件，劳动并不意味着独创性，独创性要求具有创作性。如果实用艺术品的图案是对自然界广泛存在、十分常见的图案的选择和模仿，与在先广泛应用于各个领域的图案相同、实质上相同或者相类似，如果仅作出了细微改变，不能体现作品想要表达的思想，就不能认定具有独创性。

需要说明的是，《著作权登记证书》不足以作为获得著作权法保护的依据，仍需要予以个案判断。我国实行的是著作权作品自愿登记制度，也就是说作品不论是否登记，都不影响作者或者其他著作权人依法行使著作权。具体而言，第一，《著作权登记证书》并不是认定某项客体具有独创性并获得保护的决定性依据。根据国家版权局《作品自愿登记试行办法》第1条规定，作品著作权登记的目的是为解决著作权纠纷提供初步证据。可见，作品登记资料系证明著作权存在的初步证据，不是确权证据。因此，涉案的图案获得著作权登记本身并不能成为其当然能够获得著作权法保护的充分依据。第二，在个案中对某项客体是否具有独创性作应当由法官依法审查判断后判定。即使著作权登记能够成为某项客体属于著作权法保护的作品的初步证据，但当案件当事人对此发生争议时，法院仍应当对其是否具有独创性作出司法审查和判断。

三、以营利为目的的认定

以刊登收费广告等方式直接或者间接收取费用的情形，属于"以营利为目的"。除销售外，具有下列情形之一的，可以认定为"以营利为目的"：(1)以在他人作品中刊登收费广告、捆绑第三方作品等方式直接或者间接收取费用的；(2)通过信息网络传播他人作品，或者利用他人上传的侵权作品，在网站或者网页上提供刊登收费广告服务，直接或者间接收取费用的；(3)以会员制方式通过信息网络传播他人作品，收取会员注册费或者其他费用的；(4)其他利用他人作品牟利的情形。

---

① 参见苑莆公司诉莱格公司、太阳公司实用艺术品著作权侵权纠纷案，载中国裁判文书网。

侵犯著作权罪是目的犯，办案中要紧扣犯罪嫌疑人的营利模式来认定犯罪目的，从侵犯著作权行为的整体来考量，而不能割裂地、片面地看待某一具体行为是否营利。例如周某等7人侵犯著作权案（即全国知名高清网站"思路网"侵犯著作权案）中，辩护意见认为，本案投放广告是在思路网展示页面投放，展示页面上都是合法内容，指控侵权的范围是HDstar论坛，但是该论坛上并没有广告投放，因此不能认定"以营利为目的"。检察机关认为，HDstar论坛上虽然没有投放任何广告，但必须通过思路门户网站才能进入HDstar论坛，两者是外站和内站的关系，而在外网思路门户网站上有大量商业广告，并有广告投放合同书证予以证明，同时，HDstar论坛需要付费购买邀请码和支付会员费才可以分享该论坛上的种子资源。因此，行为人的行为应当认定为以营利为目的。检察机关的指控意见得到了法院支持。再如上海某网络科技股份有限公司、韩某等八人侵犯著作权案（萝卜家园案）中，辩方提出本案犯罪嫌疑人免费提供网络下载及发放刻录光盘，不是以营利为目的。检察机关指控认为，本案中侵权软件链接的网站能通过提高点击量和知名度获取商业利益。本案中，犯罪单位的营业收入有三个来源，分别是搜索引擎分流业务分成、信息服务费和广告费，三种收入的结算标准都与网站浏览量相关联。虽免费提供侵权软件，但修改软件设置，将Windows操作系统软件与其公司2345网站捆绑处理，用户一旦安装该软件，上网时浏览器就自动跳转至2345网站主页，提高了该网站的浏览量，也相应增加了公司收入。因此，该行为属于司法解释中规定的间接收取费用的情形，应当认定"以营利为目的"。

四、犯罪数额的计算

第一，网站既实施侵犯著作权犯罪获取利益，又经营合法业务获得收入，正常业务收入与侵权行为不法获利交织的，应加以区分，合理计算犯罪数额。如萝卜家园案中，侵犯著作权犯罪"违法所得数额"和"非法经营数额"两个定罪标准中，因侵权软件系免费提供，故不能以软件销售价格认定非法经营额，又因正常经营和侵权行为的成本混同而难以区分，亦无法采取"收入减去成本"的方式计算违法所得。计算犯罪数额的关键是要从其营利模式入手，免费提供侵权软件的行为实质，是通过带来的网站浏览量间接获取营业收入，故应区分正常经营和侵权行为各自带来的浏览量，以侵权行为浏览量所获取的收入认定非法经营数额。本案经技术鉴定，查明了侵权软件给上海某网络公司网站带来的浏览量，以该浏览量占公司网站总浏览量的比例，对公司的全部收入进行折算，计算出侵权行为给上海某网络公司的实际收入，认定为非法经营数额，具有合理性，也符合客观事实。

  第二，在可能符合多个追诉标准时，用更为清晰准确的计算方式，但要注意要以不影响量刑档次为前提。如思路网案中，侵权形式既有网络侵权，又有销售有实物载体的侵权复制品的传统侵权方式。对第一种方式，侦查机关从 HDstar 论坛查获种子共计 3 万余个，但难以判定每一个种子对应的作品情况，查明的电影、电视剧、纪录片的种子数量共计 1.2 万余个。依据最高人民法院、最高人民检察院、公安部《关于办理侵犯知识产权刑事案件适用法律若干问题的意见》中"未经著作权许可"的相关规定，认定 1.2 万余部作品均"未经著作权人许可"，属于"有其他特别严重情节"。若以注册会员的数量为入罪标准，本案大多数为付费注册会员，共计 2.6 万余人，亦属于"有其他特别严重情节"。两标准均在同一量刑档，相比较而言注册会员标准更清晰准确，故最终以注册会员标准指控犯罪。对第二种方式，如寇某某等人销售拷贝影视内容的硬盘。寇某某通过淘宝网店销售拷贝了影片的硬盘，"交易成功"的记录多达 4000 余次。侦查机关从其处查获 82 块移动硬盘，内有影视作品经去重后共计 2600 余部，其选片网站上有影视作品清单共计 2300 余部。被告人寇某某已经销售的硬盘共拷贝了多少作品无法查清，故不能以复制发行的作品数量为标准。被侵权作品的数量可以通过查获硬盘中的作品数量和选片网站上的作品清单反映，比较明确。其复制品数量即已经销售拷贝侵权作品的硬盘数量也较明确，但是以后者为标准在量刑上要重于前者，故本案以复制品数量即销售硬盘的数量为标准指控犯罪。

第四节 案例评析

陈力等八人侵犯著作权案[①]

【关键词】

网络侵犯视听作品著作权　未经著作权人许可　引导侦查　电子数据

【要旨】

办理网络侵犯视听作品著作权犯罪案件，应注意及时提取、固定和保全相关电子数据，并围绕客观性、合法性、关联性要求对电子数据进行全面审查。对涉及众多作品的案件，在认定"未经著作权人许可"时，应围绕涉案复制品是否系非法出版、复制发行且被告人能否提供获得著作权人许可的相关证明材料进行审查。

【基本案情】

被告人陈力，男，1984年生，2014年11月10日因犯侵犯著作权罪被安徽省合肥市高新技术开发区人民法院判处有期徒刑7个月，并处罚金人民币15万元，2014年12月25日刑满释放。

被告人林崟等其他7名被告人基本情况略。

2017年7月至2019年3月，被告人陈力（2014年11月，因侵犯著作权罪被判处有期徒刑7个月）受境外人员委托，先后招募被告人林崟、赖冬、严杰、杨小明、黄亚胜、吴兵峰、伍健兴，组建QQ聊天群，更新维护"www.131zy.net""www.zuikzy.com"等多个盗版影视资源网站。其中，陈力负责发布任务并给群内其他成员发放报酬；林崟负责招募部分人员、培训督促其他成员完成工作任务、统计工作量等；赖冬、严杰、杨小

[①] 最高人民检察院第二十六批指导性案例检例第100号。

明等人通过从正版网站下载、云盘分享等方式获取片源,通过云转码服务器进行切片、转码、增加赌博网站广告及水印、生成链接,最后将该链接复制粘贴至上述盗版影视资源网站。其间,陈力收到境外人员汇入的盗版影视资源网站运营费用共计1250万余元,各被告人从中获利50万至1.8万余元不等。

案发后,公安机关从上述盗版影视网站内固定、保全了被告人陈力等人复制、上传的大量侵权影视作品,包括《流浪地球》《廉政风云》《疯狂外星人》等2019年春节档电影。

【检察机关履职情况】

审查逮捕 2019年春节,《流浪地球》等八部春节档电影在院线期间集体遭高清盗版,盗版电影通过各种途径流入网络。上海市人民检察院第三分院(以下简称上海三分院)应公安机关邀请介入侦查,引导公安机关开展取证固证工作。一是通过调取和恢复QQ群聊天记录并结合各被告人到案后的供述,查明陈力团伙系共同犯罪,确定各被告人对共同实施的运营盗版影视资源网站行为的主观认知。二是联系侵权作品较为集中的美日韩等国家的著作权集体管理组织,由其出具涉案作品的版权认证文书。2019年4月8日,公安机关对陈力团伙中的8名被告人提请逮捕,上海三分院依法批准逮捕。

审查起诉 2019年8月29日,上海市公安局以被告人陈力等人涉嫌侵犯著作权罪向上海三分院移送起诉。本案涉及的大量影视作品涵盖电影、电视剧、综艺、动漫等多种类型,相关著作权人分布国内外。收集、审查是否获得权利人许可的证据存在难度。为进一步夯实证据基础,检察机关要求公安机关及时向国家广播电视总局调取"信息网络传播视听节目许可证"持证机构名单,以证实被告人陈力操纵的涉案网站均系非法提供网络视听服务的网站。同时,要求公安机关对陈力设置的多个网站中相对固定的美日韩剧各个版块,按照从每个网站下载300部的均衡原则抽取了2425部作品,委托相关著作权认证机构出具权属证明,证实抽样作品均系未经著作权人许可的侵权作品,且陈力等网站经营者无任何著作权人许可的相关证明材料。在事实清楚、证据确实、充分的基础上,8名被告人在辩护人或值班律师的见证下均自愿认罪认罚,接受检察机关提出的有期徒刑10个月至4年6个月不等、罚金2万元至50万元不等的确定刑量刑建议，并签署了认罪认罚具结书。

2019年9月27日，上海三分院以被告人陈力等8人构成侵犯著作权罪向上海市第三中级人民法院（以下简称上海三中院）提起公诉。

指控与证明犯罪 2019年11月15日，上海三中院召开庭前会议，检察机关及辩护人就举证方式、鉴定人出庭、非法证据排除等事项达成共识，明确案件事实、证据和法律适用存在的分歧。同年11月20日，本案依法公开开庭审理。8名被告人及其辩护人对指控的罪名均无异议，但对本案非法经营数额的计算提出各自辩护意见。陈力的辩护人提出，陈力租借服务器的费用及为各被告人发放的工资应予扣除，其他辩护人提出应按照各被告人实得报酬计算非法经营数额。此外，本案辩护人均提出境外人员归案后会对各被告人产生影响，应当对各被告人适用缓刑。公诉人对此答辩：第一，通过经营盗版资源网站的方式侵犯著作权，其网站经营所得即为非法经营数额，租借服务器以及用于发放各被告人的报酬等支出系犯罪成本，不应予以扣除。公诉机关按照各被告人加入QQ群以及获取第一笔报酬的时间，认定各被告人参与犯罪的起始时间，并结合对应期间网站的整体运营情况，计算出各被告人应承担的非法经营数额，证据确实、充分。第二，本案在案证据已能充分证实各被告人实施了共同犯罪及其在犯罪中所起的作用，按照相关法律和司法解释规定，境外人员是否归案不影响各被告人的量刑。第三，本案量刑建议是根据各被告人的犯罪事实、证据、法定酌定情节、社会危害性等因素综合判定，并经各被告人具结认可，而且本案侵权作品数量多、传播范围广、经营时间长，具有特别严重情节，且被告人陈力在刑罚执行完毕后5年内又犯应当判处有期徒刑以上刑罚之罪，构成累犯，故不应适用缓刑。合议庭采纳了公诉意见和量刑建议。

处理结果 2019年11月20日，上海三中院作出一审判决，以侵犯著作权罪分别判处被告人陈力等8人有期徒刑10个月至4年6个月不等，各处罚金2万元至50万元不等。判决宣告后，被告人均未提出上诉，判决已生效。

【指导意义】

1. 充分发挥检察职能，依法惩治网络侵犯视听作品著作权犯罪，切实维护权利人合法权益

依法保护著作权是国家知识产权战略的重要内容。检察机关坚决依法惩治侵犯著作权犯罪，尤其是注重惩治网络信息环境下的侵犯著作权犯罪。网络环境下侵犯视听作品著作权犯罪具有手段日益隐蔽、组织分工严密、地域跨度大、证据易毁损和隐匿等特点，且日益呈现高发多发态势，严重破坏网络安全与秩序，应予严惩。为准确指控和证明犯罪，检察机关在适时介入侦查、引导取证时，应注意以下方面：一是提取、固定和保全涉案网站视频链接、链接所指向的视频文件、涉案网站影视作品目录、涉案网站视频播放界面；二是固定、保全涉案网站对应的云转码服务器后台及该后台中的视频链接；三是比对确定云转码后台形成的链接与涉案网站播放的视频链接是否具有同一性；四是对犯罪过程中涉及的多个版本盗版影片，技术性地针对片头片中片尾分别进行作品的同一性对比。

2. 检察机关办理网络侵犯著作权犯罪案件，应围绕电子数据的客观性、合法性和关联性进行全面审查，依法适用认罪认罚从宽制度，提高办案质效

网络环境下侵犯著作权犯罪呈现出跨国境、跨区域以及智能化、产业化特征，证据多表现为电子数据且难以获取。在办理此类案件时，一方面要着重围绕电子数据的客观性、合法性和关联性进行全面审查，区分不同类别的电子数据，采取有针对性的审查方法，特别要注意审查电子数据与案件事实之间的多元关联，综合运用电子数据与其他证据，准确认定案件事实。另一方面，面对网络犯罪的复杂性，检察机关要注意结合不同被告人的地位与作用，充分运用认罪认罚从宽制度，推动查明犯罪手段、共犯分工、人员关系、违法所得分配等案件事实，提高办案效率。

3. 准确把握"未经著作权人许可"的证明方法

对于涉案作品种类众多且权利人分散的案件，在认定"未经著作权人许可"时，应围绕涉案复制品是否系非法出版、复制发行，被告人能否提供获得著作权人许可的相关证明材料予以综合判断。为证明涉案网站系

非法提供网络视听服务的网站，可以收集"信息网络传播视听节目许可证"持证机构名单等证据，补强对涉案复制品系非法出版、复制发行的证明。涉案侵权作品数量众多时，可进行抽样取证，但应注意审查所抽取的样本是否具有代表性、抽样范围与其他在案证据是否相符、抽样是否具备随机性等影响抽样客观性的因素。在达到追诉标准的侵权数量基础上，对抽样作品提交著作权人进行权属认证，以确认涉案作品是否均系侵权作品。

第七章 销售侵权复制品罪办案指引

第一节 销售侵权复制品罪概述

一、销售侵权复制品罪的立法沿革

本罪1979年刑法没有规定，系沿袭全国人大常委会《关于惩治侵犯著作权的犯罪的决定》第2条的内容，该条规定："以营利为目的，销售明知是第一条规定的侵权复制品，违法所得数额较大的，处二年以下有期徒刑、拘役，单处或者并处罚金；违法所得数额巨大的，处二年以上五年以下有期徒刑，并处罚金。"1997年刑法将犯罪构成要件由"违法所得数额较大"修改为"违法所得数额巨大"，法定刑幅度由两个改为一个。

2020年《刑法修正案（十一）》对《刑法》第218条进行了修订，将刑法第218条"违法所得数额巨大"修改为"违法所得数额巨大或者有其他严重情节"，扩大了入罪情形。在修订过程中，有观点认为，最高人民法院、最高人民检察院、公安部《关于办理侵犯知识产权刑事案件适用法律若干问题的意见》第12条已经将"发行"解释为，包括总发行、批发、零售、通过信息网络传播以及出租、展销等活动，故该条的销售行为已经被第217条的发行行为所涵盖，本条已无保留的必要，主张删除。经研究认为，对于不是复制发行盗版产品的源头、仅仅销售侵权复制品的行为人，特别是一些销售盗版图书、光盘的小摊贩，社会危害性相对较小，不宜打击过重，应当与《刑法》第217

条有所区别，本条在实践中仍有存在必要，故予以保留，并规定了相对轻的法定刑。

二、销售侵权复制品罪的概念和构成特征

销售侵权复制品罪，是指以营利为目的，销售明知是《刑法》第217条规定的侵权复制品，违法所得数额巨大或者有其他严重情节的行为。

（一）客体特征

本罪侵犯的客体是著作权人、相关权人对作品的著作权、相关权和社会主义市场经济秩序。

（二）客观特征

本罪的客观方面表现为实施了违反著作权法，销售明知是侵犯他人著作权的商品，违法所得数额较大或者有其他严重情节的行为。违法所得数额10万元以上的，或者违法所得数额虽未达到上述数额标准，但尚未销售的侵权复制品货值金额达到30万元以上的，予以立案追诉。

（三）主体特征

本罪为一般主体，达到16周岁的刑事责任年龄并具有刑事责任能力的自然人均可构成本罪。根据《刑法》第220条之规定，单位也可构成本罪，单位犯本罪的，对单位判处罚金，并对其直接负责的主管人员和其他直接责任人员，按照本条的规定处罚。2004年最高人民法院、最高人民检察院《关于办理侵犯知识产权刑事案件具体应用法律若干问题的解释》第15条规定，单位实施侵犯知识产权犯罪行为，按照相应个人犯罪的定罪量刑标准的三倍定罪量刑。但2007年最高人民法院、最高人民检察院《关于办理侵犯知识产权刑事案件具体应用法律若干问题的解释（二）》已经作出了修订，第6条规定，单位实施侵犯知识产权犯罪行为，按照相应个人犯罪的定罪量刑标准定罪处罚。

（四）主观特征

本罪主观方面是故意，且主观明知的内容是所销售的商品是《刑法》第217条规定的侵犯著作权的商品。

三、销售侵权复制品罪的追诉标准

最高人民检察院、公安部《关于公安机关管辖的刑事案件立案追诉标准的规定（一）》第27条规定："以营利为目的，销售明知是刑法第二百一十七条规定的侵权复制品，涉嫌下列情形之一的，应予立案追诉：（一）违法所得数额十万元以上的；（二）违法所得数额虽未达到上述数额标准，但尚未销售的侵权复制品货值金额达到三十万元以上的。"

第二节　销售侵权复制品罪的证据审查

一、销售侵权复制品罪的证据要件

（一）犯罪客体证据

通过犯罪嫌疑人、被告人的供述和辩解、证人证言、书证、物证、鉴定意见、视听资料、电子数据等证据，证明行为人的销售侵权复制品的行为已经严重侵犯了著作权人的权益和著作权管理制度，侵害了社会主义市场经济秩序。

（二）客观方面证据

客观方面的证据主要证实客观行为、严重情节及特别严重情节，还包括案发及查处情况。

1. 案件线索来源的证据

（1）权利人报案、公民举报的证据材料。

一般包括：报案书、举报信、电话报警记录、报案登记、报案笔录、受案登记表、立案决定书；权利人委托知识产权代理公司等报案的，还应收集相关书证，例如企业法人营业执照、授权书、被授权人身份证明等材料。

（2）行政执法机关向公安机关移送所附的证据材料。

一般包括：案件移送函、涉案情况调查报告、涉案物品清单、登记保存清单、有关构罪所必须的检验报告或者鉴定意见、调查笔录、其他有关涉嫌犯罪的材料等。需要注意：行政执法机关将案件移送公安机关后，公安机关应当及时审查是否应当对涉案物品继续扣押，如果有必要继续扣押，应当办理扣押手续，以免行政执法机关扣押到期后物品处于脱管状态。对于行政执法机关收集的言词证据，公安机关认为能够证明犯罪嫌疑人有罪或者无罪的，应当重新收集相关言词证据。

（3）公安机关获取线索的证据材料。

主要包括：立案决定书、立案报告、破案报告、抓获经过等。

2. 著作权及相关权受法律保护且著作权人并未放弃该权利或采取技术措施保护该权利的证据

著作权及相关权受到侵害是销售侵权复制品罪行成立的前提。《刑法》第217条规定的侵犯著作权犯罪行为有六项。这六项行为中，第一项是直接侵犯著作权；第二至四项是侵犯邻接权，包括专有版权、录制者权、表演者权；第五项是以假冒署名的方式侵权；第六项是以避开技术保护措施的方式侵权。侵权针对的对象不同、侵权方式不同，则收集相关证据的方向和侧重点不同。据此，证明著作权及有关权利受法律保护且著作权人并未放弃该权利或采取特色措施保护该权利的证据分以下情况。

侵权对象是文字、美术作品著作权或者图书专有版权的：

（1）书证。一般包括以下情形：①文字、美术作品作者实施了著作权登记的，收集相应的著作权登记证明；②文字、美术作品已经公开出版的，收集原版作品，例如原版图书、期刊、杂志等；③文字、美术作品已经公开发表的，收集相应媒体平台上的文字内容和发表时间；④文字、美术作品尚未公开发表，收集作品手稿、底稿、原件等；⑤文字、美术作品属于职务作品的，应收集相关职务关系存在的书证；⑥文字、美术作品属于受委托创作的，应收集委托合同、协议等；⑦其他能够证实文字、美术作品著作权或者专有版权归属的书证，例如著作权使用合同、遗嘱、判决书等。以上证据主要用于证明权利载体及其内容真实、合法，或用于证明权利归属。

（2）权利人的证言。①权利人是自然人的，应收集该自然人的证言；②权利人是法人或者其他组织的，应收集该法人或其他组织中的相关知情人或者负责人的证言；③权利人委托专门机构或人员负责权利行使事宜的，应收集该专门机构或人员的证言；④作为自然人的权利人死亡或者作为法人或者其他组织的权利人变更、终止后，没有继承人或者承继组织，相关权利依法由国家享有的，应收集专门国家机关相关人员的证言。以上证据主要用于证明权利归属和权利人的权利主张。

侵权对象是录音录像作品著作权的：

（1）书证。一般包括以下情形：①录音录像作品作者实施了著作权登记的，收集相应的著作权登记证明；②录音录像作品属于职务作品的，应收集相关职务关系存在的书证；③录音录像作品属于受委托创作的，应收集委托合同、协议等；④其他能够证实录音录像作品著作权归属的书证，例如著作权使用合同、遗嘱、判决书等。以上证据主要用于证明权利归属。

（2）视听资料。①录音录像作品已经公开出版的，收集原版作品，例如原版唱片、影碟、磁带、录像带等；②录音录像作品没有正式出版，但是已经公开发表的，收集相应媒体平台上的录音录像内容和发表时间；③录音录像作品尚未公开发表，收集录音录像作品的底片、原片、录音清样等。以上证据主要用于证明权利载体真实、合法。

（3）权利人的证言。参考文字作品部分的指引内容。

侵权对象是计算机软件作品著作权的：

（1）书证。一般包括以下情形：①计算机软件作品的作者实施了著作权登记的，收集相应的著作权登记证明；②计算机软件作品属于职务作品的，应收集相关职务关系存在的书证；③计算机软件作品属于受委托创作的，应收集委托合同、协议等；④其他能够证实计算机软件作品著作权归属的书证，例如著作权使用合同、遗嘱、判决书等。以上证据主要用于证明权利归属。

（2）电子数据。①计算机软件作品已经公开发行的，收集正版软件或相应信息网络平台上的软件内容和发表时间；②计算机软件作品尚未公开发表，收集原创软件作品及代码等。以上证据主要用于证明权利载体真实、合法。

（3）权利人的证言。参考文字作品部分的指引内容。

侵权对象是录音录像制作者权的：

（1）书证。主要包括：劳务合同、承包合同即相关公文、证件、证明等。

（2）录音录像制品。即录制者录制的录音录像制品。

（3）证人证言。指录制活动组织者、参与者的证言。

（4）犯罪嫌疑人、被告人供述。

以上证据主要证明录制者与被传播的录音录像制品之间的关联性及录制者的权利主张。

侵权对象是表演者权的：

（1）书证。主要包括：演出合同、演员表、演出通告等。

（2）录音录像作品。主要指含有表演者演出内容的录音录像作品。

（3）证人证言。包括演出组织者、参与者（含表演者本人）的证言。

（4）犯罪嫌疑人、被告人供述。

以上证据主要证明表演者与被传播的录音录像制品之间的关联性及表演者的权利主张。

侵权方式是假冒署名的美术作品的：

（1）书证、物证。主要包括假冒署名美术作品、被假冒署名的作者的作品、传记等。

（2）证人证言。被假冒人、美术作品制作人、签署人、出售人、购买人及相关知情人的证言。

（3）犯罪嫌疑人、被告人供述。

以上证据主要证明假冒署名与被法律保护的署名权之间存在关联及被假冒人的权利主张。

侵权方式是避开著作权及相关权的技术保护措施的：

著作权法意义上的技术保护措施分为两类：一类是访问控制技术（又称防止未经许可获得作品的技术措施），该类技术措施通过设置口令等手段限制他人阅读、欣赏文学艺术作品或者运行计算机软件，从而可以阻止他人在未支付使用费用的情况下使用他人作品，进而起到保护著作权的作用；另一类技术措施是保护版权人专有权利的技术措施，即防止对作品进行非法复制、发行的技术。

技术保护措施应当满足以下条件：第一，技术保护措施的目的在于保护著作权及相关权利，而不能超出此目的。不能滥用技术保护措施限制或剥夺用户的正常使用权利。第二，技术保护措施本身具有有效性，即功能上能够有效组织或限制一般人的侵权行为。第三，技术保护措施必须符合民法、著作权法、行政法规的规定。也就是说，技术保护措施应当是防御性的，不能是攻击性的，技术保护措施不应给侵权人造成与其侵权行为无关的干扰。例如，在计算机软件中设置过期使用自动锁止硬盘的程序就是属于对用户的过度干扰。

证明著作权及相关权利人采取了技术保护措施的证据一般包括以下情况：

（1）电子数据、物证。即有关技术部保护措施的程序、设备等。

（2）远程勘验、检查记录。即对技术保护措施的效的运行机制、效果进行固定而形成的侦查笔录。

3. 行为人销售物品属于侵权复制品的证据

（1）物证、书证。

一般包括：行为人销售的图书、唱片、录像带等文字作品、音乐、电影、电视、录像、计算机软件、美术作品原物及复制件。主要用于证实作为销售标的物的侵权物品客观存在，与被侵犯的权利存在关联。

（2）视听资料、电子数据。

一般包括：行为人采取无实际载体形式销售侵权复制品的，应收能够完整反应该侵权复制品内容的文档、音频、视频、图片等视听资料或电子数据。主要用于证实作为销售标的物的侵权物品客观存在，与被侵犯的权利存在关联。

（3）证人证言。

一般包括：①出版、发行、印刷、生产侵权复制品的个人或者单位人员等知情人的证言，主要用于证明行为人销售的侵权复制品的来源、种类、数量等内容；②行为人销售的侵权复制品所侵犯著作权及相关权的权利人（即被侵权人）、正版作品的出版、发行人、等证人的证言，主要用于证明行为人销售的侵权复制品缺乏权利人授权或不是通过正当途径获取；③其他知道涉案物品属于侵权复制品的证人的证言。

（4）鉴定意见。

一般包括：①对侵权复制品与原作品一致性的鉴定意见，主要用于证明侵权复制品与被侵权作品的关联程度；②对美术作品真伪的鉴定意见，主要用于证明临摹美术品的真伪；③对有关签名、印章、文件的文检、痕迹鉴定，主要用于证明销售侵权复制品过程中存在伪造许可证、准印证、作品作品签名等情形。

（5）犯罪嫌疑人、被告人供述。

主要用于证明行为人销售的侵权复制品没有权利人授权、来源非法或明显属于盗版方式制作。

4.行为人把侵权复制品用于销售的证据

（1）物证、书证。

一般包括：①行为人从事销售侵权复制品活动的场所、工具、设备的实物和照片；②行为人从事销售侵权复制品活动的发票、账簿、银行流水、单据等；③行为从事销售侵犯复制品活动的相关合同、出入库凭证、提货单、邮寄单证、运输单证、文书、记录等。

（2）电子数据。

行为人采取无实际载体形式销售侵权复制品，例如在信息网络上直接付费传输或者采取付费会员制方式提供下载服务的，应当收集其实施交易行为所产生的相关传输、下载、支付等数据以及与推广、销售相关的信息，包括聊天记录、短信。

（3）勘验、检查、搜查、扣押、提取、辨认等侦查活动笔录。

这类证件是用于反映案件中物与物之间、物与人之间、人与人之间关系的证据。对于涉案场所，应当及时勘验、检查、搜查，获取行为人从事销售侵权复制品活动的相关物品、痕迹、信息；对于行为人尚未销售的侵权复制品应及时扣押，对已经销售的侵权复制品以及销售所获取的赃款应当追回（提取）；对人员关系、物品关系不明确的，应通过辨认方式查明。

（4）证人证言。

一般包括：①购买者、用户的证言；②行为人的雇员、帮工等人的证言；③其他知情人员证言。通过询问证人，证明行为人提供侵权复制品是为了获取对价，属于销售行为。

（5）犯罪嫌疑人、被告人的供述。

证明：行为人从事销售侵权复制品的动机、目的、时间、地点、手段、方式、资金来源，以及销售侵权复制品的种类、数量、获利情况等。

以上证据应当相互印证。对于犯罪嫌疑人拒不供认的销售行为，在通过客观证据加以认定时，尤其要重视查明资金和货物之间的对应关系以及归属关系。没有直接证据，但是间接证据之间形成锁链且能够排除合理怀疑的，可以认定销售事实。

（三）犯罪主体证据

1. 证明单位犯罪主体的证据

以单位名义实施销售侵权复制品犯罪行为，犯罪所得归单位所有的，是单位犯罪。个人为进行违法犯罪活动而设立的公司、企业、事业单位实施犯罪的，或者公司、企业、事业单位设立后，以实施犯罪为主要活动的，不以单位犯罪论处。

单位犯罪一般要件：证明主体为单位的证据；证明"以单位名义"的证据；证明"犯罪所得归单位所有"的证据。

证明单位犯罪主体，应主要提供证明单位性质的证据：

（1）证明国家机关、事业单位、社会团体性质的相应法律文件，机关、团体法人代码。（2）企业法人营业执照、法人工商注册登记证明、法人设立证明、税务登记证、享受税收减免优惠政策的有关证明，办公地和主要营业地证明、法定代表人等。从事特殊行业的，应当有相应的批文或"许可证"。（3）单位内部组织的有关合同、章程及协议书等，证明单位的组织形式、直接负责的主管人员和其他直接责任人员的证据。（4）银行账号证明、注册资料、年检情况、审计或清理证明等，证明单位管理情况及资产收益、流向、处分等情况的证据。（5）单位已经被撤销的，应有其主管单位出具的证据。（6）其他证明单位的相关材料。

单位犯罪不同层级人员要件：单位犯罪中的"直接负责的主管人员"，一般是指对单位犯罪起决定、批准、组织、策划、指挥、授意、纵容等作用的主管人员，包括单位实际控制人、主要负责人或者授权的分管负责人、高级管理人员等;"其他直接责任人员",一般是指在直接负责的主管人员的指挥、授意下积极参与实施单位犯罪或者对具体实施单位犯罪起较大作用的人员。主要证据包括:(1)证明行为人系单位实际控制人、主要负责人或者授权的分管负责人、高级管理人员的证据。(2)证明行为人系销售侵权复制品犯罪的决定、组织、指挥或者管理职责的负责人、管理人员的证据。(3)证明行为人系直接实施销售侵权复制品行为的人员的证据。

2. 证明自然人犯罪主体的证据

第一,个人身份证据。

(1)居民身份证、临时居住证、工作证、护照、港澳居民来往内地通行证、台湾居民来往大陆通行证、中华人民共和国旅行证以及边民证。(2)户口簿、微机户口卡或公安部门出具的户籍证明等。(3)个人履历表或入学、入伍、招工等登记表。(4)出生医学证明。(5)犯罪嫌疑人、被告人的供述。(6)有关人员(如亲属、邻居)关于犯罪嫌疑人、被告人情况的证言。通过以上证据证明:自然人的姓名(曾用名)、性别、出生年月日、居民身份证号码、民族、籍贯、出生地、职业、住所地等情况。

第二,前科证据。

刑事裁判文书、释放证明书、假释证明书、不起诉决定书、行政处罚决定书以及其他证明材料。

第三,国籍的认定。

应当查明犯罪嫌疑人、被告人的国籍。外国人的国籍,以其入境时的有效证件证明。对于没有护照的,可以根据边民证认定其国籍。此外,根据有关国家有权管理机关出具的证明材料也可以认定其国籍。国籍不明的,可商请我国出入境管理部门或者我国驻外使领馆予以协助查明。无法查明国籍的,以无国籍人论。无国籍人,按外国人对待。

第四,刑事责任能力的确定。

犯罪嫌疑人、被告人的言行举止反映其可能患有精神性疾病的,应当尽量收集能够证明其精神状况的证据。证人证言可作为证明犯罪嫌疑人、被告人刑事责任能力的证据。经查,不能排除犯罪嫌疑人、被告人具有精神性疾病可能性的,应当作司法精神病鉴定。

（四）主观方面证据

1. 证明故意的证据

（1）犯罪嫌疑人、被告人供述和辩解。证明犯罪嫌疑人、被告人具有实施销售侵权复制品犯罪的故意，实施销售侵权复制品行为的主观心态，是否以营利为目的以及犯罪动机和犯罪故意产生的原因和过程，关键是明知所销售的物品是侵权复制品。在讯问犯罪嫌疑人、被告人时，应重点核实：行为人的犯罪动机、目的及共谋情况；关于违法性认识，仅需行为人明知其行为及结果的危害性即可，并不要求行为人明知行为及结果的违法性；行为的时间、地点、参与人、方式、经过、结果。单位犯罪的，应讯问直接负责的主管人员和其他直接责任人员如何预谋、策划、商议以单位名义、为了单位利益实施犯罪的，是否以营利为目的等。

（2）权利人陈述证实销售的复制品系未经权利人许可复制、制作、出版、发行、出售的作品等。

（3）鉴定意见。证明行为人提供的著作权人、专有出版权人或录音录像制作者、被冒名的美术作品作者许可证明等系伪造、变造或其制作、出售的他人署名的美术作品系假冒的等。

通过上述证据并结合其他客观方面的证据，证实本罪的主观方面由故意构成，表现为销售行为人明知销售的复制品系侵权产品，且以营利为目的。如果行为人主观上不具有营利的目的，不构成本罪。犯罪嫌疑人、被告人对于主观故意存在辩解时，应当依据其任职情况、职业经历、专业背景、培训经历、本人因同类行为受到行政处罚或者刑事追究情况、侵权复制品价格与正品价格差异等证据，结合其供述，进行综合分析判断。

2. 共同犯罪中主观故意的认定

证明以销售侵权复制品共犯论处的行为人的主观故意时，应重点收集和提取能够证明其明知他人实施了销售侵权复制品的犯罪行为，并为其提供资金等帮助的行为，查清各行为人在案件中的地位和作用，是否有主从犯等。

二、销售侵权复制品罪常见证据审查

（一）关于犯罪情节的证据

1. 证明从重处罚情节的证据

主要包括：前科材料；因侵犯知识产权被行政处罚的材料；拒不认罪悔罪，毫无悔改之心；毁灭证据，打击报复控告人、举报人、证人、被害人等，串供，建立"攻守同盟"；拒不赔偿损失、赔礼道歉。

2. 证明从宽处罚情节的证据

主要包括：自首、立功；如实供述；认罪认罚；认罪悔罪态度；赔偿权利人损失；取得被侵权人、被侵权产品实际使用人谅解。

（二）审查认定证据应注意的问题

1. 证据合法性审查

主要审查：取证主体是否具有相应的主体身份，是否具有取证资格；取证人数是否符合法律法规规定；取证的时间、地点、方式是否符合法律规定；取证的手段，特别是电子数据的提取程序和手段是否符合法律规定；抽样取证的样本来源，抽样的比例是否达到要求；是否具有刑事诉讼法规定的非法证据的情形。

2. 证据客观真实性审查

主要审查：言词证据是否符合人的认知规律，是否与其年龄、经历、职业等相匹配，是否符合常识常情常理；客观性证据是否符合事物本质和自然规律；电子数据来源是否真实客观，是否经过人为修改或自然更改，保存的介质是否符合规定，提取保存的过程是否具有不可变动性和不可修改性；鉴定意见是否遵循该领域规则，是否符合科学性标准。

3. 证据关联性审查

主要审查：定罪证据是否与待证案件事实相关，或者是否与刑法规定的其他罪名相关联；量刑证据是否与案件相关联；证据之间是否具有关联性。

4. 证据充分性及排他性审查

主要审查：证实案件定罪量刑的证据是否存在缺失，证据"量"是否达到法律规定的标准；证据之间是否能够相互印证，证据之间是否存在影响定罪量刑的矛盾，证据间的矛盾是否得以合理解释或排除，证据的瑕疵是否都已补正；犯罪嫌疑人的辩解是否都已查证并合理排除；是否遗漏共犯，能否排除其他人作案；其他应查证事项。

（三）法定不起诉证据

1. 犯罪嫌疑人没有犯罪事实的证据

犯罪嫌疑人没有犯罪事实，包括没有犯罪行为发生和犯罪行为并非本案犯罪嫌疑人所为。

（1）没有犯罪行为发生的证据。

没有犯罪行为发生包括两种情形：一是销售侵权复制品的行为不存在；二是虽然犯罪嫌疑人实施了销售侵权复制品行为，但该行为不符合销售侵权复制品罪的构成要件，依法不能认定为犯罪行为。着重审查以下证据：

①物证。是否扣押了犯罪嫌疑人所销售的侵权复制品、赃款等及扣押的数量、金额。

②书证。如销售凭证、记账本、转款凭证、银行流水、通话清单、扣押清单等，审查犯罪嫌疑人销售侵权复制品的违法所得数额是否达到10万元以上；尚未销售的侵权复制品货值金额是否达到30万元以上。

③证人证言。如犯罪嫌疑人一方即卖方其他人的证言、侵权复制品购买人即买方的证言及其他相关证人证言，审查相关证言能否证明犯罪嫌疑人是否实施了销售侵权复制品的行为及销售数量、违法所得数额。

④犯罪嫌疑人供述和辩解。审查犯罪嫌疑人是否供认实施了销售侵权复制品的行为；是否具有营利目的；是否明知所销售的是侵权复制品；犯罪嫌疑人销售侵权复制品的违法所得数额是否达到10万元以上；尚未销售的侵权复制品货值金额是否达到30万元以上。

⑤权利人陈述及辨认笔录。审查著作权人是否辨认出犯罪嫌疑人所销售的复制品是否是侵权复制品。

⑥鉴定意见、审计报告。审查犯罪嫌疑人所销售的是不是侵权复制品，销售侵权复制品的数量、犯罪嫌疑人销售侵权复制品的违法所得数额是否达到10万元以上；尚未销售的侵权复制品货值金额是否达到30万元

以上。

经审查，如在案证据不能证明犯罪嫌疑人实施了销售侵权复制品的行为，或者虽然犯罪嫌疑人实施了销售侵权复制品行为，但该行为不符合销售侵权复制品罪的构成要件，则应当作出不起诉决定。

（2）犯罪行为非本案犯罪嫌疑人所为的证据。

犯罪行为并非本案犯罪嫌疑人所为，是指有证据证明销售侵权复制品的行为客观存在，但并非本案犯罪嫌疑人所实施。

①犯罪嫌疑人供述和辩解。审查其是否实施销售侵权复制品行为，是否为他人所实施。

②证人证言。审查本案犯罪嫌疑人是否实施销售侵权复制品行为，是否为他人所实施。

③其他犯罪嫌疑人供述和辩解。证明销售侵权复制品的行为不是本案犯罪嫌疑人所实施，而是其他犯罪嫌疑人所实施。

经审查，在案证据证明销售侵权复制品行为并非本案犯罪嫌疑人所为，则应当不起诉。

2.情节显著轻微、危害不大，不认为是犯罪的证据

（1）物证。审查查获的犯罪嫌疑人尚未销售的侵权复制品的数量、赃款数额等。

（2）书证。如销售凭证、记账本、转款凭证、银行流水、通话清单、扣押清单等，审查犯罪嫌疑人销售侵权复制品的时间长短、违法所得数额是否刚刚达到10万元；尚未销售的侵权复制品货值金额是否刚刚达到30万元以上。

（3）证人证言。如犯罪嫌疑人一方即卖方其他人的证言、侵权复制品购买人即买方的证言及其他相关证人证言，审查犯罪嫌疑人销售侵权复制品的目的、动机、销售时间长短、销售数量、违法所得数额、尚未销售的侵权复制品的货值金额。

（4）犯罪嫌疑人供述和辩解。审查犯罪嫌疑人销售侵权复制品的目的、动机、时间长短、认罪悔罪态度、违法所得数额是否达到10万元以上；尚未销售的侵权复制品货值金额是否达到30万元以上。

（5）鉴定意见、审计报告。审查犯罪嫌疑人所销售侵权复制品的数量、违法所得数额是否刚刚达到10万元以上；尚未销售的侵权复制品货

值金额是否刚刚达到 30 万元以上。

经审查，如在案证据证明犯罪嫌疑人实施了销售侵权复制品的行为，但主观恶性不深、系初犯、销售时间不长、违法所得或者查获的尚未销售的侵权复制品货值金额刚刚达到追诉标准，则可以认定为犯罪情节显著轻微、危害不大，不认为是犯罪，作出不起诉决定。

3.犯罪嫌疑人销售侵权复制品行为已过追诉时效的证据

销售侵权复制品罪的最高法定刑为 3 年有期徒刑，该罪的追诉时效为 5 年。应当着重审查以下证据，来证明犯罪嫌疑人销售侵权复制品的行为是否经过 5 年。

（1）书证。立案决定书、起诉书、判决书等，审查公安机关对犯罪嫌疑人销售侵权复制品犯罪的立案情况、在追诉期限内犯罪嫌疑人是否还实施了其他犯罪、犯罪嫌疑人是否逃避侦查或者审判。

（2）证人证言。审查犯罪嫌疑人销售侵权复制品犯罪起止时间、在追诉期限内犯罪嫌疑人是否还实施了其他犯罪、犯罪嫌疑人是否逃避侦查或者审判。

（3）犯罪嫌疑人供述和辩解。审查犯罪嫌疑人销售侵权复制品犯罪起止时间、在追诉期限内犯罪嫌疑人是否还实施了其他犯罪、犯罪嫌疑人是否逃避侦查或者审判。

经审查，犯罪嫌疑人销售侵权复制品的行为经过 5 年，在追诉期限内犯罪嫌疑人没有实施其他犯罪，且不存在追诉时效延长的情形，则应当不起诉。

（四）相对不起诉证据

相对不起诉，是指犯罪情节轻微，依照刑法规定不需要判处刑罚或者免除刑罚。着重审查以下证据：

物证。审查查获的犯罪嫌疑人尚未销售的侵权复制品的数量、赃款数额等。

书证。如销售凭证、记账本、转款凭证、银行流水、通话清单、扣押清单、立案决定书、到案经过、判决书、缴款单据、赔偿单据等，审查犯罪嫌疑人销售侵权复制品的时间长短、违法所得数额、尚未销售的侵权复制品货值金额，犯罪嫌疑人有无自首、立功、积极退赃、赔偿权利人经济损失等情节。

证人证言。如犯罪嫌疑人一方即卖方其他人的证言、侵权复制品购买人即买方的证言及其他相关证人证言，审查犯罪嫌疑人销售侵权复制品的目的、动机、销售时间长短、销售数量、违法所得数额、尚未销售的侵权复制品的货值金额，犯罪嫌疑人有无自首、立功、积极退赃、赔偿权利人经济损失等情节。

被害人即权利人陈述。审查权利人是否赔偿权利人经济损失。

犯罪嫌疑人供述和辩解。审查犯罪嫌疑人销售侵权复制品的目的、动机、时间长短、认罪悔罪态度、违法所得数额、尚未销售的侵权复制品的货值金额，犯罪嫌疑人有无自首、立功、积极退赃、赔偿权利人经济损失等情节。

鉴定意见、审计报告。审查犯罪嫌疑人所销售侵权复制品的数量、违法所得数额、尚未销售的侵权复制品货值金额等。

经审查，如在案证据证明犯罪嫌疑人实施了销售侵权复制品的行为，但情节轻微，依照刑法规定，依照刑法规定不需要判处刑罚或者免除刑罚，可以不起诉。

（五）存疑不起诉证据

1. 被不起诉人主观不明知是侵权复制品

进货价和卖货价两者差异较小，无法确定被不起诉人主观应当知晓所销售的是侵权复制品。证实侵权复制品的进货价格、销售价格，如签订的合同文本、银行交易流水等，被不起诉人的供述、购买方陈述的购进价格等。

2. 被不起诉人为销售侵权复制品提供便利条件的证据不足

被不起诉人帮助运输侵权复制品的次数较少的证据，如被不起诉人的供述、同案人供述的印证；被不起诉人收取正常运输费用的证据、运输侵权复制品的时间系正常工作时间的客观证据。

3. 被不起诉人基于被同案人欺骗，主观不明知所销售的侵权复制品系未经许可授权的产品

证实被不起诉人主观不明知的陈述，同案人的陈述得到印证等。

4. 涉案商品的扣押、送检、鉴定存在矛盾之处，无法证实扣押、送

检、鉴定商品的同一性;鉴定程序严重违法;鉴定意见无法得出同一性结论

反映扣押、提取的笔录证实涉案商品的型号、外观、内容等与送检的检材不一致,扣押过程电子数据的完整性校验值与送检时不一致,鉴定人员存在故意或者重大过失,导致鉴定意见不能采信,鉴定意见得出与被侵权商品不属于同一性的结论等。

已销售的涉案商品的来源未全部查清,无法排除已销售的涉案商品中有真品的可能,且被不起诉人提出相同辩解的,致使无法确定销售侵权复制品的违法所得或者货值金额的。

第三节　销售侵权复制品罪的认定处理

一、销售侵权复制品罪的罪与非罪

首先是主观明知的认定。本罪犯罪嫌疑人主观上必须明知所销售的商品为《刑法》第217条规定的侵权复制品,仍予以销售。对主观明知内容的证明是认定本罪与非罪的关键。

其次是是否达到追诉标准。最高人民检察院、公安部《关于公安机关管辖的刑事案件立案追诉标准的规定(一)》第27条规定了本罪的追诉标准:"以营利为目的,销售明知是刑法第二百一十七条规定的侵权复制品,涉嫌下列情形之一的,应予立案追诉:(一)违法所得数额十万元以上的;(二)违法所得数额虽未达到上述数额标准,但尚未销售的侵权复制品货值金额达到三十万元以上的。"

二、销售侵权复制品罪与侵犯著作权罪之间的关系

实施《刑法》第 217 条规定的侵犯著作权行为，又销售该侵权复制品，违法所得数额巨大的，只定侵犯著作权罪，不实行数罪并罚。实施《刑法》第 217 条规定的侵犯著作权的犯罪行为，又明知是他人的侵权复制品而予以销售，构成犯罪的，应当实行数罪并罚。

司法实践中，要注意区分侵犯著作权罪与销售侵权复制品罪界限。对于行为人明知制造者或经销商制造、销售的是侵权复制品，仍采购并予以销售，应认定行为人构成销售侵权复制品罪。对于行为人参与、帮助他人实施侵犯著作权犯罪，只是在分工上处于销售环节的，则构成侵犯著作权罪的共犯。

第八章 侵犯商业秘密罪办案指引

第一节 侵犯商业秘密罪概述

一、侵犯商业秘密罪的立法沿革

1979年刑法和单行刑法未规定本罪，系1997年刑法新增设的罪名。1997年《刑法》第219条规定："有下列侵犯商业秘密行为之一，给商业秘密的权利人造成重大损失的，处三年以下有期徒刑或者拘役，并处或者单处罚金；造成特别严重后果的，处三年以上七年以下有期徒刑，并处罚金：（一）以盗窃、利诱、胁迫或者其他不正当手段获取权利人的商业秘密的；（二）披露、使用或者允许他人使用以前项手段获取的权利人的商业秘密的；（三）违反约定或者违反权利人有关保守商业秘密的要求，披露、使用或者允许他人使用其所掌握的商业秘密的。明知或者应知前款所列行为，获取、使用或者披露他人的商业秘密的，以侵犯商业秘密论。本条所称商业秘密，是指不为公众所知悉，能为权利人带来经济利益，具有实用性并经权利人采取保密措施的技术信息和经营信息。本条所称权利人，是指商业秘密的所有人和经商业秘密所有人许可的商业秘密使用人。"

2020年《刑法修正案（十一）》对《刑法》第219条进行了修订，一是修改侵犯商业秘密罪的定罪量刑标准。将原第219条的构罪要件"给商业秘密的权利人造成重大损失"修改为"情节严重"，将第二档刑的量刑标准"造成特别严重后果"修改为"情节特别严重"。可以将更多情形纳入追诉范围，体现了对侵犯商业秘密罪加大惩治力度的立法精神。二是修订了侵犯商业秘密罪的行为方式。将贿赂、欺诈、电子侵入补充规定为获取权利人商业秘密的不正当手段;扩大了保密义务的范围,不再限于约定义务,将违反法定保密义务侵犯商业秘密的行为也纳入刑法调整范围,实现了与《反不正当竞争法》第9条的规定相协调一致。三是对"以侵犯商业秘密论"的规定进行了完善。体现在:对主观故意的内容进行了明确,将"明知或应知"修改为"明知",明确了以侵犯商业秘密论认定犯罪主观上应当为故意,重大过失不构成本罪;增加规定明知商业秘密系通过侵权行为获得,仍允许他人使用的也构成本罪,扩大了以侵犯商业秘密论的追究范围。

二、侵犯商业秘密罪的概念和构成特征

侵犯商业秘密罪,是指以盗窃、贿赂、欺诈、胁迫、电子侵入或者其他不正当手段获取权利人的商业秘密,披露、使用或者允许他人使用以前项手段获取的权利人的商业秘密,违反保密义务或者违反权利人有关保守商业秘密的要求,披露、使用或者允许他人使用其所掌握的商业秘密;以及明知前述行为,获取、披露、使用或者允许他人使用该商业秘密,情节严重的行为。

(一)客体特征

本罪侵犯的客体是商业秘密权利人因商业秘密获取的竞争优势以及社会主义市场竞争秩序。

(二)客观特征

本罪的客观方面表现为实施了违反反不正当竞争法,以盗窃、贿赂、欺诈、胁迫、电子侵入或者其他不正当手段获取权利人的商业秘密,披露、使用或者允许他人使用以前项手段获取的权利人的商业秘密,违反保密义务或者违反权利人有关保守商业秘密的要求,披露、使用或者允许他人使用其所掌握的商业秘密;以及明知前述行为,获取、披露、使用或者允许他人使用该商业秘密,情节严重的侵犯权利人商业秘密的行为。

在办案中应当高度重视审查商业秘密是否成立。检察机关应当围绕

商业秘密的"三性"展开深入细致的审查：第一，关于非公知性，要注意审查涉案商业秘密是否不为其所属领域的相关人员普遍知悉和容易获得，是否属于已为公众所知悉的情形。注意排除下列信息已为公众所知悉的情形：(1) 该信息在所属领域属于一般常识或者行业惯例的；(2) 该信息仅涉及产品的尺寸、结构、材料、部件的简单组合等内容，所属领域的相关人员通过观察上市产品即可直接获得的；(3) 该信息已经在公开出版物或者其他媒体上公开披露的；(4) 该信息已通过公开的报告会、展览等方式公开的；(5) 所属领域的相关人员从其他公开渠道可以获得该信息的。需要注意的是，将为公众所知悉的信息进行整理、改进、加工后形成的新信息，符合商业秘密性质的，也应当认定该新信息不为公众所知悉。因此，在审查时，不能因为商业秘密的组成部分是公知信息就一律认为不构成商业秘密，仍要进行整体的、实质的判断，审查涉案信息在被犯罪侵害时是否仍具备非公知性。第二，关于价值性，要从现实的和潜在的市场价值两方面判断。注意审查证明商业秘密形成过程中权利人投入研发成本、支付商业秘密许可费、转让费的证据；审查反映权利人实施该商业秘密获取的收益、利润、市场占有率等会计账簿、财务分析报告及其他体现商业秘密市场价值的证据；审查反映该商业秘密是否具有避免后来人走弯路、节约研发成本等潜在价值的证据。第三，关于保密性，注意审查权利人是否采取了相应的保密措施，该保密措施的程度是否达到在正常情况下足以防止商业秘密泄露的程度，并注意审查该保密措施与商业秘密的商业价值、重要程度是否相适应，是否得到实际执行。

（三）主体特征

本罪为一般主体，达到 16 周岁的刑事责任年龄并具有刑事责任能力的自然人均可构成本罪。根据《刑法》第 220 条之规定，单位也可构成本罪，单位犯本罪的，对单位判处罚金，并对其直接负责的主管人员和其他直接责任人员，按照本条的规定处罚。2004 年最高人民法院、最高人民检察院《关于办理侵犯知识产权刑事案件具体应用法律若干问题的解释》第 15 条规定，单位实施侵犯知识产权犯罪行为，按照相应个人犯罪的定罪量刑标准的三倍定罪量刑。但 2007 年最高人民法院、最高人民检察院《关于办理侵犯知识产权刑事案件具体应用法律若干问题的解释（二）》已经作出了修订，第6条规定，单位实施侵犯知识产权犯罪行为，按照相应个人犯罪的定罪量刑标准定罪处罚。

（四）主观特征

本罪主观方面是故意，且主观明知侵犯的对象为权利人商业秘密。

三、侵犯商业秘密罪的追诉标准

最高人民法院、最高人民检察院《关于办理侵犯知识产权刑事案件具体应用法律若干问题的解释（三）》第4条规定："实施刑法第二百一十九条规定的行为，具有下列情形之一的，应当认定为'给商业秘密的权利人造成重大损失'：（一）给商业秘密的权利人造成损失数额或者因侵犯商业秘密违法所得数额在三十万元以上的；（二）直接导致商业秘密的权利人因重大经营困难而破产、倒闭的；（三）造成商业秘密的权利人其他重大损失的。给商业秘密的权利人造成损失数额或者因侵犯商业秘密违法所得数额在二百五十万元以上的，应当认定为刑法第二百一十九条规定的'造成特别严重后果'。"

第5条规定："实施刑法第二百一十九条规定的行为造成的损失数额或者违法所得数额，可以按照下列方式认定：（一）以不正当手段获取权利人的商业秘密，尚未披露、使用或者允许他人使用的，损失数额可以根据该项商业秘密的合理许可使用费确定；（二）以不正当手段获取权利人的商业秘密后，披露、使用或者允许他人使用的，损失数额可以根据权利人因被侵权造成销售利润的损失确定，但该损失数额低于商业秘密合理许可使用费的，根据合理许可使用费确定；（三）违反约定、权利人有关保守商业秘密的要求，披露、使用或者允许他人使用其所掌握的商业秘密的，损失数额可以根据权利人因被侵权造成销售利润的损失确定；（四）明知商业秘密是不正当手段获取或者是违反约定、权利人有关保守商业秘密的要求披露、使用、允许使用，仍获取、使用或者披露的，损失数额可以根据权利人因被侵权造成销售利润的损失确定；（五）因侵犯商业秘密行为导致商业秘密已为公众所知悉或者灭失的，损失数额可以根据该项商业秘密的商业价值确定。商业秘密的商业价值，可以根据该项商业秘密的研究开发成本、实施该项商业秘密的收益综合确定；(六)因披露或者允许他人使用商业秘密而获得的财物或者其他财产性利益，应当认定为违法所得。前款第二项、第三项、第四项规定的权利人因被侵权造成销售利润的损失，可以根据权利人因被侵权造成销售量减少的总数乘以权利人每件产品的合理利润确定；销售量减少的总数无法确定的，可以根据侵权产品销售量乘以权利人每件产品的合理利润确定；权利人因被侵权造成销售量减少的总数和每件产品的合理利润均无法确定的，可以根据侵权产品销售量乘以每件侵权产品的合理利润确定。商业秘密系用于服务等其他经营活动的，损失数额可以根据权利人因被侵权而减少的合理利润确定。商业秘密的权利人为减轻对商业运营、商业计划的损失或者重新恢复计算机信息系统安全、其他系统安全而支出的补救费用，应当计入给商业秘密的权利人造成的损失。"

第二节 侵犯商业秘密罪的证据审查

一、侵犯商业秘密罪的证据要件

(一) 犯罪客体证据

通过犯罪嫌疑人、被告人的供述和辩解，证人证言、书证、物证、鉴定意见、视听资料、电子数据等证据，证明行为人的侵犯商业秘密的行为已经严重侵犯了商业秘密权利人的权益，侵害了社会主义市场经济秩序。

(二) 客观方面证据

客观方面的证据主要证实案发、查处情况、侵权客观行为以及严重、特别严重情节。

1. 案件线索来源

主要包括：权利人报案、公民举报的证据材料，行政执法机关向公安机关移送所附的证据材料，以及公安机关获取线索的证据材料。

2. 涉案的信息属于商业秘密的证据

（1）权利人（单位）陈述。

①证实所主张的涉案信息权利归属的来源，如通过自主研发、许可使用等方式获得。

②证实所主张的涉案信息是否采取保密措施，采取何种保密措施。

③证实所主张的涉案信息是否已投入使用，为研发、取得许可等投入或支付的费用。

（2）证人证言。

①证实权利人是否采取保密措施，采取何种保密措施。

②证实权利人是否将涉案信息投入使用，为研发、取得许可等投入或支付的费用。

（3）物证、书证。

①技术研发的基础材料、科技成果证书、技术转让合同以及许可使用合同等书证，证明涉案信息权利归属的来源。

②《劳动合同》《竞业禁止协议》中约定的保密条款或单独签订的《保密协议》、员工手册、会议记录中记载的相关保密要求、被害单位对涉密场所或涉密人员制定的保密制度以及对商业秘密载体加盖保密印章、加封条、加锁等书证或物证，证明权利人（单位）对商业秘密载体采取了保密措施，犯罪嫌疑人、被告人对权利人（单位）负有保密义务。

③研发材料、技术类申报材料、技术查新报告、相关专业领域的获奖证书、知识产权检索报告等，证明案涉信息的非公知性。

④针对涉案信息的资产评估报告、应用涉案信息进行生产和销售的财物报告、购销合同等书证，证明案涉信息具有商业价值。

（4）鉴定意见。

证实涉案信息为非公知信息。司法鉴定机构应当围绕权利人主张的密点进行非公知性鉴定。

涉技术信息的鉴定意见应当基于以下证据作出：①权利人主张的技术密点信息；②载有技术密点的设计图纸、程序代码、产品配方、制作工艺、制作方法等信息。

涉技术信息的鉴定报告应当包括下列部分：①核实权利人的技术密点与载有技术密点的设计图纸、程序代码、产品配方、制作工艺、制作方法等信息是否对应；②整理出技术密点的确切范围、内容；③确定侵权行为发生的时间，作为非公知性鉴定的时间标准，即判断在此时间之前密点是否具有非公知性；④对密点逐一在公开的专利数据进行技术信息检索，将密点与检索出的相似技术信息进行比较，进行异同分析；⑤对密点逐一在公开的非专利数据进行技术信息检索，包括各种科技文件、公开论文、新闻报道、网络博客等，将密点与检索出的相似技术信息进行比较，进行异同分析；⑥综合分析，判断密点是否在侵权行为发生之日前不为公众所知悉。

涉经营信息的鉴定意见应基于以下证据作出：对未公开的客户交易习惯、报价信息、投标价格、物流信息、供货周期、供货数量、仓库地址、设计方案、产品出厂价格、年订购的数量底线、利润空间等涉案信息记载的书证、物证、视听资料、电子数据等。

注意：此类案件中权利人为达到公安机关的立案标准、实现促使公安机关立案的目的，往往先行委托相关知识产权司法鉴定所进行鉴定。为保证鉴定意见的客观公正，在公安机关对刑事案件立案侦查后，需另行委托权利人委托的鉴定机构以外的机构鉴定。

3. 犯罪嫌疑人、被告人实施了侵犯商业秘密行为的证据

（1）犯罪嫌疑人、被告人供述和辩解。证实：

①不正当手段型侵权。获取商业秘密的手段，如通过拍照、复印、监听等手段窃取，通过许以高额回报贿赂，通过虚构事实、隐瞒真相实施欺诈，通过乘人之危胁迫，通过计算机技术侵入等不正当手段获取权利人的商业秘密。

②违反约定型侵权。a.其与权利人的关系，如是否存在劳务关系、业务合作关系、许可使用关系或授权关系，证明犯罪嫌疑人、被告人能够接触到涉案的商业秘密；b.其是否擅自就所涉的商业秘密与他人签订技术使用、转让合同等。

（2）权利人陈述。证实：

①其与犯罪嫌疑人、被告人之间的关系，如是否存在劳务关系、业

务合作关系、许可使用关系或授权关系，证明犯罪嫌疑人、被告人能够接触到涉案的商业秘密。

②其是否采取保密措施，采取何种保密措施。

③针对保密载体采取的保密措施是否受到破坏，受到破坏的情况。

（3）证人证言。证实：

①权利人单位员工。a.犯罪嫌疑人、被告人与权利人之间的关系，如犯罪嫌疑人、被告人的任职时间、职务职责等；b.权利人采取的保密措施，是否有相应保密规章制度，劳动合同是否有保密条款等；c.权利人针对商业秘密载体所采取保密措施受到破坏的情况。

②侵权单位员工。a.犯罪嫌疑人、被告人与侵权单位之间的关系，如犯罪嫌疑人、被告人的任职时间、职务职责等；b.与涉案商业秘密有关的产品投入生产、销售的情况。

（4）物证、书证。证实：

①侦查机关出具的案发情况说明。

②劳动合同、合作协议、许可使用协议、有关商业秘密载体的交接单等书证，证明犯罪嫌疑人、被告人接触到权利人商业秘密的情况。

③劳动合同中的保密条款、保密协议、员工手册、保密制度、对商业秘密载体加盖保密印章、加封条、加锁等书证和物证，证明权利人对商业秘密采取了保密措施。

④查获的犯罪嫌疑人、被告人记载商业秘密的文本、电子存储介质、电脑、服务器、照相机、录音笔等载体，使用商业秘密生产的产品，以及相应的搜查、扣押清单、物证照片等。

⑤犯罪嫌疑人、被告人披露商业秘密的网站截图、网帖、邮件、出版物等。

⑥犯罪嫌疑人、被告人披露、使用或者允许他人使用而获得的财物、收受钱款的银行流水、高薪协议和工资支付凭证，以及相应的聊天记录等。

⑦犯罪嫌疑人、被告人与第三方签署的许可使用商业秘密的合同、银行流水等。

（5）鉴定意见。证实在侵权人处提取的电子数据、相关产品、专利与权利人的商业秘密是否具有同一性，相同部分占整个商业秘密的比重及内容情况。

鉴定意见应当基于以下证据作出：①侵权人的产品、图纸及资料等，必要时可进行现场勘验提取检材；②对权利人密点的非公知性鉴定意见；③权利人的产品、图纸及资料等。

对密点和权利人的产品、图纸的特定技术信息的同一性鉴定应当包括下列部分：①对密点，与权利人产品、图纸、资料所示的技术信息逐一比对，对相同或者实质性相同的技术信息具体说明；②综合分析，判断权利人的密点与产品、图纸及资料等载有的特定技术信息是否构成相同。

对密点和侵权人侵犯的技术信息的同一性鉴定应当包括下列部分：①对密点与侵权产品、图纸、资料所示的技术信息逐一比对，对相同或者实质性相同的技术信息具体说明；②综合分析，判断密点与侵权人侵犯的技术信息构成相同及实质相同的数量、内容。

注意：为达到证据确实、充分的刑事证明标准，对技术信息的鉴定涉及三方之间的鉴定，分别是原始信息与疑似侵权信息、疑似侵权信息与实际产品、工艺以及原始信息与实际产品、工艺。

（6）勘验、检查笔录。对犯罪嫌疑人、被告人使用的电脑、网络账号（包括电子商务、即时通讯等）、租用的服务器等进行勘验。

①对犯罪嫌疑人、被告人实施犯罪所使用的计算机进行勘验，核实计算机内是否保存有涉案商业秘密，有无与披露、使用商业秘密的相关材料，核实商业秘密的来源。

②如果犯罪嫌疑人、被告人通过计算机披露商业秘密，需对涉案计算机进行勘验，核实披露的方式、披露内容、载体、被浏览的具体情况等；通过互联网披露商业秘密的，对披露互联网平台进行勘验核实账号的注册信息、通过互联网商业秘密的上传时间、披露时间、被浏览的情况等。

（7）视听资料、电子数据。

①从存储介质（光盘、硬盘等）中提取出的记载客户名称、地址、联系方式、交易习惯、意向、价格、品质要求、技术标准需求类型等客户信息的文件；记载货源情报、销售策略、招投标中的标底及标书内容的文件；从存储介质（光盘、硬盘等）中提取出的设计图纸、源代码、工程设计方案、电路布图等。

②证明犯罪嫌疑人、被告人实施犯罪行为过程的录音、录像材料；披露、使用或者允许他人使用以盗窃、贿赂、欺诈、胁迫、电子侵入手段获取的权利人的商业秘密的相关录音、录像材料；保守商业秘密的要求、约定的录音、录像资料。

4.侵害商业秘密情节严重的证据

（1）犯罪嫌疑人、被告人供述。

证实有无获利、如何通过商业秘密获利，相关银行账户信息，获利的计算方式及具体金额，获利去向。

（2）权利人陈述。

①商业秘密投入的人力、物力、财力成本情况，商业秘密价值评估，有无相关审计报告。

②使用商业秘密的经营情况、经营时间、收入、客户情况、公司账目及银行账户情况。

（3）证人证言。

①权利人公司员工，证实权利人基于商业秘密所生产产品的销售数量、金额以及被侵权后销售量的变化情况。

②侵权公司员工，证实侵权人基于商业秘密所生产产品的销售数量、金额。

③客户或合作伙伴，证实购买或使用商业秘密产品的时间、数量、金额。

（4）物证、书证。证实以下情况：

①权利人的损失。a.载有使用费的权利人许可他人使用其商业秘密的费用许可合同，证实合理许可使用费。b.销售合同、公司账本、权利人被侵权前后的销售数额凭证、审计报告、银行交易记录、与权利人及犯罪嫌疑人、被告人的产品市场占有率、客户变化情况有关的市场调查情况、评估分析报告等，证实被侵犯商业秘密造成的销售利润损失。c.研发期间投入成本的会计支出账目、审计报告、申报材料等，资产评估公司的价值评估报告等，证实因侵犯商业秘密行为导致商业秘密已为公众所知悉或灭失情形下商业秘密本身的价值。其中，经营信息的研发成本可以通过形成经营信息支付的平均人员薪资、奖金、补贴、工作量估算、购买资料的支出等证据证明。

②犯罪嫌疑人、被告人的违法所得。a.犯罪嫌疑人、被告人使用商业秘密进行经营活动的销售合同、会计账簿、银行交易记录、审计报告等；b.犯罪嫌疑人、被告人对外销售商业秘密的合同、银行交易记录等。

③权利人破产、倒闭。a.法院关于权利人申请破产的受理通知书、裁定书等；b.公司停业、注销等相关证明材料。

（5）鉴定意见。

证实侵犯商业秘密犯罪数额，视具体犯罪行为，结合其他在案证据予以认定。

注意：以商业秘密价值认定犯罪数额，对涉案信息商业价值评估，应包含对商业秘密的开发成本进行审计，以及对商业秘密的市场价值评估。商业价值可以根据技术信息的研究开发成本、实施该技术信息的收益等因素确定，须基于以下证据作出鉴定：

①证明研制、开发该商业秘密的费用，收集的证据包括：采购设备原料的费用；研发平均人员薪资、奖金、补贴；工作量估算；技术实验费；用于中间试验和产品试制的模具、工艺装备开发及制造费；研发成果论证、评审、验收费用等。

②价值评估报告。无形资产的价值评估可以采用三种不同的评估方法，分别是成本法、市场法和未来收益法。其中成本法主要应用于尚未产业化的技术，市场法主要应用于有可参考交易案例的技术，未来收益法是应用范围最广泛的评估方法，在企业持续经营的条件下，通过估算技术经济寿命期内的合理预期收益，并以适当的折现率折算成现值，从而确定价值。

以收益法评估商业价值需要注意：技术产品的未来预期收益可以预测，并可以用货币计量；企业获得预期收益所承担的风险可以预测，并可以用货币计量；企业技术产品预期获利年限可以预测，根据产品技术应用领域平均更新速度、技术先进性、成熟度、垄断程度、法定保护年限、技术产品寿命期、有关的合同约定期限等合理确定。

（三）犯罪主体证据

1.证明单位犯罪主体的证据

以单位名义实施侵犯商业秘密犯罪行为，违法所得归单位所有的，是单位犯罪。

（1）证明单位基本情况的证据。

应当收集证明单位的名称、设立日期、性质、办公地点、住所地、法定代表人、存续状况、出资情况、股权分布、直接负责的主管人员和其他直接责任人员等情况的证据，主要包括：

国家机关、事业单位、社会团体性质的相应法律文件，机关、团体法人统一社会信用代码证书。

企业法人营业执照，从事特殊行业的，应当收集相应的批文或者许可证件。

单位已被注销或者撤销的，应有注销证明或者撤销机构出具的相关证明。

单位为分支机构或者内设机构的，应有其与上级单位关系、被授权权限或者经营范围等的证明材料。

单位实施侵犯商业秘密犯罪后，发生分立、合并或者其他资产重组等情况的，应有分立、合并或者其他资产重组以及承受原单位权利义务的资料。

单位的有关合同、章程、协议等证明单位的组织形式、直接负责的主管人员和其他直接责任人员分工的材料。

犯罪嫌疑人有关犯罪单位及直接负责的主管人员、其他直接责任人员在犯罪活动中地位、作用内容的供述和辩解。

单位内部人员、业务合作人员有关犯罪单位及直接负责的主管人员、其他直接责任人员在犯罪活动中地位、作用内容的证人证言。

其他证明单位情况的相关材料。

（2）证明"以单位名义"的证据。

单位决策机构作出的决定、会议纪要等。

单位签署的保密协议、委托加工合同、许可使用合同中约定的保密义务等。

单位实际控制人、主要负责人或者授权的分管负责人作出决定或者表示同意的材料。

单位实际控制人、主要负责人或者授权的分管负责人在得知单位成员以单位名义实施侵犯商业秘密行为后，纵容、默许、未表示反对和制止的材料。

单位将商业秘密申请专利的专利申请书、权利要求书、公开发表文件等。

（3）证明"违法所得归单位所有"的证据。

证明单位非法收益归本单位或者本单位的多数员工所有的证据，主要包括：

单位会计账簿、资金流向、单位银行账户。

审计、鉴定意见等。

单位主要负责人或者分管负责人有关为单位赚取利益，非法利益归单位所有的供述。

（4）应当注意的事项。

单位侵犯商业秘密犯罪证据应当重点围绕单位犯罪的基本特征，通过收集客观证据，证实侵犯商业秘密犯罪行为，分析、确定单位和相关人员的刑事责任。对侵犯商业秘密犯罪中实施环节以及违法所得归属等情况，均应尽可能通过客观证据落实到具体单位和个人。

对直接负责的主管人员、其他直接责任人员身份、地位、作用的认定，需要收集任职文件、会议记录、出资、收益分配、工资发放情况、内部岗位职责分工记录、业务审批记录、往来邮件、即时通讯记录以及言词证据等主客观证据，予以综合认定。重点收集直接负责的主管人员实施决定、批准、授意、纵容、指挥等行为和其他直接责任人员积极实施犯罪行为的客观证据。

单位犯罪中，单位意志的形成不必然要求由单位的法定代表人决定或者同意。在法定代表人没有参与犯罪的情形下，也应当对其进行询问，查明公司基本情况、运营状况、涉案人员及其自身参与公司业务情况等，排除犯罪嫌疑人假借、盗用单位名义从事犯罪活动的情形。

证明收益归单位所有时应当注意，实践中常有企业以个人名义开设账户存放单位资金，应当注意查明个人账户与单位的关系以及账户资金的去向。

2. 证明自然人犯罪主体的证据

（1）应当收集的证据。

应当收集证明自然人的姓名（曾用名）、性别、出生年月日、居民身份证或者其他有效身份证件号码、民族、籍贯（国籍）、文化、职业、现住地等情况的证据，主要包括：

内地居民身份证、户口簿、居住地证明以及公安机关出具的户籍证明等。

港澳居民身份证、护照、来往内地通行证，台湾居民来往大陆通行证，以及居住地证明资料等。

外国人护照、出入境证明、在华长期居留证明以及使领馆出具的身份证明资料等。

有关犯罪嫌疑人违法犯罪经历的行政处罚决定书、刑事判决书。

犯罪嫌疑人有关身份信息的供述。

（2）应当注意的事项。

自然人主体身份情况的证据主要是户籍所在地公安机关出具的户籍证明材料，户籍证明应当附犯罪嫌疑人照片；未附照片的，可以收集有关人员（如亲属、邻居等）关于犯罪嫌疑人情况的证言及辨认笔录，以证明犯罪嫌疑人与户籍所载人员的同一性。如果办案单位通过公安信息网系统打印的犯罪嫌疑人身份信息和犯罪嫌疑人供述一致，打印的照片与其本人相符，经加盖办案单位印章，并注明制作时间、来源，由办案人员签名的，可以作为证据使用。

对犯罪嫌疑人第一次讯问，应当问明犯罪嫌疑人的姓名、别名、曾用名、出生年月日、户籍所在地、现住地、经常居住地、籍贯（国籍）、出生地、民族、职业、文化程度、家庭情况、社会经历（包括学历、工作经历、违法犯罪经历等）以及是否属于人大代表、政协委员等情况。

犯罪嫌疑人的国籍身份的确认，根据其入境时的有效证件确认；犯罪嫌疑人拥有两国甚至多国护照的，应当以其进境时所持的护照确认其国籍。

（四）主观方面证据

侵犯商业秘密罪的主观方面应当是故意，即要求行为人明知系他人持有的商业秘密，仍然予以侵犯。根据《刑法》第219条的规定，行为特征包括采取非法手段获取、披露、使用或者允许他人使用商业秘密；明知违反保密义务或约定仍然披露、使用或允许他人使用商业秘密；明知有前述行为而获取、披露、使用或允许他人使用商业秘密。

1. 不正当手段型侵权

在行为人采取盗窃、贿赂、欺诈、胁迫、电子侵入或者其他不正当手段获取的情况下，可根据行为人关于获取商业秘密的途径、获取手段等的供述，被贿赂、欺诈、胁迫对象的证言，计算机系统记录的被电子侵入的痕迹等，证实行为人存在非法获取商业秘密的主观故意。应重点核实行为人选择使用不正当手段的目的。

2. 违反约定型侵权

在行为人违反保密义务或权利人有关约定披露或使用的情况下，可根据行为人与权利人之间签订的劳动合同、保密协议、离职协议、有关保密制度，权利人及合法保管、使用商业秘密有关人员的陈述，披露相关商业秘密载体的勘验，被许可使用人员的证言等，证实行为人明知不得披露、使用商业秘密，仍予以披露、使用或允许使用的情形。

3. 以侵犯商业秘密论处型侵权

在行为人明知商业秘密系非法手段获取，或系违反约定披露、允许使用，仍然披露、获取、使用或者允许他人使用商业秘密的情况下，应重点核实有关商业秘密来源的供述、来源方的证言及相应客观证据。在行为人对主观故意存在辩解的情况下，应结合其从业背景、专业培训程度、获取商业秘密的方式、是否支付对价、市场交易习惯、被侵权人在有关领域的知名程度及其市场份额等，通过经验法则及常识进行推论，综合判断行为人在获取、披露、使用被侵犯商业秘密时是否属于明知商业秘密的来源存在不正当手段或违约情形。应注意推定主观明知的前提是间接证据均查证属实，推论符合法律逻辑。

注意：不同类型的侵犯商业秘密行为，对于主观明知的程度要求有所不同。对于典型的不正当手段型侵权，只要行为人能够认识到其获密手段的非法性，即可认定其主观明知。对于违反约定型侵权，可结合行为人知晓曾约定保密义务、权利人有保密要求的情况，论证其主观明知。对于以侵犯商业秘密论处型的侵权，需综合行为人获取商业秘密的来源、知识背景、获取过程中是否支付合理对价、是否符合市场交易习惯等相关间接证据，通过证明行为中存在违反常识常理常情的情况，推定行为人主观明知。

二、侵犯商业秘密罪常见证据审查

（一）鉴定机构和评估机构需具备相应鉴定资质

商业秘密司法鉴定主要涉及非公知性鉴定和同一性鉴定，其中非公知性鉴定和同一性鉴定应由具备专门知识产权鉴定资质的鉴定人作出。知识产权司法鉴定机构应当从中国知识产权研究会知识产权鉴定专业委员会鉴定机构及鉴定人名录库或者司法系统数据，如人民法院诉讼资产网中的知识产权鉴定机构名录中选择。需注意核对鉴定机构的营业执照，确定鉴定机构的业务范围包含所需鉴定的事项。鉴定人应当具有相关专业技术或者职称，鉴定意见应当由两名鉴定人员作出，疑难复杂的可以由多名鉴定人员作出。鉴定意见应当由鉴定人出具，不得以专家咨询意见代替鉴定意见。

知识产权资产评估的机构，需要在有关评估行政管理部门备案，并且具有公司形式的组织架构。

（二）司法鉴定的启动主体

知识产权刑事案件中的司法鉴定，在侦查阶段由具有侦查权的机关决定，在起诉阶段由人民检察院决定，在审判阶段由人民法院决定。权利人、犯罪嫌疑人、被告人不享有刑事案件中司法鉴定程序的启动提请权，仅能对已有的司法鉴定要求重新鉴定。

（三）关于不起诉的证据

1. 个人信赖

客户基于对员工个人的信赖而与该员工所在单位进行交易，该员工离职后，能够证明客户自愿选择与该员工或者该员工所在的新单位进行交易的，应当认定该员工没有采用不正当手段获取权利人的商业秘密。适用该条规定时，应注意以下三点：

一是该种抗辩的适用一般发生在医疗、法律服务等较为强调个人技能的行业领域。

二是该客户是基于与权利人（单位）职工之间的特殊信赖关系与权

利人（单位）发生交易，即客户是基于该职工才与权利人（单位）发生交易。如果职工是利用权利人（单位）所提供的物质条件、交易平台，才获得与客户进行交易机会的，则不应适用本条规定。

三是该职工从权利人（单位）处离职后，客户系自愿与其或其所属新单位发生交易。

2. 受让继承

除法律、行政法规另有规定的以外，善意取得技术秘密的一方当事人可以在其取得的范围内继续使用该技术秘密，并且应当向权利人支付合理的使用费并承担保密义务。应当注意以下四点：

一是当法律、行政法规另有规定时，依照其规定。

二是善意受让人应当在受让技术秘密前，很难从正常渠道了解到该技术秘密的合法来源，履行了必要的注意义务且以为来源合法。

三是继续使用的范围限定于善意取得时的使用范围。

四是继续使用应当支付权利人许可使用费，并注意保密。

3. 行为人通过"反向工程"获取技术信息的证据

对于行为人提出其掌握技术信息的来源系通过"反向工程"取得的，证明责任应归于行为人本人。应重点核实：（1）行为人从市场正常途径取得包含技术信息商品的情况；（2）行为人对所取得商品实施了反向工程的过程，包括进行反向工程的过程记录、参与人员的证言、反向工程取得技术信息的结果；（3）就反向工程信息与被侵权商业秘密进行比对，排除有关商业秘密所包含技术信息不可能通过反向工程取得的情况。

注意：行为人在先接触涉案商业秘密后又以"反向工程"进行抗辩的，不宜予以采信。

4. 行为人通过自行研发获取技术信息的证据

对于行为人提出其掌握技术信息系自行研发取得的，应重点核实：（1）行为人组织进行技术研发的过程，包括研发方式、参与人员、研发结果等；（2）参与研发人员的证言；（3）就所称的研发信息与被侵权商业秘密进行比对，排除有关商业秘密所包含信息不可能通过自行研发取得或细节完全一致等情况。

第三节 侵犯商业秘密罪的认定处理

一、关于侵犯商业秘密罪不正当手段的认定问题

《刑法修正案（十一）》吸收了最高人民法院、最高人民检察院《关于办理侵犯知识产权刑事案件具体应用法律若干问题的解释（三）》关于侵犯商业秘密罪盗窃手段及其他不正当手段的认定问题。

不正当获取商业秘密的行为本身即为不法行为，且行为人此前并不掌握、知悉或者持有该项商业秘密。例如，商业秘密权利人的员工参与了商业秘密研发或者日常工作使用并知悉该项商业秘密，获取行为是合法正当的，其违反保密协议复制商业秘密的行为，应当不属于该条规定的"其他不正当手段"。再如，商业秘密权利人的合同相对方依据合同或在签订合同过程中知悉了权利人的商业秘密，并违反合同约定使用商业秘密生产了产品，因占有商业秘密是合法正当的，故其违反保密约定复制商业秘密的行为，也不宜评价为"不正当手段"获取商业秘密。

二、关于"情节严重"的认定

从立法延续性看，现有追诉标准应当认定为"情节严重""情节特别严重"的情形之一。给商业秘密的权利人造成损失数额或者因侵犯商业秘密违法所得数额在30万元以上的；或者直接导致商业秘密的权利人因重大经营困难而破产、倒闭的；以及造成商业秘密的权利人其他重大损失的，应当认为属于"情节严重"。给商业秘密的权利人造成损失数额或者因侵犯商业秘密违法所得数额在250万元以上的，认为属于"情节特别严重"。

需要强调的是，司法实践中，对于刚刚达到追诉标准，没有从重处罚情节的，可以认定为《刑法》第 13 条规定的犯罪情节显著轻微危害不大，依法不作为犯罪处理。要正确理解立案追诉标准和定罪量刑标准之间的区别，在司法实践中准确运用立案追诉标准的弹性，综合考虑法、理、情等因素，实行宽严相济，不唯数额论，避免够数即捕即诉，检察官要着力提升政治和法治素养，提高综合运用法理、情理办案的能力，努力消除就案办案、机械司法现象。

三、关于商业秘密权利人损失数额的计算方式

根据最高人民法院、最高人民检察院《关于办理侵犯知识产权刑事案件具体应用法律若干问题的解释（三）》第 5 条，对商业秘密权利人重大损失具体计算方式，应当本着罪责刑相一致原则，区分不同行为的社会危害程度，规定不同的"重大损失"认定标准。

最高人民法院、最高人民检察院《关于办理侵犯知识产权刑事案件具体应用法律若干问题的解释（三）》第 5 条第 1 款第 1 项规定的是通过不正当手段获取商业秘密但尚未披露、使用或者允许他人使用时如何计算权利人损失的问题。这种情形以合理许可使用费计算损失，不要求实际使用商业秘密造成权利人销售利润的损失。以非法手段获取商业秘密造成权利人重大损失数额的认定，应当以商业秘密实际使用造成权利人销售利润的损失作为一般标准，以合理许可使用费为特殊标准。鉴于以盗窃等不正当手段获取商业秘密行为往往更加隐蔽、卑劣，权利人难以通过正常途径予以防范，社会危害性大，且非法获取后对权利人而言商业秘密不可控，其社会危害性明显高于违反保密义务或者保密要求滥用商业秘密的行为，对此行为按照合理许可使用费确定权利人的损失较为合理，不要求使用商业秘密造成实际损失。这样规定的逻辑在于，侵权人节省的获取商业秘密本应支付的许可使用费对价，正是权利人未能收取许可使用费所遭受的损失，以实质上处罚对商业秘密的非法获取行为本身，来体现对非法获取行为的重点打击。

第 1 款第 2 项规定的是以不正当手段获取权利人的商业秘密后，披露、使用或者允许他人使用的，如何计算权利人损失的问题。原则上损失

数额按照商业秘密实际用于生产经营造成权利人销售利润的减少这一实际损失计算,同时规定应将该损失数额与前项规定的商业秘密合理许可使用费相比较,就高计算,而不应当叠加认定,也不应当任选其一认定。不能叠加认定是因为,若按照合理许可使用费计算损失,其使用行为便不具有期待可能性,属于事后不可罚行为。不能任选其一是因为,在"违法所得额"或"非法经营额"均为可选择的追诉标准的罪名中,应当按照所查明的金额高的追诉标准定罪量刑,就高计算对权利人保护力度更大。

第1款第3项规定的是违约型侵犯商业秘密的损失计算方式。由于行为人对商业秘密的占有是合法的,危害性相对小于非法获取,在入罪门槛上应有所区别,损失数额应当按照实际使用商业秘密造成权利人销售利润的损失计算。

第1款第4项规定的是"以侵犯商业秘密论"的行为造成损失的计算方式。此种明知商业秘密来源不合法仍获取、使用、披露的"第二手"侵权行为,相较于直接非法获取商业秘密及违反约定披露、使用、允许他人使用商业秘密的行为,社会危害性相对小,因此,规定此行为只有使用商业秘密给权利人造成销售利润损失的,才定罪处罚。

第1款第5项是对商业秘密丧失非公知性或者灭失情形下权利人损失的计算方式。鉴于该两种情形给权利人造成的损失最大,社会危害性也极大,我们参照最高人民法院《关于审理侵犯商业秘密民事案件适用法律若干问题的规定》,将商业价值确定为权利人损失数额。最高人民法院《关于审理侵犯商业秘密民事案件适用法律若干问题的规定》第19条规定,认定商业秘密的商业价值应当考虑研究开发成本、实施该项商业秘密的收益、可得利益、可保持竞争优势的时间等因素。但是,认定刑事犯罪造成的损失必须是实际发生的、确定的损失,且应是侵犯商业秘密行为直接导致的。因此,该条规定确定商业价值的依据由研究开发成本、实施该项商业秘密的收益综合确定,可得利益和可保持竞争优势的时间由于裁量性过大,不作为损失数额的考量因素。需要强调的是,只有在商业秘密已为公众所知悉或者灭失情形下,才能依据商业秘密的商业价值确定损失数额,而不应将其扩大适用于各类侵犯商业秘密的行为。

第1款第6项规定的是违法所得数额的计算方式。对于直接交易商业秘密获利的,作为违法所得而不作为权利人损失计算。除财物外,将"财产性利益"也纳入违法所得的计算范畴,旨在囊括实践中将商业秘密作价入股、技术出资等获利的情形。需要说明的是,违法所得数额和给权利人造成重大损失的数额不能累计计算,而应当分别计算,分别适用追诉标准。

第2款规定的是权利人因被侵权造成销售利润损失的具体计算方式。主要参照反不正当竞争法、专利法及其司法解释、最高人民法院《关于审理侵犯商业秘密民事案件适用法律若干问题的规定》等采用递进方式计算:"权利人因被侵权造成销售利润的损失,可以根据权利人因被侵权造成销售量减少的总数乘以权利人每件产品的合理利润确定;销售量减少的总数无法确定的,可以根据侵权产品销售量乘以权利人每件产品的合理利润确定;权利人因被侵权造成销售量减少的总数和每件产品的合理利润均无法确定的,可以根据侵权产品销售量乘以每件侵权产品的合理利润确定。"当前递进方式更加符合"给权利人造成重大损失"的立法本意。司法实践中,侵权人为获利往往低价销售侵权产品,如果直接以侵权产品销售量乘以每件侵权产品的合理利润计算权利人损失,会导致不当少算;先以权利人减少的销售量乘以权利人每件产品的合理利润之积计算损失,可更直接地体现侵权行为的社会危害性。需要注意的是,侵权产品销售量乘以每件侵权产品的合理利润之积是作为权利人损失的计算方法,而非侵权人违法所得的计算方法。有意见提出,商业秘密不一定体现在产品上,也可能体现在服务等其他经营活动中,用产品利润计算损失不全面。第2款采纳了该意见,规定:"商业秘密系用于服务等其他经营活动的,损失数额可以根据权利人因被侵权而减少的合理利润确定。"

第3款是对部分间接损失纳入损失计算范围的规定,"商业秘密权利人为减轻对商业运营、商业计划的损失或者重新恢复计算机信息系统安全、其他系统安全而支出的补救费用,应当计入给商业秘密的权利人造成的损失"。司法机关应当着重审查该补救费用与侵犯商业秘密的行为之间是否存在直接因果关系、费用支出有无合理性和必要性,要注意防止权利人怠于采取补救措施或者恣意扩大补救费用,使损失数额达到入罪标准的情况,确保罪刑相适应原则和刑法明确性原则在司法实践中得到贯彻。

需要注意的是,在判断每件产品的合理利润时,司法机关应当考虑被侵犯的商业秘密在技术方案、产品、经营活动中的价值、作用等因素,合理确定犯罪数额,即应当审查商业秘密对产品价值的贡献率,进而做到罪刑相适应。例如,侵犯商业秘密的产品系另一产品的零部件的,应当根据该侵犯商业秘密的产品本身的价值及其在实现整个成品利润中的作用等因素,合理确定给权利人造成的损失数额。

四、关于刑事诉讼中保护商业秘密的措施问题

2019年中共中央办公厅、国务院办公厅《关于强化知识产权保护的意见》要求"探索加强对商业秘密、保密商务信息及其源代码等的有效保护",最高人民法院、最高人民检察院《关于办理侵犯知识产权刑事案件具体应用法律若干问题的解释(三)》第6条规定了刑事诉讼程序中采取保密措施的程序和违反保密措施或保密义务的法律责任。第1款规定,在刑事诉讼程序中,当事人、辩护人、诉讼代理人或者案外人书面申请对有关商业秘密或者其他需要保密的商业信息的证据、材料采取保密措施的,应当根据案件情况采取组织诉讼参与人签署保密承诺书等必要的保密措施。第2款规定的是违反保密措施要求或者法定保密义务应承担的责任。需要注意的是,只有擅自披露、使用或者允许他人使用在刑事诉讼程序中接触、获取的商业秘密构成犯罪的,才追究刑事责任;对于擅自披露、使用或者允许他人使用其他需要保密的商业信息的,不一定承担刑事责任。

第四节 案例评析

一、金义盈侵犯商业秘密案[①]

【关键词】

侵犯商业秘密　司法鉴定　专家辅助办案　证据链

【要旨】

办理侵犯商业秘密犯罪案件，被告人作无罪辩解的，既要注意审查商业秘密的成立及侵犯商业秘密的证据，又要依法排除被告人取得商业秘密的合法来源，形成指控犯罪的证据链。对鉴定意见的审查，必要时可聘请或指派有专门知识的人辅助办案。

【基本案情】

被告人金义盈，1981年生，案发前系温州菲涅尔光学仪器有限公司（以下简称菲涅尔公司）法定代表人、总经理。

温州明发光学科技有限公司（以下简称明发公司）成立于1993年，主要生产、销售放大镜、望远镜等光学塑料制品。明发公司自1997年开始研发超薄型平面放大镜生产技术，研发出菲涅尔放大镜（"菲涅尔放大镜"系一种超薄放大镜产品的通用名称）批量生产的制作方法——耐高温抗磨专用胶板、不锈钢板、电铸镍模板三合一塑成制作方法和镍模制作方法。明发公司根据其特殊设计，将胶板、模板、液压机分别交给温州市光大橡塑制品公司、宁波市江东精杰模具加工厂、瑞安市永鑫液压机厂生产。随着生产技术的研发推进，明发公司不断调整胶板、模板、液压机的规格和功能，不断变更对供应商的要求，经过长期合作，三家供应商能够提供匹配的产品及设备。

[①] 最高人民检察院第二十六批指导性案例检例第102号。

被告人金义盈于2005年应聘到明发公司工作，双方签订劳动合同，最后一次合同约定工作期限为2009年7月16日至2011年7月16日。其间，金义盈先后担任业务员、销售部经理、副总经理，对菲涅尔超薄放大镜制作方法有一定了解，并掌握设备供销渠道、客户名单等信息。金义盈与明发公司签订有保密协议，其承担保密义务的信息包括：（1）技术信息，包括产品设计、产品图纸、生产模具、生产制造工艺、制造技术、技术数据、专利技术、科研成果等；（2）经营信息，包括商品产、供、销渠道，客户名单，买卖意向，成交或商谈的价格，商品性能、质量、数量、交货日期等。并约定劳动合同期限内、终止劳动合同后两年内及上述保密内容未被公众知悉期内，不得向第三方公开上述保密内容。

2011年初，金义盈从明发公司离职，当年3月24日以其姐夫应某甲、应某乙的名义成立菲涅尔公司，该公司2011年度浙江省地方税（费）纳税综合申报表载明金义盈为财务负责人。菲涅尔公司成立后随即向上述三家供应商购买与明发公司相同的胶板、模具和液压机等材料、设备，使用与明发公司相同的工艺生产同一种放大镜进入市场销售，造成明发公司经济损失人民币122万余元。

【检察机关履职情况】

审查起诉　2018年1月23日，浙江省温州市公安局以金义盈涉嫌侵犯商业秘密罪移送温州市人民检察院（以下简称温州市检察院）审查起诉。1月25日，温州市检察院将本案交由瑞安市人民检察院（以下简称瑞安市检察院）办理。本案被告人未作有罪供述，为进一步夯实证据基础，检察机关退回公安机关就以下事项补充侦查：金义盈是否系菲涅尔公司实际经营者，该公司生产技术的取得途径，明发公司向金义盈支付保密费情况以及金义盈到案经过等事实。

8月16日，瑞安市检察院以被告人金义盈构成侵犯商业秘密罪向浙江省瑞安市人民法院（瑞安市法院）提起公诉。

指控与证明犯罪　庭审过程中，检察机关申请两名鉴定人员出庭，辩护人申请有专门知识的人出庭，就《司法鉴定意见书》质证。被告人金义盈及辩护人提出以下辩护意见：（1）鉴定人检索策略错误、未进行技术特征比对、鉴定材料厚度未能全覆盖鉴定结论，故现有证据不足以证明明发公司掌握的菲涅尔超薄放大镜生产工艺属于"不为公众所知悉"的技术信息。(2)涉案三家供应商信息属于通过公开途径可以获取的信息,不属于商业秘密。(3)菲涅尔公司系通过正常渠道获知相关信息,其使用的生产工艺系公司股东应某甲通过向其他厂家学习、询问而得知,金义盈没有使用涉案技术、经营信息的行为及故意,并提供了8份文献证明涉案技术信息已公开。(4)保密协议仅对保密内容作了原则性规定,不具有可操作性,保密协议约定了保密津贴,但明发公司未按约向被告人金义盈发放保密津贴。

公诉人答辩如下:第一,涉案工艺具备非公知性。上海市科技咨询服务中心知识产权司法鉴定所鉴定人通过对现有专利、国内外文献以及明发公司对外宣传材料等内容进行检索、鉴定后认为,明发公司菲涅尔超薄放大镜的特殊制作工艺不能从公开渠道获取,属于"不为公众所知悉"的技术信息。该《司法鉴定意见书》系侦查机关委托具备知识产权司法鉴定资质的机构作出的,鉴定程序合法,意见明确,具有证据证明力。涉案菲涅尔超薄放大镜的制作工艺集成了多种技术,不是仅涉及产品尺寸、结构、材料、部件的简单组合,无法通过公开的产品进行直观或简单的测绘、拆卸或投入少量劳动、技术、资金便能直接轻易获得,相反,须经本领域专业技术人员进行长期研究、反复试验方能实现。故该辩护意见不能对鉴定意见形成合理怀疑。

第二,涉案供应商信息属于商业秘密。供应商、明发公司员工证言等证据证实,三家供应商提供的胶板、模具、液压机产品和设备均系明发公司技术研发过程中通过密切合作,对规格、功能逐步调整最终符合批量生产要求后固定下来的,故相关供应商供货能力的信息为明发公司独有的经营信息,具有秘密性。明发公司会计凭证、增值税专用发票以及供应商、明发公司员工证言证实,涉案加工设备、原材料供应商均系明发公司花费大量人力、时间和资金,根据明发公司生产工艺的特定要求,对所供产品及设备的规格、功能进行逐步调试、改装后选定,能够给明发公司带来成本优势,具有价值性。明发公司与员工签订的《保密协议》中明确约定了保密事项,应当认定明发公司对该供应商信息采取了合理的保护措施,具有保密性。

第三,金义盈在明发公司任职期间接触并掌握明发公司的商业秘密。明发公司员工证言等证据证实,金义盈作为公司分管销售的副总经理，因工作需要熟悉菲涅尔超薄放大镜生产制作工艺、生产过程、加工流程等技术信息，知悉生产所需的特定设备和原材料的采购信息及销售信息。

第四，金义盈使用了明发公司的商业秘密。明发公司的菲涅尔超薄放大镜制作工艺涉及多种技术，加工时的温度、压力、保压时间等工艺参数均有特定化的要求。根据鉴定意见和专家意见，金义盈使用的超薄放大镜生产工艺与明发公司菲涅尔超薄放大镜生产工艺在相关的技术秘点比对上均实质相同，能够认定金义盈使用了商业秘密。

第五，现有证据足以排除金义盈通过其他合法渠道获取或自行研发超薄放大镜生产工艺的可能。经对菲涅尔公司账册及企业营收情况进行审计，证实该公司无任何研发资金投入，公司相关人员均无超薄放大镜等同类产品经营、技术研发背景，不具有自行研发的能力和行为。金义盈辩称其技术系由其姐夫应某甲从放大镜设备厂家蔡某处习得，但经调查蔡某并未向其传授过放大镜生产技术，且蔡某本人亦不了解该技术。

第六，保密协议约定明确，被告人金义盈应当知晓其对涉案技术信息和经营信息负有保密义务。证人证言、权利人陈述以及保密协议中保密津贴与月工资同时发放的约定，能够证实明发公司支付了保密费。合议庭对公诉意见予以采纳。

处理结果 2019年9月6日，瑞安市法院以侵犯商业秘密罪判处被告人金义盈有期徒刑1年6个月，并处罚金70万元。宣判后，被告人提出上诉，温州市中级人民法院裁定驳回上诉，维持原判。

【指导意义】

1. 依法惩治侵犯商业秘密犯罪，首先要准确把握商业秘密的界定

商业秘密作为企业的核心竞争力，凝聚了企业在社会活动中创造的智力成果，关系到企业生存与发展。依法保护商业秘密是国家知识产权战略的重要组成部分。检察机关依法严惩侵害商业秘密犯罪，对保护企业合法权益，营造良好营商环境，推进科技强国均有十分重要的意义。商业秘密是否成立，是认定是否构成侵犯商业秘密罪的前提条件。检察机关应着重审查以下方面：第一，涉案信息是否不为公众所知悉。注意审查涉案商业秘密是否不为其所属领域的相关人员普遍知悉和容易获得，是否属于最高人民法院《关于审理侵犯商业秘密民事案件适用法律若干问题的规定》

第4条规定的已为公众所知悉的情形。第二，涉案信息是否具有商业价值。注意审查证明商业秘密形成过程中权利人投入研发成本、支付商业秘密许可费、转让费的证据；审查反映权利人实施该商业秘密获取的收益、利润、市场占有率等会计账簿、财务分析报告及其他体现商业秘密市场价值的证据。第三，权利人是否采取了相应的保密措施。注意审查权利人是否采取了最高人民法院《关于审理侵犯商业秘密民事案件适用法律若干问题的规定》第六条规定的保密措施，并注意审查该保密措施与商业秘密的商业价值、重要程度是否相适应、是否得到实际执行。

2. 对于被告人不认罪的情形，要善于运用证据规则，排除被告人合法取得商业秘密的可能性，形成指控犯罪的证据链

由于商业秘密的非公开性和犯罪手段的隐蔽性，认定被告人是否实施了侵犯商业秘密的行为往往面临证明困境。在被告人不作有罪供述时，为查明犯罪事实，检察机关应注意引导公安机关从被告人使用的信息与权利人的商业秘密是否实质上相同、是否具有知悉和掌握权利人商业秘密的条件、有无取得和使用商业秘密的合法来源，全面客观收集证据。特别是要着重审查被告人是否存在合法取得商业秘密的情形，应注意围绕辩方提出的商业秘密系经许可、承继、自行研发、受让、反向工程等合法方式获得的辩解，引导公安机关收集被告人会计账目、支出凭证等能够证明是否有研发费用、资金投入、研发人员工资等研发成本支出的证据；收集被告人所在单位研发人员名单、研发资质能力、实施研发行为、研发过程的证据；收集有关商业秘密的转让合同、许可合同、支付转让费、许可费的证据；收集被告人是否通过公开渠道取得产品并实施反向工程对产品进行拆卸、测绘、分析的证据，以及被告人因传承、承继商业秘密的书证等证据。通过证据之间的相互印证，排除被告人获取、使用商业秘密来源合法的可能性的，可以证实其实施侵犯商业秘密的犯罪行为。

3. 应注重对鉴定意见的审查，必要时引入有专门知识的人参与案件办理

办理侵犯商业秘密犯罪案件，由于商业秘密的认定，以及是否构成对商业秘密的侵犯，往往具有较强专业性，通常需要由鉴定机构出具专门的鉴定意见。检察机关对鉴定意见应予全面细致审查，以决定是否采信。对鉴定意见的审查应注意围绕以下方面：一是审查鉴定主体的合法性，包

括鉴定机构、鉴定人员是否具有鉴定资质,委托鉴定事项是否符合鉴定机构的业务范围,鉴定人员是否存在应予回避等情形;二是审查鉴定材料的客观性,包括鉴定材料是否真实、完整、充分,取得方式是否合法,是否与原始材料一致等;三是审查鉴定方法的科学性,包括鉴定方法是否符合国家标准、行业标准,方法和标准的选用是否符合相关规定。同时,要注意审查鉴定意见与其他在案证据能否相互印证,证据之间的矛盾能否得到合理解释。必要时,可聘请或指派有专门知识的人辅助审查案件,出庭公诉时可申请鉴定人及其他有专门知识的人出庭,对鉴定意见的科学依据以及合理性、客观性发表意见,通过对技术性问题的充分质证,准确认定案件事实,加强指控和证明犯罪。

二、北京华颉信息技术有限公司、李甲等侵犯商业秘密案[①]

【案件事实】

北京中软融鑫计算机系统工程有限公司(以下简称中软融鑫公司)系主营技术开发、计算机系统服务、销售软件等业务的国有控股公司,研发多款金融监管类软件。李甲、李某波、李某明先后于2005年、2008年、2009年入职中软融鑫公司,并与公司签订保密协议,分别曾任该公司副总经理、高级软件开发工程师、业务分析师。被告人李甲、李某明在任职期间,于2013年1月共同出资成立同业竞争公司上海华颉公司,由亲友代持股份,二人隐名实际运营。2014年2月李某明离职,担任上海华颉公司法定代表人、总经理,负责该公司运营;4月李某波离职加入上海华颉公司,负责对该公司非法获得的中软融鑫公司软件进行"去标识化"等处理。李甲仍留在中软融鑫公司工作,但参与上海华颉公司运营,2013年至2016年间多次将中软融鑫公司软件模型资料等提供给上海华颉公司。2013年至2016年,上海华颉公司向多家公司销售金融监管类软件,给权利人造成损失人民币150余万元。经鉴定,中软融鑫公司相关软件具有非公知性,上海华颉公司销售的软件与中软融鑫公司相关软件的非公知源代码具有同一性。

[①] 最高人民检察院发布的2020年度检察机关保护知识产权典型案例之一。

【检察机关履职情况】

提前介入 中软融鑫公司报案后，公安机关于2017年12月13日对李某明以涉嫌侵犯商业秘密罪立案侦查。依公安机关商请，北京市海淀区人民检察院（以下简称海淀区检察院）介入侦查，引导取证，立即向北京检察科技信息中心申请专业同步辅助审查，及时引导公安机关依法规范提取上海华颉公司服务器中的电子数据，扣押关键办公电脑；并迅速与国家工业信息安全发展研究中心司法鉴定所联系，明确鉴定方向，跟进鉴定进程。

审查逮捕 2018年6月11日，公安机关以李某明涉嫌侵犯商业秘密罪提请海淀区检察院审查逮捕。针对李某明提出未参与运营、上海华颉公司享有著作权等无罪辩解，检察人员通过梳理账本、核实著作权登记、调取证人证言等方式，认定其辩解不能成立，依法批准逮捕。

审查起诉 2018年9月13日，公安机关以李某明涉嫌侵犯商业秘密罪移送起诉。海淀区检察院经审查，追加上海华颉公司为单位犯罪，追加认定两起犯罪事实，并追捕、追诉漏犯李甲、李某波。海淀区检察院陆续对被告单位上海华颉公司、被告人李某明、李某波、李甲以侵犯商业秘密罪提起公诉。

出庭公诉 庭审过程中，公诉人对辩护人提出的上海华颉公司享有涉案软件著作权等意见逐一答辩，合议庭对公诉意见予以采纳；对于李甲拒不认罪，公诉人紧扣被告人自公司成立之初即参与决策运营、多次对外发送中软融鑫公司涉密文档等客观行为，逐一开展有针对性的细节讯问，李甲当庭认罪悔罪。海淀区法院一审以侵犯商业秘密罪判处上海华颉公司罚金50万元，判处李甲等三人有期徒刑2年2个月至1年6个月不等，并处罚金20万元至10万元不等。李甲等人均未上诉，上海华颉公司提出上诉。2020年10月30日，北京市第一中级法院作出驳回上诉、维持原判的裁定。

【典型意义】

1. 发挥审前主导作用，夯实案件证据基础

办案检察机关依托"捕诉一体"制度优势，充分发挥审前主导作用，针对电子数据，向公安机关列明重点提取对象及注意事项，并申请有专门知识的人同步辅助审查海量证据、挖掘重要监督线索；针对讯问及取证难

点，制定详细讯问、补侦提纲及取证方案，并视情况调整补充；就涉案软件商业秘密非公知性、同一性，以及目标代码与源代码的对应关系等关键问题，多次询问知识产权鉴定机构，确保收集证据全面、合法，为指控犯罪奠定坚实基础。

2. 依法追诉漏罪、漏犯，确保案件质量

侦查阶段，公安机关仅对李某明提请逮捕、移送起诉，检察机关开展自行补充侦查，询问重要证人、向版权登记机构核实情况，核实销售侵权软件合同的签订主体、销售款项用途，核实该公司还有其他合法生产经营活动等情况，依法追加单位犯罪；通过引导公安机关调取销售合同，依法追加两起犯罪事实；通过深度挖掘电子证据，依法追捕、追诉李甲、李某波，充分发挥了法律监督职能。

3. 强化源头治理理念，护航企业创新发展

检察机关在打击犯罪的同时力求源头治理，结合本案情况深入剖析案发背景及行为成因，挖掘公司在软件产品研发、市场推广销售领域的薄弱环节和管理漏洞，及时制发检察建议，帮助企业完善规章制度。该公司收到检察建议后随即开展了系列整改工作，强化了内部法律教育，切实提高了自身知识产权保护水平。

三、山东赵某侵犯商业秘密案[①]

【案件事实】

山东德州鲁樱食品有限公司（以下简称鲁樱公司）、久和食品有限公司（以下简称久和公司）对外统称久和集团，系实际控制人为一人的关联企业，是一家集研发、生产、销售于一体的大型食品馅料企业。被告人赵某于2009年11月至2018年6月担任鲁樱公司负责生产业务的副总经理，并与公司签订保密协议，约定在职期间及离职后五年内有保密义务。

2018年7月，赵某从鲁樱公司辞职后，入职正久食品（长春）有限公司（以下简称正久公司）任副总经理。其后不久，赵某陆续将其工作过

[①] 最高人民检察院发布的2020年度检察机关保护知识产权典型案例之一。

程中知悉的鲁樱公司、久和公司客户特殊品种情况表、客户质量标准、销售协议、销售政策、退货政策、产品价格表等经营信息，通过微信披露给正久公司实际控制人田某及其业务员。正久公司业务员使用上述信息，向鲁樱公司、久和公司的客户低价推销同类产品，鲁樱公司、久和公司为维系客户关系，被迫采取降低售价、免除运费、附加赠品等优惠措施，鲁樱公司、久和公司因商业秘密被非法披露、使用遭受损失342万余元。经鉴定，赵某披露的信息属于不为公众所知悉的经营信息。

【检察机关履职情况】

发现案件线索　被告人赵某利用职务便利，在为鲁樱公司采购设备过程中收受回扣12万元，涉嫌非国家工作人员受贿罪，于2019年11月19日被公安机关移送山东省禹城市人民检察院（以下简称禹城市检察院）审查起诉。办案检察人员在审查举报材料时发现，鲁樱公司反映"赵某高薪加入同行业公司，并私自招揽原公司客户群"，认为赵某可能涉嫌侵犯商业秘密犯罪，遂将该案退回补充侦查，要求公安机关收集固定赵某是否构成侵犯商业秘密罪的证据，并引导公安机关对赵某非法披露涉及鲁樱公司经营信息的证据进行勘查取证，对相关信息是否具有秘密性进行鉴定。

审查起诉　2020年4月3日，公安机关以赵某涉嫌侵犯商业秘密罪移送禹城市检察院审查起诉。公安机关就权利人损失委托鉴定，鉴定机构以原材料价格与销售价格正相关为计算假设依据，剔除国外贸易、视同销售的营业收入及营业成本金额，以2017年11月28日至2018年11月27日的销售收入/原材料比作为计算依据，认定企业损失为415.27万元。检察机关认为该损失计算为估计损失，而非实际损失，犯罪数额存疑。为查明损失数额，禹城市检察院启动自行补充侦查，调取25册3000余页账证进行核对，根据金税系统中的出库单和发票，以产品的实际出厂单价和数量为计算依据，认定鲁樱公司、久和公司损失数额为342.63万元，得到法院判决支持。

出庭公诉　针对辩方可能提出的辩护意见，检察人员制定多个出庭预案，制作详细的举证提纲；庭审中，检察人员就鲁樱公司、久和公司的经营信息属于商业秘密、赵某对涉案经营信息负有保密义务、权利人损失的认定依据、赵某非法披露、允许他人使用的经营信息与权利人损失之间的因果关系等关键事实，结合书证、电子数据、证人证言等充分举证，取得良好的庭审效果。2020年8月20日，禹城市法院认定赵某犯侵犯商业秘密罪，判处有期徒刑4年，罚金50万元，犯非国家工作人员受贿罪，判处有期徒刑10个月，数罪并罚，决定执行有期徒刑4年6个月，罚金50万元。一审宣判后赵某未上诉，该判决已生效。

【典型意义】

1. 严厉惩治侵犯商业秘密犯罪，维护公平有序的竞争秩序

现代社会鼓励在改进技术、降低成本和提高产品质量基础上的公平竞争，非法披露、使用或允许他人使用权利人技术秘密和经营信息，获取市场份额和竞争优势的犯罪行为应当受到法律的严厉制裁。本案权利人是国内食品馅料行业的龙头企业，在该公司担任高管职务的赵某违反保密协议和诚信原则，将知悉的经营信息商业秘密披露给其他同业经营者，导致权利人生产经营遭受重大损失，造成特别严重后果，应当承担相应的刑事责任。

2. 充分发挥检察监督职能，查微析疑，发现漏罪线索

企业在长期生产经营过程中形成的能够为权利人带来竞争优势的用于经营的各类信息，直接关系到企业的生存与发展。本案所涉的客户名单等经营信息的价值性体现在其所伴随的交易机会、销售渠道以及销售利润，这些经营信息能够在联系销售业务中获得优势，提高竞争力，创造经济价值，具有现实及潜在的市场价值。禹城检察机关在办理其他案件中敏锐捕捉到经营信息被侵犯的犯罪线索，并引导公安机关开展侦查，查实了侵犯商业秘密犯罪，有效维护了企业合法权益。

3. 恪守客观公正，保障被告人权利

检察人员对于鉴定意见所采用的鉴定方法、鉴定依据进行了细致审查，认为本案权利人损失的数额计算有误，遂自行补充侦查，确定合理的损失计算方法，查明犯罪数额，准确认定案件事实、适用法律，体现了办案检察机关秉持客观公正立场，从存疑有利于被告人的原则出发，切实做到了公平公正、不枉不纵。

四、上海万超公司、于某某等侵犯商业秘密案[①]

【案件事实】

权利人上海恩坦华汽车部件有限公司（以下简称恩坦华公司）通过协议、授权等方式，从关联公司处获得汽车全景天窗相关技术信息用于生产经营，并以设置分级管理制度、签订保密条款等措施对技术信息进行保密。经鉴定，该公司汽车天窗机械组、汽车天窗遮阳帘驱动系统、天窗后玻璃排水系统及汽车天窗技术图纸，均属于不为公众所知悉的技术信息。

2012年4月至2014年2月，被告人于某某在权利人恩坦华公司担任高级产品工程师，曾接触上述技术信息。2014年3月，于某某从恩坦华公司离职，随即受被告人贾某某经营的被告单位上海万超汽车天窗有限公司（以下简称万超公司）聘用，负责汽车全景天窗研发工作。于某某违反与恩坦华公司保密约定，将恩坦华公司技术信息披露并用于万超公司相关天窗产品的研发。万超公司法定代表人贾某某明知于某某存在非法披露他人技术秘密的情况，仍将相关数据资料用于万超公司相关汽车天窗产品的研发及生产销售。后贾某某、于某某又以共同发明人身份，对部分技术申请专利。经鉴定，万超公司的部分汽车天窗产品、相关专利及计算机内部分电子数据，与恩坦华公司技术信息实质相同或具有同一性，公司销售相关产品净利润达人民币1298万余元。

【检察机关履职情况】

审查起诉　公安机关于2018年5月18日以被告人于某某涉嫌侵犯商业秘密罪，向上海市嘉定区人民检察院（以下简称嘉定区检察院）移送审查起诉，但未将万超公司、贾某某一并移送审查起诉。于某某到案后，否认曾接触和披露涉案技术秘密，贾某某在接受公安机关询问时，亦否认明知该技术属于他人商业秘密，称相关技术信息是通过于某某从外籍人员处购得，万超公司为此支付了25万元价款。

为进一步查明案件事实，检察官一方面通过退回补充侦查，引导公安机关继续收集固定证据。在排除其他人泄露技术秘密的可能性并认定于某某实施了侵犯商业秘密的犯罪行为，且属于情节特别严重后，检察机关

[①] 最高人民检察院发布的2020年度检察机关保护知识产权典型案例之一。

于11月16日对于某某以侵犯商业秘密罪向上海市普陀区法院提起公诉。另一方面通过自行补充侦查，追加起诉被告单位万超公司及其经营者贾某某。检察官通过现场走访、调取有关书证材料、询问相关证人，发现万超公司在经营过程中有很强的保密意识，对自行研发过程中涉及的技术资料，采取安装加密软件、设置物理隔离及专人保管登记等措施加以保护，而涉案技术信息的获取过程存在明显异常，且原始电子文档上留有恩坦华公司的标记。在补充上述证据之后，检察机关于2019年7月18日对万超公司、贾某某以侵犯商业秘密罪追加起诉。

出庭公诉 法庭审理阶段，被告人于某某仍坚持无罪辩解。嘉定区检察院就恩坦华公司的技术信息属于商业秘密、万超公司电子数据及产品与恩坦华公司的技术信息存在实质相同或具有同一性等案件事实进行举证，同时结合大量客观证据，充分论证于某某实施了披露、允许他人使用的侵犯商业秘密行为以及万超公司、贾某某具有犯罪的主观故意。2020年1月19日，上海市普陀区法院认定各被告人犯侵犯商业秘密罪，判处万超公司罚金400万元；判处于某某有期徒刑5年，并处罚金50万元；判处贾某某有期徒刑3年缓刑3年，并处罚金35万元。一审宣判后被告单位及被告人均未上诉，判决已生效。

【典型意义】

1. 依法加强商业秘密司法保护力度，维护公平竞争的经济秩序

侵犯商业秘密犯罪严重破坏市场竞争秩序和营商环境，抑制市场主体创新创造活力，中央高度重视商业秘密保护，明确要求强化商业秘密刑事执法。检察机关着力加强对商业秘密的保护力度，重点打击涉及高新技术、关键核心技术、事关企业生存和发展的侵犯商业秘密犯罪，全面维护权利人合法权益。

2. 综合运用证据形成锁链，全面查明犯罪事实

商业秘密案件涉及专业性、技术性问题多，查明侵权人犯罪过程和手段是办案难点之一。特别是在犯罪嫌疑人拒不认罪的情况下，检察机关要注意引导公安机关追查涉案技术信息来源、保密措施、泄密过程、保密义务等，收集固定侵权人违约情况、侵权情况等证据。同时，应注重加强与权利人沟通，准确确定商业秘密检材范围、内容及鉴定方法，广泛收集证人证言等其他证据，进而形成证据锁链，排除其他造成商业秘密泄露的

可能性，从而证明被告人实施侵犯商业秘密犯罪。

3. 慎用刑事强制措施，在依法办案与避免冲击企业经营之间寻求平衡

检察机关在严惩犯罪保护知识产权的同时，也要注意服务保障"六稳""六保"，尽量减少司法活动对企业正常经营的影响。可以通过实地走访调查，了解侵权公司的经营规模、员工结构等情况，综合评判企业维持经营的实际需要及被告人到案后的认罪悔罪态度，审慎适用强制措施，可捕可不捕的坚决不捕，对已捕的涉案企业经营者依法开展羁押必要性审查，确保取得打击犯罪与维护生产经营的平衡。

五、浙江周某侵犯商业秘密案[①]

【基本案情】

浙江春风动力股份有限公司（以下简称春风动力公司）是专业从事全地形车、竞技摩托车等产品研发、制造、销售的高新技术企业，对自主研发的2V91系列发动机技术设有保密措施且未许可他人使用。2004年，被告人周某入职春风动力公司从事发动机技术研发，并签订保密协议。2014年2月24日至3月1日，春风动力发动机研究所负责人在出差期间，将该所指定邮箱审核权限授权给周某，周某利用该授权权限，私自将公司研发的2V91系列发动机等技术资料从公司涉密内网邮箱发送至自己的外网邮箱。

2015年3月，被告人周某从春风动力公司辞职后即应聘到飞神集团有限公司（以下简称飞神公司）控股的浙江同硕科技有限公司（以下简称同硕公司）主持研发发动机。其间，被告人周某将其获取的2V91系列发动机技术信息用于同硕公司发动机研发。2017年5月至2018年1月，同硕公司向飞神公司销售涉案发动机314台，其中300台被飞神公司用于配装全地形车销往多地。经鉴定，同硕公司与春风动力公司生产的发动机多项技术秘密点相同。被告人周某的行为给春风动力公司造成损失83.9万余元。

---

① 最高人民检察院发布的2020年度检察机关保护知识产权典型案例之一。

【检察机关履职情况】

审查起诉 本案侦查机关将春风动力公司 2V91 系列发动机研发成本 914.15 万元认定为权利人损失数额,并移送浙江省杭州市余杭区人民检察院(以下简称余杭区检察院)审查起诉。办案检察机关认为该损失数额不能作为定罪依据,遂主动联系多家审计评估单位,就本案损失计算方式进行充分论证,最终确定以侵权产品销售数量乘以春风动力每台车辆的利润再乘以发动机价值与整车价值占比的损失数额计算方法,得出本案权利人损失数额 83 万余元,得到法院判决支持。办案检察机关还根据案件事实和证据情况,通过释法说理,促使被告人周某由拒不认罪转为认罪认罚。

出庭公诉 2019 年 10 月 31 日,余杭区检察院对周某以侵犯商业秘密罪提起公诉。庭审中,辩护人提出鉴定的技术秘密点均已被权利人在维修手册上公开或者系国家标准明确规定,不构成商业秘密。检察人员仔细查阅大量专业性材料,咨询包括鉴定人员在内的多位发动机领域专家,对全案证据进行严格审查,得出部分技术秘密点已被公开,但部分技术秘密点仍属商业秘密,不影响整体侵权认定的结论;同时收集大量已决案例作为参考,并结合本案具体情况提出适用缓刑和罚金数额的精确量刑建议,被法院完全采纳。2020 年 3 月 26 日,余杭区法院以侵犯商业秘密罪,判处周某有期徒刑 1 年 6 个月,缓刑 2 年,并处罚金 80 万元。周某未上诉,该判决已生效。

【典型意义】

1. 依法惩治侵犯商业秘密犯罪,为国家高新技术企业发展护航

本案权利人春风动力公司系国家高新技术企业,多年来一直走自主创新发展模式,属于国内全地形车领域龙头企业。检察机关坚持知识产权案件专业化办理,有力指控犯罪的同时积极促成双方达成赔偿谅解协议,飞神公司、同硕公司与春风动力公司达成谅解协议,同意停止侵权并赔偿人民币 300 万元,召回全部侵权产品,有力保护了商业秘密权利人的合法权益。

2. 借力专家智库,准确认定侵权行为和犯罪数额

由于商业秘密的认定以及是否构成对商业秘密的侵犯,往往具有较强专业性,通常需要听取有专门知识的人的意见。办案检察机关经过咨询涉案技术领域专家,认为涉案技术秘密的部分已被公开但其他秘密点部分

仍不为公众所知悉的，整体上应当认定为构成商业秘密，侵权行为成立，得到法院判决认可。本案侵权产品尚未获利，市场上缺乏类似许可使用的情况，价值评估条件欠缺。检察机关经与多家审计评估公司研讨，并带领评估人员赴案发企业调查核实，最终确定以侵权产品销售数 × 春风动力每台车辆利润 × 发动机价值与整车价值占比计算权利人损失作为犯罪数额，对同类案件的办理提供了有益借鉴。

3. 延伸检察职能，积极参与知识产权综合治理

办案检察机关认真梳理涉案企业在商业秘密保护制度、商业秘密载体管理、涉密企业管理等方面存在的漏洞，参考国内外先进涉密管理经验，提出建章立制、堵漏除弊的检察建议，助力企业堵塞漏洞。多次赴涉案企业走访交流，开展法治宣传，帮助企业提升商业秘密保护意识和能力，切实防止类似侵权案件发生。

第六编

扰乱市场秩序罪

第一章 扰乱市场秩序罪概述

第一节 扰乱市场秩序罪的立法沿革

1979年刑法对于扰乱市场秩序的犯罪规定较少，仅有投机倒把罪，伪造车票、船票罪等罪名。随着市场经济的活跃，市场主体日益复杂，扰乱市场秩序违法犯罪越来越多，危害越来越严重。社会主义市场经济的本质特征是主体平等、交易自由、公平竞争。市场秩序是社会主义市场经济基本要求，也是社会主义市场经济赖以生存和发展的基本前提。为惩治严重破坏市场秩序的犯罪，维护公平、有序的市场秩序，1997年修订刑法时在刑法分则第三章第八节专门规定了扰乱市场秩序罪，对扰乱市场秩序的犯罪行为予以严厉打击，保障国家有关市场管理法律法规的贯彻实施，保障我国市场秩序的健康稳定发展。从其名称及排序可以看出，此类犯罪与第三章其他节相比，有着"兜底""收尾"的特征，因此罪名比较多样化。

之后，适应依法惩治新型犯罪的需求，全国人大常委会先后出台了11次刑法修正案，其中对新出现的扰乱市场秩序犯罪形态也予以立法规制。如2009年《刑法修正案（七）》增设了组织、领导传销活动罪；同时对非法经营罪进行再次修改，在原第225条第3项的基础上增加了"非法从事资金支付结算业务"的规定；2011年《刑法修正案（八）》又对强迫交易罪进行修改，一是扩大了强迫交易行为的内涵，二是增加了法定刑设置幅度，对强迫交易罪加大了惩处力度，等等。同时，最高人民法院、最高人民检察院单独或者联合制定的与扰乱市场秩序罪相关的司法解释有 20 余个。可见，随着经济体制改革的不断深入和法律的相应修改，扰乱市场秩序犯罪不乏值得关注和研究的新情况、新问题。

本节规定了 13 个罪罪名，分别是：损害商业信誉、商品声誉罪，虚假广告罪，串通投标罪，合同诈骗罪，组织、领导传销活动罪，非法经营罪，强迫交易罪，伪造、倒卖伪造的有价票证罪，倒卖车票、船票罪，非法转让、倒卖土地使用权罪，提供虚假证明文件罪，出具证明文件重大失实罪，逃避商检罪。

第二节　扰乱市场秩序罪的发案态势

一、案件数量庞大并继续增加，多发罪名和地域高度集中

在破坏社会主义市场经济秩序犯罪案件中，扰乱市场秩序罪案件数量最多，近五年均处于首位，且有继续增加的趋势。其中，案件数量最多的是非法经营罪，占该类犯罪的三分之一以上，整体仍呈上升态势；案件数量增幅特别大的是强迫交易罪和串通投标罪，2019 年较 2016 年分别增长了 5 倍和 3 倍左右。另外，虚假广告罪，非法转让、倒卖土地使用权罪，提供虚假证明文件罪，出具证明文件重大失实罪等，案件数量虽然不多，但近年来都出现了大幅上涨态势；伪造、倒卖伪造的有价票证罪的案件数量则下降明显。在具体罪名上，发案数量高度集中于非法经营罪，组织、领导传销活动罪，合同诈骗罪，串通投标罪，强迫交易罪，五罪数量之和已连续五年占扰乱市场秩序罪案件总数的 95% 以上，其中前三个罪名占比即达 80% 左右。近年来，非法经营罪案件仍持续上涨，五年来增长约 70%；组织、领导传销活动罪屡禁不止，案件数量上涨明显；合同诈骗罪比较平稳无大幅波动，虽然案件数量居高不下，但在扰乱市场秩序罪

中占比明显下降。在地域分布上,广东的案件数量近年来一直排在首位,占全国此类犯罪案件数量的10%左右;在起诉人数上,广东、浙江、江苏、河南连续三年排在前五位。

二、共同犯罪比较多,犯罪主体结构相对稳定

近年来,扰乱市场秩序罪中共同犯罪比较多,占比60%左右,并逐年上升。常见多发罪名中,强迫交易罪,串通投标罪,组织、领导传销活动罪的共同犯罪比例尤为突出,都在80%左右;非法经营罪有60%左右;合同诈骗罪也近40%。另外,提供虚假证明文件罪中共同犯罪增加比较明显,虚假广告罪的共同犯罪也每年上升约10个百分点,都已升至80%左右。起诉的扰乱市场秩序罪中,单位犯罪案件数量占1%左右。自然人犯罪中,在起诉案件人数上,多年来一直是无业人员、农民、个体劳动者排在前三位,且占比相对稳定,分别在40%、20%、10%左右。另外,非国有公司企事业单位人员数量逐年增加,占比同步提升,已近10%;我国港澳台人员、外国人数量不多,两者合计占0.1%左右。

三、轻刑犯罪比较多,重刑犯罪逐年减少

从不捕不诉率看,扰乱市场秩序罪近年来的不捕率比较稳定,不诉率逐渐上升,都高于整体刑事犯罪。常见多发罪名中,合同诈骗罪、非法经营罪、组织、领导传销活动罪的不捕不诉率都比较稳定,不捕率分别在35%、30%、20%左右,不诉率分别在12%、10%、7%左右;串通投标罪不捕率和不诉率均逐渐上升,分别达30%、40%左右;强迫交易罪的不捕率相对稳定,不诉率则波动较大。从判决情况看,扰乱市场秩序罪中,判处3年以下有期徒刑、拘役、管制、单处附加刑人数较多,约占该类犯罪判决总人数的三分之二;判处10年以上有期徒刑、无期徒刑人数比例逐年下降,占比5%左右。另外,无罪判决比例有所下降,2020年开始低于整体刑事犯罪无罪判决率。

第三节 扰乱市场秩序案件的主要特点和问题

近年来,随着我国经济、社会形势的不断发展,此类犯罪在我国经济生活中正呈现出逐步蔓延的趋势,新情况、新问题也层出不穷。

一、犯罪类型、手段、方式不断翻新,日趋多样化、智能化

以非法经营罪为例,以往此罪名下的犯罪行为多为未经许可通过实体店经营专营、专卖的烟草,以及限制买卖的药品等物品。随着市场经济发展,非法经营的手法日渐创新,非法经营的范围日渐扩大,非法经营的途径也越来越多样化、智能化,犯罪手段更加隐蔽,更加不易令人察觉。如近年来在北京、上海等地频频发生的"非法炒金"案,犯罪集团往往打着"炒外盘""高杠杆""赚快钱"旗号,利用"以小博大"的杠杆效应吸引众多投资者参与其中,进而将数额巨大的客户资金收入囊中。[①]

二、涉案人员数量多、成分杂,共同犯罪比例高

从近几年的扰乱市场秩序犯罪的统计情况来看,犯罪分子"拉帮结派"、团伙犯罪的现象越来越普遍,共同犯罪的比例也越来越高。从每个共同犯罪案件的被告人人数情况来看,少则2人,多则几十人甚至上百人,"团伙化"现象越发明显。

同时,随着犯罪主体的规模不断扩张,随之带来的就是团伙内部分工的日益细化,组织性、专业性日渐明显,案件也越来越复杂。以合同诈

---

① 参见李鉴振、张晓霞:《扰乱市场秩序犯罪的现状、特点及难点分析》,载《上海政法学院学报(法治论丛)》第3期。

骗案件为例，传统的"单打独斗"型犯罪模式正日渐消失，实践中不少犯罪分子相互联系、密切配合，犯罪模式日渐向团伙化、职业化方向发展。在一些诈骗犯罪团伙中，犯罪分子以诈骗犯罪为常业，作案中分工明确，组织严密，"筑壳""钓鱼""取货""移货""窝赃""销赃"，环环紧扣，有条不紊。甚至在犯罪团队内部，在业务分工上还实现了"术业有专攻"，分配专人分别熟悉相关生产经销环节和流程，对如何成功销赃、如何设计合同权利义务以诱骗对方上钩，以及如何逃避法律制裁上分头进行深入研究，来寻找法律空白，逃避法律制裁。又如在组织、领导传销活动犯罪中，一般传销组织在拉新人"入行"时，甚至会有专门应对公安、工商检查的培训，还会针对"三级且30人"的立案追诉标准，将传销活动化整为零、灵活机动，集中活动时还有人"站岗放哨"。一些传销组织分工专业、交叉培训，高级头目异地指挥甚至境外遥控，使得执法机关难以掌握传销证据。这种有组织、专业化的犯罪发展态势令此类案件的查办越显艰难。

另外，此类犯罪案件中出现一批高学历的犯罪分子，在一些合同诈骗、非法经营以及非法传销案件中表现尤为明显，相关案件中高学历、高智商人员犯罪的报道频频见诸报端。尤其在组织、领导传销活动犯罪中，近年来参与这一犯罪的人员已由过去单一的低收入困难群体，逐步向"高层次、高学历、高收入"人群扩展，除农民和城市无业者外，公务员、教师、大学毕业生、复转军人、实业家参与其中屡屡可见。在一些案件中，涉案主体更是呈现智能化、低龄化倾向。在传统的对犯罪分子手法要求较高的合同诈骗犯罪领域，高学历犯罪分子参与其中的现象就更显突出。在这些案件中，一夜暴富的欲望往往令这些受过高等教育的人失去辨别是非的能力，铤而走险，将学识和才能用在规避法律和与司法人员的斗智上，最终在犯罪道路上越走越远，无法回头。

三、犯罪危害严重化，对市场秩序的破坏性愈加突出

一是犯罪数额大。在此类案件中，案件标的动辄数十万、上百万，个别案件的涉案金额达到了几千万乃至数亿。对国内相关案件进行网络搜索可以发现，此类犯罪的金额日渐增加，屡创新高。

二是被害人多，有的犯罪人员本身也是受害人。犯罪数额巨大往往伴随着的就是被害人人数众多，而且这种现象在非法经营以及组织、领导传销活动案件中表现得尤为明显。在一些案件当中，有的人往往既是犯罪人员也是受害人。如媒体报道的一起非法炒汇案件中，被告人张某涉嫌非法经营犯罪，被警方依法刑事拘留。在此案侦查过程中，警方发现，有20多名大学毕业生先后在长达1年多的时间里，以投资炒外汇的名义，分别交给张某几万元至几十万元不等的资金，总金额200多万元。事实上，这些表面上看来作为受害一方的年轻人，也触犯了有关法律法规，成了非法炒汇行为的参与者。

三是严重影响市场正常的交易和竞争秩序。近年来出现了许多新类型犯罪，这些犯罪与新时期信息网络技术与金融手段的发展紧密结合，与传统的扰乱市场秩序犯罪相比，这些犯罪造成的社会危害性更大，影响更加恶劣，对市场秩序的破坏性也更加突出。以"非法炒金"案件为例。这类黄金期货案件通常利用网络进行犯罪，一方面受害群众遍布全国各地；另一方面，由于网络本身具有隐蔽性，致使司法机关难以固定证据。不少案件中所有客户信息、资金流量、交易情况均存在公司的交易软件中，不法分子将交易软件的服务器设在境外，一旦案发即切断网络，导致一部分证据无法获取，给司法审计造成了一定困难。

四、刑民交叉，罪与非罪、此罪与彼罪的认定争议大

随着市场经济的日趋活跃，各类经济纠纷日益增多。相关纠纷到底是触犯刑律的犯罪，还是民事法律调整的民事法律关系，法律认知上容易产生分歧。尤其是市场经济主体间一旦发生合同因种种原因无法履行，出现合同纠纷，当发展到各方矛盾无法得到调和时，一方往往以合同诈骗为由要求追究对方责任。事实上，对于这样一种广泛存在于社会生活中的现象，如何区分合同诈骗与合同纠纷，在法律上仍难以确定明显的界限。又如随着社会主义市场经济的发展，民间高利贷现象越来越普遍，特别是在金融服务较为落后的一些农村地区更是甚嚣尘上，扰乱了市场经济秩序的同时，极易诱发故意伤害等犯罪，社会危害性极大。但在2019年10月21日最高人民法院、最高人民检察院、公安部、司法部《关于办理非法

放贷刑事案件若干问题的意见》出台之前，由于刑法没有关于高利贷犯罪的规定，司法部门对于处理个人高利贷行为能否以非法经营罪论处，理论界与实务界均存在不同认识。还如，对现实中普遍存在的私人侦探和代人讨债等行为，是否可以非法经营罪定罪处罚，实践中同样存在不同的看法与争议。[①]

五、法条竞合现象普遍存在

在司法实践中，有些犯罪常常因为犯罪行为和犯罪结果涉及多个罪名而出现法条竞合现象，而被规定于刑法分则第三章的破坏社会主义市场经济秩序犯罪，就被有的专家称为"法条竞合的聚集地"。之所以出现此种现象，原因在于市场经济秩序是由相对静态的经济利益和绝对动态的经济活动作为基本要素的。经济利益与其他一些社会利益有着密切的联系，而经济活动又和其他一些社会活动犬牙交错。因此，扰乱市场秩序犯罪作为破坏社会主义市场经济秩序犯罪中的典型罪名，法条竞合现象十分普遍，也十分具有代表性。例如《刑法》第224条规定的合同诈骗罪，其主要的行为特征是通过合同的形式骗取他人的财物，行为人在主观上是以非法牟利、非法占有为目的，在客观上其行为特征是骗。尽管其表现方式主要是通过签订合同的形式，但是合同诈骗罪的行为特征中又有以"其他方法"骗取对方当事人财物的。至于"其他方法"包括了哪些具体方法，法律没有限制，只要是通过合同形式进行的诈骗方法都在此范围之内。而《刑法》第198条规定的保险诈骗罪，往往也是通过保险合同的形式进行的。签订保险合同时用虚构事实、隐瞒真相的方法骗取他人钱财的行为，在构成保险诈骗罪的同时在形式上又触犯了合同诈骗罪，两者由于存在相似性而发生法条竞合的现象。

[①] 参见李鉴振、张晓霞:《扰乱市场秩序犯罪的现状、特点及难点分析》，载《上海政法学院学报（法治论丛）》第3期。

六、空白罪状与兜底条款的问题

这一问题在非法经营犯罪中表现尤为明显。《刑法》第225条规定的非法经营罪实际是从1979年《刑法》第117条规定的投机倒把罪中分离出来的。1999年12月25日，第九届全国人大常委会第十三次会议通过了《刑法修正案》。该修正案第8条规定，将《刑法》第225条增加1项，作为第3项；原第3项改为第4项。经过此次修改，《刑法》第225条的罪状内容变更如下："违反国家规定，有下列非法经营行为之一，扰乱市场秩序，情节严重的，处五年以下有期徒刑或者拘役，并处或者单处违法所得一倍以上五倍以下罚金；情节特别严重的，处五年以上有期徒刑，并处违法所得一倍以上五倍以下罚金或者没收财产：（一）未经许可经营法律、行政法规规定的专营、专卖物品或者其他限制买卖的物品的；（二）买卖进出口许可证、进出口原产地证明以及其他法律、行政法规规定的经营许可证或者批准文件的；（三）未经国家有关主管部门批准，非法经营证券、期货或者保险业务的；（四）其他严重扰乱市场秩序的非法经营行为。"可以看出，1999年修订刑法时，立法者修改本条规定的初衷在于，经济犯罪形态发展变化较快的经济变革时期，倘若不留任何"口袋"条款，不利于及时打击花样翻新的经济犯罪，也不利于刑法的相对稳定，因此有限制地设置一点"其他"之类的拾遗补漏条款还是必要的。但实践证明，对于采用"违反国家规定"这一空白罪状及"其他严重扰乱市场秩序的非法经营行为"这一富有弹性的兜底条款，若不以立法解释或司法解释加以限制，就有可能越来越多地被援引，作为对《刑法》没有明文具体规定的一些非法经营行为定罪的法律依据，非法经营罪将重蹈投机倒把罪的覆辙。为此，针对如何适用刑法第225条规定的，"其他严重扰乱市场秩序的非法经营行为"这一项，全国人大常委会和最高人民法院分别颁布了1个决定和4个司法解释，非法经营罪也成为扰乱市场秩序犯罪中司法解释最多的一个罪名。

第二章　损害商业信誉、商品声誉罪办案指引

第一节　损害商业信誉、商品声誉罪概述

一、损害商业信誉、商品声誉罪的立法沿革

1979年刑法未规定损害商业信誉、商品声誉罪。我国的经济体制由计划经济转型为市场经济后，加强对市场秩序的规范至关重要。在扰乱市场秩序的行为中，行为人为进行不正当的竞争，捏造、散布虚伪事实，不仅损害了他人的商业信誉，给他人造成经济损失，而且严重扰乱了市场秩序。1993年颁布的《反不正当竞争法》第14条规定："经营者不得捏造、散布虚伪事实，损害竞争对手的商业信誉、商品声誉。"1997年修订刑法时，为了与上述规定相衔接，将捏造、散布虚伪事实、损害竞争对手的商业信誉、商品声誉这种严重的不正当竞争行为纳入刑事制裁的范畴，以实现保护正当的生产经营活动和正当的市场竞争秩序的目的。

近年来，有关损害商业信誉、商品声誉罪的新闻事件屡见不鲜，由于该类案件多与互联网相结合，因而总能制造舆论上的"爆点"。如"鸿茅药酒案""纸馅包子案""新快报记者案"等刑事案件，都曾引发舆论热议。

二、损害商业信誉、商品声誉罪的概念和构成特征

损害商业信誉、商品声誉罪,是指捏造并散布虚伪事实,损害他人的商业信誉、商品声誉,给他人造成重大损失或者有其他严重情节的行为。

(一)客体特征

本罪侵犯的客体是复杂客体,既侵犯了商业信誉和商品声誉的权利人的合法权益,又扰乱了市场秩序。本罪侵犯的对象是他人的商业信誉和商品声誉。这里的"他人",既包括单位,也包括个人,一般是指特定的具体单位或者个人,可以指名道姓,也可以不呼其名,但根据其虚构的内容、散布的方式,完全能让公众知道其指向于何人,具有特定性。如果其内容泛泛而指,根据其内容及散布方式无法推测针对的是谁,则不能构成本罪。由于本罪所侵害的是商业信誉、商品声誉,因此,他人必须是从事商业活动的人,如生产者,销售者,提供饮食、住宿、旅游等服务的人等。

所谓商业信誉,是指商业主体因从事商业活动,参与市场竞争,而在社会上所获得的肯定性的评价和赞誉,包括社会公众对该商业主体的资信状况、商业道德、技术水平、经济实力、履约能力等方面的积极评价。所谓商品声誉,是指商品因其价格、质量、性能、效用等的可信赖程度,在社会上尤其是在消费者中获得的好的评价和赞誉。商业信誉、商品声誉是社会公众对商业主体及其商品的积极性认识和评价,是商业主体的无形财产。商业信誉、商品声誉不是自封的,而是商业主体在长期参与市场竞争过程中,通过自己的商业行为而逐步建立起来的商业形象。

(二)客观特征

本罪的客观方面表现为捏造并散布虚伪事实,损害他人的商业信誉、商品声誉,给他人造成重大损失或者有其他严重情节的行为。这里所称的"捏造",既包括无中生有、凭空编造全部虚假事实的情形,也包括恶意歪曲、夸大部分事实或者虚构部分事实的情形。行为人有没有捏造涉及特定商业主体或者商品的虚假事实并予以散布,是该行为能否构成损害商业信誉、商品声誉的实质行为要件。"散布",既包括口头散布,也包括以书

面方式散布，如宣传媒介、信函等。造成损害他人的商业信誉、商品声誉的后果是多方面的，既可以是直接的，也可以是潜在的，如使他人的商业信用降低、无法签订合同或无法开展正常的商业活动等；或者使他人的商品声誉遭到破坏，产品大量积压，无法销售等。重大损失，主要指直接经济损失，即损害商业信誉、商品声誉的行为导致的物质性的直接的经济损失，且属于已经实际发生的经济损失。其他严重情节，主要从行为的手段、动机、影响、次数等方面进行综合考察。

（三）主体特征

本罪为一般主体，自然人和单位均可构成。

（四）主观特征

本罪的主观方面是故意，即明知其捏造并散布虚伪事实的行为将损害他人商业信誉、商品声誉，破坏商品质量的可信度和商品的知名度，降低其所拥有商品的良好竞争力，仍然实施该行为的，不论行为人与被害人之间是否属于商业竞争关系，都符合本罪的主观要件。

三、损害商业信誉、商品声誉罪的追诉标准

最高人民检察院、公安部《关于公安机关管辖的刑事案件立案追诉标准的规定（二）》第66条规定："捏造并散布虚伪事实，损害他人的商业信誉、商品声誉，涉嫌下列情形之一的，应予立案追诉：（一）给他人造成直接经济损失数额在五十万元以上的；（二）虽未达到上述数额标准，但造成公司、企业等单位停业、停产六个月以上，或者破产的；（三）其他给他人造成重大损失或者有其他严重情节的情形。"

第二节　损害商业信誉、商品声誉罪的证据审查

一、损害商业信誉、商品声誉罪的证据要件

（一）犯罪客体证据

具体包括犯罪嫌疑人、被告人供述和辩解、被害人陈述、报案记录，犯罪嫌疑人、被告人所在单位的员工、技术人员、销售人员等证人证言，侦查机关出具的案发情况说明、物证、书证、鉴定意见、视听资料、电子数据等证据，证实行为人的行为既侵犯了商业信誉和商品声誉的权利人的合法权益，又扰乱了市场秩序。

（二）客观方面证据

一是证实行为人存在"捏造"行为的证据。主要包括犯罪嫌疑人、被告人供述和辩解，被害人陈述，权利人所在单位和犯罪嫌疑人、被告人所在单位的员工的证人证言，作为所捏造的虚伪事实载体的相关物证、书证，证实涉案相关情况系捏造的鉴定意见、视听资料、电子数据等。行为人有没有捏造涉及特定商品或特定对象的虚假事实并予以散布，是该行为能否构成损害商业信誉、商品声誉罪的实质行为要件。

二是证实行为人存在"散布"行为的证据。主要包括犯罪嫌疑人、被告人供述和辩解，被害人陈述，知情者提供的证人证言，散布过程中形成的宣传媒介、信函等物证、书证，证实行为人在媒体、互联网上予以散布、传播情况的视听资料、电子数据等。

三是证实给被害人造成重大损失的证据。主要包括犯罪嫌疑人、被

告人供述和辩解、被害人陈述、证人证言,以及权利人被损害商誉前后销售数额的销售账本、凭证、会计资料、审计报告、银行往来凭证;证明权利人破产的破产申请书、法院的破产裁定等;以及商业损失鉴定意见等。

四是证实行为人存在其他严重情节的证据。主要包括犯罪嫌疑人、被告人供述和辩解,被害人陈述,证人证言,物证、书证以及视听资料、电子数据等,证实是否存在使他人的商业信用降低、无法签订合同或无法开展正常的商业活动或者使他人的商品声誉遭到破坏,产品大量积压,无法销售等情况。

(三) 犯罪主体证据

一是证明行为人刑事责任年龄、身份等自然情况的证据。包括身份证明、户籍证明、任职证明、工作经历证明、特定职责证明等,主要是为了证实行为人的姓名(曾用名)、性别、出生年月日、民族、籍贯、出生地、职业(或职务)、住所地(或居所地)等。对于户籍、出生证等材料内容不实的,应提供其他证据材料。外国人犯罪的损害商业信誉、商品声誉案件,应有护照等身份证明材料。人大代表、政协委员犯罪的案件,应注明身份,并附身份证明材料。

二是证明行为人刑事责任能力的证据。证实行为人对自己的行为是否具有辨认能力与控制能力,包括犯罪嫌疑人、被告人供述和辩解,被害人陈述,证人证言,司法精神病鉴定等。

三是证明涉案单位情况的证据。具体包括企业法人营业执照、法人注册登记证明、法人设立证明、国有公司性质证明及非法人单位的身份证明、法人税务登记证明和单位代码证等,证明是否属于依法成立并有合法经营、管理范围的企事业单位、机关、团体,以及单位的名称、住所地、性质、法定代表人、单位负责人、业务范围、成立时间等。

四是证明法定代表人、单位负责人或直接责任人员在单位的任职、职责、负责权限等的证据。具体包括工作证、干部履历表、职工登记表、任命书、业务分工文件、委派文件、单位证明、单位规章制度等。

(四) 主观方面证据

通过犯罪嫌疑人、被告人供述和辩解、知情人的证言,能够反映行为人主观心态的相关物证、书证，以及鉴定意见、视听资料、电子数据等证据，证实行为人明知其捏造并散布虚伪事实的行为将损害他人的商品声誉、破坏商品质量的可信度和商品的知名度、降低其所拥有商品的良好竞争力，仍然实施该行为。

二、损害商业信誉、商品声誉罪常见证据审查

（一）对行政机关移送的客观性证据进行合法性审查

行政机关通过现场勘查、查封、扣押及鉴定等前期工作获取的行为人用于损害他人商业信誉、商品声誉的宣传材料、文件，假冒他人优质产品的伪劣产品，作案过程中形成的视听资料、电子数据等证据，是认定犯罪的重要客观性证据，上述证据的依法获取与固定对认定犯罪有重要作用。审查时，应注意审查扣押、提取、封存手续是否规范、完备，是否附有相关笔录、清单；笔录、清单是否有执法人员、物品持有人签名，没有物品持有人签名的，是否注明原因；物品的名称、特征、数量、质量等是否注明清楚；扣押清单上记载的物品详情与物证或物证照片、犯罪嫌疑人供述是否一致，是否存在矛盾等。如果未附有笔录或者清单，不能证明证据的来源，存在瑕疵无法补正或者不能作出合理解释的，该证据不能作为定案的根据。

（二）高度重视对鉴定意见的检材来源进行审查

实践中，鉴定意见较容易出现但又容易被忽略的问题是检材来源不明导致鉴定意见无法采信。有的鉴定意见仅记载了鉴定检材名称以及提供者，但对于是否是依法扣押的物证以及与案件有无关联却未记载。审查鉴定意见时不能只看鉴定意见的结论部分，要重点审查检材的来源、检材提取的时间与地点、检材的存放地点和保存方式，确保检材没有受到污染、没有变质、与案件直接相关。检材来源不明或存在被污染或变质情形的，该鉴定意见不得作为定案的根据。

第三节 损害商业信誉、商品声誉罪的认定处理

一、损害商业信誉、商品声誉罪的罪与非罪

(一) 注意区分合法行为与违法行为的界限

实践中经常发生一些消费者通过正常渠道反映生产、经营者的商品有假冒伪劣的情况，或者新闻媒体对一些商业信誉、商品声誉差的生产、经营者予以公开披露、曝光。对于这类正当批评，即使揭露的事实中有少部分出入，但由于其基本事实属实，上述公开披露、曝光的行为属于合法行为，应予以支持和保护。

(二) 注意区分违法与犯罪的界限

在司法实践中，要以损害商业信誉和商品声誉罪的构成要件为标准认定罪与非罪，对于那些确实具有损害商誉性质的行为，应当鉴别其危害程度，如果确系情节显著轻微，损害后果不大的，可依照《刑法》第13条规定不认为是犯罪，由相关行政主管单位予以行政处罚。

(三) 几种不宜认定为本罪的情形

司法实践中，认定本罪时应特别注意罪与非罪的问题：（1）单纯捏造或单纯散布虚伪事实的；（2）没有商业诽谤的故意，听信他人传谣，而散布虚伪事实乃至对虚伪事实进行某种程度的加工的；（3）虽然捏造并散布虚伪事实，但没有造成重大损失，也没有其他严重情节的；（4）为了损害竞争对手的商业信誉、商品声誉，在自己生产的劣质产品上假冒他人优质

产品的注册商标，从而使他人受到重大损失的，均不宜认定为本罪。① 但应注意的是，情节严重的可能构成其他犯罪，如假冒注册商标罪、诽谤罪等。另外在共同犯罪中，如果一部分人捏造事实，另一部分人散布虚伪事实的，应认定为本罪。

二、损害商业信誉、商品声誉罪的此罪与彼罪

（一）本罪与诽谤罪的界限

诽谤罪是指捏造并散布某种事实，损害他人人格，破坏他人名誉，情节严重的行为。与本罪在主观方面、客观方面、主体方面都有相似之处。二者的区别最主要体现在侵犯的客体不同：前者是通过"诽谤"的方式侵犯竞争对手的商业信誉、商品声誉，进而扰乱市场经济秩序；后者则是通过诽谤侵害公民的人格。在现实生活中，如果侵害人的诽谤行为针对企业负责人或者经营者本人的，就应当具体分析行为的特征和侵害人的主观方面特征，来确定罪名。

侵害人如果以排挤竞争为目的，捏造并散布虚伪的事实，但同时指向商誉主体和其负责人个人的，应当认定为本罪。如果侵害人为发泄个人不满，蓄意贬低企业负责人个人的，应当认定为诽谤罪。如果一行为既贬低企业又贬低个人的，应按照想象竞合犯处理。如果是数行为既触犯诽谤罪又触犯损害商业信誉、商品声誉罪，则应数罪并罚。

（二）本罪与编造、故意传播虚假恐怖信息罪的界限

根据《刑法》第291条之一规定，编造、故意传播虚假恐怖信息罪，是指编造爆炸威胁、生化威胁、放射威胁等恐怖信息，或者明知是编造的恐怖信息而故意传播，严重扰乱社会秩序的行为。该罪名是2001年12月29日全国人大常委会通过的《刑法修正案（三）》为打击恐怖活动犯罪而增设的罪名。

实践中，行为人捏造并散布虚伪事实，不仅会损害他人的商业信誉

---

① 对第4种情形，应以假冒注册商标罪论处。参见《中华人民共和国刑法案典》（中），人民法院出版社2016年版。

和商品声誉,有时还会引起社会的恐慌,严重扰乱社会秩序。对于这种情形,就容易使两罪产生混淆,因此有必要正确区分。两罪的主要区别是:(1)犯罪客观方面不同。构成本罪要求行为人既有编造行为,同时又实施了散布行为;而后罪的成立既可以是编造恐怖信息,或既编造又传播,或明知是编造的信息而故意传播。(2)犯罪主体不同。本罪的主体既可以由自然人构成,也可以由单位构成;而后罪的主体只能是自然人。(3)犯罪目的不同。本罪中行为人捏造并散布虚伪事实的犯罪目的在于损害他人的商业信誉和商品声誉,若不具有这一犯罪目的,不构成本罪;后罪中行为人编造或故意传播虚假的恐怖信息的目的在于制造恐怖气氛、引起社会恐慌,不具有损害他人商业信誉和商品声誉的目的。

如果行为人出于损害他人商业信誉和商品声誉的犯罪目的,编造并传播虚假的恐怖信息,既给他人造成重大损失或者有其他严重情节,又严重扰乱社会秩序的,属于想象竞合犯,即一个行为触犯数个刑法分则条文的情形,分别成立损害商业信誉、商品声誉罪和编造、故意传播虚假恐怖信息罪,根据想象竞合犯"从一重罪处理"的原则,一般应以编造、故意传播虚假恐怖信息罪追究行为人的刑事责任。

(三)本罪与破坏生产经营罪的界限

在主观方面,破坏生产经营罪的行为人是由于泄愤报复或者其他个人目的,意图通过实施破坏生产经营的行为,以泄私愤、图报复,不涉及市场竞争的问题;本罪的行为人目的在于通过实施损害竞争对手商业信誉、商品声誉的不正当竞争行为,打击竞争对手,降低他人的竞争能力,从而使自己在市场竞争中处于优势地位,获取不正当的经济利益。

在客观方面,破坏生产经营罪表现为毁坏机器设备、残害耕畜或者以其他方法破坏生产经营活动的行为,破坏生产经营的手段比较多样化;破坏手段、破坏对象与被害经济单位的生产经营活动具有直接关联性。本罪则表现为捏造并散布虚伪的事实,使竞争对手的商业信誉、商品声誉等受到损害,打击竞争对手;损害行为必须借助商业信誉或者商品声誉的媒介才能实现造成受害单位经济损失的目的。此外,破坏生产经营罪的构成没有情节严重或者造成重大损失之类的要求,构成本罪则需给他人造成重大损失或者有其他严重情节。

三、损害商业信誉、商品声誉罪的其他相关问题

（一）选择性罪名的具体确定

本罪的罪名是选择性罪名。虽然商品声誉从本质上来讲应属于商业信誉的范畴，但立法者在《刑法》第221条将商业信誉与商品声誉并列，表明商品声誉又具有一定的独立性，需要单独规定，以突出保护。在具体案件中，确定损害商业信誉、商品声誉行为的罪名，应结合案件事实，根据捏造并散布的虚伪事实具体侵害的结果确定，即犯罪人侵害的是他人的商业信誉，还是商品声誉，还是二者同时具备。

（二）重大损失的具体认定

损害商业信誉、商品声誉的行为，必须是给他人造成重大损失或者有其他严重情节的，才构成犯罪。认定本罪时，应结合案件的整个事实来具体认定损害商业信誉和商品声誉行为是否已造成重大损失。总的来说，本罪中的重大损失，是指行为人通过捏造并散布虚伪事实、损害他人商业信誉和商品声誉的行为给他人造成的直接经济损失，包括有形的、可直接计算的损失，如因产品被退回所造成的收入减少等，也包括无形的、可加以评估的损失，如某驰名商标经济价值的降低。至于被害人为恢复受到损害的商业信誉和商品声誉而投入的资金，或者为制止不法侵害事件影响的进一步扩大而产生的开支等，属于间接损失，一般不能计算在内，但可以在量刑时予以考虑。另外，在具体认定损害行为所造成的经济损失时，应注意损害行为与经济损失之间的因果关系，不能将与捏造并散布虚伪事实的行为无因果关系的损失计算在内，或者说检察机关应当对捏造并散布虚伪事实的行为与认定的直接经济损失之间的因果关系，承担证明责任。

（三）其他严重情节的具体认定

损害商业信誉、商品声誉的行为，必须是给他人造成重大损失或者有其他严重情节的，才构成犯罪。这里所说的"其他严重情节"，是指行为人在捏造并散布虚假事实、损害他人商业信誉和商品声誉的过程中除重大损失以外的严重情节，例如，多次损害他人商业信誉和商品声誉；因损

害他人商业信誉和商品声誉被有关主管部门处罚后，又实施损害他人商业信誉、商品声誉的行为；虚构并散布的虚伪事实传播面较广、在消费者中产生严重的不良影响；使用恶劣的手段，捏造恶毒事实；等等。

（四）损害商业信誉、商品声誉罪中行刑衔接的认定

由于行政执法所依据的反不正当竞争法仅规范经营者这一特殊主体的侵犯商誉权行为，因此在办理相关的案件中，应注意行政执法与刑事司法之间会产生衔接的问题，[①]准确界定行为主体。

《反不正当竞争法》第11条规定，经营者不得编造、传播虚假信息或者误导性信息，损害竞争对手的商业信誉、商品声誉。第23条规定，经营者违反本法第11条规定损害竞争对手商业信誉、商品声誉的，由监督检查部门责令停止违法行为、消除影响，处10万元以上50万元以下的罚款；情节严重的，处50万元以上300万元以下的罚款。但是，在侵犯商誉权的行为危害程度已经超出行政处罚的范畴时，仅依靠行政处罚不足以恢复市场竞争秩序的情况下，则产生了援引损害商业信誉、商品声誉罪相关规定加以处罚的需要。

在针对损害商业信誉、商品声誉行为的处理中，行刑衔接主要体现在以下两个方面：一是处罚的衔接。行刑衔接主要依据《行政处罚法》第35条，即违法行为构成犯罪，人民法院判处拘役或者有期徒刑时，行政机关已经给予当事人行政拘留的，应当依法折抵相应刑期。违法行为构成犯罪，人民法院判处罚金时，行政机关已经给予当事人罚款的，应当折抵相应罚金。二是证据衔接。《刑事诉讼法》第54条第2款规定："行政机关在行政执法和查办案件过程中收集的物证、书证、视听资料、电子数据等证据材料，在刑事诉讼中可以作为证据使用。"

---

① 行刑衔接工作机制系"行政执法与刑事司法衔接工作机制"的简称，主要指工商、税务、烟草、海关、质监等行政执法机关在依法查处行政违法行为的过程中，发现违法行为涉嫌构成犯罪的，依《行政执法机关移送涉嫌犯罪案件的规定》（2020年修订）、刑法第402条等法律法规向公安等机关移送的一种工作衔接机制。同时，也是指公安司法机关在办理刑事案件的过程中，对虽然不构成犯罪、不需要处以刑罚，但应当给予行政处罚的案件，依法移送有关行政机关进行处理的工作机制。

第四节 案例评析

一、李某某、范某某损害商业信誉、商品声誉案[①]

【关键词】

损害商业信誉、商品声誉　互联网行业　评估机制　挽回损失

【基本案情】

上海N公司系成立于2015年的一家互联网企业，"U**"App是一种互联网社交软件，系该公司唯一商业运营的互联网产品。

2019年10月，时任上海某科技公司审核经理的被告人李某某伙同下属范某某，为达到打压同行业竞争对手的目的，在明知违规内容经该App运营平台审核不会被公开发布的情况下，在该App上发布违规内容并伪装该内容已被公开发布的假象，捏造"U**"App允许用户发布违规内容的相关材料并通过他人向监管部门举报。因上述举报，2019年11月，"U**"App被监管部门作出从全国应用商店下架的处置。用户无法通过华为应用市场、小米应用商店等下载该App或享受更新服务。N公司因"U**"App被下架遭受重大经济损失。

2020年9月22日，上海市普陀区人民检察院以被告人李某某、范某某犯损害商业信誉、商品声誉罪向上海市普陀区人民法院提起公诉，二被告人自愿认罪认罚。2020年12月30日，上海市普陀区人民法院以损害商业信誉、商品声誉罪判处被告人李某某有期徒刑1年，缓刑1年，并处罚金人民币5万元；判处被告人范某某有期徒刑9个月，缓刑1年，并处罚金人民币3万元。扣押在案的退赔款发还被害单位。一审宣判后，二被

[①] 2022年8月4日最高人民检察院发布的6件检察机关依法惩治破坏市场竞争秩序犯罪典型案例之一。

告人均未上诉,判决已生效。

【检察机关履职过程】

引导侦查取证 为明确被害单位的经济损失情况,检察机关邀请司法审计单位以涉案App被下架后直接损失的新增用户量及月活跃用户变化量为参考依据出具审计意见。同时要求公安机关就涉案App下架前后的相关用户数据、产品口碑变化情况及被害单位市场占有份额、企业运营规模、融资情况变化等内容补充商业信誉受损方面的证据材料。另补充调取了涉案App下架前后第三方机构检测的用户数变动情况,产品用户注册、登录活跃度变化,客户对App被下架的评价、投诉、退费等可予以量化、明确的相关内容,确保指控内容清楚准确。

审查逮捕阶段 2020年2月19日,公安机关以犯罪嫌疑人李某某、范某某涉嫌破坏生产经营罪向检察机关提请批准逮捕。检察机关认为,破坏生产经营罪是刑法分则第五章"侵犯财产罪"罪名,罪状表述为"由于泄愤报复或其他个人目的,毁坏机器设备、残害耕畜或者其他方法破坏生产经营"。而损害商业信誉、商品声誉罪是刑法分则第三章"破坏社会主义市场经济秩序罪"罪名,其打击的是扰乱正常市场经济秩序的犯罪行为。涉案App被下架后,原有用户并非不能继续使用,李某某等人行为带来的后果主要是减少了该App的受众渠道及新增用户量,降低了被害单位的市场地位及发展预期,被害单位遭受重大经济损失,在对被害单位造成信誉损害的同时还严重破坏了正常的市场竞争秩序,这与破坏生产经营罪等"毁弃型"财产犯罪存在差异。同时,被害单位名下仅运营涉案App这一款互联网产品,其企业商业信誉与商品声誉具有高度统一性,因此对于涉案App的恶意诋毁行为将导致上述两种商誉同时受损,本案定性为损害商业信誉、商品声誉罪更为适宜。2020年2月26日,检察机关以涉嫌损害商业信誉、商品声誉罪对犯罪嫌疑人李某某、范某某批准逮捕,也为侦查工作指明了方向。

法庭审理阶段 法庭审理期间,案件争议焦点集中在被害单位受损经济数额评估。二被告人辩护人辩称:被害单位在案发前后始终处于资金账面亏损状态,公诉机关采信的审计报告意见及被害单位提供的商誉损失相关咨询报告都不能客观反映被害单位经济损失状况。为明确指控,检察机关邀请鉴定人出庭接受控、辩双方询问,对互联网企业与传统企业经济损失认定的差异、审计报告中引入"月活跃用户数"作为评估指标、评估所使用的数据来源客观性等内容进行陈述。互联网企业的核心资产是用户量和数据（或知识产权）。月活跃用户数据的持续上涨意味着不断有新用户下载该App，同时也体现原有客户对于产品的持续使用情况，反映出该App的真实市场情况。因此，将月活跃用户数的变化情况作为评估企业直接受损情况的参考数据之一具有合理性，能够较为客观地反映出互联网企业遭受的经济损失。检察机关通过展示被害单位会计账簿、银行及第三方支付平台入账资金、相关销售数据等内容，直观地展示了被害单位用户平均月销售基准净现金流入情况，确保指控于法有据，事实清楚完整。最终，法院采纳了公诉人指控的全部犯罪事实和量刑建议。

【典型意义】

1. 纠正网络行业乱象，明确界定不正当竞争行为

互联网行业服务的无形性、信息不对称性等特征，使得该领域不正当竞争行为呈现出新态势。恶性商业诋毁行为不仅包括利用互联网公开捏造、诋毁竞争对手，也包括向监管部门恶意举报竞争对手等不正当竞争手段。本案被告人向网络监管部门进行恶意投诉的行为即是较为典型的情形之一。该行为不仅侵害了企业利益，更破坏了正常的互联网市场竞争秩序，本质上是一种扰乱市场秩序的不正当竞争行为，应当依法打击。

2. 助力企业复工复产，积极追赃挽损

该案案发于疫情期间，为帮助受害企业尽快复工复产，检察机关积极与有关监管部门联系，了解涉案App的下架原因，并将案件进展情况及时通报有关部门，为监管部门后续评估App正常运营指标提供参考；同时联系被害单位负责人，鼓励其向有关部门反映真实情况。涉案App陆续在各应用商店重新恢复上架运营。为进一步帮助被害单位追赃挽损，检察机关向李某某、范某某充分释法说理，解释认罪认罚从宽制度，促使李某某、范某某真诚认罪悔罪，二人主动向司法机关缴纳人民币300余万元作为对被害单位的经济赔偿，尽力挽回被害单位经济损失。

3. 能动履职，服务保障互联网企业营商环境

检察机关聚焦权益保障，积极履行检察职能，对于情节严重的不正当竞争行为及时予以惩处，依法保障互联网领域市场主体权利，维护公平竞争秩序。同时，检察机关通过办理该案发现互联网企业合规运营的潜在

风险，通过走访调研，问需企业，号召区内30余家互联网企业签署互联网企业合规共识框架协议，定期与区内互联网企业召开研讨会，通过法律风险提示、专业咨询培训等制度引导区内互联网企业合规运行，在互联网行业当中激发良性共鸣，取得较好效果。

二、訾北佳损害商品声誉案[①]

【案例要旨】

损害商业信誉、商品声誉罪侵害的对象应具有一定归属性，即侵害的商业信誉、商品声誉必须是他人拥有的；损害商业信誉、商品声誉罪侵害的对象必须具备一定指向性，或是某个具体的生产者、经营者，或是某类商品的生产者、经营者。

【基本案情】

2007年6月，被告人訾北佳在担任北京电视台生活节目中心《透明度》栏目临时工作人员期间，通过查访，在未发现有人制作、出售肉馅内掺纸的包子的情况下，为显示工作业绩，化名"胡月"，纠集本市无业人员张泂江（另行处理），冒充工地负责人，多次到北京市朝阳区太阳宫乡十字口村13号院内，对制作早餐的陕西省来京人员卫全峰等四人谎称需订购大量包子，要求卫全峰等人为其加工制作。后訾北佳伙同张泂江携带密拍设备、纸箱及购买的面粉、肉馅等再次来到13号院，訾北佳以喂狗为由，要求卫全峰等人将浸泡后的纸箱板剁碎掺入肉馅，制作了20余个"纸馅包子"。与此同时，訾北佳密拍了卫全峰等人制作"纸馅包子"的过程。在节目后期制作中，訾北佳采用剪辑画面、虚假配音等方法，编辑制作了虚假电视专题片《纸做的包子》播出带，并隐瞒事实真相，使该虚假电视节目于同年7月8日在北京电视台播出，造成恶劣影响，严重损害了相关行业商品的声誉。一审判决认定，被告人訾北佳具有多年从事新闻工作的经历，在明知没有制作、出售纸馅包子的情况下，故意捏造并散布虚假新闻，因而对其行为及会造成损害相关行业商品声誉的后果具有故意心理，且情节严重。其行为符合《刑法》第221条规定的损害商品声誉罪的

[①] 《刑事审判参考》第597号案例。

构成要件，依法判决訾北佳犯损害商品声誉罪，判处有期徒刑1年，并处罚金人民币1000元。一审宣判后，被告人訾北佳没有上诉，检察机关亦未抗诉，判决发生法律效力。

【案件评析】

1. 商业信誉与商品声誉的区分

《刑法》第221条规定的损害商业信誉、商品声誉罪，侵害的对象是他人的商业信誉、商品声誉，保护的客体是商业活动中的生产、经营者的商誉权和市场的公平竞争秩序。《刑法》第221条的规定属于选择性罪名，即根据行为损害的是他人的商业信誉还是商品声誉来确定罪名。因此，对于商业信誉、商品声誉进行区分是司法中准确定罪的前提。

在市场竞争的环境下，商誉有好坏、优劣程度之分，其根本在于不同商誉主体的社会认可程度差别。在办理损害商业信誉、商品声誉犯罪案件时，应根据具体案件事实对被告人的行为侵害的是他人的商业信誉，还是商品声誉，抑或是商业信誉和商品声誉进行认定，从而正确适用罪名。如果行为人捏造并散布的虚伪事实是关于他人的信守合约或履行合同中的信誉度或者他人的资信状况、履约能力方面的情形，一般只是侵害了他人的商业信誉，罪名应当确定为损害商业信誉罪；如果行为人捏造并散布的虚伪事实是关于他人产品的质量、等级、效果、价格等方面的内容，因为只侵害了他人的商品声誉，罪名应确定为损害商品声誉罪。如果行为人捏造并散布的虚伪事实既有针对他人商业信誉的内容，又有针对他人商品声誉的内容，既损害了他人的商业信誉，也损害了其商品声誉，那么，罪名就应当确定为损害商业信誉、商品声誉罪。

本案中，被告人訾北佳故意捏造事实编制《纸做的包子》的虚假电视节目，自该虚假节目播出后，引发社会公众对于肉馅包子质量的严重质疑，北京市肉馅包子的销售量急剧下降，行业受到严重的影响。可见，訾北佳的行为损害的是北京市肉馅包子的质量声誉，属于商品声誉而不属于商业信誉。

2. 损害商业信誉、商品声誉罪中的"他人"的界定

根据刑法规定，损害商业信誉、商品声誉罪的侵害对象是他人的商业信誉、商品声誉，因而正确理解这里的"他人"对准确认定本罪具有重要意义。本案审理中，有观点认为，被告人訾北佳的行为损害的是北京市

的整个包子行业的声誉，并不是"某个他人"的商品声誉，因而不构成《刑法》第221条规定之罪。我们认为，损害商业信誉、商品声誉罪中的"他人"，毋庸置疑应当具备一定的特定性，但对这种特定性的理解不能过于僵化，因为侵犯一个市场主体的商业信誉、商品声誉可以构成犯罪，但如果侵害了一类市场主体的商业信誉、商品声誉，作为危害更大的犯罪，举轻以明重，自然应当构成犯罪，这是逻辑解释的当然结论。结合实践中此类犯罪的实际情况，这种特定性可以从以下两个方面进行理解和界定：一方面，损害商业信誉、商品声誉罪侵害的对象应具有一定归属性，即侵害的商业信誉、商品声誉必须是他人拥有的，侵害自己所有的商业信誉、商品声誉不构成本罪。这里的他人包括所有的市场主体，即从事市场活动的个人、个体工商户、个人合伙、公司、企业在内的生产者、经营者，既包括某个具体的生产者、经营者，也包括某一类商品的生产者和经营者。另一方面，损害商业信誉、商品声誉罪侵害的对象必须具备一定指向性。即侵害行为必须有明确的指向，或是某个具体的生产者、经营者，或是某类

商品的生产者、经营者。如果行为人没有针对特定生产者、经营者的商业信誉、商品声誉或者说社会公众无法确定行为人所指向的具体对象，由于被侵害方不能认定，则不能构成本罪。

对损害商业信誉、商品声誉罪中"他人"的界定。司法实践中，对于行为人明确指名进行的损害商业信誉、商品声誉行为，判断侵害对象的特定性比较容易，但对于那些并未明确指名而实施的侵害行为，应当根据社会一般公众的普遍认识标准来判断侵害对象的特定性。对于行为人在捏造并散布虚伪事实，虽然没有明确指出所损害的对象，没有提及某个生产者、经营者的名称或者其商品的名称，但是相关生产经营者和消费者从其捏造并散布的事实的内容上完全能够推测出是指向某一个或数个生产者、经营者的，也应认定为损害了"特定的他人"的商业信誉和商品声誉。反之，如果社会公众无法确认行为人的行为所指向的具体"他人"，则不符合本罪中特定他人的构成要件。

本案中，在被告人訾北佳故意捏造事实编制的《纸做的包子》虚假电视节目里虽然没有明确指出是哪一家生产者，但公众观看该电视新闻后，显然会对整个北京地区的包子行业的商品质量产生怀疑，这一点从该

电视节目播出之后，整个北京地区包子行业的经营惨淡可以证实，故本案可以认定被告人的行为损害了相关行业的商品声誉。

3.损害商业信誉、商品声誉罪的主观故意

损害商业信誉、商品声誉罪的主观方面由故意构成，如果是由于过失，即使造成了重大损害，也不以损害商业信誉、商品声誉罪论处。同时，对于本罪，立法没有要求行为人必须有特定的犯罪目的或动机。

从本案事实和在案证据看，被告人訾北佳炮制纸馅包子虚假电视节目的目的主要是为显示其工作业绩，客观地说，其行为意图并非为了损害他人商品声誉。但是，具有多年从事新闻工作经历的被告人，在未发现有人制作、出售纸馅包子的情况下，仍执意捏造并散布虚假新闻，应当预见到其行为会造成损害相关行业商品声誉的后果。换言之，被告人在炮制虚假新闻时放任了损害相关行业商品声誉这一危害后果的发生，即被告人对于这一危害后果主观上属于间接故意。那么，间接故意能否构成损害商业信誉、商品声誉罪呢？

对于损害商业信誉、商品声誉罪的主观故意这一罪过心态是否包括间接故意，存在着肯定说和否定说两种意见：否定说认为，构成损害商业信誉、商品声誉罪必须出于直接故意，且具有损害他人商誉的意图，间接故意不构成本罪；肯定说则认为应包括间接故意，即行为人明知自己捏造并散布虚伪事实会损害他人商誉，而放任这种结果发生的，也构成本罪。

司法实践认为损害商业信誉、商品声誉罪的主观要件既包括直接故意也包括间接故意。直接故意是明知其侵害他人商誉的行为必然或可能带来商誉主体遭受严重损失的结果，而仍然希望或者说是积极追求这种结果的发生。这种罪过心态在损害商业信誉、商品声誉犯罪中最为常见，也充分反映出行为人较深的主观恶性，如为了牟取非法经济利益，即通过诋毁他人商誉占领更多的市场份额，从而在与同业对手竞争过程中获得优势。间接故意的行为人已认识到其所捏造并散布的虚伪事实可能会损害他人商誉，并造成他人重大损失，而依然有意放纵此损害结果的发生。虽然这种情况在实践中表现较少，但并不意味着现实生活中不存在，本案就是实例。之所以将间接故意也纳入本罪的主观要件内容，原因在于：（1）《刑法》第221条没有明确排除间接故意构成犯罪的情形，作为故意犯罪，根据刑法总则，当然可以解释为包括间接故意；（2）从损害商业信誉、商品声誉罪保护的法益来讲，无论行为人出于何种动机，是否出于直接故意，只要其故意实施了损害他人商业信誉、商品声誉的行为，对于被害方而言，其商业信誉、商品声誉受到的损害没有本质差别；（3）随着市场经济的发展，商业信誉、商品声誉的重要性愈加凸显，加强保护十分必要，如果将间接故意排除在外，显然不利于惩处类似于本案这种放任损害他人商品声誉危害结果发生的案件，有悖于刑法有效惩治此类犯罪的初衷，因而将间接故意解释为本罪的主观要件有其现实合理性和必要性。

本案中，作为有多年从事新闻工作经历的被告人訾北佳，在炮制纸馅包子虚假电视节目时应预见到其行为会造成损害相关行业商品声誉的后果，有意地放纵了该危害后果的发生，具有了犯罪的故意。并且，控方出具的经庭审质证属实的若干从事包子经营业务的证人证言证实，自《纸做的包子》节目播出后，北京肉馅包子的销售量急剧下降，行业受到严重的影响，电视台为此事公开道歉后，包子的销售量略有回升，但仍未恢复到正常经营状态。这说明被告人的行为在客观上业已造成相关行业商品声誉遭受损害的后果。而且，该节目在电视台播出后，被境内外上百家网站、报刊等新闻媒体转载、转播，引起媒体和网民的广泛关注和对我国食品安全的担忧。这种负面的社会影响在北京奥运会召开在即、国际社会广泛关注中国食品卫生安全的大背景下，尤为凸显。所以，尽管一时难以确定被告人的行为所造成的直接经济损失的具体数额，但仅就此恶劣社会影响，足以认定被告人实施的损害他人商誉行为具有其他严重情节，依法构成犯罪。

第三章　串通投标罪办案指引

第一节　串通投标罪概述

一、串通投标罪的立法沿革

1979年刑法未规定串通投标罪。对招标投标法律行为的规范，主要由1993年颁布实施的反不正当竞争法和有关行政法规承担。但是社会主义市场经济体制建立过程中的现实状况和司法实践促使立法者认识到，招标投标过程中的非法串通投标行为对社会的危害程度已经相当严重，把情节严重的非法串通投标行为规定为犯罪给予必要的刑事制裁就成为一项十分重要的任务。

1997年修订刑法时，规定了串通投标罪。该法第223条规定："投标人相互串通投标报价，损害招标人或者其他投标人利益，情节严重的，处三年以下有期徒刑或者拘役，并处或者单处罚金。投标人与招标人串通投标，损害国家、集体、公民的合法利益的，依照前款的规定处罚。"运用刑法打击和抑制招标投标过程中的严重非法串通投标行为，实质上就是对招标投标法律行为的保护和促进，也是对招标人、投标人合法利益的保护。在某种意义上，抑制串通投标犯罪行为也是对市场经济的保护。串通投标罪设置的立法意义就在于，通过打击招标投标过程中的串通投标犯罪行为，为招标投标活动创造公开、公平、公正、诚实信用的竞争环境，从而保障和促进社会主义市场经济健康发展。

二、串通投标罪的概念和构成特征

串通投标罪，是指投标人相互串通投标报价，损害招标人或者其他投标人利益，情节严重，或者投标人与招标人串通投标，损害国家、集体、公民的合法利益的行为。

（一）客体特征

串通投标罪侵犯的是复杂客体，它不仅侵害了招标人、其他投标人，或者国家、集体、公民的利益，而且侵害了公平公正的招标投标市场秩序。招标投标是一种特殊形式的订立合同的行为，也是一种竞争行为。为维护招标人、投标人各方的合法利益，保证招标、投标行为的公正性、合法性和严肃性，在招标投标过程中，必须遵循招标投标法、反不正当竞争法等相关规定[①]。串通投标行为既直接侵害了公平竞争的市场环境和正常的招投标秩序，也在一定程度上侵害了招标人、其他投标人利益，有的还会损害国家、集体、公民的合法利益。但就其危害性程度和立法者的保护重心而言，该罪侵犯的客体主要是我国社会主义市场公平竞争秩序。因此，立法将串通投标罪规定在刑法分则第三章第八节"扰乱市场秩序罪"中。

（二）客观特征

本罪的客观特征有两种表现形式：一种是投标人之间相互串通，另一种是招标人与投标人进行串通。

1. 投标人相互串通投标报价，损害招标人或者其他投标人利益，情节严重的行为

串通投标报价，是指投标人私下相互串通，联手抬高标价或者压低标价，以损害招标人的利益或排挤其他投标者。[②] 具体而言，一种情况是投标人为了谋取高额利润，相互作弊提高标价，迫使招标人不得不在过高的标价中选择；另一种情况是投标者为了限制彼此之间的竞争，损害招标人的利益，而相互串通，故意压低标价，或者协议在类似的项目中轮流中

[①] 有关招投标的规定还包括，《招标投标法实施条例》、政府采购法、《自主创新产品政府采购合同管理办法》等。

[②] 参见张明楷：《刑法学》（第五版），法律出版社2016年版，第832页。

标，使招标者无法择优选择，同时使一些竞争对手的正常标价显得过高，使其不能入围，阻止其进入本应当进入的经营领域。①

2. 投标人与招标人串通投标，损害国家、集体、公民的合法利益

这里的串通投标，不限于对投标报价的串通，还包括就报价以外的其他事项进行串通。这种行为形态表现方式很多，如招标人故意向特定投标人透露其标底；或者在公开开标之前，私自泄露其他投标人标书给尚未报送标书的投标人；或者在要求特定投标人就其标书作澄清事实说明时，故意实施引导行为以促成该投标人中标；或者在审查、评选投标资格和标书时，对条件相同的标书和投标人实行不平等对待，或允许不具备投标资格的投标人参加投标，并使之中标；或者招标人与投标人相互私下商定，在投标时故意抬高或压低标价，中标后再由获利一方给予受损另一方额外补偿，而致其他投标人合法利益受损；或者投标人通过贿赂等手段，于公开开标之前，从招标人或其代理人那里获得投标报价等信息，以达到自己中标的目的；等等。

（三）主体特征

《招标投标法》第 8 条规定，招标人是依照本法规定提出招标项目、进行招标的法人或者其他组织。第 25 条规定，投标人是响应招标、参加投标竞争的法人或者其他组织。依法招标的科研项目允许个人参加投标的，投标的个人适用本法有关投标人的规定。关于本罪的招标人、投标人是否与招标投标法中的招标人、投标人做同一解释，在理论上存有争议。

有观点认为，本罪的主体是身份犯，招标人和投标人都必须具备国家法律规定的条件，并不是所有的自然人和单位都可以成为招标人或投标人，不具备招标人或投标人资格的自然人或单位可以利用具有招标人或投标人身份的自然人或单位而共同实施非法串通投标行为，而构成串通投标罪的共犯。②

---

① 参见曾斌:《立案定罪量刑标准与适用》(第二版)，法律出版社 2010 年版，第 274 页。

② 高铭暄、马克昌主编:《刑法学》(第九版)，北京大学出版社、高等教育出版社 2019 年版，第 443 页。作者认为本罪的主体只能是招标人和投标人。所谓招标人，是指提出项目、进行招标的法人或者其他组织；所谓投标人，是指相应招标、参加投标竞争的法人或者组织，科研项目的投标人可以是个人。因此本罪的主体主要是单位。

但多数学者认为，不能完全按照招标投标法的规定来解释串通投标罪中的招标人和投标人。首先，刑法规定串通投标罪是为了保护招投标竞争秩序，并非只有法人或者组织的行为才能侵害招投标秩序。譬如不具备投标资质而盗用或借用或冒用其他单位的资质参加投标或进行围标的单位或自然人，招标单位中主管、负责、参与招投标工作而违背招标人意志串通投标的人员，以及与投标人互相串通的招标人委托的招标代理机构，等等。这些单位和自然人并不属于招标投标法中的招标人、投标人，倘若以此为由否定其成为串通投标罪的犯罪主体，无疑不当缩小了本罪的主体范围，造成处罚的漏洞，不利于对招投标秩序、相关投标人、招标人及国家、集体、公民利益的保护。

其次，《刑法》第231条规定："单位犯本节第二百二十一条至第二百三十条规定之罪的，对单位判处罚金，并对其直接负责的主管人员和其他直接责任人员，依照本节各该条的规定处罚。"这表明，《刑法》第223条所规定的串通投标罪，不仅没有排除自然人犯罪主体，而且其规定的就是自然人主体。倘若依照招标投标法的规定解释《刑法》第223条的招标人与投标人，就意味着自然人不能成为串通投标的主体，这便违反了刑法的规定。①

最后，刑法中的概念内涵与外延的认定不必拘泥于与其他法律一致性。招标投标法强调招标投标行为的整体性，招标人和投标人是从事经营活动的法人和其他组织，但串通投标罪的立法早于招标投标法，其主体范围的设定并不是以招标投标法为依据的。故司法认定并不一定要与招标投标法保持一致。实际上，理论上从来也没有将串通投标罪的主体完全局限于招标投标法中的投标人和招标人。就规范目的分析，串通投标罪的主体应该是指招投标的参与人。

我们认为，无论从串通投标罪法益保护目的的角度，抑或从对刑法第223条和第231条体系理解的角度，还是从串通投标罪与招标投标法立法先后的角度，都应当认为本罪的主体是一般主体，而非特殊主体。亦即，串通投标罪中的招标人和投标人是指主管、负责、参与招标投标事项的人。

---

① 参见张明楷：《刑法学》（第五版），法律出版社2016年版，第832页。

(四)主观特征

本罪在主观方面的表现只能是故意,即行为人明知自己在招标投标过程中私下实施的串通投标不正当竞争行为,会损害相对人(招标人或者其他投标人)的合法利益,或者损害相对人以外的国家、集体、公民的合法利益,而希望或放任这种结果发生的心理态度。

三、串通投标罪的追诉标准

最高人民检察院、公安部《关于公安机关管辖的刑事案件立案追诉标准的规定(二)》第68条规定:"投标人相互串通投标报价,或者投标人与招标人串通投标,涉嫌下列情形之一的,应予立案追诉:(一)损害招标人、投标人或者国家、集体、公民的合法利益,造成直接经济损失数额在五十万元以上的;(二)违法所得数额在二十万元以上的;(三)中标项目金额在四百万元以上的;(四)采取威胁、欺骗或者贿赂等非法手段的;(五)虽未达到上述数额标准,但二年内因串通投标受过二次以上行政处罚,又串通投标的;(六)其他情节严重的情形。"

第二节　串通投标罪的证据审查

一、串通投标罪的证据要件

(一)犯罪客体证据

具体包括犯罪嫌疑人、被告人供述和辩解,证人证言,物证,书证,视听资料,电子数据等证据,证实行为人的行为侵犯了招标人、其他投标人,或者国家、集体、公民的利益及公平公正的市场竞争秩序。

(二) 客观方面证据

一是犯罪嫌疑人、被告人的供述和辩解。证实：各犯罪嫌疑人（单位）、被告人（单位）之间就串通投标共谋的过程；制作投标资料的过程；参与招标投标的详细经过及串通投标的手段；因串通投标获得利益或中标项目的具体情况；因串通投标给招标人、其他投标人，或者国家、集体、公民造成的损失。

二是证人证言。证实的情况如上。

三是书证。能反映各犯罪嫌疑人（单位）、被告人（单位）之间串通投标的传真、信函；招标文件、投标资料、评标报告、施工合同等证实招投标过程的书证；招标人、投标人、招标代理人的银行账户交易明细，证实投标人缴纳保证金、代理费的情况。

四是视听资料、电子数据。各犯罪嫌疑人（单位）、被告人（单位）之间往来的电子邮件、手机短信、微信聊天记录等电子数据；证明招标投标过程的录音录像等影像资料。

五是鉴定意见。证实中标工程量、项目金额、造成直接经济损失的会计、审计和估价鉴定等。

六是勘验、检查、辨认、侦查实验等笔录。如勘验电子数据的笔录，搜查犯罪嫌疑人（单位）住所并扣押相关物证、书证的笔录等。

七是其他能证实串通投标过程的证据。

(三) 主体方面证据

如前文所述，本罪并非真正的身份犯，除招标投标法规定的招标人、投标人外，其他的法人、组织（如招标代理机构）、自然人也可构成本罪。

1. 关于法人、组织等单位犯罪主体的证据

包括：证明国家机关、事业单位、社会团体性质的相应法律文件，机关、团体法人代码；企业法人营业执照、法人工商注册登记证明、法人设立证明、税务登记证、享受税收减免优惠政策的有关证明，办公地和主要营业地证明、法定代表人等。从事特殊行业的，应当有相应的批文或"许可证"；单位内部组织的有关合同、章程及协议书、任免文件等，证明单位的组织形式、直接负责的主管人员和其他直接责任人员的证据；银

行账号证明、注册资料、年检情况、审计或清理证明等；证明单位管理情况及资产、收益、流向、处分等情况的证据；单位已经被撤销的，应有其主管单位出具的证明；其他证明单位的相关材料。

2.关于自然人犯罪主体的证据

（1）关于个人身份的证据。包括：户籍证明、常住人口基本信息等可以证明犯罪嫌疑人、被告人姓名、性别、出生年月日、公民身份号码、民族、籍贯、职业、住所地等身份信息的书面材料。

（2）关于前科的证据。包括：刑事判决书、裁定书、释放证明书、假释证明书、不起诉决定书、党政纪处分决定书、行政处罚决定书等。

（四）犯罪主观方面证据

一是犯罪嫌疑人、被告人的供述和辩解，证实：各犯罪嫌疑人（单位）、被告人（单位）串通投标的动机、目的；各犯罪嫌疑人（单位）、被告人（单位）犯意的提起、联络、分工及共同犯意下实施的行为；各犯罪嫌疑人（单位）、被告人（单位）的实际获益情况。

二是证人证言，证实的内容同上。

三是书证、鉴定意见等能证实报价、项目金额、获益、直接经济损失等方面的证据。

四是单位犯罪的，需要通过收集单位内部的会议记录，相关任免文件，单位法定代表人、直接负责的主管人员和其他直接责任人员的供述，其他员工的证言，证实串通投标为单位意志。

通过上述证据，证明行为人明知自己的串通投标行为会损害招标人、其他投标人或者国家、集体、公民的合法利益，侵害招标投标的市场秩序，而希望这种结果的发生。

二、串通投标罪常见证据审查

（一）注意对犯罪嫌疑人供述和辩解的审查方法

要完成串通投标的一系列行为，往往需要多人协作配合，因此，孤立地审查在案的犯罪嫌疑人、被告人供述和辩解是远远不够的，必须结合受益公司、围标公司或招标方的法定代表人或项目负责人、会计、市场部门负责人、技术部门负责人、标书制作人、投标人、项目承办人等人的供述或证言全面审查，查明作案过程中的预备情况、标书制作过程、盖章过程、保证金缴纳方式、好处费给付方式、投标、开标、中标过程以及项目建设情况，进而作出综合判断。

（二）注意加强证人证言与书证的审查

对于涉案的证人，需要重点关注两种情况：一是投标中心的承办人，需要查明项目单位的招标申请、公布招标信息、受益公司、围标公司的标书、开标、参与评标的专家、受益公司中标、中标通知书的情况。二是参与评标的专家组成员，审核标书、受益公司、围标公司的报价、技术条件、为什么选择受益公司中标。

结合受益公司、围标公司的会议记录或董事会决议、受益公司的会计账簿，包括纸质和电子账簿、受益公司给付好处费的内部审批文书、受益公司、围标公司的投标书、中标通知书、受益公司关于获利情况的书面说明、项目单位招标申请，公布招标信息方式和关于进场施工、施工进度的书面说明，以及保证金缴纳的银行记录、给付好处费的银行查询记录、受益公司与围标公司、招标方的通话记录等书证，对犯罪嫌疑人供述和辩解的客观性和真实性作出判断。

（三）注意从证据角度准确区分是单位犯罪还是个人犯罪

根据招标投标法的规定，参与招标投标的主体必须是法人或其他组织。实践中，串通投标罪多数是单位犯罪，但也存在不具备投标资质而盗用或借用或冒用其他单位的资质参加投标或进行围标的自然人，招标单位中主管、负责、参与招投标工作而违背招标人意志串通投标的人员。因此，要注意收集和审查：（1）犯罪嫌疑人与招标单位、投标单位关系的证据；（2）犯罪嫌疑人供述、相关单位负责人证言、犯罪嫌疑人职责的文件等证实犯罪嫌疑人系个人行为还是履行单位职责的证据。

第三节 串通投标罪的认定处理

一、串通投标罪的罪与非罪

认定串通投标罪应当注意划清罪与非罪的界限。关键在于情节是否严重。情节不严重的，属于行政违法行为，不构成犯罪。在认定情节严重与否时，应当考虑犯罪手段是否恶劣、是否屡教不改、行为的结果及社会影响等因素，作出综合判断。

（一）一人控制几家公司进行围标是否构成串通投标罪

实践中存在一人（或一个单位）同时控制或挂靠多个单位，然后以多个单位的名义参加某一工程的投标的情况，表面上，这几个单位都是独立的投标人，实际上，这几个单位都是由一人（或一个单位）在幕后操控，这种情形被称为"围标"。

一种意见认为，这种情况下不存在"串通"投标的前提。如果行为人未经同意而擅用他人名义甚至伪造相关证明文件参加投标的，即便行为人可能因假冒多人进行投标而垄断了整个投标活动，但因为名义上的多个投标人实际上只是行为人一人，不具备两个以上主体串通的情况，不能认定为串通投标行为。①张明楷教授也认为，甲以A、B、C三个投标人的身份参与投标的，不应认定为串通投标。②

另一种意见认为，一人控制几家公司投标，比与他人的串通更为严重，举轻以明重，当然构成"串通"投标。司法实务中，一些地方通过

---

① 参见杨莉英：《串通投标罪客观要件探析》，载《河北大学学报（哲学社会科学版）》2006年第3期。
② 参见张明楷：《刑法学》（第五版），法律出版社2016年版，第832页。

相关司法文件将此种情况作为串通投标的形式。①有学者指出，首先，此种情况追究刑事责任有一定的法律依据②。此种情况属于"以他人名义投标"的弄虚作假行为。其次，"串通"行为虽然以参与投标的数个投标人共同实施为前提，但"串通"的实质就是数个投标人通过谋划，形成了统一的意志，形式上的数个招标人成为事实上的一个招标人，限制或者失去了招标投标的竞争性。刑法所应关注的是数个投标人之间是否存在"串通"而使招投标失去竞争性，而不在于数个投标人是否被一人控制或者如何控制。③

我们倾向于认为，一人控制几个单位进行围标的行为，属于串通投标罪中的串通投标行为。首先，这种行为符合"串通"投标的形式。甲以A、B、C三个单位的名义参与投标时，投标人（招标投标法意义上的投标人）是A、B、C，而不是甲，甲是实质上的投标人（刑法意义上投标人）。正是因为甲的幕后操控，才实现了A、B、C三个投标人之间对报价等内容的串通。而且在投标过程中，必然有不同的人分别代表A、B、C参与投标过程。在这种情况下，整个投标过程并非甲个人所能完成，甲必然要与A、B、C的委托人（可能都是甲安排的）进行串通，甲与A、B、C的委托人的串通属于本罪中的投标人之间相互串通，因为甲与A、B、C的委托人都属于参与投标活动的人。因此，一人控制几个单位进行围标完全符合串通投标的犯罪构成。其次，这种行为具备串通投标的实质。如前所述，串通的实质就是数个投标人通过谋划，形成了统一的意志，形式上的数个招标人成为事实上的一个招标人，限制或者失去了招标投标的竞争性。一人控制几个单位进行围标，与数个投标人相互串通一样，控制了价格，排斥了竞争。最后，一人控制几个单位进行围标的行为是招投标领域惯常的操纵标价的方式，手段隐蔽，危害性极大，具有刑事处罚的必要

---

① 如福建省高级人民法院、福建省人民检察院、福建省公安厅2007年制定的《办理串通投标犯罪案件有关问题座谈会纪要》规定，采取挂靠、盗用等非法手段，以多个投标人名义进行围标的，按《刑法》第223条第1款串通投标罪的规定处罚。

② 《招标投标法》第54条规定："投标人以他人名义投标或者以其他方式弄虚作假，骗取中标的，中标无效，给招标人造成损失的，依法承担赔偿责任；构成犯罪的，依法追究刑事责任。"

③ 参见孙国祥：《串通投标罪若干疑难问题辨析》，载《政治与法律》2009年第3期。

性；相反，如果不予刑事处罚，必然产生惩戒漏洞，进而给招投标秩序造成极大破坏。

（二）违法发包与串通投标罪的区别

根据建筑法、招标投标法的规定，大型基础设施、公用事业等关系社会公共利益、公众安全的项目、全部或者部分使用国有资金投资或者国家融资的项目的工程建设必须通过公开招标发包。① 但是，实践中因为某些原因，一些工程往往在已经确定承包者之后，才后补招投标程序。这种情况是否属于串通投标行为值得讨论。

如 2010 年 8 月，重庆市某区建委城建科科长郑某和主任蔡某决定将该区两镇治污工程及其附属工程交由张某承建。按照要求，这几个工程应该进行招投标，但由于工期较为紧张等原因，郑某经请示有关领导后，未经招投标程序就安排张某组织人员进场施工。工程进行一段时间后，为了使工程安排看起来程序合法，该区建委就与张某商量确定招标相关事宜，郑某嘱托张某挂靠某建筑公司并借用其资质参加邀标，另外再借用几家有资质的公司的资质一起参与邀标。于是张某就根据郑某的要求安排他人办理。张某首先与某建筑公司谈好了挂靠一事。之后又请该建筑公司负责人帮忙借了几家建筑公司的资质。张某拿到这几家公司的空白投标函后，填好报价（其中让自己挂靠的建筑公司报价最低），盖上公司印章。依据事先安排，区建委就只安排张某挂靠的及其借来资质这几家公司进行投标。2010 年 10 月对两个主体工程开标，2011 年 3 月对两个附属工程开标，最

---

① 《建筑法》第 19 条规定："建筑工程依法实行招标发包，对不适于招标发包的可以直接发包。"第 20 条规定："建筑工程实行公开招标的，发包单位应当依照法定程序和方式，发布招标公告，提供载有招标工程的主要技术要求、主要的合同条款、评标的标准和方法以及开标、评标、定标的程序等内容的招标文件。"《招标投标法》第 3 条规定："在中华人民共和国境内进行下列工程建设项目包括项目的勘察、设计、施工、监理以及与工程建设有关的重要设备、材料等的采购，必须进行招标：（一）大型基础设施、公用事业等关系社会公共利益、公众安全的项目；（二）全部或者部分使用国有资金投资或者国家融资的项目；（三）使用国际组织或者外国政府贷款、援助资金的项目。前款所列项目的具体范围和规模标准，由国务院发展计划部门会同国务院有关部门制订，报国务院批准。法律或者国务院对必须进行招标的其他项目的范围有规定的，依照其规定。"

后都由张某挂靠的建筑公司中标。第一种意见认为，郑某等人的行为不构成串通投标罪。首先，郑某等人的行为未达到串通投标罪的立案追诉标准。同时工程能按期完工并顺利通过验收，未造成国家利益的损失，且张某属于合法承建，没有其他违法行为。其次，本案中的招投标与普通招投标有所区别，本案工程先由张某实际承建，后为补充程序进行了形式上的招投标，双方并没有实质的招投标行为，郑某等人的行为属于应该邀标而没有邀标的违法行为。第二种意见认为，郑某等人的行为构成串通投标罪。首先，该案中的工程系发包方故意拆分后，确定由张某承做，故应该以总金额500万元计算中标金额，该金额已经达到串通投标罪的立案追诉标准。其次，郑某等人的行为符合串通投标罪的构罪要件，属于投标人与招标人串通投标。主观上，二人应明知行为违法但却恣意为之，损害了其他潜在投标人的利益；客观上，郑某安排张某借用其他公司的资质进行招投标活动就是实施串通投标的行为。因此，郑某等人涉嫌串通投标罪。[1]

我们认为，本案中郑某等人的行为属于违法发包行为，而不属于串通投标行为。一方面，张某并未与其他投标人串通标价，损害招标人或其他投标人的利益，也未与负责招标的郑某、蔡某串通，损害国家、集体、公民的合法利益，不符合串通投标罪的犯罪构成。另一方面，郑某、蔡某是因为工期紧张等原因，经过请示领导后，决定先安排张某施工，后完善招标程序。因此，形式上看是一种招投标行为，实际上属于违法发包行为。[2]

---

[1] 案例及意见参见王刘章：《违法发包与串通投标罪之区别》，载《中国检察官》2012年第9期。

[2] 《建筑工程施工发包与承包违法行为认定查处管理办法》第6条规定："存在下列情形之一的，属于违法发包：（一）建设单位将工程发包给个人的；（二）建设单位将工程发包给不具有相应资质的单位的；（三）依法应当招标未招标或未按照法定招标程序发包的；（四）建设单位设置不合理的招标投标条件，限制、排斥潜在投标人或者投标人的；（五）建设单位将一个单位工程的施工分解成若干部分发包给不同的施工总承包或专业承包单位的。"

二、串通投标罪的此罪与彼罪

（一）本罪与敲诈勒索罪的界限

根据《刑法》第 274 条的规定，敲诈勒索罪是指以非法占有为目的，对被害人实施威胁或者要挟的方法，迫使其当场或日后交付数额较大的公私财物的行为。敲诈勒索罪的客体是公私财产的所有权和被害人的人身权利等其他权利，威胁的对象只能是被害人或其近亲属。而串通投标罪的犯罪客体是正常的招投标市场竞争秩序与国家、社会和公民的合法利益，即便存在威胁情形，威胁的对象一般是其他参与投标人，即通过威胁手段迫使其他参与投标人不再具有中标可能性，此时威胁对象投标人与实际被损害对象招标人不具有同一性，一般可以认定串通投标罪。特殊情况下，敲诈对象是招标人，即威胁招标人必须由行为人中标进而实施串通投标的行为，可以认定同时构成敲诈勒索罪和串通投标罪，择一重罪定罪处罚。

（二）本罪与合同诈骗罪的界限

合同诈骗罪，是指以非法占有为目的，在签订、履行合同过程中，使用欺诈手段，骗取对方当事人财物，数额较大的行为。合同诈骗罪与串通投标罪的相似点在于：招标投标本身是一种合同缔结方式，因此，也可以说串通投标行为是发生在签订合同过程中的不法行为；串通投标罪中的"串通"具有很大的隐蔽性和欺骗性，因此其带有诈骗的性质。两罪区别主要在于：一是主观方面，合同诈骗具有明显的非法占有目的，串通投标罪一般不具有明显的非法占有目的，只是行为人采取串通的手段，获得更多的经济利益；二是客观方面，即串通投标是一种特殊的合同订立方式，其具有十分鲜明的外部特征，从而易与一般的合同欺诈行为相区别。

三、串通投标罪的其他相关问题

（一）串通投标罪立案追诉标准中"直接经济损失"的认定

根据前述该罪的追诉标准，损害招标人、投标人或者国家、集体、公民的合法利益，造成直接经济损失数额在 50 万元以上的……，应当立案追诉。这里的"直接经济损失",是指行为人串通投标的行为给招标人、其他投标人或者国家、集体、公民所造成的财产损毁、减少的实际价值,不包括间接经济损失。主要包括两种情形:一是投标人相互串通投标报价,给招标人、其他投标人造成直接经济损失数额在 50 万元以上的;二是招标人与投标人串通投标,给国家、集体、公民造成直接经济损失数额 50 万元以上的。① 司法实践中,有的判例对"直接经济损失"进一步作了扩展,将行为人组织围标后给予其他参与围标者的围标费作为"直接经济损失"。如《人民司法》2007 年第 22 期刊登的赵某军串通投标案【案号(2005)余刑初字第 273 号】。该案中,赵某军在得知乙地一批农村义务教育建设项目采用最低中标法公开招标后,挂靠某建筑公司参与投标并入围。为获取不法利益,赵某军公然提出要组织围标,让入围单位按其要求编制投标函并由其统一安排中标单位和承建人,再由承建方拿出工程中标价的 10% 分给其他入围单位。按照此方法,赵某军共将 10 个教育项目分别以接近工程预算控制价的中标价围给有关单位,中标单位拿出工程中标价的 10% 钱款共计 187 万元由赵某军分给各入围单位。案发前,涉嫌串通投标的工程已经竣工并验收合格。

法院审理认为,如果各参标人没有串通投标,涉案工程就不可能以接近预算控制价的中标价中标。赵某军的串通投标行为,使本来应属于招标人成本节约范畴的 187 万元围标费落入各投标人腰包。实质上,围标费本来应是招标人通过投标而减少的成本开支,各投标人把本不属于自己的利润(即围标费 187 万元)变相转嫁给招标人。因此,赵某军的串通投标行为给招标人造成了直接经济损失达 187 万元。②

我们认为,该案例中法院判决所持的观点值得商榷。其一,围标费本质上是中标者给予其他参与围标人的贿赂。中标者给予其他围标者贿赂的多寡由中标者与围标者商定,与招标人的损失无逻辑关联。该费用可能会转嫁到招标人的成本上,也可能由中标者从其利润中支出。那种认为围标费必然由招标人承担,进而认定为招标人损失的观点不能成立。其二,

---

① 参见曾斌:《立案定罪量刑标准与适用》(第二版),法律出版社 2010 年版,第 274 页。

② 参见朱章程、黄书建:《串通投标罪中直接经济损失之认定》,载《人民司法》2007 年第 22 期。

本案中投标的工程按时保质完成，且中标价在招标方控制范围内，即使各投标人没有串通投标，最终的标价也有可能是当前的中标价，甚至比当前的中标价更高。因此，认定招标人的损失并无参考标准，即使委托评估机构，也难以进行评估。其三，串通投标罪的追诉标准除了造成直接经济损失50万元以上，还有其他追诉标准：违法所得数额在10万元以上；中标项目金额在200万元以上；采取威胁、欺骗或者贿赂等非法手段的，等等。本案中，赵某军的行为既符合违法所得数额在10万元以上，也符合中标项目金额在200万元以上，还符合采取威胁、欺骗或者贿赂等非法手段的情形，司法机关完全可以根据这三种情形之一追究其串通投标罪的刑事责任，而不必一定通过认定"直接经济损失"的方式。

（二）串通投标罪的共犯问题

1. 串通投标罪是必要的共犯还是任意的共犯①

刑法理论上一般认为，串通投标罪是一种典型的必要共同犯罪，即只有两个以上的主体，即投标人相互串通报价，或者招标人和投标人串通投标，共同实施犯罪才能完成。②也有人认为，串通投标罪未必是必要共同犯罪。在一个人（或者一个单位）操控不知情的多家公司围标时，可能只有一个人（或者一个单位）构成串通投标罪。③

我们认为，串通投标罪是必要的共犯。

其一，共犯是一种不法形态。④在一个人（或者一个单位）操控不知情的多家公司围标时，如甲操控不知情的A、B、C三家公司围标时，甲与A、B、C企业构成不法层面的共同犯罪，至于A、B、C企业因缺乏责任要素而不被追究刑事责任，不影响甲与A、B、C三公司在不法层面上属于串通投标的事实。另外，如所周知，对向犯是典型的必要的共犯。我

---

① 必要的共犯是指刑法分则规定的，必须由二人以上共同实行的犯罪。任意的共犯是指一人可以实施的犯罪，由二人以上共同实施的情况。参见张明楷：《刑法学》（第五版），法律出版社2016年版，第386页。

② 参见王作富主编：《刑法分则实务研究》（中），中国方正出版社2007年版，第797页。

③ 参见孙国祥：《串通投标罪若干疑难问题辨析》，载《政治与法律》2009年第3期。

④ 参见张明楷：《刑法学》（第五版），法律出版社2016年版，第383页。

国理论通说都认可，在部分对向犯中，对向犯的一方可能因缺乏责任要素而不被追究刑事责任，如重婚罪的一方；也可能因一方不完全符合犯罪构成而无法构成对向的犯罪，如收受贿赂者构成受贿罪，但行贿者可能因缺乏谋利要件而不构成行贿罪。因此，不能因为现实中可能存在部分串通投标者缺乏责任要素，而否定串通投标罪为必要的共犯。

其二，无论是一个自然人还是一个单位操控不知情的多家公司围标，都必然存在多人串通的情况。譬如，自然人甲以A、B、C三家公司的名义参与投标时，甲必然要与三个单位的有关人员进行串通；即使甲通过挂靠、欺骗等手段在三个单位的负责人不知情的情况下取得资质并参与围标，甲也必然需要安排相关人员作为A、B、C三家公司的委托人参与投标过程，此过程不可能不存在串通。再如，甲单位通过控制的A、B、C三家公司围标，必然要与三家公司进行串通；即使甲单位通过某种手段取得三家公司资质并在后者不知情的情况下参与围标，甲单位亦需要安排人员作为A、B、C三公司的委托人参与投标过程。可能有人要说，此时参与招标的实质上只有甲单位，A、B、C三公司只是其参与招标的工具，不存在甲与A、B、C三公司串通投标的情况。但是，如前文所述，串通投标罪的主体不仅限于招标投标法规定的法人或其他组织，还包含主管、负责、参与招标投标事项的人。上述情况下实质上是主管、负责、参与招标投标事项的人之间的串通。综上，无论从规范层面的分析，还是从串通投标行为表现的考察，都应当认定串通投标罪是必要的共犯。

2. 对串通投标的被告人是否适用刑法总则关于共同犯罪的规定

在串通投标的共同犯罪中，能否适用刑法总则规定，作主从犯的划分？有观点认为，对串通投标"进行处罚时，只能根据法定刑幅度和量刑情节定罪量刑，不能适用对共同犯罪量刑的有关规定"。[1]也有观点认为，串通投标罪虽然是必要的共犯，但"如何确定各自在共同犯罪中的地位、作用、应负的责任，要根据案件的具体情况，依据刑法总则关于共同犯罪的处罚原则处罚"。[2]还有观点认为，作为具有纵向对合犯性质的招标人与投标人串通投标行为，无须作共同犯罪的认定。因为我国刑法中共同

---

[1] 参见刘生荣、但伟主编：《破坏市场经济秩序犯罪的理论与实践》，中国方正出版社2001年版，第825页。

[2] 参见周道鸾、张军主编：《刑法罪名精释》，人民法院出版社2007年版，第391页。

犯罪人分类的基本依据是各共同犯罪人在共同犯罪中的作用，而实行行为是判断共犯作用的重要内容。在刑法将双方相对向的行为都作为该罪的实行行为认定时，至少在犯罪的客观方面，对合行为是可以作等值评价的，因此，不必作共同犯罪的认定，按照各自所实行的行为及情节定罪处罚即可。而对投标人与投标人之间的横向串通行为，可以作共同犯罪的认定。因为这种情况下，双方行为的方向是一致的，在这过程中，实行行为对结果发生的原因力、主观恶性程度都可能存在差异。例如，通过挂靠串通投标的场合，被挂靠单位明知挂靠者串通投标而接受其挂靠，为挂靠者实行串通投标犯罪提供便利条件的，可以按共同犯罪处理，但就责任而言，显然挂靠者为重，被挂靠者可构成从犯，依据刑法总则的规定予以从轻、减轻或者免除处罚。①

我们认为，在串通投标的共同犯罪中，可以适用刑法总则关于共同犯罪的规定。理由如下：

其一，串通投标罪虽然是必要的共犯，但属于各犯罪人触犯同一罪名的共犯。无论是投标人与投标人串通，还是投标人与招标人串通，他们都触犯同一罪名，适用同样的法定刑，具备依据刑法总则的规定区分主犯与从犯的前提。相反，有的必要的共同犯罪不能适用刑法总则的规定。如，刑法为行贿行为和受贿行为分别规定了不同的罪名，设置了不同的法定刑，表明立法上已经对两种不同的犯罪行为作了区别对待。那么，在裁判时不必再对行贿罪和受贿罪作共同犯罪的认定，只需按照各行为所触犯的罪名及情节定罪量刑即可。

其二，《刑法》第5条规定，刑罚的轻重，应当与犯罪分子所犯罪行和承担的刑事责任相适应。串通投标的各犯罪人不可能罪责完全一致，如果具体案件可以分清主从犯，且不分清主从犯在同一法定刑档次、幅度内量刑无法做到罪刑相适应的，应当分清主从犯，并依照刑法总则关于共同犯罪的规定定罪处罚。如在投标人与投标人进行串通的过程中，有的投标人在串通投标中起组织、策划、指挥作用，有的只是被动配合且作用较小，对这种情况完全可以区分主从。在招标人与投标人串通的过程中，同

---

① 参见孙国祥：《串通投标罪若干疑难问题辨析》，载《政治与法律》2009年第3期。

样也可能存在一方作用明显较大，一方作用明显较小的情况。如招标方的甲为谋取私利主动找到参与竞标的乙、丙，以威胁及利诱的方式迫使乙、丙与之串通投标，在公开招标时故意抬高标价，乙、丙迫于压力不得不参与其中。在这种情况下，乙、丙不仅可能成为从犯，甚至可以成为胁从犯。

（三）本罪与贿赂犯罪牵连行为的认定

在行为人犯串通投标罪的同时，往往可能牵连犯有贿赂方面的犯罪，如投标人贿赂招标人，许之以特定经济利益，诱使其泄露标底，或者招标人接受贿赂，泄露标底等商业秘密。由此可见，基于本罪特点，往往可能出现既构成串通投标罪，又构成贿赂犯罪的情况。对于此种情形，目前无法律的明确规定，司法实践中既有数罪并罚也有择一重罪的处置，我们倾向于可以参考已经明确的受贿犯罪与渎职犯罪并罚、行贿犯罪与谋取不正当利益并罚的法律规定，由于收受贿赂行为、串通投标行为分别侵犯了不同法益，可以进行数罪并罚。

第四节 案例评析

一、许某某、包某某串通投标立案监督案[①]

【案件要旨】

刑法规定了串通投标罪，但未规定串通拍卖行为构成犯罪。对于串通拍卖行为，不能以串通投标罪予以追诉。公安机关对串通竞拍国有资产行为以涉嫌串通投标罪刑事立案的，检察机关应当通过立案监督，依法通知公安机关撤销案件。

---

① 最高人民检察院第二十四批指导性案例检例第 90 号。

【基本案情】

犯罪嫌疑人许某某，男，1975年9月出生，江苏某事业有限公司实际控制人。

犯罪嫌疑人包某某，男，1964年9月出生，连云港某建设工程质量检测有限公司负责人。

江苏省连云港市海州区锦屏磷矿"尾矿坝"系江苏海州发展集团有限公司（以下简称海发集团，系国有独资）的项目资产，矿区占地面积近1200亩，存有尾矿砂1610万吨，与周边村庄形成35米的落差。该"尾矿坝"是应急管理部要求整改的重大危险源，曾两次发生泄漏事故，长期以来维护难度大、资金要求高，国家曾拨付专项资金5000万元用于安全维护。2016年至2017年间，经多次对外招商，均未能吸引到合作企业投资开发。2017年4月10日，海州区政府批复同意海发集团对该项目进行拍卖。同年5月26日，海发集团委托江苏省大众拍卖有限公司进行拍卖，并主动联系许某某参加竞拍。之后，许某某联系包某某，二人分别与江苏甲建设集团有限公司（以下简称甲公司）、江苏乙工程集团有限公司（以下简称乙公司）合作参与竞拍，武汉丙置业发展有限公司（以下简称丙公司，代理人王某某）也报名参加竞拍。2017年7月26日，甲公司、乙公司、丙公司三家单位经两次举牌竞价，乙公司以高于底价竞拍成功。2019年4月26日，连云港市公安局海州分局（以下简称海州公安分局）根据举报，以涉嫌串通投标罪对许某某、包某某立案侦查。

【检察机关履职过程】

线索发现 2019年6月19日，许某某、包某某向连云港市海州区人民检察院提出监督申请，认为海州公安分局立案不当，严重影响企业生产经营，请求检察机关监督撤销案件。海州区人民检察院经审查，决定予以受理。

调查核实 海州区人民检察院通过向海州公安分局调取侦查卷宗，走访海发集团、拍卖公司，实地勘查"尾矿坝"项目开发现场，并询问相关证人，查明：一是海州区锦屏磷矿"尾矿坝"项目长期闲置，存在重大安全隐患，政府每年需投入大量资金进行安全维护，海发集团曾邀请多家企业参与开发，均未成功；二是海州区政府批复同意对该项目进行拍卖，海发集团为防止项目流拍，主动邀请许某某等多方参与竞拍，最终仅许某某、王某某，以及许某某邀请的包某某报名参加；三是许某某邀请包某某参与竞拍，目的在于防止项目流拍，并未损害他人利益；四是"尾矿坝"项目后期开发运行良好，解决了长期存在的重大安全隐患，盘活了国有不良资产。

监督意见 2019年7月2日，海州区人民检察院向海州公安分局发出《要求说明立案理由通知书》。公安机关回复认为，许某某、包某某的串通竞买行为与串通投标行为具有同样的社会危害性，可以扩大解释为串通投标行为。海州区人民检察院认为，投标与拍卖行为性质不同，分别受招标投标法和拍卖法规范，对于串通投标行为，法律规定了刑事责任，而对于串通拍卖行为，法律仅规定了行政责任和民事赔偿责任，串通拍卖行为不能类推为串通投标行为。并且，许某某、包某某的串通拍卖行为，目的在于防止项目流拍，该行为实际上盘活了国有不良资产，消除了长期存在的重大安全隐患，不具有刑法规定的社会危害性。因此，公安机关以涉嫌串通投标罪对二人予以立案的理由不能成立。同时，许某某、包某某的行为亦不符合刑法规定的其他犯罪的构成要件。2019年7月18日，海州区人民检察院向海州公安分局发出《通知撤销案件书》，并与公安机关充分沟通，得到公安机关认同。

监督结果 2019年7月22日，海州公安分局作出《撤销案件决定书》，决定撤销许某某、包某某串通投标案。

【指导意义】

1. 检察机关发现公安机关对串通拍卖行为以涉嫌串通投标罪刑事立案的，应当依法监督撤销案件

严格遵循罪刑法定原则，法律没有明文规定为犯罪行为的，不得予以追诉。拍卖与投标虽然都是竞争性的交易方式，形式上具有一定的相似性，但二者行为性质不同，分别受不同法律规范调整。《刑法》第223条规定，投标人相互串通投标报价，损害招标人或者其他投标人利益，情节严重的，或者投标人与招标人串通投标，损害国家、集体、公民的合法利益的，以串通投标罪追究刑事责任。刑法未规定串通拍卖行为构成犯罪，拍卖法亦未规定串通拍卖行为可以追究刑事责任。公安机关将串通拍卖行为类推为串通投标行为予以刑事立案的，检察机关应当通过立案监督，通知公安机关撤销案件。

2. 准确把握法律政策界限，依法保护企业合法权益和正常经济活动

坚持法治思维，贯彻"谦抑、审慎"理念，严格区分案件性质及应承担的责任类型。对企业的经济行为，法律政策界限不明，罪与非罪不清的，应充分考虑其行为动机和对于社会有无危害及其危害程度，加强研究分析，慎重妥善处理，不能轻易进行刑事追诉。对于民营企业参与国有资产处置过程中的串通拍卖行为，不应以串通投标罪论处。如果在串通拍卖过程中有其他犯罪行为或者一般违法违规行为的，依照刑法、拍卖法等法律法规追究相应责任。

二、福建省三明市X公司、杨某某、王某某串通投标案①

【关键词】

高科技民营企业合规　串通投标　第三方监督评估　跟踪回访

【要旨】

对于涉案高新技术型民营企业，围绕企业特点全面做好合规前调查，提出整改建议，使涉案企业明确合规整改方向。结合相关领域的合规标准，指导企业细化合规计划，严格督促企业逐条对照落实。综合运用多类型评估、考察机制，确保合规验收环节的质量效果。持续做好不起诉后跟踪回访，助力企业合规守法经营。

【基本案情】

福建省三明市X公司（以下简称X公司）系当地拥有高资质高技术的通信技术规模级设计、施工、集成企业。杨某某系X公司法定代表人、总经理；王某某系X公司副总经理，负责对外招投标、施工及结算等业务。

X公司在投标三明市公安局交警支队3个智能交通系统维保项目过程中，与其他公司串通，由X公司制作标书、垫付保证金，并派遣X公司员工冒充参与串标公司的投标代理人进行竞标，最终上述3个项目均由X公司中标施工建设，中标金额共计603万余元。上述项目现已施工完毕，并通过工程验收决算。案发后杨某某、王某某主动投案。2021年4月，

---

① 最高人民检察院第三批涉案企业合规典型案例之一。

三明市公安局三元分局以X公司、杨某某、王某某涉嫌串通投标罪向三明市三元区检察院移送审查起诉。2022年1月，检察机关依法对X公司、杨某某、王某某作出不起诉决定。

【企业合规整改情况及效果】

一是深入社会调查启动企业合规。检察机关经审查了解，X公司系具有涉密信息系统集成资质乙级等多项资质、多项专利的高资质、发展型民营企业，企业综合实力在福建省同行业排名前20名，是三明市该行业的龙头企业，累计纳税近7000余万元、企业员工100余名、拥有专利20余件。案发后，公司面临巨大危机，大量人员有失业风险，对当地经济和行业发展产生一定负面影响。审查起诉阶段，检察机关向X公司送达《企业刑事合规告知书》，该公司在第一时间提交了书面合规承诺以及行业地位、科研力量、纳税贡献、承担社会责任等证明材料。X公司及杨某某、王某某均自愿认罪认罚，涉案项目已施工完毕，并通过竣工验收决算，无实质性危害后果。检察机关经过实地走访调研，X公司的合规承诺具有真实性、自愿性，符合企业合规相关规定。检察机关在认真审查调查案件事实、听取行政机关意见以及审查企业书面承诺和证明材料基础上，综合考虑企业发展前景、社会贡献、一贯表现及企业当前暴露出的经营管理机制疏漏，2021年9月启动合规考察程序，确定了3个月的合规考察期。

二是扎实开展第三方监督评估。三明市第三方监督评估机制管委会指定3名专业人员组成第三方组织，对X公司启动企业合规监督考察程序。整改期间，检察机关多次与第三方组织、企业专业律师团队会商，针对X公司在投标经营活动方面存在的风险漏洞，指导企业修订、完善《企业合规整改方案》和《企业合规工作计划》，有针对性地督促企业健全内控机制及合规管理体系。X公司积极对照实施，及时汇报进展情况。检察机关会同第三方组织对合规计划执行情况不定期开展灵活多样的跟踪检查评估。

三是公开听证后作出不起诉决定。2022年1月，第三方组织对X公司企业合规整改进行验收，经评估通过合规考察。检察机关组织召开听证会，听取人大代表、政协委员、人民监督员、侦查机关及社会群众代表对X公司合规整改的意见，听证员一致认可企业整改成效。同月，检察机关经综合审查认为，X公司、杨某某、王某某等人主动投案、认罪认罚、主观恶性较小，相关项目业已施工完毕并通过验收，未给社会造成不良影响。且 X 公司案发后积极开展有效合规整改，建立健全相关制度机制，堵塞管理漏洞，确保依法经营，不断创造利税，依法对 X 公司、杨某某、王某某作出不起诉决定。

四是持续做好不起诉后跟踪回访。检察机关经综合考察听取各方意见后，依法作出不起诉决定，让企业"活下去"，有机会"经营好"，X 公司对参与投标的 13 个项目均进行合规审核，最终中标 2 个项目，金额 100 多万元。检察机关开展"回头看"，要求 X 公司对已整改到位部分加强常态监管，较为薄弱环节持续整改。而后检察机关邀请第三方监管人员围绕企业已整改问题及关联持续建设领域进行跟踪回访，继续为企业依法合规经营提供普法服务，确保合规整改效果能够"长效长治"。

【典型意义】

1. 严格把握企业合规适用标准、条件，围绕企业特点全面做好合规前调查

对于涉案高技术型民营企业，检察机关会同有关部门，对涉案公司开展社会调查，通过市场监管、人社、税务、工商联等平台，调查其社会贡献度、发展前景、社会评价、处罚记录等。同时研判发案原因，查找其经营风险和管理缺漏，以"合规告知书＋检察建议书"形式，提出整改建议，使涉案企业"合规入脑"，督促其作出合规承诺。检察机关在社会调查时，主动审查涉案公司是否符合适用条件，及时征询涉案企业、个人的意见，与本地区第三方机制管委会提前沟通，做好合规前期准备。

2. 多方协作优化合规计划，严格督促企业逐条对照落实

依托第三方监督评估机制向相关行业领域的专家"借智借力"，立足 X 公司自身问题，结合相关领域的合规标准，指导企业优化合规计划，对合规体系运行涉及的组织架构、事项流程、内控机制、风险整改、文化培塑等进行分解细化，从提升合规意识、规范投标业务操作到健全配套内部资金流向监管审计等层面，严格按照时间表监督落实，做到点面衔接，实现"合规入心"。检察机关还会同第三方组织通过多次实地走访 X 公司，与律师团队等会商研讨，指导 X 公司对合规计划进行修订完善，为后续推进第三方监督评估创造重要前提条件。

3. 综合运用多类型评估、考察机制，确保涉案企业合规整改实质化

评估程序上，坚持问题导向，逐条对照合规计划检视企业整改效果，防止走过场的"纸面合规"。考察方式上，采取灵活、有效方式，不拘泥于特定形式，在不影响正常生产经营的前提下，融合开展实地考察、听取汇报、查阅资料、组织座谈、同业参照等组合方式，推动合规建设，强化员工守法意识。企业通过评估后，检察机关接续用好公开听证、人民监督员监督、人大代表、政协委员监督等方式，以公开促公正，确保合规验收环节的质量效果，实现合规"成效入档"，避免合规建设流于形式。

第四章　合同诈骗罪办案指引

第一节　合同诈骗罪概述

一、合同诈骗罪的立法沿革

1979年刑法在第151条、第152条，与盗窃罪、抢夺罪一起规定了诈骗罪，并未单独设置合同诈骗罪。1985年最高人民法院、最高人民检察院《关于当前办理经济犯罪案件中具体应用法律的若干问题的解答（试行）》（现已失效）对经济合同纠纷与利用经济合同进行诈骗的犯罪进行了界定。1996年最高人民法院《关于审理诈骗案件具体应用法律的若干问题的解释》（现已失效）再次规定了利用经济合同诈骗他人财物，数额较大的，构成诈骗罪，并详细规定了6种利用经济合同进行诈骗的情形。

1997年刑法将利用经济合同诈骗的犯罪单列为合同诈骗罪，并置于刑法分则第三章破坏社会主义市场经济秩序罪的扰乱市场秩序罪一节中，从而加强了对此类犯罪的刑法调控力度。第224条规定："有下列情形之一，以非法占有为目的，在签订、履行合同过程中，骗取对方当事人财物，数额较大的，处三年以下有期徒刑或者拘役，并处或者单处罚金；数额巨大或者有其他严重情节的，处三年以上十年以下有期徒刑，并处罚金；数额特别巨大或者有其他特别严重情节的，处十年以上有期徒刑或者无期徒刑，并处罚金或者没收财产：（一）以虚构的单位或者冒用他人名义签订合同的；（二）以伪造、变造、作废的票据或者其他虚假的产权证明作担保的；（三）没有实际履行能力，以先履行小额合同或者部分履行合同的方法，诱骗对方当事人继续签订和履行合同的；（四）收受对方当事人给付的货物、货款、预付款或者担保财产后逃匿的；（五）以其他方法骗取对方当事人财物的。"第231条规定："单位犯本节第二百二十一条至第二百三十条规定之罪的，对单位判处罚金，并对直接负责的主管人员和其他直接责任人员，依照本节各该条的规定处罚。"

二、合同诈骗罪的概念和构成特征

合同诈骗罪，是指以非法占有为目的，在签订、履行合同过程中，骗取当事人财物，数额较大的行为。

（一）客体特征

本罪侵犯的客体为复杂客体，即既侵犯了合同对方当事人的财产所有权，又扰乱了市场秩序。合同亦称契约，是指当事人之间为实现一定目的，明确相互权利义务的协议。合同是商品交换关系在法律上的表现形式，合同法律制度集中体现和反映了商品经济关系发展的内在要求和一般规则，为商品交换提供了基本的行为模式。因此，在实行社会主义市场经济的条件下，合同法律制度是维护社会经济秩序的基本保证。但近年来，一些不法之徒无视国家的法律，利用各种经济合同进行诈骗，表现出极大的欺骗性、贪婪性和危害性。合同诈骗，直接使对方当事人的财产减少，侵害了对方当事人的财产所有权，同时，合同诈骗对于社会主义市场交易秩序和竞争秩序造成了极大的妨害，本条从诈骗罪中分离出来，对打击合同诈骗活动，意义深远。

（二）客观特征

本罪在客观方面表现为在签订、履行合同过程中，虚构事实、隐瞒真相，骗取对方当事人财物，且数额较大的行为。对于以签订合同的方法骗取财物的行为，认定行为人是否"虚构事实"或"隐瞒真相"，关键在于查清行为人有无履行合同的实际能力。也就是说，行为人明知自己没有履行合同的实际能力或者担保，故意制造假象使与之签订合同的人产生错觉，"自愿"地与行骗人签订合同，从而达到骗取财物的目的，这是利用合同进行诈骗犯罪在客观方面的主要特征。具体包括以下几项内容：

1. 行为人根本不具备履行合同的实际能力

认定行为人是否具有履行合同的实际能力，应当以签订合同时行为人的资信或货源情况作依据。比如签订购销合同时，供货方既没有实物储备，也没有货物来源，利用一些单位急于购买紧俏或便宜物资的心理，虚构货源，骗取信任，接受合同预付款或定金后，逾期又不履行合同，一般可以认定为没有实际履约能力。当然，还要注意区别根本无履行合同能力与有部分履行合同能力的界限，只有完全没有履行合同能力的才能以诈骗罪论处。

2. 采取欺骗手段

欺骗手段绝大多数是作为，而不可能是单纯的不作为。欺骗手段表现为行为人虚构事实或隐瞒真相。虚构事实，是指行为人捏造不存在的事实，骗取被害人的信任。其表现形式主要是：假冒订立合同必需的身份；盗窃、骗取、伪造、变造签订合同所必需的法律文件、文书，制造"合法身份""履约能力"的假象；虚构不存在的基本事实；虚构不存在的合同标的；等等。隐瞒事实真相是指行为人对被害人掩盖客观存在的基本事实。其表现形式主要是：隐瞒自己实际上不可能履行合同的事实；隐瞒自己不履行合同的犯罪意图；隐瞒合同中自己有义务告知对方的其他事实。

3. 使与之签订合同的人产生错误认识

这种错误认识是指对能够引起处分财产的事实情况的错误认识，而不是泛指受骗者对案件的一切事实情况的错误认识。在合同诈骗犯罪中，受骗者的错误认识是由于行骗者的行骗行为所引起的。在时间顺序上，欺骗在先，是受骗者产生错误认识的原因；受骗人产生错误认识在后，是欺骗的结果。如果他人错误认识在先，行为人利用他人的错误认识取得财物，只能作为民事纠纷而不能作为诈骗犯罪处理。如果行为人虽然采取了欺骗手段，他人认识上也存在错误，但欺骗手段与错误认识之间缺乏因果联系，也不能以合同诈骗罪论处。

4. 被骗人"自愿"地与行为人签订合同并履行合同义务，交付财物或者行为人（或第三人）直接非法占有他人因履约而交付的财物

作为行骗者诈骗手段的合同，就其种类讲，通常有三种：（1）签订买卖合同，骗取现金或实物。具体有五种情况：一是利用盗窃、伪造或骗取

的空白合同和介绍信与他人签订合同；二是用已作废、失效的合同书、介绍信，冒充有效的合同书、介绍信与他人签订合同；三是利用已撤销单位的名义及其印章、介绍信、合同书与他人签订合同；四是在条款上做手脚，使合同无法按期履行；五是在标的物上设陷阱，使对方违约而不履行合同。（2）利用承包合同进行诈骗。行为人无承包能力，以骗取钱财为目的，承包工厂或某项工程，骗取大量钱财供自己挥霍或一溜了之。（3）利用联营合同骗取钱财。行为人根本无生产经营能力，利用与他人签订联营合同，骗取联营单位的钱财。

综上，骗取财物无论出现在签订阶段，还是出现在履行过程中均属合同诈骗行为。根据《刑法》第224条的规定，这类行为通常包括以下几种情形：（1）以虚构的单位或者冒用他人名义签订合同；（2）以伪造、变造、作废的票据或者其他虚假的产权证明作担保，即以这些票据或证明作为自己能够履行合同的证据，以骗得对方当事人签订合同；（3）没有实际履行能力，以先履行小额合同或者部分履行合同的方法，诱骗对方当事人继续签订和履行合同；（4）收受对方当事人给付的货物、货款、预付款或者担保财产后逃匿；（5）以其他方法骗取对方当事人财物，主要包括：收受对方当事人给付的货物、货款、预付款或者担保财产后，无正当理由拒不履行合同又不退还，或者没有用作履行合同而无法返还；利用合同骗取财物用于抵偿债务，而没有实际履约；用于进行违法活动；用于挥霍，致使无法返还；等等。

（三）主体特征

本罪的主体是一般主体，自然人和单位均可以构成本罪。

（四）主观特征

本罪主观方面只能是故意，并且具有非法占有公私财物的目的。行为人主观上没有上述诈骗故意，只是由于种种客观原因，导致合同不能履行或所欠债务无法偿还的，不能以本罪论处。行为人主观上的非法占有目的，既包括行为人意图本人对非法所得的占有，也包括意图为单位或第三人对非法所得的占有。

诈骗故意产生的时间既可能是行为人实施行为的最初，也可能产生在其他合法行为进行的过程中。例如，利用合同进行诈骗的犯罪，行为人诈骗的故意既可以是在签订合同之前，即行为人在签订虚假合同之前就已经具有非法占有对方钱财的故意，其签订合同的目的是骗取对方钱财；也可以产生在签订合同之后，即行为人在签订合同的最初，并无骗取对方钱财的故意，但是，合同签订之后，由于种种原因，如货源、销路、市场行情变化等，致使合同无法履行，从而产生诈骗的故意，行为人有归还能力而不愿归还已经到手的对方的钱财，并进而采取虚构事实或隐瞒真相等手段，欺骗对方，以达到侵吞对方钱财的目的。产生非法占有目的后并未实施诈骗行为的，不能成立合同诈骗罪。①

三、合同诈骗罪的追诉标准

最高人民检察院、公安部《关于公安机关管辖的刑事案件立案追诉标准的规定（二）》第 69 条规定："以非法占有为目的，在签订、履行合同过程中，骗取对方当事人财物，数额在二万元以上的，应予立案追诉。"

第二节 合同诈骗罪的证据审查

一、合同诈骗罪的证据要件

（一）犯罪客体证据

通过犯罪嫌疑人、被告人供述和辩解，证人证言，物证，书证，视听资料，电子数据等证据，证实行为人的行为侵犯了国家对合同的管理秩序和公私财产所有权。

---

① 参见张明楷：《刑法学》（第五版），法律出版社 2016 年版，第 833 页。

（二）客观方面证据

1. 刑法规定的五种行为方式的证据

（1）"以虚构的单位或者冒用他人名义签订合同"的证据，具体如下：

①犯罪嫌疑人、被告人的供述和辩解。证明与对方当事人签订合同是以虚构的单位或假冒他人的名义而签订的，以及犯罪的时间、地点、过程、情节，骗取财物的数量及其他共同犯罪人在具体实施犯罪过程中的地位和作用等。

②工商等部门出具的证明。证明犯罪嫌疑人、被告人用于签订合同的单位系虚构，或者是假冒其他单位或他人的名义。

③被假冒的单位出具的证明材料。证明此合同是他人假冒其单位签订的。

④被假冒的个人的证言。证明其没有签订或授权他人签订此合同。

⑤鉴定意见。证明合同上的印章、签名等系伪造、变造的。

（2）"以伪造、变造、作废的票据或者其他虚假的产权证明作担保"的证据，具体如下：

①犯罪嫌疑人、被告人的供述和辩解。证明与对方当事人签订合同是以伪造、变造、作废的票据或者其他虚假的产权证明作担保，以及犯罪的时间、地点、过程、情节，骗取数量及其他共同犯罪人在具体实施犯罪过程中的地位和作用等。

②有关金融机构或产权管理部门出具的证明材料。证明用于担保的票据或产权证明系伪造、变造、作废或虚假的。

③出票人或产权所有人出具的证明材料。证实用于担保的票据或产权证明系伪造、变造、作废或虚假的。

④鉴定意见。证明用于担保的票据或产权证明系伪造、变造、作废或虚假的。

（3）"没有实际履行能力，以先履行小额合同或者部分履行合同的方法，诱使当事人继续签订和履行合同"的证据，具体如下：

①犯罪嫌疑人、被告人的供述和辩解。证明自己没有履行合同的能力，先履行小额合同或者部分履行合同只是为了诱骗对方当事人继续签订

和履行合同,以及犯罪地点、过程、情节,骗取财物的数量及其他共同犯罪人在具体实施犯罪过程中的地位和作用等。

②相关汇票、本票、支票、小额合同、财务账册等书证。证实犯罪嫌疑人、被告人先履行小额合同或部分履行合同的行为。

③营业执照或工商部门出具的证明材料。证明行为人签订的合同是否超出经营范围。

④有关司法会计、劳动、工商管理、银行等部门出具的行为人没有履约能力的鉴定或证明材料。

⑤有关逃匿、转移财产、隐藏财物或搞假破产等方面的证据。

（4）"收受对方当事人给付的货物、货款、预付款或者担保财产后逃匿"的证据,具体如下：

①犯罪嫌疑人、被告人的供述和辩解及查证材料。证明收受对方当事人给付的货物、货款、预付款或者担保财产后逃匿的时间、地点、过程、情节,骗取财物的数量及其他共同犯罪人在具体实施犯罪过程中的地位和作用等。

②证明行为人收受对方当事人给付的货物、货款、预付款或者担保财产的有关书证及被害人陈述、证人证言等。

③证明有关行为人逃匿的证据。包括报案材料、通缉令、抓捕经过、证人证言、车船票等。

④现场勘查笔录。证实行为人隐匿地点的情况等。

（5）"以其他方法骗取对方当事人财物"的证据,具体如下：

①犯罪嫌疑人、被告人的供述和辩解,证明在签订、履行合同过程中,以上述方法以外的其他方法骗取对方当事人财物,以及犯罪的时间、地点、过程、情节,骗取财物的数量及其他共同犯罪人在具体实施犯罪过程中的地位和作用等。

②有关鉴定意见及其他证据。证实行为人在签订、履行合同过程中,以上述方法外的其他方法骗取对方当事人财物的情况。

2. 被害人陈述或被害单位相关人员证言、辨认笔录及被骗单位出具的证明

证实被骗的过程,包括行为人使用的身份、作案手段、被骗数额等情况,同时确认行为人。

3. 证人证言

（1）知情人、发现人、扭送人等证言及辨认笔录。证实内容同上。

（2）关系人的证言。证实犯罪嫌疑人、被告人所说的均为虚假或与犯罪嫌疑人、被告人不相识等情况。

4. 书证

（1）查获的行为人使用的身份证件、名片等。证实犯罪嫌疑人、被告人在签订合同时使用的身份。

（2）查获的合同。证实犯罪嫌疑人、被告人与他人签订合同的情况。

（3）查获的行为人用于担保的票据或产权证件等。证实行为人使用的犯罪手段。

（4）有关部门出具的行为人经营情况、资质能力或者相关银行账户等材料。证实行为人是否具有实际履行合同的经济能力或资质等。

（5）相关提货单、收据、支票等单据。证实行为人收受对方当事人给付的货物、货款、预付款或担保财产等情况。

（6）扣押物品清单。证实查获的赃款、赃物情况。

5. 物证

（1）作案工具。证明犯罪手段等。

（2）查获的赃款、赃物情况。证实骗取的货物、物品及赃款去向等。

6. 有关诈骗数额方面的证据

（1）提货单、收据、支票等单据。证实行为人收受对方当事人给付的货物、货款、预付款或担保财产及数额。

（2）扣押赃款、赃物、资金、物品及清单，证实查获的赃款、赃物情况。

（3）物品价格鉴定意见或被害单位出具的物品价格证明。证实被骗赃物的数额。

（4）司法会计、审计鉴定。证实诈骗数额及损失。

7. 赃款赃物去向的相关证据

（1）犯罪嫌疑人、被告人供述，证人证言。证实犯罪嫌疑人、被告人将他人财物非法占为己有。

（2）证实资金流向的书证，包括银行转款单证及行为人的账册等。证实所骗数额的流向及用途。

（3）扣押赃款、赃物、资金、物品及清单、照片、审计报告、评估报告、会计鉴定、收返赃笔录等。证明诈骗造成的无法挽回损失的数额等。

通过以上客观方面证据并结合犯罪构成的其他相关证据，证明行为人实施了在签订履行经济合同过程中，以虚构事实或者隐瞒真相的方法，骗取对方当事人数额较大财物的行为。

（三）犯罪主体证据

本罪的主体是一般主体。实践中，在收集、审查、判断、运用主体证据的过程中，应当注意合同诈骗多数是以所谓单位的名义实施的，对于以单位名义实施的合同诈骗，要重点查明所谓的单位是否真实存在、是否冒用了他人单位的名义、是否是为了实施违法犯罪而设立的单位、单位是否是以实施犯罪为主要活动、是否属于名为单位实为个人以及犯罪所得是否占为己有等，以正确区分实施诈骗行为的主体是单位还是自然人。

（四）主观方面证据

1. 犯罪嫌疑人、被告人及同案人的供述、辩解及其查证材料

证实其作案动机、预谋过程、犯罪目的、作案过程及赃款去向、是否有偿还能力等。

2. 证人证言

证实行为人签订、履行合同诈骗过程及不想偿还、不能偿还的有关情况等。

3. 物证、书证、鉴定意见等

如现金、作案工具、合同、票据、存折、账本，以及鉴定意见、文检鉴定意见等。证实行为人对合同款的使用用途，是否用于挥霍，高风险的经济活动造成重大经济损失，或进行违法犯罪活动，是否被转移到境外，行为人是否携款逃跑。

通过上述证据并结合其他客观方面的证据，证明本罪在主观方面由故意构成，且以非法占有为目的。认定是否具有非法占有的目的，应当坚持主客观相一致的原则，既要避免单纯根据损失结果客观归罪，也不能仅凭被告人自己的供述，而应当根据案件具体分析。

二、合同诈骗罪常见证据审查

无论是正式的书面合同,还是简易的口头合同,都是民法典所承认和保护的合同,而且随着科技和经济生活的发展,新的合同形式将不断出现。在经济生活中,存在大量的口头合同,口头合同也经常被不法分子利用进行诈骗。口头合同与书面合同只是形式不同,但都是民法典调整的范围,利用口头合同进行诈骗与利用书面合同在所侵犯的客体方面并无本质区别,而且刑法关于合同诈骗罪的规定并未排除利用口头合同进行诈骗的情形。因此,只要利用口头合同进行诈骗,侵犯了市场经济秩序和他人财产权,完全可以成为合同诈骗罪中的"合同"。刑法规定合同诈骗罪的立法目的也即保护的客体主要在于维护正常的市场合同秩序。因此,刑法中合同诈骗罪的合同形式不应有过多限制,只要是体现了一定的市场秩序的合同,无论是书面形式还是口头形式或是其他形式,均可构成合同诈骗罪的合同,而且刑法本身也并无"书面合同"的明确限制。当然,从刑事诉讼角度考虑,不同形式的合同,在刑事诉讼中具有举证难易程度的差异,但是,不能以便利诉讼为借口否认口头合同可以成为合同诈骗罪中之合同。司法实践中,只要有证据证实一定形式的合同存在,那么就应满足合同诈骗罪所要求的合同要件。在宗爽合同诈骗案中,被告人宗爽分别与詹洁、张伟等人签订"聘请顾问协议书",以自己承包的松盛公司及自己成立的金世纪公司的名义,对外承揽出国签证咨询业务,每人收取0.5万元至3.5万元不等的钱款,许诺如办不成出国签证,再如数退还钱款。宗爽所签订的"聘请顾问协议书",表面上像一个咨询性质的协议,具有技术服务性质,但根据其提供的所谓服务内容,实质上是一个代办出国签证性质的委托代理合同。这种委托代理合同,具有一定的代理服务内容并体现了一定市场经济活动性质,利用这种合同实施的诈骗犯罪严重扰乱了正常的代办出国签证的市场秩序,因此应认定为与经济活动有关的合同。宗爽的诈骗行为发生在合同的签订、履行过程之中,骗取的钱款正是合同约定的报酬标的,在没有为他人办成出国签证的情况下,携款潜逃,可以认定具有非法占有目的,因此宗爽的诈骗行为,应构成合同诈骗罪。

第三节　合同诈骗罪的认定处理

一、合同诈骗罪的罪与非罪

（一）合同诈骗罪与一般合同纠纷的界限

合同纠纷与合同诈骗罪有许多相似之处：（1）二者都产生于民事交往过程中，并且都以合同形式出现；（2）在履行合同的过程中，对合同所规定的义务都不履行或不完全履行；（3）合同诈骗罪在客观上表现为虚构事实或者隐瞒事实真相，合同纠纷中的当事人有时也伴有欺骗行为；（4）二者都是非法占有特定物。尽管合同诈骗与合同纠纷有许多相似之处，但二者也有本质的区别。行为人主观上有无非法占有他人财物的目的，是区别二者的关键。行为人的主观目的可以从以下几个方面考察：

1. 考察行为人在签订合同时有无履行合同的能力

不能只根据签订合同时有无履行合同的能力作为区分诈骗与合同纠纷的标准，但是，也不能否认行为人在签订合同时有无履行合同的能力，在某种情况下对于是否具有骗取财物的目的，又有着重要意义。例如，某人在没有落实货源的情况下，为了营利即与人订立了供货合同。在收到预付款之后，多方查找货源，仍未落实，但表示愿意偿还货款，并承担违约责任。此案中，行为人在不具备履行合同的条件下与他人签订了供货合同，但从他的整个活动看，主观上并没有诈骗的目的，因此，不能认定为诈骗，而应当按合同纠纷处理。相反地，有些人明知自己没有能力履行合同，而且也根本不打算履行合同，但仍与他人签订合同，一旦货款到手，便大事告成，或大肆挥霍，或逃之夭夭，如此等等，不言而喻，这些人签订合同是假，骗取财物是真，当然，应以合同诈骗论处。

2. 看行为人在签订和履行合同过程中有无欺骗行为

从司法实践看,行为人在签订和履行合同过程中没有欺骗行为,即使合同未能全面履行,也只能作合同纠纷处理,不能定诈骗罪。即使有欺骗,也不一定构成诈骗罪。为了分清合同诈骗罪与合同纠纷的界限,需要对欺骗作具体分析。一般来说,在签订和履行合同过程中,行为人在事实上虚构了某些虚假成分,但是并非掩盖其根本无法履行合同的事实,而且实际上也并未影响对合同的履行,或者虽然合同未能完全履行,但是本人愿意承担违约责任,说明行为人并无非法占有他人财物的目的,故不能以诈骗罪处理。然而,对于那些伪造证件,使用假证件,编造谎言,骗取信任,掩盖其根本无力履行合同的真相,给对方造成重大损失的,应当以合同诈骗罪论处。

3. 看行为人在签订合同后有无履行合同的实际行动

司法实践表明,行为人有履行合同的诚意,在签订合同后,必然设法创造条件使合同得以履行,如果不能履行或不能完全履行,也会愿意承担违约责任,赔偿对方损失。无疑,这属合同纠纷。但是,有些人在合同签订后,根本不去履行合同,往往是货款一到手,便大肆挥霍,造成无力偿还。这种行动足以证明他根本无意履行合同,完全是出于骗取财物的目的。对此种情况,可以合同诈骗罪论处。

4. 看行为人在违约以后是否愿意承担违约责任

在一般情况下,行为人若有履行合同的诚意,发现自己违约或者对方提出违约时,尽管从自身利益出发可能提出种种辩解,以减轻责任,但是,一般会采用"事在事有"的态度,当无可辩驳自己违约时,会承担违约责任。然而有些人在明知自己违约,不可能履行合同时,往往采取潜逃等方式进行逃避,使对方无法追回自己的经济损失,说明其主观上具有骗取财物的故意。对此一般以合同诈骗罪论处。

5. 考察行为人未履行合同的原因

影响合同未履行的原因不外乎主客观两种情况。查明合同未履行的原因,对于认定行为人主观上是否具有骗取财物的目的有重要作用。合同当事人均享有合同的权利和承担相应的义务。一方取得权利,就必须相对地承担相应的义务,享受权利和承担义务是对等的,如果合同当事人一方面享受了权利,而不愿意、不主动去承担义务,那么,合同未履行是由于行为人主观上造成的，从而说明行为人一般具有非法占有他人财物的目的，可以合同诈骗罪论处。但是，如果合同当事人享受了权利后，自己尽了最大努力去承担义务，然而，由于发生了使行为人无法预料的事实，致使合同无法履行。对此，应当以合同纠纷处理，不能定合同诈骗罪，因为这种情况行为人不具有骗取财物的目的。①

需要说明的是，对于行为人非法占有目的的有无，在司法实践中往往是一个综合审查判断的过程，检察机关应当从以上五个方面具体审查犯罪嫌疑人供述、被害人陈述、证人证言及相关书证、物证等，尤其在犯罪嫌疑人存在辩解或者案件存在反证的情况下，具体审查辩解的合理性和证据间矛盾，以准确认定案件事实。当案件证据存在矛盾且不足以排除合理怀疑的情况下，检察机关应当严格恪守疑罪从无的裁判原则，不应因被害人客观上存在物质损失，就认定行为人具有非法占有的目的。

（二）合同诈骗罪与民事欺诈的关系

民事欺诈与合同诈骗并非对立关系，而是包容关系，合同诈骗只是民事欺诈的特殊情形。只要行为符合合同诈骗罪的犯罪构成，该行为就构成合同诈骗罪；此时不得以民事欺诈为由否定合同诈骗罪的成立。②

二、合同诈骗罪的此罪与彼罪

（一）本罪与诈骗罪的界限

从立法渊源看，合同诈骗罪是从1979年刑法中的诈骗罪分离出来的，合同诈骗罪的构成要件在一定程度上为诈骗罪所包容，二者属于法条竞合，是特别法与一般法的竞合关系。因此，当某行为外观上既符合合同诈骗罪的构成要件，又符合诈骗罪构成要件时，应当根据特别法优于一般法的原则，适用合同诈骗罪的法条，定合同诈骗罪，这是司法实践中已形成的共识。合同诈骗罪与诈骗罪虽然同属诈骗类犯罪，在构成要件上有

---

① 参见张军主编：《刑法（分则）及配套规定新释新解》（第九版）（中），人民法院出版社2016年版。

② 参见张明楷：《刑法学》（第五版），法律出版社2016年版，第834页。

一定相近之处，但两罪在犯罪客体、犯罪主体、客观方面还是存在诸多不同：一是犯罪主体不同。诈骗罪与合同诈骗罪都可以由自然人构成，但是合同诈骗罪的主体可以是单位，而诈骗罪的主体只能是自然人。二是犯罪客体不同。诈骗罪侵犯的是公私财物所有权，合同诈骗罪侵犯的客体为复杂客体，即公私财物所有权和国家对合同的管理制度。三是犯罪手段不同。合同诈骗罪只限于利用签订、履行合同的方式和手段进行诈骗，而诈骗罪在手段与方式上则没有限制，只要行为人在主观上具备非法占有的目的，客观上通过虚构事实或者隐瞒真相的手段骗取数额较大财物的行为，就构成诈骗罪。当行为人既实施了合同诈骗行为，又实施了普通诈骗行为，而且两种行为都构成犯罪时，就应当适用刑法中数罪并罚的规定，分别定合同诈骗罪和诈骗罪，实行并罚。

合同诈骗罪是一种利用合同进行诈骗的犯罪，诈骗行为发生在合同的签订、履行过程中，诈骗行为伴随着合同的签订、履行是此罪区别于诈骗罪的一个主要客观特征。合同诈骗罪处于刑法分则第三章破坏社会主义市场经济秩序罪之第八节扰乱市场秩序罪中，合同诈骗罪不仅侵犯他人财产所有权，而且侵犯国家合同管理制度，破坏了社会主义市场经济秩序，这是立法设立该罪以专惩此类犯罪的初衷，因而合同诈骗罪中的"合同"，必须存在于合同诈骗罪保护客体的范围内，能够体现一定的市场秩序，才能满足合同诈骗罪中的"合同"的要求，这种诈骗行为也才应以合同诈骗罪论处，而与这种法益无关的收养、婚姻等身份关系协议、赠与等合同均不是合同诈骗罪中所指的"合同"，以这些合同为内容进行诈骗的行为应当以诈骗罪定罪处罚。

（二）本罪与票据诈骗罪、金融凭证诈骗罪的界限

合同诈骗罪与票据诈骗罪、金融凭证诈骗罪都属于特殊的诈骗犯罪，具备诈骗的本质特征，但在侵害的客体和具体的行为方式上有区别。从犯罪客体看，三罪都侵害了他人财产所有权，但合同诈骗罪还侵害国家合同管理制度，票据诈骗罪、金融凭证诈骗罪则侵害了国家金融管理秩序。从客观要件看，合同诈骗罪和票据诈骗罪、金融凭证诈骗罪客观上都表现为采用虚构事实，隐瞒真相的手段，使对方当事人上当受骗，信以为真，"自愿"地交出财物。但合同诈骗罪是以签订、履行合同为欺骗手段，将

他人预付款、货物、货款或担保财产等财物非法占有；而票据诈骗罪、金融凭证诈骗罪则是行为人以使用虚假的金融票据或银行结算凭证作为犯罪手段，非法占有他人财物的行为。在签订、履行合同过程中，以虚假票据或银行结算凭证支付合同价款诈骗对方当事人财物的，会导致三罪在行为方式上互有交叉，按照刑法禁止重复评价的原则，对"以虚假的票据或银行结算凭证支付合同价款骗取对方当事人财物"这一个危害行为只应依据一个犯罪构成要件给予一个刑法评价。这种行为人实施了一个犯罪行为，却同时触犯了数个刑法规范，形式上符合数个不同的犯罪构成的情形属于理论上的法条竞合。所以从合同诈骗罪与票据诈骗罪、金融凭证诈骗罪的关系看，存在交叉竞合关系，应适用重法优于轻法原则。从票据诈骗罪、金融凭证诈骗罪与合同诈骗罪的法定刑及量刑标准来看，票据诈骗罪、金融凭证诈骗罪的法定刑重于合同诈骗罪，因此，当出现交叉竞合时应以票据诈骗罪、金融凭证诈骗罪定罪处罚。

（三）本罪与信用证诈骗罪的界限

信用证诈骗罪与合同诈骗罪侵犯的客体、客观行为方式不同，界限较为清晰。实践中争议较大的，是以信用证担保为诱饵诱骗他人签订、履行合同骗取对方当事人财物的应如何定罪处罚。我们认为，信用证诈骗罪虽然是以信用证为道具实施的诈骗犯罪，但并非所有利用信用证实施诈骗的行为都应认定为信用证诈骗罪。信用证诈骗的危害实质并不在于行为人所使用的具体诈骗手法，而是使用信用证的行为，除了侵犯他人的财产所有权外，能否对信用证法律关系和信用证管理制度构成侵害。如果行为人诈骗行为的实施，虽然使用了信用证作为诈骗犯罪的工具，但如果并未侵害信用证法律关系和财产所有权关系，也就根本不具备信用证诈骗的危害实质，自然不能以信用证诈骗罪定性处理。行为人使用信用证作为担保，诱骗他人签订、履行合同，以达到占有被担保合同项下财物的目的，不管其所使用的信用证是否真实，均既不会对信用证当事人，即开证申请人、开证银行、受益人、议付行等之间的权利义务关系构成侵害，亦不会对信用证开具的基础合同，即开证申请人和受益人之间的进出口贸易合同关系构成侵害，受侵害的只能是信用证所担保签订、履行的合同当事人之间的权利义务关系。这种行为方式与使用虚假票据担保诱使他人签订、履行合同骗取对方当事人财物并无本质区别。根据《刑法》第224条第2项规定,"以伪造、变造、作废的票据或者其他虚假的产权证明作担保的",属于合同诈骗罪的行为方式之一。因此,以信用证担保为诱饵诱骗他人签订、履行合同骗取对方当事人财物的,属于《刑法》第224条第5项规定的"以其他方法骗取对方当事人财物的"情形,应当以合同诈骗罪定罪处罚。

(四)本罪与贷款诈骗罪的界限

合同诈骗罪侵犯的是复杂客体,即公私财产所有权和社会主义市场秩序,犯罪对象为对方当事人的财物。根据《刑法》第193条的规定,贷款诈骗罪,是指以非法占有为目的,诈骗银行或者其他金融机构的贷款,数额较大的行为,其侵犯的也是复杂客体,即金融机构的财产所有权和国家正常的金融秩序,犯罪对象为金融机构的贷款。按照我国刑法学界的通说,在一定条件下,犯罪客体对认定犯罪的性质、分清此罪与彼罪的界限,具有决定性的意义,而犯罪对象往往是犯罪客体的表现形式。因此,通过区别犯罪客体和犯罪对象,可以准确界定通过向银行贷款骗取担保人财产的行为性质。

我们认为,通过向银行贷款的方式骗取担保人财产的行为,表面上看是骗取银行贷款,实际上侵害的是担保人的财产权益,犯罪对象并非银行贷款而是担保合同一方当事人的财产,对此种行为应以合同诈骗罪论处。银行等金融机构为了确保所贷出的款项安全可靠,一般均要求借款人在申请贷款时提供必要的担保。担保人作为借款合同中的第三人,在借贷人不能偿还贷款本息时负责偿还贷款本息(一般担保)或承担与借款人共同偿还贷款的连带责任(连带担保)。行为人虚构事实骗取银行与担保人的信任,非法占有钱款后,银行可依据担保合同从担保人处获取担保,而担保人则是银行债务的实际承担者,受侵害的往往是担保人。即使担保人因某种客观原因如破产等情况导致无法偿还担保,银行的债权无法实现从而权益受到实际侵害,但只要担保人与银行之间所订立的担保合同具有法律效力,银行与担保人之间就成立债权、债务关系,法律关系的最终落脚点和行为侵害对象就应认定是担保人而非银行。当然,如果行为人提供虚假担保或者重复担保,骗取银行或者其他金融机构贷款的,则符合贷款诈骗罪的构成要件，理应以贷款诈骗罪论处。

（五）本罪与假冒专利罪的界限

假冒专利罪与合同诈骗罪在一般情况下界限是清楚的，但在假冒专利罪的行为表现中，存在"未经许可，在合同中使用他人的专利号，使人将合同所涉及的技术误认是他人的专利技术"的情况，如果是因为这种行为而构成假冒专利罪，则有可能和合同诈骗罪出现想象竞合关系，因为这种行为涉及在合同中使用虚假内容，可能成为合同诈骗的手段。判断的关键在于，行为人在合同中假冒他人专利目的是否在于通过合同骗取他人财物，假冒他人专利行为是否成为合同诈骗的手段。如果行为人仅在签订的合同中假冒他人专利，但并没有骗取他人财物的目的，后来也按照合同的约定实际履行，则只成立假冒专利罪。即使合同履行的过程中产生了纠纷，也属于一般的民事纠纷，不构成合同诈骗罪。如果行为人以骗取他人财物为目的，通过合同进行诈骗活动，同时以合同中假冒他人专利为手段的，则成立假冒专利罪与合同诈骗罪两罪，它们之间是想象竞合关系，应当择一重罪处断。

三、合同诈骗罪的其他相关问题

（一）合同诈骗罪中非法占有目的的认定

本罪在主观方面是故意，对虚构事实或隐瞒真相会使对方当事人信以为真，从而签订或履行合同有明确认识。同时，构成本罪，要求行为人有非法占有他人财物的目的。

1. 存在非法占有目的的情形

对"非法占有目的"的判断，应全面综合考察行为人签订合同时的主体资格、履约能力、履行条件和所设定担保的真伪，履行合同中有无履约实际行动，对合同的履行情况、未履行合同的原因，对财物的处置情况（如是否隐匿、转移、挥霍财产、携款潜逃，是否将财物用于高风险投资或违法犯罪行为），以及事后行为人的态度等方面的因素。

通常而言，签订、履行合同有下列情形之一的，就可以认定行为人具有"非法占有目的"：（1）根本没有履行合同的能力或者故意夸大自己履行合同的能力，骗取对方当事人的信任与自己签订合同；合同签订后又不积极努力设法创造履约条件履行合同以避免对方经济损失的。实践中，有的行为人在无履行能力的情况下与他人签订合同，在履约期满后仍不为履约作任何努力，或者在有部分履约能力的条件下只是消极地等待机会履约；有的甚至是为敷衍对方当事人而假装努力履约。（2）在采取欺骗手段签约的初始只是为了解决一时资金困难，以暂时获取周转资金，但在有能力归还资金的情况下却久拖不还。（3）合同签订后，经以支付部分货款、开始履行合同为诱饵，骗取全部货款后，在合同规定的期限内或者双方约定的付款期限内，无正当理由拒不支付其余货款的。（4）通过签订合同获取对方当事人交付的货物、货款、预付款、定金或保证金后，挥霍浪费，致使上述款物无法返还的。（5）在履行义务前将对方当事人的货物、货款、预付款、定金或保证金加以使用、处分，进行违法犯罪活动的。（6）收到对方货款、预付款、定金或保证金后，不按合同约定内容履行合同，如组织约定货源、提供约定服务等，而是用于炒股或者其他风险投资的。（7）因违约给对方造成经济损失被民事裁判确定继续履行合同义务或赔偿对方损失后，或者在人民法院强制执行其财产时，隐藏、转移财产或抽逃资金，以逃避债务的。（8）为应付对方当事人索取债务，采用"拆东墙补西墙"的方法又与他人签订合同筹措资金，以后来的合同诈骗所获得的货物、货款、预付款、定金或保证金归还前次货款的。

2. 非法占有目的难以认定的情形

实务中，符合以下条件的，难以认定行为人有非法占有目的：（1）所取得的大部分财产用于投资、经营活动的。（2）虽虚构主体、冒用他人名义，使用虚假证明文件签订合同，但合同主要义务已经履行完毕的。（3）取得他人财物后中止合同，或拒不支付剩余货款，但有一定抗辩理由的。

3. 履行合同过程中产生非法占有目的的问题

本罪可能发生在履行合同过程中，因此，实务中有一种观点：在收取对方财物或货款之后，在履行合同期间产生非法占有目的的，也可以构成合同诈骗罪。但是，本罪的以非法占有为目的，在履行合同过程中骗取对方当事人财物，是指行为人基于非法占有目的，在履行合同过程中，将尚处于他人占有、控制之下的财物骗取过来，转变占有关系的情形。按照行为与责任同在的原理，在履行合同过程中的诈骗，仅限于财物处于他人控制之下，行为人欺骗对方，对方由此上当受骗的，才能成立诈骗。也就是说，合同诈骗罪的成立，必须是行为人基于非法占有目的，从对方手中骗取财物。因此，合同诈骗罪的非法占有目的，必须产生在"取得"他人财物之前。当事人双方签订合同之后，行为人在取得他人财物之前产生非法占有目的，进而在履行合同过程中骗取他人财物的，可以构成合同诈骗罪。虽然在收取对方财物或货款之后，也可以产生非法占有目的，但是，因为没有欺骗对方转移占有的"骗取"行为，该非法占有目的就只能是侵占（代为保管财物）罪的非法占有目的，应当成立侵占罪，而非诈骗罪。因此，所谓履行合同过程中产生非法占有目的的说法，一定是有限定的。[①]

（二）非法占有与非法占用的区别

认定合同诈骗罪的非法占有目的，应将刑法上的非法占有与非法占用区别开来。占用并非占有。非法占有意味着侵犯了财产所有权全部权能，而非法占用意味着只是侵犯财产使用权。在刑法上，占有他人财物和占用他人财物的行为性质是有区别的。司法实践中，有些人利用签订经济合同，骗取对方的预付款，供自己经营使用或者进行其他牟利活动，当对方催促履行合同时，则以各种借口推脱，在获利后再归还对方的预付款，即所谓"借鸡生蛋"。"借鸡生蛋"的欺诈行为，行为人的目的是"占用"资金，而不是为了占有，不符合合同诈骗罪的构成要件，不能按合同诈骗罪处理。

（三）合同诈骗罪中"逃匿骗财"的认定

《刑法》第224条第4项中规定了合同诈骗罪的一种行为方式，即

---

① 参见周光权：《刑法各论》（第三版），中国人民大学出版社2016年版，第319页。

"收受对方当事人给付的货物、货款、预付款或者担保财产后逃匿的"。实践中，一些司法机关对于此条规定的理解存在误区，认为只要合同一方当事人收受对方当事人给付的货物、货款、预付款或者担保财产后逃跑的，一律认定为合同诈骗罪，这是不恰当的。对于"逃匿骗财"的理解要区分两种情况，具体分析。第一种情况，行为人具有非法占有对方货物、货款、预付款、担保财产的目的，采用冒用他人名义或者虚构履约能力等虚构事实、隐瞒真相的方法，与他人签订合同，在履行合同的过程中，没有为履约做积极努力，收受对方的款物后，即更换手机号、地址等导致对方无法联系，行为人将收到的款物全部挥霍。在此情形下，行为人构成"逃匿骗财型合同诈骗罪"。第二种情况，行为人在签订、履行合同的过程中，没有实施虚构事实、隐瞒真相的行为，合同一方当事人收受对方当事人给付的货物、货款、预付款或者担保财产后逃跑。从表面上看，行为人也具有收财逃匿的行为，在此情形下，对于该行为如何评价？在实践中往往存在不同的认识。如吕某某与 A 公司签订钢材的购销合同，合同约定：A 公司分五次向吕某某提供钢材，吕某某在钢材销售后，将销售款返给 A 公司，A 公司按约定比例返给吕某某款项。在前三次的钢材销售中，吕某某能够及时将钢材销售款给付给 A 公司，在后两笔业务中，吕某某没有将钢材销售款给付 A 公司，后 A 公司多次派人找吕某某催要钢材款，吕某某均以各种理由推脱。后吕某某离开原居住地，手机停机。对此案，有的认为，吕某某在签订、履行合同的过程中，收受对方给付的货物后逃匿，其行为触犯《刑法》第 224 条第 4 项规定，构成合同诈骗罪；有的认为，吕某某已经履行了大部分货款，其行为属于合同纠纷，应判决吕某某无罪。这两种不同意见代表了对第 224 条第 4 项的两种不同理解。我们认为，上述案例中，吕某某在签订合同时，具有销售钢材的能力，而且使用的是真实的姓名和地址，且在合同履行的过程中，其已经履行了给付大部分货款的义务，之后逃跑的行为属于拒不履约的行为，应当通过民事诉讼予以解决。综上，《刑法》第 224 条第 4 项行为方式的理解，不能陷入只要收受对方相关款物后逃跑的，一律构成合同诈骗罪的误区。对于行为人收受对方当事人给付的货物、货款、预付款或者担保财产后离开原住址或更换手机号，另一方找不到的，是属于合同纠纷，还是构成合同诈骗犯罪，要从主、客观两个方面进行考察认定。既要求行为人主观上具有非法占有的目的，又要求客观上行为人实施了虚构事实、隐瞒真相的行为。在此前提下，逃匿骗财构成合同诈骗罪。

（四）合同诈骗罪中"以其他方法骗取对方当事人财物"的认定

《刑法》第224条在规定了4种具体的行为方式后，又规定了"以其他方法骗取对方当事人财物的"第5种客观行为的表现方式。这一概括性的规定无疑是立法者在4种行为方式外，为了防止立法疏漏而规定的一个"兜底性、堵截性"条款，是我国立法的一个特色。所谓的"其他方法"必须符合"合同诈骗罪"构成要件的基本要求，且与4种法条已列明的行为方式在性质上具有一致性。

1. 编造事实或者根本不存在的标的进行诈骗

在这种方式中，行为人完全采用"虚构事实、隐瞒真相"的方法编造根本不存在的事实或者标的，骗取对方信任，之后在签订、履行合同过程中骗取对方财物。这种方式中，行为人编造的事实或者标的，往往与其工作、身份、经历、家庭等相关，因此容易使被害人产生信任，进而骗取对方财物。如汪某某利用其担任某通讯公司业务员的身份，编造预缴电话费有优惠的借口，先后与A公司、B公司签订预缴话费合同，骗取上述公司电话费3万余元，上述款项全部被其挥霍。在该案中，预缴电话费有优惠的情况是根本不存在的，完全是行为人实施骗术的手段。

2. 设置违约陷阱

在这种方式中，行为人趁对方当事人不备之机，对签订的合同条文"做手脚"，设置陷阱，造成对方违约在先的假象，再以此为借口，让对方吃"哑巴亏"，从而拒绝履行自己的义务，达到骗取对方财物的目的。如方某某承租产权人王某的一处底商作为经营场所，因其经营状况不佳，欲将该底商转租他人以图弥补个人损失。方某某在明知自己无权擅自转租该底商的情况下，未经房主王某同意，以假名"方某"的名字与被害人童某签订房屋租赁合同，私自将底商转租给童某，并收取童某房租、转租费共计人民币56000元。方某某以会计不在，支票无法入账为由要求童某支付现金，并提出因业务之需其仍需要继续占用该底商数日，以减扣部分租金的方式冲抵其占用期间费用。随后，方某某从童某处实得房租及转租费共计现金人民币54000元。当日下午，方某某隐瞒了其已将底商转租给童某的情况下，介绍房主王某将底商租给了赵某某，并与房主办理了退租手续。此后，方某某为掩盖其诈骗事实，逃避法律追究，事先将与童某签订的合同原始电子文档底稿格式条款部分中第3条第2款、第4条第6款、第8条第1款第1项等隐蔽处内容暗自篡改后，将合同条款改为乙方（童某）需在8月5日前交付房租，逾期交付房租视为乙方违约，甲方（方某）收到的乙方逾期交付的房租不予退还。方某某更改合同文本段落行间距以使更改内容不易被发现。方某某找到童某，假借对手书的非格式条款部分内容进行补充确认后合同字迹潦草，需打印电子文档版合同重新签字为由，骗得被害人童某信任。童某在不明真相的情况下，未能察觉方某某在上述合同条款隐蔽处所设置的合同陷阱而与其在篡改后的电子文档版合同上签字，造成童某形式上违约之假象。以此方式，方某某骗取童某54000元。此案中，方某某对于合同进行修改，造成"只要童某在8月5日之后交付房租的，方某某一律不予退还"的陷阱。从全案分析，方某某根本没有履行合同的诚意，其利用合同骗取财物的行为构成合同诈骗罪。

3. 编造借口

行为人根本没有履行合同的诚意，在对方履行合同后，找出种种理由和借口，以对方履约存在瑕疵为名，拒绝履行自己的义务，从而冠冕堂皇地骗取对方的保证金或财物。如程某于2006年7月注册成立了D工艺品经销中心。程某隐瞒真实姓名，对外谎称为"张主管"，并伙同他人通过发布广告招揽加工仿珍珠工艺画的客户，且与客户签订加工合同，约定由客户交纳一定的原材料保证金（每件50元，最少10件共计500元），加工的成品经验收合格后，由经销中心收回并退还客户保证金及支付手工费。但是在客户依约向D工艺品经销中心交付加工完成的成品时，程某等人以种种理由认定成品不合格，既不退还保证金，也不支付手工费，程某等人以此方式骗取100余名被害人保证金共计人民币81000元。本案中，被害人均是按照合同的约定加工成品，成品是符合约定标准的。程某等人的所谓成品不合格的说法，均是其不履行合同义务，占有被害人保证金的一种托词。其在履行加工合同的过程中，骗取对方财物的行为，构成合同诈骗罪。

4. 挥霍货款

行为人对于对方依约交付款项的使用情况在一定程度上反映了其主

观心态。如果行为人没有积极履约行为，对对方给付的款物进行不正当的使用，没有将收到的货款按照规定的用途使用，投入相关领域，而是进行肆意挥霍，甚至投入高风险或投机领域中，也可认定构成合同诈骗罪。如孙某某合同诈骗一案，秦某某与孙某某是多年的朋友。秦某某生意做得挺大，忙不过来，孙某某提出要求秦某某给他提供资金，由孙某某经营，每月给秦某某分利润。后双方签订合作经营煤炭协议书，双方约定由秦某某出资800万元交给孙某某经营煤炭，每月孙某某付给秦某某利润36万元。协议签订后，孙某某分3次收到800万元资金后，将其中95万元用于归还所在其他公司的贷款，将其中的90万元借给刘某某，用于炒股等。至案发，孙某某给付秦某某57.5万元，给付秦某某之子100万元，其余642.5万元至案发前尚未归还。孙某某在收到秦某某给付的款项，只将一部分用于煤炭经营，没有按照约定的用途使用，对于款项的使用极不负责任，用于出借他人、归还自己的贷款，甚至进行风险性很大的股票投资活动。因此，其利用签订、履行合同取得款物且挥霍货款的行为，也是合同诈骗罪的一种行为方式。

5. 空壳公司骗款

一些犯罪分子为了行骗得逞，首先成立一家公司，取得合法的营业执照。但其成立公司的目的，就是增加资信度，为其行骗提供方便。因此，这些公司往往既无正式的办公地点，也没有固定的资产，甚至公司刚刚成立后，就将注册资本抽逃，即所谓的"空壳公司"。行为人以公司为幌子与对方进行"经济活动"，夸大自己的履约能力，使对方信以为真，在签订、履行合同的过程中骗取被害人钱财。由于公司是真实存在的，同时也是其本人的公司，因此行为人的行为不属于《刑法》第224条第1项的规定，属于以其他方法骗取对方当事人财物。

（五）在刑民交叉案件中刑法应尽可能保持谦抑

在我国法律体系中，刑法是其他部门法的保障法，没有刑法作后盾、作保障，其他部门法往往难以得到彻底贯彻实施。这一定位同时表明，只有当一般部门法不能充分保护某种法益时，才由刑法保护。这就是刑法理论所主张的刑法的附属性、谦抑性。在经济交往中，在不损害公共利益、集体利益或者第三人利益的前提下，应当尽可能遵循当事人意思自治原则，保留由当事人自己处理、解决纠纷的最大空间，刑法应尽可能保持其谦抑性。

第四节 案例评析

一、温某某合同诈骗立案监督案[①]

【案例要旨】

检察机关办理涉企业合同诈骗犯罪案件，应当严格区分合同诈骗与民事违约行为的界限。要注意审查涉案企业在签订、履行合同过程中是否具有非法占有目的和虚构事实、隐瞒真相的行为，准确认定是否具有诈骗故意。发现公安机关对企业之间的合同纠纷以合同诈骗进行刑事立案的，应当依法监督撤销案件。对于立案后久侦不结的"挂案"，检察机关应当向公安机关提出纠正意见。

【基本案情】

犯罪嫌疑人温某某，男，1975年10月出生，广西壮族自治区钦州市甲水务有限公司（以下简称甲公司）负责人。

2010年4月至5月间，甲公司分别与乙建设有限公司（以下简称乙公司）、丙建设股份有限公司（以下简称丙公司）签订钦州市钦北区引水供水工程《建设工程施工合同》。根据合同约定，乙公司和丙公司分别向甲公司支付70万元和110万元的施工合同履约保证金。工程报建审批手续完成后，甲公司和乙公司、丙公司因工程款支付问题发生纠纷。2011年8月31日，丙公司广西分公司经理王某某到南宁市公安局良庆分局（以下简称良庆公安分局）报案，该局于2011年10月14日对甲公司负责人温某某以涉嫌合同诈骗罪刑事立案。此后，公安机关未传唤温某某，也

[①] 最高人民检察院第二十四批指导性案例检例第91号。

未采取刑事强制措施,直至2019年8月13日,温某某被公安机关采取刑事拘留措施,并被延长刑事拘留期限至9月12日。

【检察机关履职过程】

线索发现 2019年8月26日,温某某的辩护律师向南宁市良庆区人民检察院提出监督申请,认为甲公司与乙公司、丙公司之间的纠纷系支付工程款方面的经济纠纷,并非合同诈骗,请求检察机关监督公安机关撤销案件。良庆区人民检察院经审查,决定予以受理。

调查核实 经走访良庆公安分局,查阅侦查卷宗,核实有关问题,并听取辩护律师意见,接收辩护律师提交的证据材料,良庆区人民检察院查明:一是甲公司案发前处于正常生产经营状态,2006年至2009年间,经政府有关部门审批,同意甲公司建设钦州市钦北区引水供水工程项目,资金由甲公司自筹;二是甲公司与乙公司、丙公司签订《建设工程施工合同》后,向钦州市环境保护局钦北分局等政府部门递交了办理"钦北区引水工程项目管道线路走向意见"的报批手续,但报建审批手续未能在约定的开工日前完成审批,双方因此另行签订补充协议,约定了甲公司所应承担的违约责任;三是报建审批手续完成后,乙公司、丙公司要求先支付工程预付款才进场施工,甲公司要求按照工程进度支付工程款,双方协商不下,乙公司、丙公司未进场施工,甲公司也未退还履约保证金;四是甲公司在该项目工程中投入勘测、复垦、自来水厂建设等资金3000多万元,收取的180万元履约保证金已用于自来水厂的生产经营。

监督意见 2019年9月16日,良庆区人民检察院向良庆公安分局发出《要求说明立案理由通知书》。良庆公安分局回复认为,温某某以甲公司钦州市钦北区引水供水工程项目与乙公司、丙公司签订合同,并收取履约保证金,而该项目的建设环评及规划许可均未获得政府相关部门批准,不具备实际履行建设工程能力,其行为涉嫌合同诈骗。良庆区人民检察院认为,甲公司与乙公司、丙公司签订《建设工程施工合同》时,引水供水工程项目已经政府有关部门审批同意。合同签订后,甲公司按约定向政府职能部门提交该项目报建手续,得到了相关职能部门的答复,在项目工程未能如期开工后,甲公司又采取签订补充协议、承担相应违约责任等补救措施,并且甲公司在该项目工程中投入大量资金,收取的履约保证金也用于公司生产经营。因此,不足以认定温某某在签订合同时具有虚构事实或者隐瞒真相的行为和非法占有对方财物的目的，公安机关以合同诈骗罪予以刑事立案的理由不能成立。对于甲公司不退还施工合同履约保证金的行为，乙公司、丙公司可以向人民法院提起民事诉讼。同时，良庆区人民检察院审查认为，该案系公安机关立案后久侦未结形成的侦查环节"挂案"，应当监督公安机关依法处理。2019年9月27日，良庆区人民检察院向良庆公安分局发出《通知撤销案件书》。

监督结果 良庆公安分局接受监督意见，于2019年9月30日作出《撤销案件决定书》，决定撤销温某某合同诈骗案。在此之前，良庆公安分局已于2019年9月12日依法释放了温某某。

【指导意义】

1.检察机关对公安机关不应当立案而立案的，应当依法监督撤销案件

检察机关负有立案监督职责，有权监督纠正公安机关不应当立案而立案的行为。涉案企业认为公安机关对企业之间的合同纠纷以合同诈骗进行刑事立案，向检察机关提出监督申请的，检察机关应当受理并进行审查。认为需要公安机关说明立案理由的，应当书面通知公安机关。认为公安机关立案理由不能成立的，应当制作《通知撤销案件书》，通知公安机关撤销案件。

2.严格区分合同诈骗与民事违约行为的界限

注意审查涉案企业在签订、履行合同过程中是否具有虚构事实、隐瞒真相的行为，是否有《刑法》第224条规定的五种情形之一。注重从合同项目真实性、标的物用途、有无实际履约行为、是否有逃匿和转移资产的行为、资金去向、违约原因等方面，综合认定是否具有诈骗的故意，避免片面关注行为结果而忽略主观上是否具有非法占有的目的。对于签订合同时具有部分履约能力，其后完善履约能力并积极履约的，不能以合同诈骗罪追究刑事责任。

3.对于公安机关立案后久侦未结形成的"挂案"，检察机关应当提出监督意见

由于立案标准、工作程序和认识分歧等原因，有些涉民营企业刑事案件逾期滞留在侦查环节，既未被撤销，又未被移送审查起诉，形成"挂案"，导致民营企业及企业相关人员长期处于被追诉状态，严重影响企业

的正常生产经营，破坏当地营商环境，也损害了司法机关的公信力。检察机关发现侦查环节"挂案"的，应当对公安机关的立案行为进行监督，同时也要对公安机关侦查过程中的违法行为依法提出纠正意见。

二、王新明合同诈骗案①

【案件要旨】

在数额犯中，犯罪既遂部分与未遂部分分别对应不同法定刑幅度的，应当先决定对未遂部分是否减轻处罚，确定未遂部分对应的法定刑幅度，再与既遂部分对应的法定刑幅度进行比较，选择适用处罚较重的法定刑幅度，并酌情从重处罚；二者在同一量刑幅度的，以犯罪既遂酌情从重处罚。

【基本案情】

2012年7月29日，被告人王新明使用伪造的户口本、身份证，冒充房主即王新明之父的身份，在北京市石景山区链家房地产经纪有限公司古城公园店，以出售该区古城路28号楼一处房屋为由，与被害人徐某签订房屋买卖合同，约定购房款为100万元，并当场收取徐某定金1万元。同年8月12日，王新明又收取徐某支付的购房首付款29万元，并约定余款过户后给付。后双方在办理房产过户手续时，王新明虚假身份被石景山区住建委工作人员发现，余款未取得。2013年4月23日，王新明被公安机关查获。次日，王新明的亲属将赃款退还被害人徐某，被害人徐某对王新明表示谅解。

北京市石景山区人民法院经审理于2013年8月23日作出（2013）石刑初字第239号刑事判决，认为被告人王新明的行为已构成合同诈骗罪，数额巨大，同时鉴于其如实供述犯罪事实，在亲属帮助下退赔全部赃款，取得了被害人的谅解，依法对其从轻处罚。公诉机关北京市石景山区人民检察院指控罪名成立，但认为数额特别巨大且系犯罪未遂有误，予以更正。遂认定被告人王新明犯合同诈骗罪，判处有期徒刑6年，并处罚金人民币6000元。宣判后，公诉机关提出抗诉，认为犯罪数额应为100万元，

---

① 最高人民法院指导案例62号，2016年6月30日发布。

数额特别巨大，而原判未评价 70 万元未遂，仅依据既遂 30 万元认定犯罪数额巨大，系适用法律错误。北京市人民检察院第一分院的支持抗诉意见与此一致。王新明以原判量刑过重为由提出上诉，在法院审理过程中又申请撤回上诉。北京市第一中级人民法院经审理于 2013 年 12 月 2 日作出（2013）一中刑终字第 4134 号刑事裁定：准许上诉人王新明撤回上诉，维持原判。

【裁判理由】

法院生效裁判认为：王新明以非法占有为目的，冒用他人名义签订合同，其行为已构成合同诈骗罪。一审判决事实清楚，证据确实、充分，定性准确，审判程序合法，但未评价未遂 70 万元的犯罪事实不当，予以纠正。根据刑法及司法解释的有关规定，考虑王新明合同诈骗既遂 30 万元，未遂 70 万元但可对该部分减轻处罚，王新明如实供述犯罪事实，退赔全部赃款取得被害人的谅解等因素，原判量刑在法定刑幅度之内，且抗诉机关亦未对量刑提出异议，故应予维持。北京市石景山区人民检察院的抗诉意见及北京市人民检察院第一分院的支持抗诉意见，酌予采纳。鉴于二审期间王新明申请撤诉，撤回上诉的申请符合法律规定，故二审法院裁定依法准许撤回上诉，维持原判。

本案争议焦点是，在数额犯中犯罪既遂与未遂并存时如何量刑。最高人民法院、最高人民检察院《关于办理诈骗刑事案件具体应用法律若干问题的解释》第 6 条规定："诈骗既有既遂，又有未遂，分别达到不同量刑幅度的，依照处罚较重的规定处罚；达到同一量刑幅度的，以诈骗罪既遂处罚。"因此，对于数额犯中犯罪行为既遂与未遂并存且均构成犯罪的情况，在确定全案适用的法定刑幅度时，先就未遂部分进行是否减轻处罚的评价，确定未遂部分所对应的法定刑幅度，再与既遂部分对应的法定刑幅度比较，确定全案适用的法定刑幅度。如果既遂部分对应的法定刑幅度较重或者二者相同的，应当以既遂部分对应的法定刑幅度确定全案适用的法定刑幅度，将包括未遂部分在内的其他情节作为确定量刑起点的调节要素进而确定基准刑。如果未遂部分对应的法定刑幅度较重的，应当以未遂部分对应的法定刑幅度确定全案适用的法定刑幅度，将包括既遂部分在内的其他情节，连同未遂部分的未遂情节一并作为量刑起点的调节要素进而确定基准刑。

本案中，王新明的合同诈骗犯罪行为既遂部分为30万元，根据司法解释及北京市的具体执行标准，对应的法定刑幅度为有期徒刑3年以上10年以下；未遂部分为70万元，结合本案的具体情况，应当对该未遂部分减一档处罚，未遂部分法定刑幅度应为有期徒刑3年以上10年以下，与既遂部分30万元对应的法定刑幅度相同。因此，以合同诈骗既遂30万元的基本犯罪事实确定对王新明适用的法定刑幅度为有期徒刑3年以上10年以下，将未遂部分70万元的犯罪事实，连同其如实供述犯罪事实、退赔全部赃款、取得被害人谅解等一并作为量刑情节，故对王新明从轻处罚，判处有期徒刑6年，并处罚金人民币6万元。

第五章 组织、领导传销活动罪办案指引

第一节 组织、领导传销活动罪概述

一、组织、领导传销活动罪的立法沿革

组织、领导传销活动罪是2009年全国人大常委会通过《刑法修正案（七）》增设，作为《刑法》第224条之一。该条规定："组织、领导以推销商品、提供服务等经营活动为名，要求参加者以缴纳费用或者购买商品、服务等方式获得加入资格，并按照一定顺序组成层级，直接或者间接以发展人员的数量作为计酬或者返利依据，引诱、胁迫参加者继续发展他人参加，骗取财物，扰乱经济社会秩序的传销活动的，处五年以下有期徒刑或者拘役，并处罚金；情节严重的，处五年以上有期徒刑，并处罚金。"在过去的司法实践中，对这类案件主要是根据实施传销犯罪的不同情况，分别按照非法经营罪、诈骗罪、集资诈骗罪等犯罪追究刑事责任的。譬如：2001年4月10日最高人民法院《关于情节严重的传销或者变相传销行为如何定性问题的批复》（现已失效）指出："对于1998年4月18日国务院《关于禁止传销经营活动的通知》发布以后，仍然从事传销或者变相传销活动，扰乱市场秩序，情节严重的，应当依照刑法第二百二十五条第（四）项的规定，以非法经营罪定罪处罚。"2003年3月21日最高人民检察院法律政策研究室《关于1998年4月18日以前的传销或者变相传销行

为如何认定的答复》指出："对 1998 年 4 月 18 日国务院发布《关于禁止传销经营活动的通知》以前的传销或者变相传销行为，不宜以非法经营罪追究刑事责任。行为人在传销或者变相传销活动中实施销售假冒伪劣产品、诈骗、非法集资、虚报注册资本、偷税等行为，构成犯罪的，应当依照刑法的相关规定追究刑事责任。"

二、组织、领导传销活动罪的概念和构成特征

组织、领导传销活动罪是指组织、领导以推销商品、提供服务等经营活动为名，要求参加者以缴纳费用或者购买商品、服务等方式获得加入资格，并按照一定顺序组成层级，直接或者间接以发展人员的数量作为计酬或者返利依据，引诱、胁迫参加者继续发展他人参加，骗取财物，扰乱经济社会秩序的传销活动的行为。

（一）客体特征

本罪侵犯的是复杂客体，即社会主义市场经济秩序和公私财产权。"虽然条文主体内容是组织、领导传销活动，但基于该条文对于传销的内容界定，组织、领导这种以拉人头、收取入门费为主要特征的传销活动，其实就是一种诈骗的特殊类型。"[①]

（二）客观特征

本罪的客观方面表现为组织、领导以推销商品、提供服务等经营活动为名，要求参加者以缴纳费用或者购买商品、服务等方式获得加入资格，并按照一定顺序组成层级，直接或间接以发展人员数量作为计酬或返利依据，引诱、胁迫参加者继续发展他人参加，骗取财物，扰乱社会秩序的传销活动行为。根据《禁止传销条例》第 2 条，传销是指组织者或者经营者发展人员，通过对被发展人员以其直接或者间接发展的人员数量或者销售业绩为依据计算和给付报酬，或者要求被发展人员以缴纳一定费用

[①] 陈兴良：《组织、领导传销活动罪：性质与界限》，载《政法论坛》2016 年第 3 期。

为条件取得加入资格等方式谋取非法利益，扰乱经济秩序，影响社会稳定的行为。从销售方式及范围看，一般采取无店铺经营方式，以发展下线为维系其运行的生命线，组织者往往首先利用各种社会关系，在同学朋友以至亲属间寻找销售对象，下线又用同一种方法发展下层次的参加者，从而构成一种金字塔式的销售网络；从推销手段看，一般以快速创业致富为幌子，许诺给予参加者高额回报或销售商品中提成的权利等；从近年来查获的销售载体看，已由原先的实际伪劣实物商品而逐渐演变为一些只具有象征性的物品，如资格证书、银行卡、期权卡等；从运作方式看，组织者往往利用后参加者所缴纳的部分费用支付先参加者的报酬维持运作；从获得利润的途径看，组织者的收益主要来自参加者缴纳的入门费或以认购商品等方式变相缴纳的费用，而先参加者从发展的下线成员所交纳费用中获取收益，收益数额由其加入的先后顺序决定。[①]

（三）主体特征

本罪的主体是传销活动的组织者、领导者，既包括处于传销网络活动顶端、对整个传销活动进行组织或领导的人员，也包括对传销活动的某一部分进行组织或领导的人员。对于其他积极参加传销活动的一般人员，不是本罪的犯罪主体，但可以给予相应的行政处罚和教育。单位可以构成本罪。

（四）主观特征

本罪的主观方面是故意，过失不构成本罪。

三、组织、领导传销活动罪的追诉标准

最高人民检察院、公安部《关于公安机关管辖的刑事案件立案追诉标准的规定（二）》第70条规定："组织、领导以推销商品、提供服务等经营活动为名，要求参加者以缴纳费用或者购买商品、服务等方式获得

[①] 参见曾斌主编：《立案定罪量刑标准与适用》（第二版），法律出版社2010年版，第278页。

加入资格，并按照一定顺序组成层级，直接或者间接以发展人员的数量作为计酬或者返利依据，引诱、胁迫参加者继续发展他人参加，骗取财物，扰乱经济社会秩序的传销活动，涉嫌组织、领导的传销活动人员在三十人以上且层级在三级以上的，对组织者、领导者，应予立案追诉。下列人员可以认定为传销活动的组织者、领导者：（一）在传销活动中起发起、策划、操纵作用的人员；（二）在传销活动中承担管理、协调等职责的人员；（三）在传销活动中承担宣传、培训等职责的人员；（四）因组织、领导传销活动受过刑事追究，或者一年内因组织、领导传销活动受过行政处罚，又直接或者间接发展参与传销活动人员在十五人以上且层级在三级以上的人员；（五）其他对传销活动的实施、传销组织的建立、扩大等起关键作用的人员。"

第二节　组织、领导传销活动罪的证据审查

一、组织、领导传销活动罪的证据要件

（一）犯罪客体证据

1.犯罪嫌疑人、被告人的供述和辩解

证实行为人实施组织、领导传销活动的起止时间、经营地点、参与人、合伙人、传销活动的方法、手段和组织模式、传销销售的商品或服务种类、传销组织发展的层级、人数、牟利的数额等，在共同犯罪中还要查明每一个犯罪嫌疑人、被告人在共同犯罪中的地位和作用。

2.证人证言

包括参与传销活动的人员或单位的主管人员、财务人员和经手人员等人的证言。证实行为人实施组织、领导传销活动的时间、地点、销售的商品或服务内容、传销组织的层级、人数、上下层级及上下线之间的关

系、发现下线后上线所获得的报酬，以及行为人采取编造、歪曲国家政策、虚构、夸大经营、投资、服务项目及盈利前景，掩饰计酬、返利真实来源或者其他欺诈手段，从参与传销活动人员缴纳的费用或者购买商品、服务的费用中非法获利等。

3. 物证、书证

（1）被查获的组织、领导传销活动用的商品等。

（2）实施组织、领导传销活动的作案工具等。

（3）赃款。

（4）书信、日记等，证实行为人实施组织、领导传销活动的时间、地点及经过等情况。

（5）合同、收据、借条、欠条、发票等，证实与组织、领导传销活动有关的情况。

（6）传销组织的结构图、发展人员名单，证实传销组织的层级、人数等情况。

（7）相关账册、记账凭证、支票、本票、汇票存根、银行账户资料等，证实犯罪数额。

（8）有关国家机关对组织、领导传销活动的处罚决定书、缴纳罚款通知书等。

4. 鉴定意见

包括司法会计鉴定、审计鉴定、文检鉴定意见等，证实组织、领导传销活动的犯罪数额、牟利数额等。

5. 现场勘验检查笔录、照片

证实传销活动现场、仓储现场等情况。

6. 视听资料、电子数据

包括录音、录像等资料及电子数据，证实传销活动的情况。

7. 其他证明材料

（1）目击证人辨认犯罪嫌疑人或物证的笔录。

（2）犯罪嫌疑人、被告人和证人指认现场笔录。

（3）搜查笔录、扣押物品清单及照片，证实查获的作案工具及调取的相关书证。

（4）起赃笔录、退赃笔录、收缴笔录，证实起、退、收缴赃款赃物的情况。

（5）报案登记、立案决定书及破案经过等书证，证实案件来源、侦破经过以及犯罪嫌疑人是否构成自首等。

（二）客观方面证据

通过犯罪嫌疑人、被告人供述和辩解、证人证言、物证、书证、视听资料、电子数据等证据，证实行为人的行为侵犯了国家经济管理秩序和社会管理秩序，也侵犯了其他公民的财产权利。

（三）犯罪主体证据

本罪的主体是一般主体，年满16周岁、具有刑事责任能力的自然人或者单位都可以成为本罪的犯罪主体。虽然本罪的主体是一般主体，但只有传销活动的组织者和领导者才可能构成本罪。组织者是指倡导、发起、策划、指挥、招揽、引诱、胁迫、安排传销活动的人或者单位。领导者是指在传销活动中起到决策、指挥、策划、统领作用的人或者单位。根据最高人民法院、最高人民检察院、公安部《关于办理组织领导传销活动刑事案件适用法律若干问题的意见》的规定，下列人员可以认定为传销活动的组织者、领导者："（一）在传销活动中起发起、策划、操纵作用的人员；（二）在传销活动中承担管理、协调等职责的人员；（三）在传销活动中承担宣传、培训等职责的人员；（四）曾因组织、领导传销活动受过刑事处罚，或者一年以内因组织、领导传销活动受过行政处罚，又直接或者间接发展参与传销活动人员在十五人以上且层级在三级以上的人员；（五）其他对传销活动的实施、传销组织的建立、扩大等起关键作用的人员。以单位名义实施组织、领导传销活动犯罪的，对于受单位指派，仅从事劳务性工作的人员，一般不予追究刑事责任。"

实践中，在收集本罪主体的证据时，应当注意收集犯罪嫌疑人、被告人的供述和辩解、证人证言、书证等证据，证实行为人是否在传销活动中实施了策划、指挥等组织、领导行为，既包括传销网络成立前的发起人和策划人，也包括在传销组织成立后加入其中并在传销活动中起到积极作用的人。

（四）主观方面证据

本罪的主观方面表现为直接故意，并且以非法牟利为目的。行为人在主观上明知自己组织、领导法律所禁止的传销活动，并且通过传销实现谋取非法利益的目的。

1. 犯罪嫌疑人、被告人的供述和辩解

（1）作案的动机、目的，对其行为性质和危害后果的认识程度、主动程度。

（2）犯罪起意的过程、发起、策划传销活动的具体情况。

（3）传销网络的构建、上下线、金字塔的传销模式、发展他人入会与计酬的方式。

（4）共同犯罪的策划、分工的时间、地点、内容，以及每个人的相对应的犯罪行为。

（5）获利的情况、分赃的方式和赃物去向情况，以此判明犯罪嫌疑人、被告人的主观目的和在传销网络中所起作用的大小。

2. 证人证言

（1）主动参与传销活动的行为人或单位的财务人员、主管人员等员工的证言。证实其了解的犯罪经过、犯罪手段，传销网络的层级和牟利方式等，从而反映行为人主观故意。

（2）被发展加入传销组织人员的证言。证实行为人向其描述的传销组织的发展模式、销售的商品或购买商品、入会资格、发展下线的计酬方式，证实行为人具有组织、领导传销的主观故意。

3. 印证或推定行为人主观故意的间接证据

（1）从事组织、领导传销活动的行为人是否具有相应的前科。

（2）传销组织的营业执照、工商登记等书证，证明其是否合法成立以及经营范围等。

（3）传销组织所销售的商品、服务是否存在，是否存在空卖空买等明显的传销行为，证明行为人是否有组织、领导传销活动的故意。

单位犯罪的，需要通过收集和提取单位的法定代表人、直接主管人员和其他直接责任人员的供述、单位集体讨论记录、有关负责人签署的文件、单位的财务账目等书证及相关证人证言等材料，以证明组织、领导传销活动的行为系由单位集体研究决定，或者由单位的负责人或被授权人决定、同意。对于直接负责的主管人员和其他直接责任人员主观方面的证据，包括行为人有组织、领导传销活动的动机、目的以及共同犯罪的共谋时间、地点、参与人、分工、经过的供述和辩解、参与发起、策划传销活动的证人证言及相关物证、书证等，证实整个单位犯罪的主观故意表现为单位领导人或单位决策机构集体决定，代表单位意志而非个人意志。

二、组织、领导传销活动罪常见证据审查

司法实践中，经常需要审查侦查机关制作的讯问同步录音录像、辨认（指认）笔录及同步录音录像等材料，不仅有助于审查判断口供的合法性、真实性，也有助于树立内心确信。

（一）对讯问同步录音录像的审查

重点是讯问过程的合法性以及笔录与同步录音录像内容的一致性。主要审查以下内容：（1）随案移送的讯问录音录像的次数、制作时间与移送清单是否一致，是否附有《提取经过说明》或《录制经过说明》；（2）应当移送的同步录音录像是否全部移送，尤其是首次有罪供述录音录像是否移送；（3）讯问录音录像反映的供述内容、讯问时间、地点与讯问笔录是否一致；（4）同一次讯问，录音录像是否完整连贯，内容是否真实、自然；（5）是否有其他影响讯问合法性及犯罪嫌疑人供述真实性的因素。对于根据犯罪嫌疑人供述、指认提取到了隐蔽性很强的物证、书证、电子数据等客观性证据的，其供述和提取过程的录音录像应当予以重点审查。

（二）对辨认笔录的审查

重点是犯罪嫌疑人对辨认对象特征的描述与辨认对象的情形是否吻合，主要审查以下内容：（1）辨认的主持人、见证人、辨认方式等是否符合法律及有关规定；（2）辨认人对被辨认对象的记忆特征是否在辨认前已经记入笔录，其特征描述是否具体、具有辨识性、符合记忆特点；（3）辨认过程是否存在向辨认人暗示或指认辨认对象的可能；（4）辨认现场的，

辨认前是否将辨认人对现场方位、附近标志物、进入现场路线等描述记入笔录;(5)根据犯罪嫌疑人辨认提取到赃款、赃物、作案工具等客观性证据的,应注意审查辨认笔录中的辨认时间与现场勘验、检查笔录、提取笔录记录的时序关系。

犯罪嫌疑人辨认过程有同步录音录像且具有以下情形之一的,应当要求侦查机关移送审查:(1)辨认结果为定案关键证据或通过辨认直接锁定犯罪嫌疑人的;(2)属有罪证据、无罪证据并存的疑难复杂案件的;(3)存在明显暗示或具有指认嫌疑的;(4)对见证人身份、辨认结果存在其他重大疑问的;(5)根据犯罪嫌疑人指认提取到隐蔽性强的客观性证据的。

第三节 组织、领导传销活动罪的认定处理

一、组织、领导传销活动罪的罪与非罪

根据《刑法修正案（七）》对组织、领导传销活动罪的规定,组织、领导传销活动罪的基本构成要件没有情节严重程度的限定,即不管情节轻重与否,只要实施了组织、领导传销活动的,就构成组织、领导传销活动罪。但实践中在认定组织、领导传销活动罪时,仍需要注意把握以下几点:

(一)严格把握犯罪主体的范围

如前所述,组织、领导传销活动者的犯罪不限于传销活动的最终端组织者,对于积极参与活动并晋升为传销组织中具有一定职务的人员,如传销组织中的副经理、部门经理、地区经理等,也应当认定构成组织、领导传销活动罪。最高人民法院、最高人民检察院、公安部《关于办理组

织领导传销活动刑事案件适用法律若干问题的意见》第2条规定:"下列人员可以认定为传销活动的组织者、领导者:(一)在传销活动中起发起、策划、操纵作用的人员;(二)在传销活动中承担管理、协调等职责的人员;(三)在传销活动中承担宣传、培训等职责的人员;(四)曾因组织、领导传销活动受过刑事处罚,或者一年以内因组织、领导传销活动受过行政处罚,又直接或者间接发展参与传销活动人员在十五人以上且层级在三级以上的人员;(五)其他对传销活动的实施、传销组织的建立、扩大等起关键作用的人员。以单位名义实施组织、领导传销活动犯罪的,对于受单位指派,仅从事劳务性工作的人员,一般不予追究刑事责任。"

(二)注意把握刑法中的传销活动与行政法取缔对象的传销活动的区别

如前所述,行政法上取缔的传销活动包括三类:第一类是民间俗称"拉人头"型传销,即组织者或者经营者通过发展人员,要求被发展人员发展其他人员加入,对发展的人员以其直接或者间接滚动发展的人员数量为依据计算和给付报酬,谋取非法利益的;第二类是入门费类型的传销,即组织者或者经营者通过发展人员,要求被发展人员交纳费用或者以认购商品等方式变相交纳费用,取得加入或者发展其他人员加入资格,谋取非法利益的。即变相传销。第三类是团队计酬型的传销,即组织者或者经营者通过发展人员,要求被发展人员发展其他人员加入,形成上下线关系,并以下线的销售业绩为依据计算和给付上线报酬,谋取非法利益的。而《刑法修正案(七)》所针对传销仅限于前两种骗取他人钱财的传销活动,对于第三类型的传销活动,属于多层次直销的团队计酬,上线获取的报酬是下线推销产品业绩的部分,直销企业从下线销售直销产品的利润中按一定比例给上线作为佣金。之所以成为行政法上取缔的对象,而不是刑事处罚的对象,主要是该类营销模式以销售商品为目的、以销售业绩为计酬依据,与前两个传销模式有较大的区别,因此对此类传销行为,可由行政法予以规范和处理,而不再作为组织、领导传销活动罪予以刑事处罚。

（三）注意把握以"团队计酬"方式的变相传销与仅属于行政法禁止的"团队计酬"传销之间的区别

前者属于组织、领导传销活动罪的刑法规制对象；后者仅属于行政法的规制对象，不是组织、领导传销活动罪所指的传销活动。最高人民法院、最高人民检察院、公安部《关于办理组织领导传销活动刑事案件适用法律若干问题的意见》第5条规定："传销活动的组织者或者领导者通过发展人员，要求传销活动的被发展人员发展其他人员加入，形成上下线关系，并以下线的销售业绩为依据计算和给付上线报酬，牟取非法利益的，是'团队计酬'式传销活动。以销售商品为目的、以销售业绩为计酬依据的单纯的'团队计酬'式传销活动，不作为犯罪处理。形式上采取'团队计酬'方式，但实质上属于'以发展人员的数量作为计酬或者返利依据'的传销活动，应当依照刑法第二百二十四条之一的规定，以组织、领导传销活动罪定罪处罚"。

（四）注意把握行为的严重程度

虽然《刑法修正案（七）》在规定组织、领导传销活动罪时没有明确行为的严重性程度，但从实际情况，结合刑法总则犯罪概念的规定看，对其中情节轻微的，在具体案件中可以不再追究刑事责任。实践中适用这一条件的主要是在传销组织中具有一定级别的人，如刚刚晋级为B级代理员、刚刚开始负责在一个地市开展传销业务，下线人数刚满30人，这些人由于本身也是传销者，处于整个传销环节的中间，有的刚刚能够接触到传销组织的核心，对传销组织的成立、发展所起的作用不大，并且在发展下线过程中未采取胁迫等严重行为的，对于此类情况，可以认为属于情节轻微，不再追究刑事责任。

二、组织、领导传销活动罪的此罪与彼罪

（一）本罪与非法经营罪的区别

2001年最高人民法院《关于情节严重的传销或者变相传销行为如何定性问题的批复》指出："对于1998年4月18日国务院《关于禁止传销

经营活动的通知》发布以后,仍然从事传销或者变相传销活动,扰乱市场秩序,情节严重的,应当依照刑法第二百二十五条第(四)项的规定,以非法经营罪定罪处罚。"但是 2009 年《刑法修正案(七)》颁布并实施以后,明确了组织、领导传销活动罪的定罪处罚,而对于"团队计酬式"传销,根据最高人民法院、最高人民检察院、公安部《关于办理组织领导传销活动刑事案件适用法律若干问题的意见》的规定,不再作为犯罪处理。至于最高人民法院《关于情节严重的传销或者变相传销行为如何定性问题的批复》也因与上述规定相抵触,而被最高人民法院于 2013 年予以废止。①

(二) 本罪与集资诈骗罪的区别

一般情况下,组织、领导传销活动罪与集资诈骗罪比较容易区分。组织、领导传销活动罪中,行为人可能采取了编造、歪曲国家政策,虚构、夸大经营、投资、服务项目及盈利前景,掩饰计酬、返利真实来源或者其他欺诈手段吸引他人参与传销、进而骗取财物的行为,但其主观上是以非法牟利为目的,并非为了单纯的非法占有他人的财产。而在集资诈骗中,首先,行为人在主观上就是以非法占有为目的骗取他人财产;其次,本罪中一些参与较早、层级相对较高的人员可能没有损失,其参与传销的利益驱动是可以通过发展下线而获利,而在集资诈骗中多数参与人是被行为人高额返利的诱饵所欺骗,均遭受了经济损失;最后,本罪的核心特点在于金字塔式的层级发展模式,而在集资诈骗中则往往是行为人面向不特定多数人的网状发展模式。②

但是特殊情况下,组织、领导传销活动的犯罪分子借助已经构建的传销网络,以非法占有为目的,突破了一般传销的"计酬或者返利"模式,出现了引诱参加者"投资"并承诺还本付息的诈骗利诱性特征,行为模式则由一般传销向集资诈骗转变。有鉴于此,最高人民法院、最高人民检察院、公安部《关于办理组织领导传销活动刑事案件适用法律若干问题的意见》第 6 条规定:"以非法占有为目的,组织、领导传销活动,同

---

① 最高人民法院《关于废止 1997 年 7 月 1 日至 2011 年 12 月 31 日期间发布的部分司法解释和司法解释性文件(第十批)的决定》。

② 彭东主编:《公诉案件证据参考标准》,法律出版社 2014 年版,第 242 页。

时构成组织、领导传销活动罪和集资诈骗罪的，依照处罚较重的规定定罪处罚。"

(三) 本罪与诈骗罪的区别

在司法实践中，传销参与者通常主张对传销组织者以诈骗罪定罪量刑，以便能处于"受害人"的地位，退回被骗财物。诈骗罪是以非法占有为目的，虚构事实，隐瞒真相，骗取他人财产的犯罪，其在主观上具有非法占有的目的。组织、领导传销活动罪的行为人主观上不以非法占有为目的，而是具有非法牟利的动机。在传销活动中，为了不断发展人员加入"销售链"，行为人通常用高额利润做诱饵，有时严重夸大或虚构佣金或奖金收入；收取高额入门费，或强制购买严重背离"合理市场价格"的产品；诱使销售人员超出其销售能力而大量进货，却没有完善的退换货制度保证。这些似乎具有某些诈骗罪的特征，但传销中加入者是为追逐高额回报承诺而参与其中，其决定交易是受到利益的诱惑，而不是因虚假行为误导而导致产生错误认识，故其行为不是受害人行为，不受法律保护。虽然一般的参与者不构成传销罪，但根据《禁止传销条例》的规定，参加传销的，由工商行政管理部门责令停止违法行为，还可以处2000元以下的罚款。因此，传销参与者和诈骗罪中的受害人不能画等号。

三、组织、领导传销活动罪的其他相关问题

(一) 本罪与直销活动中的多层次计酬之间的区别

二者都采用多层次计酬的方式，但有很大不同：一是从是否缴纳入门费上看，后者的销售人员在获取从业资格时没有被要求缴纳高额入门费，而前者不交纳高额入门费或者购买与高额入门费等价的"道具商品"，是根本得不到入门资格的。二是从经营对象上看，后者是以销售产品为导向，商品定价基本合理，且有退货保障，而前者根本没有产品销售，或只以价格与价值严重背离的"道具商品"为幌子，且不许退货，主要以发展"下线"人数为主要目的。三是从人员的收入来源上，后者主要根据从业人员的销售业绩和奖金，而前者主要取决于发展的"下线"人数多少和新

入会成员的高额入门费。四是从组织存在和维系的条件看，后者的直销公司的生存与发展取决于产品销售业绩和利润，而前者的传销组织则直接取决于是否有新会员以一定倍率不断加入。①

(二) 本罪中骗取财物的认定

如何理解和认定本罪的"骗取财物"？第一种观点认为："组织、领导传销活动不以骗取财物为必要。所以，'骗取财物'属于本罪可有可无的概念。"这一观点实际上认为，"骗取财物"并不是组织、领导传销活动罪的要素。但是，这种解释的合理性存在疑问。在分则条文明确规定了"骗取财物"的情况下，解释者既不能直接宣布其为多余的要素，也不能直接删除该要素；而且，否认"骗取财物"是组织、领导传销活动罪的要素，意味着减少犯罪的成立条件，是对行为人不利的解释，需要特别慎重。第二种观点指出："虽然《刑法修正案（七）》在界定传销时使用了'骗取财物'的表述，但是从实际发生的传销活动看，'骗取财物'并不是传销活动的唯一目的，因此不能将组织、领导传销活动罪的目的仅限于诈骗财物。"这种观点也值得商榷。诚然，将"骗取财物"解释为传销活动的目的，具有一定的合理性。但是，既然认为刑法条文已经将本罪的目的限定为骗取财物，就不能认为本罪还包括其他目的，否则就违反了罪刑法定原则。第三种观点认为："骗取财物——这是传销活动的最本质特征。传销活动的一切最终目的，都是为了骗取钱财。"这种观点实际上将组织、领导传销活动罪的处罚对象理解为骗取财物，据此，只有当行为人客观上骗取了财物时，才能成立组织、领导传销活动罪。但如下所述，这种观点存在缺陷。

我们认为，"骗取财物"是对诈骗型传销组织（或者活动）的描述，亦即，只有当行为人组织、领导的传销活动具有"骗取财物"的性质时，才成立组织、领导传销活动罪（如果行为人组织、领导的是提供商品与服务的传销组织，则不可能成立组织、领导传销活动罪）。作为显示诈骗型传销组织（或者活动）特征的"骗取财物"，不以客观上已经骗取了他

---

① 参见张军主编：《刑法（分则）及配套规定新释新解》（第九版）（中），人民法院出版社 2016 年版。

人财物为前提。因为《刑法》第224条之一的处罚对象是对诈骗型传销组织进行组织、领导的行为。首先,《关于〈中华人民共和国刑法修正案(七)〉(草案)的说明》指出:"当前以'拉人头'、收取'入门费'等方式组织传销的违法犯罪活动,严重扰乱社会秩序,影响社会稳定,危害严重。目前在司法实践中,对这类案件主要是根据实施传销行为的不同情况,分别按照非法经营罪、诈骗罪、集资诈骗罪等犯罪追究刑事责任的。为更有利于打击组织传销的犯罪,应当在刑法中对组织、领导传销组织的犯罪做出专门规定。"不难看出,《刑法修正案(七)》的宗旨就是处罚组织、领导诈骗型传销活动的行为。其次,将《刑法》第224条之一理解为对诈骗型传销组织的组织、领导行为的处罚,非法设立诈骗型传销组织的行为便成为组织、领导传销活动罪的实行行为,从而有利于禁止传销组织。最后,如果将组织、领导传销活动罪中的"骗取财物"解释为必须客观上骗取了他人财物,就会造成处罚的不协调。反之,只要认为"骗取财物"是显示诈骗型传销组织(或者活动)特征的要素,那么,如果行为人确实骗取了财物,则另触犯了集资诈骗罪或者普通诈骗罪,属于想象竞合犯,从一重罪论处。唯此,才能实现刑法的正义性。[①]

第四节 案例评析

一、叶经生等组织、领导传销活动案[②]

【关键词】

组织、领导传销活动 网络传销 骗取财物

---

① 参见张明楷:《刑法学》(第五版),法律出版社2016年版,第837—838页。
② 最高人民检察院第十批指导性案例检例第41号。

【基本案情】

被告人叶经生，男，1975年12月出生，原系上海宝乔网络科技有限公司（以下简称宝乔公司）总经理。

被告人叶青松，男，1973年10月出生，原系宝乔公司浙江省区域总代理。

2011年6月，被告人叶经生等人成立宝乔公司，先后开发"经销商管理系统网站""金乔网商城网站"（以下简称金乔网）。以网络为平台，或通过招商会、论坛等形式，宣传、推广金乔网的经营模式。

金乔网的经营模式是：(1)经上线经销商会员推荐并缴纳保证金成为经销商会员，无须购买商品，只需发展下线经销商，根据直接或者间接发展下线人数获得推荐奖金，晋升级别成为股权会员，享受股权分红。(2)经销商会员或消费者在金乔网经销商会员处购物消费满120元以上，向宝乔公司支付消费金额10%的现金，即可注册成为返利会员参与消费额双倍返利，可获一倍现金返利和一倍的金乔币（虚拟电子货币）返利。(3)金乔网在全国各地设立省、地区、县（市、区）三级区域运营中心，各运营中心设区域代理，由经销商会员负责本区域会员的发展和管理，享受区域范围内不同种类业绩一定比例的提成奖励。

2011年11月，被告人叶青松经他人推荐加入金乔网，缴纳三份保证金并注册了三个经销商会员号。因发展会员积极，经金乔网审批成为浙江省区域总代理，负责金乔网在浙江省的推广和发展。

截至案发，金乔网注册会员3万余人，其中注册经销商会员1.8万余人。在全国各地发展省、地区、县三级区域代理300余家，涉案金额1.5亿余元。其中，叶青松直接或间接发展下线经销商会员1886人，收取浙江省区域会员保证金、参与返利的消费额10%现金、区域代理费等共计3000余万元，通过银行转汇给叶经生。叶青松通过抽取保证金推荐奖金、股权分红、消费返利等提成的方式非法获利70余万元。

【要旨】

组织者或者经营者利用网络发展会员，要求被发展人员以缴纳或者变相缴纳"入门费"为条件，获得提成和发展下线的资格。通过发展人员组成层级关系，并以直接或者间接发展的人员数量作为计酬或者返利的依据，引诱被发展人员继续发展他人参加，骗取财物，扰乱经济社会秩序的，以组织、领导传销活动罪追究刑事责任。

【指控与证明犯罪】

2012年8月28日、2012年11月9日，浙江省松阳县公安局分别以叶青松、叶经生涉嫌组织、领导传销活动罪移送浙江省松阳县人民检察院审查起诉。因叶经生、叶青松系共同犯罪，松阳县人民检察院做并案处理。

2013年3月11日，浙江省松阳县人民检察院以被告人叶经生、叶青松犯组织、领导传销活动罪向松阳县人民法院提起公诉。松阳县人民法院公开开庭审理了本案。

法庭调查阶段，公诉人宣读起诉书指控被告人叶经生、叶青松利用网络，以会员消费双倍返利为名，吸引不特定公众成为会员、经销商，组成一定层级，采取区域累计计酬方式，引诱参加者继续发展他人参与，骗取财物，扰乱经济社会秩序，其行为构成组织、领导传销活动罪。在共同犯罪中，被告人叶经生起主要作用，系主犯；被告人叶青松起辅助作用，系从犯。

针对起诉书指控的犯罪事实，被告人叶经生辩解认为，宝乔公司系依法成立，没有组织、领导传销的故意，金乔网模式是消费模式的创新。

公诉人针对涉及传销的关键问题对被告人叶经生进行讯问：

第一，针对成为金乔网会员是否要向金乔网缴纳费用，公诉人讯问：如何成为金乔网会员，获得推荐奖金、消费返利？被告人叶经生回答：注册成为金乔网会员，需缴纳诚信保证金7200元，成为会员后发展一个经销商就可以获得奖励1250元；参与返利，消费要达到120元以上，并向公司缴纳10%的消费款。公诉人这一讯问揭示了缴纳保证金、缴纳10%的消费款才有资格获得推荐奖励、返利，保证金及10%的消费款其实质就是入门费。金乔网的经营模式符合传销组织要求参加者以缴纳费用或者购买商品、服务等方式获得加入资格的组织特征。

第二，针对金乔网利润来源、计酬或返利的资金来源，公诉人讯问：除了收取的保证金和10%的消费款费用，金乔网还有无其他收入？被告人叶经生回答：收取的10%的消费款就足够天天返利了，金乔网的主要收入是保证金、10%的消费款，支出主要是天天返利及推荐奖、运营费用。公诉人讯问：公司收取消费款有多少，需返利多少？被告人叶经生回答：

收到4000万元左右，返利也要4000万元，我们的经营模式不需要盈利。公诉人通过讯问，揭示了金乔网没有实质性的经营活动，其利润及资金的真实来源系后加入人员缴纳的费用。如果没有新的人员加入，根本不可能维持其"经营活动"的运转，符合传销活动骗取财物的本质特征。

同时，公诉人向法庭出示了四组证据证明犯罪事实：

一是宝乔公司的工商登记、资金投入、人员组成、公司财务资料、网站功能等书证。证明：宝乔公司实际投入仅300万元，没有资金实力建立与其宣传匹配的电子商务系统。

二是宝乔公司内部人员证言及被告人的供述等证据。证明：公司缺乏售后服务人员、系统维护人员、市场推广及监管人员，员工主要从事虚假宣传，收取保证金及消费款，推荐佣金，发放返利。

三是宝乔公司银行明细、公司财务资料、款项开支情况等证据，证明：公司收入来源于会员缴纳的保证金、消费款。技术人员的证言等证据，证明：网站功能简单，不具备第三方支付功能，不能适应电子商务的需求。

四是金乔网网站系统的电子数据及鉴定意见，并由鉴定人出庭作证。鉴定人揭示网络数据库显示了金乔网会员加入时间、缴纳费用数额、会员之间的推荐（发展）关系、获利数额等信息。鉴定人当庭通过对上述信息的分析，指出数据库表格中的会员账号均列明了推荐人，按照推荐人关系排列，会员层级呈金字塔状，共有68层。每个结点有左右两个分支，左右分支均有新增单数，则可获得推荐奖金，奖金实行无限代计酬。证明：金乔网会员层级呈现金字塔状，上线会员可通过下线、下下线会员发展会员获得收益。

法庭辩论阶段，公诉人发表公诉意见，指出金乔网的人财物及主要活动目的，在于引诱消费者缴纳保证金、消费款，并从中非法牟利。其实质是借助公司的合法形式，打着电子商务旗号进行网络传销。同时阐述了这种新型传销活动的本质和社会危害。

辩护人提出：金乔网没有入门费，所有的人员都可以在金乔网注册，不缴纳费用也可以成为金乔网的会员。金乔网没有设层级，经销商、会员、区域代理之间不存在层级关系，没有证据证实存在层级获利。金乔网没有拉人头，没有以发展人员的数量作为计酬或返利依据。直接推荐才有奖金，间接推荐没有奖金，没有骗取财物，不符合组织、领导传销活动罪的特征。

公诉人答辩：金乔网缴纳保证金和消费款才能获得推荐佣金和返利的资格，本质系入门费。上线会员可以通过发展下线人员获取收益，并组成会员、股权会员、区域代理等层级，本质为设层级。以推荐的人数作为发放佣金的依据系直接以发展的人员数量作为计酬依据，区域业绩及返利资金主要取决于参加人数的多少，实质属于以发展人员的数量作为提成奖励及返利的依据，本质为拉人头。金乔网缺乏实质的经营活动，不产生利润，以后期收到的保证金、消费款支付前期的推荐佣金、返利，与所有的传销活动一样，人员不可能无限增加，资金链必然断裂。传销组织人员不断增加的过程实际也是风险不断积累和放大的过程。金乔网所谓经营活动本质是从被发展人员缴纳的费用中非法牟利，具有骗取财物的特征。

法庭经审理，认定检察机关出示的证据能够相互印证，予以确认。被告人及其辩护人提出的不构成组织、领导传销活动罪的辩解、辩护意见不能成立。

2013年8月23日，浙江省松阳县人民法院作出一审判决，以组织、领导传销活动罪判处被告人叶经生有期徒刑7年，并处罚金人民币150万元。以组织、领导传销活动罪判处被告人叶青松有期徒刑3年，并处罚金人民币30万元。扣押和冻结的涉案财物予以没收，继续追缴二被告人的违法所得。

二被告人不服一审判决，提出上诉。叶经生的上诉理由是其行为不构成组织、领导传销活动罪。叶青松的上诉理由是量刑过重。浙江省丽水市中级人民法院经审理，认定原判事实清楚，证据确实、充分，定罪准确，量刑适当，审判程序合法，驳回上诉，维持原判。

【指导意义】

随着互联网技术的广泛应用，微信、语音视频聊天室等社交平台作为新的营销方式被广泛运用。传销组织在手段上借助互联网不断翻新，打着"金融创新"的旗号，以"资本运作""消费投资""网络理财""众筹""慈善互助"等为名从事传销活动。常见的表现形式有：组织者、经营者注册成立电子商务企业，以此名义建立电子商务网站。以网络营销、网络直销等名义，变相收取入门费，设置各种返利机制，激励会员发展下线，上线从直接或者间接发展的下线的销售业绩中计酬，或以直接或者间接发展的人员数量为依据计酬或者返利。这类行为，不管其手段如何翻新，只要符合传销组织骗取财物、扰乱市场经济秩序本质特征的，应以组织、领导传销活动罪论处。

检察机关办理组织、领导传销活动犯罪案件，要紧扣传销活动骗取财物的本质特征和构成要件，收集、审查、运用证据。特别要注意针对传销网站的经营特征与其他合法经营网站的区别，重点收集涉及入门费、设层级、拉人头等传销基本特征的证据及企业资金投入、人员组成、资金来源去向、网站功能等方面的证据，揭示传销犯罪没有创造价值，经营模式难以持续，用后加入者的财物支付给先加入者，通过发展下线牟利骗取财物的本质特征。

二、时某祥等15人组织、领导传销活动案[①]

【基本案情】

2017年12月，时某祥谋划成立亚泰坊传销组织，委托深圳华某未来科技有限公司实际负责人赵某宝等在互联网上搭建亚泰坊传销平台。2018年上半年，时某祥等人通过召开会议、路演、微信群等方式公开宣传平台奖励制度，在宣传过程中假借国家"一带一路"政策，虚构海外投资项目，在无任何实际经营活动的情况下，谎称境外金融公司授权平台发行亚泰坊币，可信度高、收益高。投资者如要投资亚泰坊币，需要通过上线会员推荐并缴纳会费，才能成为亚泰坊平台的会员。会员按照推荐发展的顺序形成上下层级关系，可发展无限层级，以直接或间接发展下线会员的投资提成作为主要收益方式。同时，时某祥安排组织成员在境外某数字资产交易平台上线亚泰坊币进行公开交易，并用收取的会费控制亚泰坊币在平台上的交易价格，制造投资亚泰坊币可以赚钱的假象。

截至2018年6月11日，亚泰坊平台共有会员账号41万余个、会员层级108层，收取会费共计人民币6.3亿余元。此外，2018年4月，时某

[①] 2021年1月25日最高人民检察院发布检察机关推进网络空间治理典型案例之一。

祥套用亚泰坊平台组织架构，发展"码联天下"传销平台会员，涉案金额共计人民币1.8亿余元。

【诉讼过程】

2018年10月20日，江苏省盐城市公安局直属分局以时某祥等15人涉嫌组织、领导传销活动罪，移送盐城经济技术开发区人民检察院审查起诉；2019年1月15日，以深圳华某未来科技有限公司涉嫌组织、领导传销活动罪补充移送审查起诉。2019年2月21日，盐城经济技术开发区人民检察院对时某祥等15人及深圳华某未来科技有限公司以组织、领导传销活动罪提起公诉。2019年11月8日，盐城经济技术开发区人民法院作出一审判决，以组织、领导传销活动罪分别判处时某祥、赵某宝等15名被告人有期徒刑2年至6年10个月不等，并处罚金；判处深圳华某未来科技有限公司罚金人民币30万元；对扣押、冻结的违法所得予以没收、上缴国库。宣判后，时某祥等12人提出上诉。2020年4月23日，盐城市中级人民法院裁定，准许上诉人时某祥等4人撤回上诉，驳回其他上诉人的上诉，维持原判。

【典型意义】

依法严厉打击以金融创新为名实施的新型网络犯罪。近年来随着区块链技术、虚拟货币的持续升温，一些犯罪分子打着金融创新的旗号，假借国家对外政策，实施违法犯罪活动，迷惑性很强，危害性巨大。检察机关办理此类案件，要坚持"穿透式"审查理念，结合行为方式、资金流向、盈利模式等，分析研判是否符合国家法律规定，准确区分金融创新与违法犯罪。构成犯罪的，依法严厉打击。

准确认定传销活动行为本质。随着网络技术发展，传销活动借助网络技术，作案更加便捷，传播速度更快。但归根结底，传销的本质特征没有变，仍然是要求参加者缴纳会费或购买商品、服务等方式获得加入资格，并按照一定顺序组成层级，直接或者间接以发展人员的数量作为计酬或者返利依据。检察机关在办理此类案件时，要揭开"网络""技术"外衣，认清行为特征，依法准确认定传销犯罪。

提高风险防范意识，谨防各类投资陷阱。在层出不穷的新技术、新概念、新渠道面前，广大群众切忌盲目跟风。要深入学习国家法律和相关政策，充分了解投资项目，合理预期未来收益，合理控制投资风险，谨慎作出投资决定，远离传销组织和非法集资活动，一旦发现上当受骗，应立即退出、及时报案。

三、卢某某、成某某等人利用"虚拟货币"组织、领导传销活动案[①]

【要旨】

检察机关识破一些不法分子以"区块链""虚拟货币""消费投资""慈善互助"等新名词、新概念为噱头，以高额回报为诱饵进行的诈骗传销犯罪，依法打击侵害人民群众财产权益的行为。

【基本案情】

2015年9月，卢某某、成某某等人看到"虚拟货币"等概念火爆，设立某科技有限公司，共同商议设立GGP共赢积分奖金制度，以投资购买产品的名义发展会员，并按照投资金额的多少确定会员级别，设普卡、银卡、金卡、钻卡四种，以投资额5∶1的比例释放相应的GGP积分，可以在BTC100网站上交易变现。同时，为了发展更多下线，公司设置推荐奖、互助奖、管理奖、平级奖，并按照会员级别、管理级别给予会员不同比例的奖金。经查，该传销网络共计30个层级，涉及会员账号1万余个，涉案金额共计人民币3.2亿余元。

【案件办理情况】

检察机关以卢某某、成某某等11人涉嫌组织、领导传销活动罪向法院提起公诉。2019年9月，法院对本案作出判决，判处卢某某、成某某等11名被告人2-5年不等有期徒刑，并处罚金。

【典型意义】

传销活动直接或间接以发展人员的数量作为计酬或者返利依据，引诱、胁迫参加者继续发展他人参加，骗取财物，扰乱经济社会秩序，损害人民群众的合法权益。一些不法分子以"区块链""虚拟货币""消费投资""慈善互助"等新名词、新概念为噱头，以高额回报为诱饵，通过

[①] 2019年12月3日最高人民检察院发布"弘扬宪法精神 落实宪法规定"典型案例之一。

各种宣传培训吸引老百姓参与其中。这些纷繁复杂的犯罪手段，特别是以"金融创新"等名义开展的各类金融投资业务，迷惑性强、难以识别，群众容易上当受骗，造成经济损失，严重扰乱社会经济秩序。检察机关通过严厉打击这类以新概念为噱头的传销、诈骗、非法集资犯罪，彰显法律的威严，切实维护人民群众的财产，维护良好的社会经济秩序。

第六章 非法经营罪办案指引

第一节 非法经营罪概述

一、非法经营罪的立法沿革

非法经营罪是《刑法》第225条所规定的一个罪名,由1979年刑法规定的投机倒把罪分解而来。此后,由于该罪在罪状表述方式上具有高度的抽象性与概括性,加之打击在改革与发展过程中随时可能出现的严重经济失范行为的需要,最高立法机关、最高司法机关相继出台了一系列涉及非法经营罪的单行刑法、刑法修正案以及司法解释,这一罪名成为刑法修订后变动最多的罪名。随着相关立法、司法解释的不断出台,非法经营罪中的客观行为方式及涉及的领域越来越多。要了解本罪的立法沿革,我们首先要了解一下1979年刑法中投机倒把罪的来龙去脉。

新中国成立后,由于物资匮乏,经济结构单一,要在短时期内改变贫穷落后的局面,就必须要集中全国的物力、人力、财力,于是以指令性计划为特征的计划经济体制应时而生。为保障国家统一对生产资料和消费资料的管理秩序,扰乱经济秩序的犯罪在《中华人民共和国刑法大纲草案》中就已设立,后在1979年刑法中正式确立为"投机倒把罪"。所谓"投机",是指用囤积居奇、抬压物价、买空卖空或者其他一切非法手段,进行投机活动而引起当地物价波动或者某种物品供应困难的行为。由此可以看出,投机倒把罪所保护的应当是国家对物价或物品的管理秩序。

我国1979年刑法是在计划经济的条件下，在国家对经济具有绝对的、直接的控制权的前提下形成的。因此，该部刑法带有浓厚的保护计划经济的色彩。在当时，违反经济计划指令往往就意味着违反法律，情节严重者即构成犯罪。因此，该法第117条规定："违反金融、外汇、金银、工商管理法规，投机倒把，情节严重的，处三年以下有期徒刑或者拘役，可以并处、单处罚金或者没收财产。"不难看出，在投机倒把罪所涉及的金融、外汇、金银、工商管理各领域中，每一个都包含着大量的、不同种类的行为。可以说，但凡经济领域的行为都可以纳入投机倒把罪的惩治范围。而事实上，司法部门在实际工作中也都把一切与经营活动有关的违法活动都笼统认定为投机倒把罪。该部刑法颁布之后的各种立法规定和行政法规也印证、强化了这些做法。由于该罪罪状的模糊性和参照法规的笼统性，附属刑法和系列司法解释的出台，将大量的经济违法行为规定在该罪之中，投机倒把罪的入罪界限逐渐模糊，几乎所有违反国家管理规定的经济行为都可涵盖其中，其成了明显的"口袋罪"。

在国家逐步确立建设社会主义市场经济的思路之后，越来越多被行政法规和刑法界定为投机倒把的行为受到经济环境的认可，比如大多数生产资料的交易、长途贩运等行为已属正常的、有利于经济发展的经营活动，有些甚至属于政策鼓励的行为，不宜再被认为是犯罪。经过数年的准备工作，1997年3月14日第八届全国人民代表大会第五次会议对刑法进行了修订。对投机倒把罪，由于1979年刑法的"规定比较笼统，界限不太清楚，造成执行的随意性"，"根据社会主义市场经济发展的要求，需要规定的犯罪行为，尽量分解作出具体规定，不再笼统规定投机倒把罪"，修订后的刑法将原投机倒把罪作了分解，取消了投机倒把罪的罪名，将其中仍需要追究刑事责任的原投机倒把行为，分别规定为独立的犯罪，如生产、销售伪劣商品罪，破坏金融管理秩序罪，侵犯著作权罪，等等。同时该法还将新的经济形势下产生的需要予以惩治的非法经营行为纳入非法经营罪的管制范围，如违反国家管理规定经营限制买卖物品和买卖经营许可证两类行为，这表明当时非法经营罪所主要保护的是直接关系到公共健康利益的特许制度和国家经济安全的进出口许可制度。同时，本罪又保留了兜底条款，这种立法模式其实是立法者出于对刑法的稳定性与适应性平衡后所做出的选择，即本罪的适用范围与国家的经济政策密切相关，适用范围不宜过宽或过窄。①

在1997年刑法出台初期，由于罪刑法定原则的确立和这种观念的深入人心，司法实践中对于非法经营罪尤其是其兜底条款在理解和适用上均十分谨慎。然而，随着经济的迅猛发展，市场经济活动中出现了越来越多修订刑法时难以预计到的严重影响经济秩序的行为。在行政处罚难以有效抑制的情况下，国家立法机关、司法机关开始从非法经营罪的第3项（后为第4项）这个比较抽象的规定寻求突破口，频繁将新出现的严重扰乱市场经济秩序的行为纳入非法经营罪的管制范畴，使这个"小口袋"的"口径"越扯越大——从最先的非法买卖外汇，到非法经营证券、期货或者保险业务，非法经营食盐，非法印制出版物，非法经营港澳、国际电信业务，在预防、控制突发传染病疫情等灾害期间非法哄抬物价、牟取暴利，擅自设立互联网上网服务营业场所或者擅自从事互联网上网服务经营活动，等等。②

由于21世纪初我国民间存在大量的非法从事资金筹集、发放高利贷、票据贴现和融资担保等金融业务的"地下钱庄"，严重扰乱了金融市场秩序，造成了税收的大量流失，同时也对我国的金融安全造成了威胁，于是《刑法修正案（七）》第5条增加了"非法从事资金支付结算业务构成非法经营罪"的规定。至此，《刑法》第225条采取列举加上兜底条款的方式规定了非法经营罪的四种行为类型，与原来的投机倒把罪相比，该罪名的设立从抽象开始走向具体。

二、非法经营罪的概念和构成特征

非法经营罪是指违反国家规定，未经许可经营专营、专卖物品或其他限制买卖的物品，买卖进出口许可证、进出口原产地证明以及其他法

---

① 参见陈昊：《非法经营罪罪质的教义学分析》，载《江西警察学院学报》2019年第5期。

② 参见龚培华：《非法经营罪的立法沿革及其构成》，载《法学》2008年第1期。

律、行政法规规定的经营许可证或者批准文件，未经国家有关主管部门批准，非法经营证券、期货、保险业务，或者非法从事资金支付结算业务以及其他非法经营活动，扰乱市场秩序，情节严重的行为。本罪的构成如下：

(一) 客体特征

由于非法经营行为涉及的社会关系众多，对非法经营罪的客体的认定，要从刑法关于本罪的表述中去总结、归纳。不难看出，刑法关于本罪惩治行为的范围是比较特定的，主要表现在特定的商品经营、经营许可证制度、特定的行业准入制度以及其他特定的市场秩序（如在预防、控制突发传染病疫情等灾害期间哄抬物价）等几方面。因此，非法经营罪的直接客体是国家对特定商品经营、特定许可证制度、特定行业准入制度以及其他特定的市场经营方面的正常管理秩序。这些社会关系首先是为刑法所保护的，其次它也是该罪所属同类客体——正常的市场管理秩序的一个分支。广义的市场秩序通常包括市场准入秩序、市场竞争秩序、市场交易秩序。作为非法经营罪的犯罪客体——市场秩序主要侧重于市场交易秩序，但由于市场交易环节是整体市场行为的最后环节，因此实践中认定"扰乱市场秩序"，需要从市场秩序的不同环节进行分析，大致有以下几个方面：

一是扰乱市场准入秩序的认定。首先，分析提供商品或服务的一方进入目标市场需要达到的法定条件或标准，具体分析市场主体从事生产经营活动是否具备合法身份。其次，注意市场客体进出市场的要求，即商品的进货渠道正规，质量、计量及包装等符合有关规定。同时，对专营、专卖等商品还要分析是否具备某些特定的器具、装置等必要条件。

二是扰乱市场竞争秩序的认定。主要查明经营者是否有采用欺骗、胁迫、利诱、诋毁以及其他违背公平竞争准则的手段，是否从事损害竞争对手利益的行为。这里不包括单纯以侵犯商业秘密、诋毁商品信誉等方式实施的不正当竞争行为。对于采用的不正当竞争方法触犯了其他罪名的，则应当按照牵连犯的处理原则，择一重罪处罚。实践中，判断是否属于扰乱市场竞争秩序的行为，既要看经营主体实施行为本身的公平性与正当性，也要考察该经营主体在以往的经营过程中，被投诉侵害消费者权益的或者因违法经营被行政处罚的情况，以确认竞争者是否有扰乱市场秩序的意图。

三是扰乱市场交易秩序的认定。交易秩序是通过经济主体之间对交易客体（既包括有形的商品，也包括无形的商品，如科研成果、技术、服务等）进行价值交换所形成的社会关系。在实践中，认定是否扰乱交易秩序，需要从交易商品的种类和质量状况（合格率、优质品率等），交易价格的适当性（与市价的对比度、行业可接受度）和价格透明度，交易流程是否通过合法的结算方式进行，有无按要求开票、纳税，以及对交易商品采用适当的检验、计量、储运手段等因素来考察。

（二）客观特征

非法经营罪是指违反国家规定，实施非法经营活动，扰乱市场秩序，情节严重的行为。

1. 要准确理解和把握"违反国家规定"

违反国家规定是构成非法经营罪的前提条件，也是非法经营行为具有可罚性的客观基础。因此，确定非法经营罪的犯罪构成，首先要审查非法经营行为的行政违法性。这里关键是对非法经营罪中的"非法"和"违反国家规定"如何理解。具体来说，应注意以下几点：

（1）准确理解国家规定的范围。"国家规定"是指，全国人民代表大会及其常务委员会制定的法律和决定，国务院制定的行政法规、规定的行政措施、发布的决定和命令。其中，"国务院规定的行政措施"应当由国务院决定，通常以行政法规或者国务院制发文件的形式加以规定。以国务院办公厅名义制发的文件，符合以下条件的，应视为"国家规定"：一是有明确的法律依据或者同相关行政法规不相抵触，二是经国务院常务会议讨论通过或者经国务院批准，三是在国务院公报上公开发布。

（2）违反地方性法规、部门规章的行为，不能认定为"违反国家规定"。办案机关在认定非法经营罪时，应明确认定其违法性的规范根据，并援引其所违反国家规定的具体条款。国家规定没有明文禁止的，不能认定为非法经营罪。

（3）对于相关行为是否"违反国家规定"存在争议的，应当作为法律适用问题，由办案检察机关逐级向最高人民检察院请示。根据最高人民法院《关于准确理解和适用刑法中"国家规定"的有关问题的通知》，法院在审判环节如果遇有该问题，亦应逐级向最高人民法院请示，对此检察机关也应当参考执行。

（4）准确理解违反行政许可与违反国家规定的关系。一方面，不能仅根据违反行政许可，就认定为违反国家规定，因为除国家规定外，地方性法规和部门规章也可以设定行政许可；另一方面，违反国家规定中的行政许可，也不必然构成非法经营罪。因为非法经营罪违反的是国家规定中关于限制经营的相关规定，而行政许可并非都是限制性许可，如工商营业执照等登记备案类许可，其更多是为便于管理而非限制经营。

（5）非法是指违法的一种状态。非法经营罪中所说的"法律"除了前文所述的全国人民代表大会及其常务委员会制定的法律和决定，国务院制定的行政法规、规定的行政措施、发布的决定和命令之外，最高人民法院、最高人民检察院对上述法律法规所作的司法解释亦是司法实践中认定非法经营行为的直接依据。除此之外，一切地方性法规、行政规章等都不在非法经营罪的"法律"之列。在这一"法"的含义上来理解非法经营罪，至少有如下意义：一方面，非法经营罪中的非法不包括违反地方性法规的情形。由于法律与行政法规是全国统一的，这样就可以避免各省、自治区、直辖市之间对同一行为在罪与非罪判断上的分歧，有利于司法统一；同时，有利于控制非法经营罪的打击面，避免刑法对经济活动干预过多所带来的负面影响。另一方面，非法经营罪中"非法"的认定，事关行为人的刑事责任，将"非法"的认定权交由全国人大及其常委会、国务院等中央国家机关，有利于保持刑法的谦抑性。

值得注意的是，将非法经营罪中的"法"作上述理解，导致刑法中的非法经营的含义不同于工商行政管理中的非法经营。在工商行政管理中，地方性法规、地方行政规章以及计划单列市的权力机关所通过的规范性文件可作为执法依据，但在刑法上，必须是违反全国性的法律、行政法规，才能据以定罪。从表面上看，刑法与行政法上对非法经营采取双重标准似乎会带来混乱，实际上，这正体现了刑法与行政法的不同评价标准，客观上有利于采取不同的手段灵活打击违法经营活动，维护全国刑事法制的统一。

2. 要准确理解和把握"未经许可经营法律、行政法规规定的专营、专卖物品或者其他限制买卖的物品"

国家为了促进经济的健康发展，对外汇等物品实行由国家集中管理统一经营的制度。在我国境内，禁止私自买卖外汇，任何非法收购、贩卖外汇的行为都可以构成非法经营罪。但某些行业，国家指定专门的单位经营，如《电影管理条例》第30条规定，电影进口业务由国务院广播电影电视行政部门指定电影进口经营单位经营；未经指定，任何单位或者个人不得经营电影进口业务。此外，军工产品、麻醉药品、剧毒药品等行业，国家也指定由专门单位经营。某些物品，国家实行专卖制度，如烟草专卖法规定，国家对烟草专卖品的生产、销售、进出口依法实行专卖管理，并实行烟草专卖许可证制度。开办烟草制品生产企业，必须经国务院烟草专卖行政主管部门批准，取得烟草专卖生产企业许可证，并经工商行政管理部门核准登记；未取得烟草专卖生产企业许可证的，工商行政管理部门不得核准登记。擅自买卖上述物品的均可构成非法经营罪。

所谓未经许可，包括两种情况：(1) 未经法律、行政法规授权许可；(2) 未经有关主管部门的许可。例如，《药品管理法》第41条规定："从事药品生产活动，应当经所在地省、自治区、直辖市人民政府药品监督管理部门批准，取得药品生产许可证。无药品生产许可证的，不得生产药品。"《农药管理条例》第17条规定："国家实行农药生产许可制度。农药生产企业应当具备下列条件，并按照国务院农业主管部门的规定向省、自治区、直辖市人民政府农业主管部门申请农药生产许可证……"《印刷业管理条例》第8条规定："国家实行印刷经营许可制度。未依照本条例规定取得印刷经营许可证的，任何单位和个人不得从事印刷经营活动。"《音像制品管理条例》第5条规定："国家对出版、制作、复制、进口、批发、零售音像制品，实行许可制度；未经许可，任何单位和个人不得从事音像制品的出版、制作、复制、进口、批发、零售等活动。"

3. 要准确理解和把握"买卖进出口许可证、进出口原产地证明以及其他法律、行政法规规定的经营许可证或批准文件"

改革开放以来，我国逐步放开了对外经济贸易政策。国家为了加强对进出口贸易的管理，对限制进出口的货物实行配额或许可证管理，对限制进出口的技术实行许可证管理①；同时要求进出口货物必须提供原产地证明。实行配额或者许可证管理的货物、技术，必须依照国务院规定经国务院对外经济贸易主管部门或者由其会同国务院有关部门许可，方可进口或者出口。进出口货物配额，由国务院对外经济贸易主管部门或者国务院有关部门在各自的职责范围内，根据申请者的进出口实绩、能力等条件，按照效益、公正、公开和公平竞争的原则进行分配。对外贸易法还明确规定对外贸易经营者在对外贸易经营活动中，应当依法经营，公平竞争，不得伪造、变造或者买卖进出口原产地证明、进出口许可证。行为人买卖进出口配额许可证、进出口原产地证明的行为，直接破坏了国家对外贸易的正常管理秩序，应追究相应的法律责任。

此外，在经济生活中，森林采伐、捕猎、采矿、种子经营等领域，国家有关部门也实行许可证制度。如《种子法》第33条规定，禁止伪造、变造、买卖、租借种子生产经营许可证；禁止任何单位和个人无种子生产经营许可证或者违反种子生产经营许可证的规定生产、经营种子。《印刷业管理条例》第11条规定，印刷经营许可证不得出售、出租、出借或者以其他形式转让。第37条规定，出售、出租、出借或者以其他形式转让印刷经营许可证，构成犯罪的，依法追究刑事责任。

批准文件是有关部门作出的类似许可证作用的文件，是一种使行为合法化的文件。买卖批文的行为同样会干扰正常的市场秩序，有关法律法

---

① 《对外贸易法》第14条规定，国家准许货物与技术的自由进出口。但是，法律、行政法规另有规定的除外。第16条规定，国家基于下列原因，可以限制或者禁止有关货物、技术的进口或者出口：(1)为维护国家安全、社会公共利益或者公共道德，需要限制或者禁止进口或者出口的；(2)为保护人的健康或者安全，保护动物、植物的生命或者健康，保护环境，需要限制或者禁止进口或者出口的；(3)为实施与黄金或者白银进出口有关的措施，需要限制或者禁止进口或者出口的；(4)国内供应短缺或者为有效保护可能用竭的自然资源，需要限制或者禁止出口的；(5)输往国家或者地区的市场容量有限，需要限制出口的；(6)出口经营秩序出现严重混乱，需要限制出口的；(7)为建立或者加快建立国内特定产业，需要限制进口的；(8)对任何形式的农业、牧业、渔业产品有必要限制进口的；(9)为保障国家国际金融地位和国际收支平衡，需要限制进口的；(10)依照法律、行政法规的规定，其他需要限制或者禁止进口或者出口的；(11)根据我国缔结或者参加的国际条约、协定的规定，其他需要限制或者禁止进口或者出口的。

规予以明令禁止。如《音像制品管理条例》第 5 条规定，依照本条例发放的许可证和批准文件，不得出租、出借、出售或者以其他任何形式转让。《农药管理条例》第 17 条规定，国家实行农药生产许可制度。第 62 条规定，伪造、变造、转让、出租、出借农药登记证、农药生产许可证、农药经营许可证等许可证明文件，构成犯罪的，依法追究刑事责任。

4. 要准确理解和把握"未经国家有关主管部门批准，非法经营证券、期货、保险业务，或者非法从事资金支付结算业务"

为了规范证券、期货、保险和资金支付结算业务，加强对证券、期货、保险和资金支付结算业务的监督管理，维护证券、期货、保险和资金支付结算市场秩序，防范风险，保护交易各方合法权益和社会公共利益，我国法律法规对证券、期货、保险和资金支付结算业务的经营作出了明确规定。

（1）《证券法》第 9 条规定，公开发行证券，必须符合法律、行政法规规定的条件，并依法报经国务院证券监督管理机构或者国务院授权的部门注册；未经依法注册，任何单位和个人不得向社会公开发行证券。第 37 条规定，公开发行的证券，应当在依法设立的证券交易所上市交易或者在国务院批准的其他全国性证券交易场所交易。第 129 条规定，证券公司自营业务必须以自己的名义进行，不得假借他人名义或者以个人名义进行。证券公司不得将其自营账户借给他人使用。第 219 条规定，违反本法规定，构成犯罪的，依法追究刑事责任。

（2）《期货交易管理条例》第 4 条规定，期货交易应当在依照本条例第 6 条第 1 款设立的期货交易所、国务院批准的或者国务院期货监督管理机构批准的其他期货交易场所进行。禁止在前述规定的期货交易场所之外进行期货交易。第 10 条规定，期货交易所不得直接或者间接参与期货交易。第 17 条规定，期货公司不得从事或者变相从事期货自营业务。第 79 条规定，违反本条例规定，构成犯罪的，依法追究刑事责任。

（3）《保险法》第 119 条规定，保险代理机构、保险经纪人应当具备国务院保险监督管理机构规定的条件，取得保险监督管理机构颁发的经营保险代理业务许可证、保险经纪业务许可证。第 179 条规定，违反本法规定，构成犯罪的，依法追究刑事责任。

（4）支付结算业务（也称支付业务）是商业银行或者支付机构在收

付款人之间提供的货币资金转移服务。非银行机构从事支付结算业务，应当经中国人民银行批准取得支付业务许可证，成为支付机构。未取得支付业务许可从事该业务的行为，违反《防范和处置非法集资条例》的规定，破坏了支付结算业务许可制度，危害支付市场秩序和安全，情节严重的，适用《刑法》第225条第3项，以非法经营罪追究刑事责任。具体情形：一是未取得支付业务许可经营基于客户支付账户的网络支付业务。无证网络支付机构为客户非法开立支付账户，客户先把资金支付到该支付账户，再由无证机构根据订单信息从支付账户平台将资金结算到收款人银行账户。二是未取得支付业务许可经营多用途预付卡业务。无证发卡机构非法发行可跨地区、跨行业、跨法人使用的多用途预付卡，聚集大量的预付卡销售资金，并根据客户订单信息向商户划转结算资金。①

根据最高人民法院、最高人民检察院《关于办理非法从事资金支付结算业务、非法买卖外汇刑事案件适用法律若干问题的解释》第1条，违反国家规定，具有下列情形之一的，属于刑法第225条第3项规定的"非法从事资金支付结算业务"："（一）使用受理终端或者网络支付接口等方法，以虚构交易、虚开价格、交易退款等非法方式向指定付款方支付货币资金的；（二）非法为他人提供单位银行结算账户套现或者单位银行结算账户转个人账户服务的；（三）非法为他人提供支票套现服务的；（四）其他非法从事资金支付结算业务的情形。"非法资金支付和结算包括集资、套现、洗钱等形式，但非法经营巨额资金的支付、结算与洗钱不同，不以上游犯罪的成立为条件。

在具体办案时，要深入剖析相关行为是否具备资金支付结算的实质特征，准确区分支付工具的正常商业流转与提供支付结算服务、区分单用途预付卡与多用途预付卡业务，充分考虑具体行为与"地下钱庄"等同类犯罪在社会危害方面的相当性，以及刑事处罚的必要性，准确把握入罪和出罪标准。

5. 要准确理解和把握"其他严重扰乱市场秩序的非法经营行为"

这是一个对犯罪客观行为兜底的条款，是以行为本身的重要性或者行为可能产生危害的严重性为条件的。但对于哪些是"其他严重扰乱市场

---

① 参见最高人民检察院《关于办理涉互联网金融犯罪案件有关问题座谈会纪要》。

秩序的行为"，并无确定标准。为此，最高司法机关曾先后发布20余个司法性文件，以期对适用标准与范围提出意见。大致有以下几种类型：

（1）以经营数额或违法所得作为"严重"的考察因素，将买卖外汇默认为"扰乱市场秩序"行为。如最高人民法院、最高人民检察院《关于办理非法从事资金支付结算业务、非法买卖外汇刑事案件适用法律若干问题的解释》第3条规定："非法买卖外汇，具有下列情形之一的，应当认定为非法经营行为'情节严重'：（一）非法经营数额在五百万元以上的；（二）违法所得数额在十万元以上的。非法经营数额在二百五十万元以上，或者违法所得数额在五万元以上，且具有下列情形之一的，可以认定为非法经营行为'情节严重'：（一）曾因非法从事资金支付结算业务或者非法买卖外汇犯罪行为受过刑事追究的；（二）二年内因非法从事资金支付结算业务或者非法买卖外汇违法行为受过行政处罚的；（三）拒不交代涉案资金去向或者拒不配合追缴工作，致使赃款无法追缴的；（四）造成其他严重后果的。"

（2）以数额和情节作为"严重"的考察因素，将经营跨境电信业务默认为"扰乱市场秩序"的行为。如最高人民法院《关于审理扰乱电信市场管理秩序案件具体应用法律若干问题的解释》和最高人民法院、最高人民检察院、公安部《办理非法经营国际电信业务犯罪案件联席会议纪要》，分别将数额和情节作为"其他严重扰乱市场秩序的行为"的认定标准。

（3）以经营特定对象作为"扰乱市场秩序的行为"，以"情节犯的情节"作为行为的要素。如最高人民法院、最高人民检察院《关于办理非法生产、销售、使用禁止在饲料和动物饮用水中使用的药品等刑事案件具体应用法律若干问题的解释》第2条规定，在生产、销售的饲料中添加盐酸克仑特罗等禁止在饲料和动物饮用水中使用的药品，或者销售明知是添加有该类药品的饲料，情节严重的，属于"其他严重扰乱市场秩序的非法经营行为"。

（4）以经销特定对象作为"扰乱市场秩序的行为"，用犯罪构成作为行为的要素。如最高人民法院、最高人民检察院《关于办理赌博刑事案件具体应用法律若干问题的解释》第6条规定，未经国家批准擅自发行、销售彩票，构成犯罪的，属于"其他严重扰乱市场秩序的非法经营行为"。

（5）以提供特定服务作为"扰乱市场秩序的行为"，以"结果犯的数额"作为行为的要素。如最高人民法院、最高人民检察院《关于办理利用信息网络实施诽谤等刑事案件适用法律若干问题的解释》第7条规定："违反国家规定,以营利为目的,通过信息网络有偿提供删除信息服务,或者明知是虚假信息,通过信息网络有偿提供发布信息等服务,扰乱市场秩序,具有下列情形之一的……属于'其他严重扰乱市场秩序的非法经营行为'。"

（6）以"行为样态+严重扰乱市场秩序+情节"作为行为的要素。如最高人民法院、最高人民检察院《关于办理妨害预防、控制突发传染病疫情等灾害的刑事案件具体应用法律若干问题的解释》第6条规定,违反国家在预防、控制突发传染病疫情等灾害期间有关市场经营、价格管理等规定,哄抬物价、牟取暴利,严重扰乱市场秩序,违法所得数额较大或者有其他严重情节的,属于"其他严重扰乱市场秩序的非法经营行为"。

（7）以特定情形作为"扰乱市场秩序的行为",以"情节犯的情节"作为行为的要素。如最高人民法院《关于审理非法出版物刑事案件具体应用法律若干问题的解释》第11条规定,违反国家规定,出版、印刷、复制、发行本解释第1条至第10条规定之外的其他严重危害社会秩序和扰乱市场秩序的非法出版物,情节严重的,属于"其他严重扰乱市场秩序的非法经营行为",以非法经营罪定罪处罚。

从非法经营罪规定的四种情形和上述解释来看,该条第4项规定的"其他严重扰乱市场秩序的非法经营行为"的性质和危害性应当与前3项具有相当性,即在社会危害性、刑事违法性和刑事处罚必要性上,应与前3项情形要求的严重程度相当,避免作极大扩张和宽泛的解释。具体应注意以下几点:第一,"其他严重扰乱市场秩序的非法经营行为",是针对现实生活中非法经营犯罪活动的复杂性和多样性所作的概括性规定,作为非法经营罪法定情形之一,应同时符合违反国家规定、扰乱市场秩序和情节严重的要求。第二,对于虽然违反行政管理有关规定,但尚未严重扰乱市场秩序的经营行为,不应认定非法经营罪。适用本条第4项规定时,一方面应进行是否违法的形式判断,另一方面还必须进行是否达到严重扰乱市场秩序的危害程度的实体判断。一般的行政违法行为,更适宜由主管部门进行行政处罚,不宜认定为犯罪。第三,对于相关行为是否属于"其他严重扰乱市场秩序的非法经营行为",有关司法解释未作明确规定的,应由办案检察机关逐级向最高人民检察院请示。

6. 要准确理解和把握"情节严重"的标准

情节严重不仅是非法经营罪的构成要件,而且是区分非法经营罪与非法经营行为的界限。情节严重作为犯罪构成的描述性要件,具有较大的涵盖性和包容性,可以将形形色色的表现形式概括在这一表述中。但是,"情节严重"这一表述在具有高度概括性的同时,还具有较大的抽象性和模糊性,在司法实践中容易引起分歧,理解不当甚至导致混淆罪与非罪的界限,出入人罪。因此,司法实践中,一方面应加强对"情节严重"的司法解释,另一方面,在没有司法解释明确规定的前提下,司法机关在认定情节严重时应慎重,一般不宜扩大解释,以体现刑法的谦抑性原则。

非法经营罪作为一种贪利型经济犯罪,其社会危害性主要表现为犯罪数额,犯罪数额的大小是衡量非法经营罪社会危害严重程度的主要根据,是区分罪与非罪的主要标准,因此,犯罪数额是"情节严重"的内容之一。非法经营罪的数额包括非法经营数额和非法获利数额,两个数额直接决定非法经营的规模,数额越大,规模越大,对市场秩序扰乱的程度越严重。

对于多次未经处理的非法经营行为,犯罪数额应否累计计算,《刑法》第 225 条未作明确规定。但刑法对于以犯罪数额作为定罪量刑依据的其他犯罪,大都规定了累计计算的原则。如《刑法》第 153 条第 3 款规定,对多次走私未经处理的,按照累计走私货物、物品的偷逃应缴税额处罚。其他类似规定还见诸《刑法》第 201 条逃税罪,第 347 条走私、贩卖、运输、制造毒品罪,第 383 条贪污罪等。参照刑法的立法精神和司法解释的有关规定,多次非法经营未经处理的,犯罪数额也应当累计计算,但是累计计算的前提条件是"未经处理"。未经处理,是指未经刑事处罚,也未经行政处理。依照我国刑法和行政处罚法的相关规定,业经行政处罚过的非法经营数额应否计入犯罪数额,再予追究刑事责任,不能一概而论。对于行政机关未超越职权范围予以行政处罚的非法经营数额,不得累计计算作犯罪数额。对于行政机关超越职权范围"以罚代刑"处置的非法经营数额,应当作为未经处理的犯罪数额予以重新计算。构成犯罪的,追究刑事责任;多次非法经营的,犯罪数额累计计算。

当然,非法经营数额与非法获利数额有时并不一致,具体地说,存在下列一些情况：(1) 只有非法经营数额，而无非法获利数额。如倒卖外汇，不仅未获利，反而亏了本，这种情况下，应以非法经营数额作为定罪数额标准，无非法获利数额，不影响对行为的定罪。(2) 无销售数额，但有非法获利数额，如倒卖经营许可证、批准文件，从中非法获利，此时只能以非法获利作为定罪数额标准。(3) 非法经营数额不大，但非法获利数额却很大，此时应以非法获利数额作为定罪数额标准。

（三）主体特征

本罪为一般主体。《刑法》第225条对于一般自然人构成非法经营罪作了规定，也就是说凡年满16周岁、具有刑事责任能力的自然人，都可以成为本罪的主体。

对于单位构成非法经营罪的规定，修订后刑法与1979年刑法有所不同。在国家实行严格的计划经济条件下，企业的产、供、销由国家下达指标，企业单位本身并没有利益可言，一般不可能为了自己的利益而实施单位犯罪。因此，1979年刑法中投机倒把罪的犯罪主体只能是自然人，并没有涉及单位犯罪主体的规定。随着国家改革开放，企业的自主经营权得以落实，其自身的利益不仅被认可，而且逐步放大，其经营活动的范围也逐步放宽。在这种情况下，参与市场经营活动的单位的积极性被充分调动起来，而单位参与非法经营活动的现象也层出不穷，其危害性与自然人非法经营相比有过之而无不及，因此修订后的刑法在第231条规定了本罪的单位犯罪。

（四）主观特征

本罪的主观方面只能是直接故意，即行为人明知自己的行为违反国家规定，为了牟取非法利益，在认识到其行为违反国家规定、必然会扰乱市场经营秩序的情况下，仍积极实施非法经营的行为。

三、非法经营罪的追诉标准

最高人民检察院、公安部《关于公安机关管辖的刑事案件立案追诉标准的规定（二）》第71条规定："违反国家规定，进行非法经营活动，扰乱市场秩序，涉嫌下列情形之一的，应予立案追诉：（一）违反国家烟草专卖管理法律法规，未经烟草专卖行政主管部门许可，无烟草专卖生产企业许可证、烟草专卖批发企业许可证、特种烟草专卖经营企业许可证、烟草专卖零售许可证等许可证明，非法经营烟草专卖品，具有下列情形之一的：1.非法经营数额在五万元以上，或者违法所得数额在二万元以上的；2.非法经营卷烟二十万支以上的；3.三年内因非法经营烟草专卖品受过二次以上行政处罚，又非法经营烟草专卖品且数额在三万元以上的。（二）未经国家有关主管部门批准，非法经营证券、期货、保险业务，或者非法从事资金支付结算业务，具有下列情形之一的：1.非法经营证券、期货、保险业务，数额在一百万元以上，或者违法所得数额在十万元以上的；2.非法从事资金支付结算业务，数额在五百万元以上，或者违法所得数额在十万元以上的；3.非法从事资金支付结算业务，数额在二百五十万元以上不满五百万元，或者违法所得数额在五万元以上不满十万元，且具有下列情形之一的：（1）因非法从事资金支付结算业务犯罪行为受过刑事追究的；（2）二年内因非法从事资金支付结算业务违法行为受过行政处罚的；（3）拒不交代涉案资金去向或者拒不配合追缴工作，致使赃款无法追缴的；（4）造成其他严重后果的。4.使用销售点终端机具（POS机）等方法，以虚构交易、虚开价格、现金退货等方式向信用卡持卡人直接支付现金，数额在一百万元以上的，或者造成金融机构资金二十万元以上逾期未还的，或者造成金融机构经济损失十万元以上的。（三）实施倒买倒卖外汇或者变相买卖外汇等非法买卖外汇行为，扰乱金融市场秩序，具有下列情形之一的：1.非法经营数额在五百万元以上的，或者违法所得数额在十万元以上的；2.非法经营数额在二百五十万元以上，或者违法所得数额在五万元以上，且具有下列情形之一的：（1）因非法买卖外汇犯罪行为受过刑事追究的；（2）二年内因非法买卖外汇违法行为受过行政处罚的；（3）拒不交代涉案资金去向或者拒不配合追缴工作，致使赃款无法追缴的；（4）造成其他严重后果的。3.公司、企业或者其他单位违反有关外贸代理业务的规定，采用非法手段，或者明知是伪造、变造的凭证、商业单据，为他人向外汇指定银行骗购外汇，数额在五百万美元以上或者违法所得数额在五十万元以上的；4.居间介绍骗购外汇，数额在一百万美元以上或者违法所得数额在十万元以上的。（四）出版、印刷、复制、发行严重危害社会秩序和扰乱市场秩序的非法出版物,具有下列情形之一的:1.个人非法经营数额在五万元以上的,单位非法经营数额在十五万元以上的;2.个人违法所得数额在二万元以上的,单位违法所得数额在五万元以上的;3.个人非法经营报纸五千份或者期刊五千本或者图书二千册或者音像制品、电子出版物五百张(盒)以上的,单位非法经营报纸一万五千份或者期刊一万五千本或者图书五千册或者音像制品、电子出版物一千五百张(盒)以上的;4.虽未达到上述数额标准,但具有下列情形之一的:(1)二年内因出版、印刷、复制、发行非法出版物受过二次以上行政处罚,又出版、印刷、复制、发行非法出版物的;(2)因出版、印刷、复制、发行非法出版物造成恶劣社会影响或者其他严重后果的。(五)非法从事出版物的出版、印刷、复制、发行业务,严重扰乱市场秩序,具有下列情形之一的:1.个人非法经营数额在十五万元以上的,单位非法经营数额在五十万元以上的;2.个人违法所得数额在五万元以上的,单位违法所得数额在十五万元以上的;3.个人非法经营报纸一万五千份或者期刊一万五千本或者图书五千册或者音像制品、电子出版物一千五百张(盒)以上的,单位非法经营报纸五万份或者期刊五万本或者图书一万五千册或者音像制品、电子出版物五千张(盒)以上的;4.虽未达到上述数额标准,二年内因非法从事出版物的出版、印刷、复制、发行业务受过二次以上行政处罚,又非法从事出版物的出版、印刷、复制、发行业务的。(六)采取租用国际专线、私设转接设备或者其他方法,擅自经营国际电信业务或者涉港澳台电信业务进行营利活动,扰乱电信市场管理秩序,具有下列情形之一的:1.经营去话业务数额在一百万元以上的;2.经营来话业务造成电信资费损失数额在一百万元以上的;3.虽未达到上述数额标准,但具有下列情形之一的:(1)二年内因非法经营国际电信业务或者涉港澳台电信业务行为受过二次以上行政处罚,又非法经营国际电信业务或者涉港澳台电信业务的;(2)因非法经营国际电信业务或者涉港澳台电信业务行为造成其他严重后果的。(七)以营利为目的,通过信息网络有偿提供删除信息服务,或者明知是虚假信息,通过信息网络有偿提供发布信息等服务,扰乱市场秩序,具有下列情形之一的:1.个人非法经营数额在五万元以上,或者违法所得数额在二万元以上的;2.单位非法经营数额在十五万元以上,或者违法所得数额在五万元以上的。(八)非法生产、销售"黑广播""伪基站"、无线电干扰器等无线电设备，具有下列情形之一的：1.非法生产、销售无线电设备三套以上的；2.非法经营数额在五万元以上的；3.虽未达到上述数额标准，但二年内因非法生产、销售无线电设备受过二次以上行政处罚，又非法生产、销售无线电设备的。（九）以提供给他人开设赌场为目的，违反国家规定，非法生产、销售具有退币、退分、退钢珠等赌博功能的电子游戏设施设备或者其专用软件，具有下列情形之一的：1.个人非法经营数额在五万元以上，或者违法所得数额在一万元以上的；2.单位非法经营数额在五十万元以上，或者违法所得数额在十万元以上的；3.虽未达到上述数额标准，但二年内因非法生产、销售赌博机行为受过二次以上行政处罚，又进行同种非法经营行为的；4.其他情节严重的情形。（十）实施下列危害食品安全行为，非法经营数额在十万元以上，或者违法所得数额在五万元以上的：1.以提供给他人生产、销售食品为目的，违反国家规定，生产、销售国家禁止用于食品生产、销售的非食品原料的；2.以提供给他人生产、销售食用农产品为目的，违反国家规定，生产、销售国家禁用农药、食品动物中禁止使用的药品及其他化合物等有毒、有害的非食品原料，或者生产、销售添加上述有毒、有害的非食品原料的农药、兽药、饲料、饲料添加剂、饲料原料的；3.违反国家规定，私设生猪屠宰厂（场），从事生猪屠宰、销售等经营活动的。（十一）未经监管部门批准，或者超越经营范围，以营利为目的，以超过百分之三十六的实际年利率经常性地向社会不特定对象发放贷款，具有下列情形之一的：1.个人非法放贷数额累计在二百万元以上的，单位非法放贷数额累计在一千万元以上的；2.个人违法所得数额累计在八十万元以上的，单位违法所得数额累计在四百万元以上的；3.个人非法放贷对象累计在五十人以上的，单位非法放贷对象累计在一百五十人以上的；4.造成借款人或者其近亲属自杀、死亡或者精神失常等严重后果的。5.虽未达到上述数额标准，但具有下列情形之一的：（1）二年内因实施非法放贷行为受过二次以上行政处罚的；（2）以超过百分之七十二的实际年利率实施非法放贷行为十次以上的。黑恶势力非法放贷的，按照第1、2、3项规定的相应数额、数量标准的百分之五十确定。同时具有第5项规定情形的，按照相应数额、数量标准的百分之四十确定。（十二）从事其他非法经营活动，具有下列情形之一的：1.个人非法经营数额在五万元以上，或者违法所得数额在一万元以上的;2.单位非法经营数额在五十万元以上,或者违法所得数额在十万元以上的;3.虽未达到上述数额标准,但二年内因非法经营行为受过二次以上行政处罚,又从事同种非法经营行为的;4.其他情节严重的情形。法律、司法解释对非法经营罪的立案追诉标准另有规定的,依照其规定。"

第二节 非法经营罪的证据审查

一、非法经营罪的证据要件

(一)犯罪客体证据

构成非法经营罪的经营行为,应为扰乱市场秩序的"经营行为",而不是其他经营行为。因此,需要通过犯罪嫌疑人、被告人供述和辩解、证人证言、物证、书证、视听资料、电子数据等证据,来证实行为人的行为违反国家规定,侵犯了国家对市场的管理,即国家通过对市场进行依法管理所形成的稳定、协调、有序的市场运行状态。

(二)客观方面证据

1. 证明非法经营案件发生的证据

主要包括公安机关发案、立案、破案经过,如相关行政机关移送案件材料、报案登记、受案登记、破案经过说明等材料。

2. 证明经营行为的证据

主要包括:(1)专营物品,专卖物品,进出口许可证,用于开展和记录经营活动的工具如POS机、电脑、经营物品等物证;(2)证明经营活动的合同、协议,证明资金和货物流向的银行交易明细、账本、邮寄单据等书证;(3)勘验、检查、扣押经营场所、涉案物品、电子设备的笔录;

（4）非法经营证券、期货、保险、资金支付结算类案件以及非法经营电信业务类案件等非法经营行为使用的电子设备及从设备内提取的存储数据；（5）犯罪嫌疑人的供述、证人证言、被害人陈述，审查经营行为的起止时间、经营地点、经营者提供了哪些商品或者服务及经营者赚取利润等情况。

3. 证明经营行为系非法的证据

侦查机关在侦办非法经营案件时，一般不会将经营行为所违反的相关法律、行政法规等法律文件本身作为一项证据进行收集和移送。实践中，侦查机关有时会忽视围绕经营行为的非法性有针对性、有重点地调查取证，造成获取的证据与相关国家规定的关联性不强。因此，一方面要准确理解和掌握相关经营行为违反的具体国家规定，另一方面要紧紧围绕相关国家规定开展证据审查，从而对经营行为非法性证据的证明力进行准确的判断。

（1）关于未经许可经营法律、行政法规规定的专营、专卖物品或者其他限制买卖的物品的证据：①犯罪嫌疑人经营的物品系法律、行政法规规定的专营、专卖物品或者其他限制买卖的物品的证据。一是涉案物品的鉴定意见，证明所经营的物品是否属于特许经营的性质和种类。需要注意的是，鉴定对象应当从现场查获并扣押的物品中抽取一定的数量，并涵盖涉案物品的所有种类，以避免鉴定结果不准确、不全面。二是国家有关主管部门对犯罪嫌疑人所经营物品的性质、种类作出界定的证据材料。三是犯罪嫌疑人的供述和证人的证言，证明所经营的物品是否属于特许经营的性质和种类。②犯罪嫌疑人未经许可而经营的证据。一是国家有关主管部门经过核实后出具的书面证明材料，证明犯罪嫌疑人是否具有相关的经营资格，对于超范围经营的，也应出具证明材料。二是犯罪嫌疑人的供述和证人的证言，证明犯罪嫌疑人是否具有相关的经营资格。

上述证据当中，有鉴定意见或相应书面证明材料予以证实，并有其他证据印证，一般可认定经营行为的非法性。

（2）关于买卖进出口许可证、进出口原产地证明以及其他法律、行政法规规定的经营许可证或者批准文件的证据：①扣押的经营许可证和批准文件，证明扣押证件的名称、种类、数量的记载和来源情况。②国家有关主管部门出具的证明材料，证明被买卖的证件、文件的性质。

（3）关于未经国家有关主管部门批准，非法经营证券、期货、保险业务，或者非法从事资金支付结算业务的证据：①经营业务属于证券、期货、保险、资金支付结算业务的证据，主要由证券、期货、保险、资金支付结算业务相关的国家主管部门出具证明，对犯罪嫌疑人所从事的有关经营行为是否属于上述金融业务行为作出界定。②经营行为未经国家有关主管部门批准的证据。一是国家有关主管部门出具书面材料，证实其从事上述业务未经批准。二是犯罪嫌疑人的供述和证人证言等，证明其未得到国家有关部门批准，属于擅自从事金融业务。

（4）关于经营行为属于其他严重扰乱市场秩序非法行为的证据。现有司法解释已经明确将非法经营外汇、出版物、电信业务等十余种行为纳入该项的范围，对于这些经营行为，应严格按照司法解释的要求，对经营行为是否属于非法的证据进行审查。对于尚无司法解释予以规定的经营行为，对经营行为非法性的审查应当注意以下两点：①并非所有的市场失范违法行为都具有非法经营罪中的"非法性"，要根据规范该种经营行为的国家规定，证明该种经营行为侵害了特定行业的国家特许经营许可制度，这是对该种经营行为"非法性"的实质性审查。②应当注意参照执行最高人民法院《关于准确理解和适用刑法中"国家规定"的有关问题的通知》。该通知第3条明确要求："各级人民法院审理非法经营犯罪案件，要依法严格把握刑法第二百二十五条第（四）项的适用范围。对被告人的行为是否属于刑法第二百二十五条第（四）项规定的'其他严重扰乱市场秩序的非法经营行为'，有关司法解释未作明确规定的，应当作为法律适用问题，逐级向最高人民法院请示。"以上两方面的条件应同时具备。

4. 证明非法经营行为是犯罪嫌疑人、被告人实施的证据

主要包括：（1）各类合同协议、会议记录、票据单据、电子数据所反映的信息内容，客观且直接地指向犯罪嫌疑人所实施的犯罪行为。（2）银行汇款、转账单据、财务鉴定意见，确认资金最终流向犯罪嫌疑人或者其指定、认可的账户。（3）犯罪嫌疑人的供述与辩解、证人证言及辨认笔录，共同指向犯罪嫌疑人。

司法实践中，非法经营行为常以单位名义实施，本罪对单位犯罪与自然人犯罪设定了不同的入罪标准，因此准确界定单位犯罪和自然人犯罪就极为重要。在审查证据过程中要注重对单位主体身份、经营范围、

经营情况相关证据的审查。重点审查单位是否真实存在，是否是为了实施犯罪而设立，单位设立后是否是以实施非法经营行为为主要业务，资金往来是否进入单位所有、控制的账户，非法经营是单位意志还是个人意志，从而准确区分单位犯罪和自然人犯罪。特别是在数额达不到单位犯罪入罪标准的情况下，准确区分单位犯罪和自然人犯罪非常重要，要对证据情况格外关注。

5.证明情节严重的证据

从法律、司法解释的规定来看，认定非法经营行为的情节是否严重，大体采用三类标准：一是数额标准，即经营数额、违法所得数额的多少；二是数量标准，即非法经营特定物品的数量；三是主观恶性大、后果严重和影响恶劣，这类标准往往适用于非法经营的数额不大，但行为具有较大的社会危害性的情况。最高人民检察院、公安部关于非法经营罪的追诉标准的规定采用了具体到一般分列的方式，对非法经营电信业务、非法经营出版物、非法经营外汇等行为确定了立案追诉标准，并设定概括性条款，同样采用数额与情节相结合的方式，将从事其他非法经营活动的追诉标准予以统一。这是判断非法经营行为是否达到情节严重的法律依据。

证明情节严重的证据主要包括：（1）扣押物品清单，对扣押物品分类清点数量。（2）在案的合同、账本、交易记录、货运单据等，证明非法经营的销售数量、价格、销售数额、营利数额；相关国家机关的处罚证明，证明犯罪嫌疑人是否曾因同类非法经营行为受到行政处罚，并注意审查处罚时间。（3）鉴定意见，对经营数量、经营数额、营利数额予以证明，如会计师事务所的审计报告。（4）犯罪嫌疑人供述、证人证言和被害人陈述等，用以证明非法经营的物品数量、经营数额、营利数额，是否因同类非法经营行为受到过行政处罚等。

（三）犯罪主体证据

1.证明行为人刑事责任年龄、身份等自然情况的证据

包括户口簿、居民身份证、工作证、出生证、专业或技术等级证、干部履历表、职工登记表、护照等，主要是证实行为人的姓名（曾用名）、性别、出生年月日、民族、籍贯、出生地、职业（或职务）、住所地（或居所地）等。

对于户籍、出生证等材料内容不实的，应提供其他证据材料。外国人犯罪的案件，应有护照等身份证明材料。人大代表、政协委员犯罪的案件，应注明身份，并附身份证明材料。

2.证明行为人刑事责任能力的证据

证明行为人对自己的行为是否具有辨认能力与控制能力。

3.证明单位的证据

包括企业法人营业执照、法人工商注册登记证明、法人设立证明、国有公司性质证明及非法人单位的身份证明、法人税务登记证明和单位代码证等，证明是否属于依法成立并有合法经营、管理范围的企业、事业单位、机关、团体，以及单位的名称、住所地、性质、法定代表人、单位负责人、业务范围、成立时间等。

4.证明法定代表人、直接负责的主管人员和其他直接责任人在单位的任职、职责、负责权限等情况的证据

包括工作证、护照、专业或技术等级证、干部履历表、职工登记表、任命书、业务分工文件、委派文件、单位证明、单位规章制度等。

（四）主观方面证据

非法经营罪在主观上要求是直接故意。证明犯罪嫌疑人主观故意的证据主要包括：（1）对于行为人在主观上是否明知自己的行为有"非法性"，除了犯罪嫌疑人供认和证人证言指认外，还可以通过审查行为人的文化程度、从业经历、是否因同一行为受到过行政或者刑事处罚等客观情况来进行综合判断。（2）在案的营业执照、工商登记资料等，证明犯罪嫌疑人明知不应为而故意违反特许经营制度的主观故意。单位犯罪的，可以通过单位会议记录、有关负责人签署的文件，证明非法经营行为系由单位集体研究决定，或者由单位负责人或者被授权的其他人员决定、同意。

为准确认定是否是共同犯罪以及在共同犯罪中每一犯罪嫌疑人、被告人是否具有共同非法经营的故意，应查明：（1）事先有无预谋策划，有无事先或事中达成默契，单位犯罪以及曾多次结伙作案的犯罪集团、犯罪团伙成员之间，是否存在每次作案前都通过他们之间特定语言、表情手势等达成默契，形成内容明确的共同非法经营故意。（2）有无持不同意见或反对意见者，对于未表示反对或同意意见者要重点讯问其在案发前、案发

时、案发后的语言和行为表现，分赃和赃物去向情况，以此判明各犯罪嫌疑人、被告人的主观目的。

通过上述证据，证明行为人主观上明知所经营的业务需要经国家有关部门批准、许可而未经批准、许可经营，符合非法经营罪的主观要件。共同犯罪的每一行为人在主观上都必须明知，自己的行为是在共同犯意支配下的共同犯罪行为的组成部分。单位犯罪的主观故意，具体表现为单位领导人或者单位决策机构集体讨论作出的决定，代表单位意志而不是个人意志。

二、非法经营罪常见证据审查

（一）对鉴定意见和书证的审查

有关国家机关等单位或者部门出具的鉴定意见和书证虽然不是唯一证据，但却是认定案件事实的重要依据。实践中，每一个可入罪的非法经营行为都必然触犯了某个特定行业的国家特许经营的相关法律、法规，都必然对应着该行业的行政主管部门，这些部门在审查判断涉本行业的经济活动的经营性和违法性时，比司法机关更加专业和权威，其出具的书证和鉴定意见也具有较高的证明力，对查明案件具有重要证明作用，审查中既要重视，又要慎重。在审查时应当注意以下两点：

第一，出证单位是否是相关法律法规规定的行业行政主管部门，是否有相应的市场秩序监督管理的职责职权，这是准确认定其出具的鉴定意见和书证的证据能力和证明力的重要前提。

第二，对权威书证和鉴定意见的内容要进行实质性审查。对于权威部门出具的书证和鉴定意见，必须对其结论意见、工作方法、论证过程等进行实质性审查，并注意与言词证据、物证特征进行印证，注意排除证据中依据不充分的推断性意见以及意图追究刑事责任的扩大化倾向。

（二）对经营数额和违法所得数额证据的审查

司法实践中，经营数额和违法所得数额是认定非法经营行为是否属于情节严重的最主要的标准。办案中常会遇到非法经营者的账目混乱、账册被销毁或者根本没有账目的情况，给准确认定经营数额和违法所得数额造成了困难。在审查没有账目和相关书证的非法经营案件的数额证据时，应当注意以下几点：

第一，对于物品已经售出，没有找到买家的。如果有证据能证明上游的收购行为，如上游卖方的言词证据和书证等，能证明收购物品的数量、价格、总体金额的，再结合犯罪嫌疑人对销售行为的言词证据，可相互印证综合认定经营数额。要特别注意对于犯罪嫌疑人作无罪辩解的部分，如购入物品后有一部分自用或者用于赠送他人而未予以出售，如果无证据予以证否，则相应部分一般不能计入经营数额。

第二，对于缺乏物证、书证的情况下，仅依靠言词证据对非法经营数额和违法所得数额进行认定的。要严格审查犯罪嫌疑人前后供述的稳定性、一致性，审查其供述与证人证言能否相互印证，对于供述前后不一致，供述与证言不一致的，应当采取就低不就高的原则进行认定。

第三节　非法经营罪的认定处理

近年来，由于各地在法律适用方面认识不统一，造成同一类案件在不同地区的打击处理情况有较大差异，也影响了对部分具有相当社会危害性的非法经营行为的打击效果。可以说，非法经营罪法律适用方面存在的问题，已成为制约打击非法经营犯罪的重要原因。

一、非法经营罪的罪与非罪

（一）注意正确区分违法经营行为和非法经营罪

违法经营行为和非法经营罪的外在表现形式基本一致，即都是与国家相关法律和行政法规相违背的行为。尽管对于一般的违法经营行为国家已作出了相应的行政处罚的规定，但是这种处罚相对于刑事处罚是不可同日而语的。只有违反了国家规定并从事非法经营，同时达到情节严重程度的行为，才能认定为非法经营罪。由于非法经营行为往往涉及非法经营额和违法所得额，所以数额的大小是衡量情节严重与否的重要标准。一般情况下，数额较大的社会危害性亦较大。但是，确定非法经营行为的罪与非罪，不能以非法经营和违法所得数额为唯一标准，应综合考虑其他因素。

另外，二者在行为对象上存在差别，即如果行为人在没有相应营业执照的情况下经营某一产品，但是该产品并不属于非法经营的未经许可经营法律、行政法规规定的专营、专卖物品或者其他限制买卖的物品，而是完全自由流通的物品，尽管行为人经营数额达到较大也不应当认定为非法经营罪，只能作为违反国家工商管理法规的无照经营行为给予行政处罚。

（二）办案过程中要注意准确把握政策尺度

非法经营罪虽是经济犯罪罪名，但实际承担着社会治理功能，依法惩治该类犯罪确有社会治理的现实需要，在强调严格适用的情况下，2019年仍然又增加了三个司法解释，也说明了这点。如成品油、金融等对公共安全、经济安全都有重要影响。

总体限制非法经营罪扩张适用的原则必须坚持，不能将其变为经济犯罪的口袋罪，司法实践中对民营企业的创业、发展探索尝试被刑事处罚范围要格外慎重。

办理非法经营案件，必须坚持罪刑法定，严格遵守国家规定，谨慎适用兜底条款。对法律或司法解释没有明确规定的、涉及法律适用问题的、认定和处理有重大分歧的等，应及时按相关规定逐级请示。对于新型非法经营行为，有相关规定的依规办理，无相关规定的，应审慎认定，重点从违反国家规定、扰乱市场秩序、情节严重三方面作严格把握。

非法经营罪的整体瘦身，在立法层面没有统一规定之前，司法控制层面，不宜按一类案件来处理，应通过个案进行实质把握。最高人民法院发布的指导案例"王力军非法经营再审改判无罪案"，在裁判理由中明确："其行为违反了当时的国家粮食流通管理有关规定，但尚未达到严重扰乱市场秩序的危害程度，不具备与刑法第225条规定的非法经营罪相当的社会危害性、刑事违法性和刑事处罚必要性，不构成非法经营罪。"

应当充分发挥行政处罚的积极作用。如果通过行政处罚能解决问题的，尽量用行政处罚来解决，主要考虑是：(1)行政处罚速度快，社会和经营者付出的成本较小，相关事项可以迅速翻篇，有助于保障企业的正常生产经营。所以，建议让行政机关有适当的裁量空间，让其能恢复正常的处罚措施，也恢复社会经济运行的速度，保障复工复产。(2)在查处成本和证据要求上，行政处罚对证据要求没有那么严格，相对松散的证据标准分歧也较小，更容易在认定与处罚上达成一致，案结事了。

要注意做有助于保障民生的考虑。办理非法经营案件，对于严重危害社会治理的，应坚决依法打击，对于不严重的，可注意作一定有助于保障民生的考虑，对于为了基本生存而为的，在依法前提下，使司法更具人性化和有温度。

二、非法经营罪的此罪与彼罪

实施非法经营犯罪，可能同时涉及侵犯知识产权犯罪，生产、销售伪劣商品犯罪，买卖国家机关公文、证件罪等多种犯罪。此类案件能否依法准确处理，不仅关系到市场秩序的规范、市场环境的完善，同时也涉及公民和其他经济主体的经济自由，因此它既是一个重要的法律问题，也是一个重大的社会问题。

(一) 本罪与生产、销售伪劣产品罪的界限

本罪与生产、销售伪劣产品罪等刑法分则第三章第一节的罪名都是从原投机倒把罪中分解而来。按照《刑法》第140条规定，生产、销售伪劣产品罪，是指生产者、销售者在产品中掺杂、掺假，以假充真，以次充好或者以不合格产品冒充合格产品，依法应受刑罚处罚的行为。从非法经营罪与生产、销售伪劣产品罪的关系来看，两罪有以下区别：(1)犯罪对象：生产、销售伪劣产品罪仅限于产品，非法经营罪不仅包括商品，还包括公文、证明文件等。其中生产、销售伪劣产品罪中的产品是指伪劣产品。而非法经营罪中的商品既可以是没有任何质量问题的商品，也包括伪劣产品。(2)行为方式：生产、销售伪劣产品罪行为人经营对象是不符合质量标准的产品。非法经营则是越权经营，未经许可经营专卖或其他限制

买卖的商品。（3）法定刑不同：非法经营罪与生产、销售伪劣产品罪的法定最低刑均为拘役，并处或者单处罚金；但生产、销售伪劣产品罪的法定最高刑为无期徒刑，非法经营罪的最高刑为有期徒刑。

实践中生产、销售、经营等行为经常是连贯并交织在一起的，同一个行为会分别触犯不同的罪名，形成一种想象竞合的关系。对此，最高人民法院、最高人民检察院《关于办理生产、销售伪劣商品刑事案件具体应用法律若干问题的解释》第10条明确规定："实施生产、销售伪劣商品犯罪，同时构成侵犯知识产权、非法经营等其他犯罪的，依照处罚较重的规定定罪处罚。"最高人民法院、最高人民检察院《关于办理非法生产、销售、使用禁止在饲料和动物饮用水中使用的药品等刑事案件具体应用法律若干问题的解释》第5条规定："实施本解释规定的行为，同时触犯刑法规定的两种以上犯罪的，依照处罚较重的规定追究刑事责任。"①因此，对于非法经营罪与生产、销售伪劣产品罪及生产、销售《刑法》第141条至第148条规定的特定商品的犯罪构成竞合的，应依照上述规定，按照具体犯罪行为可能判处的具体刑罚的轻重，选择可能被判处较重刑罚的犯罪定罪处罚。

（二）本罪与走私罪的界限

根据刑法分则第三章第二节的规定，走私罪是指故意违反海关法规和其他有关法律、法规，逃避海关监管，非法携带、运输、邮寄国家禁止进境或者出境的物品、国家限制进出口的货物、物品进出境，或者偷逃应缴关税，破坏国家对外贸易管理制度和海关正常监管活动的行为。

二者的区别主要是：（1）客体不同。非法经营罪侵害的客体是市场管理秩序，而走私罪侵害的客体是国家的对外贸易管理制度。（2）客观方面不同。非法经营罪实施的是《刑法》第225条规定的四种具体行为，而走私罪则是行为人违反海关法律、法规，逃避海关监管和边防检查，运输、携带、邮寄国家禁止进出境的物品、国家限制进出口或者依法应当交纳关税的货物、物品进出境的行为。（3）行为涉及的范围不同。非法经营行为

---

① 该解释第1条、第2条规定了非法经营罪，第3条、第4条规定了生产、销售有毒、有害食品罪。

涉及的范围只限于国内，无须经过海关，而走私犯罪行为必须牵涉境内外，并有逃避海关监管、边防检查以及关税的行为。

根据《刑法》第155条的规定，直接向走私人非法收购国家禁止进口物品的，或者直接向走私人非法收购走私进口的其他货物、物品，数额较大的；或者在内海、领海、界河、界湖运输、收购、贩卖国家禁止进出口物品的，或者运输、收购、贩卖国家限制进出口货物、物品，数额较大，没有合法证明的，以走私罪论处。那么，对于不是直接向走私人收购走私物品的，或者在内海、领海、界河、界湖以外的境内贩卖的行为，显然不能以走私罪处罚。这种收购和贩卖的行为符合非法经营罪的犯罪特征，其收购和贩卖的走私物品，是属于未经许可经营法律、行政法规规定的限制买卖的物品，是一种严重扰乱市场秩序的犯罪行为，应当以非法经营罪定罪处罚。

对于直接向走私人收购走私物品并且在内海、领海、界河、界湖以外的境内贩卖的行为如何认定，实践中存在不同的认识。第一种观点认为，根据《刑法》第155条的规定，行为人直接向走私人收购走私物品的，构成走私罪，其贩卖的行为属于走私罪的继续，是同一犯罪的两个不同阶段，应当认定为走私罪，将贩卖的行为作为情节考虑。第二种观点认为，这种收购和贩卖行为属于刑法理论上的吸收犯，行为人是为了牟利、贩卖而收购，其收购的行为是贩卖的预备，根据刑法理论有关吸收犯中实行行为吸收预备行为的原则，只能认定一个非法经营罪。第三种观点认为，行为人的收买行为和贩卖行为是两个独立的犯罪，分别具备两个完整的犯罪构成要件，应当认定犯走私罪和非法经营罪数罪并罚。第四种观点认为，这种行为属于刑法理论上的牵连犯，行为人的犯罪目的只有一个，即牟取非法利益，只是其犯罪的手段、方法牵连到两个不同的罪名，应根据对牵连犯的处罚原则，择一重罪处罚。我们认为，第四种观点是妥当的。关于两罪量刑轻重的比较，根据最高人民法院《关于适用刑法第十二条几个问题的解释》的精神，走私罪的法定最高刑是无期徒刑，择一重罪就应当认定走私罪，如果根据行为人偷逃应缴税额和非法经营总额以及关于非法经营罪数额构成情节严重的司法解释，非法经营罪在某一个量刑幅度内重，就应当认定为非法经营罪。

（三）本罪与非法处置进口的固体废物罪、走私废物罪的界限

根据《刑法》第339条的规定，违反国家规定，将境外的固体废物进境倾倒、堆放、处置的，构成非法处置进口的固体废物罪。以原料利用为名，进口不能用作原料的固体废物、液态废物和气态废物的，依照《刑法》第152条第2、3款的规定以走私废物罪定罪处罚。

1997年刑法修改以前，倒卖国家禁止或限制进口的废物的行为是以投机倒把罪论处的。1996年最高人民法院《关于审理非法进口废物刑事案件适用法律若干问题的解释》（已失效）第4条曾明确规定，明知是国家禁止进口的废物或国家限制进口的废物而非法倒卖，情节严重的，依照刑法关于投机倒把罪的规定定罪处罚。1997年刑法增加规定了非法处置进口的固体废物罪。将固体废物运输进境后予以处置的行为，构成非法处置进口的固体废物罪，如果存在销售牟利的行为，并且扰乱市场秩序，情节严重的，根据《刑法》第225条的规定，同时构成非法经营罪。这种情形属于想象竞合，应从一重罪论处。

以原料利用为名，进口不能用作原料的固体废物后予以倒卖的行为，同时触犯了走私废物罪和非法经营罪两个罪名。这种情形属于刑法理论上的牵连犯，应择一重罪论处。当然，如果行为人将固体废物运输进境后予以倾倒、堆放，没有进行销售的，则仅构成非法处置进口的固体废物罪。

（四）本罪与内幕交易、泄露内幕信息罪，国有公司、企业人员失职罪或国有公司、企业人员滥用职权罪的界限

根据《刑法》第180条规定，内幕交易、泄露内幕信息罪是指知情人员或者非法获取证券交易内幕信息的人员，在涉及证券的发行、交易或者其他对证券的价格有重大影响的信息尚未公开前，买入或者卖出该证券，或者泄露该信息或者建议他人买卖该证券的情节严重的行为。根据《刑法》第168条规定，国有公司、企业、事业单位的工作人员，由于严重不负责任或者滥用职权，造成国有公司、企业破产或者严重损失，致使国家利益遭受重大损失的，分别构成国有公司、企业、事业单位人员失职罪和国有公司、企业、事业单位人员滥用职权罪。

非法经营罪中的"非法经营证券、期货和保险业务"，是指未取得从

事证券、期货、保险经纪业务主体资格的单位和个人非法经营证券、期货、保险业务的行为。违法对证券、期货进行买卖的行为不构成本罪。如证券、期货从业人员违反规定进行证券、期货买卖，或者国有公司，企业违反规定擅自从事证券、期货买卖，造成国有公司、企业巨额损失等行为，可以视情节给以行政处罚；构成犯罪的，可依照内幕交易罪，国有公司、企业、事业单位人员失职罪或国有公司、企业、事业单位人员滥用职权罪等追究刑事责任。

（五）本罪与擅自设立金融机构罪的界限

司法实践中需要注意擅自设立金融机构罪与非法经营罪之间的区分。1999年颁布的《刑法修正案》在对非法经营罪作了修改的同时，也对擅自设立金融机构罪的内容作了修正。修改后的《刑法》第174条擅自设立金融机构罪，是指没有取得经营金融业务主体资格的单位或者个人，擅自设立金融机构。现实生活中，有些行为人虽然没有设立金融机构，但是仍然是在非法从事证券、期货和保险业务。例如，虽未正式设立证券交易所、期货交易所、期货经纪公司、保险公司，也没有挂牌，但却从事相关的经纪业务；再如，以证券信息公司、期货信息公司、保险信息公司等名义，到处拉客户，从而使不少单位或者个人信以为真，盲目投资，致使客户投入的资金血本无归或者出现人身、财产保险纠纷等。这类活动严重地扰乱了证券、期货、保险业市场的正常秩序，侵害了广大投资者、股东和投保人的利益，但是由于并未存在金融机构的形式，因此无法以擅自设立金融机构罪对其定罪处罚。对此，应该根据《刑法》第225条第3项论处。

（六）本罪与洗钱罪、帮助恐怖活动罪的界限

根据《刑法》第191条的规定，洗钱罪，是指明知是毒品犯罪、黑社会性质的组织犯罪、恐怖活动犯罪、走私犯罪、贪污贿赂犯罪、破坏金融管理秩序犯罪、金融诈骗犯罪的违法所得及其产生的收益，以提供资金账户、协助将财产转换为现金或者金融票据、通过转账结算方式协助资金转移、协助将资金汇往境外以及其他方法，掩饰、隐瞒犯罪的违法所得及其收益的性质和来源的行为。根据《刑法》第120条之一的规定，帮助恐怖活动罪，是指资助恐怖活动组织或者实施恐怖活动的个人，或者资助恐

怖活动培训，或者为恐怖活动组织、实施恐怖活动或者恐怖活动培训招募、运送人员的行为。

地下钱庄和洗钱、恐怖融资有着天然的联系，地下钱庄已成为不法分子从事洗钱和转移资金的主要通道。司法实践中，对于地下钱庄实施非法从事资金支付结算业务或者非法买卖外汇行为，通过转账或者其他结算方式协助资金转移，或者协助将资金汇往境外，构成非法经营罪，同时又构成洗钱罪或者帮助恐怖活动罪的，按照竞合犯处罚原则，依照处罚较重的规定定罪处罚。据此，最高人民法院、最高人民检察院《关于办理非法从事资金支付结算业务、非法买卖外汇刑事案件适用法律若干问题的解释》第5条明确了非法经营罪与洗钱罪或者帮助恐怖活动罪竞合时择重处理的处罚原则。该规定也彰显了我国依法严厉打击洗钱、帮助恐怖活动犯罪的态度和决心。

（七）本罪与诈骗类犯罪的界限

行为人具备非法占有的目的是诈骗类犯罪的主观构成要件，所谓以非法占有为目的，是指行为人在主观上具有将非法获取的资金或财物置于个人或本单位控制之下。就非法经营罪而言，行为人一般具备非法牟利的目的，该牟利行为主要不是通过非法占有经营中所接触的他人财物来实现，而是通过非法经营活动来实现，基于他人的财物或其他权益而获取合同标的内容以外的非法利益。诈骗类犯罪在客观上通常使用了编造谎言、捏造或隐瞒事实真相、虚构或伪造集资批文和证件等欺诈的手段，非法经营罪则不要求使用诈骗手段，并且在大多数情况下，行为人并未使用诈骗方法。

如何认定行为人主观上的非法占有目的，是区分上述犯罪界限的关键。实践中，在具体认定行为人是否具有非法占有目的时，往往需要对这些客观行为进行推定从而得出。在处理具体案件的时候，对于有证据证明行为人不具有非法占有目的的，不能单纯以财产不能归还就按诈骗类犯罪处罚。

（八）本罪与侵犯知识产权罪的界限

根据刑法分则第三章第七节规定，侵犯知识产权罪是指违反知识产权保护法规，未经知识产权所有人许可，非法利用其知识产权，侵犯国家对知识产权的管理秩序和知识产权所有人的合法权益，违法所得数额较大或者情节严重的行为。具体包括假冒注册商标罪、销售假冒注册商标的商品罪、非法制造或者销售非法制造的注册商标标识罪、侵犯著作权罪、销售侵权复制品罪、假冒专利罪、侵犯商业秘密罪以及为境外窃取、刺探、收买、非法提供商业秘密罪7个罪名。

根据著作权法、商标法、《著作权法实施条例》、《音像制品管理条例》等法律法规的规定，以营利为目的，实施侵犯著作权及销售侵权复制品、假冒注册商标、销售侵犯注册商标的商品的行为具有行政违法性，属于非法经营行为，对于扰乱市场秩序，情节严重的行为，可构成非法经营罪。这就出现了非法经营罪与侵犯著作权罪、销售侵权复制品罪、假冒注册商标罪、销售侵犯注册商标的商品罪的竞合问题。

处理上述竞合问题，首先要确定各罪名之间的关系。我国刑法中法条竞合的表现形式及法律适用原则有：（1）特别关系，适用特别法优于普通法原则；（2）补充关系，适用基本法优于补充法原则；（3）吸收关系，适用全部法优于部分法原则；（4）择一关系，适用重法优于轻法。侵犯著作权罪、销售侵权复制品罪、假冒注册商标罪、销售侵犯注册商标的商品罪与非法经营罪存在特殊法与一般法的关系。如最高人民法院《关于审理非法出版物刑事案件具体应用法律若干问题的解释》第11条规定，违反国家规定，出版、印刷、复制、发行本解释第1条至第10条规定以外的其他严重危害社会秩序和扰乱市场秩序的非法出版物，情节严重的，依照《刑法》第225条的规定，以非法经营罪定罪处罚，而该解释第2条、第3条、第4条、第5条则明确规定了侵犯著作权罪、销售侵权复制品罪。因此，在刑法明确规定了侵犯著作权罪、销售侵权复制品罪等侵犯知识产权犯罪后，对该类行为仍然以非法经营罪认定是不恰当的。[①]

（九）本罪与串通投标罪的界限

根据《刑法》第223条规定，串通投标罪是指投标者相互串通投标报价，损害招标人或者其他投标人利益，或者投标者与招标者串通投标，损害国家、集体、公民的合法利益，情节严重的行为。

---

① 最高人民法院、最高人民检察院、公安部《关于办理侵犯知识产权刑事案件适用法律若干问题的意见》第12条规定："非法出版、复制、发行他人作品，侵犯著作权构成犯罪的，按照侵犯著作权罪定罪处罚，不认定为非法经营罪等其他犯罪。"

串通投标罪与非法经营罪的相似点在于：(1)侵犯的同类客体相同，即二者都是扰乱市场秩序的行为；(2)在损害国家、集体、公民合法利益方面两者有类似之处；(3)两罪都是情节犯，以情节严重为犯罪的必备构成要件。

两罪的区别主要在于客观方面表现形式不同。串通投标罪客观方面表现为投标人之间恶意串通，损害招标人或其他投标人的利益，或者投标人与招标人恶意串通，损害国家、集体、公民的合法利益的行为；而非法经营罪的客观方面则表现为违反国家规定，非法经营，严重扰乱市场秩序，情节严重的行为，其行为表现是多样化的，例如，未经许可经营法律、行政法规规定的专营、专卖物品或者其他限制买卖的物品；买卖进出口许可证、进出口原产地证明以及法律、法规规定的其他经营许可证或者批准文件；以及其他严重扰乱市场经营的非法经营行为。

（十）本罪与非法制造、买卖、运输、邮寄、储存爆炸物罪的界限

根据《危险化学品安全管理条例》的规定，危险化学品包括爆炸品。国家对危险化学品的生产和储存实行审批制度；未经审批，任何单位和个人都不得生产、储存危险化学品。国家对危险化学品经营销售实行许可制度。未经许可，任何单位和个人都不得经营销售危险化学品。国家对危险化学品的运输实行资质认定制度；未经资质认定，不得运输危险化学品。非国家规定的单位或个人非法制造、买卖、运输、邮寄、储存爆炸物的，同时触犯非法经营罪与非法制造、买卖、运输、邮寄、储存爆炸物罪。这种情形属于因行为对象重合而形成的法条竞合关系。由于非法经营罪的行为对象范围大于非法制造、买卖、运输、邮寄、储存爆炸物的行为对象的范围，故非法经营罪是普通法，非法制造、买卖、运输、邮寄、储存爆炸物罪是特别法；非法制造、买卖、运输、邮寄、储存爆炸物罪的法定刑重于非法经营罪的法定刑，故非法制造、买卖、运输、邮寄、储存爆炸物罪是重法，非法经营罪是轻法。根据法条竞合的一般处理原则，即特别法优于普通法、重法优于轻法，这种情形下，应适用作为特别法和重法的非法制造、买卖、运输、邮寄、储存爆炸物罪追究行为人的刑事责任，而不应认定为非法经营罪。

（十一）本罪与组织出卖人体器官罪的界限

《刑法修正案（八）》出台前，司法实践中对组织出卖人体器官的行为，大多按非法经营罪来处理。《刑法》第225条规定了四种非法经营的行为，前三种显然不适用，只能适用第4项"其他严重扰乱市场秩序的非法经营行为"。组织出卖他人人体器官的行为一般虽具有营利的目的，但这种行为侵犯的客体是他人的人身健康和生命的权利，而不是市场经营秩序，按非法经营罪处理实际上是在法律缺失的情况下不得已而为之。《刑法修正案（八）》颁布后，根据罪刑法定原则，就不能再按非法经营罪来定罪处罚了。

（十二）本罪与出版歧视、侮辱少数民族作品罪的界限

《出版管理条例》第25条规定，任何出版物不得含有煽动民族仇恨、民族歧视，破坏民族团结，或者侵害民族风俗、习惯的内容。《音像制品管理条例》第3条规定，音像制品禁止载有煽动民族仇恨、民族歧视，破坏民族团结，或者侵害民族风俗、习惯的内容。违反上述国家规定，出版歧视、侮辱少数民族作品，扰乱市场秩序，情节严重的行为，构成非法经营罪。

根据《刑法》第250条的规定，在出版物中刊载歧视、侮辱少数民族的内容，情节恶劣，造成严重后果的，构成出版歧视、侮辱少数民族作品罪。这就出现了非法经营罪与出版歧视、侮辱少数民族作品罪的竞合问题。根据最高人民法院《关于审理非法出版物刑事案件具体应用法律若干问题的解释》第11条的规定，违反国家规定，出版、印制、复制、发行本解释第1条至第10条规定以外的其他严重危害社会秩序和扰乱市场秩序的非法出版物，情节严重的，以非法经营罪定罪处罚。而该解释第7条规定了出版歧视、侮辱少数民族作品罪，因此，对于非法经营罪与出版歧视、侮辱少数民族作品罪竞合的，应以出版歧视、侮辱少数民族作品罪论处。

（十三）本罪与删帖型敲诈勒索犯罪的界限

删帖型敲诈勒索犯罪，需要某些网站为他们提供发布信息的条件，或者进一步炒作时需要其他网站配合转帖。如果某些网站负责人明知行为

人发布负面信息的目的是勒索财物，而提供发帖、删帖便利，应以共犯论处。

对于取得合法资格的网站的负责人或从业人员不明知行为人发布负面信息或转帖系为了勒索财物，但违反国家有关规定，非法收受"发帖""删帖"费用，并以此非法牟利，违法数额达到一定标准的，可以以非法经营罪追究刑事责任。

对于那些自建非法网站，专门为他人发布信息提供有偿服务，非法获利数额达到一定标准的，则应以非法经营罪论处。对非法网站应从严打击，有助于从根本上消除网络敲诈勒索等网络犯罪的前提条件，也有助于我国网络规范化管理。

（十四）本罪与买卖国家机关公文、证件罪的界限

1997年《刑法》第280条增加规定了买卖国家机关公文、证件、印章的行为构成犯罪。《刑法》第225条则明确规定买卖进出口许可证、进出口原产地证明，以及其他法律、行政法规规定的经营许可证或批准文件，扰乱市场秩序，情节严重的行为构成非法经营罪。因此，对于买卖进出口许可证、进出口原产地证明，以及其他法律、行政法规规定的经营许可证或批准文件等国家公文、证件的行为，既触犯了买卖国家机关公文、证件罪，又触犯了非法经营罪，应从一重罪处断，有关司法解释对此做了明确规定。①

---

① 最高人民法院《关于审理破坏野生动物资源刑事案件具体应用法律若干问题的解释》第9条规定："伪造、变造、买卖国家机关颁发的野生动物允许进出口证明书、特许猎捕证、狩猎证、驯养繁殖许可证等公文、证件构成犯罪的，依照刑法第二百八十条第一款的规定以伪造、变造、买卖国家机关公文、证件罪定罪处罚。实施上述行为构成犯罪，同时构成刑法第二百二十五条第二项规定的非法经营罪的，依照处罚较重的规定定罪处罚。"最高人民法院《关于审理破坏森林资源刑事案件具体应用法律若干问题的解释》第13条规定："对于伪造、变造、买卖林木采伐许可证、木材运输证件，森林、林木、林地权属证书，占用或者征用林地审核同意书、育林基金等缴费收据以及其他国家机关批准的林业证件构成犯罪的，依照刑法第二百八十条第一款的规定，以伪造、变造、买卖国家机关公文、证件罪定罪处罚。对于买卖允许进出口证明书等经营许可证明，同时触犯刑法第二百二十五条、第二百八十条规定之罪的，依照处罚较重的规定定罪处罚。"

但是，对于买卖法律、行政法规规定的经营许可证或批准文件等国家公文、证件的行为，如司法解释与法律、法规对定性有明确规定的，则以规定为准。《互联网上网服务营业场所管理条例》第29条规定，互联网上网服务营业场所经营单位违反本条例的规定，涂改、出租、出借或者以其他方式转让《网络文化经营许可证》，触犯刑律的，依照刑法关于伪造、变造、买卖国家机关公文、证件、印章罪的规定，依法追究刑事责任。即对于买卖《网络文化经营许可证》的行为以买卖国家机关公文、证件、印章罪认定，不再认定为非法经营罪。

（十五）本罪与非法生产、买卖警用装备罪的界限

人民警察的警用标志、制式服装和警械，由国务院公安部门统一监制，会同其他有关国家机关管理，其他个人和组织不得非法制造、贩卖。公安机关人民警察制式服装专用标志由公安部统一配发。警械、警车、警灯、警用警报器和警服是国家规定的人民警察专用装备，"公安"标志是公安机关的专用标志，除经特许批准的以外，其他任何单位和个人一律不准使用。这就决定了警用装备是不能进行买卖的，不属于专卖、专营物品的范畴。因此，非法生产、买卖警用装备罪与非法经营罪不存在法条竞合关系。

非法生产、买卖警用装备罪与非法经营罪的区别表现为：（1）犯罪客体不同。非法生产、买卖警用装备罪的客体是国家对警用装备的管理秩序；非法经营罪的客体是市场交易的正常秩序。（2）犯罪对象不同。非法生产、买卖警用装备罪的犯罪对象是人民警察制式服装、车辆号牌等专用标志、警械等警用装备；非法经营罪的犯罪对象是专营、专卖物品等。（3）犯罪客观方面不同。非法生产、买卖警用装备罪的客观方面表现为非法生产、买卖人民警察制式服装、车辆号牌等专用标志、警械，情节严重的行为；非法经营罪的客观方面表现为违反国家规定，进行有关非法经营活动，扰乱市场秩序，情节严重的行为。

（十六）本罪与非法生产、销售间谍专用器材罪的界限

根据《无线电管理条例》第44条规定，除微功率短距离无线电发射设备外，生产或者进口在国内销售、使用的其他无线电发射设备，应当

向国家无线电管理机构申请型号核准。此外,《电信条例》第 53 条规定:"国家对电信终端设备、无线电通信设备和涉及网间互联的设备实行进网许可制度。"因此,"伪基站"设备的生产、销售系未经国家有关部门许可,违反了有关国家规定,扰乱了电信市场秩序,应当以非法经营罪论处。但涉案"伪基站"设备被依法认定为"专用间谍器材"的,则同时涉及非法经营罪和非法生产、销售间谍专用器材罪,由于非法经营罪明显系"重罪",应当以非法经营罪论处。

(十七) 本罪与扰乱无线电通讯管理秩序罪的界限

根据《刑法》第 288 条规定,扰乱无线电通讯管理秩序罪是指违反国家规定,擅自设置、使用无线电台(站),或者擅自使用无线电频率,干扰无线电通讯秩序,情节严重的行为。

最高人民法院《关于审理扰乱电信市场管理秩序案件具体应用法律若干问题的解释》第 5 条规定:"违反国家规定,擅自设置、使用无线电台(站),或者擅自占用频率,非法经营国际电信业务或者涉港澳台电信业务进行营利活动,同时构成非法经营罪和刑法第二百八十八条规定的扰乱无线电通讯管理秩序罪的,依照处罚较重的规定定罪处罚。"这就出现了扰乱无线电通讯秩序罪与非法经营罪的竞合问题,依照处罚较重的规定定罪处罚。

(十八) 本罪与危害珍贵、濒危野生动物罪的界限

根据《刑法》第 341 条规定,非法收购、运输、出售国家重点保护的珍贵、濒危野生动物及其制品的,处 5 年以下有期徒刑或者拘役,并处罚金;情节严重的,处 5 年以上 10 年以下有期徒刑,并处罚金;情节特别严重的,处 10 年以上有期徒刑,并处罚金或者没收财产。

二者的区别在于:(1)客体要件不同。后者所侵犯的客体是国家对环境资源的管理活动,其直接客体是国家对珍贵、濒危野生动物资源的保护制度,其犯罪的对象为珍贵、濒危野生动物及其制品;而非法经营罪侵犯的客体是市场管理秩序,其对象的范围较本罪的范围要广泛得多。(2)客观行为不同。后者的客观行为方式表现为收购、运输、出售三种形式,行为人实施其中的任意一种,或是兼施两种、三种行为均可构成本罪;而非

法经营罪的行为则表现为经营专营、专卖物品或其他限制买卖的物品，和买卖进出口配额许可证或进出口原产地证明等一系列违法经营行为。

（十九）本罪与制作、复制、出版、贩卖、传播淫秽物品牟利罪的界限

《音像制品管理条例》第3条规定，音像制品禁止载有宣扬淫秽、赌博、暴力或者教唆犯罪的内容。《印刷业管理条例》第3条规定，禁止印刷含有反动、淫秽、迷信内容和国家明令禁止印刷的其他内容的出版物、包装装潢印刷品和其他印制品。《出版管理条例》第25条规定，任何出版物不得含有宣扬淫秽、赌博、暴力或者教唆犯罪的内容。违反上述规定，以牟利为目的，出版、印刷、复制、发行、销售含有淫秽内容的出版物、印刷品的行为，扰乱市场秩序，情节严重的，构成非法经营罪。同时，根据《刑法》第363条的规定，以牟利为目的，制作、复制、出版、贩卖、传播淫秽物品的行为构成制作、复制、出版、贩卖、传播淫秽物品牟利罪，这就出现了非法经营罪与贩卖淫秽物品牟利罪的竞合问题。

根据最高人民法院《关于审理非法出版物刑事案件具体应用法律若干问题的解释》第11条的规定，违反国家规定，出版、印制、复制、发行本解释第1条至第10条规定以外的其他严重危害社会秩序和扰乱市场秩序的非法出版物，情节严重的，以非法经营罪定罪处罚，而该解释第8条规定了制作、复制、出版、贩卖、传播淫秽物品牟利罪，因此，对于非法经营罪与贩卖淫秽物品牟利罪竞合的，应根据司法解释的规定，以制作、复制、出版、贩卖、传播淫秽物品牟利罪定罪处罚。

（二十）本罪与骗购外汇罪的界限

全国人大常委会《关于惩治骗购外汇、逃汇和非法买卖外汇犯罪的决定》第4条规定，在国家规定的交易场所以外非法买卖外汇，扰乱市场秩序，情节严重的，依照《刑法》第225条的规定定罪处罚。此项规定与上述决定第1条规定的骗购外汇罪具有共同点：一是两者主体相同；二是行为对象均为国家严格管制的外汇；三是行为基本方式均为非法买卖外汇。二者之间的不同主要是非法买卖外汇的场所：骗购外汇罪行为只能发生在国家外汇指定银行和其他外汇指定交易场所，而非法买卖外汇以非法经营

罪定罪的行为，则必须是发生在国家规定的外汇交易场所以外的地方。

三、非法经营罪的其他相关问题

（一）利用疫情"哄抬物价"等行为依法可以构成非法经营罪

《刑法》第225条第4项属于兜底性条款，规定了"其他严重扰乱市场秩序的非法经营行为"。该项是针对现实生活中非法经营犯罪活动的复杂性和多样性所作的概括性规定，这里所说的其他非法经营行为应当具备以下条件：（1）行为发生在经营活动中，主要是生产、流通领域；（2）行为违反国家规定；（3）具有社会危害性，严重扰乱市场经济秩序。

疫情灾害期间，行为人实施利用疫情"哄抬物价"的违法犯罪行为，严重扰乱了市场秩序，引发公众恐慌情绪，必须坚决依法打击。对此，最高人民法院、最高人民检察院《关于办理妨害预防、控制突发传染病疫情等灾害的刑事案件具体应用法律若干问题的解释》第6条规定，违反国家在预防、控制突发传染病疫情等灾害期间有关市场经营、价格管理等规定，哄抬物价、牟取暴利，严重扰乱市场秩序，违法所得数额较大或者有其他严重情节的，属于"其他严重扰乱市场秩序的非法经营行为"，依照《刑法》第225条第4项的规定，以非法经营罪定罪，依法从重处罚，这为惩治相关犯罪提供了明确的法律依据。

最高人民法院、最高人民检察院之所以将疫情灾害期间情节严重的相关违法经营行为入罪，主要基于以下方面的考虑：一是违反国家规定。《突发公共卫生事件应急条例》第52条明确规定，在突发事件发生期间，散布谣言、哄抬物价、欺骗消费者，扰乱社会秩序、市场秩序的，由公安机关或者工商行政管理部门依法给予行政处罚；构成犯罪的，依法追究刑事责任。二是相关行为发生在生产、流通领域，提供了商品或服务，且提供商品或服务的目的是赚取利润，属于典型的经营行为。三是相关行为严重扰乱了市场秩序。疫情危害期间，行为人利用市场上部分物品紧俏以及市民的紧张心理，囤积居奇、哄抬物价，进一步破坏市场和商品交易平衡，不仅危害经济秩序，也危害了正常的社会秩序，不利于疫情危害的治理，应当纳入刑法的规制范围。

2020年新型冠状病毒肺炎疫情防控期间，也不乏少数人利用疫情实施相关非法经营行为。对此，最高人民法院、最高人民检察院、公安部、司法部2020年2月6日印发的《关于依法惩治妨害新型冠状病毒感染肺炎疫情防控违法犯罪的意见》进一步重申："依法严惩哄抬物价犯罪。在疫情防控期间，违反国家有关市场经营、价格管理等规定，囤积居奇，哄抬疫情防控急需的口罩、护目镜、防护服、消毒液等防护用品、药品或者其他涉及民生的物品价格，牟取暴利，违法所得数额较大或者有其他严重情节，严重扰乱市场秩序的，依照刑法第二百二十五条第四项的规定，以非法经营罪定罪处罚。"

（二）关于环境污染刑事案件非法经营罪的适用

最高人民法院、最高人民检察院《关于办理环境污染刑事案件适用法律若干问题的解释》第6条规定："无危险废物经营许可证从事收集、贮存、利用、处置危险废物经营活动，严重污染环境的，按照污染环境罪定罪处罚；同时构成非法经营罪的，依照处罚较重的规定定罪处罚。实施前款规定的行为，不具有超标排放污染物、非法倾倒污染物或者其他违法造成环境污染的情形的，可以认定为非法经营情节显著轻微危害不大，不认为是犯罪；构成生产、销售伪劣产品等其他犯罪的，以其他犯罪论处。"最高人民法院、最高人民检察院、公安部、司法部、生态环境部2019年2月20日公布的《关于办理环境污染刑事案件有关问题座谈会纪要》，要求坚持全链条、全环节、全流程对非法排放、倾倒、处置、经营危险废物的产业链进行刑事打击，查清犯罪网络，深挖犯罪源头，斩断利益链条，不断挤压和铲除此类犯罪滋生蔓延的空间。特别是针对上述解释第6条规定的准确理解和适用，纪要要求注意把握两项原则：

一是坚持实质判断原则，对行为人非法经营危险废物行为的社会危害性作实质性判断。解释第6条确立了无危险废物经营许可证从事收集、贮存、利用、处置危险废物经营活动的入罪，一般以违法造成环境污染为要件。对于未违法造成环境污染的，可以认定为情节显著轻微危害不大，不认为是犯罪。比如，一些单位或者个人虽未依法取得危险废物经营许可证，但其收集、贮存、利用、处置危险废物经营活动，没有违法造成环境污染情形的，一般不宜以非法经营罪论处，也不宜以污染环境罪论处。需要注意的是，对于"违法造成环境污染"要件的判断应当采取相对宽泛的标准，即不要求一定达到解释第1条第2项以外其他项规定的"严重污染环境"的具体情形。例如，未按照规定安装特定污染防治设施，处置过程中超过标准排放污染物（虽然未达到超过特定标准三倍以上），或者将处置剩余的污染物违反规定倾倒的，可以认定为具备"违法造成环境污染"的要件。

二是坚持综合判断原则，对行为人非法经营危险废物行为根据其在犯罪链条中的地位、作用综合判断其社会危害性。比如，有证据证明单位或者个人的无证经营危险废物行为属于危险废物非法经营产业链的一部分，并且已经形成了分工负责、利益均沾、相对固定的犯罪链条，如果行为人或者与其联系紧密的上游或者下游环节具有排放、倾倒、处置危险废物违法造成环境污染的情形，对行为人可以根据案件具体情况，认定污染环境罪或者非法经营罪，同时构成的择一重罪处断。

（三）非法生产、销售赌博机情节严重的构成非法经营罪

赌博机是指具有退币、退分、退钢珠等赌博功能的电子游戏设施设备，即具有赌博功能的游戏机机型、机种。利用赌博机组织赌博的违法犯罪活动屡打不绝、屡禁不止的重要原因之一，就是存在受利益驱动生产、销售赌博机及其专用软件的上游产业链条。因此，对于以提供给他人开设赌场为目的，非法生产、销售赌博机或者其专用软件的行为，认定为刑法规定的"其他严重扰乱市场秩序的非法经营行为"，对于情节严重的予以刑事打击具有现实必要性，也体现了惩治源头犯罪的精神。

为此，最高人民法院、最高人民检察院、公安部于2014年3月26日联合发布了《关于办理利用赌博机开设赌场案件适用法律若干问题的意见》，其中第4条规定："以提供给他人开设赌场为目的，违反国家规定，非法生产、销售具有退币、退分、退钢珠等赌博功能的电子游戏设施设备或者其专用软件，情节严重的，依照刑法第二百二十五条的规定，以非法经营罪定罪处罚。"即非法生产、销售赌博机行为构成非法经营罪，要求行为人在主观上"以提供给他人开设赌场为目的"，客观上违反国家规定实施了非法生产、销售赌博机行为，且达到情节严重程度。

根据上述意见第4条第2款的规定，具有下列情形之一的，属于

"情节严重":(1)个人非法经营数额在5万元以上,或者违法所得数额在1万元以上的;(2)单位非法经营数额在50万元以上,或者违法所得数额在10万元以上的;(3)虽未达到上述数额标准,但两年内因非法生产、销售赌博机行为受过两次以上行政处罚,又进行同种非法经营行为的;(4)其他情节严重的情形。可见,构成非法经营行为"情节严重"的情形,既有第1、2项规定的数额标准,也有第3、4项规定的情节标准。也就是说,非法经营数额并不是非法经营行为构成非法经营罪的唯一标准。意见第4条第3款还明确了构成非法经营行为"情节特别严重"的两种情形。

(四)涉烟草非法经营案件的政策把握

烟草类案件数量在非法经营案件中长居首位,经过长期司法实践,此类案件总体争议不大。非法经营烟草专卖品,以非法经营罪定罪处罚,在法律和司法解释中均有明确规定。《烟草专卖法》第3条规定:"国家对烟草专卖品的生产、销售、进出口依法实行专卖管理,并实行烟草专卖许可证制度。"最高人民法院、最高人民检察院《关于办理非法生产、销售烟草专卖品等刑事案件具体应用法律若干问题的解释》明确,违反国家烟草专卖管理法律法规,未经烟草专卖行政主管部门许可,无相关许可证明,非法经营烟草专卖品,情节严重的,以非法经营罪定罪处罚。

涉烟草的非法经营案件中,多数属于完全无证经营,即本人无证亦未借证经营的情况,此类行为直接认定非法经营即可。关于借证经营、超范围或超区域经营的情况,是否定罪曾有争议,随着司法实践的发展和最高法相关批复的明确,现已基本达成共识。

1. 借证经营行为的认定

借证行为本身不宜认定非法经营罪。因为烟草专卖法并无禁止"借用"的明确规定;工业和信息化部2016年颁布的《烟草专卖许可证管理办法》虽然规定任何企业或者个人"不得买卖、出租、出借或者以其他形式非法转让烟草专卖许可证",但其属于部门规章,不符合非法经营罪要求的"违反国家规定"。

2. 超范围、超区域经营行为的认定

有许可证但超范围或不按照规定的进货渠道进货,经营合格烟草专卖品的行为，因其一方面对社会的危害性不大，另一方面并未违反烟草专卖制度，不符合非法经营罪的本质要件，所以不宜认定非法经营罪，应由相关主管部门进行处理。最高人民法院《关于被告人李明华非法经营请示一案的批复》认为："被告人李明华持有烟草专卖零售许可证，但多次实施批发业务，而且从非指定烟草专卖部门进货的行为，属于超范围和地域经营的情形，不宜按照非法经营罪处理，应由相关主管部门进行处理。"最高人民检察院于2019年10月对福建省人民检察院请示的陈秀珍非法经营案作出批复意见，认为："犯罪嫌疑人陈秀珍在取得烟草专卖零售许可证的情况下，销售来源不明的外国卷烟和回流卷烟的行为，属于违反烟草专卖法实施条例关于进货规定的情形，不符合刑法第二百二十五条的规定，不构成非法经营罪。"

3. 关于烟农私自出售滞销烟叶或废弃烟叶是否定罪的问题

因丰收后烟叶收购单位未增加收购量而滞销的烟叶、因质量等级不满足烟叶收购单位要求而废弃的低质烟叶，烟农私自出售的，倾向不予定罪。因为《烟草专卖法》第10条第2款规定："烟草公司及其委托单位对烟叶种植者按照烟叶收购合同约定的种植面积生产的烟叶，应当按照合同约定的收购价格，全部收购，不得压级压价，并妥善处理收购烟叶发生的纠纷。"因烟叶收购单位未依法全部收购，烟农私自出售的，犯罪故意并不明显，从社会危害性、扰乱市场秩序程度、烟农的利益及生活保障等方面考虑，不宜定罪。

（五）涉金融类案件的具体把握

此类案件以非法经营罪定罪处罚的规定，散见于各相关领域司法解释之中，主要有：（1）彩票。最高人民法院、最高人民检察院《关于办理赌博刑事案件具体应用法律若干问题的解释》第6条规定，未经国家批准擅自发行、销售彩票，构成犯罪的，以非法经营罪定罪处罚。（2）证券、股票。最高人民法院、最高人民检察院、公安部、中国证券监督管理委员会《关于整治非法证券活动有关问题的通知》第2条第3项规定，未经批准经营证券业务，中介机构非法代理买卖非上市公司股票，涉嫌犯罪的，以非法经营罪追究刑事责任。（3）信用卡。最高人民法院、最高人民检察院《关于办理妨害信用卡管理刑事案件具体应用法律若干问题的解释》第

12条规定，违反国家规定，使用销售点终端机具（POS机）等方法，以虚构交易、虚开价格、现金退货等方式向信用卡持卡人直接支付现金，情节严重的，应当以非法经营罪定罪处罚。（4）资金支付结算、外汇。最高人民法院、最高人民检察院《关于办理非法从事资金支付结算业务、非法买卖外汇刑事案件适用法律若干问题的解释》第2条规定，违反国家规定，实施倒买倒卖外汇或者变相买卖外汇等非法买卖外汇行为，扰乱金融市场秩序，情节严重的，以非法经营罪定罪处罚。①

在具体把握上，应注意以下几点：一是司法解释已经有明确规定的，依法认定。二是对于新增行为模式，应严格把握，审慎处理。三是严把证据关和事实关。此类案件的突出问题是证据收集固定难，销售源头查证难，新型案件鉴定难。检察机关对此应予提前预判和应对，必要时可提前介入侦查及时引导调取重要证据，或引入大数据分析梳理交易关系，或探索犯罪数额认定等的新模式，做到事实认定客观，取证合法有效，定罪依据充分。四是金融类案件涉及范围广，社会危害大，对把握不准的，应当层报请示，不能随意认定或放纵。

票据贴现业务属于特许经营业务，只有具有法定贴现资质的金融机构才可以从事票据贴现行为。司法实践中，存在部分不具有法定贴现资质的主体进行贴现的行为，且表现形式多样，情况复杂，涉及代理贴现、倒卖票据、骗取承兑等多方面问题，争议较大。目前，办理相关案件可将以下意见和规定作为参考：一是最高人民检察院法律政策研究室《关于买卖银行承兑汇票行为如何适用法律问题的答复意见》认为："根据票据行为的无因性以及票据法关于汇票可背书转让的规定，汇票买卖不同于支付结算行为，将二者等同可能会造成司法实践的混乱。实践中，买卖银行承兑汇票的情况比较复杂，对于单纯买卖银行承兑汇票的行为不宜以非法经营

---

① 非法从事外汇按金交易，扰乱市场秩序情节严重的，应以非法经营罪定罪处罚。全国人大常委会《关于惩治骗购外汇、逃汇和非法买卖外汇犯罪的决定》第4条第1款规定：在国家规定的交易场所以外非法买卖外汇，扰乱市场秩序，情节严重的，依照刑法第225条的规定定罪处罚。由于外汇按金交易是一种远期外汇买卖方式，只要交付了部分的按金（保证金）就可以交易，也就是说，未全部支付交易现金并不影响外汇按金交易的进行。至于没有实际占有非法利润，并不能否认通过非法外汇按金交易可获利这一事实的认定。因此，应以非法经营罪定罪处罚。周强等：《中华人民共和国刑法案典》（中），人民法院出版社2016年版，转引自法信App。

罪追究刑事责任。"二是最高人民检察院《关于办理涉互联网金融犯罪案件有关问题座谈会纪要》明确，关于非法经营资金支付结算行为的认定，在具体办案时，要深入剖析相关行为是否具备资金支付结算的实质特征，准确区分支付工具的正常商业流转与提供支付结算服务，充分考虑具体行为与"地下钱庄"等同类犯罪在社会危害方面的相当性以及刑事处罚的必要性，严格把握入罪和出罪标准。

关于非法放贷。办理非法放贷案件，应严格遵守最高人民法院、最高人民检察院、公安部、司法部《关于办理非法放贷刑事案件若干问题的意见》的相关规定。对于2019年10月21日前实施完成在追诉期限内的非法放贷刑事案件，按照该意见第8条的规定处理，即对于该意见施行前发生的非法放贷行为，依照最高人民法院《关于准确理解和适用刑法中"国家规定"的有关问题的通知》的规定办理。检察机关办理该类案件时，应根据最高人民检察院2019年发布的《检察机关办理涉民营企业案件有关法律政策问题解答》相关精神，严格按照法律和司法解释，慎用《刑法》第225条第4项"其他严重扰乱市场秩序的非法经营行为"的兜底条款，严格把握适用范围；对于法律和司法解释没有明确规定，办案中对是否认定为非法经营行为存在分歧的，应当作为法律适用问题，逐级向最高人民检察院请示。

（六）关于违反国家有关盐业管理规定，非法生产、储运，销售食盐，扰乱市场秩序的行为定性

最高人民检察院2020年3月27日颁布《关于废止〈最高人民检察院关于办理非法经营食盐刑事案件具体应用法律若干问题的解释〉的决定》规定："为适应盐业体制改革，保证国家法律统一正确适用，根据《食盐专营办法》（国务院令696号）的规定，结合检察工作实际，最高人民检察院决定废止《最高人民检察院关于办理非法经营食盐刑事案件具体应用法律若干问题的解释》（高检发释字〔2002〕6号）。该解释废止后，对以非碘盐充当碘盐或者以工业用盐等非食盐充当食盐等危害食盐安全的行为，人民检察院可以依据《最高人民法院、最高人民检察院关于办理生产、销售伪劣商品刑事案件具体应用法律若干问题的解释》（法释〔2001〕10号）、《最高人民法院、最高人民检察院关于办理危害食品安全刑事案

件适用法律若干问题的解释》(法释〔2013〕12号)的规定,分别不同情况,以生产、销售伪劣产品罪,或者生产、销售不符合安全标准的食品罪,或者生产、销售有毒、有害食品罪追究刑事责任。"因此,食盐仍属于专营专卖品,在非法经营上仍有空间,但根据该决定精神,原则上针对食盐的就不再定非法经营罪。对于涉食盐的案件,总体上可把握为,有什么实质危害就定什么罪名。

第四节 案例评析

一、王力军非法经营再审改判无罪案[①]

【案件要旨】

1. 对于《刑法》第225条第4项规定的"其他严重扰乱市场秩序的非法经营行为"的适用,应当根据相关行为是否具有与《刑法》第225条前三项规定的非法经营行为相当的社会危害性、刑事违法性和刑事处罚必要性进行判断。

2. 判断违反行政管理有关规定的经营行为是否构成非法经营罪,应当考虑该经营行为是否属于严重扰乱市场秩序。对于虽然违反行政管理有关规定,但尚未严重扰乱市场秩序的经营行为,不应当认定为非法经营罪。

【基本案情】

内蒙古自治区巴彦淖尔市临河区人民检察院指控被告人王力军犯非法经营罪一案,内蒙古自治区巴彦淖尔市临河区人民法院经审理认为,2014年11月至2015年1月期间,被告人王力军未办理粮食收购许可证,未经工商行政管理机关核准登记并颁发营业执照,擅自在临河区白脑包镇

---

① 最高人民法院指导案例97号,2018年12月19日发布。

附近村组无证照违法收购玉米,将所收购的玉米卖给巴彦淖尔市粮油公司杭锦后旗蛮会分库,非法经营数额218288.6元,非法获利6000元。案发后,被告人王力军主动退缴非法获利6000元。2015年3月27日,被告人王力军主动到巴彦淖尔市临河区公安局经侦大队投案自首。原审法院认为,被告人王力军违反国家法律和行政法规规定,未经粮食主管部门许可及工商行政管理机关核准登记并颁发营业执照,非法收购玉米,非法经营数额218288.6元,数额较大,其行为构成非法经营罪。鉴于被告人王力军案发后主动到公安机关投案自首,主动退缴全部违法所得,有悔罪表现,对其适用缓刑确实不致再危害社会,决定对被告人王力军依法从轻处罚并适用缓刑。宣判后,王力军未上诉,检察机关未抗诉,判决发生法律效力。

最高人民法院于2016年12月16日作出(2016)最高法刑监6号再审决定,指令内蒙古自治区巴彦淖尔市中级人民法院对本案进行再审。

再审中,原审被告人王力军及检辩双方对原审判决认定的事实无异议,再审查明的事实与原审判决认定的事实一致。内蒙古自治区巴彦淖尔市人民检察院提出了原审被告人王力军的行为虽具有行政违法性,但不具有与《刑法》第225条规定的非法经营行为相当的社会危害性和刑事处罚必要性,不构成非法经营罪,建议再审依法改判。原审被告人王力军在庭审中对原审认定的事实及证据无异议,但认为其行为不构成非法经营罪。辩护人提出了原审被告人王力军无证收购玉米的行为,不具有社会危害性、刑事违法性和应受惩罚性,不符合刑法规定的非法经营罪的构成要件,也不符合刑法谦抑性原则,应宣告原审被告人王力军无罪。

内蒙古自治区巴彦淖尔市临河区人民法院于2016年4月15日作出(2016)内0802刑初54号刑事判决,认定被告人王力军犯非法经营罪,判处有期徒刑1年,缓刑2年,并处罚金人民币2万元;被告人王力军退缴的非法获利款人民币6000元,由侦查机关上缴国库。最高人民法院于2016年12月16日作出(2016)最高法刑监6号再审决定,指令内蒙古自治区巴彦淖尔市中级人民法院对本案进行再审。内蒙古自治区巴彦淖尔市中级人民法院于2017年2月14日作出(2017)内08刑再1号刑事判决:撤销内蒙古自治区巴彦淖尔市临河区人民法院(2016)内0802刑初54号刑事判决;原审被告人王力军无罪。

【裁判理由】

内蒙古自治区巴彦淖尔市中级人民法院再审认为，原判决认定的原审被告人王力军于2014年11月至2015年1月期间，没有办理粮食收购许可证及工商营业执照买卖玉米的事实清楚，其行为违反了当时的国家粮食流通管理有关规定，但尚未达到严重扰乱市场秩序的危害程度，不具备与《刑法》第225条规定的非法经营罪相当的社会危害性、刑事违法性和刑事处罚必要性，不构成非法经营罪。原审判决认定王力军构成非法经营罪适用法律错误，检察机关提出的王力军无证照买卖玉米的行为不构成非法经营罪的意见成立，原审被告人王力军及其辩护人提出的王力军的行为不构成犯罪的意见成立。

二、最高人民检察院、公安部依法严惩哄抬物价犯罪典型案例

【法律要旨】

根据刑法、"两高"《关于办理妨害预防、控制突发传染病疫情等灾害的刑事案件具体应用法律若干问题的解释》和"两高两部"《关于依法惩治妨害新型冠状病毒感染肺炎疫情防控违法犯罪的意见》的规定，在疫情防控期间哄抬物价、牟取暴利，构成犯罪的，以非法经营罪定罪，依法从重处罚。

在疫情防控期间，经营者违反国家有关市场经营、价格管理等规定，在扣除生产经营成本和正常的利润后，大幅提高产品价格对外销售的，应当认定为"哄抬物价、牟取暴利"。在"大幅提高"的判断上，应当根据各地依法发布的价格干预措施，以及涉案物品的价格敏感程度、对疫情防控或基本民生秩序的影响等，综合考虑常情常理作出认定。

对于以囤积居奇、转手倒卖等方式，层层加码，哄抬疫情防控重点物资的价格，牟取暴利，扰乱市场秩序的，应当根据囤积、倒卖的数量、次数、加价比例和获利情况等，综合认定"违法所得数额较大"和"其他严重情节"，依法严惩。

案例一：犯罪嫌疑人文某、饶某非法经营案

犯罪嫌疑人文某、饶某，分别系企业经营者。

文某的公司日常生产经营过滤类材料。2020年2月20日前后，饶某联系文某，请其生产6吨用于制作防疫口罩的关键原材料熔喷无纺布，双方商定每吨价格18万元，文某收取饶某货款108万元。2月24日至3月6日，文某组织生产并分四次向饶某交货5.469吨。经查，该批熔喷无纺布的生产、运输等成本，每吨不足2万元。文某交代，其知道疫情期间熔喷无纺布是制造口罩的主要材料，因此把售价提高。

饶某拿到熔喷无纺布后，随即转手倒卖给了广东、江西和福建的四家口罩生产企业，价格为每吨30万元至38万元不等。饶某的倒卖行为系以个人名义进行，经营数额为177.07万元，获利约70万元。

广东省东莞市公安局于2020年3月10日立案侦查，同日对文某、饶某刑事拘留，后经调查取证于3月16日以文某、饶某涉嫌非法经营罪提请检察机关批准逮捕。

广东省东莞市第一市区人民检察院审查认为，文某的公司违反国家在疫情防控期间的价格管理规定，大幅提高防疫物资的销售价格，牟取暴利，违法所得数额较大，涉嫌非法经营罪，文某系该公司直接负责的主管人员，亦涉嫌非法经营罪；饶某取得货物后立刻转手加价倒卖，牟取暴利，违法所得数额较大，情节特别严重，涉嫌非法经营罪；文某、饶某均符合逮捕条件。2020年3月20日，东莞市第一市区人民检察院决定，批准逮捕犯罪嫌疑人文某、饶某，并通知公安机关执行。

案例二：犯罪嫌疑人曹某非法经营案

犯罪嫌疑人曹某，系个体经营者。

2019年11月开始，曹某与他人合伙生产、销售普通民用口罩，在新冠肺炎疫情发生前的售价为每只0.16元至0.28元。疫情发生后，曹某通过微信平台、线下代售等方式，将生产的口罩销往全国各地。在销售价格上，曹某为牟取暴利，逐日提价，几天时间内将售价最高涨至每只10元。经查，在2020年1月22日至2月2日期间，曹某的经营数额为150万余元，获利129万余元。

山东省郯城县公安局于2020年2月3日立案侦查，同日对曹某刑事拘留，后经调查取证于3月2日以曹某涉嫌非法经营罪提请检察机关批准逮捕。

山东省郯城县人民检察院审查认为，曹某哄抬疫情防护用品的价格，严重扰乱市场秩序,违法所得数额较大,情节特别严重,已涉嫌非法经营罪并符合逮捕条件。2020年3月2日,郯城县人民检察院决定,批准逮捕犯罪嫌疑人曹某,并通知公安机关执行。

案例三:被告单位上海市A公司、B公司、C公司,被告人黎某涉嫌非法经营案

被告单位上海市A、B、C三家公司日常经营个人防护用品,并分别在天猫商城开设有网店,其中A公司系某大型防护用品公司的特约经销商。被告人黎某系上述被告单位的经营人。另外,黎某还经营D公司(另案处理),经营内容和经营模式与前三家公司相同。

2020年1月19日前,三家被告单位和D公司销售9501V+型口罩的价格为每盒150元至190元不等(15只/盒),销售9501VT型口罩的价格为每盒158元至200元不等(25只/盒)。1月20日,在国家有关部门发布疫情公告后,黎某指令四家公司在网店上连续涨价,最终将上述两种口罩的销售价格均上涨至每盒398元。经查,在1月20日至21日两天时间内,经营数额达845.7万余元。其中,A公司的经营数额为348.1万余元,B公司的经营数额为244.3万余元,C公司的经营数额为210.6万余元。3月13日,黎某接公安民警电话通知到案,到案后如实供述了本人和单位的主要犯罪事实。

上海市公安局宝山分局于2020年3月11日立案侦查,3月13日对黎某取保候审,后经调查取证于3月19日以黎某涉嫌非法经营罪移送检察机关审查起诉。

上海市宝山区人民检察院审查认为,黎某控制旗下公司网店在大型电商平台上协同哄抬物价、牟取暴利,且其系大型公司的特约经销商,哄抬市场价格、扰乱防疫紧俏必需用品的社会危害性远大于一般经营者,影响恶劣,严重破坏市场秩序,其行为已构成犯罪,且情节特别严重;A、B、C三家公司亦构成单位犯罪,其中A公司的犯罪情节特别严重。2020年3月23日,宝山区人民检察院指控被告单位A公司、B公司、C公司,被告人黎某构成非法经营罪,向宝山区人民法院提起公诉。

案例四:被告单位上海市某公司、被告人谢某非法经营案

被告单位上海市某公司日常经营劳动防护用品,被告人谢某系该公司的法定代表人。

2020年1月初，被告单位以每盒5.125元（50只/盒）的价格购入一批普通民用口罩，在公司的淘宝店铺上对外销售，日常销售价格为每盒7元。新冠肺炎疫情发生后，谢某决定提高该批口罩的售价牟利，遂于1月23日至29日连续涨价，从每盒21元一路涨至每盒198元。经查，该公司高价销售口罩的经营数额为17万余元，违法所得数额为16万余元。

上海市公安局松江分局经立案侦查于2020年3月2日将谢某抓获并监视居住，3月9日移送审查起诉。上海市松江区人民检察院经审查于3月12日以被告单位上海市某公司、被告人谢某构成非法经营罪，向松江区人民法院提起公诉。

2020年3月23日，上海市松江区人民法院公开开庭审理本案。公诉人发表公诉意见认为，涉案口罩系被告单位在疫情发生前进货，疫情发生后其经营成本并未有明显变化，但却提价数十倍销售，属于哄抬物价、牟取暴利，且违法所得数额较大，被告单位、被告人均构成非法经营罪。松江区人民法院审理后当庭作出（2020）沪0117刑初171号刑事判决，认定检察机关指控的事实及罪名成立，被告单位及被告人如实供述犯罪事实，系坦白，均可以从轻处罚，但被告人谢某哄抬口罩价格获利目的明显，不符合适用缓刑的条件，判处被告单位罚金20万元，判处被告人谢某有期徒刑8个月并处罚金18万元，追缴违法所得。

三、成都某印务有限责任公司、黄某某非法经营案①

【基本案情】

被告单位成都某印务有限责任公司（以下简称"某印务公司"）；被告人黄某某，男，某印务公司法定代表人、实际控制人。四川省成都某印务公司经营范围为印刷品印刷（不含出版物印刷）、包装装潢设计。该公司从2019年开始，违反国家规定，在未取得出版物印刷资质的情况下，为获取非法利益，超越经营范围从事出版物的印刷、装订业务。2019年7月4日，公安机关在该公司厂房及仓库内查获该公司印刷、装订图书等书籍7246册。违法所得人民币13000元。经鉴定，上述印刷品均属非法出

---

① 最高人民检察院2020年10月发布认罪认罚案件适用速裁程序典型案例之一。

版物。

2019年7月4日，成都市公安局金牛区分局以成都某印务公司涉嫌非法经营罪立案侦查。同年8月9日，成都市金牛区人民检察院以黄某某涉嫌非法经营罪，但没有逮捕必要性为由，对其不批准逮捕，同日由公安机关变更强制措施为监视居住。同年11月5日，公安机关将案件移送金牛区人民检察院审查起诉。2020年3月5日，金牛区人民检察院对本案提起公诉，并建议适用速裁程序。3月10日，金牛区人民法院适用速裁程序审理本案，采纳检察机关指控和量刑建议，以被告单位某印务公司犯非法经营罪，判处罚金人民币四万元；以被告人黄某某犯非法经营罪，判处有期徒刑1年，缓刑1年，并处罚金人民币1万5000元。被告单位及被告人均服判，不上诉，并按时缴纳了罚金。

【检察履职情况】

1. 依法全面客观审查，诉前有效解决案件事实认定、法律适用疑难问题

检察机关受理本案后经审查发现，涉案图书的数量、被告人是否还有其他犯罪事实以及涉案图书是否含有非法内容、是否侵犯他人知识产权等需进一步核实，故详细列明补证提纲，退回公安机关补充侦查，并就图书内容性质等咨询新闻出版管理部门。检察机关、公安机关密切配合，在审查起诉阶段进一步查清了事实、解决了争议问题。

2. 充分履行权利告知、释法说理、量刑协商等职责，准确适用认罪认罚从宽制度

鉴于被告单位和被告人自愿认罪，检察官充分释明认罪认罚从宽制度法律规定，详细解释非法经营罪的法律规定、犯罪构成、法定刑幅度和认罪认罚后从宽的量刑幅度。被告单位和被告人均同意适用认罪认罚从宽制度后，检察官根据本案的犯罪事实、性质、情节和对社会的危害程度，拟定量刑建议，并就量刑建议的内容、依据等向被告单位和被告人及值班律师详细说明，听取意见。被告单位和被告人及值班律师反映了公司经营的实际情况、面临的困难，表示真诚认罪悔罪，提出希望降低被告人的主刑刑期和罚金数额的意见。检察机关综合考虑被告单位和被告人非法经营数额，具有自首、初犯、认罪认罚等量刑情节，并结合公司的经营情况，参照有关量刑指导意见和同类案件判决后，将量刑建议调整为建议判处被

告单位成都某印务公司罚金人民币4万元,被告人黄某某有期徒刑1年,适用缓刑,并处罚金人民币1万5000元。被告单位和被告人同意量刑建议,在值班律师的见证下,自愿签署了认罪认罚具结书。

3.适用速裁程序,高效审理案件

2020年3月5日,金牛区人民检察院以被告单位和被告人涉嫌非法经营罪向金牛区人民法院提起公诉,并根据案件情况建议适用速裁程序审理本案。金牛区人民法院于2020年3月10日,适用速裁程序公开开庭审理本案,庭审核实并确认了被告单位和被告人认罪认罚的自愿性、真实性、合法性。法庭认为,检察机关指控罪名成立,量刑建议适当,应予采纳,并当庭作出判决。

【典型意义】

一是对符合条件的单位犯罪依法适用认罪认罚从宽制度和速裁程序。犯罪单位作为独立的刑事诉讼主体,依法享有相应的诉讼权利。认罪认罚从宽可以适用于所有刑事案件,对犯罪单位与自然人一样应当平等适用。在适用过程中,应坚持打击和保护并重、实体公正和程序公正并重,对犯罪情节较轻的民营企业经营者慎用人身强制措施,主动听取被告方意见,充分开展量刑协商,并通过建议适用速裁程序,从快从简从宽处理案件,最大程度减小对企业正常经营的影响。

二是坚持法定证明标准,依法查明案件事实,准确定性求刑,为审判阶段适用速裁程序奠定良好基础。实践中,一些轻罪案件的事实认定、定性求刑也会遇到诸多难题。检察机关是指控和证明犯罪的主体,应当履行好诉前主导责任,密切与侦查机关相互制约与协作配合,在诉前有效解决事实认定、案件定性等争议问题。同时加强诉审衔接,为提起公诉后人民法院适用速裁程序快速审理案件创造条件。本案虽然罪行较轻,但公安机关移送起诉时尚有诸多定案疑点,审查起诉期间侦诉有效配合,解决了相关疑点,提起公诉后建议法院适用速裁程序审理,庭审历时仅十多分钟,有效减轻了庭审负担,节约了诉讼资源。

图书在版编目（CIP）数据

破坏社会主义市场经济秩序犯罪办案指引：上下册／王文利主编．—北京：中国检察出版社，2022.11
ISBN 978-7-5102-2813-1

Ⅰ．①破… Ⅱ．①王… Ⅲ．①破坏社会经济秩序罪—法律解释—中国 Ⅳ．① D924.334

中国版本图书馆 CIP 数据核字（2022）第 194934 号

破坏社会主义市场经济秩序犯罪办案指引（上下册）
王文利　主编

责任编辑：王伟雪　葛晓湄
技术编辑：王英英
美术编辑：曹　晓

出版发行：	中国检察出版社
社　　址：	北京市石景山区香山南路 109 号（100144）
网　　址：	中国检察出版社（www.zgjccbs.com）
编辑电话：	（010）86423797
发行电话：	（010）86423726　86423727　86423728
	（010）86423730　86423732
经　　销：	新华书店
印　　刷：	河北宝昌佳彩印刷有限公司
开　　本：	710mm×960mm　16 开
印　　张：	64.5
字　　数：	1014 千字
版　　次：	2022 年 11 月第一版　2023 年 9 月第三次印刷
书　　号：	ISBN 978-7-5102-2813-1
定　　价：	160.00 元（上下册）

检察版图书，版权所有，侵权必究
如遇图书印装质量问题本社负责调换